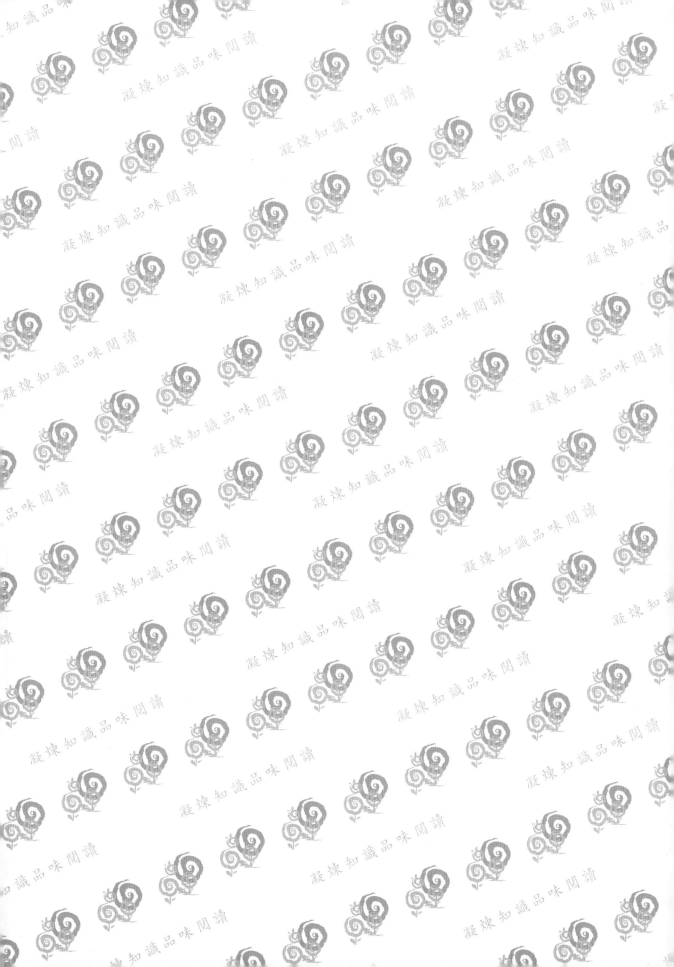

SPSS 操作與應用
變異數分析實務

SPSS Operation and Application—Practice & Analysis of Variance（第三版）

- 1.以使用者為中心詮釋變異數統計分析的步驟與統計原理。
- 2.完整介紹SPSS於變異數分析的操作與統計應用，是寫作的工具書。
- 3.詳細的報表解析與統整的表格範例，是量化研究的最佳參考書。

本書出版後，獲得許多讀者的回響，
再版的內容增列一章多變量共變數分析，
此章內容雖屬多變量統計應用分析的範疇，
但與變異數分析內容息息相關，
因而將內容納入本書範圍，
讀者可以根據個人所需挑選適當章節閱讀。

吳明隆 著

五南圖書出版公司 印行

再版序

在量化研究與論文寫作中，變異數分析（Analysis of Variance）佔了非常重要的部份，尤其是實驗研究的設計，所應用的統計分析方法多為變異數分析，因而在行為及社會科學領域中，許多學者甚至把變異數分析與實驗設計視為同等的地位，可見變異數分析在量化研究的重要性。

本書是《SPSS操作與應用》序列叢書之一，書籍的內容架構，在於完整介紹常用變異數統計分析方法，統計分析技術以 SPSS 套裝軟體的操作與應用為主，內容除統計原理的解析外，著重的是 SPSS 套裝軟體於變異數分析上的應用，內容包括抽樣分配與推論統計概念、單樣本平均數檢定、雙樣本平均數檢定、單因子變異數分析、獨立樣本二因子變異數分析、混合設計二因子變異數分析、相依樣本二因子變異數分析、獨立樣本三因子變異數分析、混合設計三因子變異數分析、無母數檢定法統計應用、單變量共變數分析、多變量共變數分析等，這些均是研究者在使用變異數統計分析時最常使用到的方法。

本書以實務應用及使用者界面為導向，對於以 SPSS 套裝軟體來進行變異數統計分析的使用者而言，實質上相信有不少助益，綜括本書的內容有六大特色：*1.* 完整的操作步驟與使用程序介紹，研究者只要依書籍步驟，即能完成資料統計分析工作；*2.* 操作畫面與說明兼顧 SPSS 中英文視窗界面；*3.* 詳細的報表解析與說明，讓讀者真正了解各種輸出統計量的意義；*4.* 報表結果的統整歸納，「表格範例」可作為論文寫作的參考；*5.* 內容豐富而多元，兼顧母數統計法與無母數統計法、單因子變異數分析與多因子變異數分析；*6.*

提供詹森內曼法的實務應用等。

　　本書出版後，獲得許多讀者的回響，再版的內容增列一章多變量共變數分析，此章內容雖屬多變量統計應用分析的範疇，但與變異數分析內容息息相關，因而將內容納入本書範圍，讀者可以根據個人所需挑選適當章節閱讀。本書得以順利出版與推廣，首先要感謝五南圖書公司的鼎力支持與協助，尤其是張毓芬副總編輯的聯繫與行政支援，其次是感謝恩師高雄師範大學教育學系傅粹馨教授、長榮大學師資培育中心謝季宏副教授在統計方法的啓迪與教誨。由於筆者所學有限，拙作歷經半多的琢磨，著述雖經校對再三，謬誤或疏漏之處在所難免，尚祈各方先進及學者專家不吝指正。

吳明隆

謹誌於 國立高雄師範大學師培中心

2010 年 6 月 15 日

序　言

　　在量化研究與論文寫作中，變異數分析（Analysis of Variance）占了非常重要的部分，尤其是實驗研究的設計，所應用的統計分析方法多為變異數分析，因而在行為及社會科學領域中，許多學者甚至把變異數分析與實驗設計視為同等的地位，可見變異數分析在量化研究的重要性。

　　本書的內容架構，在於完整介紹常用變異數統計分析方法，統計分析技術以 SPSS 套裝軟體的操作與應用為主，內容除統計原理的解析外，著重的是 SPSS 套裝軟體於變異數分析上的應用，內容包括抽樣分配與推論統計概念、單樣本變異數分析、雙樣本的平均數檢定、單因子變異數分析、獨立樣本二因子變異數分析、混合設計二因子變異數分析、相依樣本二因子變異數分析、獨立樣本三因子變異數分析、混合設計三因子變異數分析、無母數檢定法統計應用、共變數分析等，以上統計程序均是研究者在使用變異數統計分析時最常使用到的方法。

　　本書以實務應用及使用者界面為導向，對於以 SPSS 套裝軟體來進行變異數統計分析的使用者而言，實質上相信有不少助益，綜括本書的內容有四大特色：1. 完整的操作步驟與使用程序介紹，研究者只要依書籍步驟，即能完成資料統計分析工作；2. 操作畫面與說明兼顧 SPSS 中英文視窗版界面；3. 詳細的報表解析與說明，讓讀者真正了解各種輸出統計量的意義；4. 報表結果的統整歸納，「表格範例」可作為論文寫作的參考；5. 內容豐富而多元，兼顧母數統計法與無母數統計法、單因子變異數分析與多因子變異數分析等。

SPSS 操作與應用──變異數分析實務

　　本書得以順利出版，首先要感謝五南圖書公司的鼎力支持與協助，尤其是張毓芬副總編輯的聯繫與行政支援，其次是感謝恩師高雄師範大學教育學系傅粹馨教授、長榮大學師資培育中心謝季宏副教授在統計方法的啟迪與教誨。由於筆者所學有限，拙作歷經許久的琢磨，著述雖經校對再三，謬誤或疏漏之處在所難免，尚祈各方先進及學者專家不吝指正。

吳明隆

謹誌於 國立高雄師範大學師培中心

民國 96 年 1 月

CONTENTS 目錄

CONTENTS

CONTENTS

第一章

抽樣分配與基本概念

SPSS Operation and Application

—Practice & Analysis of Variance

1-1 集中量數與變異量數

在統計資料的分析與解釋上，常用到的有統計量數有「集中量數」（central measures）與「差異量數」（dispersion measure）。集中量數表示的是一群數值的代表值，集中量數又稱為「地位量數」（measure of location）或「集中趨勢量數」（central tendency measures），較常使用的集中量數有平均數（mean）、中位數（median）與眾數（mode），平均數為所有分數的總和，除以分數的次數，又稱為「算術平均數」（arithmetic mean），樣本資料的平均數以 $\overline{X}$ 表示，母體平均數以 μ 表示，$\overline{X} = \dfrac{\Sigma X}{n}$（n為樣本人數）、$\mu = \dfrac{\Sigma X}{N}$（N為母體總人數）、中數或中位數以Md表示，當一群資料的數值按大小順序排列（遞增排列），則位置居中的數值稱為中位數，若是數值的個數 n 為奇數，則中位數在 $\dfrac{n+1}{2}$ 項位置處，若 n 為偶數，則中位數位在第 $\dfrac{n}{2}$ 項與第 $\dfrac{n}{2}+1$ 項中間位置處，數值等於二者的算術平均數；眾數係指一群資料中數值出現最多次者，在常態分配中，平均數、中位數、眾位數的位置相同，在偏態分配（正偏態或負偏態）中，眾數離尾端最遠、平均數離尾端最近，中位數則界於二者之間。

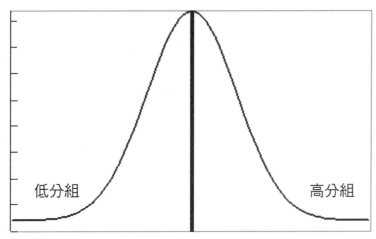

低分組　　　　　　　　　高分組

平均數＝中位數＝眾數

圖 1-1

　　差異量數指的是一群數值資料中，數值分散、差異或變異的情形。當資料的差異量數愈大，表示數值資料的離散程度愈大。以學生的班級成績為例，如果差異量數愈大，表示學生間的個別差異程度愈大；差異量數愈小，表示學生間的個別差異程度愈小，學生的程度的同質性愈高。常用的差異量數有「全距」（range）、四分位差（quartile deviation）、平均差（average deviation）、標準差（standard deviation）。全距為數值資料中最大值與最小值的差異值，以符號表示如下：$R = X_{max} - X_{min}$；四分差為群體資料中最中間 50%樣本分數全距的一半，即第三個四分位數與第一個四分位數之差的一半，以符號表示如下：$QD = \dfrac{Q_3 - Q_1}{2}$，其中$Q_3 - Q_1$又稱為「內四分位數全距」（interquartile range；簡稱為 IQR）。

　　標準差（standard deviation）與變異數（variance）是二個最常用的差異量數（dispersion measures），二個差異量數的關係密切，變異數是標準差的平方，二個差異量數均以「離均差分數」（deviation score）作為變異指標的計算基礎，離均差（mean deviation）反應的是各測量分數與平均數的距離，此距離即$(X - \mu)$或$(X - \overline{X})$的絕對值，離均差值為正數，表示測量分數落在平均數的右邊，離均差值為負數，表示測量分數落在平均數的左邊，離均差的總和等於 0：$\Sigma(X_i - \mu) = 0$或$\Sigma(X_i - \overline{X}) = 0$。「平均差」（average deviation）表示的是測量分數與平均數的平均距離，平均差即是一組資料中各數值與算術平均數差異值的絕對值之算術平均數，其計算公式如下：

$$母群體平均差：MD = \frac{1}{N}\sum_{i=1}^{N}|X_i - \mu| = \frac{1}{N}\Sigma|X - \mu|$$

$$樣本資料平均差：MD = \frac{1}{n}\sum_{i=1}^{n}|X_i - \overline{X}| = \frac{1}{n}\Sigma|X - \overline{X}|$$

　　離均差的值有正數、負數，負數的量數在統計上應用甚少，且對於極端分數較不敏銳，為避免離均差值出現負數，多使用離均差的平方，得到離差分數平方（squared deviation score）：$(X - \mu)^2$，再將所有離差分數的平方加總，得到離差分數平方和（sum of squared deviations），或稱離均差平方和（sum of square of deviation；簡寫為 SS），以$\Sigma(X_i - \mu)^2$符號表示，樣本資料的離均差平方和以式子表示如下：$SS = \Sigma(X_i - \overline{X})^2 - X_i^2 = \dfrac{(\Sigma X_i)^2}{n}$。

　　離均差與平均差的計算範例如下表 1-1。

表 1-1

代表	X	X−X̄ （離均差）	|X−X̄| （離均差絕對值）	(X−X̄)² （離均差的平方）
A	1	-4	4	16
B	3	-2	2	4
C	4	-1	1	1
D	7	2	2	4
E	10	5	5	25
總和	25	0	14	SS=50
平均數	X̄ = 5	0	平均差 = 2.8	變異數 = 10 標準差 = $\sqrt{10}$ = 3.16

　　表 1-1 五個測量數值中，總和等於 25、算術平均數等於 5、離均差的總和為 0、離均差的平方值總和（SS）為 50，離均差平方和的平均數為 10（即離均差平方和加總值除以觀察值人數 = 50÷5 = 10），10 即資料數值的變異數。

　　原始分數及其相應的離均差分數如圖 1-2：

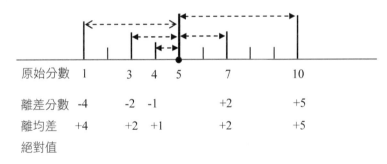

圖 1-2

　　所謂變異數即是離均差平方和的算術平均數，也就是將離均差平方和（SS）除以人數 N，得到的數值為離均差平方和的平均數，通常以 σ² 表示：

$$母群體的變異數：\sigma^2 = \frac{SS}{N} = \frac{\sum (X_i - \mu)^2}{N}$$

$$樣本的變異數：SD^2 = \frac{SS}{n} = \frac{\sum (X_i - \overline{X})^2}{n}$$

將變異數開平方根即為標準差，以 σ 符號（或 SD 或 S）表示：

$$母群體的標準差：\sigma = \sqrt{\frac{SS}{N}} = \sqrt{\frac{\Sigma(X_i-\mu)^2}{N}} = \sqrt{\frac{\Sigma X_i^2}{N} - (\frac{\Sigma X_i}{N})^2} = \sqrt{\frac{\Sigma X_i^2}{N} - \mu^2}$$

$$樣本的標準差：SD = \sqrt{\frac{SS}{n}} = \sqrt{\frac{\Sigma(X_i-\overline{X})^2}{n}} = \sqrt{\frac{\Sigma X_i^2}{n} - \overline{X}^2}$$

上述範例中離均差平方和、變異數、標準差的圖示如圖 1-3、1-4。

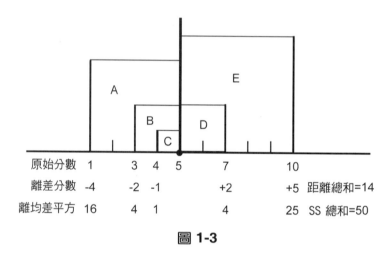

圖 **1-3**

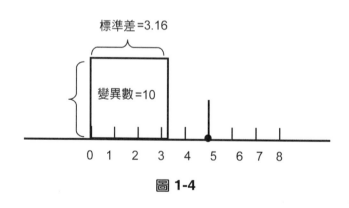

圖 **1-4**

　　圖 1-4 中的變異數為正方形 A、B、C、D、E 五個面積和（SS＝50）的平均面積（＝ 50÷5 ＝ 10），面積為 10 的正方形（變異數＝ 10），其邊長等於 3.16，此邊長即是標準差。利用樣本統計量推論母群體參數的方法稱為統計推論，在推論統計中，研究者常從母群體隨機抽取若本個有限樣本

數，再從抽取的樣本數來推估母群體的性質，如果研究者想利用樣本數據所得的變異數或標準差來推估母群體的變異數或標準差時，會發生「低估」的情形（即實際上母群體的變異數或標準差比抽取樣本之變異數或標準差來得大），因而樣本所得的變異數（或標準差）不是母群體變異數（或標準差）的不偏估計量（unbiased estimator）。所謂不偏估計量的定義如下：若樣本估計量 $\hat{\theta}$ 滿足條件：$E(\hat{\theta})=\theta$，即點估計量 $\hat{\theta}$ 之期望值等於母群體母數 θ 值，則樣本估計量稱為參數 θ 的不偏估計量，樣本估計量 $\hat{\theta}$ 又稱為不偏估計值（unbiased estimate），若 $E(\hat{\theta}) \neq \theta$ 表示 $E(\hat{\theta})$ 與 θ 間有誤差，此誤差項稱為偏誤（bias），則估計量 $E(\hat{\theta})$ 稱為「偏差估計量」（biased estimator），一個偏差估計量表示其未具「不偏性」（unbiasedness）的性質。為改善樣本變異數低估母群體變異數的問題，樣本不偏估計值的分母項要改為 n-1，以符號 $\hat{\sigma}^2$ 表示，$\hat{\sigma}^2$ 的計算公式如下：

$$\hat{\sigma}^2 = \hat{S}^2 = \frac{SS}{n-1} = \frac{\Sigma(X_i-\overline{X})^2}{n-1}$$

$$\hat{\sigma} = \hat{S} = \sqrt{\frac{SS}{n-1}} = \sqrt{\frac{\Sigma(X_i-\overline{X})^2}{n-1}}$$

若是母群體的分散變異情形不知道，而想以樣本的不偏估計值來作為其不偏估計量，則分母項為 n-1，而非原先有效樣本總數 n，在統計學的概念中，分母項 n-1 稱為「自由度」（degree of freedom，df），表示一組測量分數當中，可以自由變動的測量分數的個數。上述五個觀察值的變異數為 10、標準差為 3.16，如果要以此五個觀察值來推估母群體的變異數或標準差，則母群體的變異數或標準差如下：

$$樣本變異數推估母群體變異數 = \frac{SS}{n-1} = \frac{50}{5-1} = 12.5$$

$$樣本標準差推估母群體標準差 = \sqrt{\frac{SS}{n-1}} = \sqrt{\frac{50}{5-1}} = 3.5355$$

SPSS 統計軟體中，描述性統計量中的標準差與變異數的計算中，分母項即採用 n-1，而非 n，因而如執行上述五個觀察值的描述性統計量，其變異數為 12.5、標準差為 3.5355。

以下表 1-2 述五個測量分數的資料為例。

表 1-2

	X	X^2	(X−$\overline{X}$)	(X−$\overline{X}$)^2
A	12	144	3.60	12.96
B	8	64	-0.40	0.16
C	2	4	-6.40	40.96
D	14	196	5.60	31.36
E	6	36	-2.40	5.76
總和	42	444	0.00	91.20
$\overline{X}$	8.40			

$$SS = \Sigma(X_i - \overline{X})^2 = 12.96+0.16+40.96+31.36+5.76 = 91.20$$

$$或\ SS = \Sigma X_i^2 - \frac{(\Sigma X_i)^2}{n} = 444 - \frac{(42)^2}{5} = 91.20$$

$$\sigma^2 = \frac{SS}{N} = \frac{91.20}{5} = 18.24$$

$$\sigma = \sqrt{\frac{SS}{N}} = \sqrt{18.24} = 4.27$$

$$\hat{\sigma}^2 = \hat{S}^2 = \frac{SS}{n-1} = \frac{91.20}{5-1} = 22.80$$

$$\hat{\sigma} = \hat{S} = \sqrt{\frac{SS}{n-1}} = \sqrt{22.80} = 4.775$$

上表數值範例在 SPSS 資料編輯視窗中，格式如圖 1-5。

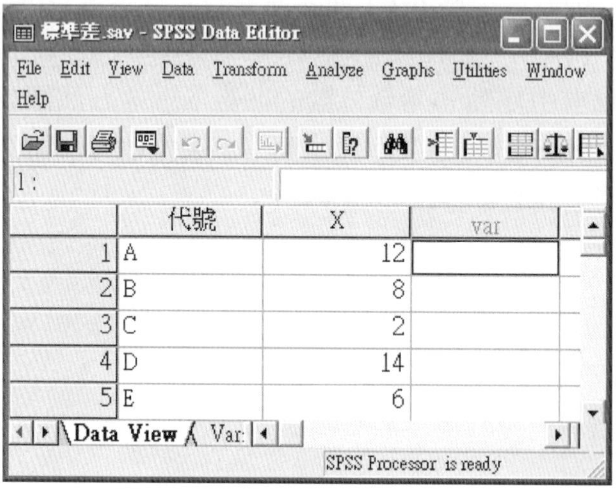

圖 1-5

資料編輯視窗中，如切換到「Variable View」（變數檢視）次對話視窗中，可以增刪變項名稱及設定變項屬性，在範例中，「代號」變項的類型

為「String」（字串）、「X」變項的類型為「Numeric」（數字），變項的類型為「數字」者才可以進行統計分析或進行各種算術運算。

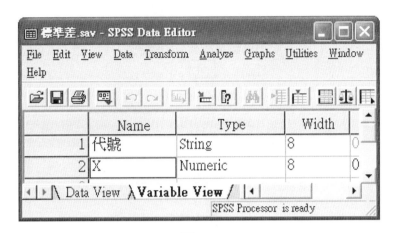

圖 1-6

求變項的描述性統計量程序如下：

執行功能列「Analyze」（分析）→「Descriptive Statistics」（描述統計）→「Descriptives」（描述統計量）的程序，出現「Descriptives」（描述性統計量）對話視窗。

⇒將左邊變數「X」選入右邊「Variables」（變數）下的方格中。

⇒按『Options』（選項）鈕，出現「Descriptives: Options」（描述性統計量:選項）次對話視窗，勾選「☑Mean」（平均數）、「☑Sum」（總和）、「☑ Std. deviation」（標準差）、「☑Variance」（變異數）、「☑Range」（範圍）、「☑Minimum」（最小值）、「☑Maximum」（最大值）、「☑S.E. mean」（平均數的標準誤）等選項。

⇒按『Continue』（繼續）鈕，回到「Descriptives」（描述性統計量）對話視窗。

⇒按『OK』（確定）鈕。

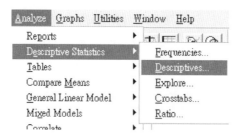

圖 1-7

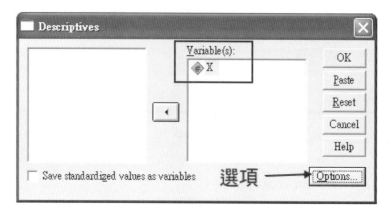

圖 1-8

圖 1-9

表 1-3 為 SPSS 執行描述性統計量指令之結果。

表 1-3　敘述統計

	個數	範圍	最小值	最大值	總和	平均數		標準差	變異數
	統計量	統計量	統計量	統計量	統計量	統計量	標準誤	統計量	統計量
X	5	12	2	14	42	8.40	2.135	4.775	22.800
有效的 N（完全排除）	5								

　　表 1-3 的描述性統計量中的「範圍」為全距 $(R = X_{MAX} - X_{MIN}) = 14 - 2 = 12$，變異數為 22.800、標準差為 4.775，其分母項採用的為 $n - 1 (= 5 - 1 = 4)$，而非 $n (= 5)$，樣本變異數採用的是其不偏估計數 $\hat{\sigma}^2$ 作為樣本的變異數。平均數的標準誤：

$$\sigma_{\bar{X}} = \sqrt{\frac{\sigma^2}{n}} = \frac{\sigma}{\sqrt{n}} = \frac{4.775}{\sqrt{5}} = 2.135$$

1－2　樣本平均數抽樣分配

　　所謂推論統計（inferential statistics）乃自母群體（population）中隨機抽取一定比例樣本（sample）觀察值，根據樣本的特徵量數來推估原母群體中的特徵量數（參數）的一種統計方法，描述母群體某些特徵的量數稱為母數或參數（parameter），母群體的參數常以希臘字母表示，如以 μ、σ 代表母群體的平均數、標準差；而根據抽取樣本資料所得的測量數值稱為「樣本統計量」（sample statistics），樣本統計量常以數學符號或英文字母表示，如以 或 M 表示樣本平均數，SD 或 S 表示樣本標準差。

1-2-1　常態分配及標準分數

　　在論及抽樣分配之前，研究者要先知道常態分配（normal distribution），常態分配指的是母群體數值資料的一種理論性分配，母群體隨機變項的觀察值，呈現左右對稱的鐘形曲線，其圖形如圖 1-10。

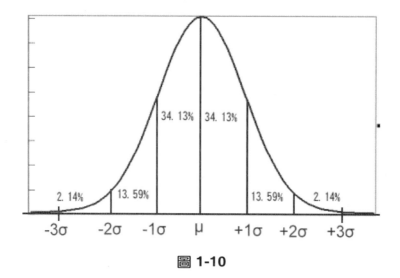

圖 1-10

常態分配一般均以符號 X～N（μ，σ²）表示，其中 X 為隨機變數，N 為常態分配的簡寫，μ 為母群體的平均數、σ² 為母群體的變異數，平均數 μ 與變異數 σ² 為母體的參數，前者可以決定常態分配的位置、後者可以決定常態分配的離散程度。常態分配曲線下的面積與橫坐標線間所構成的面積為 1（＝100%），常態分配曲線為一單峰左右對稱分配的曲線，平均數（μ）、中位數、眾數的位置相同，常態分配的偏態係數等於 0、峰度係數等於 3，為一常態峰，常態分配的機率值如下：

1. 平均數至左右一個標準差的機率為 34.13%，因而平均數上下一個標準差的累積機率等於 34.13%＋34.13%＝68.26%。

   P（μ－1σ＜X＜μ＋1σ）＝.6826

2. 左右一個標準差至左右二個標準差的機率為 13.59%，因而平均數上下二個標準差的累積機率等於 34.13%＋34.13%＋13.59%＋13.59%＝95.44%。

   P（μ－2σ＜X＜μ＋2σ）＝.9544

3. 左右二個標準差至左右三個標準差的機率為 2.14%，因而平均數上下三個標準差的累積機率等於：34.13%＋34.13%＋13.59%＋13.59%＋2.14%＋2.14%＝99.72%。

   P（μ－3σ＜X＜μ＋3σ）＝.9972

不同常態分配有不同的平均數與變異數，因而進行分配間的比較較為困難，若將不同型態的常態分配加以轉換，轉換成平均數等於 0、變異數等

於 1 的常態分配，此種轉換後的分數稱為 Z 分數（Z score），Z 分數所形成的分配稱為「標準常態分配」（standard normal distribution）。Z 分數是一種轉換後的分數，表示的是原始分數測量值大於或小於平均數多少個標準差單位，其公式表示如下：

$$母體分數的 Z 分數 = \frac{X - \mu}{\sigma}$$

$$樣本分數的 Z 分數 = \frac{X - \overline{X}}{SD}$$

Z 分數有三個特徵：其平均數會等於 0，即 $E(Z) = 0$，標準差或變異數等於 1，即 $V(Z) = 1$，Z 分數的分配型態與原始分數隨機變項 X 的分配型態相同，隨機變項 X 的相對位置經轉換為 Z 分數後不會改變。Z 分數構成的標準常態分配如圖 1-11。

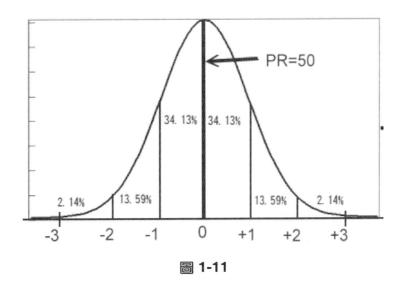

圖 1-11

標準常態分配的曲線面積為 Z±1 個標準差為 68.26%、Z±2 個標準差為 95.44%、Z±3 個標準差為 99.72%。當 Z 值等於 0 時，以下曲線的面積為 50%，PR=50。若再將 Z 分數直線轉換，轉換成平均數等於 50、標準差等於 10 的過程，可避免 Z 分數過多小數的情形，此種直線轉換後的分數稱為 T 分數：T ＝ 50 ＋ 10× Z。

常見的標準常態分配累積機率值如表 1-4，從此表中可以發現，當 Z 值

等於 1.645 時，Z 值以下的機率或面積爲 95%，Z 值以上的機率爲 5%；相對的，當 Z 值等於－1.645 時，Z 值以上的機率或面積爲 95%，Z 值以下的機率爲 5%；Z 值等於 1.96 時，Z±1.96 間的面積或機率爲 .4750+.4750 ＝ 95%，Z 值在＋1.96 以上的面積或機率爲 2.5%、Z 值在－1.96 以下的面積或機率爲 2.5%，即在±1.96 以外的機率約爲 5%；Z 值等於 2.33 時，Z 值以下的機率約爲 99%，Z 值以上的機率值約爲 1%，相對的 Z 值等於－2.33 時，Z 值以上的機率約爲 99%，Z 值以下的機率約爲 1%；Z 值等於 2.58 時，Z±2.58 間的面積或機率爲 .495+.495 ＝ 99%，Z 值在＋2.58 以上的面積或機率爲 0.5%、Z 值在-2.58 以下的面積或機率爲 0.5%，即在±2.58 以外的機率約爲 1%，上述 5%（0.05）、1%（0.01）即爲顯著水準α。

表 1-4　常用標準常態分配累積機率值

Z 值	Z 值以下面積	平均數至 Z 值間面積	Z 值以上面積
1.000	.8413	.3413	.1587
1.645	.9500	.4500	.0500
1.960	.9750	.4750	.0250
2.000	.9772	.4772	.0228
2.330	.9901	.4901	.0099
2.580	.9951	.4951	.0049
3.000	.9987	.4987	.0013

【SPSS 操作實例】－ Z 分數的求法

表 1-5

甲班（數值編碼 1）			乙班（數值編碼 1）			丙班（數值編碼 1）		
分數	Z 分數	T 分數	分數	Z 分數	T 分數	分數	Z 分數	T 分數
78	0.3021	53.02	72	-0.4081	45.92	84	0.1150	51.15
68	-0.9062	40.94	74	-0.1166	48.83	81	-0.2684	47.32
69	-0.7854	42.15	65	-1.4285	35.72	80	-0.3962	46.04
72	-0.4229	45.77	69	-0.8454	41.55	79	-0.5241	44.76
64	-1.3895	36.11	67	-1.1369	38.63	76	-0.9075	40.93
92	1.9936	69.94	83	1.1953	61.95	70	-1.6744	33.26
71	-0.5437	44.56	76	0.1749	51.75	92	1.1376	61.38
82	0.7854	57.85	75	0.0292	50.29	94	1.3932	63.93
80	0.5437	55.44	82	1.0495	60.49	93	1.2654	62.65
79	0.4229	54.23	85	1.4868	64.87	82	-0.1406	48.59

　　在一項英文學習策略與英文成就的行動研究中，研究者蒐集三班的學期英文學業成績（假設每班有十位學生），由於三班英文教師不同，教師評分的標準不一，直接以原始英文成績作為英文成就的測量值較為不適宜，此時，研究者可把三班的學期英文成績分別轉換為 Z 分數或 T 分數較為適宜。

　　在 SPSS 資料編輯視窗中，共有二個變項，二個變項名稱分別為「班級」、「英文成績」，「班級」變數為三分名義變項，其數值水準 1 表示甲班、數值水準 2 表示乙班、數值水準 3 表示丙班；「英文成績」變數為連續變項，數值內容為學生原始的英文成績分數。SPSS 資料編輯視窗中部分資料檔如圖 1-12、1-13。

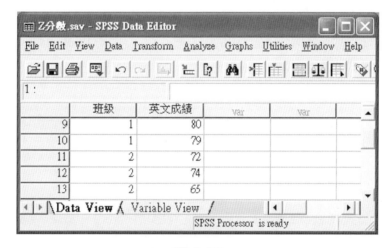

圖 1-12

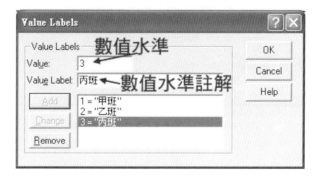

圖 1-13

一、操作程序

㈠操作程序一──選取班級觀察值

由於三個班級間要分別進行 Z 分數的轉換，研究者可以利用「選擇觀察值」（Select Cases）指令或「分割檔案」（Split File）的指令來進行。以甲班（班級變項的水準數值編碼為 1）為例，要挑選出甲班的學生，即在選擇「班級＝1」的受試者。

1. 步驟 1

執行「Data」（資料）→「Select Cases」（選擇觀察值）程序，出現「Select Cases」（選擇觀察值）對話視窗。選取「⊙If condition is satisfied」（如果滿足設條件）選項，按『If...』（若）鈕，出現「Select Cases: If」（選擇觀察值：If）次對話視窗。

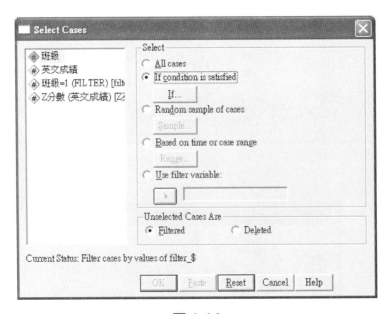

圖 1-14

2. 步驟 2

在「Select Cases: If」（選擇觀察值：If）次對話視窗中，在左邊變數清單中選取目標變項「班級」至右邊方格中，在「班級」的右邊鍵入設定條件「＝1」，表『Continue』（繼續）鈕，回到「Select Cases」（選擇觀察值）對話視窗。在「Select Cases」（選擇觀察值）對話視窗下的方盒「Unselected

Cases Are」（未被選擇的觀察值）中選取內定選項『⊙Filtered』（過濾）→
按『OK』（確定）鈕。

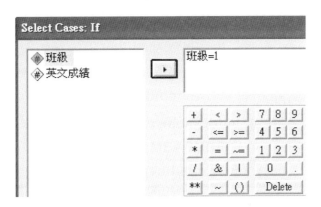

圖 1-15

圖 1-16 為完成條件設定後的結果，在『If...』按鈕的旁邊會出現設定條
件，範例中為「班級=1」。若是研究者要取消選擇觀察值的指令，全部的
資料檔要納入統計分析，在「Select Cases」（選擇觀察值）對話視窗中，選
取『⊙All cases』（全部觀察值）選項。

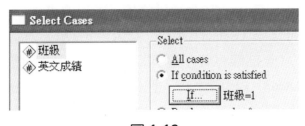

圖 1-16

圖 1-17 為執行選擇觀察值指令後的資料編輯視窗，在資料變項的欄位
中，會新增一個「filter_$」變項，此變項內的數值為「1」或「0」，「1」
表示被選取的觀察值（合乎設定條件）、「0」表示未被選取的觀察值（不
合乎設定條件），「filter_$」變項中，觀察值水準數值為 0 者，在最前面的
觀察值數字編號會被加上一條右上到左下的斜線「／」，表示此觀察值已
暫時被過濾，在之後的統計分析中，暫時不會被納入統計分析的範圍內。

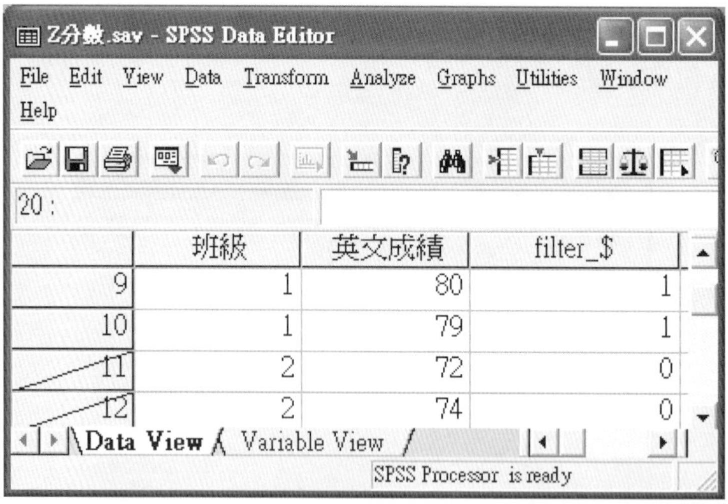

圖 **1-17**

　　在選擇觀察值的操作時，於「Select Cases」（選擇觀察值）對話視窗中，「未被選擇的觀察值為」（Unselected Cases Are）方盒中，有二個選項，一為內定選項「⊙Filtered」（過濾），二為「○Deleted」（已刪除），研究者在操作時最好選擇內定選項「⊙Filtered」（過濾），選擇此選項時，未符合設定條件的觀察值（未被選取的觀察值）暫時從資料檔中過濾掉，在之後的統計分析程序中暫時會被排除掉，若研究者要將全部的觀察值納入統計分析中，可以於「Select Cases」（選擇觀察值）對話視窗中，直接選取『⊙All cases』（全部觀察值）選項即可；若是研究者將未被選取的觀察值設定為「⊙Deleted」（已刪除），則未被選取的觀察值會從資料編輯視窗中被刪除掉，此時若是研究者不小心按工具列『Save File』（儲存檔案）鈕，會把原始資料檔覆蓋，則未被選取的觀察值會從資料檔中消失。

（二）操作程序二──求出標準分數

> 執行功能列「Analyze」（分析）→「Descriptive Statistics」（描述統計）→「Descriptives」（描述統計量）的程序，出現「Descriptives」（描述性統計量）對話視窗。
>
> ⇒將左邊變數清單中的目標變數「英文成績」選入右邊「Variables」（變數）下的方格中。
>
> ⇒勾選下方「☑Save standardized values as variables」（將標準化的數值存成變數）選項→按『OK』（確定）鈕。

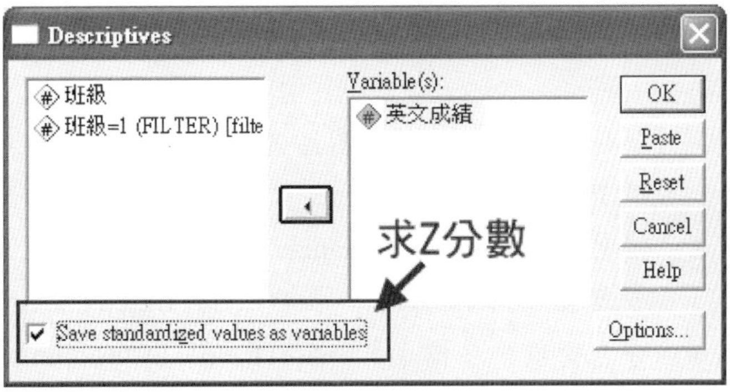

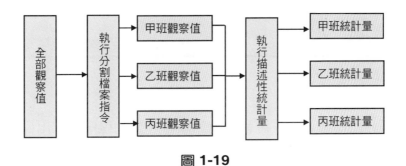

圖 1-18

　　重複上述操作程序㈠，選取乙班的觀察值，設定條件為「班級=2」，再執行操作程序㈡可以求出乙班英文成績的標準分數；再重複上述操作程序㈠，選取丙班的觀察值，設定條件為「班級=3」，再執行操作程序㈢可以求出丙班英文成績的標準分數。

　　若是班級數很多，研究者選取觀察值的次數相對的增多，每選擇一次觀察值，執行一次描述性統計量程序，若勾選「☑Save standardized values as variables」（將標準化的數值存成變數）選項，就會新增一個 Z 分數的變項，研究者必須將這些變項中的數值利用「選取」→「剪下」→「貼上」程序，變成一個變數欄位，這樣操作較為不方便，此時可改用「分割檔案」（Split File）的功能。上述三個班級的英文成績轉換為 Z 分數的操作，改為「分割檔案」的如圖 1-19。

```
全部觀察值 → 執行分割檔案指令 ┬→ 甲班觀察值 ┐
                              ├→ 乙班觀察值 ┼→ 執行描述性統計量 ┬→ 甲班統計量
                              └→ 丙班觀察值 ┘                  ├→ 乙班統計量
                                                               └→ 丙班統計量
```

圖 1-19

㈢分割檔案的操作

執行功能列【資料】（Data）/【分割檔案】（Split File）程序，出現「分割檔案」（Split File）對話視窗。

⇒勾選「⊙依組別組織輸出」（Organize output by groups），將分組變項「班級」選入右方「以組別為準」（Groups Based on）的方盒中，勾選內定「⊙依分組變數排序檔案」（Sort the file by grouping variables）選項→按『確定』鈕。

【備註】：於「分割檔案」（Split File）對話視窗中，研究者最好勾選內定「⊙依分組變數排序檔案」（Sort the file by grouping variables）選項，此時資料檔如果沒有依照分組變數排序好，會先進行排序工作再將檔案分割。不論資料檔是否依分組變數排序，「⊙依分組變數排序檔案」（Sort the file by grouping variables）選項均可適用。

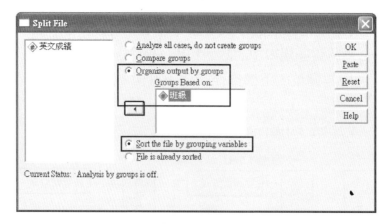

圖 1-20

執行「分割檔案」後，再執行上述操作（二）程序以求出標準分數

執行功能列「Analyze」（分析）→「Descriptive Statistics」（描述統計）→「Descriptives」（描述統計量）的程序，出現「Descriptives」（描述性統計量）對話視窗。

⇒將左邊變數清單中的目標變數「英文成績」選入右邊「Variables」（變數）下的方格中。

⇒勾選下方「☑Save standardized values as variables」（將標準化的數值存成變數）選項

⇒按『OK』（確定）鈕。

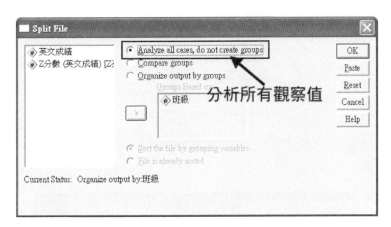

圖 1-21

　　研究者之後的統計分析中，不想依分組變項將觀察值分開統計，而想要將所有資料檔納入統計分析中，此時必須將分割檔案（Split File）的作用移除，以便全部的觀察值合併，其操作程序如下：於「分割檔案」（Split File）對話視窗中，選取「⊙Analyze all cases, do not create groups」（分析所有觀察值，勿建立組別）選項。

㈣求出各觀察值的 T 分數

執行功能表「Transform」（轉換）→「Compute」（計算）程序，出現「Compute Variable」（計算變數）對話視窗。

⇒在左邊「Target Variable」（目標變數）下的空格中輸入新變項的名稱，如「T 分數」。

⇒在右邊「Numeric Expression」（數值運算式）下的空格中鍵入 T 分數的公式：50+Z 分數變項名稱×10，範例為：「50+Z 分數*10」。

⇒按『OK』（確定）鈕。

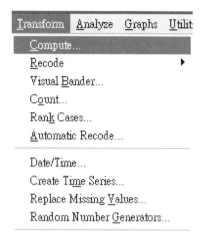

圖 1-22

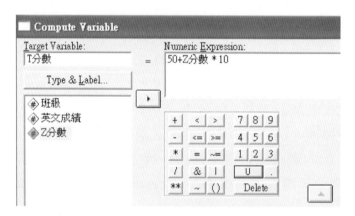

圖 1-23

二、結果說明

表 1-6 至表 1-8 為分割檔案後，執行描述性統計量結果。

班級 ＝ 甲班

表 1-6　敘述統計(a)

	個數	最小值	最大值	平均數	標準差
英文成績	10	64	92	75.50	8.276
有效的 N（完全排除）	10				
a 班級 ＝ 甲班					

十位甲班觀察值的英文成績中，最低分為 64、最高分為 92、平均數為

75.50、標準差爲 8.276。第一位受試者（原始分數爲 78）的 Z 分數 $=\dfrac{X-\overline{X}}{SD}$

$=\dfrac{78-75.50}{8.276}=0.3021$，T 分數 $= 50 + 0.3021\times10 = 53.02$。

班級 ＝ 乙班

表 1-7　敘述統計(a)

	個數	最小值	最大值	平均數	標準差
英文成績	10	65	85	74.80	6.861
有效的 N（完全排除）	10				
a 班級 ＝ 乙班					

十位乙班觀察值的英文成績中，最低分爲 65、最高分爲 85、平均數爲 74.80、標準差爲 6.861。第一位受試者（原始分數爲 72）的 Z 分數 $=\dfrac{X-\overline{X}}{SD}$

$=\dfrac{72-74.80}{6.861}=-0.4081$，T 分數 $= 50 + (-0.4081\times10) = 45.92$。

班級 ＝ 丙班

表 1-8　敘述統計(a)

	個數	最小值	最大值	平均數	標準差
英文成績	10	70	94	83.10	7.824
有效的 N（完全排除）	10				
a 班級 ＝ 丙班					

十位丙班觀察值的英文成績中，最低分爲 70、最高分爲 94、平均數爲 83.10、標準差爲 7.824。第一位受試者（原始分數爲 84）的 Z 分數 $=\dfrac{X-\overline{X}}{SD}$

$=\dfrac{84-83.10}{7.824}=0.1150$，T 分數 $= 50 + 0.1150\times10 = 51.15$。

三、選擇觀察值操作的進一步探討

在下面範例中，「班級」變項爲二分名義變項，水準數值編碼 1 爲甲班、水準數值編碼 2 爲乙班；「性別」變項爲二分名義變項，水準數值編碼 1 爲男生、水準數值編碼 2 爲女生，「期中考」與「期末考」變項爲連續變項，表示期中考成績、期末考成績。

表 1-9

班級	性別	期中考	期末考
1	1	60	66
1	1	50	58
1	1	78	95
1	2	65	74
1	2	68	84
2	1	78	86
2	1	82	85
2	1	71	60
2	2	70	58
2	2	74	64
2	2	56	72

於選擇觀察值操作程序中也可以設定二種以上條件，在「Select Cases: If」（選擇觀察值：If）次對話視窗，中間的算術判別與邏輯符號均可使用：如「大於」（>）、「小於」（<）、「小於且等於」（<=）、「大於且等於」（>=）、「等於」（=）、「不等於」（~=）、「且」（&）、「或」（|）。範例如：

1.選擇全部的女生觀察值⇒設定條件「性別=2」
2.選擇甲班的女生觀察值⇒設定條件「班級=1 & 性別=2」
3.選擇乙班的男生觀察值⇒設定條件「班級=2 & 性別=1」
4.選擇期中考或期末考分數在 90 以上的觀察值
  ⇒設定條件「期中考 >= 90 | 期末考 >= 90」
5.選擇期考中考及期末考分數均低於 60 分的觀察值
  ⇒設定條件「期中考<60 & 期末考<60」
6.選擇男生群體中，期中考成績或期末考成績有一次高於 80 分以上的觀察值
  ⇒設定條件「性別=1 & （期中考 >= 80 | 期末考 >= 80）」
7.選擇期中考與期末考成績均高於 60 分的女生觀察值
  ⇒設定條件「性別=2 & 期中考 >=60 & 期末考 >=60」

【SPSS 操作實例──常態性假定的考驗一】

㈠研究問題

　　某國中校長想探究其學校高三學生學習焦慮是否呈常態分配，此校長認為學生的學習焦慮與學生人格特質可能有關，某些學生的學習焦慮較高，某些學生的學習焦慮較低，因而高三學生的學習焦慮感受應該呈常態分配。此校長從其高三十六個班級中隨機抽取五十名學生填寫一份「學習焦慮量表」，學生在量表的知覺感受得分作為其學習焦慮指標，試問根據測得的數據，可否支持此的校長所提出的假設？

表 1-10

16	12	25	26	21	10	11	6	11	15	27	23	22	20	19	17	
12	13	14	15	16	17	18	25	26	27	23	22	21	20	19	18	12
9	8	19	22	7	15	22	21	15	26	35	30	30	28	30	32	18

　　研究的二種假設如下：

虛無假設 H_0：測量分數等於常態分配

對立假設 H_1：測量分數 ≠ 常態分配

㈡操作程序

1. 步驟 1

從功能表執行「Analyze」（分析）→「Descriptive Statistics」（描述統計）→「Explore...」（預檢資料）程序，開啟「Explore」（預檢資料）對話視窗。

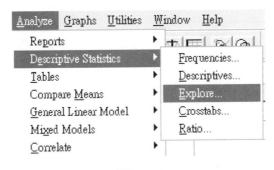

圖 1-24

2.步驟 2

在「Explore」（預檢資料）對話視窗中，將左邊變數清單中的目標變數「學習焦慮」選入右邊「Dependent List」（依變數清單）下的方格中。
⇒在左下方「Display」（顯示）方盒中，選取內定選項『Both』（兩者），以顯示統計量及圖形。
⇒按『Plot』（統計圖）鈕，開啟「Explore: Plots」（預檢資料：統計圖）次對話視窗。

【備註】：在「Explore」（預檢資料）對話視窗，按『Statistics』（統計量）鈕，可開啟「Explore: Statistics」（預檢資料：統計量）次對話視窗，內有四個選項：「Descriptives」（輸出各項描述性統計量數）、「M-estimators」（M 估計值）、「Outliers」（偏離值─輸出五個最高值、五個最小值）、「Percentiles」（輸出百分位數），內定選項為「☑ Descriptives」（描述性統計量）。

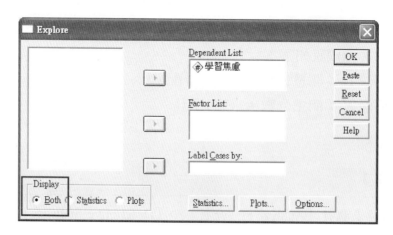

圖 1-25

3.步驟 3

在「Explore: Plots」（預檢資料：統計圖）次對話視窗中。
⇒勾選「☑莖葉圖」（Stem-and-leaf）選項。
⇒勾選「☑Normality plots with tests」（常態機率圖附檢定）選項。
⇒按『Continue』（繼續）鈕，回到「Explore」（預檢資料）對話視窗，按『OK』（確定）鈕。

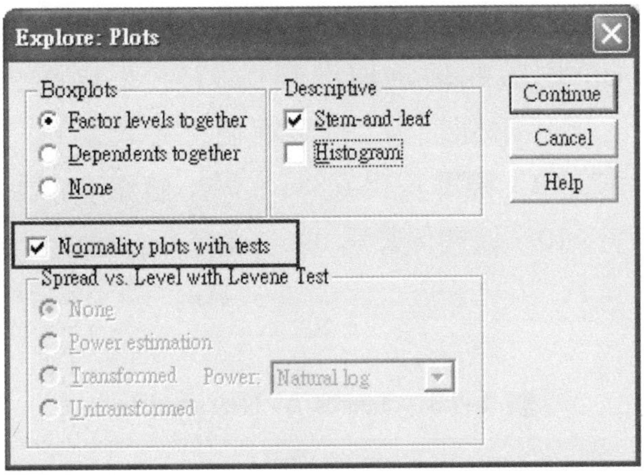

圖 1-26

㈢結果說明

表 1-11　Case Processing Summary

	Cases（觀察值）					
	Valid（有效的）		Missing（遺漏值）		Total（總和）	
	N	Percent	N	Percent	N	Percent
學習焦慮	50	100.0%	0	.0%	50	100.0%

　　表 1-11 為預檢資料有效的、遺漏值的個數及百分比，有效的觀察值有 50 位、遺漏值 0 位、總個數有 50 位。

表 1-12　Descriptives（敘述統計）

			Statistic	Std. Error
學習焦慮	Mean（平均數）		19.38	.973
	95% Confidence Interval for Mean（平均數的 95% 信賴區間）	Lower Bound	17.42	
		Upper Bound	21.34	
	5% Trimmed Mean（刪除兩極端各 5% 觀察值之平均數）		19.33	
	Median（中位數）		19.00	
	Variance（變異數）		47.342	
	Std. Deviation（標準差）		6.881	
	Minimum（最小值）		6	
	Maximum（最大值）		35	
	Range（全距）		29	
	Interquartile Range（四分位全距）		10	
	Skewness（偏態）		.096	.337
	Kurtosis（峰度）		-.538	.662

表 1-12 為 50 位樣本觀察值的描述統計量，學生在「學習焦慮量表」的平均數為 19.38、平均數的估計標準誤為 .973、平均數 95%信賴區間為〔17.42，21.34〕、刪除兩極端各 5%觀察值之平均數為 19.33、中位數為 19.00、變異數為 47.342、標準差為 6.881、最小值為 6、最大值為 35、全距為 29、四分位全距為 10、偏態係數為 .096（稍呈正偏態）、峰度係數為 −.538（稍呈低闊峰）。

表 1-13　Tests of Normality

	Kolmogorov-Smirnov(a)			Shapiro-Wilk		
	Statistic	df	Sig.	Statistic	df	Sig.
學習焦慮	.058	50	.200(*)	.988	50	.881
* This is a lower bound of the true significance.						
a Lilliefors Significance Correction						

表 1-13 為資料是否為常態分配之檢定統計量。「Kolmogorov-Smirnov」統計量為 .058，顯著性機率值 p=.200>.05，接受虛無假設，表示測量分數為常態分配。如果樣本觀察值的總數小於 50，則應採用「Shapiro-Wilk」統計量檢定，表中「Shapiro-Wilk」統計量為 .988，顯著性機率值 p =.988>.05，接受虛無假設，表示測量分數為常態分配。

表 1-14

```
學習焦慮 Stem-and-Leaf Plot
Frequency        Stem & Leaf
     4.00        0.   6789
     8.00        1.   01122234
    14.00        1.   55566778888999
    11.00        2.   00111222233
     8.00        2.   55666778
     4.00        3.   0002
     1.00        3.   5


Stem width:          10
Each leaf:           1 case(s)
```

表 1-14 為樣本觀察值在依變項的莖葉圖，在描述性統計量中最小值為

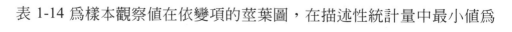

6、最大值為 35，因而「莖」欄部分的數字為十位數、「葉」欄部分的數字
為個位數，第一欄為次數分配。

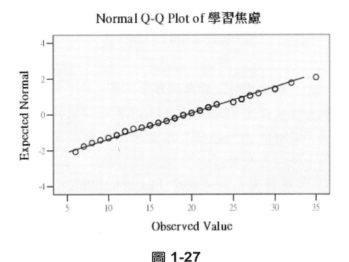

圖 1-27

　　圖 1-27 為常態機率分佈圖（normal probability plot），為檢驗測量值是
否為常態性的另一種方法，其方法乃是將觀察值依小至大加以排序，然後
將每一個數值與其常態分配的期望值配對，若是樣本觀察值為一常態分配，
則圖圈所構成的實際累積機率分配會分佈在理論常態累積機率直線圖上，
即常態機率分佈圖為一直線時，則資料呈現常態分配。

【SPSS 操作實例──常態性假定的考驗二】

㈠研究問題

　　某位都會地區補習班國中英文教師在一個大班級英文教學課程中，想
了解班上女學生的英文成就測驗的分配是否為常態分配，在學期中定期考
查後，從其任教的班級中隨機抽取 22 位女生，查閱其期中定期考查的成
績，其數據如表 1-15，請問此補習班英文教師任教班級學生的英文成績分
配是否為常態分配？

表 1-15

77	74	82	80	88	82	74	68	86	74	72
83	84	82	88	85	60	61	87	86	89	75

(二)操作程序

> 從功能表執行「Analyze」（分析）→「Descriptive Statistics」（描述統計）→「Explore...」（預檢資料）程序，開啓「Explore」（預檢資料）對話視窗。

> 在「Explore」（預檢資料）對話視窗中，將左邊變數清單中的目標變數「英文成就」選入右邊「Dependent List」（依變數清單）下的方格中。
> ⇒在左下方「Display」（顯示）方盒中，選取內定選項『Both』（兩者），以顯示統計量及圖形。
> ⇒按『Plot』（統計圖）鈕，開啓「Explore: Plots」（預檢資料：統計圖）次對話視窗。

> 在「Explore: Plots」（預檢資料：統計圖）次對話視窗中。
> ⇒勾選「☑莖葉圖」（Stem-and-leaf）選項。
> ⇒勾選「☑Normality plots with tests」（檢定常態分配圖）選項。
> ⇒按『Continue』（繼續）鈕，回到「Explore」（預檢資料）對話視窗，按『OK』（確定）鈕。

(三)結果說明

表1-16　Descriptives

			Statistic	Std. Error
英文成就	Mean		78.95	1.789
	95% Confidence Interval for Mean	Lower Bound	75.23	
		Upper Bound	82.68	
	5% Trimmed Mean		79.45	
	Median		82.00	
	Variance		70.426	
	Std. Deviation		8.392	
	Minimum		60	
	Maximum		89	
	Range		29	
	Interquartile Range		12	
	Skewness		-.928	.491
	Kurtosis		.188	.953

表 1-16 爲 22 位女生英文成就的描述性統計量，平均數爲 78.95、平均數的估計標準誤爲 1.789、平均數 95%信賴區間爲〔75.23，82.68〕、刪除兩極端各 5%觀察值後之平均數爲 79.45、中位數爲 82.00、變異數爲 70.426、標準差爲 8.392、最小值爲 60、最大值爲 89、全距爲 29、四分位全距爲 12、偏態係數爲－.928（分配爲負偏態）、峰度係數爲.188（峰度爲高狹峰）。

表 1-17　Tests of Normality

	Kolmogorov-Smirnov(a)			Shapiro-Wilk		
	Statistic	df	Sig.	Statistic	df	Sig.
英文成就	.187	22	.044	.902	22	.032
a Lilliefors Significance Correction						

表 1-1 爲資料是否爲常態分配之檢定統計量。「Kolmogorov-Smirnov」統計量爲.187，顯著性機率值 p =.044<.05，拒絕虛無假設，表示測量分數的分配不是常態分配。因爲自由度只有 22，樣本觀察值個數小於 50，採用「Shapiro-Wilk」統計量檢定較爲適合，表中「薛－魏常態性」檢定（Shapiro-Wilk normal test）統計量爲.902，顯著性機率值 p =.032<.05，拒絕虛無假設，表示測量分數的分配不是常態分配。

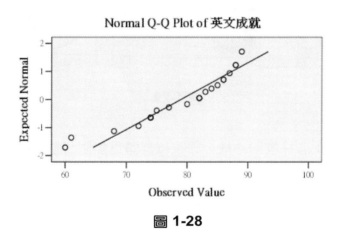

圖 1-28

圖 1-28 爲常態分配機率圖，多數觀察值樣本點累積機率值偏離常態分配理論累積機率分配線，顯示測量值的分配可能不是常態分配。

1-2-2　抽樣分配

至於抽樣分配（sampling distribution）係指從母群體中抽出所有可能相同次數的樣本，所作成之同一統計量的機率分配，因為統計量為一個隨機變數，有其機率分配，稱為抽樣分配。而所謂樣本平均數抽樣分配，係指以樣本平均數為統計量的機率分配，以符號 $\overline{X}$ 分配表示，其導出過程如下（江建良，民94）：

1. 母群體分配：母群體的分配可能為常態分配或其他分配，母群體的平均數及變異數分別為 μ 及 σ^2。
2. 抽樣：自上述母群體中，隨機抽取 n 個獨立觀察值為一組樣本，每個觀察值以下列符號表示：$x_1, x_2, x_3, \ldots\ldots, x_{n-1}, x_n$，$x_1, x_2, x_3, \ldots\ldots, x_{n-1}, x_n$ 為 n 個來自這個母群體的隨機樣本。
3. 每組樣本統計量：每組樣本的算術平均數統計量等於

$$\overline{X} = \frac{\Sigma X}{n} = \frac{x_1 + x_2 + \ldots + x_n}{n}$$

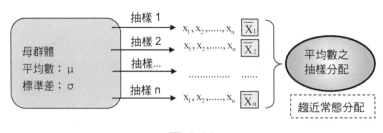

圖 1-29

4. 抽樣分配：若採放回抽樣，即視母群體為無限母體，在抽樣條件必須符合二個要求：一為每個樣本被抽中的機率相同、二為每個樣本被抽中的可能性互為獨立，則 $\overline{X}$ 之抽樣分配的平均數、變異數與標準差如下：

$$E(\overline{X}) = \mu \quad Var(\overline{X}) = \frac{\sigma^2}{n} \quad \sigma_{\overline{X}} = \sqrt{\frac{\sigma^2}{n}} = \frac{\sigma}{\sqrt{n}}$$

$\overline{X}$ 間的標準差 $\sigma_{\overline{X}}$ 稱為「標準誤」（standard error），有別於母群分配的標準差 σ，標準誤反應了抽樣誤差（sampling error）的大小，標準誤平方所代表的變異數稱之為「變異誤」（squared standard error of the sample mean），

以符號 $\sigma_{\overline{X}}^2$ 表示，標準誤或變異誤愈小，表示抽樣誤差愈小，標準誤或變異誤愈大，表示抽樣誤差愈大。不受母群體分配型態的限制，樣本平均數（$\overline{X}$）抽樣分配的期望值（平均數）等於母群體分配的平均數（μ），樣本平均數（$\overline{X}$）抽樣分配的變異數等於母群體的變異數（σ^2）除以每次抽樣的樣本數（n），當抽取樣本之次數愈大時，樣本平均數（$\overline{X}$）抽樣分配的變異程度會愈小。根據樣本平均數抽樣分配理論，可以透過樣本統計量來推估母群體的參數，如果抽樣是隨機的，且每次抽取的樣本夠大的話，則抽取樣本統計量的抽樣分配之期望值（平均數），即是母群體的平均數μ，樣本統計量的抽樣分配之變異誤除以每次抽取的樣本數，即是母群體的變異數。

上述 $E(\overline{X}) = \mu$、$Var(\overline{X}) = \dfrac{\sigma^2}{n}$ 可由期望值公式推導出：

由於：$E(X_i) = \mu$、$\Sigma E(X_i) = n \times \mu$

$$E(\overline{X}) = E\left(\frac{1}{N}\Sigma X_i\right) = \frac{1}{n}E(\Sigma X_i) = \frac{1}{n}\Sigma E(X_i) = \frac{1}{n} \times n\mu = \mu$$

$$Var(\overline{X}) = Var\left(\frac{\Sigma X_i}{n}\right) = \frac{1}{n^2}Var(\Sigma X_i) = \frac{1}{n^2}\Sigma[Var(X_i)] = \frac{1}{n^2}\Sigma\sigma^2 = \frac{1}{n^2} \times n \times \sigma^2 = \frac{\sigma}{n}$$

(一)大數法則

不論母群體的分配型態是否為常態分配（normal distribution），每次從母群體中隨機抽出若干樣本數，如果隨機抽取樣本的人次夠大（n愈大），則樣本平均數（$\overline{X}_n$）的統計量會接近母群體的平均數，即樣本平均數（$\overline{X}_n$）會落在母群體平均數μ附近，二者之差值（$\overline{X}_n - \mu$）落在一個微小範圍（$-\varepsilon$, $+\varepsilon$）內的機率趨近於 1（機率值等 1，表示必然會發生），也可說是，只要抽取的樣本數夠大，則樣本平均數（$\overline{X}_n$）會落在母群體平均數μ附近：($\mu-\varepsilon$, $\mu+\varepsilon$) 的機率接近 1，此即為大數法則（law of large number）。大數法則說明了，當抽取的樣本數愈多時，從樣本平均數（$\overline{X}_n$）抽樣分配的統計量來推估母群體的參數會愈正確，也可以說是從一個平均數μ的母群體，隨機抽取一組獨立的樣本觀察值，如果抽取之樣本觀察值的個數增加時，樣本觀察值的平均數$\overline{X}$愈接近母群體平均數μ。在樣本資料的取得方面，根據大數法則，除了樣本要有代表性外，重要的是抽取的樣本數不能太少，因為抽取的樣本數愈大，則樣本觀察值的平均數$\overline{X}$愈能代表母群體平均數μ，此時統計推論的可靠性愈高。

(二)中央極限定理

所謂中央極限定理（central limit theorem），係指不論母群體的分配型態是否為常態分配（normal distribution），每次從母群體中隨機抽出相同的人數n，如果人數夠多，則每一個樣本平均數（$\overline{X}$）抽樣分配組成的分佈圖，會趨近於常態分佈，此定理的應用上，通常n≥30，即可適用，如果n≥100，則樣本平均數為近似常態分配，此常態分配的平均數為μ、變異數為$\dfrac{\sigma^2}{n}$、標準誤為$\dfrac{\sigma}{\sqrt{n}}$，而$Z = \dfrac{\overline{X} - \mu}{\dfrac{\sigma}{\sqrt{n}}}$為近似標準常態分配。

(三)常態母群體二樣本平均差的抽樣分配

假設有二個常態分配的母群體，第一個母群體的平均數為μ_1、變異數為σ_1^2，第二個母群體的平均數為μ_2、變異數為σ_2^2。從第一個母群體中隨機抽取n_1個樣本觀察值，樣本個體分別為：$x_{11}, x_{12}, \ldots\ldots, x_{1n1}$，從第二個母群體中隨機抽取$n_2$個樣本觀察值，樣本個體分別為：$x_{21}, x_{22}, \ldots\ldots, x_{2n2}$，則二組樣本平均數的統計量分別為：$\overline{X}_1 = \dfrac{1}{n_1}\Sigma X_{1n1}$、$\overline{X}_2 = \dfrac{1}{n_2}\Sigma X_{2n2}$，二組樣本觀察值平均數的差異值$= \overline{X}_1 - \overline{X}_2$。每次從二個母群體中各抽取一個樣本觀察值，利用樣本統計量公式，可以求出每次抽樣之二個樣本觀察值的平均數，進而求得一個$\overline{X}_1 - \overline{X}_2$值，重複抽樣n次，可以得到n個$\overline{X}_1 - \overline{X}_2$數值，則n個$\overline{X}_1 - \overline{X}_2$數值所構成的機率分配，稱之為二樣本平均數差的抽樣分配。二樣本平均數差的抽樣分配之平均數為$\mu_1 - \mu_2$，其變異數為$\dfrac{\sigma_1^2}{n_1} + \dfrac{\sigma_2^2}{n_2}$。$\overline{X}_1 - \overline{X}_2$抽樣分配的統計量數為：

$$E(\overline{X}_1 - \overline{X}_2) = E(\overline{X}_1) - E(\overline{X}_2) = \mu_1 - \mu_2$$

$$Var(\overline{X}_1 - \overline{X}_2) = Var(\overline{X}_1) - Var(\overline{X}_2) = \frac{\sigma_1^2}{n_1} + \frac{\sigma_2^2}{n_2}$$

$$\text{樣本標準誤等於 } \sigma_{\overline{X}_1 - \overline{X}_2} = \sqrt{\frac{\sigma_1^2}{n_1} + \frac{\sigma_2^2}{n_2}}$$

$$\overline{X}_1 - \overline{X}_2 \text{ 轉換後的標準分數} = \frac{X - \overline{X}}{SD} = \frac{(\overline{X}_1 - \overline{X}_2) - (\mu_1 - \mu_2)}{\sqrt{\dfrac{\sigma_1^2}{n_1} + \dfrac{\sigma_2^2}{n_2}}}$$

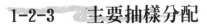
1-2-3　主要抽樣分配

在行為科學領域被廣泛使用的抽樣分配（sampling distribution）是二項式分配（bi-nominal distribution）、常態分配（normal distribution）、t分配、卡方分配與 F 分配，前三個分配在於描繪推論母群體的中央趨勢，而後二個分配：χ^2 分配與 F 分配，在於描繪推論有關中央趨勢的變異情形，在實驗設計中，變異數的分析與探討十分重要。在實際應用之推論統計中則以 χ^2 分配、t 分配、F 分配最為常見（*Kirk, 1995, pp.72-78*）。

(一) χ^2 分配

1876 年 F. R. Helmert 首先提出 χ^2 分配（chi-square distribution）的概念，但直到 1900 年才首先由 Karl Pearson 將 χ^2 分配的概念應用於檢定假設。假定 X 為常態分配母群體的隨機變數，母群體的平均數及變異數分別為 μ、σ^2，則 μ、σ^2 期望值分別為：

$$E(X) = \mu \, 、 \, E[X - E(X)]^2 = \sigma^2$$

如果從此常態分配的母群體中隨機抽取一個樣本，則此隨機樣本 X 可以以下列方式轉換成一個標準常態隨機變項：

$$Z = \frac{X - \mu}{\sigma}$$

利用上述公式轉換為 Z 分數後，如果重複進行無限多次，則可以得到一個 $\mu = 0$、$\sigma = 1$ 的常態分配。

這個隨機變數的平方變為：$Z^2 = \left(\frac{X-\mu}{\sigma}\right)^2 = \frac{(X-\mu)^2}{\sigma^2}$，此隨機變數的平方稱為卡方隨機變數（chi-square random variable），其自由度等於 1，以符號 $\chi^2_{(1)}$ 表示。$\chi^2_{(1)}$ 抽樣分配是一個自由度等於 1 的卡方分配，其註標(1)表示自由度。由於 $\chi^2_{(1)}$ 值是 Z 分數的平方，所以 $\chi^2_{(1)}$ 值沒有負值，由於大約 68.26% 的抽樣分配會介於 0 與 1 之間，$\chi^2_{(1)}$ 變數的分配並非對稱的常態分配而是呈現正偏態（positively skewed）分配，剩下的 31.74% 分配位於 1 和有限的正數之間。

$$\chi^2_{(1)} = （隨機變數-隨機變數平均數）^2 的平方／隨機變數的變異數$$

如果從相同常態分配母群體中隨機抽取二個樣本，二個樣本的測量分數分別為 X_1、X_2，二個測量分數的 Z^2 分別如下：

$$Z^2_1 = \frac{(X_1-\mu)^2}{\sigma^2} \text{ 與 } Z^2_2 = \frac{(X_2-\mu)^2}{\sigma^2}$$

因為 X_1、X_2 的測量分數是從常態母體中隨機取樣而得，二個數值是相互獨立的，Z^2_1、Z^2_2 是平方標準常態隨機變數，二個平方的總和 $Z^2_1+Z^2_2$ 變為有二個自由度的卡方隨機變數 $\chi^2_{(2)}$。$\chi^2_{(2)}$ 抽樣分配的偏態比 $\chi^2_{(1)}$ 還小。依次類推，如果從常態分配的母群體中，隨機抽取 n 個獨立的觀察值，n 個獨立觀察值的 Z^2 總和等於：$\sum\limits_{i=1}^{n} Z^2_i = \dfrac{\sum\limits_{i=1}^{n}(X_i-\mu)^2}{\sigma^2} = \chi^2_{(n)}$，卡方隨機變數 $\chi^2_{(n)}$ 稱為有 n 個自由度的卡方隨機變數，當自由度較小時，卡方分配呈現正偏態，但隨著自由度的增加，卡方分配的形狀則接近常態分配。一個自由度為 v 的卡方隨機變數 $\chi^2_{(v)}$ 的值恒為正數，所以其隨機變數值範圍為（$0，\infty$），$\chi^2_{(v)}$ 的期望值（平均數）為 v、變異數為 $2v$，二者的期望值分別如下：

$$E(\chi^2_{(v)}) = v \qquad Var(\chi^2_{(v)}) = 2v$$

$\chi^2_{(v)}$ 分配的型態依據自由度的大小而有所不同，$\chi^2_{(v)}$ 機率密度函數的形狀變化如下：當自由度較小時，$\chi^2_{(v)}$ 呈現右偏（skew to the right），即一種不對稱分佈的正偏態，當自由度增加時，會逐漸接近鐘形分佈（bell shape），即形成常態分佈。卡方統計量具有可加性，即二個獨立的卡方統計量 $\chi^2_{(v1)}$、$\chi^2_{(v2)}$ 相加可以得到一個自由度為 v_1+v_2 的卡方隨機變數：

$$\chi^2_{(v1)} + \chi^2_{(v2)} = \chi^2_{v1+v2}$$

在大部分的研究情境中，樣本平均數 $\overline{X}$ 是已知的，但母群體的平均數（μ）與標準差（σ）通常是未知的，因而樣本統計量的抽樣分配須加以修正，修正的估計公式如下：

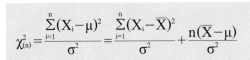
$$\chi^2_{(n)} = \frac{\sum\limits_{i=1}^{n}(X_i-\mu)^2}{\sigma^2} = \frac{\sum\limits_{i=1}^{n}(X_i-\overline{X})^2}{\sigma^2} + \frac{n(\overline{X}-\mu)}{\sigma^2}$$

其中算術：$\dfrac{n(\overline{X}-\mu)}{\sigma^2} = \dfrac{(\overline{X}-\mu)}{\dfrac{\sigma^2}{n}} = \dfrac{(\overline{X}-\mu)}{\sigma^2_{\overline{X}}} = \chi^2_{(1)}$

當 $\overline{X}$ 是一個常態分配隨機變數，其平均數等於 μ，變異數等於 $\dfrac{\sigma^2}{n}$，則上面卡方分配的樣本估計式可以推導為：

$\chi^2_{(n)} = \dfrac{\sum\limits_{i=1}^{n}(X_i-\mu)^2}{\sigma^2} = \dfrac{\sum\limits_{i=1}^{n}(X_i-\overline{X})^2}{\sigma^2} + \dfrac{n(\overline{X}-\mu)}{\sigma^2} = \dfrac{\sum\limits_{i=1}^{n}(X_i-\overline{X})^2}{\sigma^2} + \chi^2_{(1)}$，如果右邊二個方程式項均為獨立的，則根據卡方分配加法原理可以得到下列算式：

$$\frac{\sum\limits_{i=1}^{n}(X_i-\overline{X})^2}{\sigma^2} = \chi^2_{(n)} - \chi^2_{(1)} = \chi^2_{(n-1)} = \frac{(n-1)\hat{\sigma}^2}{\sigma^2}$$

其中 $\hat{\sigma}^2 = \dfrac{\sum\limits_{i=1}^{n}(X_i-\overline{X})^2}{n-1}$，算式左右兩邊均乘於 $(n-1)$，$(n-1)\hat{\sigma}^2 = \sum\limits_{i=1}^{n}(X_i-\overline{X})^2$，比值 $\dfrac{(n-1)\hat{\sigma}^2}{\sigma^2}$ 是一個隨機變數，自由度為 n-1 的卡方分配。

一個卡方統計量及卡方抽樣分配可以用來檢定一個母群變異數（σ^2）是否等於某於特定數值（σ^2_0）之虛無假設，檢定的虛無假設與對立假設如下：

$H_0 : \sigma^2 = \sigma^2_0$

$H_1 : \sigma^2 \neq \sigma^2_0$

(二) F 分配

F 統計與 F 分配常被使用於檢定二個母群變異數的假設考驗。F 隨機變數由卡方隨機變數推導而來，其定義如下：如有二個獨立的卡方統計量 $\chi^2_{(v1)}$、$\chi^2_{(v2)}$，其自由度分為 v_1、v_2，則二個卡方隨機變項與其自由度相除後的比值稱為「F 隨機變項」（F random variable）：

$$F = \frac{\dfrac{\chi^2_{(v1)}}{v_1}}{\dfrac{\chi^2_{v2}}{v_2}}$$

這個卡方比值的分配首先由 R. A. Fisher（1924）年所定義，之後於 1934 年由 G. W. Snedecor 將其合命名，以 Fisher 的第一個英文字母簡稱為 F 分配，由於 v_1、v_2 分別在 F 統計量的分子及分母位置處，所以稱 v_1 為 F 分配的分子自由度、而把 v_2 稱為 F 分配的分母自由度，F 分配之 F 統計量以符號 $F(v_1, v_2)$ 表示，F 分配統計量重要性質如下。

1. F 分配的期望值（平均數）與變異數為：

$$E(F) = \frac{v_2}{v_2 - 2}, \quad (v_2 \geq 2)$$

$$Var(F) = \frac{2v_2^2(v_1 + v_2 - 2)}{v_1(v_2 - 2)^2(v_2 - 4)}, \quad (v_2 \geq 4)$$

2. F 統計量值恒為正數，所以其隨機變數值範圍介於 0 至 ∞ 之間。

3. 當自由度 v_2 趨近無限大（∞）時，$E(F) = \dfrac{v_2}{v_2 - 2} \doteq 1$，故 F 分配的中心位置乃在 1 附近，F 分配的中心位置不隨自由度的增大而右移，自由度小時，F 分配呈現正偏態，自由度愈大，愈接近於常態分配。

若有二個變異數相等的常態分配母群：$\sigma_1^2 = \sigma_2^2$（並非假定二個母群的平均數相等），從二個母群中隨機抽取大小 n1、n2 的樣本，抽樣樣本可以估計母群變異數的不偏估計值，不偏估計值分別為 $\hat{\sigma}_1^2$、$\hat{\sigma}_2^2$，其自由度分別為 $v_1 = n_1 - 1$、$v_2 = n_2 - 1$，由於 $v = n - 1$ 時，$\chi^2_{(v)} = \dfrac{v\hat{\sigma}^2}{\sigma^2}$，$\hat{\sigma}_1^2$、$\hat{\sigma}_2^2$ 可以被分別表示為：

$$\hat{\sigma}_1^2 = \frac{\sigma_1^2 \chi^2_{(v1)}}{v_1} \qquad \hat{\sigma}_2^2 = \frac{\sigma_2^2 \chi^2_{(v2)}}{v_2}$$

因為 $\sigma_1^2 = \sigma_2^2$，二個樣本變異數的比值等於下式：

$$\frac{\hat{\sigma}_1^2}{\hat{\sigma}_2^2} = \frac{\dfrac{\sigma_1^2 \chi^2_{(v1)}}{v_1}}{\dfrac{\sigma_2^2 \chi^2_{(v2)}}{v_2}} = \frac{\dfrac{\chi^2_{(v1)}}{v_1}}{\dfrac{\chi^2_{(v2)}}{v_2}} = F_{(v1, v2)}$$

，此比值即為 F 統計量。F 的抽樣分配是一個有自由度 v_1、v_2 的 F 分配。F 統計量可以用來檢定二個母群體變異數是否相同之假設，其虛無假設如下：

$$H_0 : \sigma_1^2 = \sigma_2^2 \quad 或\ H_0 : \sigma_1^2 \le \sigma_2^2 \quad 或\ H_0 : \sigma_1^2 \ge \sigma_2^2$$

在實務應用上，F 統計量通常用於檢定三個以母群體的平均數是否相等，其考驗的虛無假設為：

$H_0 : \mu_1 = \mu_2 = \ldots\ldots = \mu_p$，變異數分析即是使用 F 統計量來進行各效果項的假設考驗。

(三) t 分配

t 統計量的抽樣分配最早於 1908 年由 W. S. Gosset 於 1908 年推導得出，之後 Gosset 以「Student」的筆名發表，因而 t 統計量又為「Student's t」，而 t 分配稱為「學生氏 t 分佈」（Student's t-distribution）。 t 隨機變數由 Z 分數推導延伸而來。若隨機樣本分數 X 來自常態分配母群，母群體的平均數及變異數分別為 μ、σ^2，則隨機樣本平均數 $\overline{X}$ 可以以一個標準常態隨機變項表示：

$$z = \frac{\overline{X} - \mu}{\frac{\sigma}{\sqrt{n}}}$$

z 分配是一個平均數等於 0、標準差等於 1 的常態分配。將 z 分數與卡方隨機變數定義為如下的關係，即為單一樣本 t 統計量（one-sample t statistic）：

$$t = \frac{z}{\sqrt{\frac{\chi_{(n-1)}^2}{n-1}}}$$

z 與 χ^2 是互為獨立的，n-1 為自由度（v），t 統計量的分母項是卡方隨機變項與其自由度的比值再開根號，而分子項是標準化常態隨機變項。t 分配具對稱性且以 t = 0 為對稱軸，其隨機變數值範圍介於 $-\infty$ 至 ∞ 之間，當自由度愈大，t 分配的形狀愈接近於標準化常態分配，此時變異數愈接近 1，如果樣本數（n）大於 30 以上時，t 分配可視為常態分配；而當自由度愈小時，常態分配的形狀愈分散扁平。t 分配的期望值（平均數）與變異數如下：

$$E(t) = 0 \qquad Var(t) = \frac{n-1}{n-3} = \frac{\nu}{\nu-2}, \qquad (\nu > 2)$$

t 分配類似常態分配，平均數爲 0，變異數接近爲 1，外表是對稱鐘形曲線，t 分配曲線變化隨著自由度而改變，當自由度增加到無限大時，t 分配等於常態分配，變異數等於 1，因而樣本的大小直接左右 t 分配曲線形狀，小樣本的檢定如果採用常態分配模式（Z 考驗），很容易拒絕虛無假設，達到顯著水準，此時最好採用 t 分配模式檢定。

單一樣本 t 統計量中 z 值可由 $\dfrac{\overline{X}-\mu}{\frac{\sigma}{\sqrt{n}}}$ 取代，而 $\chi^2_{(n-1)}$ 可由 $\dfrac{(n-1)\hat{\sigma}^2}{\sigma^2}$ 取代，因而單一樣本 t 統計量可以簡化爲：

$$t = \frac{z}{\sqrt{\dfrac{\chi^2_{n-1}}{n-1}}} = \frac{\dfrac{\overline{X}-\mu}{\frac{\sigma}{\sqrt{n}}}}{\sqrt{\dfrac{(n-1)\hat{\sigma}^2}{\sigma^2}}{n-1}} = \frac{\dfrac{\overline{X}-\mu}{\frac{\sigma}{\sqrt{n}}}}{\dfrac{\hat{\sigma}}{\sigma}} = \frac{\overline{X}-\mu}{\dfrac{\hat{\sigma}}{\sqrt{n}}}$$

若隨機變項 t，其自由度爲 $\nu(=n-1)$，則 t 統計量的平方爲：

$$t^2 = \frac{z^2}{\dfrac{\chi^2_{n-1}}{n-1}} = \frac{\dfrac{\chi^2_{(1)}}{1}}{\dfrac{\chi^2_{n-1}}{(n-1)}} = F_{(1, v2)}$$

在卡方分配中得知：$z^2 = \chi^2_{(1)}$，上述分子項爲卡方變項除以其自由度（＝1），而分母項爲 χ^2_{n-1} 隨機變項除以其自由度（＝n−1），二者的比值即爲 F 隨機變項。t 分配除了是 Z 分配與卡方分配開根號的比值之外，進一步藉由卡方分配可以推導出與 F 統計量的關係，亦即 t 分配是 F 分配的一個特例（分子自由度爲 1 的 統計量），二者關係如下：

$t^2_v = F_{(1, v2)}$，其中（$\nu = \nu_2$），在變異數分析中 F 統計量爲 t 統計量的平方，由上列式子可以推導出。

F 分配、t 分配、χ^2、Z 分配是推論統計的四大基本分配，前三者分配的

公式中都有 Z 分數的身影，即前三者的分配不是基於常配分配來推導，就是從常態分配所產生的延伸，這表示樣本所在的母群體，必須是一個常態分配的情況下，F 分配、t 分配、χ^2分配才有存在的意義。其中比較特別的是 t 分配，在 t 統計量的公式中，母體標準差在推導中被抵銷，表示 t 統計量的計算，可以在母體標準差未知的情況條件下進行運算。而 F 值與卡方值有特定的數學關係，卡方值自由度為 1 時，尾機率值（顯著性p值）會近似於自由度 $v_1 = 1$、$v_2 = \infty$的F值；此外，當卡方或F值為 3.84 時，卡方分配自由度為 1，F分配自由度為 1，500 時的尾機率值為.050，而數值 3.84 恰等於 1.96^2，顯示當自由度為 1 時，卡方分配即等於標準常態Z分配（邱皓政，民 94）。

表 1-18

F 值	F_DF1	F_DF2	SIG_F	卡方值	卡方自由度	SIG_CH
1.96	1	100	0.16461		1	0.16151
3.84	1	500	0.05060		1	0.05004
8.25	1	1,000	0.00416		1	0.00408
10.25	1	2,000	0.00139		1	0.00137
12.25	1	3,000	0.00047		1	0.00047
14.25	1	4,000	0.00016		1	0.00014

表 1-18 第四欄 F 值的尾機率函數（tail probability function）與第七欄卡方值的尾機率函數即為顯著性機率值 p，在推論統計中若是此機率值小於.05（α值），則可拒絕虛無假設，接受對立假設，若是此機率值大於.05（α值），則應接受虛無假設。尾機率函數值乃利用 SPSS 功能列中的「轉換」→「計算」程序中的「Significance」函數中的二個函數語法求出：「Sig.Chisq」、「Sig.F」，χ^2分配尾機率函數的語法為：Sig.Chisq（卡方值，自由度），F 分配尾機率函數的語法為：Sig.F（F 值、自由度 1，自由度 2）。

1-3 統計假設檢定

1-3-1 虛無假設與對立假設

統計假設檢定（statistical hypothesis testing），簡稱統計檢定或假設考

驗，此假設考驗中所要檢定的假設（hypothesis）為虛無假設（null hypothesis），而非研究假設。在研究架構中，研究者會依研究動機與研究方法，提出研究問題，根據研究問題提出研究假設，如在一項生活壓力與憂鬱傾向的相關研究中，研究問題之一為：「生活壓力大的成年人其憂鬱傾向是否較高？」將此研究問題轉換為統計術語的研究假設為：「生活壓力感受較高的成年人其憂鬱傾向顯著的高於生活壓力感受較低的成年人」，此一研究假設為是一個關於母群體真實性質的陳述，也是研究者希望獲得證實的假設，此種假設研究者希望它的結果是「有差異」或「有關係」存在，研究者根據研究問題轉換為統計術語的研究假設稱為「對立假設」（alternative hypothesis），通常以符號 H_1 表示，如果生活壓力感受較高的成年人其憂鬱傾向測量分數平均數為 μ_1，而生活壓力感受較低的成年人其憂鬱傾向測量分數平均數為 μ_2，則對立假設可以以下式表示：「$H_1：\mu_1 > \mu_2$」，對立假設是不包含等號（＝）的假設。

與「對立假設」相對立或相反的假設，稱為「虛無假設」，虛無假設表示的是變項間沒有差異或沒有關係，根據上述對立假設的陳述，虛無假設為「生活壓力感受較高的成年人其憂鬱傾向沒有顯著的高於生活壓力感受較低的成年人」，虛無假設中的「虛無」（null）為一種沒有差異的假定，是研究者希望拒絕（reject）、否定、否決、推翻的假設，通常以符號 H_0 表示，如果生活壓力感受較高的成年人其憂鬱傾向測量分數平均數為 μ_1，而生活壓力感受較低的成年人其憂鬱傾向測量分數平均數為 μ_2，則虛無假設可以以下式表示：「$H_0：\mu_1 \leq \mu_2$」，虛無假設是包含等號（＝）的假設，它的統計關係式和對立假設剛好相反。

「虛無假設」與「對立假設」二種假設為互斥集合之關係，上述研究問題的虛無假設與對立假設如下：

$$H_0：\mu_1 \leq \mu_2 \quad 或 \quad \mu_1 - \mu_2 \leq 0$$
$$H_1：\mu_1 > \mu_2 \quad 或 \quad \mu_1 - \mu_2 > 0$$

虛無假設由於有包含等號，所以有三種關係式：「＝」、「≥」、「≤」，其相對立的對立假設的關係式為：「≠」、「<」、「>」。

1-3-2　單尾假設與雙尾假設

如果研究假設是有方向的（directive）則此假設稱爲單尾假設，以上述研究假設而言，研究者所要驗證的假設爲：「生活壓力感受較高的成年人其憂鬱傾向（μ_1）顯著的高於生活壓力感受較低的成年人（μ_2）」，研究者認爲 μ_1 會大於 μ_2，不可能會小於 μ_2，因而在對立假設中提出單一方向比較關係 $\mu_1 > \mu_2$，此種假設稱爲「單尾假設」（one-tailed hypothesis）；如果研究者不強調大小、優劣的比較關係，只強調有無顯著差異，此種差異可能爲 $\mu_1 > \mu_2$，也可能 $\mu_1 < \mu_2$，或有無相關存在，$\rho \neq 0$，此種相關可能是正相關，也可能爲負相關，如研究問題爲「都會地區國中二年級男學生的體適能與非都會地區國中二年級男學生的體適能是否有所不同」，研究假設爲：「都會地區國中二年級男學生的體適能（μ_1）與非都會地區國中二年級男學生的體適能（μ_2）有顯著差異」，此種假設檢定並沒有考驗到其方向性，因爲研究者無法預測 μ_1 會大於 μ_2 或 μ_1 會小於 μ_2，只能因爲都市化結果的假定，認爲都會地區與非都會地區學生的體適能可能有所不同，此種不考慮方向的假設稱爲「雙尾假設」（two-tailed hypothesis）或「無方向性假設」（non-directional hypothesis），雙尾假設的虛無假設與對立假設如下：

1. 虛無假設

$H_0：\mu_1 = \mu_2$ 或 $\mu_1 - \mu_2 = 0$

虛無假設爲「都會地區國中二年級男學生的體適能與非都會地區國中二年級男學生的體適能沒有顯著差異。」或「都會地區國中二年級男學生的體適能的平均數（μ_1）與非都會地區國中二年級男學生的體適能的平均數（μ_2）的差異值顯著等於 0」。

2. 對立假設

$H_1：\mu_1 \neq \mu_2$ 或 $\mu_1 - \mu_2 \neq 0$

對立假設爲「都會地區國中二年級男學生的體適能與非都會地區國中二年級男學生的體適能有顯著差異。」或「都會地區國中二年級男學生的體適能的平均數（μ_1）與非都會地區國中二年級男學生的體適能的平均數（μ_2）的差異值顯著不等於 0」。

上述對立假設乃根據研究假設而來：「都會地區國中二年級男學生的體適能與非都會地區國中二年級男學生的體適能有顯著差異。」

　　如果研究者根據理論與相關資料，認為因整體學習環境與空間關係，而提出「都會地區國中二年級男學生的體適能是否顯著的較非都會地區國中二年級男學生的體適能差」的研究問題，則此研究問題的統計假設為單尾假設，其虛無假設與對立假設如下：

1. 虛無假設

$H_0 : \mu_1 \geq \mu_2$ 或 $\mu_1 - \mu_2 \geq 0$

虛無假設為：「都會地區國中二年級男學生的體適能不會顯著的較非都會地區國中二年級男學生的體適能差。」或「都會地區國中二年級男學生的體適能的平均數（μ_1）與非都會地區國中二年級男學生的體適能的平均數（μ_2）的差異值顯著等於或大於 0」。

2. 對立假設

$H_0 : \mu_1 < \mu_2$ 或 $\mu_1 - \mu_2 < 0$

對立假設為：「都會地區國中二年級男學生的體適能顯著的較非都會地區國中二年級男學生的體適能差。」或「都會地區國中二年級男學生的體適能的平均數（μ_1）與非都會地區國中二年級男學生的體適能的平均數（μ_2）的差異值顯著小於 0」。

　　單尾假設與雙尾假設所對應的統計機率並不相同，前者採用的是「單尾檢定」（one-tail tests），所對應的統計機率為單尾機率；後者採用的統計考驗為「雙尾檢定」（two-tail tests），所對應的統計機率為雙尾機率，相同的樣本統計量，採用「單尾檢定」與採用「雙尾檢定」所獲致的結果可能剛好相反，此種相反情形通常是「單尾檢定」時拒絕虛無假設，而「雙尾檢定」時接受虛無假設。研究假設的擬定會影響之後的統計決策，因而研究者在擬定研究假設時，最好以理論文獻或之前的相關研究支持，才能符合科學研究之客觀與嚴謹。

1-3-3　統計決策

　　在假設檢定時，包含拒絕虛無假設與接受對立假設，此部分研究者須根據從樣本觀察值中所搜集到統計量作出拒絕或接受的決策，如果樣本統計量的顯著性機率值（p 值）小於或等於顯著水準（level of significances；以符號 α 表示），即 $p \leq \alpha$，則表示樣本統計量落入拒絕域（rejected region），

此時就有足夠理由拒絕虛無假設，相反的，若樣本統計量的顯著性機率值（p 值）大於顯著水準（level of significances；以符號 α 表示），即 p > α，則表示樣本統計量落入接受域（accepted region），此時沒有足夠理由拒絕虛無假設，應接受虛無假設。顯著水準 α 值通定為.05、.01 或.001，一般皆設定為.05，如果是雙尾檢定，則臨界值（critical value）左右二端的拒絕域的面積各為 $\frac{\alpha}{2}$ = .025。

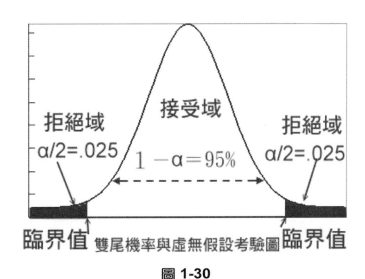

圖 1-30

　　圖 1-30 為雙尾機率與虛無假設決策圖，在假設檢定中區隔拒絕域與接受域的分界點稱為臨界值（critical value），若是將顯著水準 α 定為.05，則雙尾假設臨界值左右兩側的機率各為 $\frac{\alpha}{2}$ = .025，當觀察統計量數落入二側的拒絕域，則統計決策拒絕虛無假設，或是觀察統計量數的概率 p ≤ α，則統計決策拒絕虛無假設。顯著水準 α 一般定為.05（5%），若是定為.01，則 p ≤ α 的機率會較低，即觀察統計量數的概率 p 較容易小於.05，較不容易小於.01，因而 α=.05 是一個適中的顯著水準值，而 α=.01 是一個比較嚴格的顯著水準值，在某些研究中研究者會將顯著水準值訂得非常小，如 α=.001，採取的是一種甚為嚴格的顯著水準值。一般而言，在 α=.05 之下，拒絕虛無假設，稱為「達到顯著」（significant），而在 α=.01 或 α=.001 之下，拒絕虛無假設，稱為「非常顯著」（highly significant）。在雙尾檢定時，如果觀察值統計量之概率值 p> 顯著水準 $\frac{\alpha}{2}$ 值，則觀察值統計量落入接受域，此時應接受虛無假設，拒絕對立假設；若是觀察值統計量之概率值 p ≤ 顯著水準

$\frac{\alpha}{2}$值,則觀察值統計量落入拒絕域,此時足以拒絕虛無假設,接受對立假設。

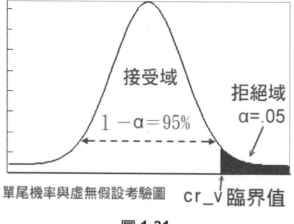

圖 1-31

在雙尾假設中,臨界值左右二側拒絕域的機率各為.025,全部的拒絕域為.05,中間接受域的機率為 $1-.05=.95$,在單尾假設中,將 α 值置於樣本統量之抽樣分配的右端,此時臨界值右側的機率為 α($=.05$),若是觀察值統計量落入臨界值右側拒絕域內,則拒絕虛無假設,若是觀察值統計量落入臨界值左側接受域內,則接受虛無假設,臨界值左側的機率為 $1-.05=.95$,此種單尾假設的檢定稱為「右尾檢定」(right-tailed test)。右尾假設檢定通常有「大於」、「重於」、「優於」、「多於」、「高於」的意涵,如「大一理學院女學生的體適能顯著的優於大一文學院女學生的體適能」、「明星高中學生的生活壓力顯著的高於非明星高中學生的生活壓力」等。

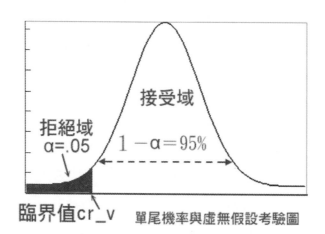

圖 1-32

相對於右尾檢定的為「左尾檢定」（left-tailed test），左尾檢定的α值置於抽樣分配的左側，此時臨界值左側的機率為α（＝.05），若是觀察值統計量落入臨界值左側拒絕域內，則拒絕虛無假設，若是觀察值統計量落入臨界值右側接受域內，則接受虛無假設，臨界值右側的機率為1−.05＝.95。左尾假設檢定通常有「小於」、「輕於」、「劣於」、「少於」、「低於」的意涵，如「大一文學院女學生的體適能顯著的劣於大一理學院女學生的體適能」、「非明星高中學生的生活壓力顯著的低於明星高中學生的生活壓力。」等。在單尾檢定時，如果觀察值統計量之概率值p＞顯著水準α值，則觀察值統計量落入接受域，此時應接受虛無假設，拒絕對立假設；若是觀察值統計量之概率值p≤顯著水準α值，則觀察值統計量落入拒絕域，此時足以拒絕虛無假設，接受對立假設。

　　當研究者根據樣本統計量做出拒絕虛無假設的決策，如果虛無假設為真，則研究推論所犯下的錯誤稱為第一類型錯誤或型 I 錯誤（type I error），型 I 錯誤的機率大小以 P(I)表示，即：

　　P(I)＝P（型 I 錯誤）＝P（拒絕 H_0｜H_0 為真），型 I 錯誤率以 α 表示，α 即為型 I 錯誤率發生的最大機率值，因而也稱為顯著水準，顯著水準也可以以下式表示：

> 顯著水準α＝最大概率值 P(I)＝最大概率值 P（型 I 錯誤）

　　若是研究者做出拒絕虛無假設的決策，而虛無假設本身就是假的，則研究者就是裁決正確，亦即結論或判斷正確，此裁決正確率為 1−β，「1−β」在統計推論上也稱為統計考驗力（power），統計考驗力是正確拒絕錯誤或假的虛無假設的機率。

　　相反的，若是研究者根據樣本統計量做出接受虛無假設的決策，但此時虛無假設為假，則研究推論所犯下的錯誤稱為第二類型錯誤或型 II 錯誤（type II error），型 II 錯誤的機率大小以 P(II) 表示，即：

　　P(II)＝P（型 II 錯誤）＝P（接受 H_0｜H_0 為假），型 II 錯誤率以β表示。若是研究者做出接受虛無假設的決策，而虛無假設本身就是真的，則研究者就是裁決正確，亦即結論或判斷正確，其機率值為「1−α」，此種統計決策正確指的是研究者接受一個真的或沒有錯誤的虛無假設的機率。

　　上述統計決策與決策正確的四種情形如表 1-19。

表 1-19

統計決策＼真實情況	H_0為真	H_0為假
接受 H_0	決策正確 $1-\alpha$	型 II 錯誤 （決策錯誤）β
拒絕 H_0	型 I 錯誤 （決策錯誤）α	決策正確 $1-\beta$（power）

1-3-4　統計推論的流程範例

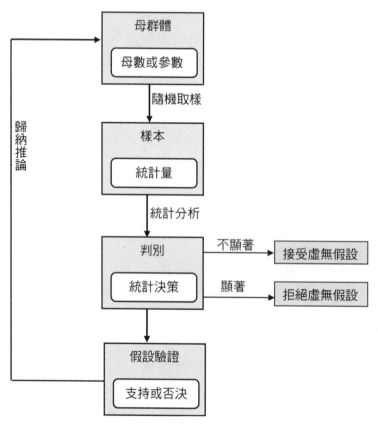

圖 1-33

　　一般推論統計的流程如圖 1-33 所示：母群體的參數又稱為母數，通常以希臘字母表示，研究者採取各種取樣方法（隨機取機、叢集取樣、分層取樣、分層隨機取樣、立意取樣等）從母群體中抽取一定的樣本觀察值，這些樣本觀察值的量數稱為統計量，統計量通常以英文字母表示，之後再

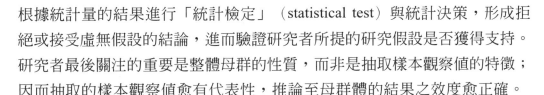
根據統計量的結果進行「統計檢定」（statistical test）與統計決策，形成拒絕或接受虛無假設的結論，進而驗證研究者所提的研究假設是否獲得支持。研究者最後關注的重要是整體母群的性質，而非是抽取樣本觀察值的特徵；因而抽取的樣本觀察值愈有代表性，推論至母群體的結果之效度愈正確。

在推論統計中，不能只看平均數高低或次數百分比的多寡來作為決策判斷的根據，如在國中男女學生數學焦慮的差異比較分析中，男生數學焦慮的平均數為 36.54、女生數學焦慮的平均數為 38.56，因為平均數 38.56>平均數 36.54，研究者就認為女生的數學焦慮高於男生的數學焦慮，其實這樣的統計決策是有問題，二個統計量平均數的數值高低是其次，重要的是二個平均數差異值檢定的統計量數值大小與其顯著性機率值p，若是差異檢定統計量顯著性機率值p的數值>.05（未達到顯著水準），則表示二個群體數學焦慮的平均數間沒有顯著的不同，樣本統計量平均數高低的不同，乃是取樣誤差或機遇造成的，因而當差異或相關檢定統計量未達顯著水準時（顯著水準>.05），表示二個樣本觀察值群體平均數統計量的高低是沒有意義的，此時二個樣本所代表的母群體的參數是沒有顯著差異存在的。

(一)範例一

> 某研究者想探究不同性別的公務人員其工作壓力是否有所不同，採隨機取樣方式，隨機抽取 120 位公務人員，填寫「工作壓力感受量表」，其統計分析程序為何？

1. 根據研究目的與動機提出研究問題

   研究問題：男生與女生的工作壓力是否有顯著的不同？

2. 轉換為研究假設

   研究假設：男生與女生的工作壓力有顯著的不同。

3. 根據研究假設撰述「對立假設」與「虛無假設」

   對立假設 H_1：男生與女生的工作壓力有顯著的不同　　　或

   男生的工作壓力 ≠ 女生的工作壓力（$\mu_1 \neq \mu_2$）

   虛無假設 H_0：男生與女生的工作壓力沒有顯著的不同　　或

   男生的工作壓力＝女生的工作壓力（$\mu_1 = \mu_2$）

4. 隨機取樣求出樣本統計量

   (1)若是樣本統計量數據足以推翻虛無假設，則可以拒絕虛無假設→接受對

立假設。

決策法則⇒所得統計量機率值 $p \leq \alpha$，拒絕 H_0。

⇒研究假設獲得支持，研究結果為「男生與女生的工作壓力有顯著的不同」。

樣本統計量數據足以推翻虛無假設，表示樣本統計量落入「拒絕域」，統計量數值絕對值大於臨界值絕對值，即顯著性機率值小於.05。

樣本統計量數據足以推翻虛無假設，表示同樣的研究重複做 100 次，得到不一樣結果（無法拒絕虛假設）的次數少於 5 次（$p \leq .05$），.05 稱為顯著水準 α。

(2)若是樣本統計量數據不可以推翻虛無假設則必須接受虛無假設→拒絕對立假設

決策法則⇒所得統計量機率值 $p > \alpha$，不能拒絕 H_0，接受 H_0→拒絕 H_1。

⇒研究假設無法獲得支持，研究結果為「男生與女生的工作壓力沒有顯著的不同」（顯著性 $p > .05$）。

(二)範例二

某研究者從事一份技職院校學生生活壓力與自殺意念相關之研究，研究者根據相關文獻認為二者之間有某種程度關係存在，乃抽分層隨機取樣方式，從五所技職院校中抽取 120 學生，其統計分析的程序如下：

1. 根據研究目的與動機提出研究問題

   研究問題：技職院校學生生活壓力與自殺意念間是否有顯著的相關存在？

2. 轉換為研究假設

   研究假設：技職院校學生生活壓力與自殺意念間有顯著的相關存在。

3. 根據研究假設撰述「對立假設」與「虛無假設」

   對立假設 H_1：$\rho \neq 0$　或

   技職院校學生生活壓力與自殺意念間相關係數不等於 0

   虛無假設 H_0：$\rho = 0$　或

   技職院校學生生活壓力與自殺意念相關係數等於 0

4. 隨機取樣求出樣本統計量

   (1)若是樣本統計量數據足以推翻虛無假設則可以拒絕虛無假設→接受對立假設

   決策法則⇒所得統計量機率值 $p \leq \alpha$，拒絕 H_0。

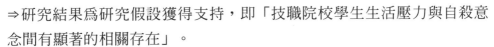
⇒研究結果為研究假設獲得支持，即「技職院校學生生活壓力與自殺意念間有顯著的相關存在」。

樣本統計量數據足以推翻虛無假設，表示樣本統計量落入「拒絕域」，統計量數值絕對值大於臨界值絕對值，即顯著性機率值小於.05。

同樣的研究重複做 100 次，得到不一樣結果的次數小於 5 次（p<.05），.05 稱為顯著水準α。

(2)若是樣本統計量數據不足以推翻虛無假設則必須接受虛無假設→拒絕對立假設

決策法則⇒所得統計量機率值 p>α，不能拒絕 H_0→接受 H_0→拒絕 H_1。

⇒研究結果為研究假設無法獲得支持，即「技職院校學生生活壓力與自殺意念間沒有顯著的相關存在」。

樣本統計量數據不足以推翻虛無假設，表示樣本統計量落入「接受域」，統計量數值絕對值小於臨界值絕對值，即顯著性機率值大.05。

不同的顯著水準，統計決策獲致的結果可能也會不一致，以下述例子為例：

表 1-20　顯著水準的大小與統計決策關係表

真實情況 統計決策	H_0為真	H_0為假	α水準	實得 機率值
接受 H_0	決策正確 $1-\alpha$[1]	型II錯誤 （決策錯誤）β[2]	.05	.021
拒絕 H_0	型I錯誤 （決策錯誤）α[3]	決策正確 $1-\beta$[4]	.01	.021

在一份都會地區與非都會地區國中學生體適能的差異比較研究中，研究者採用分層隨機取樣方式，抽取四十名國中二年級學生，其中都會地區學生二十位，非都會地區學生二十位，測得的數據如表 1-21。

表 1-21　組別統計量

	地區	個數	平均數	標準差	平均數的標準誤
體適能	都會地區	20	29.4000	5.4522	1.2191
	非都會地區	20	33.4000	5.0617	1.1318

二十位「都會地區」學生的體適能平均分數為 29.40、標準差為 5.4522、平均數的標準誤為 1.2191；二十位「非都會地區」學生的體適能平均分數為 33.40、標準差為 5.0617、平均數的標準誤為 1.1318。

表 1-22　獨立樣本檢定

		變異數相等的 Levene 檢定		平均數相等的 t 檢定						
		F 檢定	顯著性	T	自由度	顯著性（雙尾）	平均差異	標準誤差異	差異的 95% 信賴區間	
									下界	上界
體適能	假設變異數相等	.018	.893	-2.405	38	.021	-4.0000	1.6635	-7.3677	-.6323
	不假設變異數相等			-2.405	37.792	.021	-4.0000	1.6635	-7.3683	-.6317

「都會地區」與「非都會地區」學生體適能平均差異統計量的 t 值等於 -2.405，顯著性機率值 p 等於 .021，若是研究者將顯著水準 α 定為 .05，則機率值 p ≤ .05，統計決策為拒絕虛無假設，研究假設獲得支持，研究結果為「都會地區與非都會地區國中學生體適能有顯著的差異」，此時如果虛無假設為假或錯誤，拒絕虛無假設為一種正確統計決策，決策正確的機率為 1-β [細格 4]，此種拒絕錯誤的虛無假設稱為「統計考驗力」（power），若是虛無假設為真而沒有錯誤，研究者拒絕虛無假設的結果就犯了第一類型錯誤 [細格 3]；相對的，如果研究者將顯著水準 α 定為 .01，而非 .05，顯著性機率值 p = .021 > .01，研究結果為接受或保留虛無假設，研究假設未獲得支持，此時研究者就不會犯第一類型錯誤，統計決策正確率為 1-α [細格 1]，當顯著水準 α 值設定愈小，則接受虛無假設的機率愈高，此時犯型 I 錯誤的機率就愈低。

上述範例而言，顯著水準訂為較小值（= .01），則統計量機率值 p = .021 > .01，此時研究者須接受虛無假設，若是虛無假設為真，則決策正確 [細格 1]，但如果此時虛無假設為假或錯誤，研究者接受或保留虛無假設，就犯了第二類型錯誤（決策錯誤）[細格 2]，因而把顯著水準 α 訂得愈小，研究者犯第一類型錯誤的機率愈低，但相對的，犯第二類型錯誤的機率會提高；若是把顯著水準 α 訂得較寬鬆，研究者犯第一類型錯誤的機率愈高，但相對的，犯第二類型錯誤的機率會降低，因而型 I 錯誤（α）與型 II 錯誤

（β）是互為消長關係。

上述顯著水準與類型錯誤率關係如下：顯著水準 α 定為.05，當顯著性機率值 p＝.021 時，研究結果為拒絕虛無假設，此種統計決策可能犯了第一類型錯誤；顯著水準 α 定為.01，當顯著性機率值 p＝.021 時，研究結果為接受虛無假設，此種統計決策可能犯了第二類型錯誤，當顯著水準定得愈嚴苛，研究結果愈不容易達到顯著水準，接受虛無假設的可能性愈大，此時統計決策犯第二類型的錯誤率也愈大。從統計考驗力（1−β）的觀點而言，第二類型錯誤率愈大（β 值愈大），則 1−β 值愈小，統計考驗力愈小，表示拒絕「錯誤或假的虛無假設」的機率愈小。

在社會及行為科學研究中，一般約定成俗的顯著水準均定在.05（α＝.05），此時表示統計決策時犯第一類型錯誤的機率在 5% 以內是可以接受的，但在相關的實驗研究中，尤其是攸關性命的研究中，研究者通常會認為犯下第一類型錯誤是比較嚴重的，因而必須儘量避免，此時研究者會將顯著水準訂得更為嚴苛，如將顯著水準 α 訂為.001，此時犯第二類型的錯誤率會大增，但會大大降低犯第一類型的錯誤率。若是一般的問卷調查，或行為態度的輔導之實驗研究，最好還是將顯著水準訂在.05，若是要調整顯著水準的大小，研究者應有充足的理由，絕不能根據個人的喜好，隨意訂定顯著水準的數值。

1－4　單一樣本平均數的檢定

1-4-1　單一樣本平均數的 Z 考驗

根據中央極限定理，樣本愈大時，平均數的抽樣分配會趨近於常態分配，因而可利用 Z 統計量來進行假設考驗。其中描樣分配的平均數統計量 $\bar{X}$ 是母群體 μ 不偏估計值，抽樣分配的標準誤可以由母群體的標準差推估而來，其推估公式如下：

$$\sigma_{\bar{X}} = \frac{\sigma}{\sqrt{n}}$$

使用抽樣分配的機率原理來進行 Z 考驗時，必須得知母群體的標準差，如果母群體的標準差無法得知，則抽樣分配的標準誤必須由樣本標準差 s 來

推估，即以 s_X 數值來推估 σ_X 數值，則 Z 統計量與 t 統計量（t statistics）的計算公式如下：

$$Z = \frac{\overline{X} - \mu}{\sigma_{\overline{X}}} = \frac{\overline{X} - \mu}{\frac{\sigma}{\sqrt{n}}}$$

$$t = \frac{\overline{X} - \mu}{s_{\overline{X}}} = \frac{\overline{X} - \mu}{\frac{s}{\sqrt{n}}}$$

在統計檢定的理論中，母體平均數 μ 的檢定分為三種情形：一為母體的標準差 σ 已知，則不論受試群體是大樣本或是小樣本皆可使用 Z 值與常態分配來處理；二為母體標準差 σ 未知，且受試樣本為小樣本，則需採用 t 值與 t 分配來處理；三為母體標準差 σ 未知，且受試樣本為大樣本（$n \geq 30$），則需採用 Z 值與 Z 分配來處理。但事實上，受試樣本數變大時，t 分配會趨近於 Z 分配，即 t 檢定可包含 Z 檢定的應用，在社會科學領域中，大多數情況下，母群體的變異數與標準差均無法得知，故 Z 檢定應用的時機甚少，這也就是 SPSS 統計軟體中只有 T 檢定而無 Z 檢定的原因，即只有單一樣本 T 檢定，而無單一樣本 Z 檢定；只有獨立樣本 T 檢定，而無獨立樣本 Z 檢定；只有成對樣本 T 檢定，而無成對樣本 Z 檢定。在統計學上，將 T 檢定這類可以調整不同分配型態的檢定統計方式稱為具有「強韌性」（robust），除了在理論統計的教學中還會強調 Z 值與 Z 分配外，在統計軟體與統計資料的分析實務上，皆使用 T 檢定而不會使用 Z 檢定（林震岩，民 95）。

當知悉母群體的標準差 σ 時，可使用抽樣分配的機率原理來進行 Z 檢定，求出標準化統計量（Z統計量）來進行假設考驗，如果未能得知母群體的標準差，便不能使用 Z 統計量，此時應使用 t 統計量，此時樣本平均數的抽樣分配稱為「學生氏 t 分配」（student's t-distribution），採用假設考驗的統計方法稱為「t 檢定」（t test），t 分配與 Z 分配非常相似，都是對稱、單峰平滑的鐘型形狀，只是 t 分配形狀較 Z 分配扁平，t 分配形狀中，如果每次抽取的樣本數愈小，則形狀會愈趨近於扁平，隨著樣本數增多，形狀分配會變為較陡峭，之後會等於 Z 分配的情形。

在假設檢定方面，就 Z 考驗而言，如果求出的 Z 統計量大於臨界區域（critical region），表示顯著性機率 p 值小於顯著水準（α），則應拒絕虛無假設，接受對立假設。假設檢定方面有單尾檢定（one-tail test）與雙尾檢定

（two-tail test），雙尾檢定沒有方向性。例如已知國中七年級（13歲）男學生的全國平均體重為 40.63，標準差為 7.66，立人國中七年級 100 位男學生之隨機樣本的平均數為 42.31，則：

　　1. 立人國中七年級男學生的體重發展如何？
　　2. 立人國中七年級男學生的體重是否過重？

上述二個問題中，第一個研究問題為雙尾檢定，其研究之虛無假設與對立假設如下：

$H_0 : \overline{X} = \mu$（樣本平均數等於母群體平均數）
$H_1 : \overline{X} \neq \mu$（樣本平均數不等於母群體平均數）

在對立假設中，樣本平均數不等於母群體平均數，表示的可能是樣本平均數大於母群體平均數，也可能是樣本平均數小於母群體平均數，型 I 錯誤 α 設為 .05，$\frac{\alpha}{2} = .025$，右邊區域 .025 處的 Z 值為 +1.96、左邊區域 .025 處的 Z 值為 −1.96，因而求出的 Z 統計量數值之絕對值如大於 1.96，表示落入拒絕區，此種推論犯第一類型的錯誤率在 .05 以下。利用 Z 考驗求出 Z 統計量的計算式如下：

$$Z = \frac{\overline{X} - \mu}{\sigma_{\overline{X}}} = \frac{\overline{X} - \mu}{\frac{\sigma}{\sqrt{n}}} = \frac{42.31 - 40.63}{\frac{7.66}{\sqrt{100}}} = \frac{1.68}{0.766} = 2.193$$

由於 2.193 的絕對值大於臨界值 +1.96，表示由隨機樣本所換算出來的觀察概率值 p 小於 .05，Z 統計量數值落入拒絕區，因而可拒絕虛無假設，接受對立假設，表示立人國中七年級男學生的體重發展不同於全國男學生的體重發展，由於 Z 值為正數，表示樣本平均數顯著的大於母群體的平均數，立人國中七年級男學生的平均體重顯著的大於全國男學生的的平均體重，即立人國中七年級男學生的體重顯著過重。

在假設考驗除以統計量 Z 值和拒絕區域臨界值 Z_{CR} 作為比較之決策外，也可以由顯著性機率值 p 來判別，前者的判別方法為：統計量 Z 值絕對值大於臨界值 Z_{CR}（統計量 Z 值 <−1.96，或統計量 Z 值 >+1.96），表示樣本統

計量落於拒絕區域,則拒絕虛無假設。後者之顯著性機率值p的判別方法,如果換算之機率值 p<.05 顯著水準(α),則應拒絕虛無假設,上述樣本統計量Z值約等於 2.20,查常態分配曲線得知Z值間 [−2.20,+2.20] 之面積等於 0.4861×2=0.9722,Z 值外之面積等於 1−.9722=.0278,顯著性機率值 p =.0278,p 小於顯著水準 α(=.0500),表示樣本統計量 Z 值會落於拒絕區域內,拒絕虛無假設,接受對立假設。在SPSS統計報表中採用第二種作爲假設檢定的方法,直接提供各統計量的機率值(p),此機率值 p 設定研究假設爲雙尾檢定,如果是單側考驗,則顯著性機率值應再除以 2,單尾檢定顯著性機率值p=0278÷2=.0139,若是單側考驗,則常態分配曲線Z值+2.20 以下的面積等於.5000+.4861=.9861,Z 臨界值+2.20 以上的面積等於 1−.9861 =.0139,或 Z 臨界值−2.20 以下的面積等於.5000−.4861=.0139。

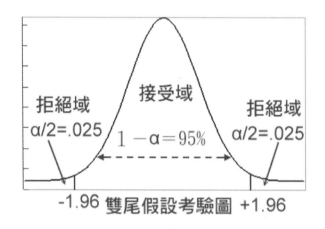

圖 1-34

第二個研究問題爲單尾檢定,其研究之虛無假設與對立假設如下:

$H_0 : \overline{X} \le \mu$(樣本平均數小於或等於母群體平均數)

$H_1 : \overline{X} > \mu$(樣本平均數大於於母群體平均數)

在對立假設中,設定的單尾檢定:樣本平均數顯著大於母群體平均數,型 I 錯誤 α 設爲.05,右邊區域.050 處的 Z 值爲+1.645、+1.645 左邊區域累積面積爲 95%,因而求出的 Z 統計量數值之絕對值如大於 1.645,表示落入拒絕區,此種推論犯第一類型的錯誤率在.05 以下。上式求出Z值爲 2.193,大於臨界值+1.96,表示由隨機樣本所換算出來的觀察概率值 p 小於.05,Z 統計量數值落入拒絕區,因而可拒絕虛無假設,接受對立假設,表示立人國中七年級男學生的平均體重顯著的大於全國男學生的的平均體重,即立

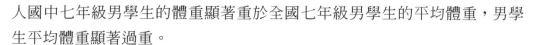
人國中七年級男學生的體重顯著重於全國七年級男學生的平均體重,男學生平均體重顯著過重。

若是有另一鄉下地區國中校長想探究其學校七年級男學生的體重發展是否過輕,從其學校中抽取 120 位七年級男學生,測得其平均體重為 39.68,則此校長該如何解釋此結果?

上述研究問題中,屬單尾檢定問題,研究程序如下:

㈠步驟 1——列出研究假設

研究問題的虛無假設與對立假設如下:

$H_0 : \overline{X} \geq 40.63$ (樣本平均數大於或等於母群體平均數)

$H_1 : \overline{X} < 40.63$ (樣本平均數小於於母群體平均數)

㈡步驟 2——選擇合適統計方法

由於母群平均數與標準差已知,且是單一樣本考驗,因而採用單一樣本平均數的 Z 考驗。

㈢步驟 3——計算樣本統計量

$$Z_{sample} = \frac{\overline{X} - \mu}{\sigma_{\overline{X}}} = \frac{\overline{X} - \mu}{\frac{\sigma}{\sqrt{n}}} = \frac{39.68 - 40.63}{\frac{7.66}{\sqrt{120}}} = \frac{-0.95}{0.699} = -1.359$$

㈣步驟 4——設定型 I 錯誤率與找出臨界域

統計推論之型 I 錯誤率一般皆設定為.05,即 $\alpha = .05$,依據標準常態曲線,左邊單側檢定之面積為.05 時,其 Z 臨界值為 -1.645,若是 Z_{sample} 數值絕對值大於 1.645,則拒絕虛無假設。

㈤步驟 5——作出決策

由於 $|Z_{sample} = -1.359| < |Z_{CR} = -1.645|$,沒有落入臨界區域內,型 I 的錯誤率大於.05,因而須接受虛無假設,表示此鄉下地區國中七年級男學生的平均體重並沒有顯著的低於全國七年級男學生的平均體重,顯示男學生的平均體重發展良好。至於樣本統計量平均數 39.68,低於母群體平均數 40.63,平均數之間的差異並沒有統計上的意義存在,此種誤差值可能是抽樣變異或機遇(by chance)所造成的。

根據常態分配曲線，統計量等於 1.36 時，Z 值 [0，±1.36] 的面積為 .4131，Z_{sample} 統計量−1.36 以下的面積等於.5000−.4131=.0869，單側考驗之機率值等於.0869 > α (= .05)，未達.05 顯著水準，接受虛無假設，其結果與上述採用樣本統計量是否落入於拒絕區域的方法相同。

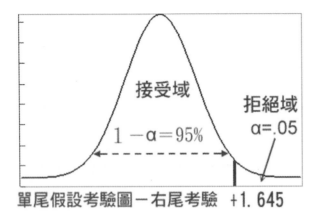

圖 1-35

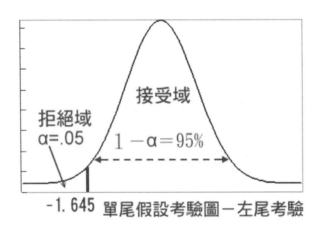

圖 1-36

1-4-2　單一樣本平均數的 t 考驗

在社會及行為科學領域之量化研究中，多數採用實驗研究與問卷調查法，樣本數的取得均採隨機抽樣、分層隨機抽樣、叢集抽樣或分層比例方式，之後再從抽取樣本統計量的特徵來推估母群體的性質，因而對於母群體的標準差無法真正獲悉，實際上，由於母群體很大，分佈也廣，要獲取母群體的標準差有其困難，因而上述之 Z 考驗實際應用的機會不大，此時

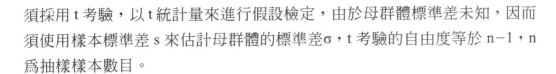
須採用 t 考驗，以 t 統計量來進行假設檢定，由於母群體標準差未知，因而須使用樣本標準差 s 來估計母群體的標準差σ，t 考驗的自由度等於 n−1，n 為抽樣樣本數目。

(一)研究問題

某國中教師認為班上七年級男學生的身高發展情形不同於該縣市七年級男學生的平均身高發展，已知該縣市七年級男學生的平均身高為 151.49cm，而此教師班上二十五位男學生測得的平均身高為 155.04cm，標準差為 5.857，請問此教師該如何解釋班上男學生的身高發展？

(二)步驟 1──列出研究假設

$H_0 : \overline{X} = 151.49$（樣本平均數等於母群體平均數 151.49）

$H_1 : \overline{X} \neq 151.49$（樣本平均數不等於母群體平均數）

(三)步驟 2──選擇合適統計方法

由於母群的標準差未知，且是單一樣本考驗，因而採用單一樣本平均數的 t 考驗。

(四)步驟 3──計算樣本統計量

$$t_{sample} = \frac{\overline{X} - \mu}{S_{\overline{X}}} = \frac{\overline{X} - \mu}{\frac{S}{\sqrt{n}}} = \frac{155.04 - 151.49}{\frac{5.857}{\sqrt{25}}} = \frac{3.55}{1.1714} = 3.031$$

(五)步驟 4──設定型 I 錯誤率與找出臨界值

統計推論之型 I 錯誤率設為.05，即 α =.05，研究假設屬雙尾檢定，查閱自由度等於 24 時（= 25−1）的 t 分配在 α =.05 下的雙尾檢定之臨界值（critical value）t_{CR} 等於 2.064。

(六)步驟 5──作出決策

在雙尾檢定下之 t_{sample} 值 3.031> t_{CR} 值 2.064，表示 t_{sample} 落在拒絕區域內，拒絕虛無假設，接受對立假設，班上七年級男學生的身高發展情形顯著不同於該縣市七年級男學生的平均身高發展，由於 t_{sample} 值為正數，表示班上七年級男學生的平均身高顯著的高於該縣市七年級男學生的平均身高，此

種推論假設所犯的第一類型錯誤率在 5%以內（顯著性 p 值＜α）。

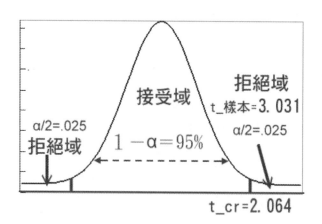

圖 **1-37**

如果原先研究者根據經驗法則、觀察所得或理論文獻資料將研究問題改爲：「班上七年級男學生的身高發顯著高於該縣市七年級男學生的平均身高」，則假設考驗變成單尾檢定，其研究之虛無假設與對立假設如下：

$H_0 : \overline{X} \leq \mu$（樣本平均數小於或等於母群體平均數 151.49）

$H_1 : \overline{X} > \mu$（樣本平均數大於母群體平均數 151.49）

根據樣本資料，計算出樣本 t_{sample} 統計值等於 3.031，在單尾檢定下之 t_{sample} 值 3.031＞t_{CR} 值 1.711，表示 t_{sample} 落在拒絕區域內，拒絕虛無假設，接受對立假設，研究者所提假設：「班上七年級男學生的平均身高顯著的高於該縣市七年級男學生的平均身高」，獲得支持，此種推論假設所犯的第一類型錯誤率在 5%以內（顯著性 p 值＜α）。

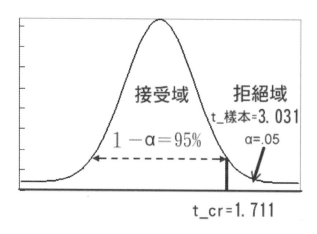

圖 **1-38**

利用 SPSS 函數語法「IDF.T（p, df）」，產生之 t 分配臨界值與顯著水準如下，執行功能列「轉換」→「計算」，選取「IDF.T（p, df）」函數，輸入 p 值及選入自由度變項：

表 1-23　t 分配臨界值與顯著水準對照表

自由度	單尾檢定α＝.05 雙尾檢定α＝.10	單尾檢定α＝.025 雙尾檢定α＝.05	單尾檢定α＝.005 雙尾檢定α＝.01
1	6.314	12.706	63.657
10	1.812	2.228	3.169
20	1.725	2.086	2.845
21	1.721	2.080	2.831
22	1.717	2.074	2.819
23	1.714	2.069	2.807
24	1.711	2.064	2.797
25	1.708	2.060	2.787
26	1.706	2.056	2.779
27	1.703	2.052	2.771
28	1.701	2.048	2.763
29	1.699	2.045	2.756
30	1.697	2.042	2.750
40	1.684	2.021	2.704
50	1.676	2.009	2.678
60	1.671	2.000	2.660
70	1.667	1.994	2.648
80	1.664	1.990	2.639
90	1.662	1.987	2.632
100	1.660	1.984	2.626
150	1.655	1.976	2.609
200	1.653	1.972	2.601
400	1.649	1.966	2.588
500	1.648	1.965	2.586
800	1.647	1.963	2.582
1,000	1.646	1.962	2.581

從表 1-23　t 分配臨界值與顯著水準對照表可以看來，在同樣顯著水準的情況下，單尾檢定之 t 臨界值小於雙尾檢定之 t 臨界值，表示單側考驗時，較容易拒絕虛無假設，接受對立假設。因而如果沒有充足的文獻支持、或無足夠的經驗法則演繹出，研究者不應任意擬定單尾檢定之研究假設。

單一樣本平均數差異的檢定公式，可歸納整理如下：

1. 一個母群體平均數的假設考驗：σ已知或 N>30 時，使用 Z 分配考驗 $Z=\dfrac{\overline{X}-\mu}{\sigma_X}=\dfrac{\overline{X}-\mu}{\dfrac{\sigma}{\sqrt{n}}}$，其中 μ 是想考驗的母群體平均數，如果從樣本中所得的 Z 值落入臨界區（Z_{sample} 值大於 α 顯著水準的標準常態分佈的 Z 值絕對值或顯著性機率值 $p \le \alpha$），則拒絕虛無假設，接受對立假設。在社會及行爲科學研究量化研究中，母群體標準差（或變異數）已知的情況並不多見。

2. 一個母群體平均數的假設考驗：σ未知或 N ≤ 30 時，使用 t 分配考驗。由於在實際量化研究中，母群體標準差已知的情況較少，因而就不適用於上述之 Z 檢定，此時應使用樣本標準差來估計母群體的標準差，使用 t 分配考驗。

公式：$t=\dfrac{\overline{X}-\mu}{S_X}=\dfrac{\overline{X}-\mu}{\dfrac{S}{\sqrt{n}}}$

自由度爲 n−1 的 t 分配，μ是想考驗的母群體平均數。

$$S=\sqrt{\frac{\Sigma(x-\overline{x})^2}{N-1}}=\sqrt{\frac{\Sigma x^2-\dfrac{(\Sigma x)^2}{N}}{N-1}}$$

由於 Z 考驗的應用時必須知道母群體的變異數或標準差，此外，當抽樣樣本數不大，或是母群體的分配無法符合常態分配時，皆不適宜使用 Z 考驗，如果抽樣樣本數很大，則使用 t 考驗與使用 Z 考驗結果沒有太大差異，此外由於 t 考驗的分配曲線形狀隨著自由度而改變，當樣本數大於 30 以上時，t 分配與 Z 分配的差異甚少，使用 t 考驗的彈性較大，而 t 考驗也涵蓋了 Z 考驗的應用，正因如此，在 SPSS 統計軟體中只提供 t 考驗的程序，而無提供 Z 考驗的功能。對於單一樣本平均數的考驗，或二個樣本平均數的差異檢定，均使用 t 統計量作爲假設檢定。在功能列「分析」→「比較平均數」程序中包括「單一樣本 T 檢定」（One-Sample T-Test）、「獨立樣本 T 檢定」（Independent-Samples T Test）、「成對樣本 T 檢定」（Paired-Sample T Test）等選項。

1-5 單一樣本平均數檢定的實例一──單尾檢定

1-5-1 研究問題

某體育學者認爲都市化的影響，會影響都市地區國小學童的體適能，體適能測量指標之一爲一分鐘低臥起坐的次數。一項全國國小六年級男學童一分鐘仰臥起坐測驗的常模平均成績爲 32.05 次，此體育學者自某一都會地區的中型學校六年級男學童群體中，隨機抽取 21 位學生，測得其一分鐘仰臥起坐的次數數據如下，請問體育學者所假定的「都會地區國小六年級男學童的體適能顯著較差」是否可以獲得支持。

表 1-24

受試者	01	02	03	04	05	06	07	08	09	10	11	12	13	14	15	16	17	18	19	20	21
次　數	32	24	28	27	23	26	33	34	38	21	33	34	35	31	29	38	34	20	28	27	24

在 SPSS 資料建檔中，共有二個變項，一爲「受試者」爲字串變數，二爲一分鐘仰臥起坐的測量次數，變項名稱爲「次數」，數據建檔範例如圖 1-39。

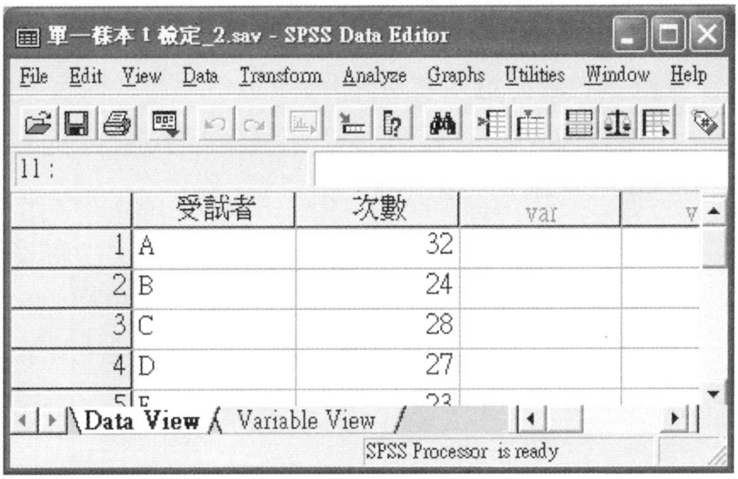

圖 1-39

上述研究問題爲單側檢定，其虛無假設與對立假設如下：

$H_0 : \overline{X} \geq 32.05$（樣本平均數大於或等於母群體平均數 32.05）

$H_1 : \overline{X} < 32.05$（樣本平均數小於於母群體平均數 32.05）

1-5-2　操作程序

(一)步驟 1

執行「Analyze」（分析）→「Compare Means」（比較平均數法）→「One-Sample T Test...」（單一樣本 T 檢定）程序，開啟「One-Sample T Test」（單一樣本 T 檢定）對話視窗。

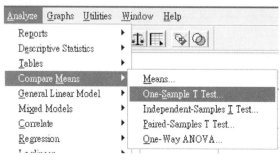

圖 1-40

(二)步驟 2

在「One-Sample T Test」（單一樣本 T 檢定）對話視窗中，在左邊變數清單中將目標變數「次數」選入右邊「Test Variables」（檢定變數）下的方格中，在下方「Test Value」（檢定值）的右邊方格中輸入檢定數值「32.05」→按『OK』（確定）鈕。

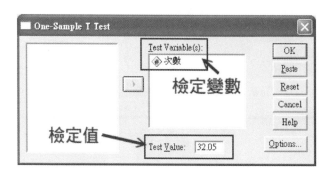

圖 1-41

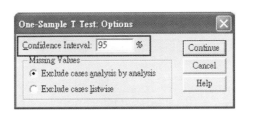

圖 1-42

在「One-Sample T Test」（單一樣本 T 檢定）對話視窗中，按右下方的『Options...』（選項）鈕，可開啟「One-Sample T test: Options」（單一樣本 T 檢定：選項）次對話視窗，在「Confidence Interval」（信賴區間）的右方可以設定信賴區間為 95%或 99%，信賴區間訂為 95%，即設定第一類型錯誤為.05（α = .05），此為 SPSS 內定選項，如將信賴區間訂為 99%，即設定第一類型錯誤為.01（α = .01），將信賴區間的範圍設定愈大，即將顯著水準訂得較嚴格，此時犯型 I 錯誤率愈低，愈不會達到顯著水準（顯著性機率值 p 愈不容易小於α）。

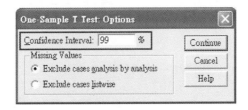

圖 1-43

1-5-3 結果說明

表 1-25　One-Sample Statistics

	N	Mean	Std. Deviation	Std. Error Mean
次數	21	29.48	5.307	1.158

表 1-25 為單一樣本統計量，包括變項名稱、有效樣本數、平均數、標準差、計算 t 值的估計標準誤。由表中數據得知：抽樣樣本數共有 21 位、樣本一分鐘仰臥起坐的平均次數為 29.48、標準差為 5.307，平均數的標準誤 $S_{\bar{x}} = \dfrac{S}{\sqrt{N}} = 5.307 \div \sqrt{21} = 1.158$。

表 1-26　**One-Sample Test**

					95% Confidence Interval of the Difference	
			Test Value = 32.05			
	t	df	Sig. (2-tailed)	Mean Difference	Lower	Upper
次數	-2.223	20	.038	-2.574	-4.99	-.16

　　表 1-26 為單一樣本檢定統計量，檢定值為 32.05，t 統計量等於−2.223，自由度等於 20（= n−1= 21−1），雙尾檢定之顯著性機率值等於.038（p 值），平均差異值等於−2.574（=29.476−32.05，在上述描述性統計量中平均數只呈現到小數第二位，29.476 四捨五入為 29.48），平均差異值 95% 的信賴區間（95% Confidence Interval of the Difference）為 [−4.99，−.16]，由於假設考驗為單尾檢定，顯著性機率值 p =.038÷2=.019，小於.05 顯著水準，拒絕虛無假設，接受對立假設，「都會地區國小六年級男學童的體適能顯著較差」的假設獲得支持，與國小六年級男學童一分鐘仰臥起坐常模對照之下，都會地區國小六年級男學童一分鐘仰臥起坐的平均次數顯著較少。

　　如果採用臨界值與臨界域的判別方式如下：

$$t_{sample} = \frac{\overline{X}-\mu}{S_X} = \frac{\overline{X}-\mu}{\dfrac{S}{\sqrt{n}}} = \frac{29.476-32.05}{\dfrac{5.307}{\sqrt{21}}} = \frac{-2.574}{1.158} = -2.223$$

　　查 t 分配之臨界值與顯著水準，α = .05，自由度等於 20，單尾檢定時之 t 統計量的臨界值等於±1.725，因為 $|t_{sample} = -2.223| > |t_{CR} = -1.725|$，樣本統計量落入臨界值（=−1.725）左側拒絕域內（rejected region），拒絕虛無假設，接受對立假設，此結果與上述採用顯著性機率值 p 來檢驗假設支持與否的結果相同。在 SPSS 輸出結果報表中，均採用第一種的方法，報表輸出顯著性 p 值均為雙尾檢定之顯著性，如果研究假設是雙尾檢定，直接判別 p 是否小於顯著水準α，若 p ≤ α，則拒絕虛無假設；相反的，若 p>α，則應接受虛無假設；如果研究假設是單尾檢定，則顯著性機率值等於 p 除以 2。

1-6 單一樣本平均數檢定的實例二——雙尾檢定

1-6-1 研究問題

> 某校長擔心該校六年學生每週上網的平均時間是否不同於該都會地區學
> 生的平均上網時間,隨機抽取二十六位六年級學生,測得其每週平均上
> 網的時間數據如下表 1-27,已知學校所在都會地區六年級學生每週平均
> 上網時間為 200.45 分,請問此校長該如何解釋此結果?

表 **1-27**

| 198 | 201 | 205 | 245 | 124 | 189 | 210 | 232 | 298 | 245 | 157 | 245 | 325 |
| 257 | 148 | 210 | 200 | 208 | 245 | 156 | 157 | 167 | 241 | 245 | 214 | 163 |

在 SPSS 資料建檔中,共有二個變項,一為「受試者」為字串變數,二
為每週平均上網的時間,變項名稱為「時間」,數據建檔範例如圖 1-44。

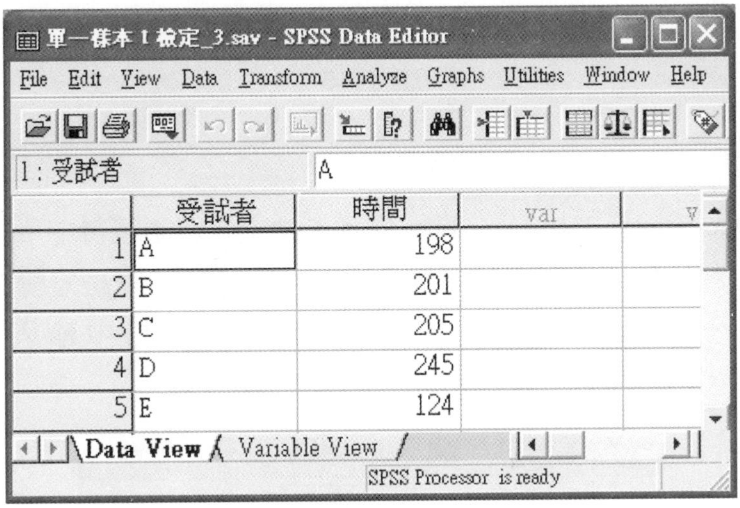

圖 **1-44**

上述研究問題為雙尾檢定,其虛無假設與對立假設如下:

$H_0 : \overline{X} = 200.45$ (樣本平均數等於於母群體平均數 200.45)

虛無假設為該校六年級學生與都會地區六年級學生每週平均上網時間長

短沒有差異。

$H_1 : \overline{X} \neq 200.45$（樣本平均數不等於母群體平均數 200.45）

對立假設為該校六年級學生與都會地區六年級學生每週平均上網時間長短有差異。

1-6-2 操作程序

(一)步驟 1

執行「Analyze」（分析）→「Compare Means」（比較平均數法）→「One-Sample T Test...」（單一樣本 T 檢定）程序，開啓「One-Sample T Test」（單一樣本 T 檢定）對話視窗。

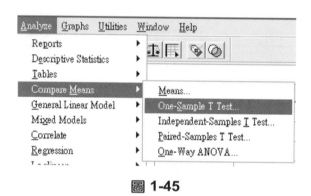

圖 1-45

(二)步驟 2

在「One-Sample T Test」（單一樣本 T 檢定）對話視窗中，在左邊變數清單中將目標變數「時間」選入右邊「Test Variables」（檢定變數）下的方格中，在下方「Test Value」（檢定值）的右邊方格中輸入檢定數值「200.45」→按『OK』（確定）鈕。

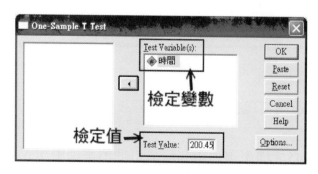

圖 1-46

1-6-3 結果說明

表 1-28　One-Sample Statistics

	N	Mean	Std. Deviation	Std. Error Mean
次數	26	210.96	47.060	9.229

表 1-28 為單一樣本統計量，包括變項名稱（時間）、有效樣本數、平均數、標準差、計算t值的估計標準誤。由表中數據得知：抽樣樣本數共有 26 位、樣本每週平均上網時間為 210.96 分（取到小數第四位為 210.9615）、標準差為 47.060，平均數的標準誤 $S_{\overline{X}} = \dfrac{S}{\sqrt{N}} = 47.060 \div \sqrt{26} = 9.229$。

表 1-29　One-Sample Test

	Test Value = 200.45					
	t	df	Sig. (2-tailed)	Mean Difference	99% Confidence Interval of the Difference	
					Lower	Upper
時間	1.139	25	.266	10.512	-15.21	36.24

表 1-29 為單一樣本檢定統計量，檢定值為 200.45，t統計量等於 1.139，自由度等於 25（＝ n−1 ＝ 26−1），雙尾檢定之顯著性機率值等於.266（p 值），平均差異值等於 10.512（=210.962-200.45，在上述描述性統計量中平均數只呈現到小數第二位，210.9615 取到小數第二位為 210.96，取到小數第三位為 210.962），平均差異值 95%的信賴區間（95% Confidence Interval of the Difference）為 [−15.21，36.24]。由於 p = .266＞.05，未達.05 顯著水準，接受虛無假設，表示樣本平均數等於於母群體平均數 200.45，即該校六年級學生與都會地區六年級學生每週平均上網時間長短沒有顯著差異存在。

如果採用臨界值與臨界域的判別方式如下：

$$t_{sample} = \frac{\overline{X} - \mu}{S_{\overline{X}}} = \frac{\overline{X} - \mu}{\dfrac{S}{\sqrt{n}}} = \frac{210.962 - 200.45}{\dfrac{47.060}{\sqrt{26}}} = \frac{10.512}{9.229} = 1.139$$

查 t 分配之臨界值與顯著水準，α＝.05，自由度等於 25，雙尾檢定時之 t統計量的臨界值等於±2.060，因為 | t_sample ＝ 1.139 | ＞ | t_CR ＝ 2.060 |，樣本統計量

落入臨界值（= 2.060）左側接受域（accepted region）內，接受虛無假設，該校六年級學生與都會地區六年級學生每週平均上網時間長短沒有顯著差異存在。

1-7 單一樣本平均數檢定的實例三──單尾檢定或雙尾檢定

1-7-1 研究問題

某大學統計學系，大二上學期統計專業科目連續三年學生上學期的平均總成績為70.25分，某任課教師想探究其對學生的評定成績與其他教師有無差異，從任教二個班級中隨機抽取一班，學生樣本共 31 位，分析上學期評定學生統計學的學期成績數據如下，請問教授此統計學的教師評定學生的嚴格尺度與其他教師有無顯著差異？

在SPSS資料建檔中，有二個變項，學生編號的變數為「受試者」，為字串變項，上學期統計學成績為「分數」，資料檔建檔格式如下圖 1-47：

表 1-30

70	68	73	67	75	76	69	75	82
68	62	67	78	83	81	80	63	64
67	69	78	72	76	75	78	72	79
64	68	84	63					

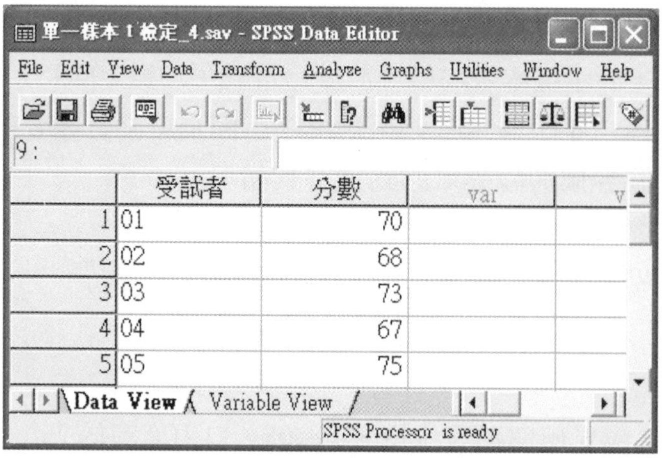

圖 1-47

上述研究問題為雙尾檢定，其虛無假設與對立假設如下：

$H_0 : \overline{X} = 70.25$ （樣本平均數等於於母群體平均數 70.25）
虛無假設為此統計學的教師評定學生的嚴格尺度與其他教師對學生要求的嚴格尺度是相同的。
$H_1 : \overline{X} \neq 70.25$ （樣本平均數不等於母群體平均數 70.25）
對立假設為此統計學的教師評定學生的嚴格尺度與其他教師對學生要求的嚴格尺度有顯著的不同。

1-7-2　操作程序

㈠步驟 1

執行「Analyze」（分析）→「Compare Means」（比較平均數法）→「One-Sample T Test...」（單一樣本 T 檢定）程序，開啟「One-Sample T Test」（單一樣本 T 檢定）對話視窗。

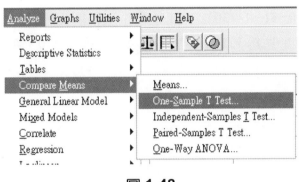

圖 1-48

㈡步驟 2

在「One-Sample T Test」（單一樣本 T 檢定）對話視窗中，在左邊變數清單中將目標變數「分數」選入右邊「Test Variables」（檢定變數）下的方格中，在下方「Test Value」（檢定值）的右邊方格中輸入檢定數值「70.25」→按『OK』（確定）鈕。

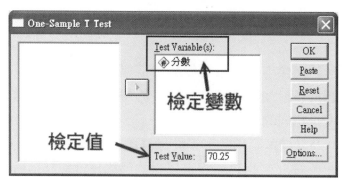

圖 1-49

1-7-3 結果說明

表 1-31　One-Sample Statistics

	N	Mean	Std. Deviation	Std. Error Mean
分數	31	72.45	6.470	1.162

　　表 1-31 為單一樣本統計量，包括變項名稱（時間）、有效樣本數、平均數、標準差、計算 t 值的估計標準誤。由表中數據得知：抽樣樣本數共有 31 位（自由度等於 31−1＝30）、31 位學生上學期統計學的平均成績為 72.45（取到小數第四位為 72.4516）、標準差為 6.470，平均數的標準誤 $S_{\bar{x}}=\dfrac{S}{\sqrt{N}}=6.470 \div \sqrt{31}=1.162$。

表 1-32　One-Sample Test

	Test Value = 70.25					
	t	df	Sig. (2-tailed)	Mean Difference	95% Confidence Interval of the Difference	
					Lower	Upper
分數	1.895	30	.068	2.202	−.17	4.57

　　表 1-32 為單一樣本檢定統計量，檢定值為 70.25，t 統計量等於 1.895，自由度等於 30（＝n−1＝31−1），雙尾檢定之顯著性機率值等於.068（p 值），平均差異值等於 2.202（＝72.452−70.25＝2.202），平均差異值 95% 的信賴區間（95% Confidence Interval of the Difference）為[−.17，4.57]。由於 p ＝.068>.05，未達.05 顯著水準，接受虛無假設，表示樣本平均數等於於母群

體平均數 70.25，此任課統計學教授所給予的學期分數與其他任課專業科目的教授沒有顯著差異存在，也可以說是此統計學的教師評定學生的嚴格尺度與其他教師對學生要求的嚴格尺度是相同的。

　　若是研究問題改為此統計學教師對學生成績的評定嚴格尺度較其他教師顯著寬鬆，則研究問題為單尾檢定，其虛無假設與對立假設如下：

H_0：$\overline{X} \leq 70.25$（樣本平均數小於等於於母群體平均數 70.25）
虛無假設為此統計學的教師評定學生尺度沒有顯著的較其他教師對學生成績評定的尺度寬鬆。
H_1：$\overline{X} > 70.25$（樣本平均數大於母群體平均數 70.25）
對立假設為此統計學的教師評定學生尺度顯著的較其他教師對學生成績評定的尺度寬鬆（成績顯著高於 70.25）。
由於是單尾檢定，原先雙尾檢定 t 統計量的顯著性機率值 p.068，應再除以 2=.068÷2=.034，單尾顯著性 p 值=.034<.05，達到.05 顯著水準，拒絕虛無假設，即此統計學的教師評定學生尺度顯著的較其他教師對學生成績評定的尺度寬鬆的假設獲得支持。在雙尾檢定中，統計考驗結果接受虛無假設，研究假設不被支持，而在單尾檢定，統計考驗結果拒絕虛無假設，研究假設獲得支時，二者的統計結果剛好相反。

　　再以臨界值與臨界域的判斷準則來看，自由度等於 30，α=.05，查 t 分配之臨界值與顯著水準，雙尾檢定時之 t 統計量的臨界值等於±2.042，因為 $|t_{sample} = 1.895| < |t_{CR} = 2.042|$，樣本統計量落入臨界值（=2.042）左側接受域（accepted region）內，接受虛無假設，此統計學教師對學生成績評定的嚴格尺度與其他教師對學生成績評定的嚴格尺度沒有顯著的不同。

　　若是單尾檢定，自由度等於 30，α=.05，查 t 分配之臨界值與顯著水準，單尾檢定時之 t 統計量的臨界值等於±1.697，因為 $|t_{sample} = 1.895| > |t_{CR} = 1.697|$，樣本統計量落入臨界值（=1.697）右側拒絕域（rejected region）內，拒絕虛無假設，由於 t 統計量為正，顯示樣本平均數（M=72.452）顯著的高於母群的平均數（M=70.25），表示樣本平均數顯著的高於母群體的平均數，此統計學教師對學生成績評定的尺度顯著的較其他教師對學生成績評定的尺度寬鬆。

　　在假設考驗中，若是沒有相關的理論、文獻或經驗法則為基礎，最好不要設定為單尾檢定，因為同樣的樣本統計量在單尾檢定時可能顯著，但

在雙尾檢定時卻不顯著，以顯著水準α=.05 而言，右側單尾檢定的 α 值 =.05、左側單尾檢定的α值=.05，但在雙尾檢定時，二側顯著水準的機率 值=.05÷2=.025，雙尾檢定的臨界值絕對值大於單尾檢定的臨界值絕對值，雙尾檢定的拒絕域則小於單尾檢定的拒絕域，因而單尾檢定較易達到顯著。

第二章

二個平均數的差異檢定

SPSS Operation and Application

—Practice & Analysis of Variance

2-1 基本原理

平均數差異的檢定，常用於推論統計中。在行為科學的研究領域，研究者可以測量群體的行為特質、態度反應或學習成效的程度，以算出平均數並進行統計檢定，但由於研究的母群體多半過於龐大，無法搜集到全部的資料，研究者通常只能抽取局部樣本作為研究對象，根據抽取樣本所得的結果來推論母群體的特性，並且附帶說明此種推論可能犯錯的機率與推論為正確的可能性為何。推論統計又因群體條件不同，而有母數統計與無母數統計的檢定方法，母數檢定適用於所有的母群體分配為常態分配（normal distribution）。一般描述母群體的特性稱為母數或參數（parameters），以說明或表示母群體的真實性質，母數或參數通常以希臘字母表示，樣本的統計數稱為統計量（statistics），以說明或表示樣本性質的統計指標或量數，統計量通常以英文字母表示。

就樣本的變異數與標準差而言，樣本的變異數（variance）$= S^2 = \dfrac{\Sigma(X-\overline{X})^2}{N}$，變異數開根號即為標準差 SD（standard deviation）。在推論統計學中，作為推論母群體的變異數和標準差的統計數，不是以 N 為分母，而是以 N−1 作為計算變異數的分母。即要以樣本統計量的變異數來推估母群體的變異數，其公式為：$S^2 = \dfrac{\Sigma(X-\overline{X})^2}{N-1}$。

根據數學的推理證明（*Hogg & Tanis, 1988*）要用樣本的變異數代替母群體的變異數時，分母須除以 N−1，而不是 N，才不會低估它，「N−1」就是自由度，所以計算母群的變異數與標準的不偏估計值時，應使用下列公式，當下列二個式子的分母項改為 N−1，則計算出的樣本變異數或標準差可作為母群體的變異數與標準差的不偏估計值：

$$s^2 = \frac{\Sigma(X-\overline{X})^2}{N-1} \ 、\ s = \sqrt{\frac{\Sigma(X-\overline{X})^2}{N-1}}$$

就平均數的推估而言，如果母群體的σ（標準差）未知時，我們可以以樣本的平均數（$\overline{X}$）來推估母群體的平均數（μ），因為 $\overline{X}$ 是 μ 的不偏估計值，而以樣本的變異數來推估母群體的變異數，須使用調整分母項後不偏估計值。

在社會科學的統計分析方面，常會遭遇到比較兩個平均數之差異的問

題。此類問題如性別間工作壓力知覺的差異比較、學習前與學習後的學業成就是否有所改變、講述法與合作學習法那種教學方法的成效較佳、公私立學校教師的工作投入感是否有所不同、高、低社經地位的學生其學習態度是否有所差異、實驗前與實驗後某種特質是否有所改變、都會地區與非都會地區學生體適能間是否有顯著差異，不同家庭狀況（完整家庭、單親家庭）的國二學生的自殺意念是否有顯著差異、明星高中與非明星高中學生的生活壓力間是否有顯著不同……等，這些均屬於兩個母群體參數之假設考驗問題。

兩個母群體參數間之顯著性考驗或差異比較的檢定，此種群體假定常與「實驗設計」（experimental design）的規劃有關。在實驗設計中常用的方法設計有二：一為「獨立樣本」（independent sample）設計、一為「相依樣本」（dependent sample）設計。獨立樣本設計採用「等組法」，採用隨機抽樣與隨機分派（random assignment）的方法，將受試者分成二組，一組為實驗組，一組為控制組；實驗組的受試者接受實驗處理（treatment）、控制組則接受不同於實驗處理之其他處理方法，由於二組受試者是隨機取樣而來，均為不相同的受試者，即稱為獨立樣本。獨立樣本的兩組受試者均為獨立個體，兩組的反應不相互影響，理論上，在獨立樣本的情況下，兩組受試者反應的相關是等於零，像此種利用隨機抽樣與隨機分派的方式使不同受試者接受不同的實驗處理，在實驗設計中又稱為「受試者間設計」（between-subjects design），或完全隨機化設計（completely randomized design；簡稱 CR 設計）。

如果兩組受試者不獨立，而只是一組受試者，採重複量數（repeated measure）設計方式，讓同一組受試者重複接受不同的實驗處理，然後讓同一組受試者接受實驗處理之前後測，因為是同一組受試者，在不同處理的反應中會有某種程度的關聯，此種樣本設計，稱為相依樣本，相依樣本又稱「受試者內設計」（within-subject design）或隨機化區組設計（randomized block design；簡稱 RB 設計）。如果是採用配對組法（subject matching），雖然二組受試者不是同樣的人，但因其在某個特質上完全相同，因而可視為是有關聯的兩組受試者，也是屬於相依樣本，在統計方法應用上，也應使用相依樣本的t檢定法。根據機率原理，當不同的平均數來自不同的獨立樣本（二個分開的群體），此二個樣本的抽樣機率也相互獨立，即為獨立樣本設計；若是二個平均數來自同一受試樣本，如某二十位受試者的前測成績與後測成績，表示同一樣本接受二次的實驗處理，稱為重複量數設計，

而配對樣本設計（matched sample design）乃取自有配對關係的不同樣本，如同卵雙胞胎、配對的夫妻等，重複量數設計與配對樣本設計均屬於為相依樣本。

完全隨機化設計（二個群體）如下表 2-1：

表 2-1

檢定變數	受試者：SA_1、SA_2、SA_3、SA_4、SA_5……	估計描述性統計量比較二組在檢定變數間的差異
	受試者：SB_1、SB_2、SB_3、SB_4、SB_5……	

隨機化區組設計（二個處理水準）如下表 2-2：

表 2-2

處理水準一	受試者：SA_1、SA_2、SA_3、SA_4、SA_5……	估計描述性統計量比較二個處理水準間的差異
處理水準二	受試者：SA_1、SA_2、SA_3、SA_4、SA_5……	

在獨立樣本平均數考驗方法中，如果母群體的標準差已知或是大樣本時，可根據中央極限定理，來推估抽樣分配的標準誤，並且根據假設為常態分配的情況，使用 Z 分配作為檢定的方法，但是如果未能知道母群體的標準差（σ）或樣本數太少時，抽樣分配的標準誤必須由樣本標準差來推估，則應使用 t 分配來作為考驗的依據。一般而言，在調查研究或實驗設計中，母群體的標準差大多無法獲知，因此使用 Z 考驗的機會較少；其次由於 t 考驗會隨著自由度的改變而改變，當樣本數大於 30 時，t 分配與 Z 分配則十分接近，使用 t 考驗其實涵蓋了 Z 考驗的應用。在統計學上，將 t 考驗這類可以視不同分配特性而調整理論分配的考驗方式稱為「強韌統計」（robust statistics），強韌統計考驗表示能夠根據不同的問題而調整（邱皓政，民 89）。

要進行獨立樣本 t-test 時，資料須符合以下基本假定：

1. 常態化（normality）

樣本來自的兩個母群體，分別呈常態分配。當兩組人數增加，樣本平均數差異的抽樣分配趨近於常態分配。雙樣本平均數的檢定中，二個平均數之樣本的抽樣分配需為常態化之外，二個平均數差值（difference score）的抽樣分配也須符合常態化（normality）的假定。

2.變異數同質性（homogeneity of variance）

兩個母群的變異數相等，即二個母群的離散狀況必須相似，稱為二個樣本之母群體的變異數同質性（homogeneity of variance），以虛無假設表示：

$\sigma_1^2 = \sigma_2^2 = \sigma^2$，如果變異數同質性假定不能成立，會使得二個平均數差異的比較存有其他混淆因素。在SPSS統計軟體的使用中，對於二個獨立樣本變異數是否同質，可以利用Levene檢定法（Levene's test of equality of variance）來檢驗二個分佈的變異數是否相對，Levene檢定法中的F值為二個獨立樣本變異數的比值，若是F值等於1，表示二個分佈變異數相等。在顯著性判別方面，如果F檢定的顯著性達到顯著水準（p< .05），拒絕虛無假設，表示二個樣本母群體變異數不相等：$\sigma_1^2 \neq \sigma_2^2$，此時需使用獨立樣本t檢定的校正公式來計算t值。

SPSS套裝軟體在進行獨立樣本t檢定時，會同時進行二個母群體的變異數同質性檢定，其虛無假設為：$\sigma_1^2 = \sigma_2^2$、對立假設為：$\sigma_1^2 \neq \sigma_2^2$，判斷的流程如下圖2-1：

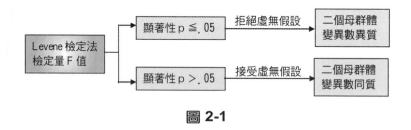

圖 2-1

3.獨立性（independent）

每個樣本觀察值是獨立的，彼此間沒有任何關聯。

4.依變項為連續變項

在獨立樣本t檢定的分析程序中，自變項必項為二分類別或二分次序變項，依變項必須為等距變項或比率變項，即依變項必須為連續變項，若是依變項不是連續變項，則須改用無母數統計分析。

t-test分析程序中，如果同時違背常態性與變異數同質性，則即使樣本數很大，結果正確率也會很低，此時最好使用無母數統計法（nonparametric statistical methods）來進行分析，如曼－惠特尼U考驗（Mann-Whitney U test）、克·瓦二氏單因子等級變異數分析（H考驗）（Kruskal-Wallis one-way analysis of variance by ranks），有關無母數統計分析的操作及報表說明，在後面的章節中有詳細說明。

雙側檢定之 t-test 的虛無假設與對立假設分別為：

H_0：$\mu_1 = \mu_2$　或　$\mu_1 - \mu_2 = 0$

H_1：$\mu_1 \neq \mu_2$　或　$\mu_1 - \mu_2 \neq 0$

雙尾檢定時之拒絕域為 $|t_{sample}| > t_{\frac{\alpha}{2(N1+N2-2)}}$

上述的雙尾檢定（two-sided hypothesis），不強調方向性，只強調有差異的假設考驗，雙尾檢定或雙側考驗，又稱為無方向性的考驗（non-directional hypothesis）。凡考驗單一方向的問題時，就叫做單側考驗（one-sided hypothesis），單側考驗又稱方向性考驗（directional hypothesis），它通常適用於含有重於、高於、大於、多於、低於、短於、輕於、……之類的問題，在研究假設中，研究者若要提出平均數差異的單側考驗，應有相關的理論基礎或經驗法則，否則應以雙尾檢定之假設提出。

單側考驗的虛無假設（包含等號的假設）與對立假設如下：

1. 左尾檢定

H_0：$\mu_1 \geq \mu_2$　或　$\mu_1 - \mu_2 \geq 0$

H_1：$\mu_1 < \mu_2$　或　$\mu_1 - \mu_2 < 0$

左尾檢定時之拒絕域為 $t_{sample} < t_{\frac{\alpha}{2(N1+N2-2)}}$

2. 右尾檢定

H_0：$\mu_1 \leq \mu_2$　或　$\mu_1 - \mu_2 \leq 0$

H_1：$\mu_1 > \mu_2$　或　$\mu_1 - \mu_2 > 0$

右尾檢定時之拒絕域為 $t_{sample} > t_{\frac{\alpha}{2(N1+N2-2)}}$

在進行二個母體平均數之差異是否顯著的檢定，應先決定 $\overline{X}_1 - \overline{X}_2$ 之抽樣分配，其抽樣分配可能為 Z 分配或 t 分配。因為二個母群體平均數差異值的區間估計，會使用到 $\overline{X}_1 - \overline{X}_2$ 之抽樣分配，與母群體分配型態、標準差、樣本大小有關，茲整理如下表 2-3（江建良，民 94）：

表 2-3

母群體分配	母群體標準差	樣本大小	抽樣分配
兩個均為常態母群體	已知	大	Z
兩個均為常態母群體	已知	小	Z
兩個均為常態母群體	未知，二種情況 *1.* $\sigma_1^2 = \sigma_2^2 = \sigma^2$ *2.* $\sigma_1^2 \neq \sigma_2^2$	小、大 小、大	t t
未知	未知	大	Z

註：大樣本係指 $n_1 \geq 30$，$n_2 \geq 30$，若母體標準差未知，以樣本標準誤替代。

　　雙樣本平均數差異考驗的抽樣分配為雙樣本平均數差異的抽樣分配，差異值平均數為 $\mu_{X_1-X_2}$，差異值標準誤為 $\sigma_{X_1-X_2}^2$。

　　二個平均數獨立樣本考驗中，差異值分數抽樣分配的變異誤 $\sigma_{X_1-X_2}^2$ 為二個樣本變異誤之和：$\sigma_{X_1-X_2}^2 = \sigma_{X_1}^2 + \sigma_{X_2}^2 = \dfrac{\sigma_1^2}{n_1} + \dfrac{\sigma_2^2}{n_2}$，差異值分數抽樣分配的標準誤（standard error of the difference）等於：$\sigma_{X_1-X_2}^2 = \sqrt{\sigma_{X_1}^2 + \sigma_{X_2}^2} = \sqrt{\dfrac{\sigma_1^2}{N_1} + \dfrac{\sigma_2^2}{N_2}}$，如果二個母群體的變異數 σ_1^2、σ_2^2 未知，變異數需使用樣本變異數 S_1^2、S_2^2 來估計之，差異值分數抽樣分配的變異誤如下：

$$S_{X_1-X_2}^2 = S_{X_1}^2 + S_{X_2}^2 = \frac{S_1^2}{N_1} + \frac{S_2^2}{N_2}$$

　　由於二個獨立樣本變異數 S_1^2、S_2^2 的抽樣分配會滿足：

$$\chi_1^2 = \frac{(N_1-1)S_1^2}{\sigma_1^2} = \frac{(N_1-1)S_1^2}{\sigma^2} = \chi_{(N_1-1)}^2$$

$$\chi_2^2 = \frac{(N_2-1)S_2^2}{\sigma_2^2} = \frac{(N_2-1)S_2^2}{\sigma^2} = \chi_{(N_2-1)}^2$$

　　由卡方分配的加法性，可得：

$$\chi^2 = \chi_1^2 + \chi_2^2 = \frac{(N_1-1)S_1^2}{\sigma_1^2} + \frac{(N_2-1)S_2^2}{\sigma_2^2} = \chi_{(N_1+N_2-2)}^2$$

　　如果二個獨立樣本母群體的變異數相等，即 $\sigma_1^2 = \sigma_2^2 = \sigma^2$，則卡方加法式等於：

$$\chi^2 = \frac{(N_1-1)S_1^2}{\sigma^2} + \frac{(N_2-1)S_2^2}{\sigma^2} = \frac{(N_1-1)S_1^2 + (N_2-1)S_2^2}{\sigma^2} = \chi^2_{(N_1+N_2-2)}$$

$$令\ S_P^2 = \frac{S_1^2(N_1-1) + S_2^2(N_2-1)}{N_1+N_2-2}$$

$$則\ \chi^2_{(N_1+N_2-2)} = \frac{(N_1-1)S_1^2 + (N_2-1)S_2^2}{\sigma^2} = \frac{(N_1+N_2-2)S_P^2}{\sigma^2}$$

$$由於\ t = \frac{Z}{\sqrt{\dfrac{\chi^2}{\nu}}} = \frac{\dfrac{(\overline{X}_1-\overline{X}_2)-(\mu_1-\mu_2)}{\sqrt{\dfrac{\sigma^2}{N_1}+\dfrac{\sigma^2}{N_2}}}}{\sqrt{\dfrac{(N_1+N_2-2)S_P^2}{\sigma^2}}{N_1+N_2-2}}\ ,\ 其中\ \mu_1-\mu_2=0\ ,\ 上列算式等於：$$

$$= \frac{\dfrac{(\overline{X}_1-\overline{X}_2)-0}{\sigma\sqrt{\dfrac{1}{N_1}+\dfrac{1}{N_2}}}}{\sqrt{\dfrac{S_P^2}{\sigma^2}}} = \frac{\dfrac{(\overline{X}_1-\overline{X}_2)}{\sigma\sqrt{\dfrac{1}{N_1}+\dfrac{1}{N_2}}}}{\dfrac{S_P}{\sigma}} = \frac{\overline{X}_1-\overline{X}_2}{S_P\sqrt{\left(\dfrac{1}{N_1}+\dfrac{1}{N_2}\right)}}$$

2-1-1 二個平均數的差異顯著性檢定－獨立樣本、σ_{x1} 和 σ_{x2} 未知

　　若二個樣本來自 σ^2 相同的兩個不同母體，且 $\sigma_{x1}^2 = \sigma_2^2$，即兩個母群體的變異數相等（符合變異數同質性假定），使用下列公式：

$$t = \frac{\overline{X}_1-\overline{X}_2}{\sqrt{S_P^2\left(\dfrac{1}{N_1}+\dfrac{1}{N_2}\right)}}$$

$$S_P^2 = \frac{\sum(X_1-\overline{X}_1)^2 - \sum(X_2-\overline{X}_2)^2}{N_1+N_2-2} = \frac{S_1^2(N_1-1)+S_2^2(N_2-1)}{N_1+N_2-2}$$

$$= \frac{\left[\sum X_1^2 - \dfrac{(\sum X_1)^2}{N_1}\right] + \left[\sum X_2^2 - \dfrac{(\sum X_2)^2}{N_2}\right]}{N_1+N_2-2}$$

　　S_P^2 稱為合併的變異數（pooled variance），由於 σ^2 未知，所以使用其不偏估計值 S_P^2 來估計它，綜合變異數估計值（pooled variance estimate）假設二個平均數抽樣分配之母群體的變異數相等，此時的自由度＝ N_1+N_2-2，如果二個分配的變異數相等的假定未能符合，需使用分離變異數估計值（separate variance estimate）。

　　當 $\sigma_{x1}^2 \neq \sigma_{x2}^2$，即兩個母群體的變異數不相等時（未符合變異數同質性假

定），應使用柯克蘭和柯克斯（Cochran & Cox）所發展的檢定公式，即採用分離變異數估計值：

$$公式：t = \frac{\overline{X}_1 - \overline{X}_2}{\sqrt{\dfrac{S_1^2}{N_1} + \dfrac{S_2^2}{N_2}}} = \frac{\overline{X}_1 - \overline{X}_2}{\sqrt{S_{X1}^2 + S_{X2}^2}}$$

獨立樣本的 t 值等於組平均數差值除以組平均數差值的標準誤，因而如果 t 值愈大，表示兩組間平均數差距愈大，愈會達顯著水準。在 SPSS 獨立樣本 t 檢定的程序中，會同時提供採用綜合變異數估計值（符合二個母群體變異數相等的假定）與分離變異數估計值（未符合二個母群體變異數相等的假定）計算的 t 值，在大部分的情況下，二個方法所計算出來的 t 值差異不大。

㈠人數相等時之 t 值

某國小六年級電腦教師想探討男女生的電腦焦慮是否有所差異，從其任教的班級中隨機抽取男生十名、女生十名，讓每位受試者填寫一份「電腦焦慮量表」，得分愈高，受試者感受的電腦焦慮程度愈高，數據如下表2-4，對於數據結果，電腦教師如何統計分析，以進行獨立樣本的 t 檢定。

表 2-4

	X_1	$(X_i - \overline{X}_1)^2$	X_2	$(X_i - \overline{X}_2)^2$
	9	12.250	9	2.250
	5	0.250	7	0.250
	7	2.250	8	0.250
	4	2.250	6	2.250
	5	0.250	8	0.250
	6	0.250	10	6.250
	4	2.250	6	2.250
	5	0.250	8	0.250
	8	6.250	7	0.250
	2	12.250	6	2.250
平均數	5.500		7.500	
標準差	2.068		1.354	
變異數	4.278		1.833	
總　和		38.500		16.500
變異數		4.278		1.833

$$S_1^2 = \frac{\sum(X_i - \overline{X_1})^2}{N-1} = \frac{38.500}{10-1} = 4.278 \ , \ S_2^2 = \frac{\sum(X_i - \overline{X_2})^2}{N-1} = \frac{16.500}{10-1} = 1.833$$

1. 二個母群體的變異數與標準差未知，假定 $\sigma_1^2 = \sigma_2^2 = \sigma^2$

$$S_P^2 = \frac{S_1^2(N_1-1) + S_2^2(N_2-1)}{N_1+N_2-2} = \frac{4.278(10-1) + 1.833(10-1)}{10+10-2} = \frac{54.999}{18} = 3.0555$$

$$t = \frac{\overline{X_1} - \overline{X_2}}{\sqrt{S_P^2(\frac{1}{N_1} + \frac{1}{N_2})}} = \frac{5.500 - 7.500}{\sqrt{3.0555(\frac{1}{10} + \frac{1}{10})}} = \frac{-2.000}{0.781729} = -2.5584$$

2. 二個母群體的變異數與標準差未知，假定 $\sigma_1^2 \neq \sigma_2^2$

$$t = \frac{\overline{X_1} - \overline{X_2}}{\sqrt{\frac{S_1^2}{N_1} + \frac{S_2^2}{N_2}}} = \frac{5.500 - 7.500}{\sqrt{\frac{4.278}{10} + \frac{1.833}{10}}} = \frac{-2.000}{0.781736} = -2.5584$$

在二組抽樣人數相等情況下，假定二個母群體變異數相等採用的綜合變異數估計值與未假定二個母群體變異數相等採用的分離變異數估計值，所計算出來的獨立樣本 t 檢定統計量均為 −2.5584，查 t 分配臨界值與顯著水準對照表，自由度等於 18（＝10＋10−2＝18），顯著水準 α＝0.05，雙尾檢定時之 t 臨界值為 2.101，$|t_{sample} = -2.5584| > |t_{\frac{\alpha}{2(N_1+N_2-2)}} = 2.101|$，觀察樣本統計量落入拒絕域，拒絕虛無假設，接受對立假設，不同性別的國小六年級學生其電腦焦慮有顯著不同，女學生的電腦焦慮（M＝7.500）顯著的高於男學生的電腦焦慮（M＝5.500）。

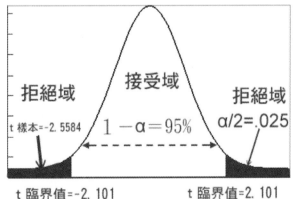

圖 2-2

(二)人數不相等時之 t 值

　　某國中二年級導師想了解其任教班級學生的學習壓力是否因性別不同而有差異,從其任教的班級中隨機抽取男生十名、女生十四名,讓被抽取的學生填寫一份「學習壓力感受量表」,觀察值樣本在生活壓力量表獲得的測量值愈高,表示其生活壓力愈大;相反的,觀察值樣本在生活壓力量表獲得的測量值愈低,表示其生活壓力愈小。研究測得的數據如下表 2-5,此導師如何以獨立樣本 t 檢定進行統計分析,並解釋結果。

表 2-5

X_1	$(X_i-\overline{X}_1)$	$(X_i-\overline{X}_1)^2$	X_2	$(X_i-\overline{X}_2)$	$(X_i-\overline{X}_2)^2$
9	2.000	4.000	9	3.143	9.878
5	-2.000	4.000	7	1.143	1.306
7	0.000	0.000	8	2.143	4.592
10	3.000	9.000	6	0.143	0.020
5	-2.000	4.000	8	2.143	4.592
6	-1.000	1.000	10	4.143	17.163
8	1.000	1.000	6	0.143	0.020
5	-2.000	4.000	5	-0.857	0.735
8	1.000	1.000	7	1.143	1.306
7	0.000	0.000	6	0.143	0.020
			2	-3.857	14.878
			1	-4.857	23.592
			3	-2.857	8.163
			4	-1.857	3.449
平均數　7.000			5.857		
總　　和	0.000	28.000		0.000	89.714
變異數		3.111			6.9011
標準差		1.764			2.627

$$S_1^2=\frac{\Sigma(X_i-\overline{X}_1)^2}{N-1}=\frac{28.000}{10-1}=3.111 \quad 、 \quad S_2^2=\frac{\Sigma(X_i-\overline{X}_2)^2}{N-1}=\frac{89.714}{14-1}=6.9011$$

1. 二個母群體的變異數與標準差未知,假定 $\sigma_1^2=\sigma_2^2=\sigma^2$

$$S_P^2=\frac{S_1^2(N_1-1)+S_2^2(N_2-1)}{N_1+N_2-2}=\frac{3.111(10-1)+6.901(14-1)}{10+14-2}=\frac{117.712}{22}=5.3505$$

$$t = \frac{\overline{X}_1 - \overline{X}_2}{\sqrt{S_P^2\left(\frac{1}{N_1} + \frac{1}{N_2}\right)}} = \frac{7.000 - 5.857}{\sqrt{5.3505\left(\frac{1}{10} + \frac{1}{14}\right)}} = \frac{1.143}{0.9577} = 1.1933$$

2. 二個母群體的變異數與標準差未知，假定 $\sigma_1^2 \neq \sigma_2^2$

$$t = \frac{\overline{X}_1 - \overline{X}_2}{\sqrt{\frac{S_1^2}{N_1} + \frac{S_2^2}{N_2}}} = \frac{7.000 - 5.857}{\sqrt{\frac{3.111}{10} + \frac{6.901}{14}}} = \frac{1.143}{0.8967} = 1.2745$$

二組抽樣人數不相等情況下，假定二個母群體變異數相等採用的綜合變異數估計值與未假定二個母群體變異數相等採用的分離變異數估計值，所計算出來的獨立樣本 t 檢定統計量分別為 1.1933、1.2745，二者差異不大，查 t 分配臨界值與顯著水準對照表，自由度等於 22（＝ 10＋14 －2＝22），顯著水準 α＝0.05，雙尾檢定時之 t 臨界值為 2.074，假設變異數相等時：$|t_{sample} = 1.1933| < |t_{\frac{\alpha}{2(N1+N2-2)}} = 2.074|$、假設變異數不相等時：$|t_{sample} = 1.2745| < |t_{\frac{\alpha}{2(N1+N2-2)}} = 2.074|$，觀察樣本統計量均未落入拒絕域，而落入接受域，接受虛無假設，拒絕對立假設，即不同性別的國中二年級學生所感受的學習壓力沒有顯著差異。

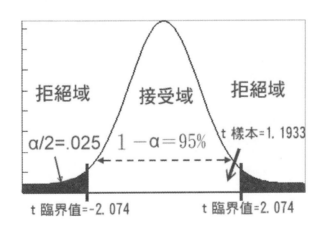

圖 2-3

2-1-2　二個平均數的差異顯著性檢定——獨立樣本、σ_{x1} 和 σ_{x2} 已知

二個平均數為獨立樣本、σ_{x1} 和 σ_{x2} 已知時，應使用下列公式檢定：

$$Z = \frac{\overline{X}_1 - \overline{X}_2}{\sqrt{\dfrac{\sigma_{X1}^2}{N_1} + \dfrac{\sigma_{X2}^2}{N_2}}}$$

2-1-3　二個平均數的差異顯著性檢定──相依樣本

母群體的標準差未知，t 考驗計算公式：

$$t = \frac{\overline{X}_1 - \overline{X}_2}{\sqrt{\dfrac{S_{X1}^2 + S_{X2}^2 - 2rS_{X1}S_{X2}}{N}}} \ , \ df = N - 1$$

母群體的標準差已知，Z 考驗計算公式：

$$Z = \frac{(\overline{X}_1 - \overline{X}_2) - \mu_0}{\sqrt{\dfrac{\sigma_1^2 + \sigma_2^2 - 2\rho\sigma_1\sigma_2}{N}}}$$

SPSS 功能列中的「成對樣本 T 檢定」程序，乃是採用「直接差異分數檢定法」（direct-difference method），此法乃是用來比較單一組別中兩個水準的平均數，並計算每位受試者在二個水準（變數）測量值間的差異，並檢定差異平均數是否為 0，若令 $D = X_1 - X_2$，則 $\overline{D} = \overline{X}_1 - \overline{X}_2$。

差異分數的估計變異誤公式如下：

$S_D^2 = \dfrac{S_D^2}{n}$，自由度為 n−1 的 t 分配之 t 統計量計算公式如下：

$$t = \frac{\overline{D} - \mu(D)}{\dfrac{S_D}{\sqrt{n}}} = \frac{(\overline{X}_1 - \overline{X}_2) - 0}{\sqrt{\dfrac{\sum D^2 - (\sum D)^2}{N}}{N(N-1)}}$$

在理論統計實際估計相依樣本之 t 統計量時，多數會採用此公式，此公式乃是求出每位受試者前後二次測量值的差異分數，再將其視為一個母群平均數假設考驗的問題來處理，以下述學生開學初、學期中電腦態度的測量數據為例，其 t 值計算如下：

$$t = \frac{(\overline{X}_1 - \overline{X}_2) - 0}{\sqrt{\dfrac{\sum D^2 - (\sum D)^2}{N}}{N(N-1)}} = \frac{(29.250 - 39.900) - 0}{\sqrt{\dfrac{2817 - (-213)^2}{20}}{20 \times (20-1)}} = \frac{-10.650}{1.2014} = -8.864$$

表 2-6

受試者	開學初	學期中	D	D²
A	34	45	-11	121
B	41	47	-6	36
C	29	50	-21	441
D	27	47	-20	400
E	35	39	-4	16
F	31	38	-7	49
G	28	37	-9	81
H	29	33	-4	16
I	27	29	-2	4
J	31	37	-6	36
K	30	41	-11	121
L	24	38	-14	196
M	20	36	-16	256
N	19	29	-10	100
O	24	43	-19	361
P	27	40	-13	169
Q	37	45	-8	64
R	28	38	-10	100
S	29	42	-13	169
T	35	44	-9	81
平　　均	29.250	39.900		
總　　和			-213	2817

　　在上述二個獨立樣本 t 檢定達到顯著時，研究者可進一步求出其「效果大小」（effect size）（*Cohen*，1988）。在社會科學研究中，研究者大多重視統計學上的顯著性，而忽略研究結果實際上的重要性－實用顯著性（practical significance）。所謂實際上之重要性，係指在真實世界中研究者所獲得的效果是否足夠大到有用或有價值的程度。對於實用顯著性的考驗，有兩種常用的量數可以協助研究者作此效果大小之評估，即關聯強度（strength of association）與效果大小（王國川，民 91）。效果大小值的指標最常用的方法是採用「eta square」（η²）來判斷，其公式如下：

$$\eta^2 = \frac{t^2}{t^2 + (n_1 + n_2 - 2)}$$ （獨立樣本），其中 n_1 為組別一的有效樣本數、n_2 為組別二的有效樣本數。

$$\eta^2 = \frac{t^2}{t^2+(N-1)} \text{（相依樣本）}，其中 N 為有效受試者之樣本總數。$$

效果大小指標 之範圍介於 0 至 1 之間，其意義係指自變項可以解釋依變項有多少變異數的百分比，因而效果值愈大，表示依變項可以被自變項解釋的百分比愈大；反之效果值愈小，表示依變項可以被自變項解釋的百分比愈小。η^2值愈大，愈有實用顯著性，因為自變項與依變項間的關聯程度愈高。對於 η^2 值的判斷準則，學者Cohen（*1988*）提出以下的看法：其值在.06以下屬微弱關係、大於.06 小於.14 屬中度關係、在.14 以上屬強度關係。η^2 相當於迴歸分析中 R^2，代表的是自變項對依變項的解釋強度，此效果量也等於 $\frac{SS_b}{SS_{total}}$。

若是樣本數較小，則需要以調整的 $\tilde{\eta}^2$ 來代替 η^2，則 $\tilde{\eta}^2$ 值等於 $=1-\frac{N-1}{N-p}(1-\eta^2)$。

在獨立樣本 t 檢定中，由於 p = 2，因而調整後效果值大小 $=1-\frac{N-1}{N-2}(1-\eta^2)$，其中 N 為有效樣本的總數。

Cohen（*1988*）的建議中，對於關聯強度指數的大小分類如下：

小的（微弱）關聯強度：$.059 > \eta^2 \geq .010$
中的（中度）關聯強度：$.138 > \eta^2 \geq .059$
大的（高度）關聯強度：$\eta^2 \geq .138$

2-2 獨立樣本 t 檢定實例

2-2-1 研究問題

某國中輔導主任想得知該校二年級學生的數學焦慮、國文焦慮與學習壓力間是否有性別差異存在，從二年級學生中隨機抽取五十名學生，填寫「數學焦慮量表」、「國文焦慮量表」、「學習壓力量表」，三份量表各有十題，採用李克特五點量表法，選項從「非常不符合」至「非常符合」，得分愈高，表示學生的焦慮或壓力感受愈高。

上述研究問題中，自變項爲學生性別，變項編碼爲「sex」，水準數值註解 1 爲男生、水準數值註解 2 爲女生；依變項有三個：數學焦慮、國文焦慮、學習壓力，其變項編碼分別爲「math」、「chin」、「press」，數學焦慮爲受試者在「數學焦慮量表」十個題項的總分，國文焦慮爲受試者在「國文焦慮量表」十個題項的總分、學習壓力爲受試者在「學習焦慮量表」十個題項的總分。

數據資料前三筆如下：

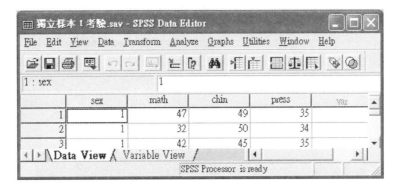

圖 2-4

2-2-2 操作程序

Analyze（分析）

　Compare Means（比較平均數法）

　　Independent-Samples T Test...（獨立樣本 T 檢定），出現「Independent-Samples T Test」（獨立樣本 T 檢定）對話視窗。

⇒在左邊變數清單中，將三個目標變數「數學焦慮[math]」、「國文焦慮[chin]」、「學習壓力[press]」選入右邊「Test Variable(s)」（檢定變數）下的方盒內。
⇒將自變項性別「sex」選入右邊「Grouping Variable」（分組變數）下方的空格中，點選其下方格中「sex（??）」選項。
⇒按『Define Groups』（定義組別）鈕，出現「Define Groups」（定義組別）次對話視窗。
⇒在「Group 1:」（組別 1）的右邊方格輸入男生數值編碼 1。
⇒在「Group 2:」（組別 2）的右邊方格輸入女生數值編碼 2。

⇒按『Continue』（繼續）鈕→回到「Independent-Samples T Test」（獨立樣本 T 檢定）對話視窗，「Grouping Variable」（分組變數）下方的空格之「sex(? ?)」會變為「sex (1 2)」。

⇒按『OK』（確定）鈕。

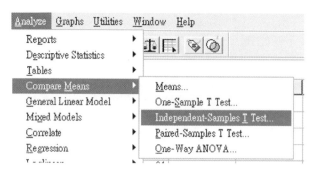

圖 2-5

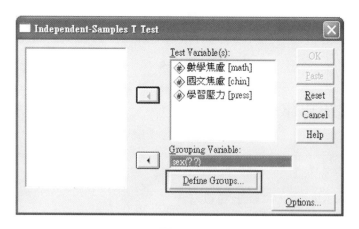

圖 2-6

在「Independent-Samples T Test」（獨立樣本 T 檢定）的對話視窗中，右邊「檢定變數」（Test Variable(s)）下的空盒中，至少要選取一個以上的檢定變數，檢定變數也就是「依變數」，依變數必須是等距變數或比率變數，可以只點選一個依變數或同時選取多個依變數均可，上述範例中有三個依變項，故同時選取三個依變項，執行檢定時，會分別就自變項在三個依變項的差異情形加以考驗，這是個別單變量的分析，而非是多變量的考驗，研究者如要執行多變量考驗，要執行功能列「Analyze」（分析）→「General Linear Model」（一般線性模式）→「Multivariate」（多變量）的程序。

「分組變數」（Grouping Variable）下方的空格中，只能點選一個自變項，此自變項通常是二分名義變項，上述變項中「sex(? ?)」為尚未定義二分名義變項數值前的情形。

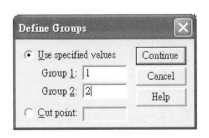

圖 2-7

「定義組別」（Define Groups）的對話視窗中，SPSS 提供二種分組的方式。

(一) 自變項為間斷變數

如果原先的自變項是二分類別變項，則選擇「⊙Use specified values」（使用指定的數值）選項，在「組別 1」（Group 1:）及「組別 2」（Group 1:）右邊的方格中，分別輸入二分類別變項二組的數字編碼組（水準編碼數值），如性別編碼中男生為 1、女生為 2，則二個編碼組分別為 1、2；如果研究者在輸入資料時，男生編碼為 1、女生編碼為 3，則二個編碼組分別為 1、3；若是自變項為三分名義變項，如學歷變項，其中水準數值編碼 1 為高中職以下、2 為專科大學、3 為研究所以上，在定義組別視窗中，「組別 1」（Group 1:）、「組別 2」（Group 1:）右邊的方格中如分別鍵入 2、3，則會進行專科大學、研究所以上二組在依變項平均數的差異情形比較；「組別 1」（Group 1:）、「組別 2」（Group 1:）右邊的方格中如分別鍵入 1、3，則會進行高中職以下、研究所以上二組在每個依變項平均數的差異情形比較。

(二) 自變項為連續變項

若自變項是連續變項（尚未分組），則應選擇「⊙Cut point」（分割點）選項，在其後的方格中輸入分組的臨界分數，此臨界分數可把自變項分成二個組別，分組的原則是：觀察值如果「小於」（<）分割點的話，就被分成一組；而「大於或等於」（>=）分割點的觀察值，則被分成另外一組。在分成二組的臨界分數選擇上，通常是變數的平均數或其中位數。

如自變項為工作壓力連續變項，研究者想以此變數的平均數（M=25.00），將受試者分成「高工作壓力組」與「低工作壓力組」，則操作程序如下：

在「Define Groups」（定義組別）對話視窗中，選取最下面的「◉Cut point:」（分割點）選項，後面的空格輸入數值「25」：

「◉Cut Point: 25 　　」

代表 t 考驗時，觀察值「小於 25 分」（<25）者為第一組（低工作壓力組）；觀察值「大於或等於 25 分」（≥25）者為第二組（高工作壓力組）。經此操作後，可將工作壓力連續變項轉換成二分類別變項。此時在進行獨立樣本 t 檢定程序時，自變項水準數值 1 為工作壓力得分「小於 25 分」者（第一組）、水準數值 2 為工作壓力得分「大於或等於 25 分」者（第二組），統計分析的 t 檢定在於考驗這二組在依變項平均數的差異情形。

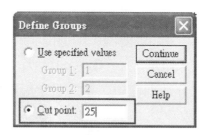

圖 2-8

在定義組別次對話視窗，如定義二個組別的水準數值，則「分組變數」（Grouping Variable）下的自變項會由「sex (? ?)」，變為「sex(1 2)」，其中括號內的數字為自變項因子的水準數值編碼。

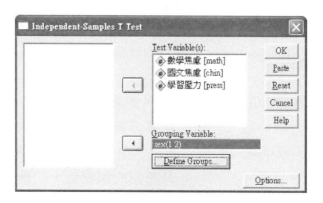

圖 2-9

2-2-3 結果分析

表 2-7　Group Statistics

	性別	N	Mean	Std. Deviation	Std. Error Mean
數學焦慮	男生	24	29.33	6.957	1.420
	女生	26	39.58	9.856	1.933
國文焦慮	男生	24	39.63	9.333	1.905
	女生	26	30.35	7.261	1.424
學習壓力	男生	24	34.50	5.200	1.062
	女生	26	34.08	12.290	2.410

　　表 2-7 的組別統計量為自變項在三個依變項上之描述統計結果，包括依變項名稱、自變項的名稱、組別有效樣本數、組別平均數、標準差及平均數估計標準誤（Std. Error Mean），由於資料檔性別變項 sex 有界定數值標籤，1 為男生、2 為女生，自變項也有界定註解，故報表中自變項與三個依變項會呈現變項註解，自變項水準數值直接呈現數值標籤：男生、女生。就數學焦慮依變項而言，男生有效樣本為 24 位，其平均數為 29.33、標準差為 6.957、平均數的標準誤為 1.420；女生有效樣本為 26 位，其平均數為 39.58、標準差為 9.856、平均數的標準誤為 1.933，平均數的標準誤等於 $\frac{SD}{\sqrt{N}}$，上述 $1.420 = \frac{6.957}{\sqrt{24}}$、$1.933 = \frac{9.856}{\sqrt{26}}$。

　　自變項在三個依變項的平均數數據中，就數學焦慮依變項而言，女生的平均數（M=39.58）高於男生（M=29.33）、就國文焦慮依變項而言，男生的平均數（M=39.63）高於女生（M=30.35）、就學習壓力依變項而言，男生的平均數（M=34.50）稍高於女生（M=34.08）。二個組別平均數間高低的差異必須經定檢定，才能確知其差異值間是否達到顯著，若是 t 檢定結果的統計量未達到顯著水準，則此種差異是沒有意義的，因為它可能是抽樣誤差或機遇所造成的，因而研究者不能只根據平均數的高低數值來直接推論男女生焦慮或壓力知覺，那一個群體較高或那一個群體較低。

表 2-8 Independent Samples Test

| | | Levene's Test for Equality of Variances | | t-test for Equality of Means | | | | | | |
| | | F | Sig. | t | df | Sig. (2-tailed) | Mean Difference | Std. Error Difference | 95% Confidence Interval of the Difference | |
									Lower	Upper
數學焦慮	Equal variances assumed	2.908	.095	-4.213	48	.000	-10.244	2.432	-15.132	-5.355
	Equal variances not assumed			-4.271	45.018	.000	-10.244	2.399	-15.074	-5.413
國文焦慮	Equal variances assumed	1.010	.320	3.941	48	.000	9.279	2.355	4.544	14.013
	Equal variances not assumed			3.901	43.410	.000	9.279	2.379	4.483	14.074
學習壓力	Equal variances assumed	27.515	.000	.156	48	.877	.423	2.710	-5.025	5.871
	Equal variances not assumed			.161	34.239	.873	.423	2.634	-4.928	5.774

　　表 2-8 為獨立樣本 t 檢定結果。平均數差異檢定的基本假設之一就是變異數同質性假設，亦即樣本的變異數必須具有同質性，因而 SPSS 在進行 t 考驗之前，會先進行二組之的離散狀況是否相似，當二個母體變異數相同時，則稱兩個母體間具有變異數同質性（homogeneity of variance）。如果樣本所在母群體的變異數之間有顯著差異，平均數檢定的方法會有所不同，未能符合 $\sigma^2_{X1} = \sigma^2_{X2}$ 的基本假定時，最好採用校正公式——柯克蘭和柯克斯所發展的 t 考驗法。SPSS 統計分析中採用 Levene 檢定法來考驗二組的變異數是否相等（同質）。

　　「Levene's Test for Equality of Variances」為考驗變異數是否相等的 Levene 檢定法，Levene 檢定用於考驗二組變異數是否同質，以數學焦慮依變項而言，經 Levene 法的 F 值考驗結果，F 值等於 .2.908，p = .095 > .05，未達 .05 的顯著水準，應接受虛無假設：$H_0: \sigma^2_{X1} = \sigma^2_{X2}$，表示應將二組變異數視為相等，因而 t 檢定數據要看第一列「Equal variances assumed」（假設變異數相等）

中的數值；如果 Levene 法的 F 值考驗結果達到顯著水準，要拒絕虛無假設，接受對立假設：$H_1 : \sigma_{x_1}^2 \neq \sigma_{x_2}^2$，此時應查看第二列「Equal variances not assumed」（不假設變異數相等）中的 t 統計量的數據，表示二組樣本變異數不同質，採用校正過的 t 考驗法。就學習壓力依變項而言，經 Levene 法的 F 值考驗結果，F 值等於 27.515，p＝.000<.05，達到顯著水準，故應查看「Equal variances not assumed」（不假設變異數相等）一列之 t 值。

獨立樣本 t 檢定之判斷流程圖如圖 2-10。

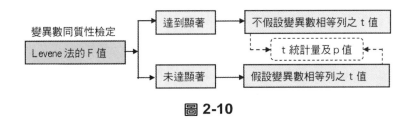

圖 2-10

就「數學焦慮」性別差異比而言，Levene 法檢定之 F 值未達顯著差異（F=2.908，p=.095>.05），表示二組樣本變異數同質，看第一列之 t 值，t 值等於−4.213、df=48、p=.000<.05，已達.05 顯著水準，平均數的差異值等於−10.244，表示男女學生的數學焦慮有顯著差異存在，其中女生的數學焦慮感受顯著的高於男生的數學焦慮知覺。在符合二個母群體變異數相等的假定下，採用合併樣本變異數（pooled sample variance），t 統計量由下列公式求出：

$$S_P^2 = \frac{S_1^2(N_1-1) + S_2^2(N_2-1)}{N_1+N_2-2} = \frac{6.957^2(24-1) + 9.856^2(26-1)}{24+26-2} = \frac{3541.175}{48}$$
$$= 73.7857$$

$$t = \frac{\overline{X}_1 - \overline{X}_2}{\sqrt{S_P^2(\frac{1}{N_1} + \frac{1}{N_2})}} = \frac{-10.244}{\sqrt{73.7857(\frac{1}{24} + \frac{1}{26})}} = \frac{-10.244}{2.4315} = -4.213$$

t 值顯著性的判別中，判別二組平均數差異檢定之 t 值是否是顯著，除參考機率值（p 值）（Sig. 顯著性欄之值）外，亦可判別差異值之 95%的信賴區間，根據點估計值所得的區間估計值若包括 0 這個數值，必須接受虛無假設；相反的，若未包括 0 這個數值，就可以拒絕虛無假設，接受對立假設。此欄在報表中為最後一欄「差異 95%信賴區間」（95% Confidence Interval of the Difference），如果 95%的信賴區間未包含 0 在內，表示二者的差異顯著，如果包含 0 在內，表示二者平均數有可能相等，二者的差異就不顯著，數學焦慮差異之 95%的信賴區間為〔−15.132，−5.355〕，未包含 0，應拒絕虛無假設，表示數學焦慮會因學生性別的不同而有顯著差異。在獨立樣本 t 檢定中，SPSS 只提供雙側考驗結果，如果統計假設是屬於單側考驗，則須再將 SPSS 輸出之 t 值除以 2。

就「國文焦慮」組別差異而言，Levene 法檢定之 F 值未達顯著差異（F=1.010，p=.320>.05），表示二組樣本變異數同質，看第一列之 t 值，t 值等於 3.941、df=48、p=.000<.05，已達.05 顯著水準，平均數的差異值等於 9.279，表示男女學生的國文焦慮有顯著差異存在，其中男生的國文焦慮感受顯著的高於女生的國文焦慮知覺。其差異值 95%的信賴區間為〔4.544，14.013〕，未包含 0，表示國文焦慮會因學生性別的不同而有顯著差異。

在符合二個母群體變異數相等的假定下，採用合併樣本變異數（pooled sample variance），t 統計量由下列公式求出：

$$S_P^2 = \frac{S_1^2(N_1-1)+S_2^2(N_2-1)}{N_1+N_2-2} = \frac{9.333^2(24-1)+7.261^2(26-1)}{24+26-2} = \frac{3521.465}{48}$$
$$= 69.1972$$

$$t = \frac{\overline{X}_1-\overline{X}_2}{\sqrt{S_P^2(\frac{1}{N_1}+\frac{1}{N_2})}} = \frac{9.279}{\sqrt{69.1972(\frac{1}{24}+\frac{1}{26})}} = \frac{9.279}{2.3547} = 3.941$$

就「學習壓力」組別差異而言，Levene 法檢定之 F 值達到顯著差異（F=27.515，p=.000<.05），表示二組樣本變異數異質，應採用校正後的 t 值，校正後的 t 值統計量呈現於第二列，t 值等於.161、df=34.239、p = .873 >.05，未達.05 顯著水準，平均數的差異值等於.423，表示男女學生的學習壓力間沒有顯著差異存在。其差異值 95%的信賴區間為〔−4.928，5.774〕，包含 0，表示學習壓力感受不因學生性別的不同而有顯著差異存在。就「學習壓力」檢定變數而言，二組樣本之母群體未同質，因而須採取校正後的 t 值來估計 t 統計量。

$$t = \frac{\overline{X}_1-\overline{X}_2}{\sqrt{\frac{S_1^2}{N_1}+\frac{S_2^2}{N_2}}} = \frac{34.50-34.08}{\sqrt{\frac{5.20^2}{24}+\frac{12.29^2}{26}}} = \frac{0.420}{2.633} = .160$$（表中的數值為.161，小數點第三位的誤差值乃各測量值小數位進位時產生的誤差）。

報表中假設變異數不相等列之「Std. Error Difference」欄爲平均數差異值的估計標準誤，在此研究問題中分別爲 2.399、2.379、2.634，其值等於二組樣本平均數標準誤的平方相加後，再開根號而來：

$$2.399 = \sqrt{1.420^2 + 1.933^2} \text{、} 2.379 = \sqrt{1.905^2 + 1.424^2} \text{、} 2.634 = \sqrt{1.062^2 + 2.410^2}$$

2-2-4　計算效果量大小

由於 t 考驗結果顯著，表示不同性別的國三學生其數學焦慮與國文焦慮的知覺有顯著差異存在，進一步可檢定其效果大小值，效果大小值可以看出自變項學生性別可以解釋依變項之變異數多少百分比。

(一)求效果值的大小與統計考驗力程序

求效果值大小及統計考驗力，須執行「Analyze」（分析）→「General Linear Model」（一般線性模式）→「Univariate」（單變量）的程序。其操作步驟如下：

Analyze（分析）

　　General Linear Model（一般線性模式）

　　　　Univariate（單變量）出現「Univariate」（單變量）對話視窗。

⇒將依變項「數學焦慮[math]」選入右邊「Dependent Variable」（依變數）下的方格中，將自變項「性別[sex]」選入右邊「Fixed Factors」（固定因子）下的方格中。

⇒按右下方的『選項』（Options...）鈕，出現「Univariate: Options」（單變量：選項）次對話視窗，在「顯示」（Display）方盒中，勾選「效果項大小估計值」（☑Estimates of effect size）、「觀察的檢定能力」（☑Observed power）二個選項

　⇒按『Continue』（繼續）鈕，回到「Univariate」（單變量）對話視窗。

⇒按『OK』（確定）鈕。

【備註】：在「Univariate」（單變量）對話視窗中，「Dependent Variable」（依變數）下的方格中，每次只能選取一個依變項；而「Fixed Factors」（固定因子）下的方格中至少要選取一個自變項，若是選取二個自變項，則變爲「二因子變異數分析」，若選入方格中的自變項有三個，則變爲三因子變異數分析。

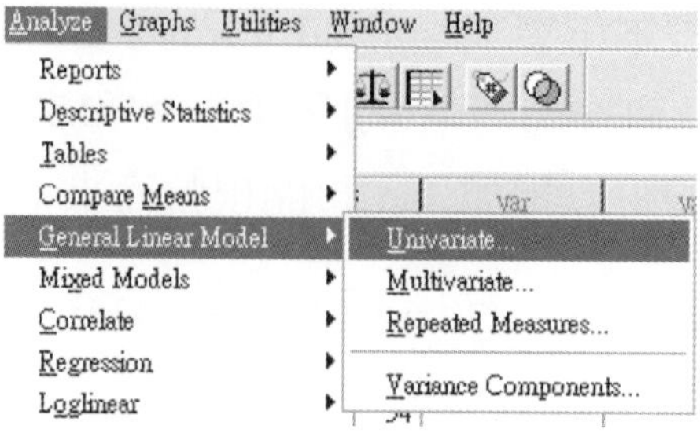

SPSS & ANOVA

| Analyze | Graphs | Utilities | Window | Help |

- Reports ▸
- Descriptive Statistics ▸
- Tables ▸
- Compare Means ▸
- General Linear Model ▸ → Univariate...
- Mixed Models ▸   Multivariate...
- Correlate ▸   Repeated Measures...
- Regression ▸
- Loglinear ▸   Variance Components...

圖 2-11

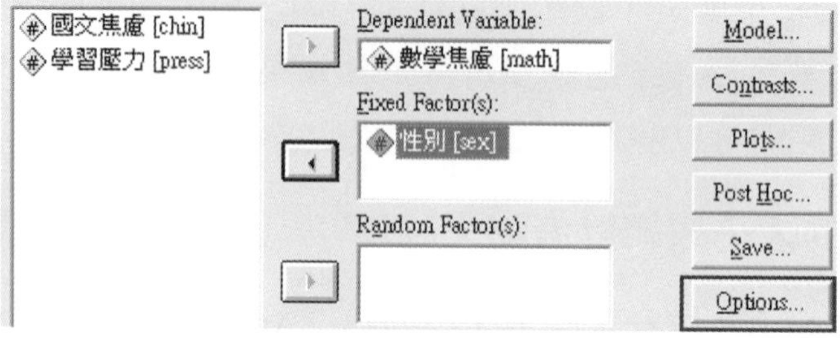

國文焦慮 [chin]
學習壓力 [press]

Dependent Variable:
數學焦慮 [math]

Fixed Factor(s):
性別 [sex]

Random Factor(s):

Model...
Contrasts...
Plots...
Post Hoc...
Save...
Options...

圖 2-12

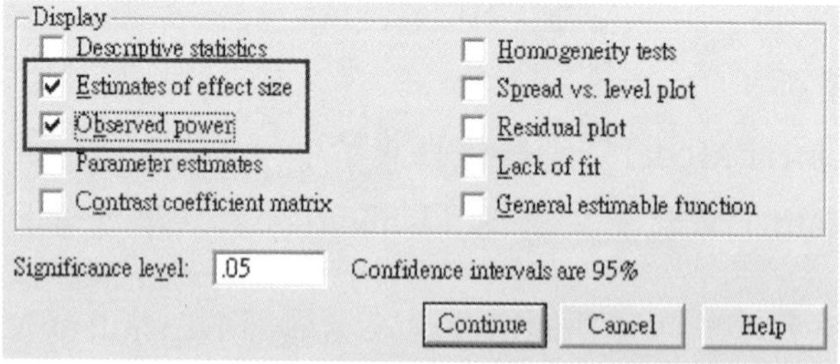

Display
- ☐ Descriptive statistics
- ☑ Estimates of effect size
- ☑ Observed power
- ☐ Parameter estimates
- ☐ Contrast coefficient matrix
- ☐ Homogeneity tests
- ☐ Spread vs. level plot
- ☐ Residual plot
- ☐ Lack of fit
- ☐ General estimable function

Significance level: .05　Confidence intervals are 95%

Continue　Cancel　Help

圖 2-13

(二)結果說明

表 2-9　Univariate Analysis of Variance
Between-Subjects Factors

		Value Label	N
性別	1	男生	24
	2	女生	26

表 2-9 為自變項性別的水準編碼及水準數值標籤。

表 2-10　**Tests of Between-Subjects Effects**

Dependent Variable: 數學焦慮

Source	Type III Sum of Squares	df	Mean Square	F	Sig.	Partial Eta Squared	Noncent. Parameter	Observed Power(a)
Corrected Model	1309.541(b)	1	1309.541	17.748	.000	.270	17.748	.985
Intercept	59262.821	1	59262.821	803.183	.000	.944	803.183	1.000
sex	1309.541	1	1309.541	17.748	.000	.270	17.748	.985
Error	3541.679	48	73.785					
Total	64917.000	50						
Corrected Total	4851.220	49						
a　Computed using alpha = .05								
b　R Squared = .270　(Adjusted R Squared = .255)								

　　表 2-10 受試者間效應項檢定統計量中，「淨 Eta 平方」（Partial Eta Squared）等於下述的 R 平方（R Square）值＝.270，此值即是效果大小值 η^2，表示自變項學生性別可以解釋數學焦慮 27.0%的變異量，二者變項間屬於一種大的關連程度（large association）。而「Observed Power」（觀察檢定力）欄的數據為統計考驗力（power），統計考驗力值為.985，表示以性別變項在數學焦慮的顯著差異推論，其裁決正確率為 98.5%，即當虛無假設為假時，拒絕虛無假設的決策正確率達 98.5%。差異顯著性考驗的 F 值等於 17.748，p＝.000<.05，表示不同性別的學生，其數學焦慮的知覺有顯著差異存在，此結果與上述 t 檢定獲致的結果相同，當自變項為名義變項，二個水準組別平均數差異比較時，除可採用獨立樣本 t 檢定外，也可採用單因子變異數分析（one-way ANOVA），變異數分析考驗的 F 值統計量等於 t 檢定統計量中 t 值的平方，即 $F = t^2$，範例中的 F 值等於 17.748、而之前 t 檢定統計量中的 t 值等於 -4.213，$17.748 = (-4.213) \times (-4.213) = (-4.213)^2$。

　　η^2 由下列公式也可求出：

$$\eta^2 = \frac{t^2}{t^2 + (n_1 + n_2 - 2)} = \frac{-4.213^2}{-4.213^2 + (24 + 26 - 2)} = 0.26995 \doteqdot 0.270$$

$$\eta^2 = \frac{SS_b}{SS_{total}} = \frac{1309.541}{4851.220} = 0.270$$

　　若是樣本數較少，則需要以調整的 $\tilde{\eta}^2$ 來代替 η^2，$\tilde{\eta}^2$ 值 $= 1 - \frac{N-1}{N-p}(1-\eta)^2$。調整後的效果值即是表中所列調整後的 R^2 值（Adjusted R Squared）：

$$= 1 - \frac{50-1}{50-2}(1-.270) = .25479 \doteqdot 0.255$$

表 2-11　ests of Between-Subjects Effects

Dependent Variable: 國文焦慮

Source	Type III Sum of Squares	df	Mean Square	F	Sig.	Partial Eta Squared	Noncent. Parameter	Observed Power(a)
Corrected Model	1074.490(b)	1	1074.490	15.528	.000	.244	15.528	.971
Intercept	61101.610	1	61101.610	882.995	.000	.948	882.995	1.000
sex	1074.490	1	1074.490	15.528	.000	.244	15.528	.971
Error	3321.510	48	69.198					
Total	64948.000	50						
Corrected Total	4396.000	49						
a Computed using alpha = .05								
b R Squared = .244　(Adjusted R Squared = .229)								

　　表 2-11 中不同性別學生的國文焦慮之顯著性差異考驗的 F 值等於 15.528，p = .000<.05，達到顯著水準，η^2 值等於.244，調整後的 η^2 值等於.229、統計考驗力（1－β）等於.971，表示學生性別變項可以解釋學生國文焦慮 24.4% 的變異量，推論統計之裁決正確率達為 97.1%，即當虛無假設為假時，拒絕虛無假設的決策正確率達 97.1%。

$$\eta^2 = \frac{SS_b}{SS_{total}} = \frac{1074.490}{4396.000} = 0.244$$

調整後的效果值即是表中所列調整後的 R^2 值，其計算公式如下：

$$\text{調整後的 } R^2 \text{ 值} = 1 - \frac{N-1}{N-p}(1-\eta)^2 = 1 - \frac{50-1}{50-2}(1-.244) = .229$$

將上述獨立樣本平均數差異之 t 檢定的結果整理為以下摘要表 2-12。

◆【表格範例與詮釋】

表 2-12　學生性別在數學焦慮、國文焦慮及學習壓力之 t 統計考驗摘要表

變項	人數	平均數	標準差	t 值	η²	統計考驗力
數學焦慮						
男生	24	29.33	6.957	-4.213***	.270	.985
女生	26	39.58	9.856			
國文焦慮						
男生	24	39.63	9.333	3.941***	.244	.971
女生	26	30.35	7.261			
學習壓力						
男生	24	34.50	5.200	.161n.s.	—	—
女生	26	34.08	12.290			

n.s. p >.05　　***p <.001

【備註】：為了讓讀者能對照原始報表，表 2-12 中的標準差與 t 值統計量呈現到小數第三位，在正式論文寫作中呈現到小數第二位即可。

從上述學生性別在數學焦慮、國文焦慮及學習壓力之t統計考驗摘要表中可以發現：

1. 不同性別的國中二年級學生，其「數學焦慮」的感受有顯著不同，獨立樣本考驗 t 統計量＝−4.213（p<.05），達到.05 顯著水準，由於 t 統計量為負值，表示女生的「數學焦慮」（M=39.58）顯著的高於男生的「數學焦慮」（M=29.33），η² 值為.270，表示性別自變項可以解釋「數學焦慮」依變項 27.0%的變異量，由於 η² 值 ≥ .138，二個變項間屬高度關聯強度關係，而統計考驗力為.985，表示上述推論時之裁決正確率達 98.5%，即當虛無假設為假而加以拒絕之正確決策率為 98.5%。研究假設：「國中二年級男女學生所知覺的數學焦慮有顯著差異」獲得支持。

2. 不同性別的國中二年級學生，其「國文焦慮」的感受有顯著不同，獨立樣本考驗 t 統計量=3.941（p<.05），達到.05 顯著水準，由於 t 統計量為正值，表示男生的「國文焦慮」（M=39.63）顯著的高於女生的「國文焦慮」（M=30.35），η² 值為.244，表示性別自變項可以解釋「國文焦慮」依變項 24.4%的變異量，由於 η² 值 ≥ .138，二個變項間屬高度關聯強度關係，而統計考驗力為.971，表示上述推論時之裁決正確率達 97.1%，即當虛無假設為假而加以拒絕之正確決策率為 97.1%。研究假設：「國中二年級男女學生所知覺的國文焦慮有顯著差異」獲得支持。

3.不同性別的國中二年級學生，其學習壓力的感受沒有顯著不同，獨立樣本考驗 t 統計量 =.161（p>.05），未達到.05 顯著水準，接受虛無假設，即國中二年級男、女生所感受的學習壓力是相同的，研究假設：「國中二年級男女學生所感受的學習壓力有顯著差異」無法獲得支持。

2-3 相依樣本 t 考驗──重複量數實例

　　相依樣本代表二個樣本之間彼此有關聯存在，不像獨立樣本時兩個樣本的相關被視為 0，相依樣本又包括二種情形：一為重複量數，另一為配對組法。

　　從統計方法之觀點，研究者選擇「兩個相依樣本的平均數差之 t 統計考驗」（two related samples Student's test）的目的，主要是在於考驗兩個相依樣本（即兩個變項）觀察值平均值差異值（the mean of difference）是否相等（即兩個平均差異值是否為 0），或平均數差異值達到統計上有顯著的意義，如第一個變項的平均值顯著高於第二個變項的平均數，或第一個變項的平均值顯著低於第二個變項的平均數，至於這二個變項的資料屬性均必須為連續變項（continuous variables）。理論上，在應用相依樣本的平均值差異之 t 統計考驗時，分析資料最好能夠符合以下兩項統計條件或前提：一為這二個變項平均值差呈「常態分配」（normally distributed）；二為這二個變項之平均值差也必須彼此互相獨立（mutually independently）（王國川，民 91）。如果分析資料違背以上二個統計條件或前提，則可採用無母數統計法，如 Wilcoxon 符號等級之統計考驗（Wilcoxon signed ranks test）（*Siegel & Castellan, 1989*）。

2-3-1 研究問題

某電腦教師想探究資源班學生於開學初、學期中、學期末之電腦態度的轉變情形，編製一份「電腦態度量表」，採用李克特式五點量表法，由學生就十個題項的內容加以勾選，得分愈高，表示學生的電腦態度愈積極、正向。此電腦教師隨機抽取二十名學生，於開學初、學期中、學期末三個時段，分別填寫電腦態度量表。請問學生的電腦態度是否有所轉變？

上述受試者為同一樣本，每位受試者均同樣填寫三次電腦態度量表，為一種重複量數，其中比較的變項有三組：「開學初＆學期中」、「開學初＆學期末」、「學期中＆學期末」電腦態度的差異情形。

前三筆資料如下，其中開學初、學期中、學期末電腦態度變項的名稱分別為「begin」、「middle」、「final」，三個變項的變數註解分別為「開學初」、「學期中」、「學期末」，變項中的測量值為學生在電腦態度量表上的得分，均為連續變項。

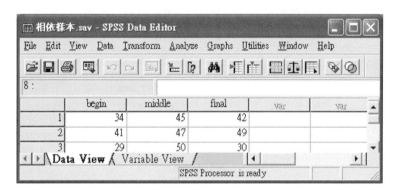

圖 2-14

2-3-2　操作程序

Compare Means（比較平均數法）

　　Paired-Samples T Test...（成對樣本 T 檢定），出現「Paired-Samples T Test」（成對樣本 T 檢定）對話視窗。

⇒將三組配對的變數「開學初[begin]」＆「學期中[middle]」、「開學初[begin]」＆「學期末 [final]」、「學期中[middle]」＆「學期末[final]」分別依次選入右邊「Paired Variables」（配對變數）下的方盒內。

⇒按『Options...』（選項）鈕

　　⇒在「Confidence Interval」（信賴區間）右邊空格設定顯著水準95%。

　　⇒按『Continue』（繼續）鈕，回到「Paired-Samples T Test」（成對樣本 T 檢定）對話視窗。

=>按『OK』（確定）鈕

【備註】：在「配對變數」（Paired Variables）方盒，出現的是每組配對的變數，因而在左邊資料清單中，每次要選取二個配對變項，若是二個配對變項沒有在一起，在選取第二個變項時可加按『Ctrl』鍵。上述程序中在「配對變數」方格中，呈現的是變項名稱，變項的註解不會出現，如「begin--middle」、「begin--final」、「middle--final」。

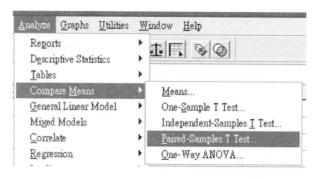

圖 2-15

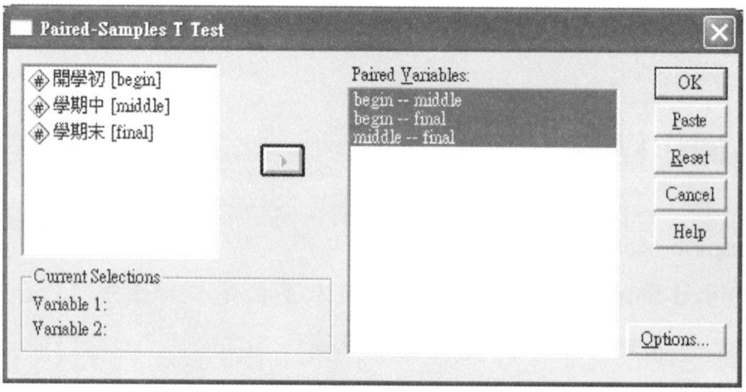

圖 2-16

在上述「Paired-Samples T Test」（成對樣本T檢定）對話視窗中，右邊「Paired Variables」（配對變數）下的方盒中，至少要選取一對變數，每對變數中的第一個變數會成為「變數1」；而第二個變數會成為「變數2」，上圖 2-16 中要統計分析的配對變數共有三組，即會分別進行三個重複量數檢定。「Options」（選項）按鈕可以設定不同的信賴區間，內定的數值為95%。

2-3-3 結果說明

表 2-13　Paired Samples Statistics

		Mean	N	Std. Deviation	Std. Error Mean
Pair 1	開學初	29.25	20	5.418	1.212
	學期中	39.90	20	5.693	1.273
Pair 2	開學初	29.25	20	5.418	1.212
	學期末	37.45	20	7.416	1.658
Pair 3	學期中	39.90	20	5.693	1.273
	學期末	37.45	20	7.416	1.658

表 2-13 成對樣本統計量包括各組配對變數名稱、配對變數中二次的平均數、有效樣本數、標準差與平均數標準誤。以第一個配對組而言，開學初二十名資源班學生的電腦態度平均數為 29.25，標準差為 5.418、平均數估計標準誤為 1.212；學期中二十名資源班學生的電腦態度平均數變為 39.30，標準差為 5.693、平均數估計標準誤為 1.273。從平均數的高低得知：學期中學生的電腦態度高於開學初的電腦態度，至於二次的平均數的差異值是否具有統計上的意義，還須加以考驗才能得知。

表 2-14　Paired Samples Correlations

		N	Correlation	Sig.
Pair 1	開學初 & 學期中	20	.533	.015
Pair 2	開學初 & 學期末	20	.415	.069
Pair 3	學期中 & 學期末	20	.420	.065

表 2-14 為成對樣本間的相關統計量，即每組配對變數間的相關情形，學生開學初與學期中電腦態度間的積差相關係數等於.533，顯著性考驗的機率值p=.015<.05，達到顯著水準，表示這二次的電腦態度間分數有顯著相關存在，開學初電腦態度知覺的分數較高者，學期中電腦態度知覺的分數也較高；學生開學初與學期末電腦態度間的積差相關係數等於.415，顯著性考驗的機率值p=.069>.05，未達到顯著水準；學生開學中與學期末電腦態度間的積差相關係數等於.420，顯著性考驗的機率值 p=.065>.05，也未達到顯著水準。

表 2-15　**Paired Samples Test**

		Paired Differences					t	df	Sig. (2-tailed)
		Mean	Std. Deviation	Std. Error Mean	95% Confidence Interval of the Difference				
					Lower	Uper			
Pair 1	開學初 - 學期中	-10.650	5.373	1.201	-13.165	-8.135	-8.864	19	.000
Pair 2	開學初 - 學期末	-8.200	7.142	1.597	-11.543	-4.857	-5.135	19	.000
Pair 3	開學中 - 學期末	2.450	7.207	1.612	-.923	5.823	1.520	19	.145

　　表 2-15 為二十名資源班學生在三個時段電腦態度平均數差異的 T 檢定結果，從此表中得知，開學初與學期中學生電腦態度得分的平均差異值為 -10.650（=29.25-39.30），差異值考驗的 t 值 = -8.864，df = 19（N-1 = 20-1），顯著性考驗機率值 p = .000<.05，達到.05 的顯著水準，即受試者（學生）在開學初與學期中的電腦態度間有顯著差異存在，學期中的電腦態度得分顯著的高於開學初電腦態度的得分。此外，如從差異的 95% 信賴區間來看：〔-13.165，-8.135〕，未包含 0 這個數值，應拒絕虛無假設 H_0：$\mu_1 = \mu_2$；而接受對立假設 H_1：$\mu_1 \neq \mu_2$，顯示受試者在開學初和學期中的電腦態度有顯著的不同，學期中的電腦態度顯著的較為正向、積極。

　　開學初和學期末學生的電腦態度得分間也有顯著差異存在，t = -5.135，p = .000<.05，學期末的電腦態度得分顯著的高於開學初電腦態度的得分。而學期中與學期末學生的電腦態度得分間沒有顯著差異存在，t = 1.520，p = .145>.05，表示資源班學生在學期中與學期末電腦態度間的知覺感受沒有顯著的不同。

　　上述中的平均數差異估計標準誤欄的數值等於配對變數分數差的標準差除以樣本數後再開根號，如：$1.201 = \dfrac{5.373}{\sqrt{20}}$、$1.612 = \dfrac{7.207}{\sqrt{20}}$。

　　相依樣本統計分析中其平均數差異顯著性 T 檢定的公式如下：

$$t = \frac{\overline{X}_1 - \overline{X}_2}{\sqrt{\dfrac{S_{X1}^2 + S_{X2}^2 - 2rS_{X1}S_{X2}}{N}}}$$

以開學初和學期中學生電腦態度得分差異之 t 值統計量等於

$$\frac{29.25-39.90}{\sqrt{\dfrac{(5.418)^2+(5.693)^2-2\times(.533)\times(5.418)\times(5.693)}{20}}}=\frac{-10.65}{1.201}=-8.864$$

在上述相依樣本配對變數的統計分析中，開學初&學期中學生電腦態度得分間平均數差異考驗的t值達到顯著，開學初&學期末學生電腦態度得分間平均數差異考驗的t值也達到顯著，可進一步求出其效果值大小（effect size）。

$$開學初\&學期中的\ \eta^2=\frac{t^2}{t^2+(N-1)}=\frac{(-8.864)^2}{(-8.864)^2+(20-1)}=0.805$$
$$開學初\&學期末的\ \eta^2=\frac{t^2}{t^2+(N-1)}=\frac{(-5.135)^2}{(-5.135)^2+(20-1)}=0.581$$

◆【表格範例與詮釋】

表 2-16　開學初&學期中、開學初&學期末、學期中&學期末
電腦態度差異摘要表

變項	人數	平均數	標準差	t 值	η^2
配對變項 1					
開學初	20	29.25	5.418	-8.864***	.805
學期中	20	39.90	5.693		
配對變項 2					
開學初	20	29.25	5.418	-5.135***	.581
學期末	20	37.45	7.416		
配對變項 3					
學期中	20	39.90	5.693	1.520n.s.	──
學期末	20	37.45	7.416		

n.s. p>.05　　***p <.001

從上述表 2-16 相依樣本摘要表中可以發現：

1. 「開學初」&「學期中」學生的電腦態度有顯著差異，相依樣本考驗的 t 值＝−8.864（p<.05），達到.05 顯著水準，「學期中」學生的電腦態度（M＝39.90）顯著的較「開學初」的電腦態度（M＝29.25）正向、積極，

與「開學初」相較之下,「學期中」學生的電腦態度有顯著改變,效果量的大小為.805。

2. 「開學初」&「學期末」學生的電腦態度有顯著差異,相依樣本考驗的 t 值=−5.135(p<.05),達到.05 顯著水準,「學期末」學生的電腦態度(M=37.45)顯著的較「開學初」的電腦態度(M=29.25)正向、積極,與「開學初」相較之下,「學期末」學生的電腦態度有顯著改變,效果量的大小為.581。

3. 「學期中」&「學期末」學生的電腦態度沒有顯著差異,相依樣本考驗的 t 值=1.520(p >.05),未達到.05 顯著水準,與「學期中」相較之下,「學期末」時學生的電腦態度沒有顯著改變。

2-4 相依樣本 t 考驗──配對樣本實例

2-4-1 研究問題

某教育學者想探究國小五年級同卵雙胞胎的學業成就(數學成績與國語成績的平均)間是否有所差異,從十所學校間抽取十五對同卵雙胞胎的學生,登錄其五年級的數學成績與國語成績,並加以平均,測得的數據如下表 2-17:請問國小五年級同卵雙胞胎學生的學業成就間是否有所差異?

表 2-17

配對	1	2	3	4	5	6	7	8	9	10	11	12	13	14	15
A	87	94	65	78	81	92	94	74	81	82	85	90	91	69	76
B	74	88	72	90	77	87	96	80	72	78	80	91	66	73	80

2-4-2 操作程序

Analyze(分析)

　Compare Means(比較平均數法)

　　Paired-Samples T Test...(成對樣本 T 檢定),出現「Paired-Samples T Test」(成對樣本 T 檢定)對話視窗。

⇒將配對的變數「第一位」＆「第二位」分別依次選入右邊「Paired Variables」（配對變數）下的方盒內。

⇒按『Options...』（選項）鈕

　⇒在「Confidence Interval」（信賴區間）右邊空格設定顯著水準95%。

　⇒按『Continue』（繼續）鈕，回到「Paired-Samples T Test」（成對樣本 T 檢定）對話視窗。

⇒按『OK』（確定）鈕

2-4-3　結果分析

表 2-18　Paired Samples Statistic

		Mean	N	Std. Deviation	Std. Error Mean
Pair 1	第一位	82.60	15	9.014	2.327
	第二位	80.27	15	8.498	2.194

　　表 2-18 為配對組雙胞胎在學業成就的描述統計量，十五位配對組一學生的學業成績平均數為 82.60、標準差為 9.014、平均數估計標準誤為 2.327；十五位配對組二學生的學業成績平均數為 80.27、標準差為 8.498、平均數估計標準誤為 2.194。

表 2-19　Paired Samples Correlations

		N	Correlation	Sig.
Pair 1	第一位 & 第二位	15	.453	.090

　　表 2-19 為配對組間學業成績的積差相關係數，其二者學業成績間的相關係數為.453，p = .090>.05，未達顯著水準，接受虛無假設，表示二組學業成績間沒有顯著關係存在。

表 2-20　Paired Samples Test

	Paired Differences					t	df	Sig. (2-tailed)
	Mean	Std. Deviation	Std. Error Mean	95% Confidence Interval of the Difference				
				Lower	Uper			
Pair 1　第一位 - 第二位	2.333	9.170	2.368	-2.745	7.412	.985	14	.341

　　表 2-20 為成對樣本檢定統計量，配對組平均數的差異值為 2.333，平均數差異值的標準差為 9.170，平均差異值 95%信賴區間估計〔-2.745，7.412〕，包括 0 數值，平均差異值 t 檢定統計量等於.985，p＝.341＞.05，接受虛無假設，表示配對組一與配對組二學生的學業成就間沒有顯著差異存在，亦即五年級同卵雙胞胎學生在學業成就表現上沒有顯著的不同。

◆【表格範例與詮釋】

表 2-21　同卵雙胞胎學生的學業成就間差異比較摘要表

配對變項		平均數	人數	標準差	t 值
Pair 1	第一位	82.60	15	9.014	.985n.s.
	第二位	80.27	15	8.498	

n.s. p＞.05

　　從上述摘要表中得知：平均差異值 t 檢定統計量等於.985，p＞.05，未達.05 顯著水準，接受虛無假設，表示配對組一與配對組二學生的學業成就間沒有顯著差異存在，亦即五年級同卵雙胞胎學生在學業成就表現上沒有顯著的不同。

2-5 自變項為連續變項的實例

2-5-1 研究問題

　　某心理學者想探究企業員工工作環境與工作滿意之關係，編製一份「工作環境與工作滿意調查問卷」，隨機抽取二十五名企業員工填寫問卷，此心理學者除以積差相關探討「工作環境」與「工作滿意」的關係外，也想探討對工作環境知覺「高分組」的受試者與「低分組」的受試者在工作滿意上的差異情形，此心理學者要如何操作？

2-5-2　採用積差相關統計方法

由於工作環境與工作滿意均為連續變項，為探究二者之間的關係，可以採用 K. Pearson 創建的「積差相關」（product moment correlation），積差相關係數的平方稱為「決定係數」（coefficient of determination），表示第一個變項的總異量中，被第二個變項所能解釋的變異量百分比；或第二個變項的總異量中，被第一個變項所能解釋的變異量百分比，在簡單迴歸分析中，「決定係數」意謂著依變項 Y 的總異量中，被自變項 X 所能解釋的變異量百分比。積差相關圖示架構圖如圖 2-17。

圖 2-17

表 2-22　Correlations

		工作環境	工作滿意
工作環境	Pearson Correlation	1	.757(**)
	Sig. (2-tailed)	.	.000
	N	25	25
工作滿意	Pearson Correlation	.757(**)	1
	Sig. (2-tailed)	.000	.
	N	25	25

** Correlation is significant at the 0.01 level (2-tailed).

表 2-22 為心理學者採用積差相關方法，求出二十五受試者在工作環境知覺與工作滿意感受間關係，二者的積差相關係數等於.757，為正向關係，$p = .000 < .05$，達到顯著水準，表示受試者知覺的工作環境愈佳，其工作滿意度愈高；相反的，受試者知覺的工作環境愈差，其工作滿意度愈低。決定係數 $R^2 = .5730$（$= .757 \times .757$），表示「工作環境」變項可以解釋「工作滿意」變項 57.30%的變異量。

二個變數均為連續變項，所採用的積差相關之操作程序如下：

執行功能表
Analyze（分析）
　Correlate（相關）
　　Bivariate（雙變數），出現「Bivariate Correlations」（雙變數相關分析）對話視窗。

⇒在左邊變數清單中，將目標變數「工作環境」、「工作滿意」二個變項選入右邊「Variables」（變數）下的方格中。
⇒在「Correlation Coefficients」（相關係數）方盒中勾選「☑Pearson」（Pearson 相關係數）。
⇒勾選下方「☑Flag significant correlations」（相關顯著性訊號）選項。
⇒按『確定』（OK）鈕。

【備註】：在「Variables」（變數）方格中，至少要選取二個以上變項，若是變項超過二個，則報表中會呈現兩兩變項間的相關，以相關矩陣方式呈現結果，對角線的數值為 1，表示變項與變項自己間的相關，對角線右上的上三角相關矩陣與左下的下三角相關矩陣的數值相等。
勾選「☑Flag significant correlations」（相關顯著性訊號）選項，在相關矩陣中，若是相關係數顯著性考驗的 p 值小於.05，會在相關係數旁邊加註「(*)」符號，若是相關係數顯著性考驗的 p 值小於.01 或 p 值小於.001，會在相關係數旁邊加註「(**)」符號。

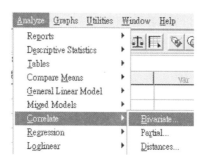

圖 2-18

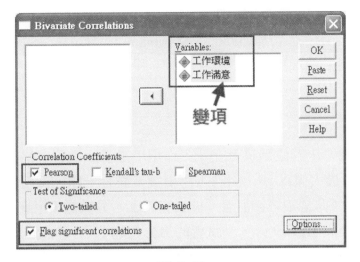

圖 2-19

2-5-3 操作程序與結果分析

㈠求出工作環境變項的描述統計量

由於「工作環境」變項為連續變項，為了找出分割的臨界點：平均數或中位數，須先執行描述統計量程序。操作程序如下：

Analysis（分析）

  Descriptive Statistics（描述統計）

    Descriptives（描述統計量），出現「Descriptives」（描述統計量）對話視窗。

在左邊的變數清單中選取目標變數「工作環境」至右邊「Variables」（變數）下的方格中。

⇒按『Options...』（選項）鈕，出現「Descriptives: Options」（描述性統計量：選項）次對話視窗，勾選「☑Mean」（平均數）、「☑Std. deviation」（標準差）、「☑Minimum」（最小值）、「☑Maximum」（最大值）等選項→按『Continue』（繼續）鈕，回到「Descriptives」（描述統計量）對話視窗。

⇒按『OK』（確定）鈕。

表 2-23　**Descriptive Statistics**

	N	Minimum	Maximum	Mean	Std. Deviation
工作環境	25	18	50	32.12	9.011
Valid N (listwise)	25				

表 2-23 為二十五位受試者在「工作環境量表」填答之描述性統計量，最小值為 18、最大值為 50，因為工作環境量表有十題，採用李克特五點量表法，選項從「非常不符合」至「非常符合」，分數從 1 至 5 分，因而最小值為 10 分、最大值為 50 分，受試者的得分超越 10 至 50 間，即有可能是資料建入錯誤。二十五位受試者的平均數為 32.12，標準差為 9.011，為了將受試者平均分成二組，以平均數四捨五入的分數（＝32）為臨界點，小於 32 分為低分組（小於或等於 31 分）（數值編碼 1），大於或等於 32 分為高分組（數值編碼 2）。分割的圖示如圖 2-20。

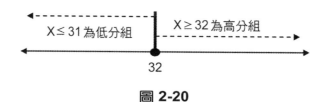

圖 **2-20**

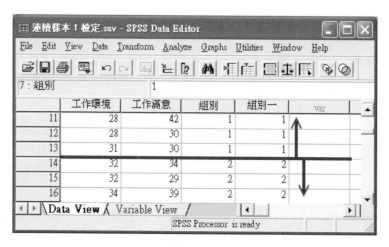

圖 **2-21**

(二)執行獨立樣本 T 檢定程序

Analyze（分析）

　Compare Means（比較平均數法）

　　Independent-Samples T Test...（獨立樣本 T 檢定），出現「Independent-Samples T Test」（獨立樣本 T 檢定）對話視窗。

⇒在左邊變數清單中，將目標變數「工作滿意」選入右邊「Test Variable (s)」（檢定變數）下的方盒內。

⇒將自變項「工作環境」選入右邊「Grouping Variable」（分組變數）下方的空格中，點選其下方格中「工作環境」選項。

⇒按『Define Groups』（定義組別）鈕，出現「Define Groups」（定義組別）次對話視窗。

　⇒選取「⊙Cut point」（分割點）選項，在後面的空格輸入分割點「32」。

　⇒按『Continue』（繼續）鈕→回到「Independent-Samples T Test」（獨立樣本 T 檢定）對話視窗。

⇒按『OK』（確定）鈕。

【備註】：「⊙Cut point」（分割點）後面的空格輸入 32，表示自變項工作環境依 32 分成二組，高分組為工作環境得分 ≥32，低分組為工作環境得分<32，即低分組為工作環境得分 ≤31。

執行結果如下：

表 2-24　Group Statistics

	工作環境	N	Mean	Std. Deviation	Std. Error Mean
工作滿意	>= 32	12	38.25	5.817	1.679
	< 32	13	29.23	6.444	1.787

表 2-24 為工作環境高分組（>=32）、低分組（<32）的受試者在工作滿意檢定變數的組別統計量，十二位高分組知覺工作滿意的平均數為 38.25、標準差為 5.817、平均數估計標準誤為 1.679；十三位低分組知覺工作滿意的平均數為 29.23、標準差為 6.444、平均數估計標準誤為 1.787。

表 2-25　Independent Samples Test

		Levene's Test for Equality of Variances		t-test for Equality of Means						
		F	Sig.	t	df	Sig. (2-tailed)	Mean Difference	Std. Error Difference	95% Confidence Interval of the Difference	
									Lower	Upper
數學焦慮	Equal variances assumed	.047	.831	3.662	23	.001	9.019	2.463	3.924	14.114
	Equal variances not assumed			3.678	22.992	.001	9.019	2.452	3.946	14.093

　　表 2-25 為獨立樣本檢定的統計量，二組變異數同質性考驗採用 Levene 法，其考驗結果之 F 值等於.047，p=.831>.05，未達顯著水準，接受虛無假設，表示二組變異數差異未達顯著，二組樣本的變異數同質，查看「Equal variances assumed」（假設變異數相等）列的數據，自由度等於 23、組別平均數差異的t檢定等於 3.662，p=.001<.05，達到顯著水準，平均數差異 95% 信賴區間為〔3.924、14.114〕，未包括 0 數值，表示二組平均數的差異達到顯著。工作環境得分較高（知覺工作環境愈佳）的受試者，對工作滿意的感受顯著的高於工作環境得分較低（知覺工作環境愈差）的受試者，二組工作滿意的平均數分別為 38.25、29.23，平均數的差異值為 9.02。

【表格範例】

表 2-26　高低工作環境組在工作滿意知覺的 t 檢定摘要表

變項	人數	平均數	標準差	t 值
工作環境高分組	12	38.25	5.817	3.662**
工作環境低分組	13	29.23	6.444	

**p<.01

2-5-4　將自變項轉換為間斷變數——第一種操作程序

　　如果自變項為連續變項，為了統計分析之便，研究者可以將連續變項暫時轉換為間斷變數，在 t 檢定中，可以將自變項依其測量分數高低分為二組；在變異數分析中，可以將自變項依其測量分數高低分為三組，此種轉換即將「強變數」轉換為「弱變數」，其操作程序如下：

一個平均數的差異檢定

㈠步驟 1

> Transform（轉換）
>
> Visual Bander，出現「Visual Bander」對話視窗。
>
> 在左邊「Variables:」（變數）下的空格中選取要建立新組別的連續變數「工作環境」至右邊「Variables to Band」（帶狀變數）下的空格中。
>
> 按『繼續』鈕，開啟「Visual Bander」第二層對話視窗。

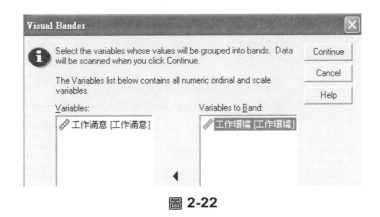

圖 2-22

㈡步驟 2

> 點選左邊「Variable」下的「工作環境」變項，點選完後 SPSS 會自動將「工作環境」移往「Current Variable」右的方格中。
>
> 在「Bander Variable:」右的方格中輸入新分組變項名稱，如「組別」。

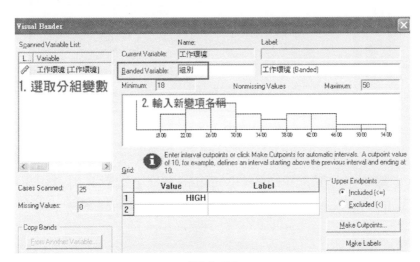

圖 2-23

㈢步驟 3

> ⇒在下方「Grid」（網格）每列的方盒中輸入分組的臨界點，範例中在第一列「Value」（數值）下的空格中輸入「32」，在右下方「Upper Endpoints」（上端點）的方盒中選取『⊙Excluded[<]』（排除[<]）選項，再按『Make Labels』（製作標記）鈕。此時第二欄第一列的註解會出現「<32」，表示「小於 32 分者（未包含 32 分）」為第一組。
>
> 第二列會自動出現「HIGH」，註解為「32+」，表示「32 分以上（含 32 分）」為第 2 組。

> 【備註】：在「Upper Endpoints」（上端點）的方盒中二個選項「⊙Included[<=]」（包括）、『⊙Excluded[<]』（排除[<]），前者表示有包括該數，數學表示式即小於等於該數值，後者表示小於該數值，設定後各分組臨界點，按下『Make Labels』（製作標記）鈕，會於「網格」（Grid）每列的「Label（註解）」欄呈現數值的註解，如圖 2-24 中「<32」為第一組、「32+」32 以上（包括 32）為第二組。即工作環境得分在 32 分以下者，「組別」變項的數值為 1、工作環境得分在 32 分以上者（包括 32 分），「組別」變項的數值為 2。

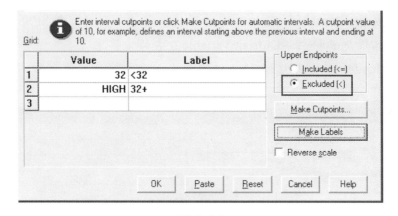

圖 2-24

　　上述步驟 3 在右下方「Upper Endpoints」（上端點）方盒中，如果選取「⊙Included[<=]」（包括[<=]）選項也可以，其操作如下：

⇒在下方「Grid」（網格）每列的方盒中輸入分組的臨界點，範例中在第一列「Value」（數值）下的空格中輸入「31」，在右下方「Upper End-points」（上端點）的方盒中選取「⊙Included[<=]」（包括[<=]）選項，再按『Make Labels』（製作標記）鈕。此時第二欄第一列的註解會出現「<=31」，表示「小於或等於 31 分者」為第一組。

第二列會自動出現「HIGH」，註解為「32+」，表示「32 分以上（含 32 分）」為第 2 組。

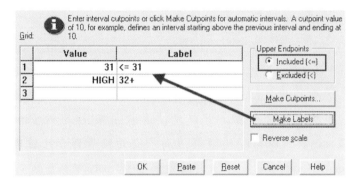

圖 2-25

㈣**步驟 4**

按下『OK』（確定）鈕後，會出現新增一個新變數的提示視窗：「Banding specifications will create 1 variables」→按『確定』鈕。

圖 2-26

按確定鈕後，資料檔會新增分組變項名稱，上述步驟 3 的二種界定，第一種方法其水準數值 1 的註解為「<32」，第二種方法，其水準數值 1 的註解為「<=31」，二種方法中水準數值 2 的註解均為「32+」，表示觀察值在「工作環境」變項得分小於或等於 31 分者為第一組，在「工作環境」變

項得分大於或等於 32 分者為第二組。部分資料檔範例如下表 2-27：

表 2-27

工作環境	工作滿意	組別	組別_1
28	42	<32	<=31
28	30	<32	<=31
31	30	<32	<=31
32	34	32+	32+
32	29	32+	32+
34	39	32+	32+

在「Visual Bander」第二層對話視窗，若按『Make Cutpoints...』（製作分割點），會出現「Make Cutpoints」（製作分割點）次對話視窗，如果使用者事先不知分割點，可以直接選取「◉Equal Percentiles Based on Scanned Cases」（以掃瞄的觀察值為基礎的相等百分比位數）選項，在「Number of Cutpoints」（分割點數目）後面的方格中輸入要分割臨界點數目，則 SPSS 會依分割臨界點數目自動將自變項分組，各分組受試者的比例會呈現於「Width (%)」後的方格中。設定分割點後按『Apply』（套用）鈕→回到「Visual Bander」第二層對話視窗，在此視窗中，可以設定各上端點（Upper Endpoints）是否包含讓數值，內定選項為『◉Included[<=]』（包括）』，界定上端點是否包含該數值後，可按『Make Labels』（製作標記）鈕，以查看設定的臨界點是否有誤。

在「◉Equal Percentiles Based on Scanned Cases」（以掃瞄的觀察值為基礎的相等百分比位數）選項中：如研究者要根據「工作環境」連續變項之分數高低，讓電腦自動將其分別為二組，則「Number of Cutpoints」後面的方格中鍵入「1」（二組只有一個分割點），下方「Width (%)」後的方格中會出現「50.00」；讓電腦自動將其分別為三組，則「Number of Cutpoints」後面的方格中鍵入「2」（三組有二個分割點），下方「Width (%)」後的方格中會出現「33.33」；讓電腦自動將其分別為四組，則「Number of Cutpoints」後面的方格中鍵入「3」（四組有三個分割點），下方「Width (%)」後的方格中會出現「25.00」；讓電腦自動將其分別為五組，則「Number of Cutpoints」後面的方格中鍵入「4」（五組有四個分割點），下方「Width (%)」後的方格中會出現「20.00」。

【備註】：在「Make Cutpoints」次對話視窗中，SPSS 提供三種將觀察值分組的方法：

1. 「◉Equal Width Intervals」（相等寬區間），若研究者事先知道最小組之分割點的臨界值，可以選取此項，在「First Cutpoint Location:」（第一點分割點位置）後面的空格中輸入最小的分割點數值，並在「Number of Cutpoints」（分割點數目）後的空格中鍵入分割點的數目，分割點數目加 1 為分割的組數，如分割點數為 2，表示觀察值區分為三組。

2. 不知分割臨界點數值，直接選取「◉Equal Percentiles Based on Scanned Cases」（以掃瞄的觀察值為基礎的相等百分比位數）選項，再輸入分割點個數即可（此種方法應用較為普遍）。

3. 研究者希望根據分組變項的平均數與標準差來分割受試者，可以選取「◉Cutpoints at Mean and Selected Standard Deviations Based on Scanned Cases」（以掃瞄的觀察值為基礎的平均值與所選標準差的分割點）選項，進一步選取 1、2、或 3 個標準差。

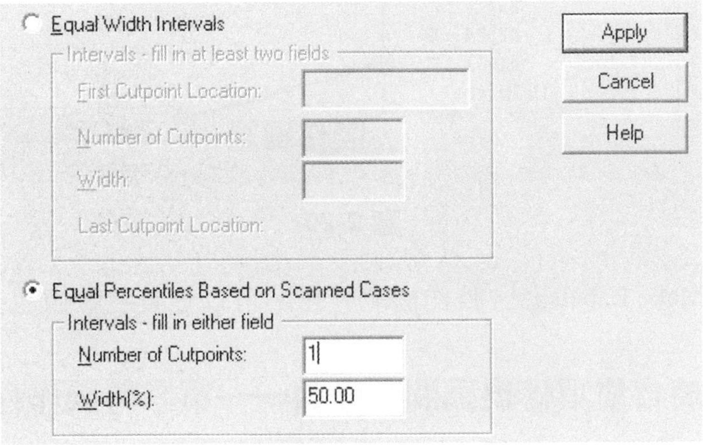

圖 2-27

圖 2-27 為直接選取「◉Equal Percentiles Based on Scanned Cases」（以掃瞄的觀察值為基礎的相等百分比位數）選項，再輸入 1 個分割點，表示依觀察值在工作環境的得分，平均分為二組，二組人數約占全部的 50%。

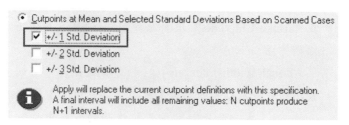

圖 2-28

圖 2-28為選取「⊙Cutpoints at Mean and Selected Standard Deviations Based on Scanned Cases」（以掃瞄的觀察值為基礎的平均值與所選標準差的分割點）選項，並選取平均數上下一個標準差為分割點，按『Apply』（套用）鈕→回到「Visual Bander」第二層對話視窗，「Grid」（網格）的列中會出現下列數字。

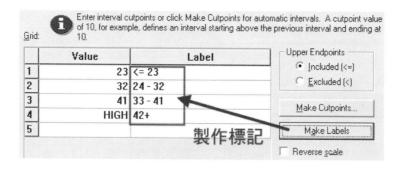

圖 2-29

按下『Make Labels』（製作標記）鈕，可以查看各數值包含的範圍。

2-5-5　　將自變項轉換為間斷變數──第二種操作程序

第二種的操作程序為執行「重新編碼」（Recode）指令，其操作步驟如下：

⇒從功能表執行

Transform（轉換）

　　Recode（重新編碼）

　　　　Into Different Variables...（成不同變數），出現「Recode into Different Variables」（重新編碼成不同變數）對話視窗。

⇒將左邊變數清單的目標變數「工作環境」點選至右邊「Numeric Variable->Output」（數值變數-->輸出變數）下的方格中→在「Output Variable」（輸出之新變數）方盒中『Name』（名稱）下的空格鍵入新分組變數名稱「組別_工作環境」→按『Change』（變更）鈕，於「Numeric Variable->Output」（數值變數-->輸出變數）下的空格中，文字由「工作環境-->?」變更為「工作環境-->組別_工作環境」。

⇒按『Old and New Values』（舊值與新值）鈕，開啟「Recode into Different Variables: Old and New Values」（重新編碼成不同變數：舊值與新值）次對話視窗。

⇒左邊「Old Value」（舊值）方盒點選第六個選項『⊙Range』（範圍），在『□ through highest』（□到最高值）前的空格中鍵入「32」（表示 32 分以上）→右邊「New Value」（新值為）方盒中，點選『⊙Value』（數值）選項，在其右邊的空格中鍵入「2」（第二組）

⇒按『Add』（新增）鈕，右邊「Old-->New」（舊值—新值）下的空格中會出現「32 thru Highest-->2」的訊息。

⇒左邊「Old Value」（舊值）方盒點選第五個選項『⊙Range』（範圍），在『Lowest through □』（從最低值至□）後的空格中鍵入「31」（表示 31 分以下）→右邊「New Value」（新值為）方盒中，點選『⊙Value』（數值）選項，在其右邊的空格中鍵入「1」（第一組）

⇒按『Add』鈕（新增），右上「Old-->New」下的空格中會出現「Lowest thru 31-->1」的訊息。

⇒按『Continue』鈕，回到「Recode into Different Variables」（重新編碼成不同變數）對話視窗

⇒按『OK』（確定）鈕。

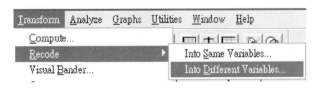

圖 2-30

圖 2-31

在「Output Variable」（輸出之新變數）方盒中，『Name』（名稱）下的空格鍵入新分組變數名稱，如「組別」、「GROUP」、範例中為「組別_工作環境」，鍵入完後，要按『Change』（變更）鈕。

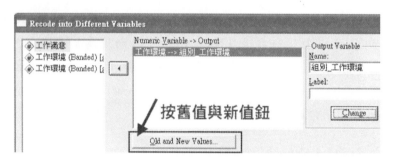

圖 2-32

在「Recode into Different Variables」（重新編碼成不同變數）對話視窗，設定後新變數名稱後，按『Old and New Values...』（舊值與新值）鈕，開啟「Recode into Different Variables: Old and New Values」（重新編碼成不同變數：舊值與新值）次對話視窗。

圖 2-33

2-6 「生活壓力量表」的綜合分析實例

2-6-1 研究問題

某教育學者想探究高中學生生活壓力的情形，採分層隨機取樣方式抽取100 位高中學生，填寫一份「生活壓力感受量表」，量表採用李克特五點量表法，從「非常不困擾」至「非常困擾」，量表共有十題，包含二個層面：層面一為「學業壓力」，包含第一題至第五題，得分愈高，表示觀察值的學業壓力愈高；層面二為「情感壓力」，包含第六題至第十題，得分愈高，表示樣本觀察值的情感壓力愈高，整體量表的總分稱為「生活壓力」，得分愈高，表示樣本觀察值的生活壓力愈高；得分愈低，表示樣本觀察值的生活壓力愈低。十個題項中第四題、第八題為反向題，研究者想要探究的第一個研究問題為：「不同性別的高三學生其生活壓力的感受是否有顯著不同？」

變項的建檔範例如下，二個背景變項，變項「sex」為學生性別，水準數值編碼 1 代表女生、水準數值編碼 2 代表男生，變項「year」為學生年級，水準數值編碼 1 代表高三學生、水準數值編碼 2 代表高二學生、水準數值編碼 3 代表高一學生，十題生活壓力量表題項的變項分別為：a1、a2、a3、……、a9、a10，其測量值數值介於 1 至 5 之間。

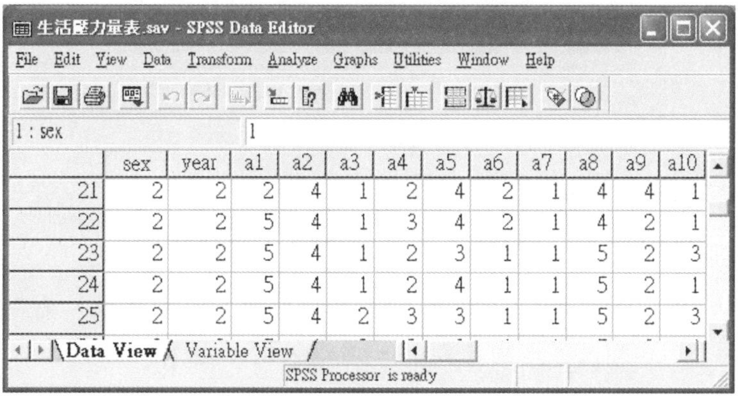

	sex	year	a1	a2	a3	a4	a5	a6	a7	a8	a9	a10
21	2	2	2	4	1	2	4	2	1	4	4	1
22	2	2	5	4	1	3	4	2	1	4	2	1
23	2	2	5	4	1	2	3	1	1	5	2	3
24	2	2	5	4	1	2	4	1	1	5	2	1
25	2	2	5	4	1	2	3	3	1	4	2	3

圖 2-34

2-6-2　操作程序

在進行層面的加總時，如果量表題項有反向題，應把反向題反向計，以和正向題題項測量值分數高低所代表的意義相一致。在上述生活壓力量表中，第4題與第8題均為反向題，由於採用李克特五點量表法，其反向計分如下表2-28：

表 2-28

原始作答	反向計分
1	5
2	4
3	3
4	2
5	1

㈠反向題重新計分

1. 步驟 1

執行功能列「Transform」（轉換→「Recode」（重新編碼）→「Into Same Variables...」（成同一變數）程序，出現「Recode into Same Variables」（重新編碼成同一變數）對話視窗。

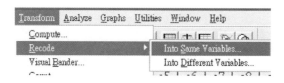

圖 2-35

2. 步驟 2

在「Recode into Same Variables」（重新編碼成同一變數）對話視窗中，將反向題第四題及第八題變數a4、a8選入選入右邊「Numeric Variables:」（數值變數）下的空格中，按『Old and New Values...』（舊值與新值）鈕，開啟「Recode into Same Variables Old and New Values」（重新編碼成同一變數：舊值與新值）次對話視窗。

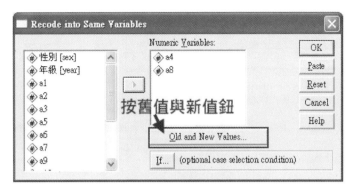

圖 2-36

3.步驟 3

在「Recode into Same Variables Old and New Values」（重新編碼成同一變數：舊值與新值）次對話視窗中，

⇒於左邊「Old Value」（舊值）方盒中選取「⊙Value」（數值）選項，在其右邊輸入「1」→在右邊「New Value」（新值）方盒中選取「⊙Value」（數值）選項，在其右邊輸入「5」→按『Add』（新增）鈕。

⇒左邊「Old Value」（舊值）方盒「⊙Value」（數值）選項的右邊輸入「2」→在右邊「New Value」（新值）方盒中選取「⊙Value」（數值）選項，在其右邊輸入「4」→按『Add』（新增）鈕。

⇒左邊「Old Value」（舊值）方盒「⊙Value」（數值）選項的右邊輸入「3」→在右邊「New Value」（新值）方盒中選取「⊙Value」（數值）選項，在其右邊輸入「3」→按『Add』（新增）鈕。

⇒左邊「Old Value」（舊值）方盒「⊙Value」（數值）選項的右邊輸入「4」→在右邊「New Value」（新值）方盒中選取「⊙Value」（數值）選項，在其右邊輸入「2」→按『Add』（新增）鈕。

⇒左邊「Old Value」（舊值）方盒「⊙Value」（數值）選項的右邊輸入「5」→在右邊「New Value」（新值）方盒中選取「⊙Value」（數值）選項，在其右邊輸入「1」→按『Add』（新增）鈕。

⇒按『Continue』（繼續）鈕→回到「Recode into Same Variables」（重新編碼成同一變數）對話視窗→按『OK』（確定）鈕。

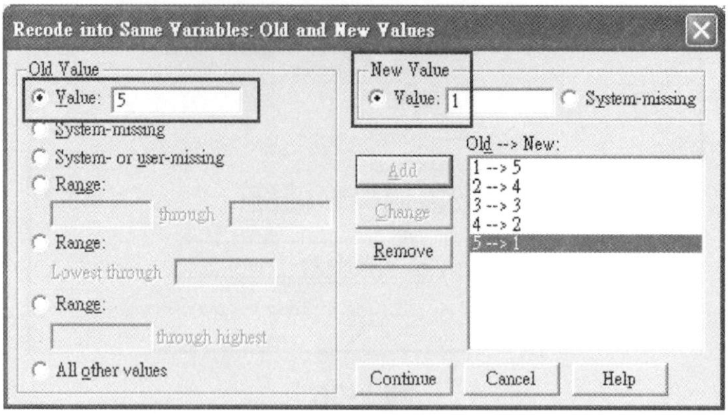

圖 2-37

(二)層面的加總

「生活壓力量表」屬態度知覺感受一種，逐題分析所代表的實質意義不大，研究者根據因素分析結果，抽取二個共同因素，因素層面與所包含的題項如下表 2-29：

表 2-29

變項名稱	包含題項
學業壓力層面	a1、a2、a3、a4、a5
情感壓力層面	a6、a7、a8、a9、a10
整體生活壓力	a1、a2、a3、a4、a5、a6、a7、a8、a9、a10

註：題項加框者表示反向題

題項反向計分完後，研究者必須進行層面題項的加總，以「學業壓力」層面而言，包含 a1、a2、a3、a4、a5 五個題項，五個題項加總後分數才是樣本觀察值在「學業壓力」層面的得分，分數愈高，表示樣本觀察值所感受的「學業壓力」愈大；分數愈低，表示樣本觀察值所感受的「學業壓力」愈小。

1. 「學業壓力」層面的加總

執行功能表「Transform」（轉換）→「Compute」（計算）程序，出現「Compute Variable」（計算變數）對話視窗。
⇒在左邊「Target Variable」（目標變數）下的空格中輸入第一個層面變項名稱：「學業壓力」。

⇒在右邊「Numeric Expression」（數值運算式）下的空格中鍵入層面包含題項的加總:「a1+a2+a3+a4+a5」

⇒按『OK』（確定）鈕。

【備註】：在題項的加總方面，若是量表題項的編碼有順序，如a1、a2、a3…a10 或 it1、it2、it3、it4、it5……it30，則層面加總時，可以採用一般數學四則運算的算術，也可採用「SUM」函數。上述「學業壓力」層面，五個題項的加總若採用「SUM」函數，在右邊「Numeric Expression」（數值運算式）下的空格中鍵入「SUM（a1 to a5）」，若是一個有三十題工作壓力量表，其中量表第一個層面包含的題項為it2、it3、it4、it5、it8、it9、it10，則層面的加總可以採用以下二種方式:

加總算式一：「it2+it3+it4+it5+it8+it9+it10」

加總算式二：「SUM（it2 to it5）＋SUM（it8 to it10）

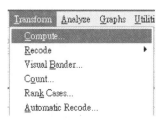

圖 2-38

圖 2-39

2.「情感壓力」層面的加總

執行功能表「Transform」（轉換）→「Compute」（計算）程序，出現「Compute Variable」（計算變數）對話視窗。

⇒在左邊「Target Variable」（目標變數）下的空格中輸入第二個層面變項名稱：「情感壓力」。

⇒在右邊「Numeric Expression」（數值運算式）下的空格中鍵入層面包含題項的加總：「a6+a7+a8+a9+a10」

⇒按『OK』（確定）鈕。

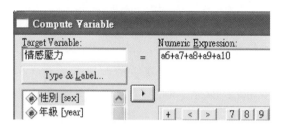

圖 2-40

3.「生活壓力量表」的加總

執行功能表「Transform」（轉換）→「Compute」（計算）程序，出現「Compute Variable」（計算變數）對話視窗。

⇒在左邊「Target Variable」（目標變數）下的空格中輸入量表全部題項加總的變項名稱：「生活壓力」。

⇒在右邊「Numeric Expression」（數值運算式）下的空格中鍵入層面包含題項的加總：「sum (a1 to a10)」

⇒按『OK』（確定）鈕。

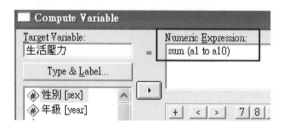

圖 2-41

　　下圖 2-42 為層面加總後，新增的三個變項名稱，其中「生活壓力」變項的測量值等於「學業壓力」變項測量值與「情感壓力」變項測量值的加總。

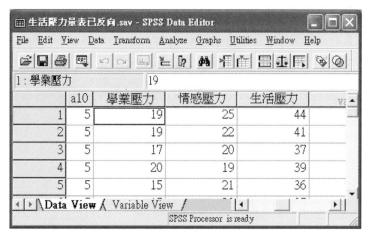

圖 2-42

㈢執行獨立樣本 t 檢定

Analyze（分析）

　　Compare Means（比較平均數法）

　　　　Independent-Samples T Test...（獨立樣本T檢定），出現
「Independent-Samples T Test」（獨立樣本T檢定）對話視窗。

⇒在左邊變數清單中，將三個目標變數「學業壓力」、「情感壓力」、
「生活壓力」選入右邊「Test Variable(s)」（檢定變數）下的方盒內。

⇒將自變項性別「sex[性別]」選入右邊「Grouping Variable」（分組變
數）下方的空格中，點選其下方格中「sex(? ?)」選項。

⇒按『Define Groups』（定義組別）鈕，出現「Define Groups」（定義
組別）次對話視窗。

　⇒在「Group 1:」（組別1）的右邊方格輸入女生數值編碼1。

　⇒在「Group 2:」（組別2）的右邊方格輸入男生數值編碼2。

　⇒按『Continue』（繼續）鈕→回到「Independent-Samples T Test」
（獨立樣本T檢定）對話視窗。

⇒按『OK』（確定）鈕。

㈣獨立樣本 t 檢定結果

表 2-30　T-Test
Group Statistics

	性別	N	Mean	Std. Deviation	Std. Error Mean
學業壓力	女生	40	18.83	3.381	.535
	男生	60	18.73	3.113	.402
情感壓力	女生	40	20.18	2.845	.450
	男生	60	16.67	5.085	.656
生活壓力	女生	40	39.00	5.733	.907
	男生	60	35.40	7.441	.961

　　上表 2-30 為不同性別的高中學生在學業壓力、情感壓力、整體生活壓力之描述性統計量，女生觀察值有 40 位、男生觀察值有 60 位，女生在學業壓力、情感壓力、整體生活壓力感受之平均數分別為 18.83、20.18、39.00，標準差分別為 3.381、2.845、5.733；男生在學業壓力、情感壓力、整體生活壓力感受之平均數分別為 18.73、16.67、35.40，標準差分別為 3.113、5.085、7.441。

表 2-31　Independent Samples Test

		Levene's Test for Equality of Variances		t-test for Equality of Means						
		F	Sig.	t	df	Sig. (2-tailed)	Mean Difference	Std. Error Difference	95% Confidence Interval of the Difference	
									Lower	Upper
學業壓力	Equal variances assumed	.416	.521	.139	98	.889	.092	.658	-1.214	1.397
	Equal variances not assumed			.137	78.886	.891	.092	.669	-1.240	1.423
情感壓力	Equal variances assumed	14.677	.000	3.965	98	.000	3.508	.885	1.753	5.264
	Equal variances			4.409	95.553	.000	3.508	.796	1.929	5.088
生活壓力	Equal variances assumed	8.453	.005	2.589	98	.011	3.600	1.391	.840	6.360
	Equal variances not assumed			2.726	95.861	.008	3.600	1.321	.978	6.222

　　上表 2-31 為不同性別在學業壓力、情感壓力與整體生活壓力之 t 檢定統計量，在「學業壓力」層面方面，Levene 法檢定之 F 值未達.05 顯著差異（F=.416，p=.521>.05），表示二組樣本變異數同質，看第一列（Equal variances assumed）之 t 值，平均數差異為.092，差異考驗的 t 統計量等於.139，顯著性機率值 p=.889>.05，未達.05 顯著水準，表示不同性別的高中學生，其學業壓力的感受沒有顯著差異。

　　在「情感壓力」層面方面，Levene 法檢定之 F 值達到.05 顯著差異（F=14.677，p=.000<.05），表示二組樣本變異數異質，看第二列（Equal variances not assumed）之 t 值，二組平均數差異為 3.508，差異考驗的 t 統計量等於 4.409，顯著性機率值 p=.000<.05，達到.05 顯著水準，表示不同性別的高中學生，其「情感壓力」的感受有顯著差異，高中女學生的情感壓力（M=20.18）顯著的高於高中男學生的情感壓力（M=16.67）。

　　在整體「生活壓力」方面，Levene 法檢定之 F 值達到.05 顯著差異（F=8.453，p=.005<.05），表示二組樣本變異數異質，看第二列（Equal variances not assumed）之 t 值，二組平均數差異為 3.600，差異考驗的 t 統計量等於 2.726，顯著性機率值 p=.000<.05，達到.05 顯著水準，表示不同性別的高中學生，其「生活壓力」的感受有顯著差異，高中女學生的生活壓力（M=39.00）顯著的高於高中男學生的生活壓力（M=35.40）。

　　由於不同性別的高中學生在「情感壓力」層面及整體「生活壓力」的感受上有顯著差異，可進一步求出其效果值與統計考驗力，至於差異沒有達到顯著的變項（學業壓力）則沒有必要再求出其效果值與統計考驗力。

㈤求效果值的大小與統計考驗力

Analyze（分析）
　　General Linear Model（一般線性模式）
　　　　Univariate（單變量）出現「Univariate」（單變量）對話視窗。

⇒將依變項「情感壓力」選入右邊「Dependent Variable」（依變數）下的方格中，將自變項「性別[sex]」選入右邊「Fixed Factors」（固定因子）下的方格中。
⇒按右下方的『選項』（Options...）鈕，出現「Univariate: Options」（單變量：選項）次對話視窗，在「顯示」（Display）方盒中，勾選「效果項大小估計值」（☑Estimates of effect size）、「觀察的檢定能力」（☑

Observed power）二個選項

　　⇒按『Continue』（繼續）鈕，回到「Univariate」（單變量）對話視窗。
⇒按『OK』（確定）鈕。

Analyze（分析）

　　General Linear Model（一般線性模式）

　　　　Univariate（單變量）出現「Univariate」（單變量）對話視窗。

⇒將依變項「生活壓力」選入右邊「Dependent Variable」（依變數）下的方格中，將自變項「性別[sex]」選入右邊「Fixed Factors」（固定因子）下的方格中。

⇒按右下方的『選項』（Options...）鈕，出現「Univariate: Options」（單變量：選項）次對話視窗，在「顯示」（Display）方盒中，勾選「效果項大小估計值」（☑Estimates of effect size）、「觀察的檢定能力」（☑ Observed power）二個選項

　　⇒按『Continue』（繼續）鈕，回到「Univariate」（單變量）對話視窗。
⇒按『OK』（確定）鈕。

下表 2-32 為效果值與統計考驗力之變異數單變量分析之結果：

表 2-32　Univariate Analysis of Variance
Tests of Between-Subjects Effects
Dependent Variable: 情感壓力

Source	Type III Sum of Squares	df	Mean Square	F	Sig.	Partial Eta Squared	Noncent. Parameter	Observed Power(a)
Corrected Model	295.402(b)	1	295.402	15.724	.000	.138	15.724	.975
Intercept	32575.402	1	32575.402	1733.950	.000	.947	1733.950	1.000
sex	295.402	1	295.402	15.724	.000	.138	15.724	.975
Error	1841.108	98	18.787					
Total	34789.000	100						
Corrected Total	2136.510	99						
a　Computed using alpha = .05								
b　R Squared = .138　(Adjusted R Squared = .129)								

上表 2-32 中淨 η^2 等於.138，調整後的 R^2 等於.129，統計考驗力（1 − β）為.975，表示性別變項可以解釋「情感壓力」13.8%的變異量，此種推論裁

決正確率達 97.5%。根據Cohen（1988）的論點，由於 $\eta^2 = .138 \geq .138$，性別變項與「情感壓力」變項間呈現一種大的（高度）關聯強度。

表 2-33　Tests of Between-Subjects Effects

Dependent Variable: 生活壓力

Source	Type III Sum of Squares	df	Mean Square	F	Sig.	Partial Eta Squared	Noncent. Parameter	Observed Power(a)
Corrected Model	311.040(b)	1	311.040	6.702	.011	.064	6.702	.727
Intercept	132848.640	1	132848.640	2862.362	.000	.967	2862.362	1.000
sex	311.040	1	311.040	6.702	.011	.064	6.702	.727
Error	4548.400	98	46.412					
Total	140578.000	100						
Corrected Total	4859.440	99						
a　Computed using alpha = .05								
b　R Squared = .064　（Adjusted R Squared = .054）								

上表 2-33 中淨 η^2 等於.064，調整後的 R^2 等於.054，統計考驗力（$1 - \beta$）為.727，表示性別變項可以解釋整體「生活壓力」6.4%的變異量，此種推論裁決正確率為 72.7%。根據 Cohen（1988）的論點，由於 $\eta^2 = .064$，介於.59 至.138 間，可見性別變項與「生活壓力」變項間呈現一種中的（中度）關聯強度。

將上述獨立樣本平均數差異之 t 檢定的結果整理為以下摘要表 2-34：

◆【表格範例】

表 2-34　不同學生性別在生活壓力層面及整體生活壓力 t 統計考驗摘要表

變項	人數	平均數	標準差	t 值	η^2	統計考驗力
學業壓力						
女生	40	18.83	3.38	.14n.s.	——	——
男生	60	18.73	3.11			
情感壓力						
女生	40	20.18	2.85	4.41***	.138	.975
男生	60	16.67	5.09			
整體生活壓力						
女生	40	39.00	5.73	2.73**	.064	.727
男生	60	35.40	7.44			

n.s. p>.05　　**p<.01　　***p<.001

2-7 「社會參與量表」的項目分析——獨立樣本 t 檢定的應用

　　預試問卷施測完後，要進行預試問卷項目分析、效度考驗、信度檢定，以作爲編製正式問卷的依據。在項目分析的考驗方面就是探究高低分的受試者在每個題項的差異比較，根據項目分析結果可作爲題目篩選的依據。

2-7-1　研究問題

某成人教育學者想探究退休公教人員退休後的社會參與與其生活滿意度的關係。其中「社會參與量表」經專家效度審核後，保留 19 題，進行問卷預試時，以隨機取樣抽取退休公教人員填答「退休後生活感受問卷」，此問卷包含「社會參與量表」19題、「生活滿意度量表」30題，問卷回收後經刪除無效問卷後，有效問卷 200 份。請問如何進行項目析，以檢核「社會參與量表」19 個題項的適切性。

表 2-35　社會參與量表

	非常同意	大部分同意	一半同意	大部分不同意	非常不同意
01.我常會喜歡宗教活動中的一些儀式	☐	☐	☐	☐	☐
02.我不覺得參加社會服務工作很有意義	☐	☐	☐	☐	☐
03.我常會選擇自己喜歡的社團活動來參與	☐	☐	☐	☐	☐
04.我常會參加各種進修學習活動	☐	☐	☐	☐	☐
05.我常會主動的參加一些休閒娛樂活動	☐	☐	☐	☐	☐
06.我常會參加一些宗教活動	☐	☐	☐	☐	☐
07.我覺得參加社會服務工作之後使我的生活更加充實	☐	☐	☐	☐	☐
08.我參與社團活動時我會積極的投入	☐	☐	☐	☐	☐
09.我參加學習活動時，常會受到老師和同儕的肯定	☐	☐	☐	☐	☐
10.我現在常會邀請家人或親友一起從事運動休閒	☐	☐	☐	☐	☐
11.我常會鼓勵親朋好友一起參加宗教活動	☐	☐	☐	☐	☐

	非常同意	大部分同意	一半同意	大部分不同意	非常不同意
12.我很願意奉獻自己的專長和經驗來服務別人.....................	☐	☐	☐	☐	☐
13.我常會做些適合我的運動來增進健康...........................	☐	☐	☐	☐	☐
14.我參加學習活動時心情都很愉快	☐	☐	☐	☐	☐
15.我不覺得從事適當的休閒運動後能讓生活更充實	☐	☐	☐	☐	☐
16.參加宗教活動之後讓我的心靈更為充實	☐	☐	☐	☐	☐
17.我常會利用時間參加各種社會服務工作	☐	☐	☐	☐	☐
18.我不覺得我能從社團活動的參與過程中獲得滿足感	☐	☐	☐	☐	☐
19.我會主動和別人分享進修學習的心得	☐	☐	☐	☐	☐

　　上述「社會參與量表」中的第2題、第15題及第18題為反向題，三題反向題項項如下：「02.我不覺得參加社會服務工作很有意義」、「15.我不覺得從事適當的休閒運動後能讓生活更充實」、「18.我不覺得我能從社團活動的參與過程中獲得滿足感」。在SPSS資料檔中，「社會參與量表」十九題題項的變數分別以 b1、b2、b3、……、b18、b19 表示，資料檔範例如下圖2-43：

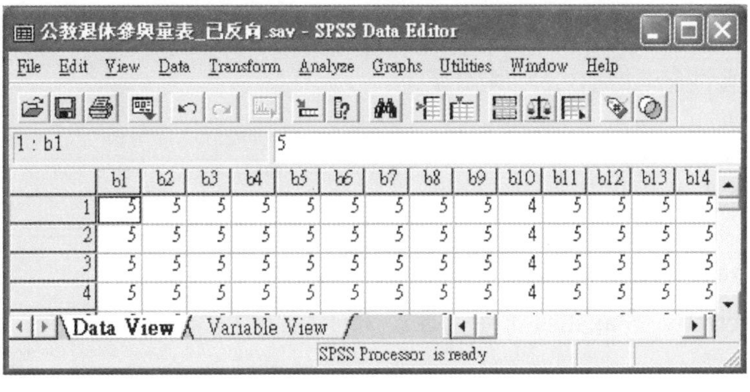

圖 2-43

2-7-2　檢查鍵入資料有無極端值或錯誤值

　　在進行項目分析或統計分析之前，要先檢核輸入的資料檔有無錯誤，此部分的檢核方式有二種：一為執行次數分配表程序，看每個題項被勾選

的數值有無錯誤值，如「社會參與量表」採用李克特五點量表式填答，每個題項的資料只有五個水準：1、2、3、4、5，小於 1 或大於 5 的數據資料均為遺漏值或錯誤值，這些數據資料（小於 1 或大於 5 的數據資料）最好均設定為「遺漏值」（missing）或重新檢核原始問卷資料，看是否鍵入錯誤；二為執行描述性統計量，從各題的描述性統計量中，查看數據的最小值與最大值是否超出 1、5 二個極端值，如果最小值小於 1 或最大值大於 5，表示資料鍵入有錯誤。

1. 執行次數分配表的程序如下

⇒從功能表執行
Analyze（分析） Descriptive Statistics（描述性統計量） Frequencies...（次數分配表），開啟「Frequencies」（次數分配表）對話視窗。
⇒將左邊變數清單中的目標變數 b1 至 b19 點選至右邊「Variable」（變數）下的方格中。 ⇒勾選下方『☑Display frequency tables』（顯示次數分配表）選項。 ⇒按『OK』（確定）鈕。

2. 執行描述性統計量的程序如下

⇒從功能表執行
Analyze（分析） Descriptive Statistics（描述性統計量） Descriptive...（描述性統計量），開啟「Descriptive」（描述性統計量）對話視窗。
⇒將左邊變數清單中的目標變數 b1 至 b19 點選至右邊「Variable」（變數）下的方格中。 ⇒按『Options...』（選項）鈕，開啟「Descriptive: Options」（描述性統計量：選項）次對話視窗。

⇒勾選「☑Mean」（平均數）、「☑Std. deviation」（標準差）、「☑Minimum」（最小值）、「☑Maximum」（最大值）等選項→按『Continue』（繼續）鈕，回到「Descriptive」（描述性統計量）的對話視窗。⇒按『OK』（確定）鈕。

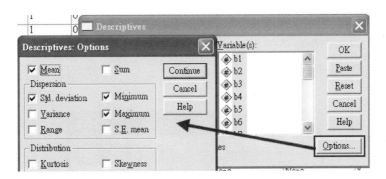

圖 2-44

表 2-36　**Descriptive Statistics**（描述性統計量）

	N	Minimum 最小值	Maximum 最大值	Mean 平均數	Std. Deviation
B1	200	2	5	4.68	.499
B2	200	3	5	4.60	.541
B3	200	3	5	3.83	.619
B4	200	2	5	4.38	.630
B5	200	4	5	4.73	.448
B6	200	3	5	4.56	.546
B7	200	3	5	4.56	.546
B8	200	3	5	4.58	.525
B9	200	3	5	4.70	.470
B10	200	3	5	4.12	.455
B11	200	2	5	4.65	.527
B12	200	4	5	4.76	.431
B13	200	3	5	4.60	.510
B14	200	3	5	4.62	.517
B15	200	3	5	4.49	.601
B16	200	3	5	4.24	.542
B17	200	3	5	4.65	.487
B18	200	4	5	4.59	.493
B19	200	3	5	4.58	.524
Valid Nlistwise)	200				

上表 2-36 為執行描述性統計量的執行結果，每個題項的最小值（Minimum）沒有小於 1 者、題項的最大值（Maximum）為 5，19 個題項的資料檔沒有出現小於 1 或大於 5 的錯誤值。由於「社會參與量表」為五點量表，變項測量值的編碼為 1 至 5，若是在最大值欄中出現的數值超過 5，表示題項有鍵入錯誤的資料檔。為避免人為輸入資料的錯誤，在「變數檢視」（Variable View）視窗中的「遺漏值」（Missing），可以設定 6 以上的數字均為遺漏值。圖 2-45「遺漏值數值」（Missing Values）對話視窗中，設定 b1 至 b19 題題項的遺漏值數值為 0、6 至 9999。

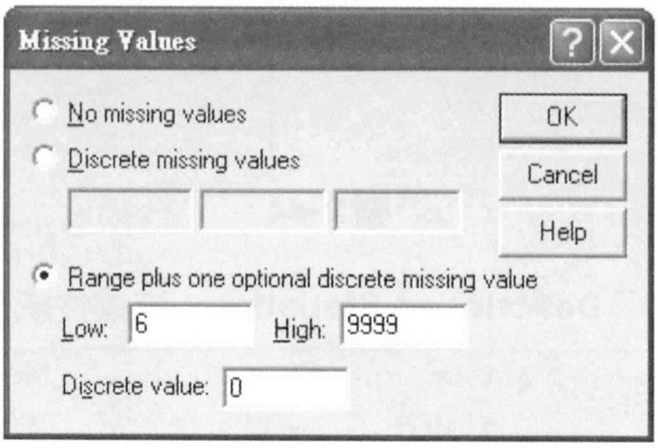

圖 2-45

2-7-3 反向題反向計分

若是分析的預試量表中沒有反向題，則此操作程序可以省略。量表或問卷題中如果有反向題，則在進行題項加總之前，必須將反向題反向計分，否則測量分數所表示的意義剛好相反。如果是四點量表，反向題重向編碼計分為（舊值---->新值）：1----->4、2---->3、3---->2、4---->1；如果是五點量表，反向題重向編碼計分為（舊值---->新值）：1----->5、2---->4、3---->3、4---->2、5---->1；如果是六點量表，反向題重向編碼計分為（舊值---->新值）：1----->6、2---->5、3---->4、4---->3、5---->2、6---->1。

表 2-37　工作壓力量表──得分愈高工作壓力愈大

	非常同意 4	同意 3	不同意 2	非常不同意 1
1.我覺得我的工作負擔太重了。…………………………………	☐	☐	☐	☐
2.我覺得工作要輪調，感到恐懼。………………………………	☐	☐	☐	☐
3.我的工作輕鬆自在（反向題）。………………………………	☐	☐	☐	☐
4.我覺得我的工作壓力很大。……………………………………	☐	☐	☐	☐

　　以上述工作壓力量表為例，第1、第2、第4題勾選「非常同意」選項，表示樣本知覺的工作壓力感愈高；但第 3 題受試樣本如勾選「非常同意」選項，表示其知覺的工作壓力感愈低，此題勾選「非常同意」選項（編碼值為 4）的感受，相當於在其餘三題中勾選「非常不同意」選項（編碼值為 1）的感受（工作壓力較低）；相對的，第 3 題如勾選「非常不同意」（編碼值為 1）選項的感愛，相當於在其餘三題中勾選「非常同意」選項（編碼值為 4） 的感受（工作壓力感較高），為了讓整個量表測量分數代表的意義相同，統計分析時要把第 3 題的作答資料反向計分。

　　反向題反向計分執行程序（以上述四點量表工作壓力為例）：

Transform（轉換）
　　Recode（重新編碼）
　　　Into Same Variables...（成同一變數），出現「Recode into Same Variables」（重新編碼成同一變數）對話視窗。

⇒將左邊變數清單的反向題題項「v3」點選至右邊「Numeric Variable」（數值變數）下的方格中。
⇒按『Old and New Values』（舊值與新值）鈕，開啟「Recode into Same Variables: Old and New Values 」（重新編碼成同一變數：舊值與新值）次對話視窗。

⇒左邊「Old Value」（舊值）方盒中，點選『⊙Value』（數值）選項，在其右邊的空格中鍵入「4」→右邊「New Value」（新值爲）方盒中，點選『⊙Value』（數值）選項，在其右邊的空格中鍵入「1」（數值4編碼爲1）→按『Add』（新增）鈕。

⇒左邊「Old Value」（舊值）方盒中，點選『⊙Value』（數值）選項，在其右邊的空格中鍵入「3」→右邊「New Value」（新值爲）方盒中，點選『⊙Value』（數值）選項，在其右邊的空格中鍵入「2」（數值3編碼爲2）→按『Add』（新增）鈕。

⇒左邊「Old Value」（舊值）方盒中，點選『⊙Value』（數值）選項，在其右邊的空格中鍵入「2」→右邊「New Value」（新值爲）方盒中，點選『⊙Value』（數值）選項，在其右邊的空格中鍵入「3」（數值2編碼爲3）→按『Add』（新增）鈕。

⇒左邊「Old Value」（舊值）方盒中，點選『⊙Value』（數值）選項，在其右邊的空格中鍵入「1」→右邊「New Value」（新值爲）方盒中，點選『⊙Value』（數值）選項，在其右邊的空格中鍵入「4」（數值1編碼爲4）→按『Add』（新增）鈕。

⇒按『Continue』鈕，回到「Recode into Same Variables」（重新編碼成同一變數）對話視窗。
⇒按『OK』（確定）鈕。

在上述「社會參與量表」中有三題爲反向題：b2（第二題）、b15（第十五題）、b18（第十八題），反向計分的操作程序如下：

Transform（轉換）
　Recode（重新編碼）
　　Into Same Variables...（成同一變數），出現「Recode into Same Variables」（重新編碼成同一變數）對話視窗。

⇒將左邊變數清單的反向題題項「b2」、「b15」、「b18」點選至右邊「Numeric Variable」（數值變數）下的方格中。
⇒按『Old and New Values』（舊值與新值）鈕，開啓「Recode into Same Variables: Old and New Values」（重新編碼成同一變數：舊值與新值）次對話視窗。

⇒左邊「Old Value」（舊值）方盒中，點選『◉Value』（數值）選項，在其右邊的空格中鍵入「5」→右邊「New Value」（新值為）方盒中，點選『◉Value』（數值）選項，在其右邊的空格中鍵入「1」（數值5編碼為1）→按『Add』（新增）鈕。

⇒左邊「Old Value」（舊值）方盒中，點選『◉Value』（數值）選項，在其右邊的空格中鍵入「4」→右邊「New Value」（新值為）方盒中，點選『◉Value』（數值）選項，在其右邊的空格中鍵入「2」（數值4編碼為2）→按『Add』（新增）鈕。

⇒左邊「Old Value」（舊值）方盒中，點選『◉Value』（數值）選項，在其右邊的空格中鍵入「3」→右邊「New Value」（新值為）方盒中，點選『◉Value』（數值）選項，在其右邊的空格中鍵入「3」（數值3編碼為3）→按『Add』（新增）鈕。

⇒左邊「Old Value」（舊值）方盒中，點選『◉Value』（數值）選項，在其右邊的空格中鍵入「2」→右邊「New Value」（新值為）方盒中，點選『◉Value』（數值）選項，在其右邊的空格中鍵入「4」（數值2編碼為4）→按『Add』（新增）鈕。

⇒左邊「Old Value」（舊值）方盒中，點選『◉Value』（數值）選項，在其右邊的空格中鍵入「1」→右邊「New Value」（新值為）方盒中，點選『◉Value』（數值）選項，在其右邊的空格中鍵入「5」（數值1編碼為5）→按『Add』（新增）鈕。

⇒按『Continue』鈕，回到「Recode into Same Variables」（重新編碼成同一變數）對話視窗。

⇒按『OK』（確定）鈕。

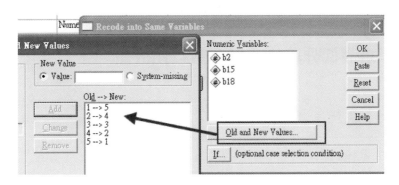

圖 2-46

2-7-4　量表題項的加總

社會參與量表 19 題題項總分的變數名稱設爲「total_b」

⇒從功能表執行
Transform（轉換） 　　Compute...（計算），出現「Compute Variable」（計算變數）對話視窗
⇒在左邊「Target Variable」（目標變數）下的方格中鍵入總分變數名稱「total_b」，左右邊「Numeric Expression」（數值運算式）方盒中鍵入 19 題題項的總分加總運算式：「sum (b1 to b19)」。 ⇒按『OK』（確定）鈕。
【備註】：按下『OK』（確定）鈕後，資料檔中會新增一個加總變項名稱「total_b」，變項內的數值內容爲社會參與量表 19 題題項的加總測量值。 　　　　右邊加總運算式也可以以傳統數學運算式表示： 　　　　「b1+b2+b3+b4+b5+b6+b7+b8+b9+b10+b11+b12+b13+b14+b15+b16+b17+b18+b19」

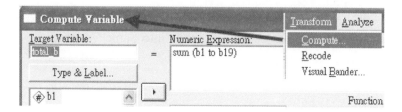

圖 2-47

2-7-5　求高低分組的臨界分數以便分組

⇒從功能表執行
Data（資料） 　　Sort Cases...（觀察值排序），出現「Sort Cases」（觀察值排序）對話視窗

⇒將左邊變數清單中的目標變數「參與量表總分[total_b]」點選至右邊「Sort by」（依...排序）下的方格中。

⇒選取右邊的目標變數，在「Sort Order」（排序順序）下的方盒中點選「⊙Ascending」（遞增）選項。

⇒按『OK』（確定）鈕。

【備註】：按下確定鈕後，資料檔會依總分變數（total_b）由小至大排序，此時記下第 54 位受試者的分數（81）（全部受試者有 200 位，27% 的受試者等於 200×.27=54）

Data（資料）

  Sort Cases...（觀察值排序），出現「Sort Cases」（觀察值排序）對話視窗

⇒選取右邊的目標變數，在「Sort Order」（排序順序）下的方盒中點選「⊙Descending」（遞減）選項。

⇒按『OK』（確定）鈕。

【備註】：按下確定鈕後，資料檔會依總分變數（total_b）由大至小排序，此時第 54 位受試者的分數為 91。上述高低分組的臨界值分別為 91、81，表示社會參與量表總分在 91 分以上者為「高分組」、社會參與量表總分在 81 分以下者為「低分組」。

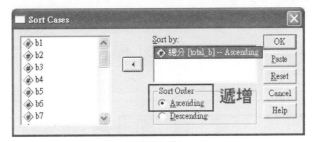

圖 2-48

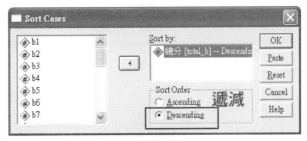

圖 2-49

2-7-6　求高低分組

以上述求得的臨界分數 81、91，重新編碼成不同變數，81 分以下為低分組（第 2 組）、91 分以上為高分組（第 1 組），新增組別的變數為「total_gb」，變數水準分別為 1、2，水準數值 1 註解為「高分組」、2 為「低分組」。

㈠第一種分組方法

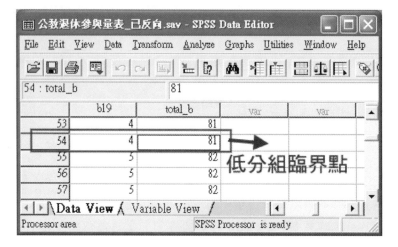

圖 2-50

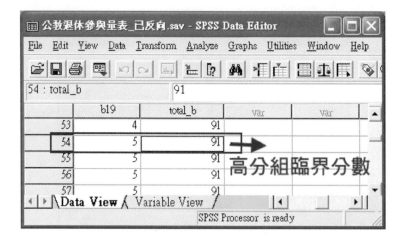

圖 2-51

二個平均數的差異檢定

⇒從功能表執行

Transform（轉換）

　Recode（重新編碼）

　　Into Different Variables...（成不同變數），出現「Recode into Different Variables」（重新編碼成不同變數）對話視窗

⇒將左邊變數清單的目標變數「total_b」點選至右邊「Numeric Variable->Output」（數值變數-->輸出變數）下的方格中→在「Output Variable」（輸出之新變數）方盒中『Name』（名稱）下的空格鍵入新分組變數名稱「total_gb」→按『Change』（變更）鈕，於「Numeric Variable->Output」（數值變數-->輸出變數）下的空格中，文字由「total_b-->?」變更為「total-->total_gb」。

⇒按『Old and New Values』（舊值與新值）鈕，開啟「Recode into Different Variables: Old and New Values」（重新編碼成不同變數：舊值與新值）次對話視窗。

　⇒左邊「Old Value」（舊值）方盒點選第六個選項『⊙Range』（範圍），在『□ through highest』（□到最高值）前的空格中鍵入「91」（表示 91 分以上）→右邊「New Value」（新值為）方盒中，點選『⊙Value』（數值）選項，在其右邊的空格中鍵入「1」（第一組）

　⇒按『Add』（新增）鈕，右邊「Old-->New」（舊值—新值）下的空格中會出現「91 thru Highest-->1」的訊息。

　⇒左邊「Old Value」（舊值）方盒點選第五個選項『⊙Range』（範圍），在『Lowest through □』（從最底值至 □）後的空格中鍵入「81」（表示 81 分以下）→右邊「New Value」（新值為）方盒中，點選『⊙Value』（數值）選項，在其右邊的空格中鍵入「2」（第二組）

　⇒按『Add』鈕（新增），右上「Old-->New」下的空格中會出現「Lowest thru 81-->2」的訊息。

　⇒按『Continue』鈕，回到「Recode into Different Variables」（重新編碼成不同變數）對話視窗

⇒按『OK』（確定）鈕。

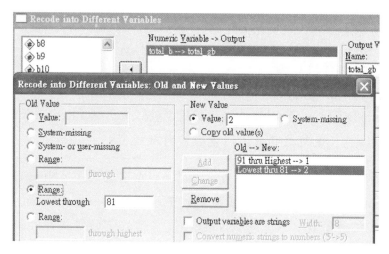

圖 2-52

高低分組之比較差異圖示如下圖 2-53（極端組獨立樣本 T 檢定法）：

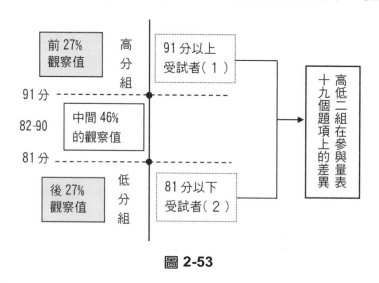

圖 2-53

㈡第二種分組方法

1. 步驟 1

Transform（轉換）

　　Visual Bander，出現「Visual Bander」對話視窗。

⇒在左邊「Variables:」（變數）下的空格中選取要建立新組別的連續變數「總分[total_b]」至右邊「Variables to Band」（帶狀變數）下的空格中。

⇒按『繼續』鈕，開啟「Visual Bander」第二層對話視窗。

⇒點選左邊「Variable」下的「總分[total_b]」變項，點選完後SPSS會自動將「總分[total_b]」移往「Current Variable」右的方格中。

⇒在「Bander Variable:」右的方格中輸入新分組變項名稱，如「total_gb2」。

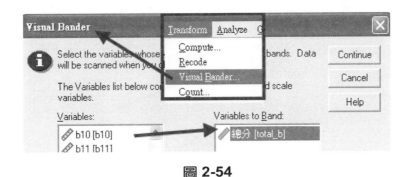

圖 2-54

2.步驟 2

⇒在下方「Grid」（網格）每列的方盒中輸入分組的臨界點，範例中在第一列「Value」（數值）下的空格中輸入「81」。

⇒第二列「Value」（數值）下的空格中輸入「90」。

⇒第三列會自動出現「HIGH」。

⇒在右下方「Upper Endpoints」（上端點）的方盒中選取選項「◉Included [<=]」（包括）選項，再按『Make Labels』（製作標記）鈕。此時第二欄第一列的註解會出現「<=81」，第二列的註解會出現「82-90」、第三列的註解會出現「91+」，其中表示分數在 81 分以下者為第 1 組、分數在 91 分以上者為第 3 組，分數介於 82 至 90 分者為第 2 組。

按下『OK』（確定）鈕後，會出現新增一個新變數的提示視窗：「Banding specifications will create 1 variables」→按『確定』鈕。

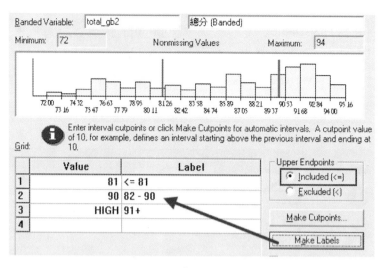

圖 2-55

二種分組方法所產生的次數分配表結果如下表 2-38：

表 2-38　Frequencies

組別

		Frequency	Percent	Valid Percent	Cumulative Percent
Valid	高分組	68	34.0	55.7	55.7
	低分組	54	27.0	44.3	100.0
	Total	122	61.0	100.0	
Missing	System	78	39.0		
Total		200	100.0		

　　第一種分類中，量表測量值總分在 91 分以上者（水準數值編碼為 1）有 68 位、量表測量值總分在 81 分以下者（水準數值編碼為 2）有 54 位。遺漏值 78 位為測量值總分介於 82 至 90 間的觀察值。

表 2-39　總分（Banded）

		Frequency	Percent	Valid Percent	Cumulative Percent
Valid	<=81	54	27.0	27.0	27.0
	82-90	78	39.0	39.0	66.0
	91+	68	34.0	34.0	100.0
	Total	200	100.0	100.0	

第二種分類中，測量值總分小於或等於 81 分（水準數值編碼為 1）有 54 位，大於或等於 91 分者（水準數值編碼為 3）有 68 位，介於 82-90 之間者（水準數值編碼為 2）有 78 位，結果與上表相同。

2-7-7　求決斷值——執行獨立樣本 t 檢定

㈠操作程序

⇒從功能列執行

⇒Analyze（分析）

　　Compare Mean（比較平均數法）

　　　Independent-Samples T Test ...（獨立樣本 T 檢定），出現「Independent-Samples T Test」（獨立樣本 T 檢定）對話視窗。

⇒在左邊變數清單中將目標變數「社會參與量表」題項 b1 至 b19 變項點選至右邊「Test Variables」（檢定變數）下的方盒中。

⇒在左邊變數清單中將自變項「參與量表組別 [total_gb] 點選至右邊「Grouping Variable」（分組變數）方盒中。

⇒點選「Grouping Variable」（分組變數）方盒中「total_gb (? ?)」選項，按『Define Groups...』（定義組別）鈕，開啟「Define Groups」（定義組別）次對話視窗。

　⇒在「Group 1:」（組別 1）的右方空格中鍵入第 1 組（高分組）的數值編碼 1。

　⇒在「Group 2:」（組別 2）的右方空格中鍵入第 2 組（低分組）的數值編碼 2。

　⇒按『Continue』鈕，回到「Independent-Samples T Test」（獨立樣本 T 檢定）對話視窗。

⇒按『確定』（OK）鈕。

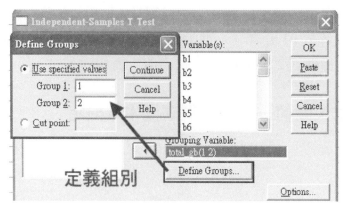

定義組別

圖 2-56

(二)報表結果

表 2-40　T-Test

Group Statistics

	組別	N	Mean	Std. Deviation	Std. Error Mean
b1	高分組	68	5.00	.000	.000
	低分組	54	4.31	.469	.064
b2	高分組	68	4.91	.334	.040
	低分組	54	4.20	.528	.072
b3	高分組	68	3.96	.679	.082
	低分組	54	3.80	.562	.077
b4	高分組	68	4.87	.341	.041
	低分組	54	3.85	.492	.067
b5	高分組	68	4.99	.121	.015
	低分組	54	4.26	.442	.060
b6	高分組	68	4.96	.207	.025
	低分組	54	3.98	.363	.049
b7	高分組	68	4.97	.170	.021
	低分組	54	3.96	.272	.037
b8	高分組	68	4.96	.207	.025
	低分組	54	3.98	.237	.032
b9	高分組	68	5.00	.000	.000
	低分組	54	4.11	.372	.051
b10	高分組	68	4.21	.505	.061
	低分組	54	4.00	.336	.046
b11	高分組	68	4.91	.286	.035
	低分組	54	4.24	.512	.070

表 2-40　（續）

	組別	N	Mean	Std. Deviation	Std. Error Mean
b12	高分組	68	5.00	.000	.000
	低分組	54	4.26	.442	.060
b13	高分組	68	4.96	.207	.025
	低分組	54	4.04	.334	.046
b14	高分組	68	5.00	.000	.000
	低分組	54	4.06	.408	.056
b15	高分組	68	4.96	.263	.032
	低分組	54	3.96	.474	.065
b16	高分組	68	4.60	.493	.060
	低分組	54	3.98	.363	.049
b17	高分組	68	5.00	.000	.000
	低分組	54	4.13	.391	.053
b18	高分組	68	5.00	.000	.000
	低分組	54	4.06	.231	.031
b19	高分組	68	4.97	.170	.021
	低分組	54	4.04	.272	.037

上表 2-40 為高低分組的組別統計量，每題包括高、低分組的個數（N）、平均數（Mean）、標準差（Std. Deviation）、平均數的估計標準誤（Std. Error Mean）。獨立樣本的 t 檢定即在考驗高分組、低分組在每個題項測量值之平均數的差異值是否達到顯著（ p <.05），以了解樣本在社會參與量表各題項平均數高低是否因組別（高分組、低分組）之不同而有差異。高分組的觀察值有 68 位、低分組的觀察值有 54 位。

表 2-41　Independent Samples Test（獨立樣本 t 檢定）

		Levene's Test for Equality of Variances		t-test for Equality of Means						
		F	Sig.	t	df	Sig. (2-tailed)	Mean Difference	Std. Error Difference	95% Confidence Interval of the Difference	
									Lower	Upper
b1	Equal variances assumed	420.708	.000	12.065	120	.000	.685	.057	.573	.798
	Equal variances not assumed			10.740	53.000	.000	.685	.064	.557	.813

表 2-41　（續）

		Levene's Test for Equality of Variances		t-test for Equality of Means						
		F	Sig.	t	df	Sig. (2-tailed)	Mean Difference	Std. Error Difference	95% Confidence Interval of the Difference	
									Lower	Upper
b2	Equal variances assumed	20.047	.000	9.025	120	.000	.708	.078	.553	.863
	Equal variances not assumed			8.589	85.245	.000	.708	.082	.544	.872
b3	Equal variances assumed	.212	.646	1.390	120	.167	.160	.115	-.068	.387
	Equal variances not assumed			1.420	119.766	.158	.160	.112	-.063	.382
b4	Equal variances assumed	2.625	.108	13.443	120	.000	1.016	.076	.866	1.165
	Equal variances not assumed			12.909	90.815	.000	1.016	.079	.859	1.172
b5	Equal variances assumed	136.679	.000	12.948	120	.000	.726	.056	.615	.837
	Equal variances not assumed			11.717	59.348	.000	.726	.062	.602	.850
b6	Equal variances assumed	1.638	.203	18.660	120	.000	.974	.052	.871	1.078
	Equal variances not assumed			17.590	79.683	.000	.974	.055	.864	1.085
b7	Equal variances assumed	1.789	.184	25.001	120	.000	1.008	.040	.928	1.087
	Equal variances not assumed			23.764	84.582	.000	1.008	.042	.923	1.092

表 2-41　（續）

		Levene's Test for Equality of Variances		t-test for Equality of Means						
		F	Sig.	t	df	Sig. (2-tailed)	Mean Difference	Std. Error Difference	95% Confidence Interval of the Difference	
									Lower	Upper
b8	Equal variances assumed	.096	.757	24.213	120	.000	.974	.040	.895	1.054
	Equal variances not assumed			23.836	105.831	.000	.974	.041	.893	1.055
b9	Equal variances assumed	42.956	.000	19.727	120	.000	.889	.045	.800	.978
	Equal variances not assumed			17.560	53.000	.000	.889	.051	.787	.990
b10	Equal variances assumed	25.176	.000	2.573	120	.011	.206	.080	.047	.364
	Equal variances not assumed			2.691	116.699	.008	.206	.077	.054	.357
b11	Equal variances assumed	30.540	.000	9.170	120	.000	.671	.073	.526	.816
	Equal variances not assumed			8.629	78.695	.000	.671	.078	.516	.826
b12	Equal variances assumed	221.632	.000	13.824	120	.000	.741	.054	.635	.847
	Equal variances not assumed			12.306	53.000	.000	.741	.060	.620	.861
b13	Equal variances assumed	1.704	.194	18.622	120	.000	.919	.049	.821	1.017
	Equal variances not assumed			17.683	83.981	.000	.919	.052	.816	1.022

表 2-41　（續）

		Levene's Test for Equality of Variances		t-test for Equality of Means						
		F	Sig.	t	df	Sig. (2-tailed)	Mean Difference	Std. Error Difference	95% Confidence Interval of the Difference	
									Lower	Upper
b14	Equal variances assumed	24.648	.000	19.097	120	.000	.944	.049	.847	1.042
	Equal variances not assumed			17.000	53.000	.000	.944	.056	.833	1.056
b15	Equal variances assumed	3.894	.051	14.230	120	.000	.964	.068	.829	1.098
	Equal variances not assumed			13.382	78.331	.000	.964	.072	.820	1.107
b16	Equal variances assumed	61.483	.000	7.744	120	.000	.621	.080	.463	.780
	Equal variances not assumed			8.015	119.374	.000	.621	.078	.468	.775
b17	Equal variances assumed	53.364	.000	18.387	120	.000	.870	.047	.777	.964
	Equal variances not assumed			16.368	53.000	.000	.870	.053	.764	.977
b18	Equal variances assumed	17.766	.000	33.720	120	.000	.944	.028	.889	1.000
	Equal variances not assumed			30.017	53.000	.000	.944	.031	.881	1.008
b19	Equal variances assumed	1.789	.184	23.463	120	.000	.934	.040	.854	1.013
	Equal variances not assumed			22.017	84.582	.000	.934	.042	.849	1.018

表 2-41 為獨立樣本 t 檢定的統計量，其中除第 3 題考驗的 t 值未達顯著外（t＝1.390，p＝.167>.05），其餘十八題高低分組平均數考驗的 t 檢定均達.01 的顯著水準，其中第 10 題的 t 值雖達顯著，但其檢定統計量甚低（t＝2.691，p＝.008）。如單從決斷值的指標來判別，「社會參與量表」的第三題必須刪除（因未達顯著水準），至於第十題研究者可根據題項的總數加以取捨，若是題項總數不多，則第十題可以保留，如果研究者想要再刪除，可考慮刪除決斷值較小的題項。

㈡第二種分組方法之 t 檢定程序及結果

⇒從功能列執行

⇒Analyze（分析）

    Compare Mean（比較平均數法）

       Independent-Samples T Test ...（獨立樣本 T 檢定），出現「Independent-Samples T Test」（獨立樣本 T 檢定）對話視窗。

⇒在左邊變數清單中將目標變數「社會參與量表」題項 b1 至 b19 變項點選至右邊「Test Variables」（檢定變數）下的方盒中。

⇒在左邊變數清單中將自變項參與量表組別「total_gb2」點選至右邊「Grouping Variable」（分組變數）方盒中。

⇒點選「Grouping Variable」（分組變數）方盒中「total_gb2 (? ?)」選項，按『Define Groups...』（定義組別）鈕，開啟「Define Groups」（定義組別）次對話視窗。

  ⇒在「Group 1:」（組別 1）的右方空格中鍵入第 1 組（低分組）的數值編碼 1。

  ⇒在「Group 2:」（組別 2）的右方空格中鍵入第 3 組（高分組）的數值編碼 3。

  ⇒按『Continue』鈕，回到「Independent-Samples T Test」（獨立樣本 T 檢定）對話視窗。

⇒按『確定』（OK）鈕。

【備註】：自變項有三個水準，獨立樣本 t 檢定時只要進行水準 1（低分組）與水準 3（高分組）的比較。

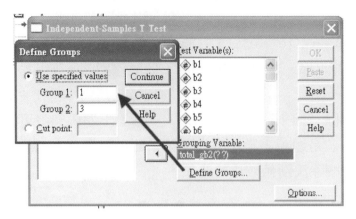

圖 2-57

表 2-42 T-Test
Group Statistics

總分（Banded）		N	Mean	Std. Deviation	Std. Error Mean
b1	<=81	54	4.31	.469	.064
	91+	68	5.00	.000	.000
b2	<=81	54	4.20	.528	.072
	91+	68	4.91	.334	.040
b3	<=81	54	3.80	.562	.077
	91+	68	3.96	.679	.082
b4	<=81	54	3.85	.492	.067
	91+	68	4.87	.341	.041
b5	<=81	54	4.26	.442	.060
	91+	68	4.99	.121	.015
b6	<=81	54	3.98	.363	.049
	91+	68	4.96	.207	.025
b7	<=81	54	3.96	.272	.037
	91+	68	4.97	.170	.021
b8	<=81	54	3.98	.237	.032
	91+	68	4.96	.207	.025
b9	<=81	54	4.11	.372	.051
	91+	68	5.00	.000	.000
b10	<=81	54	4.00	.336	.046
	91+	68	4.21	.505	.061
b11	<=81	54	4.24	.512	.070
	91+	68	4.91	.286	.035
b12	<=81	54	4.26	.442	.060
	91+	68	5.00	.000	.000

表 2-42 （續）

	總分（Banded）	N	Mean	Std. Deviation	Std. Error Mean
b13	<=81	54	4.04	.334	.046
	91+	68	4.96	.207	.025
b14	<=81	54	4.06	.408	.056
	91+	68	5.00	.000	.000
b15	<=81	54	3.96	.474	.065
	91+	68	4.93	.263	.032
b16	<=81	54	3.98	.363	.049
	91+	68	4.60	.493	.060
b17	<=81	54	4.13	.391	.053
	91+	68	5.00	.000	.000
b18	<=81	54	4.06	.231	.031
	91+	68	5.00	.000	.000
b19	<=81	54	4.04	.272	.037
	91+	68	4.97	.170	.021

上表 2-42 為高低二組在依變項測量值的描述性統計量。其中自變項水準數值 1 為低分組（<=81）、水準數值 3 為高分組（91+），呈現的描述性統計量為低分組與高分組二組在 b1 至 b19 的測量值。

表 2-43 Independent Samples Test

		Levene's Test for Equality of Variances		t-test for Equality of Means						
		F	Sig.	t	df	Sig. (2-tailed)	Mean Difference	Std. Error Difference	95% Confidence Interval of the Difference	
									Lower	Upper
b1	Equal variances assumed	420.708	.000	-12.065	120	.000	-.685	.057	-.798	-.573
	Equal variances not assumed			-10.740	53.000	.000	-.685	.064	-.813	-.557
b2	Equal variances assumed	20.047	.000	-9.025	120	.000	-.708	.078	-.863	-.553
	Equal variances not assumed			-8.589	85.245	.000	-.708	.082	-.872	-.544

表 2-43　（續）

		Levene's Test for Equality of Variances		t-test for Equality of Means						
		F	Sig.	t	df	Sig. (2-tailed)	Mean Difference	Std. Error Difference	95% Confidence Interval of the Difference	
									Lower	Upper
b3	Equal variances assumed	.212	.646	-1.390	120	.167	-.160	.115	-.387	.068
	Equal variances not assumed			-1.420	119.766	.158	-.160	.112	-.382	.063
b4	Equal variances assumed	2.625	.108	-13.443	120	.000	-1.016	.076	-1.165	-.866
	Equal variances not assumed			-12.909	90.815	.000	-1.016	.079	-1.172	-.859
b5	Equal variances assumed	136.679	.000	-12.948	120	.000	-.726	.056	-.837	-.615
	Equal variances not assumed			-11.717	59.348	.000	-.726	.062	-.850	-.602
b6	Equal variances assumed	1.638	.203	-18.660	120	.000	-974	.052	-1.078	-.871
	Equal variances not assumed			-17.590	79.683	.000	-974	.055	-1.085	-.864
b7	Equal variances assumed	1.789	.184	-25.001	120	.000	-1.008	.040	-1.087	-.928
	Equal variances not assumed			-23.764	84.582	.000	-1.008	.042	-1.092	-.923
b8	Equal variances assumed	.096	.757	-24.213	120	.000	-.974	.040	-1.054	-.895
	Equal variances not assumed			-23.836	105.831	.000	-.974	.041	-1.055	-.893

表 2-43 （續）

		Levene's Test for Equality of Variances		t-test for Equality of Means						
		F	Sig.	t	df	Sig. (2-tailed)	Mean Difference	Std. Error Difference	95% Confidence Interval of the Difference	
									Lower	Upper
b9	Equal variances assumed	42.956	.000	-19.727	120	.000	-.889	.045	-.978	-.800
	Equal variances not assumed			-17.560	53.000	.000	-.889	.051	-.990	-.787
b10	Equal variances assumed	25.176	.000	-2.573	120	.011	-.206	.080	-.364	-.047
	Equal variances not assumed			-2.691	116.699	.008	-.206	.077	-.357	-.054
b11	Equal variances assumed	30.840	.000	-9.170	120	.000	-.671	.073	-.816	-.526
	Equal variances not assumed			-8.629	78.695	.000	-.671	.078	-.826	-.516
b12	Equal variances assumed	221.632	.000	-13.824	120	.000	-.741	.054	-.847	-.635
	Equal variances not assumed			-12.306	53.000	.000	-.741	.060	-.861	-.620
b13	Equal variances assumed	1.704	.194	-18.622	120	.000	-.919	.049	-1.017	-.821
	Equal variances not assumed			-17.683	83.981	.000	-.919	.052	-1.022	-.816
b14	Equal variances assumed	24.648	.000	-19.097	120	.000	-.944	.049	-1.042	-.847
	Equal variances not assumed			-17.000	53.000	.000	-.944	.056	-1.056	-.833

表 2-43　（續）

| | | Levene's Test for Equality of Variances | | t-test for Equality of Means | | | | | | |
| | | F | Sig. | t | df | Sig. (2-tailed) | Mean Difference | Std. Error Difference | 95% Confidence Interval of the Difference | |
									Lower	Upper
b15	Equal variances assumed	3.894	.051	-14.230	120	.000	-.964	.068	-1.098	-.829
	Equal variances not assumed			-13.382	78.331	.000	-.964	.072	-1.107	-.820
b16	Equal variances assumed	61.483	.000	-7.744	120	.000	-.621	.080	-.780	-.463
	Equal variances not assumed			-8.015	119.374	.000	-.621	.078	-.775	-.468
b17	Equal variances assumed	53.364	.000	-18.387	120	.000	-.870	.047	-.964	-.777
	Equal variances not assumed			-16.368	53.000	.000	-.870	.053	-3977	-.764
b18	Equal variances assumed	17.766	.000	-33.720	120	.000	-.944	.028	-1.000	-.889
	Equal variances not assumed			-30.017	53.000	.000	-.944	.031	-1.008	-.881
b19	Equal variances assumed	1.789	.184	-23.163	120	.000	-.934	.040	-1.013	-.854
	Equal variances not assumed			-22.017	84.582	.000	-.934	.042	-1.018	-.849

　　上述獨立樣本t檢定的統計量數值與第一種方法統計結果均一樣，唯一不同的是t的正負號剛好相反，在第一種統計程序中，高分組水準數值編碼為1、低分組水準數值編碼為2；在第二種統計程序中，高分組水準數值編碼為3、低分組水準數值編碼為1，由於高低分組水準數值編碼相反，因而統計量t值的正負號剛好相反，但t值絕對值與顯著性機率值均一樣。

2-7-8　求參與量表題項與總分的相關

㈠操作程序

⇒從功能列執行

⇒Analyze（分析）
　　Correlate（相關）
　　　Bivariate...（雙變數），出現「Bivariate Correlations」（雙變數相關分析）對話視窗。

⇒將目標變數社會參與量表題項 b1 至 b19 及「參與量表總分[total_b]」變項點選至右邊「Variables」（變數）下的方盒中。
⇒在下方「Correlation Coefficients」（相關係數）方盒中點選『☑ Pearson 相關係數』選項。
⇒勾選最下方的「☑ Flag Significant correlations」（相關顯著性訊號）選項。
⇒按『確定』（OK）鈕。

㈡報表結果

表 2-44　Correlations

		總分
b1	Pearson Correlation	.605(**)
	Sig. (2-tailed)	.000
	N	200
b2	Pearson Correlation	.545(**)
	Sig. (2-tailed)	.000
	N	200
b3	Pearson Correlation	.122
	Sig. (2-tailed)	.086
	N	200
b4	Pearson Correlation	.601(**)
	Sig. (2-tailed)	.000
	N	200

表 2-44 　(續)

		總分
b5	Pearson Correlation	.713(**)
	Sig. (2-tailed)	.000
	N	200
b6	Pearson Correlation	.725(**)
	Sig. (2-tailed)	.000
	N	200
b7	Pearson Correlation	.771(**)
	Sig. (2-tailed)	.000
	N	200
b8	Pearson Correlation	.757(**)
	Sig. (2-tailed)	.000
	N	200
b9	Pearson Correlation	.790(**)
	Sig. (2-tailed)	.000
	N	200
b10	Pearson Correlation	.185(**)
	Sig. (2-tailed)	.009
	N	200
b11	Pearson Correlation	.561(**)
	Sig. (2-tailed)	.000
	N	200
b12	Pearson Correlation	.730(**)
	Sig. (2-tailed)	.000
	N	200
b13	Pearson Correlation	.745(**)
	Sig. (2-tailed)	.000
	N	200
b14	Pearson Correlation	.720(**)
	Sig. (2-tailed)	.000
	N	200
b15	Pearson Correlation	.690(**)
	Sig. (2-tailed)	.000
	N	200
b16	Pearson Correlation	.512(**)
	Sig. (2-tailed)	.000
	N	200

表 2-44　(續)

		總分
b17	Pearson Correlation	.758(**)
	Sig. (2-tailed)	.000
	N	200
b18	Pearson Correlation	.782(**)
	Sig. (2-tailed)	.000
	N	200
b19	Pearson Correlation	.679(**)
	Sig. (2-tailed)	.000
	N	200

表 2-44 為「參與量表總分」與個別題項的相關係數，其中第 3 題（b3）與參與量表總分的相關係數為.122，p＝.086>.05，未達顯著水準；第 10 題（b10）與參與量表總分的相關係數為.185，p＝.009<.05，雖達顯著水準，但二者的相關係數卻很低，二者只是低度相關。因而如果從題項與量表總分的相關係數值來檢核，第 3 題（b3）與第 10 題（b10）二個題項與量表總分的相關係數值很低，這二個題項可以考慮刪除。

2-7-9　同質性檢驗一——信度檢核

信度代表量表的一致性或穩定性，信度係數在項目分析中，也可作為同質性檢核指標之一。信度檢核旨在檢視題項刪除後，整體量表的信度係數變化情形，如果題項刪除後的量表整體信度係數比原先的信度係數（內部一致性α係數）高出許多，則此題項與其餘題項所要測量的屬性或心理特質可能不相同，代表此題項與其他題項的同質性不高，在項目分析時可考慮將此題項刪除。

(一)求量表內部一致性α係數的操作程序如下

⇒從功能列執行

⇒Analyze（分析）
　　Scale（量尺法）
　　　Reliability Analysis（信度分析），出現「Reliability Analysis」（信度分析）對話視窗。

⇒將目標變數社會參與量表題項 b1 至 b19 變項點選至右邊「Item:」（項目）下的方盒中。

⇒在下方「Model」（模式）右邊的下拉式選單選取內定『Alpha』（Alpha 值）選項。

⇒按右下方的『Statistics』鈕，開啟「Reliability Analysis: Statistics」次對話視窗。

⇒在「Descriptives for」（描述統計量對象）方盒中勾選『☑ Scale if item deleted』（刪除項目後的量尺摘要）選項。

⇒按『Continue』（繼續）鈕回到「Reliability Analysis」（信度分析）對話視窗

⇒按『確定』（OK）鈕。

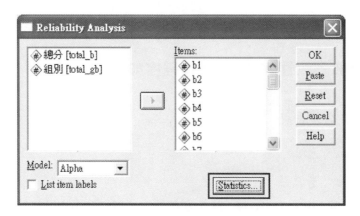

圖 2-58

圖 2-59

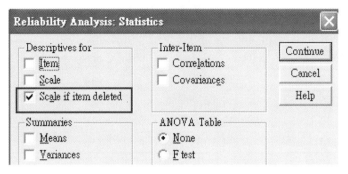

圖 2-60

(二)報表結果

表 2-45　Reliability

Reliability Statistics

Cronbach's Alpha	N of Items
.912	19

表 2-45 為「社會參與量表」19 題內部一致性α係數，其數值等於.912，表示社會參與量表 19 題的內部一致性甚佳。

表 2-46　Item-Total Statistics

	Scale Mean if Item Deleted	Scale Variance if Item Deleted	Corrected Item-Total Correlation	Cronbach's Alpha if Item Deleted
b1	81.24	35.015	.550	.908
b2	81.32	35.143	.480	.910
b3	82.09	37.958	.022	.924
b4	81.54	34.209	.530	.909
b5	81.19	34.748	.675	.906
b6	81.36	33.898	.679	.905
b7	81.36	33.587	.731	.904
b8	81.34	33.854	.717	.904
b9	81.22	34.119	.759	.904
b10	81.80	37.671	.113	.918
b11	81.26	35.118	.499	.910
b12	81.16	34.788	.695	.906
b13	81.31	34.054	.705	.905
b14	81.30	34.159	.676	.905
b15	81.42	33.722	.634	.906

表 2-46　（續）

	Scale Mean if Item Deleted	Scale Variance if Item Deleted	Corrected Item-Total Correlation	Cronbach's Alpha if Item Deleted
b16	81.68	35.356	.444	.911
b17	81.26	34.163	.722	.904
b18	81.33	33.969	.748	.904
b19	81.34	34.365	.630	.906

　　表 2-46 為題項與總分的相關，此處的總分指的是該題項刪除後，其餘題項的加總。第一欄為題項的變數名稱、第二欄為該題刪除後量表的平均數（Scale Mean if Item Deleted）、第三欄為刪除該題後量表的變異數（Scale Variance if Item Deleted）、第四欄為校正題項與題項總分的相關係數（Corrected Item-Total Correlation），此係數是每一個題項與其它題項加總後（不包含原題項）的相關係數，如果校正題項與總分的相關係數太低，表示題項與其餘題項的關聯性不高，即題項與其餘題項的同質性不高、第五欄為刪除該題後，量表的內部一致性α係數改變值的大小（Cronbach's Alpha if Item Deleted）。

　　從校正題項與總分的相關可以看出，第 3 題題項（b3）與其餘題項總分的相關係數為.022、第 10 題題項（b10）與其餘題項總分的相關係數為.113，相關係數均非常低；而從題項刪除後量表的內部一致性α係數值改變值來看，第 3 題題項（b3）刪除後，社會參與量表的α係數從.912 變成為.924、第 10 題題項（b10）刪除後，社會參與量表的α係數從.912 變成為.918，其餘 17 個題項，題項刪除後量表的係數均比.912 小。從校正題項與總分的相關表可以看出，第 3 題與第 10 題與其餘題項的同質性不高，可考慮將之刪除。

2-7-10　同質性檢二──共同性與因素負荷量

　　共同性（communalities）表示題項能解釋共同特質或屬性的變異量，如將社會參與量表限定為一個因素時，表示只有一個心理特質，因而共同性的數值愈高，表示能測量到此心理特質的程度愈多；相反的，如果題項的共同性愈低，表示此題項能測量到的心理特質之程度愈少，共同性較低的題項與量表的同質性較少，因而題項可考慮刪除。至於因素負荷量（factor loading）則表示題項與因素（心理特質）關係的程度，題項在共同因素的因素負荷量愈高，表示題項與共同因素（總量表）的關係愈密切，亦即其

同質性愈高；相對的，題項在共同因素的因素負荷量愈低，表示題項與共同因素（總量表）的關係愈不密切，亦即其同質性愈低。

㈠求量表題項的共同性與因素負荷量的程序如下

⇒從功能列執行
⇒Analyze（分析） 　　Data Reduction（資料縮減） 　　　Factor...（因子），出現「Factor Analysis」（因子）對話視窗。
⇒在左邊變數清單中將目標變數社會參與量表題項 b1 至 b19 點選至右邊「Variables:」（變數）下的方盒中。
⇒按下方『Extraction...』（萃取）鈕，開啟「Factor Analysis: Extraction」（因子分析：萃取）次對話視窗。 　⇒在「Extract」（萃取）方盒中點選『◉Number of factors』（因子個數）選項，在其後的空格中鍵入 1（限定抽取一個因素）。 　⇒按『Continue』（繼續）鈕回到「Factor Analysis」（因子）對話視。
⇒按『確定』（OK）鈕。

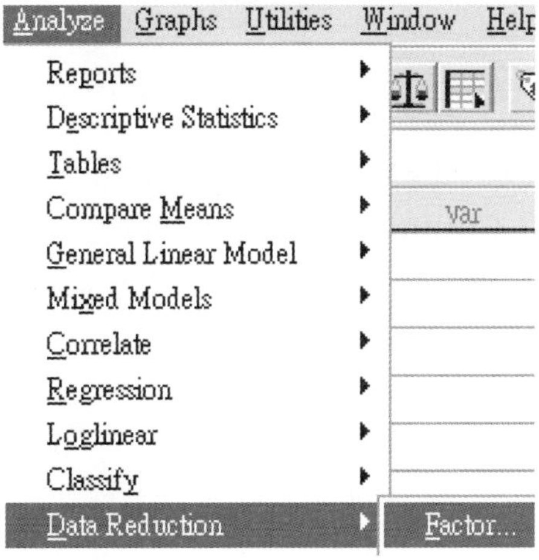

圖 2-61

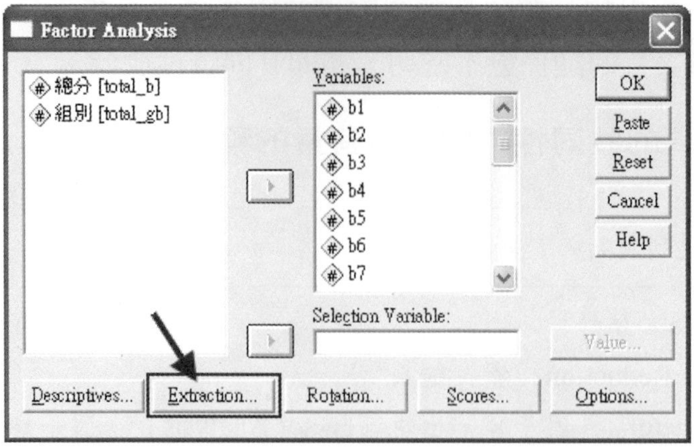

圖 2-62

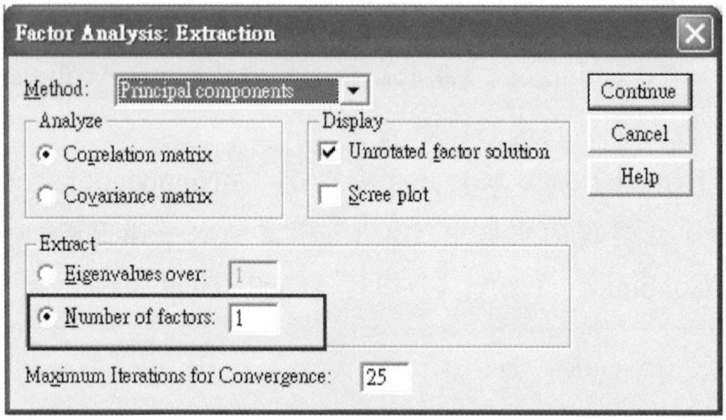

圖 2-63

(二)輸出結果

表 2-47　Factor Analysis（因子分析）
Communalities （共同性）

	Initial	Extraction
b1	1.000	.352
b2	1.000	.293
b3	1.000	.001
b4	1.000	.337
b5	1.000	.517
b6	1.000	.548
b7	1.000	.621
b8	1.000	.601
b9	1.000	.650
b10	1.000	.020

表 2-47 （續）

	Initial	Extraction
b11	1.000	.323
b12	1.000	.562
b13	1.000	.571
b14	1.000	.535
b15	1.000	.473
b16	1.000	.243
b17	1.000	.585
b18	1.000	.623
b19	1.000	.463
Extraction Method: Principal Component Analysis.		

上表 2-47 為共同性萃取值，採取主成分析抽取共同因素時，初始的共同性估計值均為 1，根據最後共同性萃取值的大小，可以了解題項所欲測量共同特質（因素）的高低。從上表的萃取值可以發現：第 3 題、第 10 題的共同性分別為.001、.020，這二個題項所欲測量「社會參與特質」的程度甚低。

表 2-48　Component Matrix(a)

	Component
	1
b1	.593
b2	.541
b3	.024
b4	.581
b5	.719
b6	.740
b7	.788
b8	.775
b9	.806
b10	.140
b11	.568
b12	.750
b13	.755
b14	.731
b15	.688
b16	.493

表 2-48　(續)

	Component
	1
b17	.765
b18	.790
b19	.680

Extraction Method: Principal Component Analysis.

a 1 components extracted.

表 2-48 為成份矩陣（Component Matrix），成份矩陣中的第一欄為變項名稱、第二欄為因素負荷量。從成份矩陣中可以發現：第 3 題（b3）、第 10 題（b10）的因素負荷量分別為.024、.140，除這二題外，其餘 17 題的因素負荷量均在.400 以上，這顯示第 3 題（b3）、第 10 題（b10）與共同特質（社會參與）的關係不是很密切。

【表格範例】

社會參與量表項目分析各項統計量整理如下表 2-49 所列。

表 2-49　「社會參與量表」項目分析摘要表

題項	極端組比較	題項與總分相關		同質性檢驗			備註
	決斷值	題項與總分相關	校正題項與總分相關	題項刪除後的α值	共同性	因素負荷量	
b1	10.740***	.605***	.550	.908	.352	.593	保留
b2	8.589***	.545***	.480	.910	.293	.541	保留
b3	1.390n.s.	.122n.s.	.022	.924	.001	.024	刪除
b4	13.443***	.601***	.530	.909	.337	.581	保留
b5	11.717***	.713***	.675	.906	.517	.719	保留
b6	18.660***	.725***	.679	.905	.548	.740	保留
b7	25.001***	.771***	.731	.904	.621	.788	保留
b8	24.213***	.757***	.717	.904	.601	.775	保留
b9	17.560***	.790***	.759	.904	.650	.806	保留
b10	2.691**	.185**	.113	.918	.020	.140	刪除
b11	8.629***	.561***	.499	.910	.323	.568	保留
b12	12.306***	.730***	.695	.906	.562	.750	保留
b13	18.622***	.745***	.705	.905	.571	.755	保留
b14	17.000***	.720***	.676	.905	.535	.731	保留
b15	14.230***	.690***	.634	.906	.473	.688	保留
b16	8.015***	.512***	.444	.911	.243	.493	保留

表 2-49　(續)

題項	極端組比較	題項與總分相關		同質性檢驗			備註
	決斷值	題項與 總分相關	校正題項與 總分相關	題項刪除後 的α值	共同性	因素負荷量	
b17	16.368***	.758***	.722	.904	.585	.765	保留
b18	30.017***	.782***	.748	.904	.623	.790	保留
b19	23.168***	.679***	.630	.906	.463	.680	保留
			整體α＝.912				

***p <.001　　**p <.01　　*p <.5　　n.s p>.05

　　表 2-49 為社會參與量表從極端組比較、題項與總分相關、同質性檢驗的統計量結果，從題項決斷值、題項與總分相關、校正題項與總分相關、題項刪除後的α值改變、題項的共同性與因素負荷量等指標來看，第 3 題與第 10 題在以上六個指標的統計量均不理想，因而經項目分析綜合評鑑後，19 題的社會參與量表決定刪除第 3 題、第 10 題，保留 17 題。

表 2-50　社會參與量表

	非常同意	大部分同意	一半同意	部分不同意	非常不同意	
01.我常會喜歡宗教活動中的一些儀式	□	□	□	□	□	✓
02.我不覺得參加社會服務工作很有意義	□	□	□	□	□	✓
03.我常會選擇自己喜歡的社團活動來參與	□	□	□	□	□	✗
04.我常會參加各種進修學習活動	□	□	□	□	□	✓
05.我常會主動的參加一些休閒娛樂活動	□	□	□	□	□	✓
06.我常會參加一些宗教活動	□	□	□	□	□	✓
07.我覺得參加社會服務工作之後使我的生活更加充實	□	□	□	□	□	✓
08.我參與社團活動時我會積極的投入	□	□	□	□	□	✓
09.我參加學習活動時，常會受到老師和同儕的肯定	□	□	□	□	□	✓
10.我現在常會邀請家人或親友一起從事運動休閒	□	□	□	□	□	✗
11.我常會鼓勵親朋好友一起參加宗教活動	□	□	□	□	□	✓
12.我很願意奉獻自己的專長和經驗來服務別人	□	□	□	□	□	✓
13.我常會做些適合我的運動來增進健康	□	□	□	□	□	✓
14.我參加學習活動時心情都很愉快	□	□	□	□	□	✓
15.我不覺得從事適當的休閒運動後能讓生活更充實	□	□	□	□	□	✓

表 2-50　（續）

	非常同意	大部分同意	一半同意	部分不同意	非常不同意	
16.參加宗教活動之後讓我的心靈更為充實	☐	☐	☐	☐	☐	✔
17.我常會利用時間參加各種社會服務工作	☐	☐	☐	☐	☐	✔
18.我不覺得我能從社團活動的參與過程中獲得滿足感	☐	☐	☐	☐	☐	✔
19.我會主動和別人分享進修學習的心得	☐	☐	☐	☐	☐	✔

✔：題項保留　　✘：題項刪除

「社會參與量表」正式問卷十七題題項如下（題項重新編號）：

表 2-51

	非常同意	大部分同意	一半同意	部分不同意	非常不同意	
01.我常會喜歡宗教活動中的一些儀式	☐	☐	☐	☐	☐	✔
02.我不覺得參加社會服務工作很有意義	☐	☐	☐	☐	☐	✔
03.我常會參加各種進修學習活動	☐	☐	☐	☐	☐	✔
04.我常會主動的參加一些休閒娛樂活動	☐	☐	☐	☐	☐	✔
05.我常會參加一些宗教活動	☐	☐	☐	☐	☐	✔
06.我覺得參加社會服務工作之後使我的生活更加充實	☐	☐	☐	☐	☐	✔
07.我參與社團活動時我會積極的投入	☐	☐	☐	☐	☐	✔
08.我參加學習活動時，常會受到老師和同儕的肯定	☐	☐	☐	☐	☐	✔
09.我常會鼓勵親朋好友一起參加宗教活動	☐	☐	☐	☐	☐	✔
10.我很願意奉獻自己的專長和經驗來服務別人	☐	☐	☐	☐	☐	✔
11.我常會做些適合我的運動來增進健康	☐	☐	☐	☐	☐	✔
12.我參加學習活動時心情都很愉快	☐	☐	☐	☐	☐	✔
13.我不覺得從事適當的休閒運動後能讓生活更充實	☐	☐	☐	☐	☐	✔
14.參加宗教活動之後讓我的心靈更為充實	☐	☐	☐	☐	☐	✔
15.我常會利用時間參加各種社會服務工作	☐	☐	☐	☐	☐	✔

表 2-51　(續)

	非常同意	大部分同意	一半同意	部分不同意	非常不同意	
16.我不覺得我能從社團活動的參與過程中獲得滿足感 ...	☐	☐	☐	☐	☐	✔
17.我會主動和別人分享進修學習的心得	☐	☐	☐	☐	☐	✔

第三章

單因子變異數分析

SPSS Operation and Application

—Practice & Analysis of Variance

3-1 基本理論

　　所謂「變異數分析」（analysis of variance；簡稱為 ANOVA）係指將實驗的結果（即反應變項）按變異發生的原因，區分為實驗變數所造成的變異（自變項所造成的）及外在干擾變數（實驗因子以外的因素）所造成的變異，此變異通常稱為「實驗誤差」，包含抽樣誤差與非抽樣誤差，再配合二個變異（組間變異、組內變異）的自由度，化為均方值再轉換成 F 分配，用 F 分配來檢定各變異是否有顯著差異，以判斷變異發生的原因之統計方法（江建良，民 94）。此方法由英國數學家 Fisher 首先使用「F」符號解釋變異數分析內涵，變異數分析的統計量F值等於組間變異的均方（mean square）與組內變異均方的比值。

　　變異數分析（Analysis of Variance；簡寫為 ANOVA）是一種母數統計法，主要藉由計算樣本觀察值在依變項測量值的總離均差平方和（SS）的變異來源，以變異數的比值考驗平均數的差異。單因子變異數分析（One-Way Analysis of Variance；簡稱為 One-Way ANOVA）的目的主要在於考驗三個或三個以上獨立樣本觀察值之各組平均數（means）彼此間是否相等，變異數分析之 F 統計量為組間變異與組內變異的比值，所考驗的是變異數的意義。變異數分析中的自變項為間斷變項，依變項為連續變項，自變項為三分名義變項或多分類別變項。研究問題如不同學校規模（大規模學校、中規模學校、小規模學校）之行政人員的工作壓力是否有所不同？不同婚姻狀態（未婚、已婚、離異、喪偶）的成年人其生活滿意度是否有所不同？不同領導類型的組織主管（高關懷高倡導、高關懷低倡導、低關懷高倡導、低關懷低倡導）其組織氣氛是否有所差異？不同家庭結構（單親家庭、雙親家庭、隔代教養家庭）之青少年其學習成就是否有所差異？不同社會參與程度（時常參加、偶而參加、很少參加）的退休人員，其生活滿意度是所有所差異？消費者對四種不同品牌（甲品牌、乙品牌、丙品牌、丁品牌）的綠茶喜愛接受之程度是否有顯著的不同？不同教育程度（高中職以下、專科、大學、研究所以上）的成年人，其生活幸福感的知覺是否有顯著的不同？不同生活壓力（高生活壓力、中生活壓力、低生活壓力）的技職院校學生，其憂鬱傾向是否有顯著的不同？

　　單因子變異數分析的架構如下：自變項須為三分以上名義變項，即自變項有三個水準、四個水準、五個水準……，依變項為連續變項（等距變

數或比率變數）

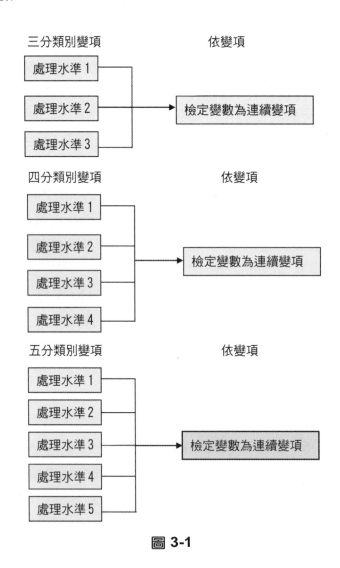

三分類別變項　　　　　　　依變項

四分類別變項　　　　　　　依變項

五分類別變項　　　　　　　依變項

圖 3-1

3-1-1　比較錯誤率的概念

　　在資料分析中，若要進行二組平均數的顯著性考驗，以前述介紹的t考驗法最爲適合，t考驗可以用來比較兩個母群平均數的差異，如果組別在三組以上，亦即要進行三組以上母群體平均數的顯著性考驗，t考驗法便不適宜。以四組平均數考驗爲例，如果研究者要以t考驗的方式，逐一比較二組平均數的差異，總共要進行六次（$C_2^4 = \dfrac{4 \times 3}{2} = 6$）的 t 考驗，此種做法會提高犯第一類型的錯誤，如婚姻狀態有四個水準－未婚、已婚、離異、喪偶，逐一比較二組平均值之差異，總共要比較的組別如下：未婚－已婚、未婚

－離異、未婚－喪偶、已婚－離異、已婚－喪偶、離異－喪偶；而如果三組平均數要進行平均數的差異比較，採用t考驗，總共要進行三次比較（C_2^3 ＝3×2÷2＝3），這樣的比較結果均會提高犯第一類型的錯誤，如果單一的t考驗的顯著水準定為.05，三次比較後所得的結果，第一類型的錯誤率即躍升至.15。

研究者如果考驗C個獨立的比較，每個考驗的顯著水準設為α，則至少犯一次以上第一類型錯誤的機率為 $1-(1-\alpha)^c$，如果α值很小，則此錯誤最大機率值大約為C×α。

在 α 為顯著水準之下，考驗一個比較（二個平均數差異的考驗），犯第一類型的錯誤率為α，不會犯第一類型的錯誤率為 $1-\alpha$；如果考驗二個比較，不會犯第一類型的錯誤率為 $(1-\alpha)\times(1-\alpha)$；每個比較均在 α 顯著水準之下，進行考驗，如果總共進行 C 個比較（共考驗 C 個虛無假設），則不會犯第一類型的錯誤率為 $(1-\alpha)\times(1-\alpha)\times\cdots\cdots\times(1-\alpha)$，亦即共有 C 個 $(1-\alpha)$ 相乘，其值等於 $(1-\alpha)^c$，因而如進行 C 個獨立比較時，則不會犯第一類型錯誤的機率為 $(1-\alpha)^c$，相對的，會犯第一類型錯誤的機率等於 $1-(1-\alpha)^c$。在獨立比較中，第一類型錯誤率隨著比較組數的增加而變大，此種性質也適用於非獨立性質的比較，在非獨立比較中，如果進行 C 個比較，則犯一個以上第一類型的錯誤率 $\le 1-(1-\alpha)^c$。

以組別三組、五組的比較而言，如果採用 t 考驗，則分別要進行 3 次、10 次的比較，在全部比較中至少犯第一類型錯誤（type I errors）率如下：

$$p=1-(1-.05)^3=.14$$
$$p=1-(1-.05)^{10}=.40$$

以分開進行 6 次獨立的比較為例，則在全部比較中至少一次犯第一類型錯誤的機率為：

$$p=1-(1-.05)^6=.2649$$

因而若研究者進行 6 次獨立的 t 考驗（比較），以比較四組平均數是否有顯著差異時，研究者有.265 的機率至少犯一次第一類型錯誤，這與原先設定整體的顯著水準為.05 或.01 有很大的不同。如果研究者採用變異數分析法，則不僅可以同時考驗三個母群體以上平均數的差異情形，亦可維持

整體考驗的顯著水準為.05或.01，當然，變異數分析法亦可適用於二個母群體平均數間差異的顯著性考驗，此時 F 考驗之 F 值剛好是 t 考驗時 t 值平方倍（F 值＝t^2），若是研究者要採用 t 檢定進行六組的比較考驗時，則把顯著水準調整為 $\alpha \div 6 = .05 \div 6 = .0083$，則整體族系的錯誤率會維持在.05，即顯著水準 α 由原先的.05 改為.0083。

在變異數分析中，若是F檢定的數值達到顯著水準（$p \le .05$），則研究者需要進一步進行事後比較，事後比較即各水準平均數配對之差異比較，以得知組間的差異是那二組所造成的，變異數分析中之 F 考驗是後續多重事後比較進行的依據，若是 F 考驗的 F 值不顯著，則不必進行後續多重事後比較，因而 F 考驗反映的是一種「整體效果」（overall effect），F 考驗則稱為「整體考驗」（overall test）。在使用 t 考驗的統計方法來檢驗三個以上母群平均數的差異，則直接進行二組間的比較，因而沒有所謂「整體考驗」的概念，利用整體考驗先於多重事後比較的程序，可以避免進行多次比較造成錯誤率膨脹情形的發生（邱皓政，民 94）。變異數分析的程序如下：

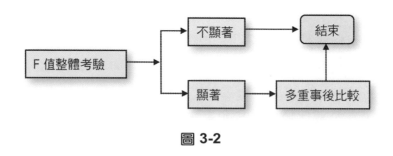

圖 3-2

一般統計考驗中，第一類型錯誤率的設定區分為三種：「比較錯誤率」（comparison-wise error rate）、「族系錯誤率」（family-wise error rate）、「實驗錯誤率」（experiment-wise error rate），若是每個比較統計檢定顯著水準個別訂為 α，表示的是比較錯誤率；若是統計考驗整個實驗的第一類型錯誤維持在一定數值 α（如變異數分析整體性F考驗），表示的是實驗錯誤率；族系錯誤率是指在多因子變異數分析中，各效果項（主要效果項、交互作用項）的統計考驗之錯誤率維持一定，如二因子變異數分析中，二個主要效果項的 F 值及一個交互作用項的 F 值的統計考驗採用的是族系錯誤率概念。

在平均數差異考驗中，若是自變項（分組變項）為二分間斷變數，而依變項為連續變數，探討自變項不同水準在依變項平均數的差異時，研究

者可以採用獨立樣本 t 考驗，或是單因子變異數分析之 F 檢定，二者得出之結果相同。在行為科學領域中，研究者多認為犯第一類型錯誤比犯第二類型錯誤嚴重，因而在研究歷程與統計考驗中會儘量避免犯第一類型錯誤，如將 α 顯著水準值定在 <.05。從錯誤率的觀點而言，進行比較時，學者 Tukey（1953）進一步描述出比較時三種型 I 錯誤率（type I error rates）：「每個比較錯誤率」（per-contrast error rate）、「族系錯誤率」（familywise error rate）、「每個族系錯誤率」（per-family error rate），三個錯誤率分別以 α_{PC}、α_{FW}、α_{PF} 符號表示。Ryan（1959）進一步以下列實例來區分上述三個錯誤率，假定重複一個實驗 1000 次，每個實驗進行 10 次的比較，則總進行的考驗有 10000 次，其中 90 個考驗確定是不正確的，90 個不正確的決策被分配在 70 個實驗當中，則三個錯誤率值分別如下：

每個比較錯誤率：$\alpha_{PC} = 90 \div 10000 = .009$

族系錯誤率：$\alpha_{FW} = 70 \div 1000 = .07$

每個族系錯誤率：$\alpha_{PF} = 90 \div 1000 = .09$

在一個實驗中，若是比較的數目愈多，則型 I 錯誤率會愈大，如果實驗中只有一個比較，則三個錯誤率值是相同的。如有 C 個獨立考驗，三個錯誤率的關係如下：

$$\alpha_{PC} \leq \left[\alpha_{FW} = 1 - (1 - \alpha_{PC})^c\right] \leq \left[\alpha_{PF} = \sum_{j=1}^{C} \alpha_{PC}\right]$$

假設一位研究者進行五次互為獨立的比較，每個比較之 α 為 .05，則 $\alpha_{PC} = .05$，則三個錯誤率關係如下：

$$[\alpha_{PC} = .05] < [\alpha_{FW} = 1 - (1 - .05)^5 = .23] < [\alpha_{PF} = 5 \times .05 = .25]$$

如果 α 值定得非常小，則族系錯誤率與每個族系錯誤率幾乎是相同的數值，若是研究者選擇控制每個族系錯誤率為 .05，則進行五個獨立比較時，就須將比較錯誤率 設定為 .01，因為：

$$\alpha_{PF} = \sum_{j=1}^{5} .01 = .05$$

此時族系錯誤率為：$\alpha_{FW} = 1 - (1 - .01)^5 = .049$，因而每個族系錯誤率控制在$\alpha$，則族系錯誤率值會小於$\alpha$值，即$\alpha_{FW} \leq \alpha_{PF}$。變異數分析統計考驗較 t 考驗嚴謹之處，在於 t 考驗是以每個比較錯誤率為基礎，而變異數分析則採用實驗錯誤率或族系錯誤率為基礎，因而進行多個事後比較時，也能將型 I 總錯誤率控制在α，當然如只進行一次比較（水準數為 2）時，則每個比較錯誤率與每個族系錯誤率是一樣的（*Kirk, 1995*）。

3-1-2　變異數分析的假定

變異數分析也稱 F 統計法，F 統計法是在計算組間（between groups）與組內（within groups）的離均差平方和（SS），然後除以自由度，就可得到均方（mean square；簡稱 MS），MS 就是母群變異數的不偏估計值 s^2，F 值就是組間變異數（s_b^2）與組內變異數 s_w^2 的比值。問卷調查法在進行變異數分析時，與實驗設計採用之變異數分析相同，有五個重要的基本假定（王保進，民91；林清山，民81；邱皓政，民94；吳明隆、涂金堂，民95；*Kirk*，1995）：

(一)常態性（normality）

觀察值係從常態分配母群中抽出，亦即樣本所來自的母群在實驗研究的依變項方面，其分配是常態分配的。變異數分析時，如果抽取樣本為大樣本時，除非是明顯的抽樣誤差，否則根據中央極限定理，研究者並無必要去考驗常態性的問題。若是真的違反常態性假定時，則較易使第一類型錯誤的機率提高，亦即在實際上未達到顯著水準，而統計分析結果卻達到顯著水準的錯誤結論，產生高估樣本的估計值。統計分析時，如果碰到違反常態性的假定，通常只要將顯著水準 α 值定得較小（較嚴苛）即可。

ANOVA 分析時之變項屬性與 t 考驗一樣，依變項（檢定變數）均為連續變項，因此 ANOVA 的分析也必須在依變項具有常態化特徵的前提下來進行考驗，更具體而言，變異數分析是將檢定變數的變異量拆解成組間變異與組內變異（$F = \dfrac{組間變異}{組內變異}$），組間變異反映的是自變項的效果，在特定的實驗處理中是一個恆定值，因而沒有分配可言，但是組內變異反映的是實驗誤差，是一個隨機變數，其分配應是平均數為 0 的常態分配，當誤差項需為常態分配的假定時，即表示依變項或檢定變數也必須為常態分配（邱皓政，民94）。在 SPSS 統計軟體中，也可以對常態性是否違反加以考驗。

㈡隨機抽樣（randomized）

觀察值是從母群中隨機抽樣而得的或實驗單位（受試者）被隨機分派至實驗處理。隨機抽樣與隨機分派是實驗控制方法，實驗時如果無法完全做到隨機抽樣與隨機分派，則要採用準實驗設計，以統計控制方法加以處理。

㈢獨立性（independent）或可加性（additivity）

從各母群體所抽出的各隨機樣本互相獨立，各變異來源對總離均差平方和解釋量正好可分割成數個可相加的部分。F統計量的分子和分母是彼此獨立的，亦即各變異來源對總離均差平方和和解釋量正好可分割為幾個可相加在一起的部分，如 $SS_t = SS_b + SS_w$（總離均差平方和＝組間離均差平方和＋組內離均差平方和）。此種性質又稱可加性，亦指各變異來源，包括自變項效果、受試者效果及誤差項效果的離均差平方和（sum of square of deviation mean；通常簡稱為 SS），相加後恰等於依變項的總離均差平方和。

㈣變異數同質性（homogeneity）

如同 t 考驗一樣，F統計量的分子和分母是相同母群變異量的估計值，亦即各組樣本之母群變異數相同，此即為變異數同質性（homogeneity of variance）或等分散性的假定（homoscedasticity）。由於平均數差異檢定時，各組受試者是隨機取自同一母群體的不同樣本，因為各組樣本是來自同一母群體，因而各組樣本在依變項得分的變異數應該具有同質性，即 $\sigma_1^2 = \sigma_2^2 = \sigma_3^2 = \cdots\cdots = \sigma_k^2$。變異數分析時，如果違犯變異數同質性的假定，將使平均數差異檢定的結果導致錯誤的結論，所以此項假定是變異數分析時最應遵守的一點。變異數分析中同質性的假定若不能成立，會使平均數的比較存有混淆因素。

在各組樣本人數相等之等組設計中，變異數分析具有強韌性（robustness），可以違反常態性和同質性等基本假定，亦即變異數是否同質，對犯第一類型錯誤及第二類型錯誤的機率影響並不大；但當使用不等組設計時，變異數同質假定卻是獲得正確結果的必要條件，亦即各組樣本人數差異愈大時，變異數是否同質的假定，對接受或拒絕虛無假設的影響很大，因而在進行變異數分析時，如果各水準（各組別）的樣本數差異較大，最好先做變異數同質性的檢定，以免導致錯誤的結果。假使違反變異數同質性的假定，可進行資料轉換，如平方根轉換、對數轉換，使各組變異數值趨於

相近，以便進行變異數分析。不過，資料經過轉換後，資料的某些特質會被改變，但有些特質和資料間關係仍然會被保留下來（余民寧，民 86）。在 SPSS 統計軟體中，對於變異數不同質的問題，資料不必進行轉換，直接提供二種違反變異數同質假定時之 F 統計量：Brown-Forsythe 與 Welch，此外，也提供四種違反變異數同質假定時之事後比較方法：Tamhane's T2 檢定法、Dunnett's T3 檢定法、Games-Howell 檢定法、Dunnett's C。

㈤球面性假設

　　如果是相依樣本的變異數分析，除了遵循以上變異數分析的一般性假設外，必須再符合球面性（sphericity）或環狀性（circularity）假設，所謂球面性或環狀性是指受試樣本於自變項的每一實驗處理中，在依變項上的得分，兩兩配對相減所得的差之變異數必須相等（同質），亦即，不同的受試者在不同水準間配對或重複測量，其變動情形應具有一致性（邱皓政，民 89），相依樣本的變異數分析，如違反此項假設，將會提高第一類型犯錯的機率。球面性的假設也是各水準變異數同質性假設的延伸，亦即不同的受試者在不同水準間配對或重複測量的情況下，其變動情形應具有一致性，在相依樣本變異數分析中，若是違反球面性的假定，會使 F 考驗產生「正向偏誤」（positively biased）（Cohen, 1988）。

　　學者 Box（1954）報告指出，在下列三種情況下，ANOVA F 考驗雖然違反此一假定，仍具有強韌性（robust），所謂強韌性係指不符合基本假定時，統計考驗結論正確的程度：一為每個處理水準的觀察數目一樣；二為母群是常態的；三是最大與最小變異數的比值未超過 3，如果超過 3，則對異質性變異量之 ANOVA 強韌性表質疑態度。

　　如果違反以上基本假定，變異數分析時會產生錯誤結果：

1. 每個受試者有二個以上觀察值就不是獨立，誤差項不獨立會嚴重影響第一類型錯誤（type I）和 F 統計的「統計考驗力」（power）。以實驗設計而言，某些實驗設計允許分數不獨立，但誤差效果項定要獨立（此乃指重複量數設計）。

2. 違反隨機化假定，會影響內外在效度，未隨機分派會減低內在效度；未採用隨樣取樣會降低調查研究或實驗的外在效度。

3. 如果違背常態性假定，較易犯第一類型錯誤，亦即較易在事實上未達顯著水準時，卻得到達顯著水準的結果，遇此情況，可考慮將α值定得較小

些。在研究中要注意以下二點：

⑴稍微違犯常態性假定較無關係，特別是對稱，但非常態化情境，而樣本人數等於或大於 12 人以上時，F 統計也富於強韌性。如果樣本數夠大（組別人數在 20 人以上時），除非偏態情形特別嚴重，否則 F 考驗皆具有相當程度的強韌性。

⑵偏態對第一類型錯誤的影響較小，但如樣本數不多時，對統計考驗力（power）的影響較大。當母群呈高狹峰時，F 考驗則顯著較為保守，真正的 α 值小於設定的 α 值，第一類型錯誤率會降低；如果母群呈低闊峰時，F 考驗則顯得較為鬆散，第一類型錯誤率會增加。

4. 如果嚴重違反變異數同質性之假定，則將導致嚴重錯誤，若發現變異數異質情形嚴重時，可將原始分數加以轉換以使變異數同質。在研究分析中，分數轉換的三個目的：一為達到誤差變異數同質性、二為促使誤差效果常態化、三為獲得效果值的可加性。分數轉換的方法如平方根轉換法、對數轉換法、倒數轉換法、反正弦轉換法等。

　　在變異數同質性考驗方面，常用的方法為拔雷特（Bartlett）考驗、哈特萊（Hartley）考驗法、Brown-Forsythe 考驗法、Welch 考驗法幾種。而 SPSS 統計軟體，自 5.0 版起只提供 Levene 檢定法，至於如 SAS 統計軟體對於同質性檢定的方法是採用哈特萊最大最小變異法，將最大的變異數除以最小的變異數，然後考驗其 F 值。

3-1-3　事前比較與事後比較

　　ANOVA 分析之 F 值如果達到顯著，表示組別間至少有一對平均數之間有顯著差異，但至於是那二組之間的差異，無從得知，而在變異數分析中，F 值如達顯著，則進一步要進行「成對組多重比較」（pairwise multiple comparisons）分析，即所謂的「多重事後比較」，常以「posteriori」、「unplanned」、「post hoc tests」稱之，多重事後比較是一種「探索性資料分析」法（exploratory data analysis）。因而事後比較是在變異數分析的整體性 F 值（overall F）達到顯著水準之後才決定要進行所有成對的平均數之間差異的比較，如果自變項的水準數或組別為 k，則總共要進行 $\frac{k(k-1)}{2}$ 組成對平均數比較。

　　在進行變異數分析之前，研究者如果依據理論或相關文獻而決定進行

那幾對平均數之差異比較，亦即，研究者只想瞭解感興趣的那幾對之平均數是否有差異，像這種為了要考驗某種假設而在還沒看到實際觀察資料之前就事先已經計畫好的多重比較，就稱之為事前比較（a priori 或 planned comparisons），事前比較通常是有計畫的比較某些水準間（組別間）平均數的差異，因而也稱為「計畫性比較」，此種計畫性比較通常在於驗證某些理論，因而也被歸類為驗證性比較。

在變異數分析中，與事後比較相對應的為「事前比較」（priori 或 planned test）。所謂事前比較，即是在實驗之前，研究者根據相關理論或實驗目的，事先選定好要比較的組別，而以規劃設計的實驗來驗證，這種比較與變異數分析考驗之 F 值是否達顯著無關，即使 F 值未達顯著，研究者還是根據事先計畫好的比較進行分析。事前比較通常適用於「驗證性資料分析」（confirmatory data analysis）上面。在事前考驗裏，通常使用 t 統計法，在事後比較裏，須使用 q 統計法或 F 統計法。

探索性資料分析典型用於研究程序的初始階段，此時，研究者因欠缺完整的資訊，以致無法做出正確的預測或建立一個考驗的模式。探索性資料分析的目的，在於資料或變項的探究，於模式組型試探上較有彈性，可作為驗證性資料分析與未來理論模式建立的基礎。至於驗證性資料分析通常使用在研究者已累積足夠的資訊，可以預測或建立模式，而以驗證性資料分析法來驗證。驗證性資料分析強調的是「模式驗證」，而探索性資料分析則強調有彈性的搜集模式證物（變項），常實施於驗證性資料分析之前（*Kirk, 1995*）。

在探索性資料分析中，如果變異數分析之整體考驗的 F 值未達顯著，表示各組平均數間沒有顯著差異，就不必進行事後比較。事後比較的基本假設如同變異異數分析（ANOVA）的假設，須滿足以下的假定：(1)常態性：樣本來自的母群在依變項上呈常態分配；(2)獨立性：每個觀察值必須是獨立的；(3)變異數同質性：各組的變異數是相同的，亦即$\sigma_1^2 = \sigma_2^2 = \sigma_3^2 = \cdots\cdots = \sigma_k^2$，假若嚴重違反此一假設，將造成錯誤的結果，此點宜特別留意。Toothaker（*1993*）從相關研究中發現：大部分事後比較的方法具有強韌性，可以違反常態性的基本假設，而不會影響第一類型與第二類型的錯誤。

變異數分析中，如果整體考驗的 F 值達到顯著水準，表示至少有一組的平均數和其他組別的平均數間有顯著差異，即研究者根據 F 考驗的顯著水準 F 統計量，僅能知道在處理水準間，至少有一對的處理水準間的平均數有顯著的不同，至於是那二組間差異，則需要進行「事後比較」方能得

知，事後比較是一種「追蹤考驗」，追蹤考驗在檢定二個組別間的差異是否達到顯著。常見的多重事後比較方法均具有下列特點中的某些項：如良好的考驗力、容易計算和解釋，可以建立信賴區間和強韌性。以下為常用的多重事後比較方法。（傅粹馨，民 85；*Kirk, 1995*）

(一) Tukey's HSD 法／T 法

Tukey（杜凱氏）的誠實顯著差異法（honesty significant different；HSD 法）或 WSD（wholly significant difference）是一種使用相當普遍的事後比較方法之一，其特性如下：

1. T 法利用單一步驟（single-step）方式控制整個 α_{FW} 小於或等於 α，執行所有成對的事後比較，亦即 $\frac{p(p-q)}{2}$ 對時，其 α_{FW} 仍維持在.05。

2. T 法適用於雙尾的檢定；也適用於等組的情況，若不等組，則用 Tukey-Kramer 法較為適宜。

杜凱氏法（Tukey 法）之事後比較方法也稱為「最誠實性顯著差異考驗法」（honestly significant difference；簡稱為 HSD 法）。HSD 法是成對組（pairwise）一一比較，錯誤率的觀念單位是「整個」（overall）實驗，它可控制整體的 α（第一類型錯誤）為.05，如果比較組數目較多，則 HSD 法在偵測個別差異時，可能較為敏感，HSD 法考驗力並不輸於 Scheffe 法。Cohen（*1996*）建議：如果研究者只是想要進行單純的兩兩配對比較，則採用 HSD 法也可像 Scheffe 法一樣獲到嚴謹的檢定結果。

(二) Fisher-Hayter 法／FH 法

Hayter（*1986*）將 Fisher's LSD 加以修正，而提出 Fisher-Hayte 的事後比較法，此法的特點是在於當不等組且組數大於 3 時，α_{FW} 不會大於 α，其特性如下：

1. 若進行成對的事後比較，FH 法較 T 法更具有統計考驗力（power）。
2. FH 法適用於不等組，且組數大於 3（k>3）的情況。

(三) Scheff'e 法／S 法

Scheff'e 法：當各組人數不相等或想進行複雜的比較時，使用 S 法較富

強韌性。它也可控制整體 α 值等於.05。S法在考驗每一個平均數線性組合，並提供水準保護，而非只是考驗一對平均數間的差異情形，因而 S 法顯得較為保守。由於 S 法較保守，因而有時變異數分析之 F 值達到顯著（此時的顯著水準在.05 附近），但事後比較時，卻沒有發現有任何二組的平均數達到顯著差異。雪費法（Scheffe's method）所犯第一類型錯誤的機率較低，對資料分配違反常態性與變異一致性二項假定時較不敏感，是所有事後比較方法中「最嚴格、檢定力最低」的一種多重比較法。Scheffe 法的估計公式由於直接採用 F 考驗，因而不須其他的查表程序，使用上較為方便。其估計公式如下：

$$F = \frac{\dfrac{(\overline{Y}_j - \overline{Y}_k)^2}{(p-1)}}{MS_{within}\left(\dfrac{1}{N_j} + \dfrac{1}{N_k}\right)}$$

上述公式計算完每一組平均數配對比較的 F 值後，與臨界值 $F(\alpha, p-1, N-p)$ 比較，即可決定事後比較的顯著性。此一方法對於分配常態性與變異數同質性兩項假定之違反較不敏感，且所犯第一類型錯誤率較小，可以說是各種多重比較方法中最嚴格、檢定力最低的一種。Cohen（1996）甚至認為進行 Scheffe 考驗前不一定要進行 F 統計量的整體考驗，因為如果 F 考驗不顯著，Scheffe 考驗也不會顯著，但是如果 F 考驗整體效果顯著，那麼 Scheffe 檢定可以協助研究者找出整體考驗下的各種組合效果。Scheffe 檢定的顯著水準是設計可以考驗組別平均的每一種線性組合，從最簡單到最複雜的比較模式，適合樣本人數相等或不相等的情境均可，所以 Scheffe 檢定法可以廣泛的適用於成對比較或各種複雜的比較（邱皓政，民 94）。

薛費法（Scheffe' method）也稱為「聯合信賴區間估計法」（simultaneous confidence interval），因而也可採用平均數差異值的信賴區間來判別成對的平均數間的差異是否顯著，此法乃同時決定任何二個常態分配母群體平均數 μ_j 與 $\mu_k (j \neq k)$ 之間的差異（$\mu_j - \mu_k$）範圍，其聯合信賴區間估計法檢定公式如下：

$$\text{因為 } F = \frac{\dfrac{(\overline{Y}_j - \overline{Y}_k)^2}{(p-1)}}{MS_{within}\left(\dfrac{1}{N_j} + \dfrac{1}{N_k}\right)}$$

$$推導出：(p-1)F \times MS_{winthin}\left(\frac{1}{N_j}+\frac{1}{N_k}\right)=(\overline{Y}_j-\overline{Y}_k)^2$$

$$(\overline{Y}_j-\overline{Y}_k)=\sqrt{(p-1)F} \times \sqrt{MS_{within}} \times \sqrt{\frac{1}{N_j}+\frac{1}{N_k}}$$

$$信賴區間：(\overline{Y}_j-\overline{Y}_k)\pm\sqrt{(p-1)F} \times \sqrt{MS_{within}} \times \sqrt{\frac{1}{N_j}+\frac{1}{N_k}}$$

如果平均數差異的信賴區間包含 0，則接受虛無假設，二個水準的平均數間差異不顯著；若是平均數差異的信賴區間不包含 0，則拒絕虛無假設，二個水準的平均數間差異達到顯著。

S 法的特色如下：

1. 其不若 T 法只適用於成對的比較，當組數 (k) ≥ 3 時，任何的非成對（non-pairwise）比較（或稱複雜的比較）和成對的比較（或稱簡單的比較）亦可使用之，且其 α_{FW} 均維持在 α 之內，故有人認為此方法相當嚴謹，但從統計考驗力的觀點而言，會稱此法不夠靈敏（low power），亦即不易拒絕虛無假設，即上述所謂的事後比較較不會達到顯著性。

2. 此法可建立同時信賴區間；亦適用於不等組的情況，但各組的變異數要相等。

3. 當研究者想進行非成對的比較時，用此法最為適宜，對成對的比較而言，似乎太過嚴謹。

㈣ T3 法、C 法和 GH 法

T3 法、C 法和 GH 法均適用於不等組且各組變異數異質的情境。其中 GH 法的特性：(1)其臨界值的算法與 Brown-Forsythe 法接近。(2)學者 Games 與 Howell 認為在不等組但變異數同質的情況，宜採用 Tukey-Kramer 法的事後比較，具有較佳的統計考驗力；但當不等組且變異數異質時，宜採用 GH 法，但以每組人數不少於 6 人為宜，因人數太少，對 α_{FW} 會有影響（*Toothaker, 1993*）。Kirk（*1995*）將 T3 法、C 法和 GH 法三種事後比較法的性質歸納如下：

1. 一般而言，GH 法比 C 法更具統計考驗力，當各組變異數異質性降低則 GH 法更加寬鬆，故以變異數愈是異質最適用。

2. 當誤差的自由度愈大時，C 法比 T3 法更具考驗力，當誤差的自由度愈小時，T3 法比 C 法更具考驗力。這兩種方法均將 α_{FW} 控制在 α 之內。當研究者非常在意 α_{FW} 必須控制得非常嚴且變異數之間有差異，但仍近似時，建議採用 T3 法或 C 法，要比 GH 法為佳。

㈤紐曼－柯爾法

紐曼－柯爾法（Newman-Keuls）的事後比較，簡稱 N-K 法，其基本原理與計算公式與 Tukey's HSD 法相同，唯一不同的是臨界值的使用，N-K 法考慮相比較的兩個平均數在排列次序中相差的層級數 r（the number of steps between ordered mean），作為自由度的依據，而非 HSD 的平均數個數 k。在 LSD 與 HSD 法中，臨界值只有一個，此值同時也是 N-K 法數個臨界值中最大者，但是 N-K 法中的臨界值則有多個，因此 HSD 法對於平均數配對差異檢驗較 N-K 法嚴格，即不容易拒絕虛無假設（邱皓政，民 94）。N-K 法也是採用 t 檢定原理，因此在 SPSS 多重比較中又稱為 S-N-K 法（Stuedent-Newman-Keuls）。此法最大的特色在於：依平均數之大小次序使用不同的臨界 q 值，亦即藉著從大到小或降步（step-down）的方式進行，由平均數差異最大的那一對比較起，若差異顯著，則一直進行至差異最小的那一對，否則立即停止。NK 法的特性如下：

1. 適用於等組、變異數同質之事後比較；此法無法取得信賴區間。

2. 相關研究指出，當組數大於 3（k>3）時，N-K 法並未將 α_{FW} 維持在研究者預設的 α = .05 之內，故統計考驗力較高，亦即較易拒絕虛無假設，會有較多對的比較達到顯著差異。

㈥ Duncan 法

Duncan 法的事後比較與 NK 法類似，也是採用由大到小程序（step-down procedure）的等級（r）方式；不同的是，於 N-K 法中，每個等級均採用相同的顯著水準，如 α = .05，而在 Duncan 法中是不同等級採用不同的顯著水準：$1-(1-\alpha)^{r-1}$，r=5，α = .186；r=4，α = .143；r=3，α = .098；r=2，α = .

050，可見，當有三組時 $1-(1-.05)^{3-1}=.098$，α_{FW} 已達.098 之高，因而當組數等於或大於 3（$k \geq 3$），此法並不是一種適當的事後比較法，Duncan 法又比 N-K 法寬鬆，會有較多對平均數的差異會達到顯著水準。

㈦ Fisher's LSD 法

最小顯著差異法（least significant difference；LSD）法的特性如下：⑴ LSD 法適用於成對的比較，亦可用於不等組的情況。⑵此法無法建立同時信賴區間。⑶ LSD 法採用雙步驟方式，亦即當第一步 ANOVA 之 F 值顯著後，接著第二步作 LSD，若所有成對平均數之差異大於等於臨界值，則拒絕虛無假設，表示成對的平均數達到顯著的差異。⑷當組別有三組時，LSD 的 不會大於 α；但當組別在三組以上時，則 LSD 無法控制 α_{FW} 在預設的 α 之內，亦即造成第一類型錯誤率偏高的情形，易於拒絕虛無假設。

LSD 法是由 Fisher 發展而得，以平均數差異的考驗為主要方法，因而其原理與 t 考驗相似，由於此法無法控制 α_{FW} 在預設的 α 之內，是一種較為寬鬆的多重比較方法，當自由度為 N-p 時，其檢定公式如下：

$$t = \frac{\overline{Y}_J - \overline{Y}_k}{\sqrt{S_P^2 \left(\frac{1}{N_j} + \frac{1}{N_k} \right)}} = \frac{\overline{Y}_J - \overline{Y}_k}{\sqrt{MS_{within} \left(\frac{1}{N_j} + \frac{1}{N_k} \right)}}$$

近年研究理論指出，「紐曼-柯爾法」（Newman-Keuls' method」及「Duncans」多重比較考驗法，由於未提供水準防護（無法在所有情形下控制整體的 α 值），因而較少被研究者採用（*SPSS Inc., 1998*）。多重比較方法的選擇方面，要考量此方法可以同時保護犯第一類型的錯誤，同時又確保有最大的統計考驗力。

Kleinbaum 等人所提之多重比較方法中，對於事後比較方法，建議研究者採用 Tukey 法與 Scheffe 法二種（吳明隆、涂金堂，民 95）。

3-1-4　單因子變異數之離均差拆解

單因子設計的統計分析模式如下（*Kirk, 1995*；吳冬友、楊玉坤，民 92）：

$$x_{ij} = \mu + \tau_j + \varepsilon_{ij}，j = 1, 2, ..., k，i = 1, 2, ..., n_j$$

其中μ為共同效應，τ_j為第 j 個處理效應，ε_{ij}為第 j 個處理中第 i 個實驗單位的個別效應也可稱為個別差異或隨機效應，且有二個以下特性：

1. $\varepsilon_{ij} \sim N\ (0，\sigma^2)$ 。
2. 所有ε_{ij}間相互獨立。

獨立樣本單因子變異數分析之虛無假設與對立假設（雙側考驗）分別為：

$H_0：\mu_1 = \mu_2 = \mu_3 = \cdots\cdots = \mu_k$

$H_1：\mu_i \neq \mu_j$（就某一個 i、j；i≠j）

變異數分析之統計假設如為單側考驗，則虛無假設與對立假設如下：

$H_0：$至少一個$\mu_j > 0$（或至少一個$\mu_j < 0$）

$H_1：\mu_j \leq 0$（或$\mu_j \geq 0$） ；j＝1, 2, 3, ……,k

獨立樣本（完全隨機化設計；CR-p 設計）的模式如下表：假設自變項有四個水準（p＝4），每個水準各有五位受試者：

CR-4 設計之實驗設計模式如下表 3-1（獨立樣本單因子變異數分析）。

表 3-1

	自變項：	受試者	
檢	水準一：	SA_1、SA_2、SA_3、SA_4、SA_5	估計描述性統計量
定	水準二：	SB_1、SB_2、SB_3、SB_4、SB_5	比較四組在檢定變
變	水準三：	SC_1、SC_2、SC_3、SC_4、SC_5	數間的差異
數	水準四：	SD_1、SD_2、SD_3、SD_4、SD_5	

包含四個水準之隨機化區組設計（randomized block design；RB-4）之模式如下表 3-2（有四個水準，五位受試者）。

表 3-2

自變項：		受試者					估計描述性統計量
檢	水準一	SA_1	SA_2	SA_3	SA_4	SA_5	比較受試者在四個
定	水準二	SA_1	SA_2	SA_3	SA_4	SA_5	水準的差異
變	水準三	SA_1	SA_2	SA_3	SA_4	SA_5	
數	水準四	SA_1	SA_2	SA_3	SA_4	SA_5	
		區組 1	區組 2	區組 3	區組 4	區組 5	

　　隨機化區組設計（RB-3）之模式與區組如下，a_1、a_2、a_3 表示三個處理水準，總共有十位受試者，全部參與實驗處理的樣本有十位：

表 3-3

	水準一 a_1	水準二 a_2	水準三 a_3	
區組 1	S_1	S_1	S_1	$\overline{Y}_{1.}$
區組 2	S_2	S_2	S_2	$\overline{Y}_{2.}$
區組 3	S_3	S_3	S_3	$\overline{Y}_{3.}$
⋮	⋮	⋮	⋮	⋮
區組 10	S_{10}	S_{10}	S_{10}	$\overline{Y}_{10.}$
	$\overline{Y}_{.1}$	$\overline{Y}_{.2}$	$\overline{Y}_{.3}$	

　　完全隨機化設計（completely randomized design）：CR-3 設計模式如下圖：三個處理水準各有十位不同的受試者，全部的樣本有三十位。

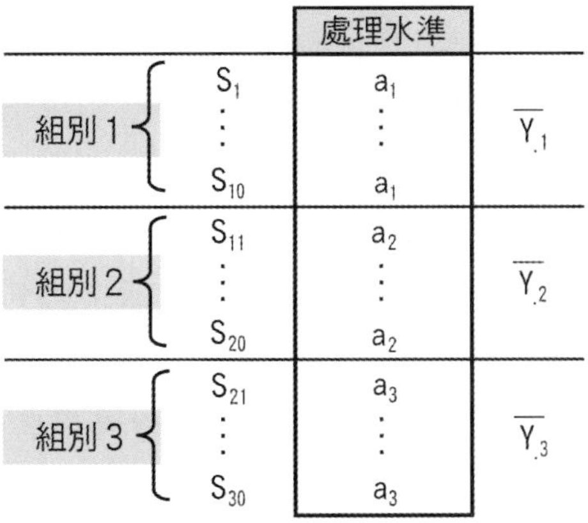

		處理水準	
組別 1	S_1 ⋮ S_{10}	a_1 ⋮ a_1	$\overline{Y}_{.1}$
組別 2	S_{11} ⋮ S_{20}	a_2 ⋮ a_2	$\overline{Y}_{.2}$
組別 3	S_{21} ⋮ S_{30}	a_3 ⋮ a_3	$\overline{Y}_{.3}$

圖 3-3

　　上述CR-3 設計與RB-3 設計之離均差平方和與自由度可以以圖 3-4 表示（*Kirk, 1995, p.254*）

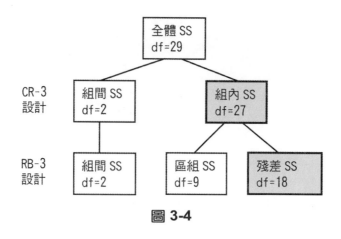

圖 **3-4**

相依樣本變異數分析中（RB-3 設計）之誤差變異量的估計值比獨立樣本變異數分析中（CR-3 設計）之誤差變異量的估計值還小，因爲前者的殘差值變異量等於後者的誤差值的變異量（組內變異量）減去區組變異量。

獨立樣本單因子變異數分析摘要表如表 3-4。

表 **3-4**

變異來源	離均差平方和 （SS）	自由度 （df）	均方（MS）	F 值
組間（處理）	SS_b	$k-1$	$MS_b = SS_b \div (k-1)$	$MS_b \div MS_w$
組內（誤差）	SS_w	$N-k$	$MS_w = SS_w \div (N-k)$	
全體	SS_t	$N-1$		

上述中總離均差平方和＝組間離均差平方和＋組內離均差平方和。亦即 $SS_t = SS_b + SS_w$；而 $df_t = df_b + df_w$，組內離均差平方和也稱爲誤差項離均差平方和。若將 SS_b 與 SS_w 分別除以其自由度 df_b 及 df_w 則分別得到均方值：MS_b 與 MS_w，此二值的比值即爲F統計量，即是變異數分析所檢驗的統計量，其所形成的分配稱爲F分配，F分配所進行的檢定稱之爲F考驗。變異數分析之 F 值等於組間均方值除以組內均方值，以變異量觀點來看，總變異量是組間變異量加上組內變異量，而 F 值就是組間變異量與組內變異量的比例，如果 F 值愈大，代表組內變異量（誤差變異量愈小）；而組間的變異量愈大，亦即組間平均數差異愈大，愈容易達到統計之顯著水準。

(1) SS_t：表示總平方和（total of sum square），代表每一筆資料與總平均之差異平方總和。自由度爲 $n-1$。

(2) SS_b：表示組間平方和（between-group sum of square），代表各組（處理水準）平均與總平均之差異平方的加權總和，其中權數為各組樣本數（n_j）。自由度為 $k-1$。

(3) SS_w：表示組內平方和（within-group sum of square）或稱誤差平方和，代表各組（處理水準）內的資料與該組平均數之差異平方總和。自由度為 $n-k$。

(4) 組間均方和（between-group mean square）MS_b＝組間離均差平方和÷組間離均差平方和自由度＝$\dfrac{SS_b}{k-1}$。

(5) 組內均方和（within-group mean square）MS_w＝組內離均差平方和÷組內離均差平方和自由度＝$\dfrac{SS_w}{n-k}$。

如符號 $\overline{Y}..$ 表示總平均數（grand mean），p 或 k 為水準數（組別），n 為各水準的人數，$\overline{Y}_j.$ 為各水準在依變項的平均數，各離均差平方和的計算公式如下：

$$SS_t = \sum_{i=1}^{p}\sum_{j=1}^{n}(Y_{ij}-\overline{Y}..)^2$$

$$SS_b = \sum_{i=1}^{p}\sum_{j=1}^{n}(\overline{Y}_i.-\overline{Y}..)^2 = \sum_{i=1}^{p}(\overline{Y}_i.-\overline{Y}..)^2 \times n_i$$

$$SS_w = \sum_{i=1}^{p}\sum_{j=1}^{n}(Y_{ij}-\overline{Y}_i.)^2 = \sum_{i=1}^{p}(n_i-1) \times S_i^2$$

F 統計量的定義如下：

$$F = \frac{\dfrac{\chi_1^2}{\nu_1}}{\dfrac{\chi_2^2}{\nu_2}} = \frac{\dfrac{\dfrac{\sum\sum(\overline{Y}_i.-\overline{Y}..)^2}{\sigma^2}}{k-1}}{\dfrac{\dfrac{\sum\sum(Y_{ij}-\overline{Y}_i.)^2}{\sigma^2}}{k(n-1)}} = \frac{\dfrac{\sum\sum(\overline{Y}_i.-\overline{Y}..)^2}{k-1}}{\dfrac{\sum\sum(Y_{ij}-\overline{Y}_i.)^2}{k(n-1)}} = \frac{\dfrac{SS_b}{k-1}}{\dfrac{SS_w}{k(n-1)}} = \frac{MS_b}{MS_w} = F_{[k-1, k(n-1)]}$$

相依樣本是屬於「受試者內設計」的一種實驗設計，包括重覆量數、配對組法、同胎法等情況。在重覆量數中，整個實驗所產生的總變異數可以分成幾個部分：由受試者間造成的變異和由受試者內造成變異之分，前者稱為「受試者間變異數」（variance between subjects），此項完全由受試

者間個別差異造成的，因而不是分析探究的重點；後者稱為「受試者內變異數」（variances within subjects），這部分又分成二個部分：一是來自實驗操弄所造成的效果，是研究者真正關心的研究重點；另一者則純由隨機誤差所造成的變異和研究本身所具有的隨機誤差部分，二者合併稱為「組內誤差」。在相依樣本中，真正的誤差部分是扣除受試者間個別差異所造成的變異後剩下的殘差（residual）誤差（余民寧，民 86）。

以下以 N 個受試者重複接受 k 個實驗處理時，相依樣本的變異數分析摘要表。

相依樣本單因子變異數分析摘要表如表 3-5。

表 3-5

變異來源	離均差平方和（SS）	自由度（df）	均方（MS）	F 值
受試者（區組）間	SS_b	$N-1$	$SS_b \div (N-1)$	
受試者內	SS_w	$N \times k - k$		
處理效果（組間）	SS_s	$k-1$	$MS_s = SS_s \div df_s$	$MS_s \div MS_w$
殘差	SS_r	$(N-1) \times (k-1)$	$MS_r = SS_r \div df_r$	
全體	SS_t	$N \times k - 1$		

相依立樣本單因子變異數分析摘要表也可以表示如表 3-6。

表 3-6

變異來源	離均差平方和（SS）	自由度（df）	均方（MS）	F 值
組間(A)（處理效果）	SS_s	$k-1$	$MS_s = SS_s \div df_s$	$MS_s \div MS_w$
組內	SS_w	$N \times k - k$		
區組間（受試者間）	SS_b	$N-1$	$SS_b \div (N-1)$	
殘差	SS_r	$(N-1) \times (k-1)$	$MS_r = SS_r \div df_r$	
全體	SS_t	$N \times k - 1$		

相依樣本的總離均差平方和有以下關係存在：

總離均差平方和＝受試者間離均差平方和＋受試者內離均差平方和
　　　　　　　＝受試者間離均差平方和＋（處理效果離均差平方和＋殘差）

$$=組間離均差平方和＋組內離均差平方和（誤差項）$$
$$=組間離均差平方和＋（區組間離均差平方和＋殘差項$$
$$離均差平方和）$$

$SS_t = SS_b + SS_w = SS_b + SS_s + SS_r$，其中的誤差項值 $SS_w = SS_b + SS_r$

誤差項的變異量等於區組間變異量加上殘差項的變異量。

在單因子變異數分析中，如果樣本很大，差異顯著性考驗很容易達到顯著水準。因為受試樣本很大，$MS_w = SS_w \div （N-k）$ 的算式中，（N-k）值就會變得很大，MS_w 值會變得很小（此時即分母項變小）；相對的在MS_b $\div MS_w$的 F 值算式中，由於分母項數值變小，F 值相對的會變得較大，因而 F 考驗很容易達顯著水準。

3-1-5　關聯強度與效果量

在變異數分析中，如果整體考驗的 F 值達到顯著水準，進一步除進行多重事後比較外，研究者也可以探究其「關聯強度」（strength of association；ω^2）指數，以補充說明假設考驗的結果，並了解變項間的關係程度，關聯強度即是依變項總異量可以由自變項解釋的百分比，關聯強度指數如同多元迴歸分析中之 R 平方一樣，均表示自變項對依變項所能解釋的變異量。在變異數分析中，如果 F 值達顯著，但ω^2（omega squared）值很小，表示自變項對依變項的影響不大，此種結果只有統計顯著意義存在，欠缺實質應用的價值。變異數分析中 F 考驗的 F 值代表的是顯著性的整體性考驗（over test），其目的在檢驗自變項效果的「統計顯著性」（statistical significance），但無法反映出自變項效果在實務應用上的強度，即無法得知自變項效果的「臨床顯著性」（clinical significance）或「實務顯著性」（practical significance）。統計顯著性關注的是觀察的處理效果是否由機遇引起，而實務顯著性重視的是觀察效果是否夠大，以致在現實世界中是有用的，在實驗中若是有足夠的受試者，有效的處理效果可以達到統計顯著性，而一個很小的p值，如p=.001，可以指出可能具有較大的處理效果，即有實用統計性，但以p值來估計實用顯著性是有偏誤的，因為p值受到處理效果大小及樣本數的影響很大，如一個每組有六位受試者的實驗處理，其 p 值為.05，其實驗處理效果（treatment effects）會比一個每組有 70 位受試者，而p值等

於 .0001 的實驗處理效果還大，要估計處理效果的大小應採用「關聯強度」（strength of association）或「效果值」（effect size）的測量值，才不會有偏誤（*Kirk, 1995*）。

(一)獨立樣本關聯強度與效果量

關聯強度指數與複迴歸之決定係數（R^2）的解釋意義一樣，在於說明依變項總變異量中，有多少百分比的變異量可以被自變項（或實驗處理效果或預測變項）所解釋到。關聯強度指稱為「omega squared」，以 ω^2 符號表示，在變異數分析中，如果 F 值達顯著，也應該呈現關聯強度 ω^2 值。ω^2 表示固定處理效果的關聯強度，若是隨機處理效果，其關聯強度係數通常稱為「組內相關」（intraclass correlation），以符號 ρ_1 表示，ω^2 與 ρ_1 均適用於一個自變項為量的變項或質的變項，一個量的依變項。ω^2 的定義如下：

$\omega^2 = \dfrac{\delta_a^2}{\delta_a^2 + \delta_\varepsilon^2}$，其中 δ_a^2 為處理效果的變異數（組間變異數）、δ_ε^2 為誤差效果的變異數、$\delta_a^2 + \delta_\varepsilon^2$ 為總變異數，因而 ω^2 為組間變異數與總變異數的比值，此比值表示的是依變項的變異量可以被自變項解釋的百分比。ω^2 若從樣本統計量來估算，其定義公式如下：

$$\hat{\omega}^2 = \frac{SS_b - (p-1)MS_w}{SS_t + MS_w} = \frac{(p-1)(F-1)}{(p-1)(F-1) + np}$$

ρ_1 若從樣本統計量來估算，其定義公式如下：

$$\hat{\rho}_1 = \frac{MS_b - MS_w}{MS_b + (n-1)MS_w}$$

ω^2 的數值介於 0 至 1 之間，數值愈接近 1，表示關聯強度愈大，在關聯強度指數高低判斷方面，依 Cohen（1982；1988）所提標準，解釋變異量在 6%以下者，顯示變項間關係微弱；解釋變異量在 6%以上且在 14%以下者，顯示變項間屬中度關係；解釋變異量在 14%以上者，顯示變項間具強度關係。Cohen（*1988；1992*）的建議中，對於關聯強度指數的大小分類如下：

小的（微弱）關聯強度：$.059 > \omega^2 \geq .010$
中的（中度）關聯強度：$.138 > \omega^2 \geq .059$

大的（高度）關聯強度：$\omega^2 \geq .138$

此外，學者 Keppel（*1991, p.66*）對於關聯強度指數的界定也提出以下觀點：「在行為科學領域中，ω^2 值為 .15 時是大（large）的效果量、ω^2 值為 .06 時是中（medium）的效果量、ω^2 值為 .01 時是小（small）的效果量。」Keppel（*1991*）的論點與 Cohen（*1988*）的觀點十分類似。

表示自變項對依變項解釋強度的統計量，除了關聯強度外，另外一個是「效果量」（size of effect），效果量的大小也可以作為自變項強度的統計量，效果量的估計是根據不同的平均數而得，依據 Cohen（*1988*）的觀點，一個樣本實驗處理的效果量大小定義公式如下：

$$d = \frac{\mu - \mu_0}{\sigma_\varepsilon}$$

二個樣本實驗處理的效果量大小定義公式如下：

$d = \dfrac{\mu_1 - \mu_2}{\sigma_\varepsilon}$，上述中分子等於二個平均數之間差異值，若是平均數間差異愈大，表示自變項的解釋變異愈大。

如果平均數在三組以上，效果量的大小可由下列定義公式求出：

$$f = \sqrt{\frac{\sum\limits_{j=1}^{p}(\mu_j - \mu)^2}{p}} \quad \text{或} \quad f = \sqrt{\frac{\sum\limits_{j=1}^{p}\alpha_j^2}{p}}$$

若是由樣本推算，則樣本統計量的估計量如下：

$$\hat{f} = \sqrt{\frac{\sum\limits_{j=1}^{p}\hat{\alpha}_j^2}{p}} = \sqrt{\frac{(p-1)(MS_b - MS_w)}{np}}, \quad \text{其中}$$

$$\frac{\sum\limits_{j=1}^{p}\hat{\alpha}_j^2}{p} = \frac{(p-1)(MS_b - MS_w)}{np}$$

$$\hat{\sigma}_\varepsilon^2 = MS_w$$

樣本推估的效果量大小（$\hat{f}$）與關聯強度指數（$\hat{\omega}^2$）有下列關係存在：

$\hat{f} = \sqrt{\dfrac{\hat{\omega}^2}{1-\hat{\omega}^2}}$，對於效果量值的判斷，依據 Cohen（1988）的建議如下：

小的效果量值（低度效果量）：$.25 > f \geq .10$
中的效果量值（中度效果量）：$.40 > f \geq .25$
大的效果量值（高度效果量）：$f \geq .40$

以下表 3-7 所述完全隨機化設計四個水準之變異數分析摘要表為例，每個水準有八位受試者：

表 3-7

變異來源	SS	df	MS	F
組間	49.000	$p-1=3$	16.333	7.50***
組內（誤差）	61.000	$p(n-1)=28$	2.179	
全體	110.000	$np-1=31$		

*** $p < .001$（資料來源：Kirk, 1995, p.172）

$$\hat{\omega}^2 = \frac{SS_b - (p-1)MS_w}{SS_t + MS_w} = \frac{49.000 - (4-1) \times 2.179}{110.000 + 2.179} = .38$$

$$\hat{\omega}^2 = \frac{(p-1)(F-1)}{(p-1)(F-1) + np} = \frac{(4-1) \times (7.50-1)}{(4-1) \times (7.50-1) + 8 \times 4} = .38$$

$$\frac{\sum_{j=1}^{p} \hat{\alpha}_j^2}{p} = \frac{(p-1)(MS_b - MS_w)}{np} = \frac{(4-1) \times (16.333 - 2.179)}{8 \times 4} = 1.327$$

$$\hat{\sigma}_\varepsilon^2 = MS_w = 2.179$$

$$\hat{f} = \sqrt{\frac{\frac{\sum_{j=1}^{p} \hat{\alpha}_j^2}{p}}{\hat{\sigma}_\varepsilon^2}} = \sqrt{\frac{\frac{(p-1)(MS_b - MS_w)}{np}}{MS_w}} = \sqrt{\frac{1.327}{2.179}} = 0.78$$

$$\hat{f} = 0.78 = \sqrt{\frac{\hat{\omega}^2}{1-\hat{\omega}^2}} = \sqrt{\frac{.38}{1-.38}} = \sqrt{.6129} = 0.78$$

在 SPSS 視窗版 GLM 一般線性模式，可進行單變量共變數分析，亦可進行單變量的變異數分析，其中也包括關聯強度指數（Eta squared）與統計考驗力指數 $(1-\beta)$，實際的關聯強度指數值為「調整後的 R 平方」（adjusted R squared）。調整後的 R 平方數值就是由樣本推估而得的統計量。統計考

驗力是指研究者能正確拒絕一個錯誤虛無假設的機率，對於評估統計檢定的敏感度與決定樣本大小而言，統計考驗力的分析是十分重要的。當虛無假設（H_0）為真，F值等於 $MS_b \div MS_w$ 之F分配，為「中央性F分配」（central F distribution），中央性F分配受到二個參數的影響，這二個參數即F統計的自由度：分子自由度（v_1）與分母自由度（v_2）；若是虛無假設為假（即對立假設為真），F值等於 $MS_b \div MS_w$ 之分配，即變為一種「非中央性F分配」（noncentral F distribution），「非中央性F分配」可以決定統計考驗力的檢定，「非中央性F分配」受到三個參數影響：分子自由度（v_1）、分母自由度（v_2）與非中央性參數（noncentrality parameter）λ（Greek lambda），λ參數反應了虛無假設為假的程度，其定義公式如下：

$$\lambda = \frac{\sum_{j=1}^{p} \hat{\alpha}_j^2}{\hat{\sigma}_\varepsilon^2 \div n}$$，λ數值受到平方處理效果測量值大小與 $\hat{\sigma}_\varepsilon^2 \div n$ 數值的影響。

Tang（*1938*）提出了一個對照表可以簡單的計算統計考驗力，其計算方法是求出一個Φ係數 $= \sqrt{\dfrac{\lambda}{p}}$，然後再以 $v_1 = p-1$、$v_2 = p(n-1)$ 二個自由度、及.05 或.01 的顯著水準來求出統計考驗力（*Kirk, 1995*）。在SPSS統計軟體的單變量程序中，可以直接求出變異數分析之統計考驗力的數值。

(二)相依樣本關聯強度

相依樣本變異數分析之關聯強度係數 ω^2（partial omega squared），其定義公式如下：

> $\omega_{Y|A.BL}^2 = \dfrac{\delta_a^2}{\delta_a^2 + \delta_\varepsilon^2}$，此定義公式又稱為淨內在相關（partial intraclass correlation）。

上述定義公式忽略了區組效果，表示的是處理效果的變異量占誤差效果與處理效果變異量總和的多少百分比，若是將區組效果的影響也納入，則定義公式變為：

> $\omega_{Y|A}^2 = \dfrac{\delta_a^2}{\delta_a^2 + \delta_\pi^2 + \delta_\varepsilon^2}$

上式公式表示的是處理效果的變異量占模式效果總變異量的多少百分比。

相依樣本關聯強度值高低的判別與獨立樣本關聯強度一樣，依照統計學者 Cohen（*1988*）的建議值如下：

小的（微弱）關聯強度：$.059 > \omega^2 \geq .010$
中的（中度）關聯強度：$.138 > \omega^2 \geq .059$
大的（高度）關聯強度：$\omega^2 \geq .138$

假定 $Y_{ij} = \mu + \alpha_j + \pi_i + \varepsilon_{ij}$，則淨 ω^2 可以由 F 統計量數據求出，定義公式如下：

$$\omega^2_{Y|A.BL} = \frac{(p-1)(F_A-1)}{(p-1)(F_A-1)+np}$$

定義公式：$\dfrac{(F_A-1)}{(n-1)+F_A}$ 即為淨內在相關係數（partial intraclass correlation）。

若以樣本統計量來推估關聯強度，則其公式如下：

$$\omega^2_{Y|A.BL} = \frac{\sum\limits_{j=1}^{p}\hat{\alpha}_j^2 \div p}{\hat{\sigma}_\varepsilon^2 + \sum\limits_{j=1}^{p}\hat{\alpha}_j^2 \div p} = \frac{\sum\limits_{j=1}^{p}\hat{\alpha}_j^2 \div p}{MS_r + \sum\limits_{j=1}^{p}\hat{\alpha}_j^2 \div p} = \frac{\dfrac{(p-1)(MS_A-MS_r)}{np}}{MS_r + \dfrac{(p-1)(MS_A-MS_r)}{np}}$$

其中 $\sum\limits_{j=1}^{p}\hat{\alpha}_j^2 \div p = \dfrac{(p-1)(MS_A-MS_r)}{np}$；$\hat{\sigma}_\varepsilon^2 = MS_r$

淨 ω^2 平方也可以轉換為 Cohen（*1988*）效果量的測量值 f，其計算公式如下：

$$\hat{f}_A = \sqrt{\frac{\hat{\omega}^2_{Y|A.BL}}{1-\hat{\omega}^2_{Y|A.BL}}}$$

效果量測量值的判別如下：

小的效果量值（低度效果量）：$.25 > f \geq .10$
中的效果量值（中度效果量）：$.40 > f \geq .25$

大的效果量值（高度效果量）：f ≥ .40

以隨機化區組設計 4 個水準的相依樣本變異數分析為例（有 8 位受試者），其變異數分析摘要表如下表 3-8：

表 3-8

變異來源	SS	df	MS	F
處理水準（組間）MS_A	49.000	$p-1=3$	16.333	11.63***
區組	31.500	$n-1=7$	4.500	3.2*
殘差 MS_r	29.500	$(N-1)(k-1)=21$	1.405	
全體	110.000	$np-1=31$		

*p<.05　***p<.001 （資料來源：Kirk, 1995, p.261）

$$\sum_{j=1}^{p}\hat{\alpha}_j^2 \div p = \frac{(p-1)(MS_A - MS_r)}{np} = \frac{(4-1) \times (16.333 - 1.405)}{8 \times 4} = 1.400$$

$$\hat{\sigma}_\varepsilon^2 = MS_r = 1.405$$

$$\omega_{Y|A.BL}^2 = \frac{\sum_{j=1}^{p}\hat{\alpha}_j^2 \div p}{\hat{\sigma}_\varepsilon^2 + \sum_{j=1}^{p}\hat{\alpha}_j^2 \div p} = \frac{1.400}{1.405 + 1.400} = .50 > .138$$，表示自變項四個水準對依

變項的影響為大的關聯強度關係。

從 F 統計量直接推導關聯強度值如下：

$$\omega_{Y|A.BL}^2 = \frac{(p-1)(F_A-1)}{(p-1)(F_A-1)+np} = \frac{(4-1) \times (11.63-1)}{(4-1) \times (11.63-1) + 8 \times 4} = .50$$

3-1-6　完全隨機化設計的實例——CR-4

在一個成年人婚姻狀態與憂鬱傾向的調查研究中，研究者採取分層隨機取樣方式，各從未婚、已婚、離異、喪偶四個群體中，各抽取八名成年人，讓其填寫一份「憂鬱傾向感受量表」，其數據如下，請問成年人憂鬱傾向是否因其婚姻狀態不同而不同？

上述研究問題中，自變項為間斷變項，有四個水準：未婚、已婚、離異、喪偶，依變項（Y）「憂鬱傾向」為連續變項，虛無假設為未婚、已婚、離異、喪偶四種不同婚姻狀態的成年人其憂鬱傾向程度相同，以統計術語表示如下：

$H_0 : \mu_1 = \mu_2 = \mu_3 = \mu_4$　　或 $H_0 : a_j = 0$，就所有 i 而言

其對立假設為「至少有二個平均數不相等」，以統計術語表示如下：

$H_1 : \mu_i \neq \mu_j$，$i \neq j$　　或 $H_1 : a_j \neq 0$，就某一個 i 而言

若是樣本統計量數據足以推翻虛無假設，研究者所提的研究假設就可以獲得支持：「成年人憂鬱傾向因其婚姻狀態不同而有顯著差異。」至於是那二個群體的平均數間有顯著差異，進一步還須進行事後比較方能得知。

(一)調查研究數據

表 3-9

	未婚	已婚	離異	喪偶
	4	4	5	3
	6	5	6	5
	3	4	5	6
	3	3	4	5
	1	2	3	6
	3	3	4	7
	2	4	3	8
	2	3	4	10
各組樣本數	8	8	8	8

(二)計算 F 統計量

表 3-10

	Y_1	$(Y_1 - \bar{Y}..)^2$	$(Y_1 - \bar{Y}_1.)^2$	Y_2	$(Y_2 - \bar{Y}..)^2$	$(Y_2 - \bar{Y}_2.)^2$
	4	0.0625	1.0000	4	0.0625	0.2500
	6	3.0625	9.0000	5	0.5625	2.2500
	3	1.5625	0.0000	4	0.0625	0.2500
	3	1.5625	0.0000	3	1.5625	0.2500
	1	10.5625	4.0000	2	5.0625	2.2500
	3	1.5625	0.0000	3	1.5625	0.2500
	2	5.0625	1.0000	4	0.0625	0.2500
	2	5.0625	1.0000	3	1.5625	0.2500
平 均 數	3.000			3.500		
總　　和	24.000	28.500	16.000	28.000	10.500	6.00

表 3-11

	Y_3	$(Y_3-\overline{Y}..)^2$	$(Y_3-\overline{Y}_3.)^2$	Y_4	$(Y_4-\overline{Y}..)^2$	$(Y_4-\overline{Y}_4.)^2$
	5	0.5625	0.5625	3	1.5625	10.5625
	6	3.0625	3.0625	5	0.5625	1.5625
	5	0.5625	0.5625	6	3.0625	0.0625
	4	0.0625	0.0625	5	0.5625	1.5625
	3	1.5625	1.5625	6	3.0625	0.0625
	4	0.0625	0.0625	7	7.5625	0.5625
	3	1.5625	1.5625	8	14.0625	3.0625
	4	0.0625	0.0625	10	33.0625	14.0625
平均數	4.250			6.250		
總　和	34.000	7.500	7.500	50.000	63.500	31.500

上述數據中，可以計算出：

$\Sigma Y = 136$、$\overline{Y}.. = \dfrac{136}{32} = 4.25$（總平均數）、$\overline{Y}_1. = 3.000$（水準一平均數）、$\overline{Y}_2. = 3.500$（水準二平均數）、$\overline{Y}_3. = 4.250$（水準三平均數）、$\overline{Y}_4. = 6.250$（水準四平均數）

1. 總離均差平方和

$$SS_t = \sum_{i=1}^{p}\sum_{j=1}^{n}(Y_{ij}-\overline{Y}..)^2 = \Sigma(Y_1-\overline{Y}..)^2 + \Sigma(Y_2-\overline{Y}..)^2 + \Sigma(Y_3-\overline{Y}..)^2 + \Sigma(Y_4-\overline{Y}..)^2$$
$$= 28.500 + 10.500 + 7.500 + 31.500 = 110.000$$

2. 組間離均差平方和（sum of squares between groups）

$$SS_b = \sum_{i=1}^{p}(\overline{Y}_i.-\overline{Y}..)^2 \times n_i$$
$$= (3.50-4.25)^2 \times 8 + (3.00-4.25)^2 \times 8 + (4.25-4.25)^2 \times + (6.25-4.25)^2 \times 8$$
$$= 49.000$$

3. 組內離均差平方（sum of squares within groups）和或誤差平方和（sum of square for error）

$$SS_w = \sum_{i=1}^{p}\sum_{j=1}^{n}(Y_{ij}-\overline{Y}_i.)^2 = 16.000 + 6.000 + 7.500 + 31.500 = 61.000$$

上述組間離均差平方和＋組內離均差平方＝49.000＋61.000＝110.000＝總離均差平方和。

計算各離均差平方和也可以採用以下方法：（*Kirk, 1995, p.171*）

$$\Sigma = \sum_{i=1}^{p}\sum_{j=1}^{n}Y_{ij} = 4+6+3+\cdots\cdots+7+8+10 = 136.000$$

$$\frac{(\sum_{i=1}^{p}\sum_{j=1}^{n}Y_{ij})^2}{np} = [Y] = \frac{136^2}{8\times 4} = 578.000$$

$$\sum_{i=1}^{p}\sum_{j=1}^{n}Y_{ij}^2 = [AS] = 4^2+6^2+3^2+\cdots\cdots+7^2+8^2+10^2 = 688.000$$

$$\sum_{i=1}^{p}\frac{(\sum_{j=1}^{n}Y_{ij})^2}{n} = [A] = \frac{(24)^2}{8}+\frac{(28)^2}{8}+\frac{(34)^2}{8}+\frac{(50)^2}{8} = 627.000$$

總離均差平方和 $SS_t = [AS]-[Y] = 688.000-578.000 = 110.000$

組間離均差平方和 $SS_b = [A]-[Y] = 627.000-578.000 = 49.000$

組內離均差平方和 $SS_w = [AS]-[A] = 688.000-627.000 = 61.000$

(三)列出變異數分析摘要表

表 3-12

變異來源	SS	df	MS	F
組間	49.000	$p-1=3$	16.333	7.496***
組內	61.000	$p(n-1)=28$	2.179	
全體	110.000	$np-1=31$		

$F_{[.05;(3,28)]} = 2.9467$ ***p<.001

(四)統計決策

在雙尾檢定時，顯著水準$\alpha=.05$，分子自由度為3、分母自由度為28的F分配臨界值為$F_{[.05;(3,28)]}=2.9467$，樣本統計量的F值=7.496＞臨界值2.9467，落入拒絕域，拒絕虛無假設，接受對立假設，研究者所提的研究假設獲得支持：「成年人憂鬱傾向因其婚姻狀態不同而有顯著差異。」以SPSS統計軟體利用 F 值、分子自由度、分母自由度可以求出「尾機率函數」（ tail probability functions），尾機率函數即所謂的 p 值（p-value），p 值 = .000783＜.001，達到.05 顯著水準，拒絕虛無假設，其結果與採用樣本統計量 F 值與臨界值判別方法結果相同。

表 3-13　F 分配臨界值與顯著水準對照表

顯著水準	累積機率	分子自由度	分母自由度	F 臨界值
.05	0.95	3	10	3.7083
.05	0.95	3	15	3.2874
.05	0.95	3	25	2.9912
.05	0.95	3	28	2.9467
.05	0.95	3	30	2.9223
.05	0.95	3	100	2.6955
.01	0.99	3	10	6.5523
.01	0.99	3	15	5.4170
.01	0.99	3	25	5.4170
.01	0.99	3	28	4.5681
.01	0.99	3	30	4.5097
.01	0.99	3	100	3.9847

　　上述 F 分配臨界值與顯著水準對照表，可以使用 SPSS「IDF.F」函數產生，「IDF.F」函數的語法為：「IDF.F(prob，df1，df2)」，其中「prob」為累積機率（cumulative probability）、「df1」為分子自由度、「df2」為分母自由度，其語法說明為「IDF.F（累積機率值，分子自由度，分母自由度）」，在雙尾檢定中，當顯著水準設定為α＝.05 時，累積機率為.95、當顯著水準設定為α＝.01 時，累積機率為.99。在自由度為 3、28，顯著水準α＝.05 之 F 分配臨界值的函數語法為：「IDF.F(.95，3，28)」，F 分配臨界值等於 2.9467。

　　F 分配臨界值與顯著水準對照表的操作如下：

1. 步驟 1

　　建立「累積機率」、「分子自由度」、「分母自由度」三個變項及其數據內容，三個變數名稱研究者可以自訂，累積機率為.95，表示顯著水準α＝.05、累積機率為.99，表示顯著水準α＝.01、累積機率為.999，表示顯著水準α=.001。

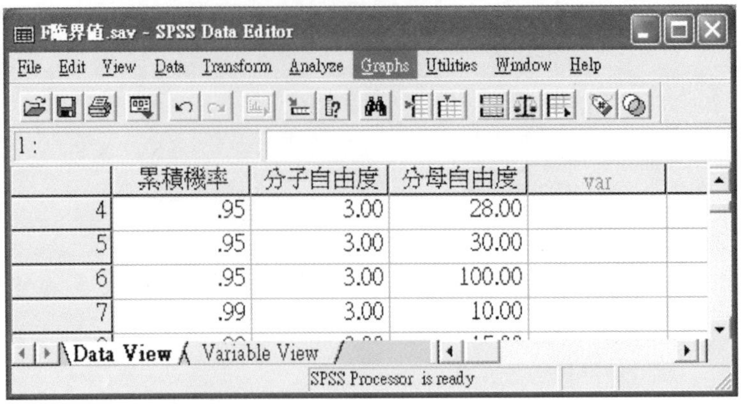

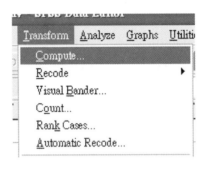

圖 3-5

2. 步驟 2

執行功能列「Transform」（轉換）→「Compute」（計算）程序，出現「Compute Variable」（計算變數）對話視窗。

圖 3-6

在「Target Variable」（目標變數）下的方格中，輸入新變項名稱「F臨界值」，在「Function group」（函數群組）下拉式方盒中，選取「All」（全部）選項，在下方次方盒「Functions and Special Variables:」（函數及特別變項）下的方盒中，選取「Idf.F」函數，連按二下，此函數語法會出現在上方「Numeric Expression」（數值運算式）下的方式格中：「IDF.F (?,?,?)」，在三個「？」處依序將「累積機率」、「自由度1」（分子自由度）、「自由度2」（分母自由度）三個變項選入。

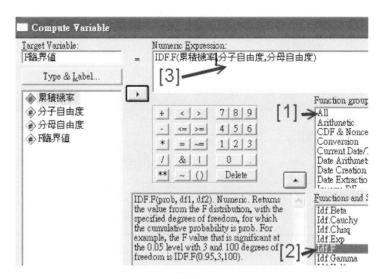

圖 3-7

　　將「累積機率」、「分子自由度」、「分母自由度」三個變項依序選入「IDF.F」函數中，函數語法會由「 IDF.F (?,?,?)」變爲「IDF.F（累積機率, 分子自由度, 分母自由度）」→按「OK」（確定）鈕，資料檔中會新增「F臨界值」變項。

　　在資料編輯視窗中，切換到「Variable View」（變數檢視）次視窗，設定「F 臨界值」變項的小數位數爲四位小數，產生的數據範例如下圖 3-8。顯著水準$\alpha = .05$（累積機率爲.95），自由度分別爲 3、28 之 F 分配的臨界值爲 $F_{[.05; (3, 28)]} = 2.9467$、顯著水準$\alpha = .05$（累積機率爲.95），自由度分別爲 3、10 之 F 分配的臨界值爲 $F_{[.05; (3, 10)]} = 3.7083$。

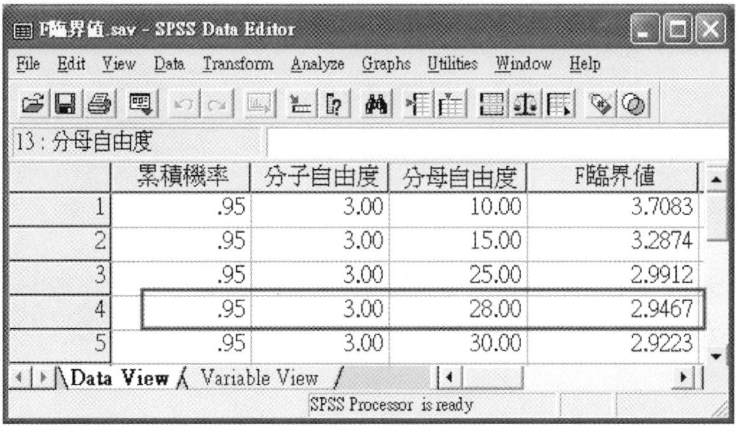

圖 3-8

圖 3-9 為根據 F 值（F=7.496）、二個自由度（v_1 與 v_2），利用 F 值尾機率函數估計出之顯著性。

圖 3-9

上述 F 值顯著性 p 值的計算，SPSS 的操作程序如下：

1. **步驟 1**

將計算出來的樣本統計量 F 值（=7.496），二個自由度（df1=3、df2=28）建立如下圖 3-10 格式，三個變數名稱研究者可以自訂。

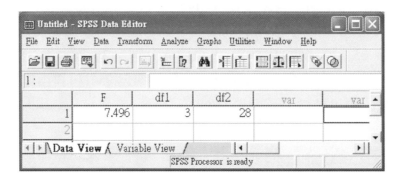

圖 3-10

2. **步驟 2**

執行功能列「Transform」（轉換）→「Compute」（計算）程序，出現「Compute Variable」（計算變數）對話視窗。

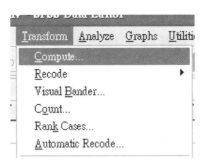

圖 3-11

在「Target Variable」（目標變數）下的方格中，輸入新變項名稱「p_value」，在「Function group」（函數群）下拉式方盒中，選取「Significance」選項，在下方次方盒「Functions and Special Variables:」（函數與特別變數）下的方盒中，選取「Sig.F」函數，連按二下，此函數語法會出現在上方「Numeric Expression」（數值運算式）下的方式格中：「SIG. F (?,?,?)」，在三個「？」處依序將「F 值」、「自由度1」、「自由度2」三個變項選入。

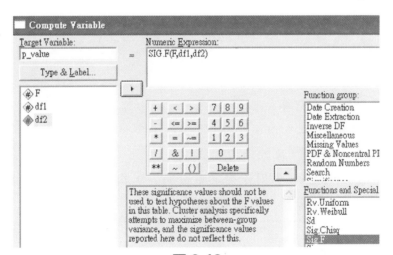

圖 3-12

將 F 值、自由度 1、自由度 2 三個變項選入「Sig.F」函數中，函數語法會變為「Sig.F (F,DF1,DF2)」→按「OK」（確定）鈕，資料檔中會新增「p_value」變項。回到資料編輯視窗，切換到「Variable View」（變數檢視）次視窗，設定「p_value」變項的小數位數為六位小數。

3-2 獨立樣本單因子變異數分析實例

　　獨立樣本單因子變異數分析中的自變項各處理水準是來自同一母群體中的不同樣本，每個處理水準之受試樣本皆不相同，但各組人數可以等組也可以不等組。

3-2-1　研究問題

某國中校長想探究其學校七、八、九年級學生的生活壓力、憂鬱傾向間是否有所差異，從三個年級中各隨機抽取十五名學生填寫「生活壓力知覺量表」與「憂鬱傾向知覺量表」，各量表得分愈高，表示受試者的生活壓力愈大、憂鬱傾向愈高；各量表得分愈低，表示受試者的生活壓力愈小、憂鬱傾向愈低。

3-2-2　操作程序

(一)步驟 1

執行下列功能列程序
Analyze（分析）
　　Compare Means（比較平均數法）
One-Way ANOVA（單因子變異數分析），出現 「One-Way ANOVA」
　　（單因子變異數分析）對話視窗。

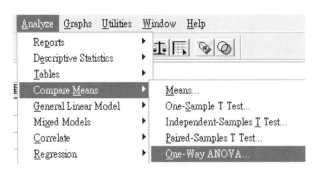

圖 3-13

(二)步驟 2

在 「One-Way ANOVA」（單因子變異數分析）對話視窗。

⇒將左邊變數清單中的依變數「生活壓力」、「憂鬱傾向」選入右邊「Dependent List:」（依變數清單）中的方格中。

⇒在左邊變數清單中點選自變項「年級」至右邊「Factor:」（因子）下的方格中，按『Post Hoc...』（Post Hoc檢定）鈕，開啓「One-Way ANOVA: Post Hoc Multiple Comparisons」（單因子變異數分析：Post Hoc多重比較）的次對話視窗。

【備註】：在「Dependent List:」（依變數清單）方格中至少要選取一個依變項（檢定變數），如果有多個依變項要同時進行單因子變異數分析考驗，可以選取多個依變項至方格中，電腦會分別進行單因子變異數分析的檢定。而「Factor:」（因子）方格中一次只能選取一個自變項，此自變項必須爲間斷變數。

按『Post Hoc...』（Post Hoc檢定）鈕，可以進行事後比較，即當變異數分析整體考驗的 F 值達到顯著時，要進一步進行事後比較，以得知是那二組平均數間的差異達到顯著。

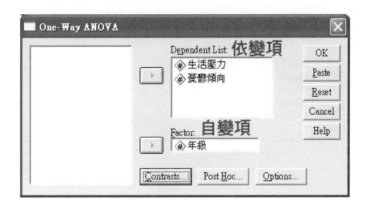

圖 3-14

(三)步驟 3

⇒在「One-Way ANOVA: Post Hoc Multiple Comparisons」（單因子變異數分析：Post Hoc 多重比較）的次對話視窗，於「Equal Variance Assumed」（假設相同的變異數）方盒中勾選一種事後比較方法，如「☑ Scheffe 法」選項。

⇒按『Continue』（繼續）鈕，回到「One-Way ANOVA」（單因子變異數分析）對話視窗。

【備註】：在「One-Way ANOVA: Post Hoc Multiple Comparisons」（單因子變異數分析：Post Hoc 多重比較）的次對話視窗中，事後比較方法包括二大項：「Equal Variance Assumed」（假設相同的變異數）、「Equal Variance Not Assumed」（未假設相同的變異數），前者即樣本變異數具有同質性時可採用的事後比較方法，若是樣本變異數同質性假定未能符合，即樣本變異數不具有同質性時，即違反變異數分析的基本假定，此時，研究者應進行資料轉換或直接改選適合變異數不同質的事後比較方法，若是樣本變異數違反同質性的假定且各樣本人數差異很大時，SPSS 直接提供四種可適用的事後比較方法，包括 Tamhane's T2 檢定法、Dunnett's T3 檢定法、Games-Howell 檢定法、Dunnett's C 檢定法，研究者不必進行資料的轉換，即可直接進行事後比較的考驗。

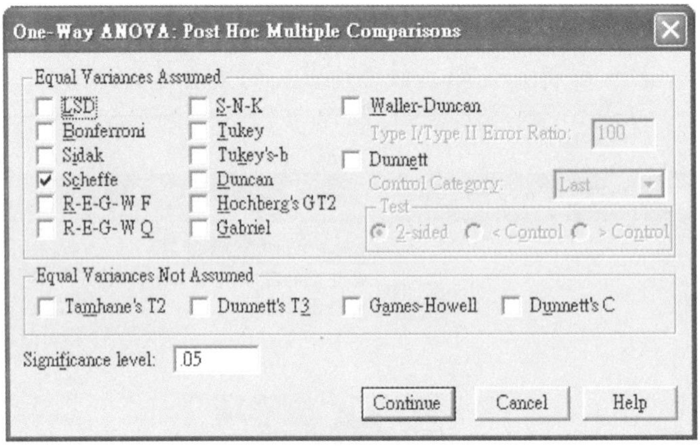

圖 3-15

（四）**步驟 4**

⇒在「One-Way ANOVA」（單因子變異數分析）對話視窗中，按『Options...』（選項）鈕，開啟「One-Way ANOVA: Options」（單因子變異數分析：選項）次對話視窗。

⇒勾選「☑Descriptive」（描述性統計量）、「☑Homogeneity of variance test」（變異數同質性檢定）、「☑Means plot」（平均數圖）等選項。

⇒按『Continue』（繼續）鈕，回到「One-Way ANOVA」（單因子變異數分析）對話視窗→按『OK』（確定）鈕。

【備註】：在「One-Way ANOVA: Options」（單因子變異數分析：選項）次對話視窗中，「Statistics」（統計量）方盒包括五個選項：描述性統計量（Descriptive）、固定和隨機效果（Fixed and random effects）、變異數同質性檢定（Homogeneity of variance test）、Brown-Forsythe 法考驗、Welch 法考驗，其中 Brown-Forsythe 法考驗、Welch 法考驗乃適用樣本變異數違反同質性假定時之 F 檢定結果。

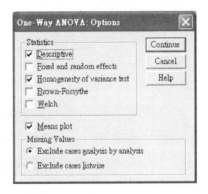

圖 3-16

3-2-3 結果分析

表 3-14　Descriptives

		N	Mean	Std. Deviation	Std. Error	95% Confidence Interval for Mean		Minimum	Maximum
						Lower Bound	Upper Bound		
生活壓力	七年級	15	27.40	6.885	1.775	23.59	31.21	17	40
	八年級	15	35.00	5.251	1.356	32.09	37.91	27	47
	九年級	15	42.80	6.625	1.710	39.13	46.47	28	50
	Total	45	35.07	8.846	1.319	32.41	37.72	17	50
憂鬱傾向	七年級	15	32.07	8.276	2.137	27.48	36.65	17	46
	八年級	15	32.93	9.285	2.397	27.79	38.08	18	45
	九年級	15	35.00	6.633	1.713	31.33	38.67	20	42
	Total	45	33.33	8.048	1.200	30.92	35.75	17	46

　　上表 3-14 為變異數分析之描述統計量，第一欄為各依變項的名稱，此範例的依變數分別「生活壓力」、「憂鬱傾向」；第二縱行為不同年級的水準數代碼，其中 1 代表七年級組、2 代表八年級組、3 代表九年級組，如果在資料檔中「Variable View」（變數檢視）視窗中，有設定「Values」（數值）內的數值標籤，則報表會出現設定的數值標籤，如七年級、八年級、九年級，而不是 1、2、3 等數字，在範例資料檔中因有設定數值標籤，故會出現數值標籤。第三縱行以後分別為各組在依變項之有效觀察值個數（N）、平均數（Mean）、標準差（Std. Deviation）、標準誤（Std. Error）、平均數 95%的信賴區間（95% Confidence Interval for Mean）、各組樣本在依變項上的最小值（Minimum）與最大值（Maximum）。「Total」橫列為全部樣本在依變項的描述統計量，由表中可知，就「學習壓力」依變項而言，全部有效的觀察值為 45 位，總平均數為 35.07，標準差為 8.846，平均數的估計標準誤為 1.319，95%的信賴區間為 32.41 到 37.72 之間。三組的平均數分別為 27.40、35.00、42.80；標準差分別為 6.885、5.251、6.625。

　　單因子變異數的目的，在檢定各組的平均數與總平均數 35.07 間的差異是否達到統計學上的顯著水準，透過各組平均數 95%信賴區間的估計值（區間估計值），也可以檢定樣本平均數與總平均數間差異的情形。當某一組樣本平均數的 95%信賴區間估計值所構成的區間，未包含了總平均數（M=35.07）這個點，就表示該組平均數與總平均數間的差異達.05 的顯著水準；相對的，當某一組樣本平均數的 95%信賴區間估計值所構成的區間，包含了總平均數（M=35.07）這個點，就表示該組平均數與總平均數間的差異未達.05 的顯著水準。同時，各組 95%信賴區間估計值中，只要有任一組的區間未包括總平均數這個點，則變異數分析之 F 值一定會達到顯著水準，各組 95%信賴區間估計值中，如果每一組的區間均包括總平均數這個點，則變異數分析之 F 值就不會達到顯著水準。

　　就「學習壓力」依變項而言，三組 95%信賴區間估計值而言，分別為〔23.59，31.21〕（未包括 35.07）、〔32.09，37.91〕（包括 35.07）、〔39.13，46.47〕（未包括 35.07），有二組平均數 95%信賴區間的估計值未包括總平均數 35.07 這個點，因而變異數分析結果會達到顯著水準；就「憂鬱傾向」依變項而言，總平均數為 33.33，三組 95%信賴區間估計值而言，分別為〔27.48，36.65〕（包含 33.33 這個點）、〔27.79，38.08〕（包含 33.33 這個點）、〔31.33，38.67〕（包含 33.33 這個點），三組 95%信賴區間的估計值均包括總平均數 33.33 這個點，表示各組間平均數沒有顯著差異

存在，變異數分析結果不會達到顯著水準，因而須接受虛無假設。

表 3-15　Test of Homogeneity of Variances

	Levene Statistic	df1	df2	Sig.
生活壓力	.290	2	42	.750
憂鬱傾向	2.239	2	42	.119

上表 3-15 為變異數同質性考驗結果，就「生活壓力」檢定變項而言，Levene 統計量之 F 值等於.290，p＝.750＞.05；就「憂鬱傾向」檢定變項而言，Leven 法考驗的 F 值等於 2.239，p＝2.239＞.05，二者均未達.05 的顯著水準，均應接受虛無假設，表示三組樣本的變異數差異均未達顯著，亦即均並未違反變異數同質性假定。在變異數同質性檢定中，如果「Levene 法」F 考驗結果之 F 值顯著（p＜.05），表示違反變異數分析之變異數同質性的假定，此時，研究者須進行校正工作或在事後比較時，點選適合變異數異質之事後比較的四種方法之一。在實務操作上，若是變異數分析違反同質性假定，SPSS 提供了四種變異數異質的事後比較方法：Tamhane's T2 檢定法、Dunnett's T3 檢定法、Games-Howell 檢定法、Dunnett's C 檢定法，研究者可直接從 SPSS 提供的四種方法中選擇一種事後比較方法，而不用進行資料的轉換。

表 3-16　ANOVA

		Sum of Squares	df	Mean Square	F	Sig.
生活壓力	Between Groups	1778.800	2	889.400	22.449	.000
	Within Groups	1664.000	42	39.619		
	Total	3442.800	44			
憂鬱傾向	Between Groups	68.133	2	34.067	.514	.602
	Within Groups	2781.867	42	66.235		
	Total	2850.000	44			

上表 3-16 為變異數分析摘要表，本表共分七欄，第一欄為依變項名稱；第二縱行為變異來源，包括組間（Between Groups）、組內（Within Groups）及全體（Total）三部分；第三縱行為離均差平方和（Sum of Squares），全體的 SS 等於組間 SS 加組內 SS，即 $SS_t = SS_b + SS_w$；第四縱行為自由度，組間 df＝k－1＝3－1＝2、組內 df＝N－k＝45－3＝42、全體 df＝N－1＝45－1＝44；第五縱行為均方（Mean Square）等於 SS 除以 df 而得，這是組間及組內變

異數的不偏估計值;第六縱行為 F 考驗之 F 值,由組間 MS 除以組內 MS 而得,第七縱行為顯著性考驗之機率值 p。

在變異數分析摘要表中,相關數值關係如下(以學習壓力依變項為例):

$$SS_t = 3442.800 = SS_b + SS_w = 1778.800 + 1664.000$$

$$MS_b = 889.400 = SS_b \div df_b = 1778.800 \div 2$$

$$MS_w = 36.619 = SS_w \div df_w = 1664.000 \div 42$$

$$F \text{ 值} = MS_b \div MS_w = 889.400 \div 39.619 = 22.449$$

由上述變異異數分析摘要表中知悉:

1. 就「學習壓力」依變項而言,F 值達到顯著水準(F=22.449;p=.000<.05)。因此須拒絕虛無假設,接受對立假設,表示不同年級的國中學生,其學習壓力間有顯著差異存在,研究假設獲得支持,至於是那些配對組別間的差異達到顯著,須要進行事後比較方能得知。

2. 就「憂鬱傾向」依變項而言,F 值未達顯著差異(F=.514;p=.602>.05),因而須接受虛無假設,拒絕對立假設,研究假設無法獲得支持,表示不同年級的國中學生,其憂鬱傾向間沒有顯著差異存在。

表 3-17　Post Hoc Tests
Multiple Comparisons　Scheffe

Dependent Variable	(I)年級	(J)年級	Mean Difference(I-J)	Std. Error	Sig.	95% Confidence Interval	
						Lower Bound	Upper Bound
生活壓力	七年級	八年級	-7.600(*)【註 a】	2.298	.008	-13.43	-1.77
		九年級	-15.400(*)	2.298	.000	-21.23	-9.57
	八年級	七年級	7.600(*)【註 b】	2.298	.008	1.77	13.43
		九年級	-7.800(*)	2.298	.006	-13.63	-1.97
	九年級	七年級	15.400(*)	2.298	.000	9.57	21.23
		八年級	7.800(*)	2.298	.006	1.97	13.63
憂鬱傾向	七年級	八年級	-.867	2.972	.958	-8.41	6.67
		九年級	-2.933	2.972	.618	-10.47	4.61
	八年級	七年級	.867	2.972	.958	-6.67	8.41
		八年級	-2.067	2.972	.786	-9.61	5.47
	九年級	七年級	2.933	2.972	.618	-4.61	10.47
		八年級	2.067	2.972	.786	-5.47	9.61

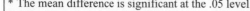

* The mean difference is significant at the .05 level.

單因子變異數分析

　　上表 3-17 爲 SPSS 所輸出之 Scheffe 法事後比較結果，事後比較是採兩兩配對之方式，第一縱行爲依變項名稱、第二縱行爲事後比較的方法及自變項分組的數值編碼值，自變項的水準數值若有加註數值標籤，會直接呈現數值標籤內容；第三縱行「Mean Difference （I-J）」爲配對二組之平均數的差異值，此差異值如果達到.05 的顯著水準，會在差異值的右上方加上 星號（*）；第四縱行爲標準誤（Std. Error）；第五縱行爲顯著性（Sig.）；第六縱行爲 95%的信賴區間估計值（95% Confidence Interval）。就事後比較來看：

1. 【註 a】：代表七年級與八年級學生在學習壓力感受間有顯著差異，平均差異值爲-7.600，數值爲負數，表示第一個平均數低於第二個平均數，亦即七年級學生在學習壓力得分的平均數顯著的低於八年級學生樣本。

2. 【註 b】：代表代表八年級與七年級國中學生在學習壓力感受間有顯著差異，平均差異值爲 7.600，數值爲正數，表示第一個平均數高於第二個平均數，亦即八年級學生在學習壓力得分的平均數顯著的高於七年級學生樣本，此結果與前述【註 a】比較結果相同，只是其平均差異值的正負號相反。

　　從 95%信賴區間來看，七年級與八年級在學習壓力平均數差異的 95%信賴區間在〔1.77、13.43〕，〔-13.43、-1.77〕之間，並未包含 0，因而二者平均差異值之差異達到顯著。

　　除外，九年級組與七年級組平均數差異爲 15.400，差異顯著性 p =.000<.05，達到顯著，九年級組學生的學習壓力顯著的高於七年組學生；九年級組與八年級組平均數差異爲 7.8000，差異顯著性 p =.006<.05，達到顯著，九年級組學生的學習壓力顯著的高於八年組學生。九年級組與七年級組平均數差異比較呈現「15.400(*)」，差異符號爲正數，於七年級組與九年級組平均數差異比較則出則平均數負的差異符號：「-15.400(*)」，二者所代表的事後比較是相同的，前者表示九年組學生的學習壓力平均數顯著的高於七年級組學生，而後者表示七年組學生的學習壓力平均數顯著的低於九年級組學生，因而研究者只要看平均數差異爲正數而有註記（*）符號者即可。

　　在憂鬱傾向的差異方面，因其整體的 F 考驗（overall F test 或 omnibus F test）未達顯著水準，因而其事後比較也不會出現配對二組有顯著差異的情形，變異數分析中如果整體的 F 考驗未達顯著，就不必進行事後比較考驗，對於報表呈現的事後比較摘要表，研究者不用再去詮釋。

圖 3-17

表 3-18　Homogeneous Subsets
生活壓力 Scheffe

年級	N	Subset for alpha = .05		
		1	2	3
七年級	15	27.40		
八年級	15		35.00	
九年級	15			42.80
Sig.		1.000	1.000	1.000
Means for groups in homogeneous subsets are displayed.				
a Uses Harmonic Mean Sample Size = 15.000.				

　　上表3-18為「生活壓力」依變項同質子集的結果，就Scheffe事後比較方法而言，三組平均數可以分成三個子集，各年級組均單獨成為一個子集，表示三組平均數的差異均達.05的顯著水準。

表 3-19　憂鬱傾向 Scheffe

年級	N	Subset for alpha = .05
		1
七年級	15	32.07
八年級	15	32.93
九年級	15	35.00
Sig.		.618
Means for groups in homogeneous subsets are displayed.		
a Uses Harmonic Mean Sample Size = 15.000.		

　　上表3-19為憂鬱傾向依變項同質子集的結果，就Scheffe事後比較方法而言，三組平均數共同構成一個子集，表示三組平均數的差異不大。

3-2-4　單變量操作程序及結果

　　在上述變異數分析中，學生年級組別在「生活壓力」的知覺有顯著差

異，整體考體的 F 值到顯著水準，進一步進行事後比較外，也可以求出「年級」變項對「生活壓力」依變項的關聯強度及統計決策的統計考驗力。

㈠單變量操作程序

1. 步驟 1

Analyze（分析）

  General Linear Model（一般線性模式）

    Univariate（單變量），出現「Univariate」（單變量）對話視窗。

⇒在左邊變數清單中將依變項「生活壓力」選入右邊「Dependent Variable:」（依變數）下的方格中。

⇒在左邊變數清單中將自變項「年級」選入右邊「Fixed Factors」（固定因子）下的方格中。

⇒按『Post Hoc...』（Post Hoc 檢定）鈕，開啟「Univariate: Post Hoc Multiple Comparisons for Observed Means」（單變量：觀察值平均數的 Post Hoc 多重檢定）次對話視窗中。

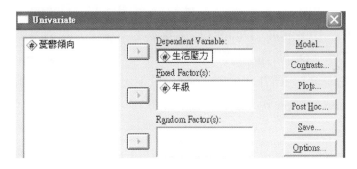

圖 3-18

2. 步驟 2

⇒在「Univariate: Post Hoc Multiple Comparisons for Observed Means」（單變量：觀察值平均數的 Post Hoc 多重檢定）次對話視窗中，在左邊「Factor」方格中將自變項「年級」選入右邊「Post Hoc Test for:」（Post Hoc 檢定）下的方格中

⇒在「Equal Variances Assumed」（假設相同的變異數）方盒中勾選「☑Scheffe」選項。

⇒按『Continue』（繼續）鈕，回到「Univariate」（單變量）對話視窗。

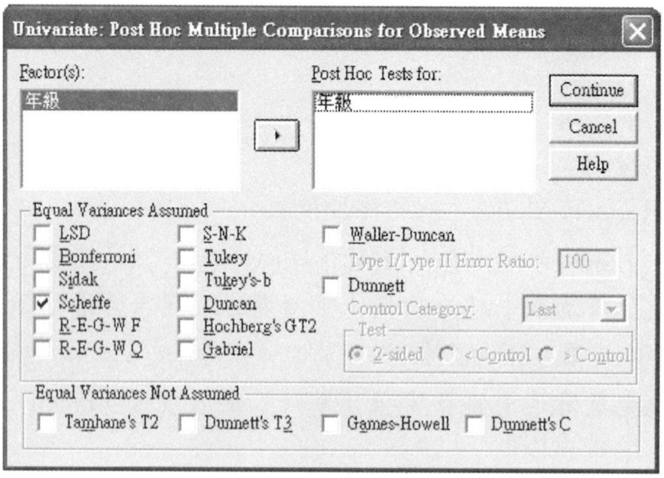

圖 3-19

3. 步驟 3

⇒在「Univariate」（單變量）對話視窗中，按『Options...』（選項）鈕，出現「Univariate: Options」（單變量：選項）次對話視窗。

⇒在下方「Display」（顯示）方盒中，勾選「☑Descriptive statistics」（敘述統計）、「☑Estimates of effect size」（效果項大小估計值）、「☑Observed power」（觀察的檢定能力）、「☑Homogeneity tests」（同質性檢定）。

⇒按『Continue』（繼續）鈕，回到「Univariate」（單變量）對話視窗。

⇒按『OK』（確定）鈕。

【備註】：

　　1. 在「顯示」方盒中的選項共有十個：敘述統計、效果項大小估計值（關聯強度值）、觀察的檢定能力（統計考驗力）、參數估計值（Parameter estimates）、比對係數矩陣（Contrast coefficient matrix）、同質性檢定（Homogeneity tests）、離散對水準之圖形（Spread vs. level plot）、殘差圖（Residual plot）、缺適性（Lack of fit）、一般可估函數（General estimable function）。

> 2. 若是研究者只要求出關聯強度與統計考驗力，則只要勾選「☑Estimates of effect size」（效果項大小估計值）、「☑Observed power」（觀察的檢定能力）二個選項即可。

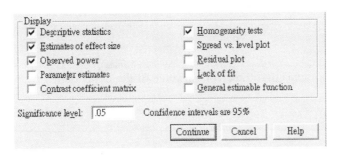

圖 3-20

㈡單變量執行結果

表 3-20　Univariate Analysis of Variance
Between-Subjects Factors

		Value Label	N
年級	1	七年級	15
	2	八年級	15
	3	九年級	15

　　表 3-20 為受試者間因子的水準、數值標籤及各水準有效樣本數，年級因子三個水準數值為 1、2、3，數值標籤分別為七年級、八年級、九年級，各水準的有效樣本數為 15 位。

表 3-21　Descriptive Statistics
Dependent Variable: 生活壓力

年級	Mean	Std. Deviation	N
七年級	27.40	6.885	15
八年級	35.00	5.251	15
九年級	42.80	6.625	15
Total	35.07	8.846	45

　　表 3-21 為描述統計量，依變項為「生活壓力」變數，年級因子各水準在「生活壓力」依變項的平均數分別為 27.40、35.00、42.80，標準差分別為

6.885、5.251、8.846，四十五位受試者整體「生活壓力」測量值的總平均數為 35.07、標準差為 8.846。

表 3-22　Levene's Test of Equality of Error Variances(a)

Dependent Variable: 生活壓力

F	df1	df2	Sig.
.290	2	42	.750
Tests the null hypothesis that the error variance of the dependent variable is equal across groups.			
a Design: Intercept+年級			

表 3-22 為各組變異數同質性檢定數據，各組變異數經 Levene 法考驗結果之 F 值等於.290，顯著性 p＝.750＞.05，未達顯著水準，接受虛無假設，表示三組樣本變異數的差異未達顯著水準，三組變異數相等，符合單因子變異數分析中變異數同質性的假定，資料不用轉換或可直接選取假設變異數相等的事後比較方法。此結果與上述採用 one-way ANOVA 分析結果相同。

表 3-23　Tests of Between-Subjects Effects

Dependent Variable: 生活壓力

Source	Type III Sum of Squares	df	Mean Square	F	Sig.	Partial Eta Squared	Noncent. Parameter	Observed Power(a)
Corrected Model	1778.800(b)	2	889.400	22.449	.000	.517	44.898	1.000
Intercept	55335.200	1	55335.200	1396.682	.000	.971	1396.682	1.000
年級	1778.800	2	889.400	22.449	.000	.517	44.898	1.000
Error	1664.000	42	39.619					
Total	58778.000	45						
Corrected Total	3442.800	44						
a Computed using alpha = .05								
b R Squared = .517 (Adjusted R Squared = .494)								

表 3-23 為受試者效果檢定，即單變量變異數分析摘要表，年級在「生活壓力」依變項考驗的 SS＝1778.800、df＝2、MS＝889.400，整體差異考驗的 F 值等於 22.449，顯著性 p 值＝.000＜.05，達到顯著水準，表示不同年級的國中學生在「生活壓力」知覺感受有顯著差異。其中為 one-way ANOVA

輸出結果中沒有的數據為關聯強度與統計考驗力：

1. 「Partial Eta Squared」（淨 η^2）即為 R Squared ＝.517，其數值求法如下：

$$\eta^2 = \frac{SS_b}{SS_b + SS_w} = \frac{SS_b}{SS_t} = \frac{1178.800}{3442.800} = .517$$，從 η^2 係數來看，其數值達 51.7%，

表示自變項可以解釋依變項 51.7%的變異量，自變項與依變項間的關聯性很高。

而關聯強度 ω^2（omega squared）等於調整後的 R 平方值＝.494，此處的關聯強度係數為 49.4%，根據 Cohen（*1988*）的觀點，ω^2 值大於.138，表示是一種高度關聯強度，可見年級自變項可以解釋國中學生「生活壓力」的變異量達 49.4%，二者之關係屬大的關聯程度（large association）。

2. 「Observed Power (a)」欄為統計考驗力，此處的統計考驗力等於 1.000，此分析推論犯第二類型錯誤之機率為 0%，決策正確率達 100%，統計考驗力表示正確拒絕「錯誤或假的虛無假設」的決策率。

$$關聯強度\ \omega^2 = \frac{SS_b - (p-1)MS_w}{SS_t + MS_w} = \frac{1778.800 - (3-1) \times 39.619}{3442.800 + 39.619} = .494$$

或直接根據 F 考驗之 F 值求出：

$$\omega^2 = \frac{(p-1)(F-1)}{(p-1)(F-1) + np} = \frac{(3-1)(22.449-1)}{(3-1)(22.449-1) + 15 \times 3} = .494$$

在單變量變異數分析摘要中的調整後 R^2 等於.494，此數值即為關聯強度係數。

表 3-24 Post Hoc Tests 年級

Multiple Comparisons Dependent Variable: 生活壓力

Scheffe

(I)年級	(J)年級	Mean Difference(I-J)	Std. Error	Sig.	95% Confidence Interval	
					Lower Bound	Upper Bound
七年級	八年級	-7.60(*)	2.298	.008	-13.43	-1.77
	九年級	-15.40(*)	2.298	.000	-21.23	-9.57
八年級	七年級	7.60(*)	2.298	.008	1.77	13.43
	九年級	-7.80(*)	2.298	.006	-13.63	-1.97
九年級	七年級	15.40(*)	2.298	.000	9.57	21.23
	八年級	7.80(*)	2.298	.006	1.97	13.63
Based on observed means.						
* The mean difference is significant at the .05 level.						

表 3-24 為事後比較結果，採用的方法為 Scheffe，從表中可以發現八年級學生的生活壓力顯著的高於七年級學生，平均數差異值為 7.60(*)；九年級學生的生活壓力顯著的高於七年級學生，平均數差異值為 15.40(*)；九年級學生的生活壓力顯著的高於八年級學生，平均數差異值為 7.80(*)，此結果與上述採用 one-way ANOVA 的結果相同。

◆【表格範例與詮釋】

表 3-25　不同學生年級在「生活壓力」與「憂鬱傾向」之描述統計量

變項名稱	學生年級	個數	平均數	標準差
生活壓力	七年級（A）	15	27.40	6.885
	八年級（B）	15	35.00	5.251
	九年級（C）	15	42.80	6.625
憂鬱傾向	七年級（A）	15	32.07	8.276
	八年級（B）	15	32.93	9.285
	九年級（C）	15	35.00	6.633

表 3-26　不同學生年級在「生活壓力」及「憂鬱傾向」之單因子變異數分析摘要表

變項名稱		平方和 (SS)	自由度 (df)	平均平方和 (MS)	F 值	事後比較	ω^2	統計考驗力
生活壓力	組間	1778.800	2	889.400	22.449***	B>A	.494	100.0%
	組內	1664.000	42	39.619		C>A		
	總和	3442.800	44			C>B		
憂鬱傾向	組間	68.133	2	34.067	.514n.s.			
	組內	2781.867	42	66.235				
	總和	2850.000	44					

n.s. p>.05　　***p<.001　A：七年級、B：八年級、C：九年級

【備註】：表格數據為了與原始輸出報表對照，故呈現原始數據，在一般的研究或論文寫作中只要呈現到小數第二位即可。

從上述單因子變異數分析摘要表可以得知：不同年級的國中學生在生活壓力的知覺感受上有顯著差異，其 F 值等於 22.449，顯著性 p 值等於.000＜.001，達到.05 的顯著水準。進一步從事後比較發現：八年級學生所感受的生活壓力（M=35.00）顯著的高於七年級學生的生活壓力（M=27.40）、九年級學生所感受的生活壓力（M=42.80）顯著的高於七年級學生的生活壓

力（M=27.40）、九年級學生所感受的生活壓力（M=42.80）也顯著的高於八年級學生的生活壓力（M=35.00）。從關連強度指數來看，關連強度指數值為.494，表示國中學生年級變項可以解釋「生活壓力」依變項總變異量的49.4%，二者之間呈現一種高度或大的關聯強度，而此推論統計之統計考驗力（Power）等於1.000，表示作以上統計推論時，裁決正確率高達100.0%。

至於不同國中年級的學生在「憂鬱傾向」的知覺感受上則沒有顯著差異，變異數分析考驗之 F 值等於.514（p>.05），未達.05 的顯著水準，表示不同國中年級的學生在「憂鬱傾向」沒有顯著不同。

3-3 違反變異數同質性假定之變異數分析

3-3-1 研究問題

> 某成教所教授想探究成年人的婚姻狀態與其生活滿意度間的關係，其採取分層隨機取樣方式，從喪偶、離異、未婚、已婚四大群體中，各隨機抽取二十五位受試者，讓其填寫修訂編製之「生活滿意度量表」。研究者首先探究各樣本變異數是否同質，再決定事後比較方法。

3-3-2 結果分析

表 3-27 **Descriptives**

生活滿意

	N	Mean	Std. Deviation	Std. Error	95% Confidence Interval for Mean		Minimum	Maximum
					Lower Bound	Upper Bound		
喪偶	25	23.56	16.305	3.261	16.83	30.29	6	68
離異	25	22.44	10.328	2.066	18.18	26.70	7	46
未婚	25	38.80	18.175	3.635	31.30	46.30	11	57
已婚	25	48.00	19.875	3.975	39.80	56.20	12	68
Total	100	33.20	19.547	1.955	29.32	37.08	6	68

表 3-27 為四組樣本在生活滿意度依變項的描述性統計量，喪偶、離異、

未婚、已婚四組受試者在生活滿意度得分的平均數分別為 23.56、22.44、38.80、48.00，標準差分別為 16.305、10.328、18.175、19.875，總平均數為 33.20，標準差為 19.547。

表 3-28　Test of Homogeneity of Variances

生活滿意

Levene Statistic	df1	df2	Sig.
6.632	3	96	.000

表 3-28 為變異數同質性的檢定統計量，分子的自由度等於 3、分母的自由度等於 96，各組變異數差異之 Levene 統計量的 F 值等於 6.632，顯著性 p 值=.000<.05，達到顯著水準，拒絕虛無假設，表示四組樣本的變異數異質，統計分析違反變異數同質性的假定。

表 3-29　ANOVA

生活滿意

	Sum of Squares	Df	Mean Square	F	Sig.
Between Groups	11477.680	3	3825.893	13.940	.000
Within Groups	26348.320	96	274.462		
Total	37826.000	99			

表 3-29 為原始單因子變異數分析摘要表，若是各組樣本人數差距不大，即使違反變異數同質性假定，也可以直接採用未校正的 F 值，因為在各組樣本相等的情況下，F 考驗結果仍具有強韌性。其中組間的 SS=11477.680、MS=3825.893，平均數差異整體性考驗的 F 值等於 13.940，顯著性 p=.000<.05，達到顯著水準，表示不同婚姻狀態的成年人其生活滿意度感受有顯著差異。

表 3-30　Robust Tests of Equality of Means

生活滿意

	Statistic(a)	df1	df2	Sig.
Welch	13.958	3	51.359	.000
Brown-Forsythe	13.940	3	83.315	.000

表 3-30 為違反變異數同質性假定之二種 F 考驗方法：Welch、Brown-Forsythe 二種，採用 Welch 法所得之 F 值為 13.958，顯著性 p=.000<.05，達到顯著水準；採用 Brown-Forsythe 法所得之 F 值為 13.940，顯著性 p=.000<.05，也達到顯著水準。

表 3-31　Multiple Comparisons
Dependent Variable: 生活滿意

	(I)婚姻狀態	(J)婚姻狀態	Mean Difference(I-J)	Std. Error	Sig.	95% Confidence Interval	
						Lower Bound	Upper Bound
Dunnett T3	喪偶	離異	1.120	3.860	1.000	-9.53	11.77
		未婚	-15.240(*)	4.883	.018	-28.62	-1.86
		已婚	-24.440(*)	5.141	.000	-38.54	-10.34
	離異	喪偶	-1.120	3.860	1.000	-11.77	9.53
		未婚	-16.360(*)	4.181	.002	-27.93	-4.79
		已婚	-25.560(*)	4.480	.000	-37.99	-13.13
	未婚	喪偶	15.240(*)	4.883	.018	1.86	28.62
		離異	16.360(*)	4.181	.002	4.79	27.93
		已婚	-9.200	5.386	.436	-23.95	5.55
	已婚	喪偶	24.440(*)	5.141	.000	10.34	38.54
		離異	25.560(*)	4.480	.000	13.13	37.99
		未婚	9.200	5.386	.436	-5.55	23.95
Games-Howell	喪偶	離異	1.120	3.860	.991	-9.22	11.46
		未婚	-15.240(*)	4.883	.016	-28.24	-2.24
		已婚	-24.440(*)	5.141	.000	-38.14	-10.74
	離異	喪偶	-1.120	3.860	.991	-11.46	9.22
		未婚	-16.360(*)	4.181	.002	-27.59	-5.13
		已婚	-25.560(*)	4.480	.000	-37.62	-13.50
	未婚	喪偶	15.240(*)	4.883	.016	2.24	28.24
		離異	16.360(*)	4.181	.002	5.13	27.59
		已婚	-9.200	5.386	.331	-23.54	5.14
	已婚	喪偶	24.440(*)	5.141	.000	10.74	38.14
		離異	25.560(*)	4.480	.000	13.50	37.62
		未婚	9.200	5.386	.331	-5.14	23.54

* The mean difference is significant at the .05 level.

表 3-31 為事後比較統計量，由於樣本變異數不同質，在事後比較時，直接選取「未假設相同的變異數」的事後比較法：Dunnett's T3 法與 Games-Howell 法，二種方法所得結果一樣，其中「未婚組」在生活滿意知覺的平

均數顯著的高於「喪偶組」、「離異組」，其平均數的差異分別為 15.240（p=.018<.05）、16.360（p=.002<.05）；而「已婚組」在生活滿意知覺的平均數顯著的高於「喪偶組」、「離異組」，其平均數的差異分別為 24.440（p=.000<.05）、25.560（p=.000<.05）。

3-4 相依樣本單因子變異數分析實例

3-4-1 研究問題

> 某心理學者想探究高中二年級學生在不同考試科目前的焦慮狀況是否有所不同，從某一高中裡隨機抽取二十名學生，於國文、數學、英文、物理四個科目定期考查前三十分鐘填寫一份「考試焦慮」量表，量表包括十個題項，採用李克特五點量表法，從「非常不符合」至「非常符合」，受試者得分愈高，其考試焦慮感愈高。二十位受試者皆填寫四份「考試焦慮量表」，變項 SUB1、SUB2、SUB3、SUB4 分別代表國文、數學、英文、物理考試前的焦慮狀況測量值，請問受試者是否會因考試科目的不同，其考試焦慮的情況而有顯著的不同？

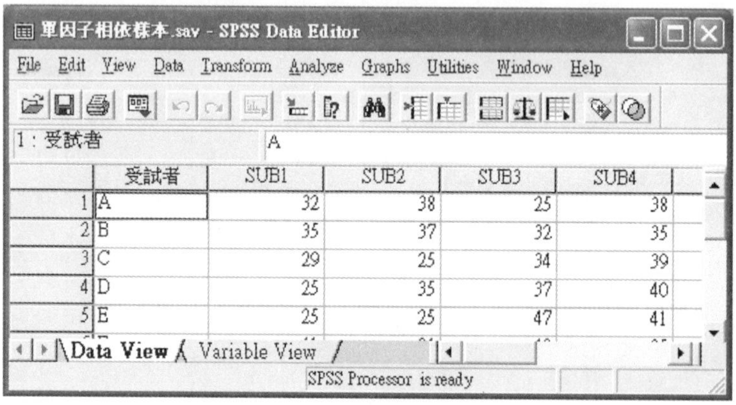

	受試者	SUB1	SUB2	SUB3	SUB4
1	A	32	38	25	38
2	B	35	37	32	35
3	C	29	25	34	39
4	D	25	35	37	40
5	E	25	25	47	41

圖 3-21

相依樣本（重複量數）變異數設計如表 3-32。

表 3-32

水準\區組	國文考試 焦慮 a_1	數學考試 焦慮 a_2	英文考試 焦慮 a_3	物理考試 焦慮 a_4	
區組 1	S_1	S_1	S_1	S_1	$\overline{Y}_{1.}$
區組 2	S_2	S_2	S_2	S_2	$\overline{Y}_{2.}$
區組 3	S_3	S_3	S_3	S_3	$\overline{Y}_{3.}$
⋮	⋮	⋮	⋮	⋮	⋮
區組 20	S_{20}	S_{20}	S_{20}	S_{20}	$\overline{Y}_{20.}$
	$\overline{Y}_{.1}$	$\overline{Y}_{.2}$	$\overline{Y}_{.3}$	$\overline{Y}_{.4}$	

3-4-2　操作程序

Analyze（分析）

　　General Linear Model（一般線性模式）

　　　　Repeated Measured...（重複量數），出現「Repeated Measures Define Factors」視窗。

　　　　在「Within-Subject Factor Name:」右邊方盒內界定自變項的名稱「sub」。

　　　　在「Number of Levels:」右邊方盒內鍵入自變項的水準數 4

　　　　按『Add』（新增）鈕，右邊方格內出現因子名稱及水準數 sub(4)

　　　　按『Define』（定義）鈕

　　　　選取重複量數的水準變項名稱 sub1、sub2、sub3、sub4 至右邊

　　　　「Within-Subjects Variables (sub)」下的方格中

　　　　　按『Options...』（選項）鈕

　　　　　　將固定因子 sub 選入右邊「Display Means for」（顯示平均數）下的方格中

　　　　　　點選「☑Compare main effects」（比較主效應）

　　　　　　在「Confidence interval adjustment」（信賴區間調整）選取內定 LSD 法

　　　　　　勾選「☑Descriptive statistics」（敘述統計）

　　　　　　按『Continue』鈕

　　　　按『OK』（繼續）鈕

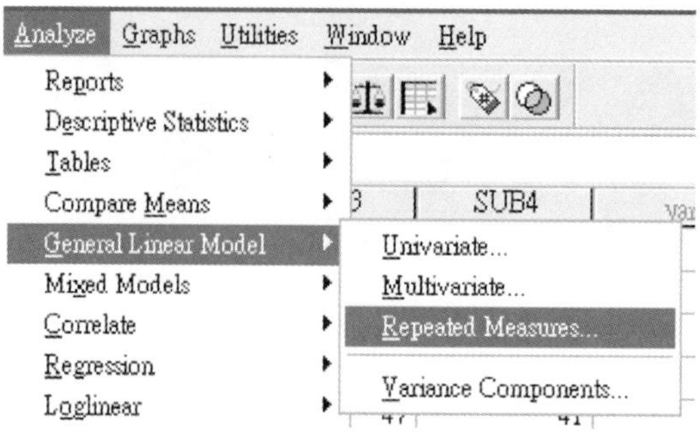

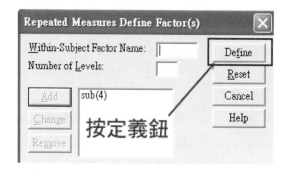

圖 3-22

圖 3-22 為執行功能列「Analyze」（分析）→「General Linear Model」（一般線性模式）→「Repeated Measured...」（重複量數）的程序，以開啟「Repeated Measures Define Factors」對話視窗。

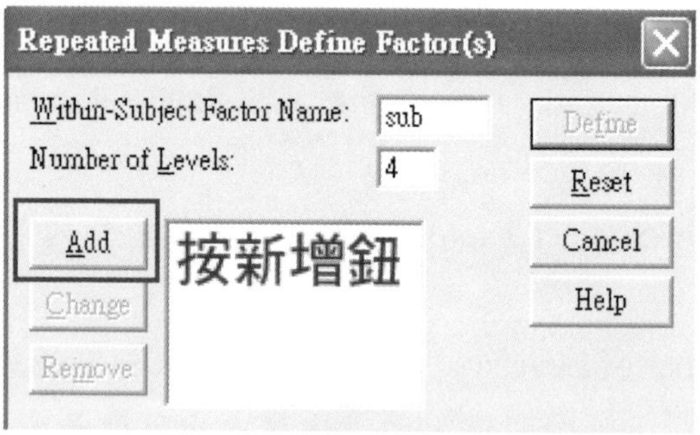

圖 3-23

圖 3-24

在「Repeated Measures Define Factors」（重複量數定義因子）對話視窗中，「受試者內因子的名稱」（Within-Subject Factor Name:）右邊方盒內須界定自變項的名稱，如 sub（此因子名稱使用者可以自訂，但最好不要跟資

料檔的變項名稱重複）；在「水準個數」（Number of Levels:）右邊方盒內鍵入自變項的水準數，範例中共有四種考試科目情境，因而水準數為 4，最後按『新增』（Add）鈕後，在新增鈕的右邊會出現自變項的名稱及其設定的水準數，如「sub(4)」，前面 sub 為設定的自變項因子名稱，括號內 4 表示有四個水準。而在下方的「Measure Name」（量數名稱）右邊的方格中可輸入此自變項名稱的註解。

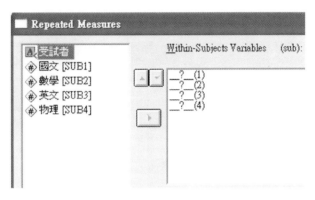

圖 3-25

在「重複量數」（Repeated Measures）的對話視窗，右邊目標變項清單中（Within-Subjects Variables），方格中的變項會呈現「sub(4)」因子四個水準的初始狀態：「_?_(1)」、「_?_(2)」、「_?_(3)」、「_?_(4)」，研究者必須從左邊的變數清單中分別點選四個水準變項至右邊方盒中。

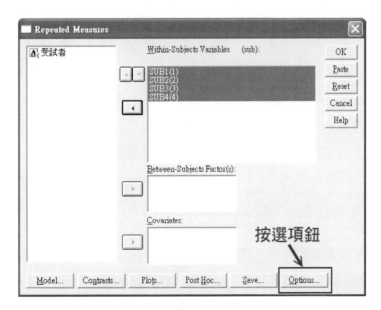

圖 3-26

在「Repeated Measures Define Factor」（重複量數定義因子）對話視窗中，完成自變項及其水準數的設定後，按『定義』（Define）鈕後，會開啓「重複量數」（Repeated Measures）的對話視窗，選取變項清單中水準數的變項 sub1、sub2、sub3、sub4，移至右邊目標變項清單中（Within-Subjects Variables），方格中的變項由原先「_?_(1)」、「_?_(2)」、「_?_(3)」、「_?_(4)」，依序變成「SUB1(1)」、「SUB2(2)」、「SUB3(3)」、「SUB4(4)」。

圖 3-27

在「重複量數:選項」（Repeated Measures: Options）次對話視窗中，點選左邊「Factor and Factor Interactions」（因子與因子交互作用）方格中的自變項「sub」至右邊「Display Means for:」（顯示平均數）下的方格中，勾選「比較主效應」（☑Compare main effects），選取「LSD 法」，表示界定 F 值達到顯著水準時，以最小平方差異法進行事後比較，內定顯著水準之α值爲.05，於「顯示」（Display）方盒選項中勾選「☑ Descriptive statistics」（敘述統計）選項。

在「重複量數:選項」（Repeated Measures: Options）次對話視窗下方「顯示」（Display）方盒選項中可以輸出的統計量包括敘「述統計」（Descriptive statistics）、「效果項大小估計值」（Estimates of effect size）、「觀

察的檢定能力」（Observed power）、「參數估計值」（Parameter estimates）、「SSCP 矩陣」（SSCP matrices）、「殘差 SSCP 矩陣」（Residual SSCP matrix）、「轉換矩陣」（Transformation matrix）、「同質性檢定」（Homogeneity tests）、「離散對水準之圖形」（Spread vs. level plots）、「殘差圖」（Residual plots）、「缺適性檢定」（Lack of fit test）、「一般可估函數」（General estimable function）等。

3-4-3　結果分析

表 3-33　General Linear Model
Within-Subjects Factors
Measure: MEASURE_1

sub	Dependent Variable
1	SUB1
2	SUB2
3	SUB3
4	SUB4

表 3-33 為自變項名稱及處理水準數，自變項名稱為sub、四個處理水準名稱分別為sub1、sub2、sub3、sub4；第一欄為自變項名稱及其水準數目；第二欄為處理水準數相對應的變項名稱。

表 3-34　Descriptive Statistics

	Mean	Std. Deviation	N
國 文	28.75	8.669	20
數 學	38.40	7.816	20
英 文	31.85	9.422	20
物 理	37.35	7.822	20

表 3-34 為四個處理水準數的描述統計量，包括平均數、標準差及有效觀察值個數，以國文科而言，學生考試前的考試焦慮得分的平均數為28.75、標準差為 8.669；數學科考試前的情境下，學生考試焦慮測得的數據平均數為 38.40、標準差為 7.816；英文科考試前的情境下，學生考試焦慮測得的數據平均數為 31.85、標準差為 9.422；物理科考試前的情境下，學生考試焦慮

測得的數據平均數爲 37.35、標準差爲 7.822，有效樣本總數爲 20 位。

表 3-35　Multivariate Tests (c)

Effect		Value	F	Hypothesis df	Error df	Sig.
sub	Pillai's Trace	.400	3.772(b)	3.000	17.000	.030
	Wilks' Lambda	.600	3.772(b)	3.000	17.000	.030
	Hotelling's Trace	.666	3.772(b)	3.000	17.000	.030
	Roy's Largest Root	.666	3.772(b)	3.000	17.000	.030
a Computed using alpha = .05						
b Exact statistic						
c Design: Intercept						
Within Subjects Design: sub						

表 3-35 爲多變量考驗結果，報表中共有四種多變量變異數分析，在單因子相依樣本變異數分析中，此部分的檢定結果沒有實質的意義存在，因而此部分的結果可以省略。在相依樣本變異數分析中，均會出現多變量考驗結果，研究者不必理會此部分的數據。

表 3-36　Mauchly's Test of Sphericity (b)
Measure: MEASURE_1

Within Subjects Effect	Mauchly's W	Approx. Chi-Square	df	Sig.	Epsilon(a)		
					Greenhouse-Geisser	Huynh-Feldt	Lower-bound
sub	.773	4.570	5	.471	.844	.985	.333

Tests the null hypothesis that the error covariance matrix of the orthonormalized transformed dependent variables is proportional to an identity matrix.

a May be used to adjust the degrees of freedom for the averaged tests of significance. Corrected tests are displayed in the Tests of Within-Subjects Effects table.

b Design: Intercept Within Subjects Design: sub

表 3-36 用於檢驗相依樣本變異數分析是否違反球形假定。在相依樣本變異數分析中，常用以下三種方法來檢定球面性假設：Greenhouse 與 Geisser（*1959*）的ε檢定法、Mauchly 檢定法、Huynh 與 Feldt（*1976*）的ε檢定法（*Kirk, 1992*）。當ε值爲 1 時，表示樣本在依變項上得分，兩兩配對相減所

得的差，完全符合球面性的假設，ε的最小值等於 1÷（自變項水準數－1）。上述檢定數值中，Mauchly 檢定值接近於卡方值機率分配，當計算所得的卡方值未達顯著水準時，表示資料符合球面性的假定；至於 Greenhouse-Geisser、Huynh-Feldt 二種球面性檢定的方法，並沒有明確的檢定標準或一致的判別準則，但如果其值愈接近ε值下限時，愈有可能違反球面性假設。有學者認為其值如果在.75 以下，最好進行校正工作；如果在.75 以上，則表示未違反球面性假定，但Greenhouse-Geisser的ε檢定值常會低估實際值；而 Huynh-Feldt 的ε檢定值常會高估實際值（*Girden, 1992*），因而 Stevens（*1992*）建議以ε檢定值作為假設檢定時，可採二者的平均數作為檢定值（*王保進，民 91*）。

以上述報表而言，Mauchly 檢定值為.773，轉換後的卡方值等於 4.570，df＝5，顯著性 p＝.471>.05，未達顯著水準，應接受虛無假設，表示未違反變異數分析之球形假定；而ε的最小值（Lower-bound）＝1÷（4-1）＝.333（4 為自變項的水準數），Greenhouse-Geisser的ε檢定值為.844、Huynh-Feldt的ε檢定值為.985，二個指標均超過.75 的標準，二個ε的平均值為.915 [＝(.844＋.985)÷2]也超過.75 的標準，顯示分析的資料，未違反球面性的假定，即受試者在不同水準依變項上的得分，兩兩配對相減所得的差異值之變異數相等（homogeneity-of-variance of differences）。

ε是違反球面性假定時的指標，其數值範圍從 0.00 至 1.00，1.00 表示完全沒有違反球面性假定，一般性的通則是當ε值 ≥ .75 時，表示違反球面性假定不顯著（很小），當ε值<.75 時才需要進行校正。在 SPSS 統計軟體中，除提供ε值，以判斷是否違反球面性假定外，也提供二種違反球面性假定之校正法的數據及F值：「Greenhouse-Geisse」法（GG法）、「Huynh-Feldt」法（HF法）。對於違反球面性假定之顯著性考驗，Keppel（*1991, p.353*）提出以下的意見供研究者參考：1.若是 GG 法校正後的 F 值達到顯著，則拒絕虛無假設；2.若是 GG 法校正後的 F 值不顯著，則直接採用原來的 F 值（F值不調整），此時未調整的 F 值通常也不顯著；3.若是不調整的 F 值不顯著，則接受虛無假設（最寬鬆的情況）；4.若是 GG 法校正後的 F 值不顯著，但原始未調整整的 F 值顯著，則最後的結果取決於 HF 法調整後的 F 值。違反球面性假定的另一種處理策略，就是採用多變項變異數分析法，使用多變項變異數統計分析法，可將重複量數水準轉換成多個依變項，此時不需要進行球面性假定的考驗，不過，此方法的統計考驗力較低，提供的第一類型錯誤更為保守。Timm 與 Mieczkowski（*1997*）指出：「在極端

違反球面性假定的情況下，建議使用多變項的方法，因爲 GG 法與 HF 法調整後的 F 值只是一個近似值，二者之統計考驗力均不及多變項考驗」（姚漢禱，民 93）。

表 3-37   Tests of Within-Subjects Effects
Measure: MEASURE_1

Source		Type III Sum of Squares	Df	Mean Square	F	Sig.	Partial Eta Squared	Noncent. Parameter	Observed Power(a)
sub	Sphericity Assumed	1254.738	3	418.246	5.211	.003	.215	15.633	.909
	Greenhouse-Geisser	1254.738	2.533	495.351	5.211	.005	.215	13.199	.868
	Huynh-Feldt	1254.738	2.955	424.610	5.211	.003	.215	15.398	.906
	Lower-bound	1254.738	1.000	1254.738	5.211	.034	.215	5.211	.582
Error (sub)	Sphericity Assumed	4575.013	57	80.263					
	Greenhouse-Geisser	4575.013	48.127	95.060					
	Huynh-Feldt	4575.013	56.146	81.485					
	Lower-bound	4575.013	19.000	240.790					
a Computed using alpha = .05									

　　表 3-37 爲受試內變異數，分成處理效果及誤差項二部分，處理效果爲自變項 sub 的效果。如果相依樣本變異數分析違反球面性假定，分析資料須進行校正，因而須看 Greenhouse-Geisser、Huynh-Feldt 橫列之資料，此二列的 F 值爲調整後的 F 考驗值（adjusted F test）。由於範例中並本違反球面性假定，直接看「假設爲球形」（Sphericity Assumed）橫列之資料，作爲估計值進行假設考驗，在處理效果項方面，型 III 之 SS＝1254.738，df＝3，MS ＝418.246，F＝5.211，顯著性 p＝.003<.05，達到.05 顯著水準，表示自變項的處理效果顯著。

　　關聯強度係數中.215 爲淨 η^2（Partial Eta Squared），統計考驗力（Observed Power）爲.909。關聯強度表示的是自變項因子占全體變異量多少的百分比，若是採用 ω^2 量數，則在排除區組效果的影響後，稱爲淨 ω^2（partial omega squared）；若是採用 η^2 量數，則在排除區組效果的影響後，稱爲淨 η^2，其定義公式如下：

$$\eta^2_{Y|A.BL} = \frac{\delta^2_a}{\delta^2_a + \delta^2_\epsilon} = \frac{1254.738}{1254.738 + 4575.013} = .215$$

表 3-37 中的數據 .215 即為淨 η^2。若是將區組效果也納入，則關聯強度量數以 η^2 反應如下：

$$\eta^2_{Y|A} = \frac{\delta^2_a}{\delta^2_a + \delta^2_\pi + \delta^2_\epsilon} = \frac{1254.738}{1254.738 + 862.638 + 4575.013} = .187$$

固定模式中處理水準 A 是固定、區組是隨機的樣本，關聯強度統計量估計值如下：

$$\omega^2_{Y|A.BL} = \frac{\sum\limits_{j=1}^{p}\hat{\alpha}^2_j \div p}{\hat{\sigma}^2_\epsilon + \sum\limits_{j=1}^{p}\hat{\alpha}^2_j \div p} = \frac{\sum\limits_{j=1}^{p}\hat{\alpha}^2_j \div p}{MS_r + \sum\limits_{j=1}^{p}\hat{\alpha}^2_j \div p} = \frac{\dfrac{(p-1)(MS_A - MS_r)}{np}}{MS_r + \dfrac{(p-1)(MS_A - MS_r)}{np}}$$

$$\sum\limits_{j=1}^{p}\hat{\alpha}^2_j \div p = \frac{(p-1)(MS_A - MS_r)}{np} = \frac{(4-1) \times (418.246 - 80.263)}{20 \times 4} = \frac{1013.949}{80}$$
$$= 12.67436$$

$$\omega^2_{Y|A.BL} = \frac{12.67436}{80.263 + 12.67436} = .136$$

淨 ω^2 也可以由 F 統計量數據直接求出，其定義公式如下：

$$\omega^2_{Y|A.BL} = \frac{(p-1)(F_A - 1)}{(p-1)(F_A - 1) + np} = \frac{(4-1)(5.211 - 1)}{(4-1)(5.211 - 1) + 20 \times 4} = \frac{12.633}{92.633} = .136$$

由於淨關聯強度的定義公式未包含區組效果的變異，因而分母較小，所得的數值會較大，一般在實際研究表格呈現中，多數使用淨關聯強度（淨 η^2 或淨 ω^2 來表示相依樣本的關聯強度。

表 3-38　**Tests of Between-Subjects Effects**
Measure: MEASURE_1
Transformed Variable: Average

Source	Type III Sum of Squares	df	Mean Square	F	Sig.
Intercept	92956.613	1	92956.613	2047.413	.000
Error	862.638	19	45.402		

a　Computed using alpha = .05

　　表 3-38 為受試者間效應項的檢定值，受試者間效應項的檢定值即相依樣本中區組（Block）間的差異。包括離均差平方和、自由度、均方值。由表中可知受試者間（SS_b）的離均差平方和等於 862.638、自由度等於 19、均方值等於 45.402。由於此部分是受試者間個別差異造成的，在單因子相依樣本中並不是探究的重點所在（余民寧，民 86）。重複量數與獨立樣本的差異，就在於透過實驗處理的控制，將個別差異的變異量自誤差項中獨立出來，這些由個別差異所造成的變異量是否顯著，在統計檢定上並沒有意義；而表中第一橫列是常數項的離均差平方和，這在變異數分析中並沒有意義，當把四個檢定變數（依變項）全部化為標準 Z 分數後，常數項的離均差平方和會變為 0（王保進，民 91）。

表 3-39　**Estimated Marginal Means**
Sub Estimates Measure: MEASURE_1

sub	Mean	Std. Error	95% Confidence Interval for Mean	
			Lower Bound	Upper Bound
1	28.750	1.938	24.693	32.807
2	38.400	1.748	34.742	42.058
3	31.850	2.107	27.441	36.259
4	37.350	1.749	33.689	41.011

　　表 3-39 為估計邊緣平均數，乃在「Repeated Measures: Options」（重複量數：選項）對話視窗，將自訂因子變項「sub」選入右邊「Display Means for」（顯示平均數）方盒中所呈現的結果，其內容包括水準數值、受試者在各水準測量值的平均數、平均數的估計標準誤、平均數 95% 的信賴區間。

表 3-40　Pairwise Comparisons
Measure: MEASURE_1

(I)年級	(J)年級	Mean Difference(I-J)	Std. Error	Sig.	95% Confidence Interval	
					Lower Bound	Upper Bound
1	2	-9.650(*)	2.764	.002	-15.435	-3.865
	3	-3.100	2.486	.227	-8.303	2.103
	4	-8.600(*)	2.999	.010	-14.876	-2.324
2	1	9.650(*)	2.764	.002	3.865	15.435
	3	6.550	3.138	.051	-.019	13.119
	4	1.050	2.306	.654	-3.777	5.877
3	1	3.100	2.486	.227	-2.103	8.303
	2	-6.550	3.138	.051	-13.119	.019
	4	-5.500	3.191	.101	-12.179	1.179
4	1.	8.600(*)	2.999	.010	2.324	14.876
	2	-1.050	2.306	.654	-5.877	3.777
	3	5.500	3.191	.101	-1.179	12.179
Based on estimated marginal means						
* The mean difference is significant at the .05 level.						
a Adjustment for multiple comparisons: Least Significant Difference (equivalent to no adjustments).						

表 3-40 為相依樣本的事後比較，平均數差異值（Mean Difference）如果達到.05 顯著水準，會在差異值的右邊加上星號（*）號，也可以從顯著性（Sig.）及差異的 95%信賴區間來判定平均數差異值是否達到.05 的顯著水準。上表中可以發現：考試科目為數學科之焦慮狀況（M=38.40）顯著的高於考試科目為國文科的焦慮狀況（M=28.75），考試科目為物理科之考試焦慮（M=37.35）也顯著的高於國文科的考試焦慮（M=28.75）。

◆【表格範例與詮釋】

表 3-41　不同考試科目情境下學生考試焦慮感受的描述性統計量

科目	平均數	標準差	個數
國文（A）	28.75	8.669	20
數學（B）	38.40	7.816	20
英文（C）	31.85	9.422	20
物理（D）	37.35	7.822	20

表 3-42　不同考試科目情境前學生「考試焦慮」感受之變異數分析摘要表

變異來源	SS	df	MS	F 值	事後比較	淨η²	淨ω²	統計考驗力
組間(A)	1254.738	3	418.246	5.211**	B>A；D>A	.215	.136	.909
組內（誤差）								
區組間(B)	862.638	19	45.402					
殘差(A*B)	4575.013	57	80.263					
全體	6692.389	79						

** p <.01

　　從不同考試科目情境前學生「考試焦慮」感受之變異數分析摘要表得知：二十位受試者在四種考試科目情境前呈現的考試焦慮感受有顯著差異，其變異數分析之F值等於 5.211，顯著性p<.05，達到顯著水準，拒絕虛無假設，表示高中二年級學生在不同考試科目前的焦慮狀況有顯著的不同。從事後比較可以發現：考試科目為數學科之焦慮狀況（M=38.40）顯著的高於考試科目為國文科的焦慮狀況（M=28.75），物理科之考試焦慮（M=37.35）也顯著的高於國文科的考試焦慮（M=28.75）。淨關聯強度量數係數為.215，表示考試科目水準自變項可以解釋學生考試焦慮 21.5%的變異量，二者呈現一種高度或大的關聯強度；統計考驗力為.909，表示上述推論正確裁決率達90.9%。

3-5　多重事後比較

3-5-1　實例解析一──自變項有三個水準

㈠研究問題

某國中輔導主任想探究其學校七年級、八年級、九年級學生的考試焦慮是否有所不同，從三個年級中各隨機抽取十名學生填寫一份「考試焦慮感受量表」，採用李克特四點量表法，題項共有五題，得分愈高，表示學生所感受的考試焦慮程度愈高，其數據如下表 3-43：

表 3-43

七年級					八年級					九年級				
20	19	15	19	17	11	17	18	20	9	21	24	11	10	17
16	19	18	19	14	8	11	12	14	15	13	17	15	16	17

　　在 SPSS 資料檔的建檔中，自變項為「年級」，內有三個水準，水準數值註解 1 表示七年級、2 表示八年級、3 表示九年級，依變項為「考試焦慮」為連續變項。資料建的建檔範例如下：

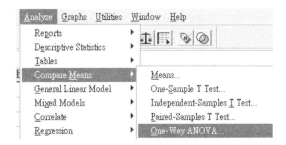

圖 3-28

(二)操作程序

1. 步驟 1

Analyze（分析）

　Compare Means（比較平均數法）

　　One-Way ANOVA（單因子變異數分析），開啟「One-Way ANOVA」（單因子變異數分析）對話視窗。

圖 3-29

2. 步驟 2

⇒在「One-Way ANOVA」（單因子變異數分析）對話視窗中，將左邊
變數清單中的依變數「考試焦慮」選入右邊「Dependent List:」（依變
數清單）中的方格中。

⇒在左邊變數清單中點選自變項「年級」至右邊「Factor:」（因子）下
的方格中，按『Post Hoc...』（Post Hoc 檢定）鈕。

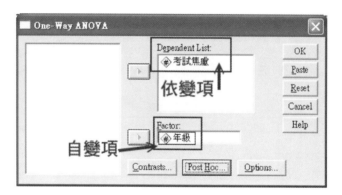

圖 3-30

⇒按『Post Hoc...』（Post Hoc 檢定）鈕，可開啟「One-Way ANOVA: Post
Hoc Multiple Comparisons」（單因子變異數分析：Post Hoc 多重比較）
的次對話視窗，在「Equal Variance Assumed」（假設相同的變異數）方
盒中勾選「☑LSD 法」「☑Scheffe 法」「☑Tukey 法」選項。

　⇒按『Continue』（繼續）鈕，回到「One-Way ANOVA」（單因子變
異數分析）對話視窗。

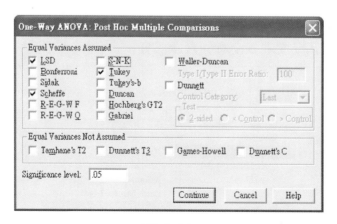

圖 3-31

⇒在「One-Way ANOVA」（單因子變異數分析）對話視窗中，按『Options...』（選項）鈕，開啓「One-Way ANOVA: Options」（單因子變異數分析：選項）次對話視窗，勾選「☑Descriptive」（描述性統計量）、「☑Homogeneity of variance test」（變異數同質性檢定）、「☑Means plot」（平均數圖）。

⇒按『Continue』（繼續）鈕，回到「One-Way ANOVA」（單因子變異數分析）對話視窗⇒按『OK』（確定）鈕。

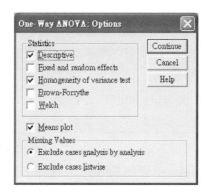

圖 3-32

㈢結果說明

表 3-44　Descriptives 考試焦慮

	N	Mean	Std. Deviation	Std. Error	95% Confidence Interval for Mean		Minimum	Maximum
					Lower Bound	Upper Bound		
七年級	10	17.60	2.011	.636	16.16	19.04	14	20
八年級	10	13.50	3.979	1.258	10.65	16.35	8	20
九年級	10	16.10	4.254	1.345	13.06	19.14	10	24
Total	30	15.73	3.841	.701	14.30	17.17	8	24

表 3-44 爲變異數分析之描述性量，十位七年級學生考試焦慮的平均數爲 17.60、標準差爲 2.011、平均數的標準誤爲.636；十位八年級學生考試焦慮的平均數爲 13.50、標準差爲 3.979、平均數的標準誤爲 1.258；十位九年級學生考試焦慮的平均數爲 16.10、標準差爲 4.254、平均數的標準誤爲 1.345。

表 3-45　Test of Homogeneity of Variances 考試焦慮

Levene Statistic	df1	df2	Sig.
1.940	2	27	.163

表 3-45 為變異數同質性考驗結果，Levene統計量之F值等於 1.940，在自由度為 2、27 之下，顯著性機率值 p=.163>.05，未達.05 的顯著水準，接受虛無假設，表示三組樣本的變異數差異均未達顯著，亦即並未違反變異數同質性假定。

表 3-46　ANOVA 考試焦慮

	Sum of Squares	df	Mean Square	F	Sig.
Between Groups	86.067	2	43.033	3.399	.048
Within Groups	341.800	27	12.659		
Total	427.867	29			

表 3-46 為變異數分析摘要表，變異數分析的F值＝ 3.399，顯著性機率值 p=.048<.05，整體考驗的 F 值達到.05 顯著水準，拒絕虛無假設，接受對立假設，表示三個水準平均數間至少有二個水準的平均數之差異達到顯著，至於是那二個平均數間的差異達到顯著，進一步要進行事後比較方能得知。整體考驗的 F 值達到.05 顯著水準，即表示不同年級的國中學生，其考試焦慮有顯著差異存在。

表 3-47　Post Hoc Tests

Multiple Comparisons　Dependent Variable: 考試焦慮

	(I)年級	(J)年級	Mean Difference(I-J)	Std. Error	Sig.	95% Confidence Interval	
						Lower Bound	Upper Bound
Tukey HSD	七年級	八年級	4.100(*)	1.591	.040	.15	8.05
		九年級	1.500	1.591	.619	-2.45	5.45
	八年級	七年級	-4.100(*)	1.591	.040	-8.05	-.15
		九年級	-2.600	1.591	.249	-6.55	1.35
	九年級	七年級	-1.500	1.591	.619	-5.45	2.45
		八年級	2.600	1.591	.249	-1.35	6.55
Scheffe	七年級	八年級	4.100	1.591	.051	-.02	8.22
		九年級	1.500	1.591	.646	-2.62	5.62
	八年級	七年級	-4.100	1.591	.051	-8.22	.02
		九年級	-2.600	1.591	.280	-6.72	1.52
	九年級	七年級	-1.500	1.591	.646	-5.62	2.62
		八年級	2.600	1.591	.280	-1.52	6.72
LSD	七年級	八年級	4.100(*)	1.591	.016	.84	7.36
		九年級	1.500	1.591	.354	-1.76	4.76
	八年級	七年級	-4.100(*)	1.591	.016	-7.36	-.84
		九年級	-2.600	1.591	.114	-5.86	.66
	九年級	七年級	-1.500	1.591	.354	-4.76	1.76
		八年級	2.600	1.591	.114	-.66	5.86

* The mean difference is significant at the .05 level.

　　在上述三種事後比較方法中，採用「Tukey HSD 法」（誠實顯著差異法），七年級學生的考試焦慮（M=17.60）顯著的高於八年級學生的考試焦慮（M=13.50），其平均差異值為 4.100，採用「LSD 法」（最小顯著差異法），也有一組平均數的差異達到顯著，此組即七年級學生考試焦慮與八年級學生考試焦慮間的差異，二個方法之事後比較結果相同，均能呼應整體考驗的結果，但是如果採用「Scheffe 法」，則未發現有任何二組間的平均數差異值達到顯著，即使整體考驗的 F 值達到顯著水準，但如採用「Scheffe」法之事後比較檢定，則沒有出現成對組的平均數差異達到顯著，此種結果乃是「Scheffe 法是各種事後比較方法中最嚴格、統計考驗力最低的一種多重比較方法，此方法較不會違犯第一類型的錯誤，因而平均數差異檢定較為嚴謹。」整體考驗 F 值達到顯著水準，而使用「Scheffe」法之事後比較檢定，沒有出現成對組的平均數差異達到顯著的情形，通常發生整體考驗 F 值的顯著性機率值 p 在.05 附近（p<α）。

上述多重比較結果可以歸納為表 3-48，變異數分析摘要表。

表 3-48　變異數分析摘要表

變異來源	SS	df	MS	F	HSD	LSD	Scheffe
組間（年級）	86.067	2	43.033	3.399*	八＞七	八＞七	n.s
組內（誤差）	341.800	27	12.659				
全體	427.867	29					

* p<.05　n.s. p>.05　八：八年級　七：七年級

表 3-49　Homogeneous Subsets

考試焦慮

	年級	N	Subset for alpha = .05	
			1	2
Tukey HSD(a)	八年級	10	13.50	
	九年級	10	16.10	16.10
	七年級	10		17.60
	Sig.		.249	.619
Scheffe(a)	八年級	10	13.50	
	九年級	10	16.10	
	七年級	10	17.60	
	Sig.		.051	
Means for groups in homogeneous subsets are displayed.				
a Uses Harmonic Mean Sample Size = 10.000.				

從上述依變項同質子集的結果也可以看出事後比較結果，採用「Tukey HSD」法之事後比較，七年級學生考試焦慮的平均數與八年級考試焦慮的平均數分別歸屬於子集 1、子集 2，表示二個平均數的差異有顯著不同；而採用「Scheffe」法之事後比較，七年級、八年級、九年級學生在考試焦慮的平均數均屬於子集 1，表示三者平均數間任何二個平均數差異均未達顯著。

Means Plots

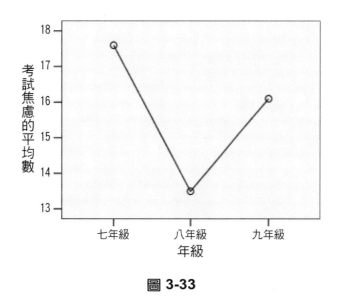

圖 **3-33**

圖 3-33 為平均數圖，從此圖中可以看出七年級與八年級學生在考試焦慮平均數的差異值最大。

3-5-2 　實例解析二——自變項有四個水準

㈠研究問題

某研究者想探究消費者對四種相同價錢而不同品牌綠茶的喜愛接受度，隨機抽取六十名消費者，四種不同品牌的綠茶各請十五位消費者試飲，試飲完後請其填寫一份「喜愛接受量表」，量表的測量值從 1 分至十分，分數愈高表示消費者喜愛接受程度愈高，分數愈低表示消費者喜愛接受程度愈低，測得的數據如下，請問消費者對不同品牌綠茶的接受度是否有顯著不同？

在 SPSS 資料檔的建檔中，有二個變數，自變項為「品牌」、依變項為「接受度」，「品牌」變數為四分類別變項，水準數值 1 為甲品牌、水準數值 2 為乙品牌、水準數值 3 為丙品牌、水準數值 4 為丁品牌，「接受度」變數為連續變數，其數值為受試者在「喜愛接受量表」上所填的分數。

表 3-50

甲品牌	乙品牌	丙品牌	丁品牌
5	10	6	5
6	1	10	6
9	6	7	7
8	7	9	8
4	5	7	8
5	8	9	9
6	9	8	9
3	4	10	1
4	5	9	1
7	6	8	2
8	7	9	2
9	8	7	9
7	9	9	9
8	8	8	6
1	7	9	7

㈡獨立樣本變異數分析結果

表 3-51　Oneway

Descriptives

接受度

	N	Mean	Std. Deviation	Std. Error	95% Confidence Interval for Mean		Minimum	Maximum
					Lower Bound	Upper Bound		
甲品牌	15	6.00	2.330	.602	4.71	7.29	1	9
乙品牌	15	6.67	2.289	.591	5.40	7.93	1	10
丙品牌	15	8.33	1.175	.303	7.68	8.98	6	10
丁品牌	15	5.93	3.035	.784	4.25	7.61	1	9
Total	60	6.73	2.449	.316	6.10	7.37	1	10

　　表 3-51 為消費者對四種品牌綠茶接受度的描述性統計量，15 位消費者對甲品牌綠茶的接受度平均數為 6.00、15 位消費者對乙品牌綠茶的接受度平均數為 6.67、、15 位消費者對丙品牌綠茶的接受度平均數為 8.33、15 位消費者對丁品牌綠茶的接受度平均數為 5.93，六十位消費者對四種綠茶接

受度的總平均數為 6.73、標準差為 2.449、標準誤為.316。

圖 3-52　ANOVA 接受度

	Sum of Squares	df	Mean Square	F	Sig.
Between Groups	56.133	3	18.711	3.521	.021
Within Groups	297.600	56	5.314		
Total	353.733	59			

　　表 3-52 為獨立樣本變異數分析統計量，組間的SS等於 56.133、自由度等於 3、MS 等於 18.711，組間差異顯著性考驗的 F 值等於 3.521，顯著性機率值＝.021<.05，達到顯著水準，表示不同消費者對四種不同品牌綠茶的接受度有顯著的不同。由於整體考驗的 F 值達到顯著水準，表示「至少有一組的平均數與其他組別間的平均數有顯著差異」，整體考驗的 F 值僅能指示組間的差異有無顯著，至於是那二個配對組間的差異達到顯著，進一步需進行事後比較方能得知。

㈡不同事後比較結果

圖 3-53　Post Hoc Tests

Multiple Comparisons

Dependent Variable: 接受度

LSD

(I)品牌	(J)品牌	Mean Difference(I-J)	Std. Error	Sig.	95% Confidence Interval	
					Lower Bound	Upper Bound
甲品牌	乙品牌	-.667	.842	.432	-2.35	1.02
	丙品牌	-2.333(*)	.842	.008	-4.02	-.65
	丁品牌	.067	.842	.937	-1.62	1.75
乙品牌	甲品牌	.667	.842	.432	-1.62	2.35
	丙品牌	-1.667	.842	.053	-3.35	.02
	丁品牌	.773	.842	.387	-.95	2.42
丙品牌	甲品牌	2.333(*)	.842	.008	.65	4.02
	乙品牌	1.667	.842	.053	-.02	3.35
	丁品牌	2.400(*)	.842	.006	.71	4.09
丁品牌	甲品牌	-.067	.842	.937	-1.75	1.62
	乙品牌	-.733	.842	.387	-2.42	.95
	丙品牌	-2.400(*)	.842	.006	-4.09	-.71

* The mean difference is significant at the .05 level.

　　表 3-53 為採用「最小顯著差異法」（Least Significant Difference；簡稱 LSD 法）之事後多重比較結果，消費者對「丙品牌」口味綠茶的接受度顯著的高於對「甲品牌」口味綠茶的接受度，其平均差異為 2.333（p ＝.008＜.05）；消費者對「丙品牌」口味綠茶的接受度也顯著的高於對「丁品牌」口味綠茶的接受度，其平均差異為 2.400（p ＝.006＜.05）。

圖 3-54　Multiple Comparisons
Dependent Variable: 接受度
Bonferroni

(I)品牌	(J)品牌	Mean Difference(I-J)	Std. Error	Sig.	95% Confidence Interval	
					Lower Bound	Upper Bound
甲品牌	乙品牌	-.667	.842	1.000	-2.97	1.64
	丙品牌	-2.333(*)	.842	.045	-4.64	-.03
	丁品牌	.067	.842	1.000	-2.24	2.37
乙品牌	甲品牌	.667	.842	1.000	-1.64	2.97
	丙品牌	-1.667	.842	.316	-3.97	.64
	丁品牌	.773	.842	1.000	-1.57	3.04
丙品牌	甲品牌	2.333(*)	.842	.045	.03	4.64
	乙品牌	1.667	.842	.316	-.64	3.97
	丁品牌	2.400(*)	.842	.037	.10	4.70
丁品牌	甲品牌	-.067	.842	1.000	-2.37	2.24
	乙品牌	-.733	.842	1.000	-3.04	1.57
	丙品牌	-2.400(*)	.842	.037	-4.70	-.10

* The mean difference is significant at the .05 level.

　　表 3-54 為採用「Bonferroni 法」之事後多重比較結果，消費者對「丙品牌」口味綠茶的接受度顯著的高於對「甲品牌」口味綠茶的接受度，其平均差異為 2.333（p=.045＜.05）；消費者對「丙品牌」口味綠茶的接受度也顯著的高於對「丁品牌」口味綠茶的接受度，其平均差異為 2.400（p=.037＜.05）。採用「Bonferroni 法」之事後多重比較結果與採用「LSD 法」之事後多重比較結果相同。

圖 3-55　Multiple Comparisons
Dependent Variable: 接受度
Tukey HSD

(I)品牌	(J)品牌	Mean Difference(I-J)	Std. Error	Sig.	95% Confidence Interval Lower Bound	95% Confidence Interval Upper Bound
甲品牌	乙品牌	-.667	.842	.858	-2.90	1.56
	丙品牌	-2.333(*)	.842	.037	-4.56	-.10
	丁品牌	.067	.842	1.000	-2.16	2.30
乙品牌	甲品牌	.667	.842	.858	-1.56	2.90
	丙品牌	-1.667	.842	.208	-3.90	.56
	丁品牌	.773	.842	.820	-1.50	2.96
丙品牌	甲品牌	2.333(*)	.842	.037	.10	4.56
	乙品牌	1.667	.842	.208	-.56	3.90
	丁品牌	2.400(*)	.842	.030	.17	4.63
丁品牌	甲品牌	-.067	.842	1.000	-2.30	2.16
	乙品牌	-.733	.842	.820	-2.96	1.50
	丙品牌	-2.400(*)	.842	.030	-4.63	-.17

* The mean difference is significant at the .05 level.

　　表 3-55 為採用 Tukey 之「誠實顯著差異法」（Honestly Significant Difference；簡稱 HSD 法）之事後多重比較結果，消費者對「丙品牌」口味綠茶的接受度顯著的高於對「甲品牌」口味綠茶的接受度，其平均差異為 2.333（p=.037<.05）；消費者對「丙品牌」口味綠茶的接受度也顯著的高於對「丁品牌」口味綠茶的接受度，其平均差異為 2.400（p=.030<.05）。在多重事後比較方面，採用「HSD 法」與採用「LSD 法」、「Bonferroni 法」法之結果相同。

圖 3-56　Multiple Comparisons
Dependent Variable: 接受度
Scheffe

(I)品牌	(J)品牌	Mean Difference(I-J)	Std. Error	Sig.	95% Confidence Interval	
					Lower Bound	Upper Bound
甲品牌	乙品牌	-.667	.842	.890	-3.09	1.76
	丙品牌	-2.333	.842	.064	-4.76	.09
	丁品牌	.067	.842	1.000	-2.36	2.49
乙品牌	甲品牌	.667	.842	.890	-1.76	3.09
	丙品牌	-1.667	.842	.281	-4.09	.76
	丁品牌	.773	.842	.859	-1.69	3.16
丙品牌	甲品牌	2.333	.842	.064	-.09	4.76
	乙品牌	1.667	.842	.281	-.76	4.09
	丁品牌	2.400	.842	.054	-.03	4.83
丁品牌	甲品牌	-.067	.842	1.000	-2.49	2.36
	乙品牌	-.733	.842	.859	-3.16	1.69
	丙品牌	-2.400	.842	.054	-4.83	.03

* The mean difference is significant at the .05 level.

　　表 3-56 為採用「Scheffe 法」之事後多重比較摘要表，從上表中可以發現沒有任何二組間的平均數達到顯著水準，此結果與採用「HSD 法」、「LSD 法」、「Bonferroni 法」法之結果不相同。

　　上述多重比較結果可以歸納為以下表 3-57，變異數分析摘要表。

表 3-57　變異數分析摘要表

變異來源	SS	df	MS	F	HSD	LSD	Bonferroni	Scheffe
組間（品牌）	56.133	3	18.711	3.521*	丙>甲	丙>甲	丙>甲	n.s.
組內（誤差）	297.600	56	5.314		丙>丁	丙>丁	丙>丁	
全體	353.733	59						

* p<.05　n.s. p>.05　甲：甲品牌　丙：丙品牌　丁：丁品牌

　　若是研究者採用「Scheffe」法作為其事後比較方法，當 F 值顯著性考驗之 p 值<.05，但顯著性 p 值與顯著水準數值.05 差異不大時，會發生整體考驗的 F 值達到顯著水準，但事後比較結果未發現有任何配對組別間的差異達到顯著水準的情況，此時研究者應就「Scheffe」法事後比較的特性加

以說明，讓他人知道整體考驗的 F 值達到顯著水準時，「Scheffe」法事後多重比較結果可能出現有任一配對組別間的差異未達到顯著水準。在結論撰寫方面，因為事後比較不顯著，研究者最好朝研究假設無法獲得支持的方向撰述，否則會出現前後無後契合的情形。

3-6 自變項為連續變項之轉換實例

3-6-1 研究問題

在一項國中二年級學生的數學焦慮與數學成就的調查研究中，研究中隨機抽取 180 位國中二年級學生，施予「數學焦慮量表」與「標準化數學成就測驗」，其中「數學焦慮量表」有 14 題，採用李克特五點量表法，最低分為 14 分、最高分為 70 分，測量分數值愈高表示學生知覺的數學焦慮程度愈高；「標準化數學成就測驗」100 題，每題 1 分，測量分數愈高表示數學成就愈佳。施測完後的數據鍵入於 SPSS 中，有二個變項：「數學焦慮」、「數學成就」，前者為 14 題「數學焦慮量表」的總分（題項加總後的分數），後者為「標準化數學成就測驗」的總得分。

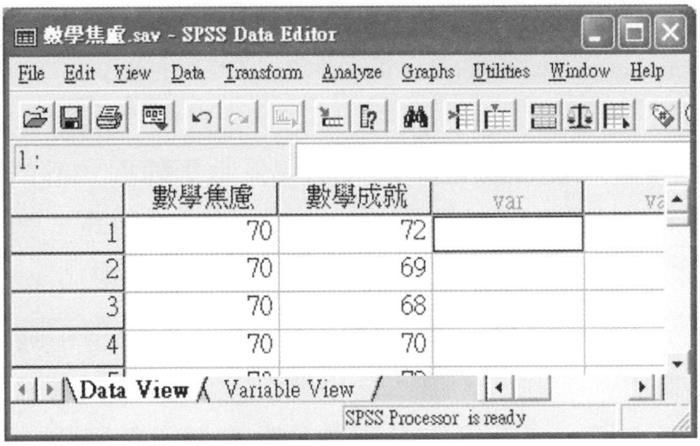

	數學焦慮	數學成就	var	va
1	70	72		
2	70	69		
3	70	68		
4	70	70		

圖 3-34

3-6-2 求出二者之積差相關

由於「數學焦慮」與「數學成就」二個變項均為連續變項，統計方法

可採用「Pearson 積差相關」以探討二者間之關係。

(一)操作程序

執行功能列「Analyze」（分析）→「Correlate」（相關）→「Bivariate」
（雙變數）程序，出現「Bivariate Correlations」（雙變數相關分析）對
話視窗。

→在左邊變數清單中將「數學焦慮」、「數學成就」二個目標變數選入
右邊「Variables」（變數）下的方格中。

→在「Correlation Coefficients」方盒中勾選「☑Pearson 相關係數」→按
『OK』（確定）鈕。

(二)結果說明

表 3-58　Correlations

		數學焦慮	數學成就
數學焦慮	Pearson Correlation	1	-.376(**)
	Sig. (2-tailed)		.000
	N	180	180
數學成就	Pearson Correlation	-.376(**)	1
	Sig. (2-tailed)	.000	
	N	180	180

** Correlation is significant at the 0.01 level (2-tailed).

　　表 3-58 為積差相關係數矩陣表，相關係數矩陣對角線的數值為 1，表示變項與變項本身的相關，上三角與下三角的數據相同。表中數據「數學焦慮」與「數學成就」的相關係數為-.376，顯著性機率值 p=.000，達到.05顯著水準，表示「數學焦慮」與「數學成就」二個變項相關達到顯著，由於相關係數為負值，二者為一種「負相關」，即數學焦慮測量分數愈高，數學成就的得分愈低；或數學焦慮測量分數愈低，數學成就的得分愈高，可見就國中二年級學生而言，數學焦慮愈高的學生，其數學成就愈差。

　　對於二個連續變項間關係的探討，研究者除可採用「Pearson積差相關」探究二個變數間的關係外，研究者進一步也可採用變異數分析，探討不同自變項測量值組別在依變項上的差異。以上述研究問題為例，研究者可依「數學焦慮」測量值的高低，將「數學焦慮」連續變項轉換化為間斷變數，

依其測量值的高低將觀察值分爲三個群體：低數學焦慮組、中數學焦慮組、高數學焦慮組，研究問題改爲：不同數學焦慮組的國中二年級學生，其數學成就是否有所不同？研究假設爲：「不同數學焦慮組的國中二年級學生，其數學成就有顯著的不同。」

　　將連續變項轉換爲間斷變數，若是分成三組，通常有以下幾種不同分組方式：

1. 依分組變數測量值的數值高低排序，前27%～35%爲高分組、後27%～35%爲低分組，中間30%～46%爲中分組，分組的原則最好是三組的樣本數不要差距太大，通常較採用的是前 30%觀察值爲高分組、後 30%觀察值爲低分組、中間 40%觀察值爲中分組；或前 27%觀察值爲高分組、後 27%觀察值爲低分組、中間46%觀察值爲中分組。

2. 依分組變項的平均數與標準差的大小來分組，如平均數±0.5 標準差爲分組臨界點，平均數以上 0.5 個標準差之觀察值爲高分組、平均數以下 0.5 個標準差之觀察值爲低分組、平均數±0.5 標準差間的觀察值爲中分組；或以平均數±1.0 個標準差爲分組臨界點，平均數以上 1.0 個標準差之觀察值爲高分組、平均數以下 1.0 個標準差之觀察值爲低分組、平均數±1.0 個標準差間的觀察值爲中分組。

　　如果依數學焦慮得分測量值的高低排序，前 30%觀察值爲高分組、後 30%觀察值爲低分組、中間40%觀察值爲中分組，其分組操作程序如下。由於全部的有效樣本數共有 180 位，前後 30%處的樣本位於 $180 \times 30\% = 54$ 位觀察值。

圖 3-35

3-6-3　找出數學焦慮高低 30%處臨界值－資料檔排序

　　按照總分的高低排列，就是要找出高低分組總人數之30%處的臨界分數。

(一)操作 1

執行「Data」（資料）/「Sort Cases…」（觀察值排序…），出現「Sort Cases」（觀察值排序）對話視窗。

圖 3-36

(二)操作 2

在「Sort Cases」（觀察值排序）對話視窗中，將左邊選項中之「數學焦慮」變項選入右邊「Sort by:」（依..排序）下面的空盒中，在「Sort Order」（排序順序）下的次選項方盒中選取排序的方式，選取「⊙Ascending」（遞增──資料檔由小至大排序），按『OK』（確定）鈕。

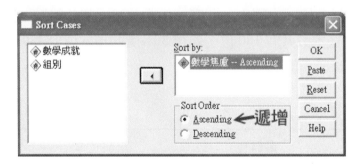

圖 3-37

按下『OK』（確定）鈕後，資料編輯視窗的資料檔會依「數學焦慮」變項的分數，由小至大排序。將總人數之 30%處的臨界分數記下，例題中共有 180 位，低分組第 54 位（180×30%=54）受試者的分數為 34 分。

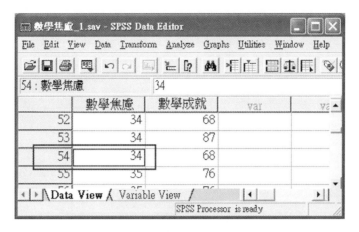

圖 3-38

㈡操作 3

第二次再將「數學焦慮」變項由高至低排序。

在「Sort Cases」（觀察值排序）對話視窗中，先按『Reset』（重設）鈕，將原先設定還原。

將左邊選項中之「數學焦慮」變項選入右邊「Sort by:」（依..排序）下面的空盒中，在「Sort Order」（排序順序）下的次選項方盒中選取排序的方式，在此選取「⊙Descending」（遞減－由大至小排序），按『OK』（確定）鈕。

圖 3-39

按下『OK』（確定）鈕後，資料編輯視窗的資料檔會依「數學焦慮」變項的分數，由大至小排序。將總人數之 30%處的臨界分數記下，例題中共有 180 位，高分組第 54 位（180×30%=54）受試者的分數為 55 分。

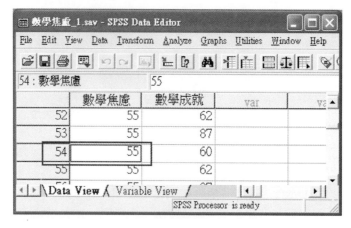

圖 3-40

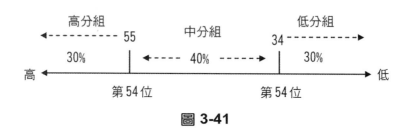

圖 3-41

依數學焦慮測量值高低排序，前 30%為高分組，臨界分數為測量值 55 分以上（包含 55 分），後 30%為低分組，臨界分數為測量值 34 分以下（包含 34 分），分數界於 35 分－54 分為中分組，數學焦慮測量值分數在 35 分以上、54 分以下之觀察值為中分組。

3-6-4　將自變項轉換為間斷變數

(一)操作 1

Transform（轉換）

　　Visual Bander...，出現「Visual Bander」對話視窗。

　　　在左邊「Variables:」（變數）下的空格中選取要建立新組別的連續變數「數學焦慮」選至右邊「Variables to Band」（帶狀變數）下的空格中。

　　　按『Continue』（繼續）鈕，開啟「Visual Bander」第二層對話視窗。

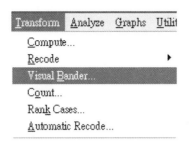

圖 3-42

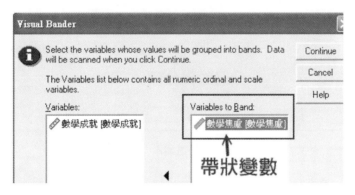

圖 3-43

(二)操作 2

> 點選左邊「Variable」（變數）下的「數學焦慮」變項，點選完後 SPSS
> 會自動將「數學焦慮」移往「Current Variables」（目前變數）右邊的方
> 格中。
> 在「Bander Variable:」（帶狀變數）右上的方格中輸入新分組變項名稱，
> 如「焦慮分組」。

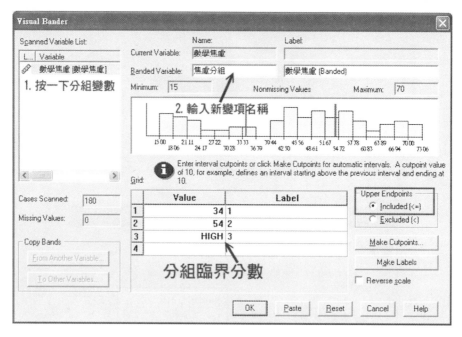

圖 3-44

在下方「Grid」（網格）每列的方盒中輸入分組的臨界點，範例中在第一列「Value」（數值）下的空格中輸入「34」，右邊的「Label」（註解）中輸入 1、第二列「Value」（數值）下的空格中輸入「54」，右邊的「Label」（註解）中輸入 2、「HIGH」（高）變項自動跳到第三列「Value」（數值）下的空格中，右邊的「Label」（註解）中輸入 3，在「Upper Endpoints」（上端點）的方盒中選取第一個選項「◉Included[<=]」（包括）→按『OK』（確定）鈕。

【備註】：上述的界定表示數學焦慮測量分數在 34 分以下（包括 34 分），「焦慮分組」變項的數值為 1（低焦慮組）；在 35 分以上且在 54 分以下（包括 54 分），「焦慮分組」變項的數值為 2（中焦慮組），在 55 分以上（包括 55 分），「焦慮分組」變項的數值為 3（高焦慮組）。

在「Grid」（網格）方盒中，「Label」（註解）欄中的方格如果沒有鍵入任何數值，若是按『Make Lables』（製作標記或製作標籤或製作註解）鈕，則可以顯示「Value」（數值）欄中數值的註解，在「Upper Endpoints」（上端點）的方盒中選取第一個選項「◉Included[<=]」（包括<=），則第一列數值 34 的註解為「<=34」、第二列數值 54 的註解為「35-54」，第三

列數值文字「HIGH」的註解為「55+」，表示「55>=」。

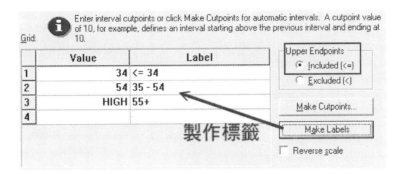

圖 3-45

在「Upper Endpoints」（上端點）的方盒中如果選取第二個選項『⊙Excluded[<]』（排除[<]），則三個組別臨界分數的設定如下表 3-59。

表 3-59

Value	Label	說明
35	1	35 分以下（不包括 35 分）為第 1 組，即 34 分以下（包括 34 分）為第 1 組。
55	2	55 以下（不包括 55 分）為第 2 組，即 54 分以下（包括 54 分）、35 分以上（包括 35 分）為第 2 組。
HIGH	3	55 分以上（包括 55 分）為第 3 組。

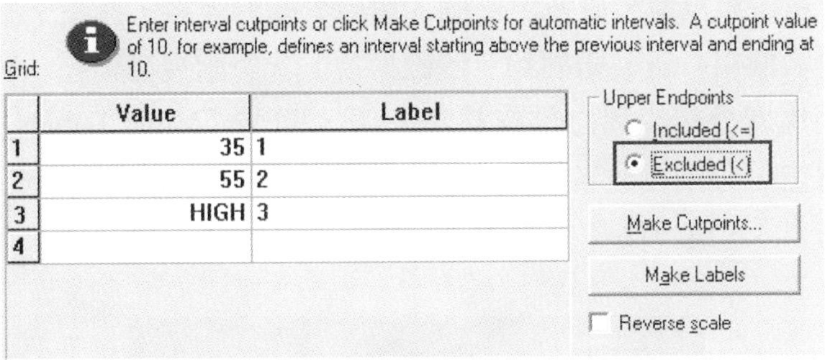

圖 3-46

下圖 3-47 為在「Upper Endpoints」（上端點）的方盒中選取第二個選項「⊙Excluded[<]」（排除<）的數值註解，第一列數值 35 的註解為「<35」（即=<34）、第二列數值 55 的註解為「35-54」，第三列數值文字「HIGH」

的註解為「55+」，表示「55>=」。

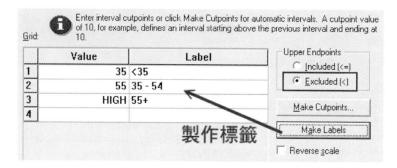

圖 3-47

按下『OK』（確定）鈕後，會出現新增一個新變數的提示視窗：「Banding specifications will create 1 variables」→按『確定』鈕。

圖 3-48

(三)操作 3

回到資料編輯視窗，會多出一個「焦慮分組」變數，按左下方「Variable View」（變數檢視）鈕，切換到「變數檢視」次對話視窗，在「Value」（數值）欄之「焦慮分組」列之儲存格按一下，開啟「Value Labels」（數值標籤）對話視窗，分別更改各水準數值的數值註解，1為「低焦慮組」、2為「中焦慮組」、3為「高焦慮組」。

圖 3-49

㈣操作 4

在「Visual Bander」第二層對話視窗，若按『Make Cutpoints...』（製作分割點），會出現「Make Cutpoints」（製作分割點）次對話視窗。

在「◉Equal Percentiles Based on Scanned Cases」（以掃瞄的觀察值為基礎的相等百分比位數）選項中：如研究者要根據「數學焦慮」連續變項之分數高低，讓電腦自動將其分別為三組，則「Number of Cutpoints」後面的方格中鍵入「2」（三個組別有二個分割點），下方「Width（%）」後的方格中會自動出現「33.33」。

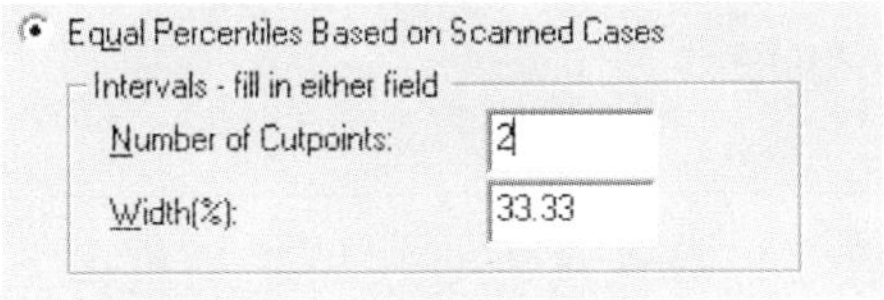

圖 3-50

回到「Visual Bander」第二層對話視窗，「Grid」（網格）每列的方盒中會出現分組的臨界點 41、53、HIGH→按『Make Labels』（製作標記）鈕，會出現各臨界值分割點的數值範圍→按『確定』（OK）鈕。

【備註】：上述三個臨界點表示 41 分以下（包括 41 分）為低焦慮組、42 分至 53 分為中焦慮組、54 以上（包括 54 分）為高焦慮組。

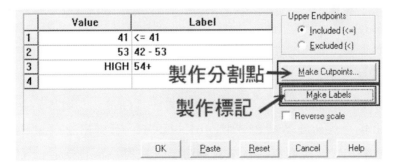

圖 3-51

在「Make Cutpoints」次對話視窗中，SPSS 提供三種將觀察值分組的方法：

1. 「◉Equal Width Intervals」（相等寬區間），若研究者事先知道最小組之分割點的臨界值，可以選取此項，在「First Cutpoint Location:」（第一點分割點位置）後面的空格中輸入最小的分割點數值，並在「Number of Cutpoints」（分割點數目）後的空格中鍵入分割點的數目，分割點數目加 1 為分割的組數，如分割點數為 2，表示觀察值區分為三組。

2. 不知分割臨界點數值，直接選取「◉Equal Percentiles Based on Scanned Cases」（以掃瞄的觀察值為基礎的相等百分比位數）選項，再輸入分割點個數即可（此種方法應用較為普遍）。

3. 研究者希望根據分組變項的平均數與標準差來分割受試者，可以選取「◉Cutpoints at Mean and Selected Standard Deviations Based on Scanned Cases」（以掃瞄的觀察值為基礎的平均值與所選標準差的分割點）選項，進一步選取 1、2、或 3 個標準差。

> 如果研究者要根據「數學焦慮」變項的平均數與上下一個標準差作為分組依據，則可選取「◉Cutpoints at Mean and Selected Standard Deviations Based on Scanned Cases」（以掃瞄的觀察值為基礎的平均值與所選標準差的分割點）選項，並勾選『☑+1/-1 Std. Deviation』（☑+1/-1 標準差）→按『Apply』（套用）鈕。

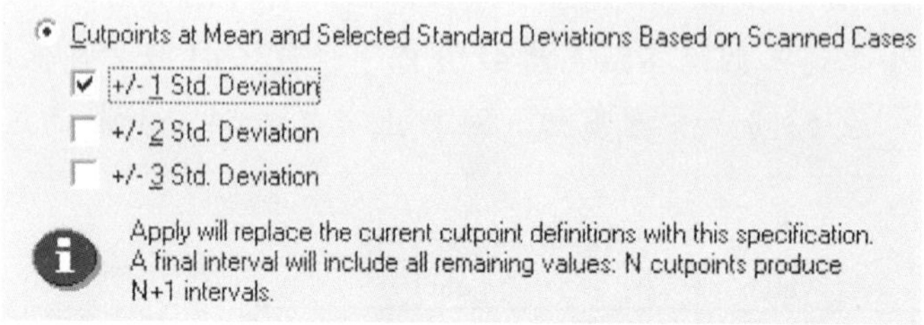

圖 3-52

> 回到「Visual Bander」第二層對話視窗，「Grid」（網格）每列的方盒中會出現分組的臨界點 28、45、61、HIGH→按『Make Labels』（製作標記）鈕，會出現各臨界值分割點的數值範圍→按『確定』（OK）鈕。

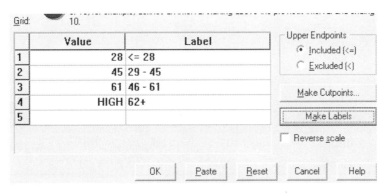

圖 3-53

　　在採用平均數上下一個標準差的分類中會出現四個數值，其中「<=28」為平均數下一個標準差處的分數、「62>=或62+」為為平均數上一個標準差處的分數，平均數上下一個標準差的臨界分數為 29-61。執行功能列「Analyze」（分析）→「Descriptive Statistics」（描述統計）→「Descriptives」（描述統計量）程序，可以求出「數學焦慮」變項的平均數、標準差，其數據如下：

平均數 M ＝ 44.51 ÷ 45

標準差 SD ＝ 16.310 ÷ 16

　　M ＋ 1 × SD ＝ 45 ＋ 16 ＝ 61、M － 1 × SD ＝ 45 － 16 ＝ 29，平均數 ±1 個標準差分數界於 29-61，歸屬於「中焦慮組」、28 分以下（包括 28 分）的觀察值歸屬於「低焦慮組」、62 分以上（包括 62 分）的觀察值屬於「高焦慮組」。

表 3-60

	個數	最小值	最大值	平均數	標準差
數學焦慮	180	15	70	44.51	16.310
有效的 N（完全排除）	180				

　　下表 3-61 為採用不同分組方式所產生的各組的次數分配表，執行功能列「Analyze」（分析）→「Descriptive Statistics」（描述統計）→「Frequencies」（次數分配表）程序，開啟「Frequencies」（次數分配表）對話視窗，將左邊變數清單中之目標變數選入右邊「Variables」（變數）下的方格中，勾選左下方「☑Display frequency tables」（顯示次數分配表）→按『OK』

（確定）鈕。

圖 **3-61**　次數分配表

Statistics

		焦慮分組	立意分組	均等分組	標準差分組
N	Valid	180	180	180	180
	Missing	0	0	0	0

　　下表結果為四種不同的分組方式，焦慮分組與立意分組採用的是 30%、40%、30%的分組方式，均等分組為選取「⊙Equal Percentiles Based on Scanned Cases」（以掃瞄的觀察值為基礎的相等百分比位數）選項的分類方式，分割點的數目設定為 2。標準差分組選取「⊙Cutpoints at Mean and Selected Standard Deviations Based on Scanned Cases」（以掃瞄的觀察值為基礎的平均值與所選標準差的分割點）選項，勾選『☑+1/-1 Std. Deviation』（+1/-1 標準差）次選項。

　　「焦慮分組」變數的設定如下圖 3-54：

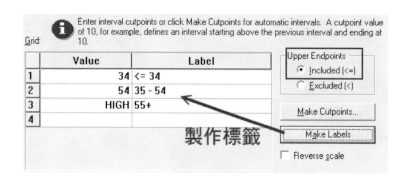

圖 **3-54**

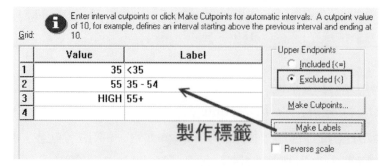

圖 **3-55**

Frequency Table

表 3-62　焦慮分組

		Frequency	Percent	Valid Percent	Cumulative Percent
Valid	低焦慮組	54	30.0	30.0	30.0
	中焦慮組	70	38.9	38.9	68.9
	高焦慮組	56	31.1	31.1	100.0
	Total	180	100.0	100.0	

　　「焦慮分組」變數中，低焦慮組、中焦慮組、高焦慮組人數各為 54、70、56，其占總人數的百分比依序為 30.0%、38.9%、31.1%。

表 3-63　立意分組

		Frequency	Percent	Valid Percent	Cumulative Percent
Valid	低焦慮組	54	30.0	30.0	30.0
	中焦慮組	70	38.9	38.9	68.9
	高焦慮組	56	31.1	31.1	100.0
	Total	180	100.0	100.0	

　　「立意分組」變數中，低焦慮組、中焦慮組、高焦慮組人數各為 54、70、56，其占總人數的百分比依序為 30.0%、38.9%、31.1%。此種分類方式與上述「焦慮分組」變數的分類相同，因為均採用 30%、40%、30%的分類模式，只是二類操作的設定不同。

表 3-64　均等分組

		Frequency	Percent	Valid Percent	Cumulative Percent
Valid	低焦慮組	62	34.4	34.4	34.4
	中焦慮組	58	32.2	32.2	66.7
	高焦慮組	60	33.3	33.3	100.0
	Total	180	100.0	100.0	

　　「均等分組」變數中，低焦慮組、中焦慮組、高焦慮組人數各為 62、58、60，其占總人數的百分比依序為 34.4%、32.2%、33.3%。此種分類模式由電腦依數學焦慮分組變數測量值分數的高低，依分割點的數目來分組，由於上述分割點的數目設定為 2，表示分成三組，此種分類模式每組人數的百分比大致相等。

表 3-65　標準差分組

		Frequency	Percent	Valid Percent	Cumulative Percent
	低分組	40	22.2	22.2	22.2
	中分組	38	21.1	21.1	43.3
Valid	中分組	72	40.0	40.0	83.3
	高分組	30	16.7	16.7	100.0
	Total	180	100.0	100.0	

　　「標準差分組」變數中，低焦慮組、中焦慮組、高焦慮組人數各為 40、110、30，其占總人數的百分比依序為 22.2%、61.1%、16.7%。此種分組由於採用平均數±1 個標準差為臨界分數，平均數上下一個標準差中的人數較多，因而低分組與高分組的人數會較低，中分組的觀察值人數與低分組與高分組的人數的差異會較懸殊，如果研究者只要探究二個極端組間（高分組、低分組）的差異比較，可以採用此種分類方式。

3-6-5　獨立樣本單因子變異數分析結果

　　研究問題：「不同數學焦慮的國中二年級學生其數學成就間是否有顯著的不同？」

　　研究問題的自變項為數學焦慮組別，為一間斷變數，內有三個水準，水準數值 1 為「低數學焦慮」組、水準數值 2 為「中數學焦慮」組、水準數值 3 為「高數學焦慮」組，數學成就為連續變項，統計方法採用獨立樣本單因子變異數分析。

表 3-66　Descriptives

數學成就

	N	Mean	Std. Deviation	Std. Error	95% Confidence Interval for Mean		Minimum	Maximum
					Lower Bound	Upper Bound		
低數學焦慮	54	81.30	10.646	1.449	78.39	84.20	48	97
中數學焦慮	70	88.37	8.718	1.042	86.29	90.45	59	99
高數學焦慮	56	66.21	11.250	1.503	63.20	69.23	42	95
Total	180	79.36	13.737	1.024	77.34	81.38	42	99

表 3-66 為變異數分析之描述性量，54 位「低數學焦慮」組樣本的數學成就平均數為 81.30、標準差為 10.646、平均數的標準誤為 1.449；70 位「中數學焦慮」組樣本的數學成就平均數為 88.37、標準差為 8.718、平均數的標準誤為 1.042；56 位「高數學焦慮」組樣本的數學成就平均數為 66.21、標準差為 11.250、平均數的標準誤為 1.503。全部受試者數學成就的平均數為 79.36、標準差為 13.737。

表 3-67　Test of Homogeneity of Variances 數學成就

Levene Statistic	df1	df2	Sig.
1.418	2	177	.245

表 3-67 為變異數同質性考驗結果，Levene 統計量之 F 值等於 1.418，在自由度為 2、177 之下，顯著性機率值 p=.245>.05，未達.05 的顯著水準，接受虛無假設，表示三組樣本的變異數差異均未達顯著差異，亦即並未違反變異數同質性的假定。

圖 3-68　ANOVA 數學成就

	Sum of Squares	df	Mean Square	F	Sig.
Between Groups	15564.214	2	7782.107	75.629	.000
Within Groups	18213.031	177	102.898		
Total	33777.244	179			

表 3-68 為變異數分析摘要表，變異數分析的 F 值＝ 75.629，顯著性機率值 p=.000<.05，整體考驗的 F 值達到.05 顯著水準，拒絕虛無假設，接受對立假設，表示三個水準平均數間至少有二個水準的平均數之差異達到顯著，至於是那二個平均數間的差異達到顯著，進一步要進行事後比較方能得知。整體考驗的 F 值達到.05 顯著水準，即表示不同數學焦慮組的國中二年級學生，其數學成就間有顯著差異存在。

表 3-69　Post Hoc Tests

Multiple Comparisons

Dependent Variable: 數學成就

Scheffe

(I)焦慮分組	(J)焦慮分組	Mean Difference (I-J)	Std. Error	Sig.	95% Confidence Interval Lower Bound	95% Confidence Interval Upper Bound
低數學焦慮	中數學焦慮	-7.075(*)	1.837	.001	-11.61	-2.54
	高數學焦慮	15.082(*)	1.935	.000	10.31	19.86
中數學焦慮	低數學焦慮	7.075(*)	1.837	.001	2.54	11.61
	高數學焦慮	22.157(*)	1.819	.000	17.67	26.65
高數學焦慮	低數學焦慮	-15.082(*)	1.935	.000	-19.86	-10.31
	中數學焦慮	-22.157(*)	1.819	.000	-26.65	-17.67
* The mean difference is significant at the .05 level.						

　　表 3-69 為變異數分析之事後比較表，其中「低數學焦慮」組學生的數學成就（M＝81.30）顯著的高於「高數學焦慮」組學生的數學成就（M＝66.21）；「中數學焦慮」組學生的數學成就（M＝88.37）顯著的高於「高數學焦慮」組學生的數學成就（M＝66.21）；「中數學焦慮」組學生的數學成就（M=88.37）顯著的高於「低數學焦慮」組學生的數學成就（M＝81.31）。可見，就三個數學焦慮群體而言，以「中數學焦慮」組學生的數學成就最高，此成績顯著的高於「低數學焦慮」組學生及「高數學焦慮」組學生的數學成就。

表 3-70　Homogeneous Subsets

數學成就 Scheffe

焦慮分組	N	Subset for alpha = .05 1	Subset for alpha = .05 2	Subset for alpha = .05 3
高數學焦慮	56	66.21		
低數學焦慮	54		81.30	
中數學焦慮	70			88.37
Sig.		1.000	1.000	1.000
Means for groups in homogeneous subsets are displayed.				
a Uses Harmonic Mean Sample Size = 59.217.				
b The group sizes are unequal. The harmonic mean of the group sizes is used. Type I error levels are not guaranteed.				

表 3-70 爲同質性子集，數學焦慮三個組別在數學成就的測量值分別位於三個不同的子集，表示三個群體在依變項的平均數高低有顯著的不同。

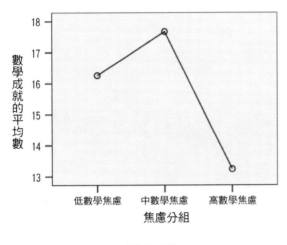

Means Plots

圖 3-56

圖 3-56 爲平均數圖，從此圖中可以看出中數學焦慮組與高數學焦慮學生在數學成就平均數的差異值最大。

第四章

獨立樣本二因子變異數分析

SPSS Operation and Application

—Practice & Analysis of Variance

4-1 二因子變異數分析基本原理

在單因子變異數分析中，影響依變項的自變項只有一個，如果研究過程中研究者探究的自變項有二個，則稱為二因子變異數分析（two-way analysis of variance）。根據自變項的屬性又可分為二個處理的完全隨機化因子設計（completely randomized factorial design with two treatments）、二個處理的隨機化區組因素設計（randomized block factorial design with two treatments）、二個處理的混合設計（mixed design with two treatments）。二個處理的完全隨機化因子設計中，二個自變項均為獨立樣本，因而也稱為獨立樣本雙因子變異數分析，為完全獨立設計，採用的是受試者間設計（between-subjects design）；二個處理的隨機化區組因素設計中，二個自變項均為重複量數測量，為完全相依設計，因而也稱為二因子相依樣本變異數分析，採用的是受試者內設計（within-subjects design）。如果二因子變異數分析中，一個自變項為獨立樣本、一個自變項為相依樣本，則稱為混合設計模式。

如要探究二個自變項對依變項的影響，為何要採用二因子變異數分析，而不直接採用單因子變異數分析？其間的差異可以下表 4-1 說明：

表 4-1

		自變項 A			平均數
		A=1	A=2	A=3	
自變項 B	B=1	10	50	90	50
	B=2	90	50	10	50
	B=3	50	50	50	50
	平均數	50	50	50	50

在上表 4-1 中，A 因子為三分類別變項，有三個處理水準；B 因子為三分類別變項，有三個處理水準，二個因子交叉構成九個細格，細格中的數字為觀察值樣本在依變項測量值的假設平均數，假設每個細格有 30 位樣本，則總樣本數有 270 位。在上述假設各測量值之下，總平均數為 50，A因子三個水準在依變項測量值的平均數各為 50，即三個水準的邊緣平均數各為 50，此時若進行 A 因子獨立樣本變異數分析，由於三個處理水準（三個組）的邊緣平均數皆等於總平均數 50，因而 會等於 0，表示 A 因子變異數分析的 F 統計量等於 0（因為 MS=0），不會達到顯著水準（p>.05），必

須接受虛無假設，即 A 因子三個組別在依變項上的平均數沒有顯著的不同。

相同的，B 因子三個水準在依變項測量值的平均數各為 50，即三個水準的邊緣平均數各為 50，此時若進行 B 因子獨立樣本變異數分析，由於三個處理水準（三個組）的邊緣平均數皆等於總平均數 50，因而 會等於 0，表示 B 因子變異數分析的 F 統計量等於 0（因為 MS=0），不會達到顯著水準（p>.05），必須接受虛無假設，即 B 因子三個組別在依變項上的平均數沒有顯著的不同。因而研究者如果採用單因子獨立樣本變異數分析，所得的結論為樣本觀察值在依變項的表現不會因自變項 A 處理水準的不同而不同，樣本觀察值在依變項的表現也不會因自變項 B 處理水準的不同而不同。

若是研究者採用二因子獨立樣本變異數分析，則二因子交互作用效果項將會達到顯著水準，表示 A 因子對依變項的影響會因 B 因子不同處理水準而有所差異，或 B 因子對依變項的影響會因 A 因子不同處理水準而有所差異。以表中的測量值為例，在 A=1 處理水準條件下，B2 顯著的高於 B1；在 A=2 處理水準條件下，B1、B2、B3 間沒有顯著差異 ；在 A=3 處理水準條件下，B1 反而顯著的高於 B2。同樣的，在 B=1 處理水準條件下，A3 顯著的高於 A1；在 B=2 處理水準條件下， A3 反而顯著的低於 A1；在 B=3 處理水準條件下，A1、A2、A3 間則沒有顯著的差異。可見就不同 A 處理水準的條件下，B 因子三個組別在依變項的得分是有顯著的不同；就不同 B 處理水準的條件下，A 因子三個組別在依變項的得分也是有顯著的不同。如果研究者不進行二因子變異數分析，則無法獲悉以上的結果。

研究者同時採用兩個或兩個以上的自變項，去探討對依變項的影響，則其研究設計模式統稱為「多因子設計」（multiple factorial design），多因子設計中自變項有二個，則稱為二因子變異數分析，自變項有三個則稱為三因子變異數分析。在社會及行為科學領域中，三因子以上之變異數分析變異來源較為複雜，解釋也較為不易，因而在實際應用上甚少。若是進行獨立樣本二因子變異數分析，在理論上，分析的資料最好能符合以下二項條件或前提：一為二個自變項所構成的交叉細格內之觀察值彼此互為獨立，每位觀察值只能出現在一個細格內；二為二個自變項構成的交叉細格之變異數必須相等，此即為變異數分析中同質性假定的延伸。

二因子變異數分析的二個因子：自變項一為 A 因子、自變項二為 B 因子，如果 A 因子有 p 個水準、B 因子有 q 個水準，則二因子獨立樣本變異數分析簡寫為「CRF-pq」設計，其中「CRF」為完全隨機化因素設計的簡稱。在國中生生活壓力的探究中，研究者想探討不同年級的國中生（七年

級、八年級、九年級）的生活壓力是否因其學業成就高低的不同（高學業成就組、中學業成就組、低學業成就組）而有所不同，其中 A 因子有三個水準，B 因子有三個水準，二個自變項間構成一個 3×3 細格的設計模式，二個自變項均屬於受試者間設計，二因子變異數分析為「CFR-33」設計，其平均數雙向細目表如下表 4-2：

表 4-2　CFR-33 設計之變異數分析的平均數雙向細目表

A 因子 ＼ B 因子		B 因子（學業成就）			邊緣平均數
		低學業組 水準 1	中學業組 水準 2	高學業組 水準 3	
A 因子（年級）	七年級 水準 1	$\overline{Y}_{11}$[1]	$\overline{Y}_{21}$[2]	$\overline{Y}_{31}$[3]	$\overline{Y}_{.1}$ [1]+[2]+[3]
	八年級 水準 2	$\overline{Y}_{12}$[4]	$\overline{Y}_{22}$[5]	$\overline{Y}_{32}$[6]	$\overline{Y}_{.2}$ [4]+[5]+[6]
	九年級 水準 3	$\overline{Y}_{13}$[7]	$\overline{Y}_{23}$[8]	$\overline{Y}_{33}$[9]	$\overline{Y}_{.3}$ [7]+[8]+[9]
	邊緣平均數	$\overline{Y}_{1.}$ [1]+[4]+[7]	$\overline{Y}_{2.}$ [2]+[5]+[8]	$\overline{Y}_{3.}$ [3]+[6]+[9]	$\overline{Y}_{T}$

二因子變異數的整體考驗（overall test），包含三個部分：一為 A 因子主要效果（main effect）考驗、所檢定的是不同年級的學生其生活壓力是否有顯著的不同，考驗的是$\overline{Y}_{.1}$（[1]+[2]+[3]）、$\overline{Y}_{.2}$（[4]+[5]+[6]）、$\overline{Y}_{.3}$（[7]+[8]+[9]）三個邊緣平均數的差異是否達到顯著；二為 B 因子主要效果（main effect）考驗、所檢定的是不同學業成就組的學生其生活壓力是否有顯著的不同，考驗的是$\overline{Y}_{1.}$（[1]+[4]+[7]）、$\overline{Y}_{2.}$（[2]+[5]+[8]）、$\overline{Y}_{3.}$（[3]+[6]+[9]）三個邊緣平均數的差異是否達到顯著；三為交互作用項考驗，考驗的是在不同 A 因子水準下，學業成就組在生活壓力的差異比較及在不同 B 因子水準下，年級變項在生活壓力的差異比較。因而二因子變異數分析的總變異區分為四大部分：A 因子變異、B 因子變異、AB 因子交互作用項變異及誤差變異。

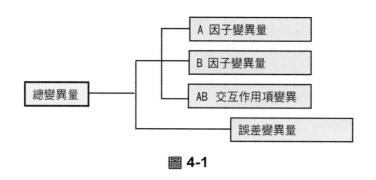

圖 4-1

上述二因子變數異分析的變異來看，全體受試者在依變項測量值的總離均差平方和（SS_{total}），可以切割為 A 因子組間離均差平方和（SS_A），用以表示 A 因子各水準在依變項測量值之平均數的變異情形，B 因子組間離均差平方和（SS_B），用以表示 B 因子各水準在依變項測量值之平均數的變異情形及用以反應交互作用項效果強度的細格間離均差平方和（SS_{AB}）。至於各細格內的變異情形，表示的是一隨機的誤差項，隨機的誤差項稱為組內離均差平方和（SS_w），組內離均差平方和即組內誤差項，反應了細格內受試者的變異情形。上述變異量的關係如下：

$$SS_{total} = SS_A + SS_B + SS_{AB} + SS_W$$

A 因子主要效果項、B 因子主要效果項、AB 因子交互作用項的虛無假設如下：

1. A 因子主要效果項 $H_0：\mu_{a1} = \mu_{a2} = \cdots\cdots = \mu_{ap}$，虛無假設為 A 因子的影響效果未達顯著差異，對立假設為 A 因子的影響效果顯著。
2. B 因子主要效果項 $H_0：\mu_{b1} = \mu_{b2} = \cdots\cdots = \mu_{bq}$，虛無假設為 B 因子的影響效果未達顯著差異，對立假設為 B 因子的影響效果顯著。
3. AB 因子交互作用項 $H_0：\mu_{a1b1} = \mu_{a2b2} = \cdots\cdots = \mu_{apbq}$，虛無假設為 AB 因子的交互作用項未達顯著差異，對立假設為 AB 因子影響的交互作用項效果顯著。

二因子變異數分析摘要表可以歸納如下，其中 p 為 A 因子的水準數、q 為 B 因子的水準數，n 為細格內人數，N 為樣本總數：

表 4-3

變異來源	離均差 平方和（SS）	自由度 （df）	均方（MS）	F 值
A 因子	SS_A	$p-1$	$MS_A = SS_A/(p-1)$	$MS_A \div SS_W$
B 因子	SS_B	$q-1$	$MS_B = SS_B/(q-1)$	$MS_B \div SS_W$
A*B 交互作用	SS_{AB}	$(p-1)(q-1)$	$MS_{AB} = SS_{AB}/(p-1)(q-1)$	$MS_{AB} \div SS_W$
組內（誤差）	SS_W	$pq(n-1)$	$MS_W = SS_W/pq(n-1)$	
總和	SS_T	$N-1$		

組內誤差項均方值 MS_W 為變異數分析時 F 統計量的分母項，在單純主要效果考驗時也是以 MS_W 作為每次單純主要效果檢定時 F 統計量的分母項。誤差項自由度 $pq(n-1) = pqn - pq = N - pq$。

進行二因子變異數分析的主要目的，在於檢定二個因子間的交互作用項是否顯著，如果交互作用顯著，則進一步要進行單純主要效果（simple main effect）檢定，此時要考驗的是細格間平均數的差異，單純主要效果考驗，包含 A 因子單純主要效果考驗、B 因子單純主要效果考驗。交互作用顯著表示 A 因子對依變項的影響因 B 因子水準的不同而有不同，或 B 因子對依變項的影響因 A 因子水準的不同而有不同，A 因子與 B 因子二個變項互相具有調節作用。如果交互作用項效果顯著，則 A 因子或 B 因子主要效果是否顯著，就不具實質的意義。二因子變異數分析的假設考驗的檢定流程如下圖 4-2。

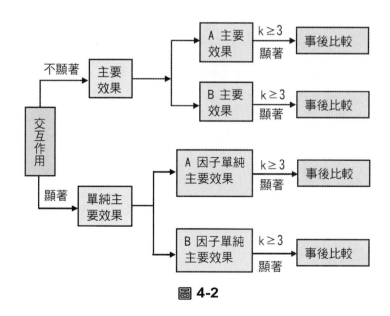

圖 4-2

在二因子變異數分析的流程中，要檢定的整體考驗項包括三個部分：AB 因子交互作用項、A 因子主要效果、B 因子主要效果，如果 AB 因子交互作用項考驗達到顯著（p<.05），則不用進行 A 因子主要效果、B 因子主要效果的顯著檢定，研究者要進行的是 A 因子單純主要效果考驗（simple main effect of the A factor）及 B 因子單純主要效果考驗（simple main effect of the B factor）。A 因子單純主要效果考驗是限定在 B 因子各水準條件下，A 因子各水準在依變項測量值之平均數的差異檢定，以上述生活壓力的探討範例，A 因子（年級）單純主要效果檢定為：

1. 限定 B 因子為 b1 水準時（低學業成就組）：不同年級學生之生活壓力的比較。

   虛無假設 H_0：$\mu_{a1b1} = \mu_{a2b1} = \mu_{a3b1}$

2. 限定 B 因子為 b2 水準時（中學業成就組）：不同年級學生之生活壓力的比較。

   虛無假設 H_0：$\mu_{a1b2} = \mu_{a2b2} = \mu_{a3b2}$

3. 限定 B 因子為 b3 水準時（高學業成就組）：不同年級學生之生活壓力的比較。

   虛無假設 H_0：$\mu_{a1b3} = \mu_{a2b3} = \mu_{a3b3}$

A 因子（年級）單純主要效果檢定的模式表如下表 4-4～4-6。

表 4-4

A 因子 / B 因子		B 因子（學業成就）		
		低學業組 b1	中學業組 b2	高學業組 b3
A 因子（年級）	七年級 a1	$\overline{Y}_{11}[1]$ a1b1	$\overline{Y}_{21}[2]$ a1b2	$\overline{Y}_{31}[3]$ a1b3
	八年級 a2	$\overline{Y}_{12}[4]$ a2b1	$\overline{Y}_{22}[5]$ a2b2	$\overline{Y}_{32}[6]$ a2b3
	九年級 a3	$\overline{Y}_{13}[7]$ a3b1	$\overline{Y}_{23}[8]$ a3b2	$\overline{Y}_{33}[9]$ a3b3

表 4-5

A 因子 ＼ B 因子		B 因子（學業成就）		
		低學業組 b1	中學業組 b2	高學業組 b3
A 因子（年級）	七年級 a1	$\overline{Y}_{11}$[1] a1b1	$\overline{Y}_{21}$[2] a1b2	$\overline{Y}_{31}$[3] a1b3
	八年級 a2	$\overline{Y}_{12}$[4] a2b1	$\overline{Y}_{22}$[5] a2b2	$\overline{Y}_{32}$[6] a2b3
	九年級 a3	$\overline{Y}_{13}$[7] a3b1	$\overline{Y}_{23}$[8] a3b2	$\overline{Y}_{33}$[9] a3b3

表 4-6

A 因子 ＼ B 因子		B 因子（學業成就）		
		低學業組 b1	中學業組 b2	高學業組 b3
A 因子（年級）	七年級 a1	$\overline{Y}_{11}$[1] a1b1	$\overline{Y}_{21}$[2] a1b2	$\overline{Y}_{31}$[3] a1b3
	八年級 a2	$\overline{Y}_{12}$[4] a2b1	$\overline{Y}_{22}$[5] a2b2	$\overline{Y}_{32}$[6] a2b3
	九年級 a3	$\overline{Y}_{13}$[7] a3b1	$\overline{Y}_{23}$[8] a3b2	$\overline{Y}_{33}$[9] a3b3

　　B 因子單純主要效果考驗是限定在 A 因子各水準條件下，B 因子各水準在依變項測量值之平均數的差異檢定，以生活壓力的探討範例，B 因子（學業成就組）單純主要效果檢定為：

1. 限定 A 因子為 a1 水準時（七年級組）：不同學業成就學生之生活壓力的比較。

　　虛無假設 H_0：$\mu_{a1b1} = \mu_{a1b2} = \mu_{a1b3}$

2. 限定 A 因子為 a2 水準時（八年級組）：不同學業成就學生之生活壓力的比較。

　　虛無假設 H_0：$\mu_{a2b1} = \mu_{a2b2} = \mu_{a2b3}$

3. 限定 A 因子為 a3 水準時（九年級組）：不同學業成就學生之生活壓力的比較。

　　虛無假設 H_0：$\mu_{a3b1} = \mu_{a3b2} = \mu_{a3b3}$

表 4-7

A因子 ＼ B因子		B因子（學業成就）		
		低學業組 b1	中學業組 b2	高學業組 b3
A因子（年級）	七年級 a1	$\overline{Y}_{11}$[1] a1b1	$\overline{Y}_{21}$[2] a1b2	$\overline{Y}_{31}$[3] a1b3
	八年級 a2	$\overline{Y}_{12}$[4] a2b1	$\overline{Y}_{22}$[5] a2b2	$\overline{Y}_{32}$[6] a2b3
	九年級 a3	$\overline{Y}_{13}$[7] a3b1	$\overline{Y}_{23}$[8] a3b2	$\overline{Y}_{33}$[9] a3b3

表 4-8

A因子 ＼ B因子		B因子（學業成就）		
		低學業組 b1	中學業組 b2	高學業組 b3
A因子（年級）	七年級 a1	$\overline{Y}_{11}$[1] a1b1	$\overline{Y}_{21}$[2] a1b2	$\overline{Y}_{31}$[3] a1b3
	八年級 a2	$\overline{Y}_{12}$[4] a2b1	$\overline{Y}_{22}$[5] a2b2	$\overline{Y}_{32}$[6] a2b3
	九年級 a3	$\overline{Y}_{13}$[7] a3b1	$\overline{Y}_{23}$[8] a3b2	$\overline{Y}_{33}$[9] a3b3

表 4-9

A因子 ＼ B因子		B因子（學業成就）		
		低學業組 b1	中學業組 b2	高學業組 b3
A因子（年級）	七年級 a1	$\overline{Y}_{11}$[1] a1b1	$\overline{Y}_{21}$[2] a1b2	$\overline{Y}_{31}$[3] a1b3
	八年級 a2	$\overline{Y}_{12}$[4] a2b1	$\overline{Y}_{22}$[5] a2b2	$\overline{Y}_{32}$[6] a2b3
	九年級 a3	$\overline{Y}_{13}$[7] a3b1	$\overline{Y}_{23}$[8] a3b2	$\overline{Y}_{33}$[9] a3b3

　　如果交互作用不顯著，表示 A 因子變項對依變項的處理效果不受 B 因子變項的影響，或 B 因子變項對依變項的處理效果不受 A 因子變項的影響，此時要檢定的是 A 因子主要效果與 B 因子主要效果是否達到顯著，主要效果考驗也是一種整體考驗，在主要效果達到顯著後（p<.05），如果自變項

的水準數≥3，則要進行事後比較（post-hoc comparison），此部分的概念與單因子變異數分析流程一樣。

　　A 因子主要效果檢定在考驗邊緣平均數間的差異，以上述生活壓力為例，研究問題為不同年級的學生其生活壓力是否有顯著的不同。A 因子主要效果檢定模式表如下表 4-10。

表 4-10

A 因子 ＼ B 因子		B 因子（學業成就）			邊緣平均數
		低學業組 水準 1	中學業組 水準 2	高學業組 水準 3	
A 因子（年級）	七年級 水準 1	$\overline{Y}_{11}$[1]	$\overline{Y}_{21}$[2]	$\overline{Y}_{31}$[3]	$\overline{Y}_{.1}$ [1]+[2]+[3]
	八年級 水準 2	$\overline{Y}_{12}$[4]	$\overline{Y}_{22}$[5]	$\overline{Y}_{32}$[6]	$\overline{Y}_{.2}$ [4]+[5]+[6]
	九年級 水準 3	$\overline{Y}_{13}$[7]	$\overline{Y}_{23}$[8]	$\overline{Y}_{33}$[9]	$\overline{Y}_{.3}$ [7]+[8]+[9]
	邊緣平均數	$\overline{Y}_{1.}$ [1]+[4]+[7]	$\overline{Y}_{2.}$ [2]+[5]+[8]	$\overline{Y}_{3.}$ [3]+[6]+[9]	$\overline{Y}_{T}$

　　B 因子主要效果檢定在考驗邊緣平均數間的差異，以上述生活壓力為例，研究問題為不同學業成就的學生其生活壓力是否有顯著的不同。B因子主要效果檢定模式表如下表 4-11。

表 4-11

A 因子 ＼ B 因子		B 因子（學業成就）			邊緣平均數
		低學業組 水準 1	中學業組 水準 2	高學業組 水準 3	
A 因子（年級）	七年級 水準 1	$\overline{Y}_{11}$[1]	$\overline{Y}_{21}$[2]	$\overline{Y}_{31}$[3]	$\overline{Y}_{.1}$ [1]+[2]+[3]
	八年級 水準 2	$\overline{Y}_{12}$[4]	$\overline{Y}_{22}$[5]	$\overline{Y}_{32}$[6]	$\overline{Y}_{.2}$ [4]+[5]+[6]
	九年級 水準 3	$\overline{Y}_{13}$[7]	$\overline{Y}_{23}$[8]	$\overline{Y}_{33}$[9]	$\overline{Y}_{.3}$ [7]+[8]+[9]
	邊緣平均數	$\overline{Y}_{1.}$ [1]+[4]+[7]	$\overline{Y}_{2.}$ [2]+[5]+[8]	$\overline{Y}_{3.}$ [3]+[6]+[9]	$\overline{Y}_{T}$

單純主要效果之 F 統計量的顯著性檢定方面，由於是屬於多次比較，會導致型 I 錯誤率的膨脹，因而檢定時型 I 錯誤率需採用族系錯誤率 α_{FW}，以CFR-33 設計模式而言，如果交互作用顯著，需進行六次單純主要效果考驗，顯著性的 $\alpha_{FW} = .05 \div 6 = 0.0083$，檢定的個別型 I 錯誤率定在.0083，則整體之型 I 錯誤率（α）為.05。

CRF-33 設計模式之單純主要效果變異數分析摘要表如下表 4-12。

表 4-12

變異來源	SS	df	MS	F
A 因子				
在 b1	$SS_{A \cdot b1}$	$p-1$	$SS_{A \cdot b1}/p-1 = MS_{A \cdot b1}$	$MS_{A \cdot b1}/MS_W$
在 b2	$SS_{A \cdot b2}$	$p-1$	$SS_{A \cdot b2}/p-1 = MS_{A \cdot b2}$	$MS_{A \cdot b2}/MS_W$
在 b3	$SS_{A \cdot b3}$	$p-1$	$SS_{A \cdot b3}/p-1 = MS_{A \cdot b3}$	$MS_{A \cdot b3}/MS_W$
B 因子				
在 a1	$SS_{B \cdot a1}$	$q-1$	$SS_{B \cdot a1}/q-1 = MS_{B \cdot a1}$	$MS_{B \cdot a1}/SS_W$
在 a2	$SS_{B \cdot a2}$	$q-1$	$SS_{B \cdot a2}/q-1 = MS_{B \cdot a2}$	$MS_{B \cdot a2}/SS_W$
在 a3	$SS_{B \cdot a3}$	$q-1$	$SS_{B \cdot a3}/q-1 = MS_{B \cdot a3}$	$MS_{B \cdot a3}/SS_W$
組內（誤差）	SS_W	$N-pq$	$MS_W = SS_W/N-pq$	

在「年級」與「學業成就」二個自變項對生活壓力依變項影響之探究中，每個細格假設有五位受試者，全部樣本有 45 位，測得的數據如下表 4-13。（資料來源：Kirk, 1995, p.369）

表 4-13

A 因子		B 因子（學業成就）		
		低學業組 b1	中學業組 b2	高學業組 b3
A 因子 （年級）	七年級 a1	24 33 37 29 42	44 36 25 27 43	38 29 28 47 48
	八年級 a2	30 21 39 26 34	35 40 27 31 22	26 27 36 46 45
	九年級 a3	21 18 10 31 20	41 39 50 36 34	42 52 53 49 64

SPSS 統計軟體執行「分析」→「一般線性模式」→「單變量」程序，其二因子變異數分析結果如下表 4-14：

表 4-14　Tests of Between-Subjects Effects

Dependent Variable: 生活壓力

Source	Type III Sum of Squares	df	Mean Square	F	Sig.	Partial Eta Squared
Corrected Model	2970.000(a)	8	371.250	5.940	.000	.569
Intercept	55125.000	1	55125.000	882.000	.000	.961
年級	190.000	2	95.000	1.520	.232	.078
學業成就	1543.333	2	771.667	12.347	.000	.407
年級 * 學業成就	1236.667	4	309.167	4.947	.003	.355
Error	2250.000	36	62.500			
Total	60345.000	45				
Corrected Total	5220.000	44				
a R Squared = .569 (Adjusted R Squared = .473)						

將上述 CRF-33 設計之二因子變異數分析摘要表整理如下表 4-15。

表 4-15

變異來源	型 III SS	Df	MS	F	顯著性	淨 η^2
A（年級）	190.000	2	95.000	1.520	.232	.078
B（學業成就）	1543.333	2	771.667	12.347	.000	.407
A×B（年級*學業成就）	1236.667	4	309.167	4.947	.003	.355
誤差	2250.000	36	62.500			
總數	5220.000	44				

上述中各變項的自由度如下：

$$df_A = p - 1 = 3 - 1 = 2$$
$$df_B = q - 1 = 3 - 1 = 2$$
$$df_{AB} = (p-1)(q-1) = (3-1)(3-1) = 4$$
$$df_W = pq(n-1) = N - pq = 45 - 3 \times 3 = 36$$
$$df_{TOTAL} = npq - 1 = N - 1 = 45 - 1 = 44$$

淨 η^2（partial eta square）是效果量大小指標，淨 η^2 指標指的是排除其他效果的變異後，變項效果可以解釋依變項變異數多少的百分比，A 因子淨 η^2 值表示在排除 B 因子的主要效果及 AB 交互作用效果之影響後，可以解釋依變項之變異量多少的分比；B 因子淨 η^2 值表示在排除 A 因子的主要效果及

AB 交互作用效果之影響後，可以解釋依變項之變異量多少的百分比，AB 因子淨η^2值表示在排除 A 因子的主要效果及 B 因子的主要效果之影響後，可以解釋依變項之變異量多少的百分比。在上述中「學業成就」自變項淨η^2值為.407，表示在排除「年級」變項的主要效果及二者交互作用效果之影響後，可以解釋學生「生活壓力」依變項 40.7%的變異量。交互作用項的淨η^2值等於.355，表示在排除「年級」變項的主要效果及「學業成就」變項的主要效果之影響後，年級與學業成就交互作用項可以解釋學生「生活壓力」依變項 35.5%的變異量。

　　淨η^2值的計算如下，其中：SS_A 為組間因子 A 之離均差平方和，SS_B 為組間因子 B 之離均差平方和，SS_A 為二個自變項交互作用項之離均差平方和，SS_W 為誤差項之離均差平方和：

$$淨\,\eta_A^2 = \frac{SS_A}{SS_A+SS_W} = \frac{190.000}{190.000+2250.000} = .078$$

$$淨\,\eta_B^2 = \frac{SS_B}{SS_B+SS_W} = \frac{1543.333}{1543.333+2250.000} = .407$$

$$淨\,\eta_{AB}^2 = \frac{SS_{AB}}{SS_{AB}+SS_W} = \frac{1236.667}{1236.667+2250.000} = .355$$

　　二因子變異數分析中，各效果考驗的 F 統計量如果顯著，進一步也可以採用關聯強度，表示自變項與依變項間的關係，此關聯強度（strength of association）稱為淨ω^2（partial omega squared），在固定效果模式（fixed-effect model）中，淨ω^2可以直接由已知的 F（F 統計量值）、n（細格人數）、p（A因子的水準數）、q（B因子的水準數）四個數值求出，其公式如下：

$$A 因子主要效果的關聯強度：\hat{\omega}_{Y|A\cdot B,AB}^2 = \frac{(p-1)(F_A-1)}{(p-1)(F_A-1)+npq}$$

$$B 因子主要效果的關聯強度：\hat{\omega}_{Y|B\cdot A,AB}^2 = \frac{(q-1)(F_B-1)}{(q-1)(F_B-1)+npq}$$

$$A\,B 因子交互作用效果的關聯強度：\hat{\omega}_{Y|AB\cdot A,B}^2 = \frac{(p-1)(q-1)(F_{AB}-1)}{(p-1)(q-1)(F_{AB}-1)+npq}$$

　　下面報表為利用檔案分割及單因子變異數分析求出之單純主要效果。

(一) B 在 a1

年級 = 1

表 4-16　ANOVA(a) 生活壓力

	Sum of Squares	df	Mean Square	F	Sig.
Between Groups	63.333	2	31.667	.439	.655
Within Groups	866.000	12	72.167		
Total	929.333	14			
a 年級 = 1					

(二) B 在 a2

年級 = 2

表 4-17　ANOVA(a) 生活壓力

	Sum of Squares	df	Mean Square	F	Sig.
Between Groups	103.333	2	51.667	.827	.461
Within Groups	750.000	12	62.500		
Total	853.333	14			
a 年級 = 2					

(三) B 在 a3

年級 =32

表 4-18　ANOVA(a) 生活壓力

	Sum of Squares	df	Mean Square	F	Sig.
Between Groups	2613.333	2	1306.667	24.732	.000
Within Groups	634.000	12	52.833		
Total	3247.333	14			
a 年級 = 3					

(四) A 在 b1

學業成就 = 1

表 4-19　ANOVA(a) 生活壓力

	Sum of Squares	df	Mean Square	F	Sig.
Between Groups	463.333	2	231.667	4.528	.034
Within Groups	614.000	12	51.167		
Total	1077.333	14			
a 學業成就 = 1					

(五) A 在 b2

學業成就 = 2

表 4-20　ANOVA(a) 生活壓力

	Sum of Squares	df	Mean Square	F	Sig.
Between Groups	203.333	2	101.667	1.854	.199
Within Groups	658.000	12	54.833		
Total	861.333	14			
a 學業成就 = 2					

(四) A 在 b3

學業成就 = 3

表 4-21　ANOVA(a) 生活壓力

	Sum of Squares	df	Mean Square	F	Sig.
Between Groups	760.000	2	380.000	4.663	.032
Within Groups	978.000	12	81.500		
Total	1738.000	14			
a 學業成就 = 3					

　　上表中六次單純主要效果比較時，檢定之 F 統計量的分母項均為分割後的誤差項，而不是一般統計教科書中所提及的應使用二因子變異數分析摘要表中的組內誤差值 SS_w（2250.000），但也有學者認為當未違反變異數同質性的假定時，考驗各單純主要效果的顯著性所用的誤差項，只要選用分割後的誤差項即可，只是採用此方法，對 F 統計量顯著性的考驗會較為

保守，即較不容易達到顯著，且當各組的變異數同質時，這些分割後的誤差項可以還原為原來的誤差項（*Keppel,1982*；*Winer, 1971*；王保進，民 95）。若是研究者要採用組內誤差值SS_w作為分割後的誤差項，可利用試算表（如 MS Excel）求出各單純主要效果的 F 統計量，至於單純主要效果之各 F 統計量是否顯著，可以藉由 SPSS 顯著性的尾機率函數求出。

採用分割後的誤差項作為整體考驗 F 統計量的分母項，單純主要效果考驗摘要表整理如下表 4-22。

表 **4-22**

變異來源	SS	df	MS	F	SIG.
A 在 b1	463.333	2	231.667	4.528	.034
A 在 b2	203.333	2	101.667	1.854	.199
A 在 b3	760.000	2	380.000	4.663	.032
B 在 a1	63.333	2	31.667	.439	.655
B 在 a2	103.333	2	51.667	.827	.461
B 在 a3	2613.333	2	1306.667	24.732	.000
誤差	2250.000	36	62.500		

二因子變異數分析摘要表與單純主要效果單變異數分析摘要表中，可以得知離均差平方和（sums of squares；SS）有下列關係存在：

$$SS_A + SS_{AB} = SS_{A\_at\_b_1} + SS_{A\_at\_b_2} + \cdots\cdots + SS_{A\_at\_b_q} = \sum_{k=1}^{q} SS_{A\_at\_b_k}$$

$$190.000 + 1236.667 = 463.333 + 203.333 + 760.000 = 1426.67$$

在自由度方面：$SS_A + SS_{AB}$ 的自由度等於 $\sum_{k=1}^{q} SS_{A\_at\_b_k}$ 的自由度

$$(p-1) + (p-1)(q-1) = (p-1) + (p-1) + \cdots\cdots + (p-1) = q(p-1)$$
$$2 + 4 = 3(3-1) = 6$$

$$SS_B + SS_{AB} = SS_{B\_at\_a_1} + SS_{B\_at\_a_2} + \cdots\cdots + SS_{B\_at\_a_p} = \sum_{j=1}^{p} SS_{B\_at\_a_j}$$

$$1543.333 + 1236.667 = 63.333 + 103.333 + 2613.333 = 2780.00$$

$SS_B + SS_{AB}$ 的自由度等於 $\sum_{j=1}^{p} SS_{B\_at\_a_j}$ 的自由度

$$(q-1)+(p-1)(q-1)=(q-1)+(q-1)+\cdots\cdots+(q-1)=p(q-1)$$
$$2+4=3(3-1)=6$$

採用二因子變異數分析摘要表中的組內誤差值 SS_w（2250.000）作爲單純主要效果整體考驗 F 統計量的分母項，其 F 統計量與顯著性 p 值如下表 4-23。

表 4-23

變異來源	SS	df	MS	F	SIG.
A 在 b1	463.333	2	231.667	3.707	.0344
A 在 b2	203.333	2	101.667	1.627	.2106
A 在 b3	760.000	2	380.000	6.080	.0053
B 在 a1	63.333	2	31.667	.507	.6065
B 在 a2	103.333	2	51.667	.827	.4455
B 在 a3	2613.333	2	1306.667	20.907	.0000
誤差	2250.000	36	62.500		

上述第五個欄位中的 F 統計量等於各均方值除以誤差項的均方值 MS_w（$=62.500$），各單純主要效果顯著性考驗之 F 統計量的分母項爲 MS_w，如 $3.707=231.667\div62.500$、$20.907=1306.667\div62.500$。

下圖 4-3 爲根據 F 值、二個自由度（v_1 與 v_2），利用 F 值機率函數估計出之顯著性。

	F	DF1	DF2	SIG
1	3.707	2	36	.0344
2	1.627	2	36	.2106
3	6.080	2	36	.0053
4	.507	2	36	.6065
5	.827	2	36	.4455
6	20.907	2	36	.0000

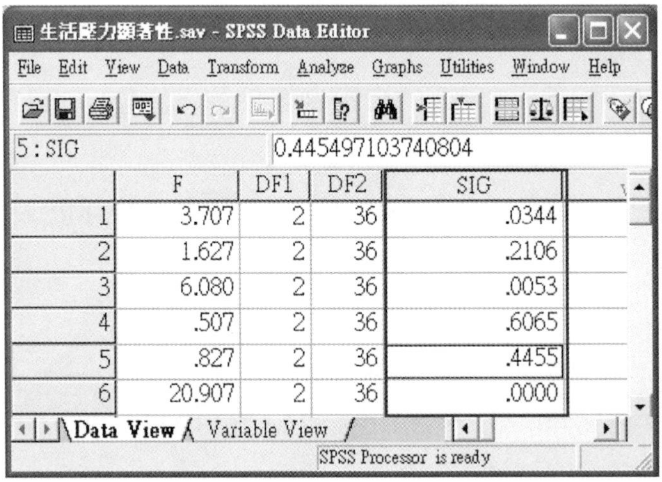

圖 4-3

上述 F 值顯著性 p 值的計算，SPSS 的操作程序如下：

㈠**步驟**1

將各單純主要效果之 F 值，二個自由度建立如下表格式，三個變數名稱研究者可以自訂。

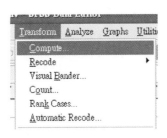

圖 4-4

㈡**步驟**2

執行功能列「Transform」（轉換）→「Compute」（計算）程序，出現「Compute Variable」（計算變數）對話視窗。

圖 4-5

在「Target Variable」（目標變數）下的方格中，輸入新變項名稱「SIG」，在「Function group」（函數）下拉式方盒中，選取「Significance」選項，在下方次方盒「Functions and Special Variables:」下的方盒中，選取「Sig.F」函數，連按二下，此函數語法會出現在上方「Numeric Expression」（數值運算式）下的方式格中：「SIG. F(?,?,?)」，三個「？」處依序將 F

值、自由度 1、自由度 2 三個變項選入。

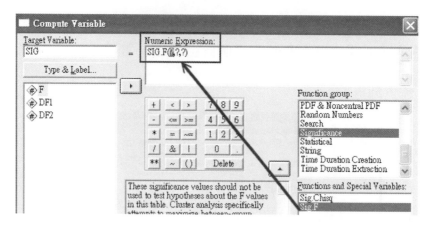

圖 4-6

　　將 F 值、自由度 1、自由度 2 三個變項選入「Sig.F」函數中，函數語法會變為「Sig.F(F,DF1,DF2)」→按「OK」（確定）鈕，資料檔中會新增「SIG」變項。

　　切換到「Variable View」（變數檢視）次視窗，設定「SIG」變項的小數位數為四位數。

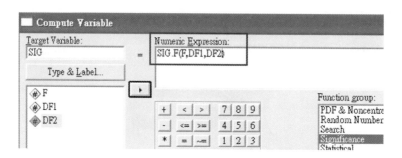

圖 4-7

　　上述以二種不同的誤差項為分母，求出的 F 統計量與其顯著性 p 值如下表 4-24，從下列綜合摘要表中可以看出，二個 F 統計量的差異不大，顯著性的結果大致相同：

表 4-24

變異來源	SS	Df	MS	F_1	p_1[註]	F_2	p_2
A 因子	190.000	2	95.000	1.520	.2320		
B 因子	1543.333	2	771.667	12.347	.0000		
A×B	1236.667	4	309.167	4.947	.0030		
A 在 b1	463.333	2	231.667	3.707	.0344	4.528*	.034
A 在 b2	203.333	2	101.667	1.627	.2106	1.854	.199
A 在 b3	760.000	2	380.000	6.080+	.0053	4.663*	.032
B 在 a1	63.333	2	31.667	.507	.6065	.439	.655
B 在 a2	103.333	2	51.667	.827	.4455	.827	.461
B 在 a3	2613.333	2	1306.667	20.907+	.0000	24.732***	.000
誤差	2250.000	36	62.500				

+ $p<.0083$ *$p<.05$ ***$p<.001$

【備註】：F_1 由於採用主要效果項的誤差項，為避免型Ⅰ錯誤率膨脹，採用族系錯誤率，顯著性的 $\alpha_{FW}=.05\div6=0.0083$，檢定的個別型Ⅰ錯誤率定在.0083，則整體之型Ⅰ錯誤率（α）為.05。A 在 b3 及 B 在 a3 單純主要效果檢定之 F 值分別為 6.080、20.907，顯著性 p 值分別為.0053、.0000，小於.0083，二者之單純主要效果檢定達到顯著。

假定二因子變異數分析之研究設計是固定效果模式，則CRF-pq設計模式方程參數（parameters of the model equation）為：

$$Y_{ijk} = \mu + \alpha_j + \beta_k + (\alpha\beta)_{jk} + \varepsilon_{i(jk)}$$

簡單參數估計（sample estimators of the parameters）為：

$$Y_{ijk} = \overline{Y}_{...} + (\overline{Y}_{.j.} - \overline{Y}_{...}) + (\overline{Y}_{..k} - \overline{Y}_{...}) + (\overline{Y}_{.jk} - \overline{Y}_{.j.} - \overline{Y}_{..k} + \overline{Y}_{...}) + (Y_{ijk} - \overline{Y}_{.jk})$$

分數＝總平均數+A 處理效果+B 處理效果+AB 交互作用效果+細格內誤差效果。

分數－總平均數＝ A 處理效果+B 處理效果+AB 交互作用效果+細格內誤差效果。

$$Y_{ijk} - \overline{Y}_{...} = (\overline{Y}_{.j.} - \overline{Y}_{...}) + (\overline{Y}_{..k} - \overline{Y}_{...}) + (\overline{Y}_{.jk} - \overline{Y}_{.j.} - \overline{Y}_{..k} + \overline{Y}_{...}) + (Y_{ijk} - \overline{Y}_{.jk})$$

以離均差平方表示即：

$$SS_{total} = SS_A + SS_B + SS_{AB} + SS_W$$

離均差平方和的求法公式如下：

$$\sum_{i=1}^{n}\sum_{j=1}^{p}\sum_{k=1}^{q}(Y_{ijk}-\overline{Y}_{...})^2 = np\sum_{j=1}^{p}(\overline{Y}_{.j.}-\overline{Y}_{...})^2 + np\sum_{k=1}^{q}(\overline{Y}_{..k}-\overline{Y}_{...})^2 + n\sum_{j=1}^{p}\sum_{k=1}^{q}(\overline{Y}_{.jk}-\overline{Y}_{.j.}-\overline{Y}_{..k}+\overline{Y}_{...})^2$$
$$+ \sum_{i=1}^{n}\sum_{j=1}^{p}\sum_{k=1}^{q}(Y_{ijk}-\overline{Y}_{.jk})^2$$

處理 A、處理 B 主要效果檢定的假設為：

表 4-25

A 主要效果虛無假設	B 主要效果虛無假設
$H_0 : \mu_{1.} = \mu_{2.} = \cdots\cdots = \mu_{p.}$	$H_0 : \mu_{.1} = \mu_{.2} = \cdots\cdots = \mu_{.q}$
或	或
$H_0 : \alpha_j = 0$，就所有 j 而言	$H_0 : \beta_k = 0$，就所有 k 而言

單純主要效果檢定的假設如下表 4-26：

表 4-26

A 因子單純主要效果檢定	B 因子單純主要效果檢定
$H_0 : \mu_{11} = \mu_{21} = \cdots\cdots = \mu_{p1}$ 或 $H_0 : \alpha_j\_at\_b_1 = 0$ 就所有 j	$H_0 : \mu_{11} = \mu_{12} = \cdots\cdots = \mu_{1q}$ 或 $H_0 : \beta_k\_at\_\alpha_1 = 0$ 就所有 k
$H_0 : \mu_{12} = \mu_{22} = \cdots\cdots = \mu_{p2}$ 或 $H_0 : \alpha_j\_at\_b_2 = 0$ 就所有 j	$H_0 : \mu_{21} = \mu_{22} = \cdots\cdots = \mu_{2q}$ 或 $H_0 : \beta_k\_at\_\alpha_2 = 0$ 就所有 k
$H_0 : \mu_{13} = \mu_{23} = \cdots\cdots = \mu_{p3}$ 或 $H_0 : \alpha_j\_at\_b_3 = 0$ 就所有 j	$H_0 : \mu_{31} = \mu_{32} = \cdots\cdots = \mu_{3q}$ 或 $H_0 : \beta_k\_at\_\alpha_3 = 0$ 就所有 k
‧ ‧ ‧ ‧ ‧ ‧ ‧ ‧ ‧	‧ ‧ ‧ ‧ ‧ ‧ ‧ ‧ ‧
$H_0 : \mu_{1q} = \mu_{2q} = \cdots\cdots = \mu_{pq}$ 或 $H_0 : \alpha_j\_at\_b_q = 0$ 就所有 j	$H_0 : \mu_{p1} = \mu_{p2} = \cdots\cdots = \mu_{pq}$ 或 $H_0 : \beta_k\_at\_\alpha_p = 0$ 就所有 k

　　主要效果與單純主要效果的均方值（mean squares）及其自由度（degrees of freedom）如下表 4-27，主要效果是求自變項各水準平均數與總平均數的差距，而單純主要效果則是求細格平均數與相對應的水準邊緣平均數的差

距，二者的基本原理是相同的：

表 4-27

主要效果均方值及其自由度	單純主要效果均方值及其自由度
$MS_A = np\sum\limits_{j=1}^{p}(\overline{Y}_{j.}-\overline{Y}_{..})^2/(p-1)$ $v_1=(p-1)$；$v_2=pq(n-1)$	$MS_A\_at\_b_k = n\sum\limits_{j=1}^{p}(\overline{Y}_{jk}-\overline{Y}_{.k})^2/(p-1)$ $v_1=(p-1)$；$v_2=pq(n-1)$
$MS_B = np\sum\limits_{k=1}^{q}(\overline{Y}_{.k}-\overline{Y}_{..})^2/(q-1)$ $v_1=(q-1)$；$v_2=pq(n-1)$	$MS_B\_at\_a_j = n\sum\limits_{k=1}^{q}(\overline{Y}_{jk}-\overline{Y}_{j.})^2/(q-1)$ $v_1=(q-1)$；$v_2=pq(n-1)$

　　二因子變異數分析中主要效果、交互作用項是否達到顯著，也可以透過二個因子繪製之交互作用圖形（graphic representation of interaction）來判別。以 CRF-23 設計模式而言，其細格如下表 4-28：

表 4-28

A 因子　＼　B 因子		B 因子			邊緣平均數
		水準一	水準二	水準三	
A 因子	a1（水準一）	a1b1	a1b2	a1b3	A1
	a2（水準二）	a2b1	a2b2	a2b3	A2
	邊緣平均數	B1	B2	B3	

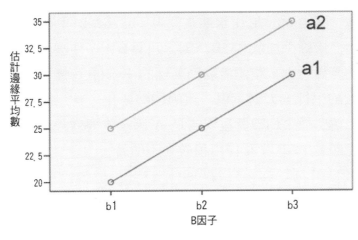

圖 4-8

　　上圖 4-8 為以 B 因子三個水準為 X 軸，而依 b1、b2、b3 三個水準分別繪製 A 因子二個水準在依變項測量值的平均數。在 b1 水準條件中，a2>a1；在 b2 水準條件中，a2>a1；在 b3 水準條件中，a2>a1，二條平均數折線圖大

約平行，表示 AB 交互作用項不顯著，因 A2>A1，A 因子主要效果可能顯著，如果 A2、A1 平均數的差距愈大，則 A 因子主要效果檢定愈會達到顯著。

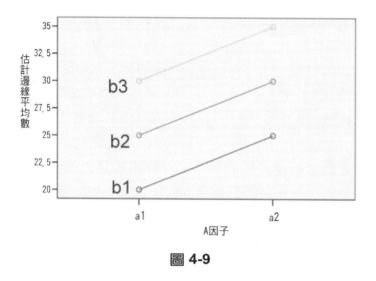

圖 4-9

　　上圖 4-9 為以 A 因子二個水準為 X 軸，而依 a1、a2 二個水準分別繪製 B 因子三個水準在依變項測量值的平均數，此平均數圖與之前一個平均數圖是同一資料數據，此圖為依 B 因子三個水準分別繪製二條折線圖，而此圖則是依 A 因子二個水準分別繪製三條折線圖，由於是 2×3 的二因子變異數分析，共有六個細格，因而圖中會出現六個標示點，此六個標示點為六個細格的平均數。圖中顯示在 a1 水準條件中，b3>b2>b1；在 a2 水準條件中，b3>b2>b1；因而邊緣平均數 B3>B2>B1，可見 B 因子主要效果可能顯著，如果平均數間的差異愈大，整體考驗顯著性的 F 值愈可能達到顯著，二條平均數折線圖大約平行，大約呈現一致的趨勢變化，其二因子間的交互作用項不顯著。上述二種平均數圖呈現的是 A 因子主要效果可能顯著、B 因子主要效果可能顯著、AB 交互作用項效果不顯著。

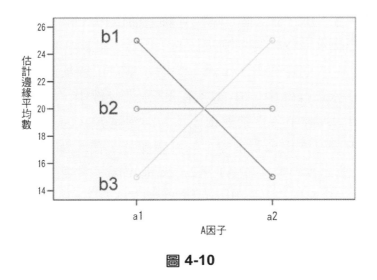

圖 **4-10**

上圖 4-10 為以 A 因子二個水準為 X 軸，而依 a1、a2 二個水準分別繪製 B 因子三個水準在依變項測量值的平均數，在 a1 水準條件中，B 因子三個水準在依變項平均數的高低為：b1>b2>b3；在 a2 水準條件中，B 因子三個水準在依變項平均數的高低為：b3>b2>b1。就 a1 水準條件而言，以 b1 的平均數最高、b3 的平均數最低；就 a2 水準條件而言，剛好相反，以 b3 的平均數最高、b1 的平均數最低，二條平均數折線圖呈現的是一種交叉的折線，B 因子各水準對依變項的影響隨著 A 因子水準的不同而有不同，因而 AB 交互作用項顯著，此種交互作用為一種「非次序性交互作用」（disordinal interaction）。B 因子三個邊緣平均數大致相等，即 B1=B2=B3，因而 B 因子主要效果不顯著。

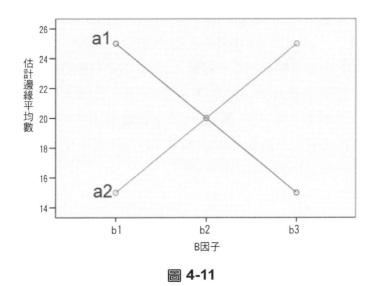

圖 **4-11**

　　上圖 4-11 為以 B 因子三個水準為 X 軸，而依 b1、b2、b3 三個水準分別繪製 A 因子二個水準在依變項測量值的平均數，此圖與前一個圖形為相同數據資料。在 B 水準條件中，A 因子二個水準在依變項測量值的平均數高低如下：在 b1 水準條件中，a1>a2；在 b2 水準條件中，a1=a2；在 b3 水準條件中，a2>a1，A 因子各水準對依變項的影響隨著 B 因子水準的不同而有不同，因而 AB 交互作用項對依變項的影響顯著。在 A 因子主要效果方面，二個邊緣平均數大致相等，即 A1=A2，因而 A 因子主要效果不顯著。就上述二個「對稱非次序性交互作用」的平均數圖來看，AB 交互作用項效果顯著，而 A 因子主要效果不顯著、B 因子主要效果也不顯著。

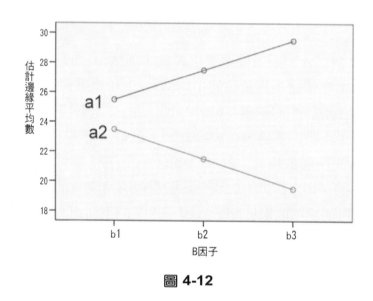

圖 4-12

　　上圖 4-12 顯示：在 b1 水準條件中，a1>a2，在 b2 水準條件中，a1>a2，在 b3 水準條件中，a1>a2，在 B 因子三個水準中，A 因子二個水準在依變項測量值平均數的高低均為 a1>a2，可見 A 因子二個水準的邊緣平均數的高低為 A1>A2，A 因子主要效果可能顯著。就 B 因子三個水準而言，以分數差距來看，在 b1 水準條件中，a1 與 a2 的差距分數最小，A 因子二個水準對依變項的影響因 B 因子水準數的不同而有不同，AB 因子交互作用項的效果顯著。

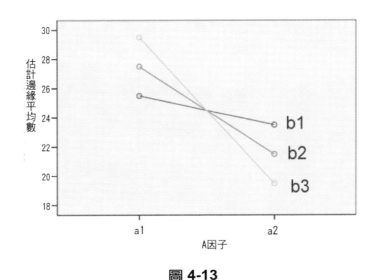

圖 4-13

上圖 4-13 與之前一個圖形是同一組數據資料，在 a1 水準條件中，B 因子三個水準在依變項平均數的高低為 b3>b2>b1，在 a2 水準條件中，B 因子三個水準在依變項平均數的高低為 b1>b2>b3，B 因子對依變項的影響受到 A 因子水準數不同而有不同，表示 AB 交互作用項效果顯著，此結果與上圖顯示的結果相同。就 B 因子主要效果而言，三個邊緣平均數的差距不大，B 因子主要效果不顯著。前一個圖形中，就 B 因子三個水準而言，A 因子二個水準在依變項的平均數呈現一致性的次序關係，均為 a1>a2，表示 A 因子在不同的 B 因子水準下對於依變項的影響呈現一致性的次序性關係；而此圖顯示的是：就 A 因子二個水準而言，B 因子三個水準在依變項的平均數呈現非一致性的次序關係，一為 b3>b2>b1、一為 b1>b2>b3，表示 B 因子在不同的 A 因子水準下對於依變項的影響不一致，是一種非次序現象，此種平均數圖中一為次序性關係圖、一為非次序性關係圖，其交互作用效果現象，又稱「部分非次序性交互作用」（partial disordinal interaction）。

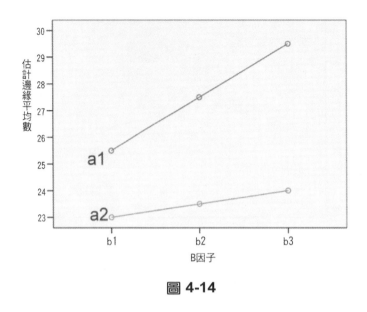

圖 4-14

上述平均數圖 4-14 中，在 B 因子三個水準中，A 因子二個水準呈現一種次序性關係，在 b1、b2、b3 三個水準條件中，均呈現 a1>a2 的現象，此種圖形之交互作用項是否顯著並非十分明顯，視 a1 折線的斜率而定，a1 線的斜率愈大，AB因子交互作用項愈可能達到顯著。在主要效果檢定方面，由於邊緣平均數的 A1>A2，因而 A 因子主要效果可能顯著，至於 B 因子主要效果是否顯著，也須視 a1 線的斜率而定。對於此種交互作用項無法明確判斷的平均數圖，研究者應進一步根據二因子變異數分析摘要表之各效果的 F 統計量及其顯著性加以判斷。

一般交互作用圖表是輔助研究者對於二因子變異數分析中，對於各效果項的解釋。一般而言，如果折線圖呈現平行或近似平行的關係，表示交互作用項不顯著，若是折線圖出現交叉點或是呈現一種非平行的關係，則表示交互作用項顯著，但研究者在此部分的解釋應參考二因子變異數分析摘要表中各效果項檢定的 F 統計量及其顯著性，以免產生解釋偏誤。

4-2 CFR-23 設計實例解析

當研究者為深入了解二個自變項對依變項的影響時，可採取雙因子單變量變異數分析或雙因子多變量變異數分析（依變項有二個以上時即為多變量變異數分析，單變量為每次檢定只考驗一個依變項、多變量則同時考驗二個以上的依變項），以學生「性別」（分為男學生、女學生二個水

準）、學生「年級」（分爲四年級、五年級、六年級三個水準）二個變項
而言，如分別以上述二個因子作爲自變項，而以學生的「生活壓力」作爲
依變項，所進行的統計分析即爲單因子變異數分析，圖示如下圖 4-15：

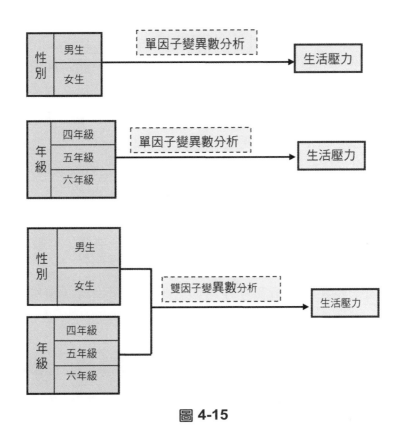

圖 4-15

上圖 4-15 之第一個圖、第二個圖爲單因子變異數分析的圖示；第三個
圖爲雙因子變異數分析的圖示架構，其研究問題如下：學生「性別」變項
與學生「年級」變項對學生生活壓力的影響是否有顯著的交互作用存在？
其研究假設爲：「不同學生性別與學生年級變項在生活壓力變因上有顯著
的交互作用。」通常進行雙因子變異數分析，就可以不用再分別進行單因
子變異數分析，因爲如果二因子變異數分析的交互作用顯著，進行單因子
變異數分析即無實質意義存在，如果二因子變異數分析的交互作用未達顯
著，可以直接進行「主要效果」（main effects）的考驗，主要效果考驗即是
進行單因子變異數分析的考驗，以範例而言，二個主要效果考驗分別爲：
⑴不同性別的學生其生活壓力是否有顯著差異？⑵不同年級的學生其生活
壓力是否有顯著差異？雙因子變異數分析考驗目的可以進一步了解變項細
格間的差異，而不只是探討個別因子間邊緣平均數的差異，在學習生活壓

力的探究中，若進行單因子變異數分析，只可知悉全部受試的男、女學生在生活壓力上是否有所差異？或四、五、六年級的學生在生活壓力上是否有顯著的不同？如進一步進行雙因子變異數分析考驗，則可以進一步了解在不同性別群體下，四、五、六年級的學生在生活壓力上是否有顯著的不同；或在不同的年級群體中，男、女學生在生活壓力上是否有顯著差異。

若是交互作用不顯著，則進行主要效果的比較，此時即直接比較邊緣平均數，其結果與個別進行獨立樣本單因子變異數分析一樣。以上述的假設驗證而言，如果學生性別與學生年級二個變項在學生生活壓力的交互作用不顯著，不必進行「單純主要效果」（simple main effects）比較，而直接進行「主要效果」（main effects）比較，所要驗證的假設成為：

1. 不同性別的學生其生活壓力有顯著差異（A 因子邊緣平均數的比較）。
2. 不同年級的學生其生活壓力有顯著差異（B 因子邊緣平均數的比較）。

如果雙因子變異數分析交互作用顯著，則繼續進行「單純主要效果」的比較分析，事後比較的目的在於比較細格平均數間的差異，其詳細的比較，請看以下說明。

在完全隨機化 2×3 因子的設計中，二個因子分別假設為 A、B，A 因子有二個水準（levels），分別為 a1、a2，B 因子有三個水準，分別為 b1、b2、b3，各細格與邊緣平均數的代號如下表 4-29。

表 4-29

A 因子 ＼ B 因子		B 因子			邊緣平均數
		b1	b2	b3	
A 因子	a1	a1b1	a1b2	a1b3	A1
	a2	a2b1	a2b2	a2b3	A2
	邊緣平均數	B1	B2	B3	

上述的研究設計中，若是每個細格的人數相等，則稱為「平衡設計二因子變異數分析」（balance two-way ANOVA），如果細格人數不相等，則稱為「不平衡設計二因子變異數分析」（unbalance two-way ANOVA）。在採用問卷調查法或準實驗設計的研究模式中，由於多數是採用隨機取樣、分層隨機取樣或叢集取樣或樣本中途退出，因而細格內的人數完全相等的

機率較少。CRF-23 設計的模式表如下表 4-30，每個細格內的受試者均不一樣，二個變項彼此之間的交叉細格內之觀察值彼此互為獨立（mutually independently），A 因子有二個水準 a1、a2，B 因子有三個水準 b1、b2、b3，構成一個 2×3 的細格設計，屬「完全隨機化因子設計」（completely randomized factorial design）的一種，簡稱為 CRF-23 設計。

表 4-30

組合之處理水準	受試者	組別
a_1b_1	Subject$_1$	組別 1
......	......	
a_1b_1	Subject$_n$	
a_1b_2	Subject$_{n+1}$	組別 2
......	......	
a_1b_2	Subject$_{2n}$	
a_1b_3	Subject$_{2n+1}$	組別 3
......	......	
a_1b_3	Subject$_{3n}$	
a_2b_1	Subject$_{3n+1}$	組別 4
......	......	
a_2b_1	Subject$_{4n}$	
a_2b_2	Subject$_{4n+1}$	組別 5
......	......	
a_2b_2	Subject$_{5n}$	
a_2b_3	Subject$_{5n+1}$	組別 6
......	......	
a_2b_3	Subject$_{6n}$	

　　二因子變異數分析檢定中，要先考驗細格的平均數間是否有顯著差異，細格差異項的檢定為二因子交互作用項效果考驗，如果交互作用不顯著，即比較 A 因子的邊緣平均數，A1 水準組與 A2 水準組那一個組別較佳，而 B 因子邊緣平均數的比較，在於比較 B1 水準組、B2 水準組、B3 水準組三個組別那一個較優，邊緣平均數的比較，即是單因子變異數分析結果比較（A 因子雖只有二個水準，也可以使用變異數分析 F 值加以考驗）。各因子邊緣平均數的比較，即為「主要效果」比較。主要效果比較也是一種整體性考驗，如果顯著性考驗的 F 統計量達到顯著水準（p<.05），進一步要進行事後比較，以得知是那二組平均數間的差異達到顯著。

A因子主要效果（A 因子在依變項測量值平均數的差異比較）的比較如下表 4-31：

表 4-31

A因子 〳 B因子		B因子			
		b1	b2	b3	邊緣平均數
A因子	a1	a1b1	a1b2	a1b3	A1
	a2	a2b1	a2b2	a2b3	A2
	邊緣平均數	B1	B2	B3	

B因子主要效果（B因子在依變項測量值平均數的差異比較）的比較如下表 4-32：

表 4-32

A因子 〳 B因子		B因子			
		b1	b2	b3	邊緣平均數
A因子	a1	a1b1	a1b2	a1b3	A1
	a2	a2b1	a2b2	a2b3	A2
	邊緣平均數	B1	B2	B3	

如果交互作用顯著，比較邊緣平均數即沒有其實質意義，因為交互作用達到顯著，表示 A 因子水準組效果受到 B 因子的影響，而 B 因子水準組效果也會受到 A 因子的影響。交互作用顯著時，所要比較的是：

1. a1b1、a1b2、a1b3 細格間的平均數是否有顯著的不同？這個比較是 B 因子在 a1 水準方面之效果比較。這個比較在有條件性的單因子變異數分析中變為：

   〔在 A=1 的情況下，進行 b1、b2、b3 三組的比較〕。

   研究問題： 在 a1 水準條件中，B 因子三個水準在依變項的平均數間是否有顯著差異存在？

   研究假設： 在男生群體中，不同年級學生所感受的生活壓力間有顯著差異。

表 4-33

A因子 ＼ B因子		B因子			邊緣平均數
		b1	b2	b3	
A因子	a1	a1b1	a1b2	a1b3	A1
	a2	a2b1	a2b2	a2b3	A2
	邊緣平均數	B1	B2	B3	

2. a2b1、a2b2、a2b3 細格間的平均數是否有顯著的不同？這個比較是 B 因子在 a2 水準方面之效果比較。這個比較在有條件性的單因子變異數分析中變為：

〔在 A=2 的情況下，進行 b1、b2、b3 三組的比較〕。

研究問題：在 a2 水準條件中，B 因子三個水準在依變項的平均數間是否有顯著差異存在？

研究假設：在女生群體中，不同年級學生所感受的生活壓力間有顯著差異。

表 4-34

A因子 ＼ B因子		B因子			邊緣平均數
		b1	b2	b3	
A因子	a1	a1b1	a1b2	a1b3	A1
	a2	a2b1	a2b2	a2b3	A2
	邊緣平均數	B1	B2	B3	

3. a1b1、a2b1 細格間的平均數是否有顯著的不同？這個比較是 A 因子在 b1 水準方面之效果比較。這個比較在有條件性的單因子變異數分析（或 t 考驗）中變為：

〔在 B=1 的情況下，進行 a1、a2 二組的比較〕。

研究問題：在 b1 水準條件中，A 因子二個水準在依變項的平均數間是否有顯著差異存在？

研究假設：在四年級群體中，男、女學生所感受的生活壓力間有顯著差異。

表 4-35

A因子 ＼ B因子		B因子			邊緣平均數
		b1	b2	b3	
A因子	a1	a1b1	a1b2	a1b3	A1
	a2	a2b1	a2b2	a2b3	A2
	邊緣平均數	B1	B2	B3	

4. a1b2、a2b2 細格間的平均數是否有顯著的不同？這個比較是 A 因子在 b2 水準方面之效果比較。這個比較在有條件性的單因子變異數分析（或 t 考驗）中變為：

〔在 B=2 的情況下，進行 a1、a2 二組的比較〕。

研究問題： 在 b2 水準條件中，A 因子二個水準在依變項的平均數間是否有顯著差異存在？

研究假設： 在五年級群體中，男、女學生所感受的生活壓力間有顯著差異。

表 4-36

A 因子　　　B 因子		B 因子			邊緣平均數
		b1	b2	b3	
A 因子	a1	a1b1	a1b2	a1b3	A1
	a2	a2b1	a2b2	a2b3	A2
	邊緣平均數	B1	B2	B3	

5. a1b3、a2b3 細格間的平均數是否有顯著的不同？這個比較是 A 因子在 b3 水準方面之效果比較。這個比較在有條件性的單因子變異數分析（或 t 考驗）中變為：

〔在 B=3 的情況下，進行 a1、a2 二組的比較〕。

研究問題： 在 b3 水準條件中，A 因子二個水準在依變項的平均數間是否有顯著差異存在？

研究假設： 在六年級群體中，男、女學生所感受的生活壓力間有顯著差異。

表 4-37

A 因子　　　B 因子		B 因子			邊緣平均數
		b1	b2	b3	
A 因子	a1	a1b1	a1b2	a1b3	A1
	a2	a2b1	a2b2	a2b3	A2
	邊緣平均數	B1	B2	B3	

這些比較就是單純主要效果比較，也就是細格平均數間的比較。

4 - 3 CRF-23 設計──交互作用顯著

4-3-1 研究問題

某教育學者想探究國小學生性別與年級是否在「生活壓力」上有顯著的交互作用存在，即不同性別的學生其生活壓力的感受是否因其年級不同而有不同，或不同年級的學生其生活壓力的感受是否因其性別不同而有差異，乃從四、五、六年級學生中各抽取二十名學生，每個年級二十名學生中，男、女生各十名，抽取的樣本施予「生活壓力量表」測驗，得分愈高，表示學生的生活壓力愈大。本研究的研究問題與研究假設如下：

研究問題：性別（男生&女生）與年級（四年級&五年級&六年級）變項在生活壓力上是否有顯著的交互作用存在？

研究假設：性別（男生&女生）與年級（四年級&五年級&六年級）變項在生活壓力上有顯著的交互作用。

　　蒐集的資料鍵入於SPSS資料編輯程式視窗中格式如下：其中包括三個變項，一為自變項「學生性別」因子（A因子），其水準數值有二，1 表示男生、2 表示女生；二為自變項「學生年級」因子（B因子），其水準數值有三，1 表示四年級、2 表示五年級、3 表示六年級；三為依變項「生活壓力」，資料檔內的數字為生活壓力的總分，生活壓力變項測量值愈大，表示樣本觀察值的生活壓力愈大；生活壓力變項測量值愈小，表示樣本觀察值的生活壓力愈小。範例中的變項「生活壓力」為依變項，二個獨立因子分別為「學生性別」、「學生年級」。

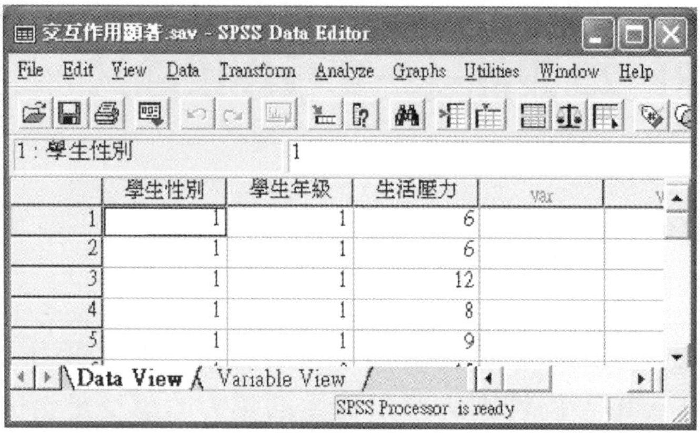

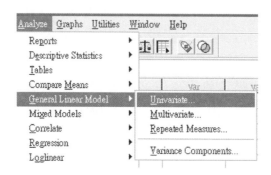

圖 4-16

4-3-2 操作程序

要進行二因子變異數分析，須開啓「單變量」（Univariate）對話視窗。

(一)步驟 1

> 執行「分析」（Analyze）／「一般線性模式」（General Linear Model）
> ／「單變量...」（Univariate）程序，開啓「單變量」（Univariate）對話
> 視窗。

圖 4-17

(二)步驟 2

> 在左邊變數清單中將依變項「生活壓力」選入右邊「依變數」（Depend-
> ent Variables）方盒中；將自變項「學生性別」與「學生年級」二個自變
> 項選入右方「固定因子」（Fixed Factors）下的方盒中。

【備註】：上述的二個固定因子與依變數的變項變項名稱均直接鍵入中文，
在變數設定中，背景變項、加總後的層面名稱的變數可以以中文
直接命名，若是量表中的題項還是以英名命名較佳，如 ia1、ia2、
ia3....、ib1、ib2、ib3....、ic1、ic2、ic3，這樣在層面分數的加總
與計算上較為方便。

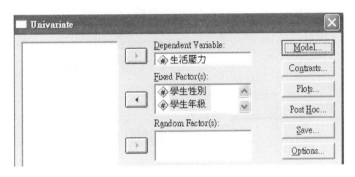

圖 4-18

(三)步驟 3

在「單變量」對話視窗中，按『圖形』（Plots）鈕，會出現「單變量：
剖面圖」（Univariate: Profile Plots）次對話視窗，將兩個自變項分別選
入右方的「水平軸」（Horizontal Axis）與「個別線」（Separate Lines）
空盒中，按『新增』（Add）鈕→按『繼續』（Continue）鈕，回到「單
變量」（Univariate）對話視窗。

【備註】：將 A 因子「學生性別」變項選入「水平軸」框架內，將 B 因子
「學生年級」變項選入「個別線」框架內，按『新增』鈕後，於
下方「圖形」方盒內會出現「學生性別*學生年級」的訊息；將
B 因子「學生年級」變項選入「水平軸」框架內，將 A 因子「學
生性別」變項選入「個別線」框架內，按『新增』鈕後，於下方
「圖形」方盒內會出現「學生年級*學生性別」的訊息，「學生
性別*學生年級」與「學生年級*學生性別」所呈現的圖形雖不相
同，但均可以看出二個因子在依變項是否有交互作用存在，如果
呈現的圖形有交叉點或不平行則可能有交互作用存在。有交叉點
圖形的交互作用稱為「無次序性交互作用」（disordinal interac-
tion），無交叉點圖形的交互作用稱為「次序性交互作用」（or-
dinal interaction），二個因子間如果沒有交互作用，則交互作用
圖的二條直線會大致呈平行的趨勢。若是二個因子所繪製的剖面

圖中，有交叉點，但交叉點之處差異不大，或是直線間雖不平行，但不平行的狀況也不明顯，在統計上是否達到顯著水準，需配合統計顯著性加以考驗方能得知。

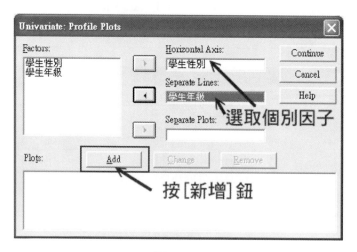

圖 4-19

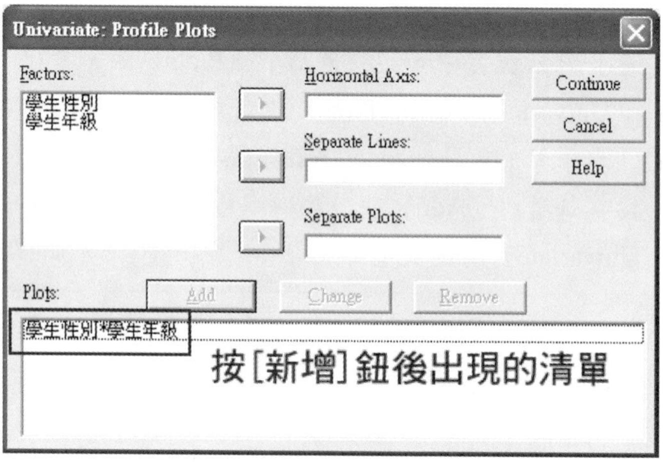

圖 4-20

(四)**步驟 4**

在「單變量」對話視窗中，按『Post Hoc檢定』（Post Hoc...）鈕，出現「單變量：觀察值平均數的 Post Hoc 多重比較」（Univariate: Post Hoc Multiple Comparisons for Observed Means）次對話視窗，將左邊「因子」（Factors）下的二個自變項「學生性別」、「學生年級」選入右邊「Post Hoc 檢定」（Post Hoc Test for）下的方盒中，選取一種事後比較方法，

如『☑Scheffe法』→按『繼續』（Continue）鈕，回到「單變量」（Uni-variate）對話視窗。

【備註】：此操作程序在於進行二個因子主要效果項的事後比較，若是二個因子間的交互作用項不顯著，則要檢定二個因子主要效果項，主要效果項的檢定也是一種「整體考驗」；如果主要效果項的考驗顯著，進一步要進行事後比較，若是因子間只有二個水準，則在事後比較報表中，會出現警告提示語，告訴使用者因子水準數少於3，不必進行事後比較，研究者從邊緣平均數高低即可判別那個水準的平均數顯著的較高。

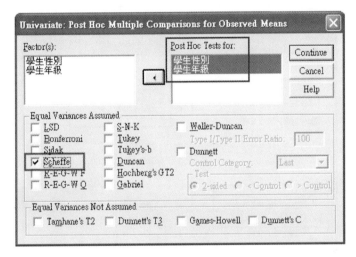

圖 4-21

㈤步驟5

在「單變量」對話視窗中，按『選項』（Options...）鈕，開啟「單變量：選項」（Univariate: Options）次對話視窗，將要呈現的平均數變項選入右方的「顯示平均數」（Display Means for:）的空格中，畫面中呈現的為邊緣平均數（學生性別、學生年級）及細格平均數（學生性別*學生年級）。在「顯示」（Display）方盒內勾選「☑敘述統計」（Descriptive statistics）及「☑效果項大小估計值」（Estimates of effect size）（使用者可依實際所需勾選選項）→按『繼續』（Continue）鈕，回到「單變量」（Univariate）對話視窗→按『確定』（OK）鈕。

【備註】：勾選「☑敘述統計」（Descriptive statistics）選項會出現因子間交叉的描述性統計量，包含各細格的平均數、標準差及有效觀察值數目。如果研究者只要呈現細格的描述性統計量，在「因子與因子交互作用」（Factors and Factor Interactions）變數清單中，要將「學生性別*學生年級」變項選入右邊「顯示平均數」（Display Means for:）的空格中；若是要顯示 A 因子主要效果檢定之邊緣平均數，則要將「學生性別」因子選入右邊「顯示平均數」（Display Means for:）的空格中；若是要顯示 B 因子主要效果檢定之邊緣平均數，則要將「學生年級」因子選入右邊「顯示平均數」（Display Means for:）的空格中。

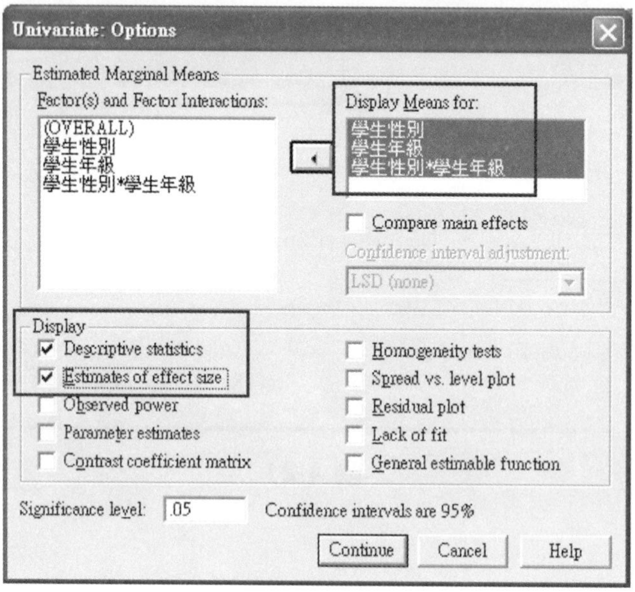

圖 4-22

【備註】：在「顯示」（Display）方盒中的選項中，包括十種統計量或檢定結果：敘述統計（Descriptive statistics）、效果項大小估計值（Estimates of effect size）、觀察的檢定能力（Observed power）、參數估計值（Parameter estimates）、比對係數矩陣（Contrast coefficient matrix）、同質性檢定（Homogeneity tests）、離散對水準之圖形（Spread vs. level plot）、殘差圖（Residual plot）、缺適性（Lack of fit）、一般可估函數（General estimate function）。「參數估計值」選項可以顯示因子和共變數在模式裡的參數估計值、標準誤、T 檢定、信賴區間及顯著性；「離散對水準之圖形」選項可呈現不同因素組合的平均數與標準差之散佈圖；「缺適性」選項可以檢查模式是否已經適當地說明自變項與依變項之間的關係；「敘述統計」選項

可呈現因子在依變項上的平均數、標準差與個數；「效果項大小估計值」選項可呈現因子在依變項上之關聯強度值；「觀察檢定能力」選項可呈現統計考驗力數值。若是因子為相依樣本，要進行主要效果邊緣平均數的事後比較考驗時，可以勾選右邊「比較主效應」（☑Compare main effects），在「信賴區間」（Confidence interval adjustment）下的下拉式選單中有三種事後比較的方法：LSD 法、Bonfferoni 法、Sidak 法，比較主效應的功能可以對模式中主要效果之邊緣平均數的估計值間，進行未修正的成對比較。在自變項的因子為獨立樣本，要進行其主要效果的事後比較時，應開啟「單變量：觀察值平均數的 Post Hoc 多重比較」（Univariate: Post Hoc Multiple Comparisons for Observed Means）次對話視窗，在「假設相同的變異數」或「未假設相同的變異數」方盒中，勾選一事比較方法。

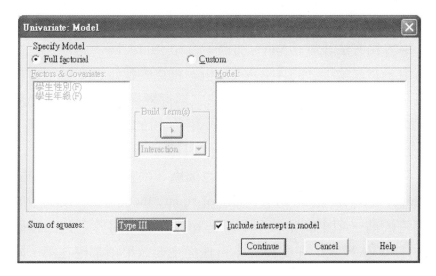

圖 4-23

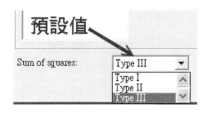

圖 4-24

在「單變量」對話視窗中，若按『模式』（Model...）鈕，可開啟「單變量：模式」（Univariate: Model）次對話視窗，在估計離均差平方和（Sum of Squares）的下拉式選單中，有四種計算平方和的方法，分別稱為 Type I（型 I）、Type II（型 II）、Type III（型 III）、Type IV（型 IV）。型 III 平方

和是指當計算某一個變異來源的平方和時，調整了它與模型當中其他所有變異源的關係，是一種非常嚴格的控制關係估算，由於型III平方和的排除效果最徹底，適合於各組人數不等時之不平衡的 ANOVA 分析，可以將各細格人數差異的影響降低至最低，因而在實務應用上，ANOVA 的分析多以型III平方和來處理平方和的估計。型III方法具有加權調整的作用，可以將各變異來源的影響中，將樣本不同的干擾變因加以排除，利用型III平方和可以得到最大排除效應的結果，因而得到的離均差平方和通常會較低（邱皓政，民 94）。TypeIII（型III）方法適用於 Type I（型 I）、Type II（型 II）中的任何研究模式，也適用於沒有空細格的平衡（細格人數相等）或不平衡模型（細格人數不相等），若是平衡設計，TypeIII（型III）平方和與 Type I（型 I）平方和數值會相同，在沒有遺漏細格的因子設計中，TypeIII（型III）平方和方法等於「Yates 加權平方和」的技術。此外，在社會科學研究實務中，非實驗設計的 ANOVA 分析，細格的樣本大多數不會相等，此時，採用 TypeIII（型III）平方和的方法來進行變異數的估計最為適合，因而在變異數分析中以 TypeIII（型III）平方和的使用最為普遍，TypeIII（型III）也是 SPSS 統計軟體中內定的預設值。

　　型 I 平方和（Type I SS）的方法也稱為「平方和方法的階層式分解」（hierarchical decomposition of the sum-of-square method），模式中的每一項都只針對它的前一項來調整，型 I 平方和方法通常用於下列三種研究中：(1)平衡的 ANOVA 模式：在此模式中，任何主要效果項都應在第一階交互作用效應之前指定，而第一階交互作用效應必須在任一第二階交互作用效應之前指定，然後依次類推。(2)多項式迴歸模式，在此模式應用中，較高階項進入之前，必須先指定低階項，即較低階項的平方和應先予以計算。(3)純巢狀模式（purely nested model），在此模式中第一個指定的效應會套在第二個指定的效應裏，第二個指定的效應又會套在第三個效應裏，依此類推，純巢狀模式中的巢狀形式只能透過語法程式來指定（SPSS 手冊，1999）。型 I 平方和雖可應用於一般多因子 ANOVA 模式，但是由於特殊的控制程序，一般僅用於特殊模式，如共變數分析（ANCOVA），因為在共變數分析程序中，共變項必須最先進入模式裏，而且共變項的 SS 不應受到其他各變異源的影響，之後的程序中，各變異源則是在受到共變項控制的情況下，進行變異數分析的檢驗，因此 ANCOVA 的共變項檢驗必須使用型 I 平方和的方法（邱皓政，民 94）。由於 TypeIII（型III）平方和方法也適用於所有型 I 和型 II 類型之任何模式，因而也適用於 ANCOVA 的共變項檢驗。

4-3-3 報表說明

警告

> Post hoc tests are not performed for 學生性別 because there are fewer than three groups.

警告

> 性別 未執行 Post hoc 檢定，因為 組別少於三組。

因為性別自變項只有二個水準，在執行主要效果檢定：不同性別學生的生活壓力之差異比較時，不必進行事後比較。A 因子「性別」變項主要效果的差異比較為二個水準在依變項測量值平均數的差異檢定，由於 A 因子的水準數少於 3，因而會出現警告提示語，A因子二個水準的比較，即邊緣平均數 A1、A2 的比較。

表 4-38

A 因子 \ B 因子		B 因子			邊緣平均數
		b1	b2	b3	
A 因子	a1	a1b1	a1b2	a1b3	A1
	a2	a2b1	a2b2	a2b3	A2
	邊緣平均數	B1	B2	B3	

表 4-39　Between-Subjects Factors（受試者間因子）

		Value Label	N
學生性別	1	男生	30
	2	女生	30
學生年級	1	四年級	20
	2	五年級	20
	3	六年級	20

上表 4-39 為「受試者間因子」（Between-Subjects Factors）資料，受試者間因子即雙因子變異數分析中的自變項，其中包括自變項的名稱、自變

項的水準數、水準的數值註解，各處理水準的樣本數。A因子「學生性別」有二個處理水準，水準編碼分別為1、2，1表示男生、2表示女生，男生樣本數有30位、女生樣本數有30位；B因子「學生年級」有三個處理水準，水準編碼分別為1、2、3，1表示四年級、2表示五年級、3表示六年級，三個水準的樣本數各有20位，總樣本數有60位。

表 4-40　Descriptive Statistics（敘述統計）
Dependent Variable（依變數）：生活壓力

學生性別	學生年級	Mean	Std. Deviation	N
男生	四年級	8.20	2.348	10
	五年級	12.20	2.044	10
	六年級	11.40	1.838	10
	Total	10.60	2.673	30
女生	四年級	15.80	3.225	10
	五年級	10.00	1.491	10
	六年級	21.00	3.712	10
	Total	15.60	5.392	30
Total	四年級	12.00	4.768	20
	五年級	11.10	2.075	20
	六年級	16.20	5.690	20
	Total	13.10	4.915	60

上表 4-40 為樣本在依變項之細格及邊緣描述性統計量（Descriptive Statistics），包括平均數（Mean）、標準差（Std. Deviation）、個數（N），以三十名男學生群體而言，十名四年級男學生的生活壓力測量值平均數為 8.20、十名五年級男學生的生活壓力測量值平均數為 12.20、十名六年級男學生的生活壓力測量值平均數為 11.40，三十名男學生群體在生活壓力的總平均數為 10.60。就三十名女學生群體而言，十名四年級女學生的生活壓力測量值平均數為 15.80、十名五年級女學生的生活壓力測量值平均數為 10.00、十名六年級學生的生活壓力測量值平均數為 21.00，三十名女學生群體在生活壓力的總平均數為 15.60。二因子交互作用考驗，即在檢定以上六個細格平均數（每個細格的觀察值有十位）與總平均數（M=13.10）間是否有顯著差異，如果其中有一個細格平均數與總平均數（M=13.10）間的差異達到顯著水準（p<.05），則二因子交互作用檢定的效果即達顯著。二十位四年級學生生活壓力感受的平均數為 12.00、二十位五年級學生生活壓力感受的平

均數爲 11.10、二十位六年級學生生活壓力感受的平均數爲 16.20。

茲將以上細格及邊緣平均數整理如下表 4-41。

表 4-41

A 因子 ＼ B 因子		年級			邊緣平均數
		b1（四年級）	b2（五年級）	b3（六年級）	
性別	a1（男生）	a1b1(8.20)	a1b2(12.20)	a1b3(11.40)	A1(10.60)
	a2（女生）	a2b1(15.80)	a2b2(10.00)	a2b3(21.00)	A2(15.60)
邊緣平均數		B1(12.00)	B2(11.10)	B3(16.20)	13.10

表 4-42　Tests of Between-Subjects Effects（受試者間效應項的檢定）

Dependent Variable: 生活壓力

Source	Type III Sum of Squares	Df	Mean Square	F	Sig.	Partial Eta Squared
Corrected Model	1070.200(a)	5	214.040	32.540	.000	.751
Intercept	10296.600	1	10296.600	1565.361	.000	.967
學生性別	375.000	1	375.000	57.010	.000	.514
學生年級	296.400	2	148.200	22.530	.000	.455
學生性別 * 學生年級	398.800	2	199.400	30.314	.000	.529
Error	355.200	54	6.578			
Total	11722.000	60				
Corrected Total	1425.400	59				
a R Squared = .751 (Adjusted R Squared = .728)						

上表 4-42 爲雙因子變異數分析摘要表，交互作用項及二個自變項的主要效果均達顯著，由於交互作用顯著，因而主要效果只當參考，如果交互作用不顯著，則看二個自變項的 F 檢定結果，此即爲分別進行二個單因子單變量的變異數分析。學生性別在生活壓力差異檢定之主要效果考驗的F值等於 57.010，顯著性 p 值=.000<.05，達到.05 顯著水準，表示不同性別的學生其生活壓力有顯著差異（主要效果考驗一）；學生年級在生活壓力差異檢定之主要效果考驗的 F 值等於 22.530，顯著性 p 值=.000<.05，達到.05 顯著水準，表示不同年級的學生其生活壓力有顯著差異（主要效果考驗二），學生性別與年級二個自變項在生活壓力之交互作用考驗的F值等於 30.314，顯著性 p 值=.000<.05，達到.05 顯著水準，表示學生性別與年級二個自變項的交互作用對生活壓力依變項有顯著的影響（二個自變項的交互作用考驗

323

達到顯著），即學生性別對生活壓力依變項的影響會依學生年級不同而有不同影響（單純主要效果一），或學生年級對生活壓力依變項的影響會依學生性別不同而有不同影響（單純主要效果二）。由於交互作用考驗的 F 值達到顯著水準，進一步須進行單純主要效果考驗。

「淨相關 Eta 平方」欄的數據為效果值的大小，二因子變異數分析中，A 因子與 B 因子交互作用項之效果值的大小的計算公式如下：

$$\text{淨}\,\eta_A^2 = \frac{SS_A}{SS_A + SS_W} = \frac{375.000}{375.000 + 355.200} = \frac{375.000}{730.200} = .514$$

$$\text{淨}\,\eta_B^2 = \frac{SS_B}{SS_B + SS_W} = \frac{296.000}{296.000 + 355.200} = \frac{296.000}{651.600} = .455$$

$$\text{淨}\,\eta_{AB}^2 = \frac{SS_{AB}}{SS_{AB} + SS_W} = \frac{398.800}{398.800 + 355.200} = \frac{398.800}{754.000} = .529$$

交互作用項的效果值表示在排除 A 因子（性別）與 B 因子（年級）之主要效果的影響後，對依變項有多少的解釋變異量。上述報表中 A 因子與 B 因子交互作用效果項的淨 η_{AB}^2 值為.529，表示在排除性別與年級個別變項對生活壓力的影響後，二個變項的交互作用項可以解釋生活壓力變項 52.9% 的變異量，交互作用項與生活壓力變項間呈現一種「高度強度關係」。

淨 η_A^2 值為.514，表示在排除年級主要效果及性別與年級交互作用項效果的影響後，學生性別可以單獨解釋「生活壓力」51.4% 的變異量；淨 η_B^2 值為.455，表示在排除性別主要效果及性別與年級交互作用項效果的影響後，學生年級可以單獨解釋「生活壓力」45.5% 的變異量。

上述中各變項的自由度如下：

$$df_A = p - 1 = 2 - 1 = 1$$
$$df_B = q - 1 = 3 - 1 = 2$$
$$df_{AB} = (p-1)(q-1) = (2-1)(3-1) = 2$$
$$df_W = pq(n-1) = N - pq = 60 - 2 \times 3 = 54$$
$$df_{TOTAL} = npq - 1 = N - 1 = 60 - 1 = 59$$

F 統計量的計算如下：

$$F_A = \frac{MS_A}{MS_w} = \frac{375.000}{6.578} = 57.010$$

$$F_B = \frac{MS_B}{MS_w} = \frac{148.200}{6.578} = 22.530$$

$$F_{AB} = \frac{MS_{AB}}{MS_w} = \frac{199.400}{6.578} = 30.314$$

離均差平方和的關係如下：

$$SS_{total} = 1425.400 = SS_A + SS_B + SS_{AB} + SS_w = 375.000 + 296.400 + 398.800 + 355.200$$

本範例中的二因子變異數分析結果可以整理成如下摘要表：

◆【表格範例】

不同學生性別及年級在「生活壓力」之二因子變異數分析摘要表。

表 4-43

變異來源	SS	DF	MS	F 值	淨η^2
性別（A）	375.000	1	375.000	57.010***	.514
年級（B）	296.400	2	148.200	22.530***	.455
A×B	398.800	2	199.400	30.314***	.529
誤差	355.200	54	6.578		
總數	1425.400	59			

*** p<.001

　　從上述二因子變異數分析摘要表中得知：學生性別與年級二個自變項在生活壓力之交互作用項考驗的 F 值等於 30.314，顯著性 p 值=.000，達到.05顯著水準，表示不同性別學生的生活壓力感受因年級的不同而不同，或不同年級學生的生活壓力感受因性別的不同而有所差異，交互作用項的淨η^2值為.529，排除性別變項、年級變項對生活壓力個別的影響外，二個變項的交互作用項可以解釋生活壓力 52.9%的變異量。除了交互作用項檢定達到.05顯著外，性別變項的主要效果項也達到顯著（F=57.010，p<.05），年級變項的主要效果項也達到顯著（F=22.530，p<.05），即不同性別的學生其生活壓力感受有顯著不同，不同年級的學生其生活壓力感受也有顯著不同。

Estimated Marginal Means（估計的邊際平均數）

表 4-44　學生性別
Dependent Variable: 生活壓力

學生性別	Mean	Std. Error	95% Confidence Interval	
			Lower Bound	Upper Bound
男生	10.600	.468	9.661	11.539
女生	15.600	.468	14.661	16.539

上表 4-44 為學生性別（A 因子）的邊緣平均數，二個邊緣平均數的差異達到顯著（F=57.010，p=.000<.05），從平均數大小來看，女學生的生活壓力（M=15.600）顯著的高於男學生（M=10.600），由於 A 因子只有二個水準（類別），因而不用進行事後比較，學生性別（A因子）邊緣平均數的差異比較即為「A 因子主要效果考驗」。比較的模式表如下表 4-45：

表 4-45

A 因子＼B 因子		年級			邊緣平均數
		b1（四年級）	b2（五年級）	b3（六年級）	
性別	a1（男生）	a1b1(8.20)	a1b2(12.20)	a1b3(11.40)	A1(10.60)
	a2（女生）	a2b1(15.80)	a2b2(10.00)	a2b3(21.00)	A2(15.60)
邊緣平均數		B1(12.00)	B2(11.10)	B3(16.20)	13.10

表 4-46　學生年級
Dependent Variable: 生活壓力

學生年級	Mean	Std. Error	95% Confidence Interval	
			Lower Bound	Upper Bound
四年級	12.000	.573	10.850	13.150
五年級	11.100	.573	9.950	12.250
六年級	16.200	.573	15.050	17.350

上表 4-46 為學生年級（B因子）的邊緣平均數、邊緣平均數的標準誤、邊緣平均數 95%信賴區間，三個邊緣平均數的差異考驗達到顯著（F=22.530，p=.000<.05）。由於 B 因子有三個水準，因而須進行事後比較，以得知是那幾對組間的平均數差異達到顯著，從下面事後比較摘要表中得知：六年級學生的生活壓力（M=16.200）顯著的高於四年級的學生（M=12.000）、六

年級學生的生活壓力（M=16.200）也顯著的高於五年級的學生（M=11.100）。學生年級（B因子）邊緣平均數的差異比較即為「B因子主要效果考驗」。比較的模式表如下表 4-47：

表 4-47

A 因子　　　　　　B 因子		年級			邊緣平均數
		b1（四年級）	b2（五年級）	b3（六年級）	
性別	a1（男生）	a1b1(8.20)	a1b2(12.20)	a1b3(11.40)	A1(10.60)
	a2（女生）	a2b1(15.80)	a2b2(10.00)	a2b3(21.00)	A2(15.60)
邊緣平均數		B1(12.00)	B2(11.10)	B3(16.20)	13.10

表 4-48　學生性別 * 學生年級
Dependent Variable: 生活壓力

學生性別	學生年級	Mean	Std. Error	95% Confidence Interval （ 95% 信賴區間）	
				Lower Bound	Upper Bound
男生	四年級	8.200	.811	6.574	9.826
	五年級	12.200	.811	10.574	13.826
	六年級	11.400	.811	9.774	13.026
女生	四年級	15.800	.811	14.174	17.426
	五年級	10.000	.811	8.374	11.626
	六年級	21.000	.811	19.374	22.626

上表 4-48 為細格觀察值在生活壓力測量值的平均數、標準差、平均數 95%的信賴區間，其數據與上面「敘述統計量」結果均相同。四年級男生、五年級男生、六年級男生的平均數分別為 8.200、12.200、11.400，四年級女生、五年級女生、六年級女生的平均數分別為 15.800、10.000、21.000。

表 4-49 Multiple Comparisons
Dependent Variable: 生活壓力
Scheffe

(I)學生年級	(J)學生年級	Mean Difference(I-J) 平均數差異(I-J)	Std. Error	Sig.	95% Confidence Interval	
					Lower Bound	Upper Bound
四年級	五年級	.90	.811	.544	-1.14	2.94
	六年級	-4.20(*)	.811	.000	-6.24	-2.16
五年級	四年級	-.90	.811	.544	-2.94	1.14
	六年級	-5.10(*)	.811	.000	-7.14	-3.06
六年級	四年級	4.20(*)	.811	.000	2.16	6.24
	五年級	5.10(*)	.811	.000	3.06	7.14
Based on observed means.（以觀察的平均數為基礎。）						
* The mean difference is significant at the .05 level.（* 在水準 .05 上的平均數差異顯著。）						

上表 4-49 為學生年級（B 因子）在生活壓力之平均數差異考驗的事後比較。由於交互作用顯著，B 因子主要效果考驗及事後比較沒有實質意義存在，若是交互作用項不顯著，B 因子主要效果項考驗的 F 統計量達到顯著，進一步需進行事後比較。從多重比較中可以發現：六年級學生的生活壓力感受（M=16.20）顯著的高於四年級學生（M=12.00），平均數差異為 4.20，六年級學生的生活壓力感受（M=16.200）也顯著的高於五年級學生（M=11.10），平均數差異為 5.10。排除學生性別變項的影響，四、五、六年級學生中，以六年級學生所感受的生活壓力最高，而四年級、五年級學生的生活壓力感受則沒有顯著的不同。

生活壓力的估計邊緣平均數

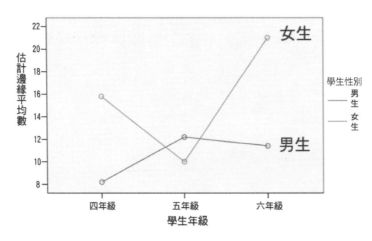

圖 4-25

上圖 4-25 為 A 因子（性別）與 B 因子（年級）二個自變項各處理水準在生活壓力依變項平均數趨勢圖，從平均數趨勢圖可以看出二個自變項在依變項上是否有交互作用存在。如果二條曲線呈近似平行或完全平行之趨勢，則二個自變項間可能無交互作用存在。上圖範例中，以四年級學生而言，女生生活壓力的平均數高於男生、以五年級學生而言，女生生活壓力的平均數反而低於男生、以六年級學生而言，女生生活壓力的平均數高於男生很多，各年級中男女生生活壓力平均數的差異值是否達到顯著，進一步須進行單純主要效果考驗方能確定。由於二條折線平均數呈現交叉關係，表示二個自變項對於依變項的交互作用效果項顯著。

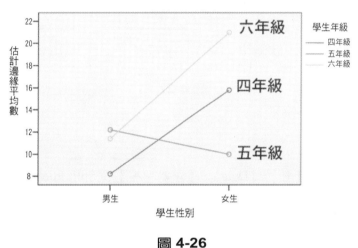

圖 4-26

上圖 4-26 為 A 因子（性別）與 B 因子（年級）二個自變項各處理水準在生活壓力依變項平均數的第二種趨勢圖，以男生群體而言，生活壓力測量值平均數的高低依序為五年級（M=12.20）、六年級（M=11.40）、四年級（M=8.20）；以女生群體而言，生活壓力測量值平均數的高低依序為六年級（21.00）、四年級（M=15.80）、五年級（M=10.00）。三條折線出現交叉現象，表示二個自變項的交互作用項對依變項的影響顯著。

4-3-4　執行單純主要效果考驗

由於 A 因子與 B 因子在生活壓力的交互作用考驗達到顯著（F=57.010，p=.000<.05），表示不同性別學生生活壓力的高低會因其年級不同而呈現不

同結果；或不同年級學生生活壓力的高低會因年級不同而有不同的影響效果，因而進一步須進行「單純主要效果考驗」。

　　「單純主要效果考驗」的流程圖示如下圖 4-27。

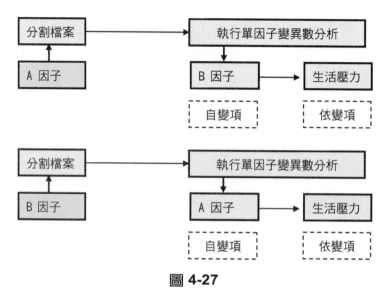

圖 4-27

㈠**步驟 1**

執行功能列【資料】（Data）/【分割檔案】（Split File）程序。

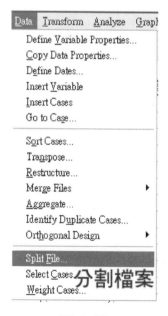

圖 4-28

(二)步驟 2

> 出現「分割檔案」（Split File）對話視窗，勾選「⊙依組別組織輸出」
> （Organize output by groups），先將第一個自變項 A 因子「學生性別」
> 選入右方「以組別爲準」（Groups Based on）的方盒中，勾選內定「⊙
> 依分組變數排序檔案」（Sort the file by grouping variables）選項→按『確
> 定』鈕。

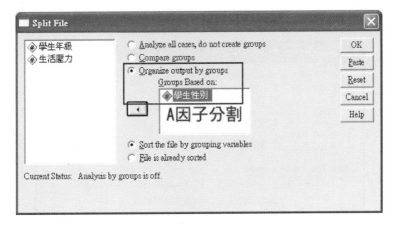

圖 4-29

(三)步驟 3

> 執行單因子變異數分析：因子爲另一個自變項－B 因子「學生年級」，
> 並設定事後比較及選項的內容。於「單因子變異數」（One-Way
> AONVA）對話視窗中，在左邊變數清單將依變項「生活壓力」選入右
> 邊「依變數清單」（Dependent List）方盒中，將 B 因子「學生年級」點
> 選至「因子」（Factor）下的框架中，按『Post Hoc 檢定』鈕選取一種
> 事後比較方法，按『選項』鈕勾選報表要輸出的選項。

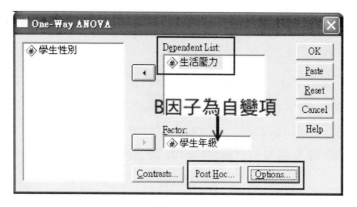

圖 4-30

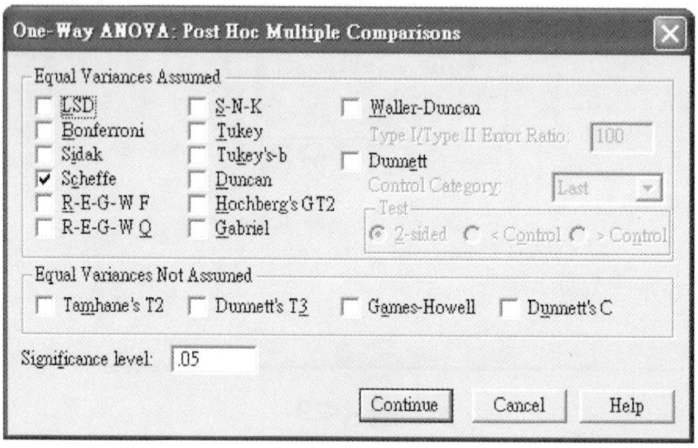

圖 4-31

上述操作流程為：以A因子（學生性別）將資料檔分割→以B因子（學生年級）為自變項，生活壓力為依變項，執行單因子變異數分析。

㈣**步驟 4**

> 以第二個自變項為組別輸出的準則，在此，選取第二個自變項—B因子「學生年級」。於「分割檔案」（Split File）對話視窗，勾選「⊙依組別組織輸出」（Organize output by groups），將B因子「學生年級」選入右方「以組別為準」（Groups Based on）的方框中→按『確定』鈕。

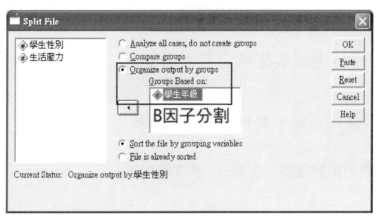

圖 4-32

㈤**步驟 5**

以另外一個變項為自變項，進行單因子變異數分析，在此另一個變項為「學生性別」。於「單因子變異數」對話視窗中，在左邊變數清單將依變項「生活壓力」選入右邊「依變數清單」方盒中，將 A 因子「學生性別」點選至「因子」下的框架中，按『Post Hoc 檢定』鈕選取一種事後比較方法，按『選項』鈕勾選報表輸出的選項。

【備註】：由於學生性別變項只有二個水準，因而不進行多重比較也可以，如不要進行多重比較就不必按『Post Hoc 檢定』鈕，開啟「One-Way ANOVA: Post Hoc Multiple Comparison」（單因子變異數分析：Post Hoc 多重比較）次對話視窗。

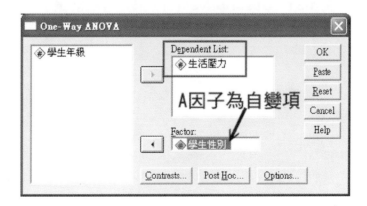

圖 4-33

上述操作流程為：以 B 因子（學生年級）將資料檔分割→以 A 因子（學

生性別）為自變項，生活壓力為依變項，執行單因子變異數分析。

4-3-5 單純主要效果檢定報表說明

㈠ B 因子（學生年級）單純主要效果比較

1. 男生群體的差異比較──在 a1 水準條件下

男生（學生性別=1）群體單純主要效果檢定之細格平均數考驗如下表 4-50 所列：

表 4-50

A因子 ＼ B因子		年級			邊緣平均數
		b1（四年級）B=1	b2（五年級）B=2	b3（六年級）B=3	
性別	a1（男生）A=1	a1b1 (M=8.20)	a1b2 (M=12.20)	a1b3 (M=11.40)	A1 (M=10.60)
	a2（女生）A=2	a2b1 (M=15.80)	a2b2 (M=10.00)	a2b3 (M=21.00)	A2 (M=15.60)
邊緣平均數		B1(12.00)	B2(11.10)	B3(16.20)	13.10

學生性別 = 男生

表 4-51　Descriptives(a)（描述性統計量）
生活壓力

	N	Mean	Std. Deviation	Std. Error	95% Confidence Interval for Mean		Minimum	Maximum
					Lower Bound	Upper Bound		
四年級	10	8.20	2.348	.742	6.52	9.88	6	*
五年級	10	12.20	2.044	.646	10.74	13.66	*	*
六年級	10	11.40	1.838	5.81	10.09	12.71	9	*
Total	30	10.60	2.673	.488	9.60	11.60	6	*

a 學生性別 = 男生

上表 4-51 為男生群體（學生性別水準數等於 1）中，三個年級在生活

壓力的個數、平均數、標準誤、平均數的 95%信賴區間等。四年級男生生活壓力的平均數等於 8.20、五年級男生生活壓力的平均數等於 12.20、六年級男生生活壓力的平均數等於 11.40。

表 4-52　NOVA(a)

生活壓力

	Sum of Squares 平方和	df 自由度	Mean Square 平均平方和	F	Sig. 顯著性
Between Groups（組間）	89.600	2	44.800	10.286	.000
Within Groups（組內）	117.600	27	4.356		
Total（總和）	207.200	29			

a 學生性別 = 男生

上表 4-52 為男生群體中，四年級、五年級、六年級學生在生活壓力平均數差異的單因子變異數分析結果，變異數分析之 F 值=10.286，顯著性 p 值=.000，達到.05 顯著水準，表示三個組別間至少有一配對組的平均數間有顯著差異，從下列事後比較得知：五年級男生的生活壓力（M=12.20）顯著的高於四年級男生的生活壓力（M=8.20）；六年級男生的生活壓力（M=11.40）也顯著的高於四年級男生的生活壓力（M=8.20）。

表 4-53　Multiple Comparisons(a)（多重比較）

Dependent Variable: 生活壓力

Scheffe

(I)學生年級	(J)學生年級	Mean Difference(I-J)	Std. Error	Sig.	95% Confidence Interval	
					Lower Bound	Upper Bound
四年級	五年級	-4.000(*)	.933	.001	-6.42	-1.58
	六年級	-3.200(*)	.993	.008	-5.62	-.78
五年級	四年級	4.000(*)	.933	.001	1.58	6.42
	六年級	.800	.933	.696	-1.62	3.22
六年級	四年級	3.200(*)	.933	.008	.78	5.62
	五年級	-.800	.933	.696	-3.22	1.62
* The mean difference is significant at the .05 level.						
a 學生性別 = 男生						

上表 4-53 為男生的群體中，年級變項三個組別之事後比較，五年級男生與四年級男生的生活壓力達到顯著，平均差異值（Mean Difference）等於

4.000（p=.001<.05）；六年級男生與四年級男生的生活壓力也達到顯著，平均差異值等於 3.200（p=.008<.05），由於平均差異值均為正數，表示五年級男生、六年級男生的生活壓力顯著的高於四年級男生的生活壓力。

2. 女生群體的差異比較——在 a2 水準條件下

　　女生（學生性別水準數=2）群體單純主要效果檢定之細格平均數考驗如下表 4-54 所列：

表 4-54

A 因子　　　　　　B 因子	年級			邊緣平均數
	b1（四年級）B=1	b2（五年級）B=2	b3（六年級）B=3	
性別 a1（男生）A=1	a1b1（M=8.20）	a1b2（M=12.20）	a1b3（M=11.40）	A1（M=10.60）
a2（女生）A=2	a2b1（M=15.80）	a2b2（M=10.00）	a2b3（M=21.00）	A2（M=15.60）
邊緣平均數	B1(12.00)	B2(11.10)	B3(16.20)	13.10

　　學生性別 = 女生

表 4-55　Descriptives(a)

生活壓力

	N	Mean	Std. Deviation	Std. Error	95% Confidence Interval for Mean		Minimum	Maximum
					Lower Bound	Upper Bound		
四年級	10	15.80	3.225	1.020	13.49	18.11	*	*
五年級	10	10.00	1.491	.471	8.93	11.07	8	*
六年級	10	21.00	3.712	1.174	18.34	23.66	*	*
Total	30	15.60	5.392	.984	13.59	17.61	8	*

a 學生性別 = 女生

　　上表 4-55 為女生群體中，三個年級在生活壓力的個數、平均數、標準誤、平均數的 95% 信賴區間等。四年級女生生活壓力的平均數等於 15.80、五年級女生生活壓力的平均數等於 10.00、六年級女生生活壓力的平均數等於 21.00，三個女生群體的標準差分別為 3.225、1.491、3.712。三十位女生

樣本總平均數為 15.60。

表 4-56　NOVA(a)

生活壓力

	Sum of Squares	df	Mean Square	F	Sig.
Between Groups	605.600	2	302.800	34.409	.000
Within Groups	237.000	27	8.800		
Total	843.200	29			

a 學生性別＝女生

上表 4-56 為女生群體（學生性別水準數等於 2）中，四年級、五年級、六年級學生在生活壓力平均數差異的單因子變異數分析結果，變異數分析之 F 值=34.409，顯著性 p 值=.000，達到.05 顯著水準，表示三個組別間至少有一配對組的平均數間有顯著差異，從下列事後比較得知：四年級女生的生活壓力（M=15.80）顯著的高於五年級女生的生活壓力（M=10.00），六年級女生的生活壓力（M=21.00）顯著的高於四年級女生的生活壓力（M=10.00），六年級女生的生活壓力顯著的高於五年級女生的生活壓力（M=15.80）。

表 4-57　Multiple Comparisons(a)（多重比較(a)）

Dependent Variable: 生活壓力

Scheffe

(I)學生年級	(J)學生年級	Mean Difference(I-J)	Std. Error	Sig.	95% Confidence Interval	
					Lower Bound	Upper Bound
四年級	五年級	5.800(*)	1.327	.001	2.36	9.24
	六年級	-5.200(*)	1.327	.002	-8.64	-1.76
五年級	四年級	-5.800(*)	1.327	.001	-9.24	-2.36
	六年級	-11.000(*)	1.327	.001	-14.44	-7.56
六年級	四年級	5.200(*)	1.327	.002	1.76	8.64
	五年級	11.000(*)	1.327	.000	7.56	14.44

* The mean difference is significant at the .05 level.

a 學生性別＝女生

上表 4-57 為女生的群體中，年級變項三個組別之事後比較。在女生群體中，六年級和四年級學生的生活壓力均顯著高於五年級的學生，亦即六

年級與四年級的女性學生之生活壓力顯著的高於五年級女學生,四年級女生與五年級女生生活壓力測量值的平均差異等於 5.800(p=.001<.05)、六年級女生與五年級女生生活壓力測量值的平均差異等於 11.000(p=.000<.05);而六年級女生的生活壓力與四年級女生生活壓力的平均差異值為 5.200(p=.002<.05),也達到顯著水準。從事後比較得知:六年級與四年女生所知覺的生活壓力均顯著的高於五年級女生,而六年級女生所知覺的生活壓力又顯著的高於四年級女生。

(二) A 因子(學生性別)單純主要效果比較

1. 四年級群體的差異比較──在 b1 水準條件下

警告

> Post hoc tests are not performed for 生活壓力 in split file 學生年級 = 四年級 because there are fewer than three groups.
>
> Post hoc tests are not performed for 生活壓力 in split file 學生年級 = 五年級 because there are fewer than three groups.
>
> Post hoc tests are not performed for 生活壓力 in split file 學生年級 = 六年級 because there are fewer than three groups.

表 4-58

因為分割檔 學生年級 = 四年級 中的組別少於 3 組,所以未執行 生活壓力 的 Post hoc 檢定。
因為分割檔 學生年級 = 五年級 中的組別少於 3 組,所以未執行 生活壓力 的 Post hoc 檢定。
因為分割檔 學生年級 = 六年級 中的組別少於 3 組,所以未執行 生活壓力 的 Post hoc 檢定。

上表 4-58 為事後比較的警告語,以年級變項將資料檔分割後,即在比較四年級男、女學生生活壓力的差異;五年級男、女學生生活壓力的差異;六年級男、女學生生活壓力的差異。就不同年級群體而言,因為只比較男生、女生生活壓力平均數的差異,只有二個組別,若單因子變異數分析整體考驗之 F 值達到顯著,也不必進行事後比較,此警告文字在於提示使用者,下列的變異數分析不會呈現多重比較結果報表。

四年級（學生年級水準數=1）群體單純主要效果檢定之細格平均數考驗如下所列：

表 4-59

A因子 B因子		年級			邊緣平均數
		b1（四年級）B=1	b2（五年級）B=2	b3（六年級）B=3	
性別	a1（男生）A=1	a1b1 (M=8.20)	a1b2 (M=12.20)	a1b3 (M=11.40)	A1 (M=10.60)
	a2（女生）A=2	a2b1 (M=15.80)	a2b2 (M=10.00)	a2b3 (M=21.00)	A2 (M=15.60)
邊緣平均數		B1(12.00)	B2(11.10)	B3(16.20)	13.10

學生年級＝四年級

表 4-60　Descriptives(a)

生活壓力

	N	Mean	Std. Deviation	Std. Error	95% Confidence Interval for Mean		Minimum	Maximum
					Lower Bound	Upper Bound		
男生	10	8.20	2.348	.742	6.52	9.88	6	*
女生	10	15.80	3.225	1.020	13.49	18.11	*	*
Total	20	12.00	4.768	1.066	9.77	14.23	6	*

a 學生年級＝四年級

上表 4-60 為四年級群體中，男、女生在生活壓力之描述性統計量，四年級男學生生活壓力的平均數等於 8.20、標準差等於 2.348；四年級女學生生活壓力的平均數等於 15.80、標準差等於 3.225，二十位四年級學生的總平均數等於 12.000。

表 4-61　NOVA(a)

生活壓力

	Sum of Squares	df	Mean Square	F	Sig.
Between Groups	288.800	1	288.800	36.302	.000
Within Groups	143.200	18	7.956		
Total	432.000	19			

a 學生年級＝四年級

上表 4-61 為就四年級學生群體（學生年級水準數值=1）而言，單純主要效果考驗之變異數分析摘要表，F檢定值等於 36.302，顯著性p值=.000，達到.05 顯著水準，表示四年級男、女生的生活壓力有顯著的不同，從上述平均數得知，四年級女學生的生活壓力（M=15.80）顯著的高於四年級男學生的生活壓力（M=8.20）。

2.五年級群體的差異比較──在 b2 水準條件下

五年級（學生年級水準數值=2）群體單純主要效果檢定之細格平均數考驗如下表 4-62 所列：

表 4-62

A 因子 ＼ B 因子		b1（四年級）B=1	b2（五年級）B=2	b3（六年級）B=3	邊緣平均數
性別	a1（男生）A=1	a1b1 (M=8.20)	a1b2 (M=12.20)	a1b3 (M=11.40)	A1 (M=10.60)
	a2（女生）A=2	a2b1 (M=15.80)	a2b2 (M=10.00)	a2b3 (M=21.00)	A2 (M=15.60)
邊緣平均數		B1(12.00)	B2(11.10)	B3(16.20)	13.10

學生年級 = 五年級

表 4-63　Descriptives(a)

生活壓力

	N	Mean	Std. Deviation	Std. Error	95% Confidence Interval for Mean		Minimum	Maximum
					Lower Bound	Upper Bound		
男生	10	12.20	2.044	.646	10.74	13.66	*	*
女生	10	10.00	1.491	.471	8.93	11.07	8	*
Total	20	11.10	2.075	.464	10.13	12.07	8	*

a 學生年級 = 五年級

上表 4-63 為五年級群體中，男、女生在生活壓力之描述性統計量，十位五年級男學生生活壓力的平均數等於 12.20、標準差為 2.044；十位五年級

女學生生活壓力的平均數等於 10.00、標準差為 1.491，二十位五年級學生生活壓力的總平均數等於 11.10。

表 4-64　NOVA(a)

生活壓力

	Sum of Squares	Df	Mean Square	F	Sig.
Between Groups	24.200	1	24.200	7.563	.013
Within Groups	57.600	18	3.200		
Total	81.800	19			

a 學生年級＝五年級

　　上表 4-64 為就五年級學生群體（學生年級水準數值=2）而言，單純主要效果考驗之變異數分析摘要表，F 檢定值等於 7.563，顯著性 p 值=.013<
.05，達到顯著水準，表示五年級男、女學生的生活壓力有顯著的差異，從上述平均數數值來看，五年級男生知覺的生活壓力（M=12.20）顯著的高於五年級女生知覺的生活壓力（M=10.00）。

3. 六年級群體的差異比較──在 b3 水準條件下

　　六年級（學生年級水準數值=3）群體單純主要效果檢定之細格平均數考驗如下表 4-65 所列：

表 4-65

A 因子　　　B 因子	年級			邊緣平均數
	b1（四年級） B=1	b2（五年級） B=2	b3（六年級） B=3	
性別　a1（男生） A=1	a1b1 (M=8.20)	a1b2 (M=12.20)	a1b3 (M=11.40)	A1 (M=10.60)
a2（女生） A=2	a2b1 (M=15.80)	a2b2 (M=10.00)	a2b3 (M=21.00)	A2 (M=15.60)
邊緣平均數	B1(12.00)	B2(11.10)	B3(16.20)	13.10

表 4-66　Descriptives(a)

生活壓力

	N	Mean	Std. Deviation	Std. Error	95% Confidence Interval for Mean		Minimum	Maximum
					Lower Bound	Upper Bound		
男生	10	11.40	1.838	.581	10.09	12.71	9	*
女生	10	21.00	3.712	1.174	18.34	23.66	*	*
Total	20	16.20	5.690	1.272	13.54	18.86	9	*

a 學生年級＝六年級

　　上表為六年級群體中，男、女生在生活壓力之描述性統計量，十位六年級男學生生活壓力的平均數等於 11.40、標準差為 1.838；十位六年級女學生生活壓力的平均數等於 21.00、標準差為 3.712；二十位六年級學生生活壓力總平均數等於 16.20。

　　學生年級＝六年級

表 4-67　NOVA(a)

生活壓力

	Sum of Squares	Df	Mean Square	F	Sig.
Between Groups	460.800	1	460.800	53.720	.000
Within Groups	154.400	18	8.578		
Total	615.200	19			

a 學生年級＝六年級

　　上表 4-67 為就六年級群體（學生年級水準數值=3）而言，單純主要效果考驗之變異數分析摘要表，F 檢定值等於 53.720，顯著性 p 值=.000<.05，達到顯著水準，表示六年級男、女生的生活壓力有顯著的不同，從上述平均數得知，六年級女學生的生活壓力（M=21.00）顯著的高於六年級男學生的生活壓力（M=11.40）。

　　綜合以上單純主要效果的報表分析，茲將單純主要效果的變異數分析摘要表整理如下，為了與上述報表結果相呼應，將 B 因子（學生年級）的單純主要效果呈現在前，將來研究者在呈現結果時，變異來源欄最好先呈現 A 因子（學生性別）之單純主要效果考驗結果；此外，在呈現雙因子變異數分析摘要表之前要先呈現細格與邊緣平均數。

◆【表格範例與詮釋】

表 4-68　不同性別與年級在生活壓力之細格及邊緣平均數、標準差

A 因子　　　　B 因子		年級			邊緣平均數
		b1（四年級）	b2（五年級）	b3（六年級）	
性別	a1（男生）	8.20(2.49)	12.20(2.17)	11.40(1.95)	10.60(2.72)
	a2（女生）	15.80(3.42)	10.00(1.58)	21.00(3.94)	15.60(5.49)
邊緣平均數		12.00(4.90)	11.10(2.13)	16.20(5.85)	13.10(4.96)

註：第一個數字為平均數、括號內數字為標準差

表 4-69　不同學生性別與學生年級變項在生活壓力之單純主要效果變異數分析摘要表

變異來源	平方和	自由度	平均平方和	F 檢定	事後比較
學生年級因子（B 因子）					
在男生群體中（a1）	89.600	2	44.800	10.286***	五＞四 六＞四
					六＞五
在女生群體中（a2）	605.600	2	302.800	34.409***	四＞五 六＞四
學生性別因子（A 因子）					
在四年級群體中（b1）	288.800	1	288.800	36.302***	女＞男
在五年級群體中（b2）	24.200	1	24.200	7.563*	男＞女
在六年級群體中（b3）	460.800	1	460.800	53.720***	女＞男

註：**p<.01　***p<.001　四：四年級；五：五年級；六；六年級

從上述單純主要效果考驗得知：

1. 就男生群體而言，不同年級學生的生活壓力有顯著差異（F=10.286，p<.05），經事後比較發現：五年級男學生的生活壓力（M=12.20）顯著的高於四年級男學生（M=8.20），六年級男學生的生活壓力（M=11.40）也顯著的高於四年級男學生（M=8.20）。因而就男生群體而言，四年級男生所知覺的生活壓力感受同時顯著的低於五年級男生與六年級男生。

2. 就女生群體而言，不同年級學生的生活壓力有顯著差異（F=34.409，p<.05），經事後比較發現：四年級女學生的生活壓力（M=15.80）顯著的高於五年級女學生（M=10.00）；六年級女學生的生活壓力（M=21.00）顯

著的高於五年級女學生（M=10.00）；六年級女學生的生活壓力（M=21.00）也顯著的高於四年級女學生（M=15.80）。因而就女生群體而言，五年級女生所知覺的生活壓力感受同時顯著的低於四年級女生與六年級女生。

3. 就四年級群體而言，不同性別學生的生活壓力有顯著差異（F=36.302，p<.05），四年級女學生的生活壓力（M=15.80）顯著的高於四年級男學生（M=8.20）。

4. 就五年級群體而言，不同性別學生的生活壓力有顯著差異（F=7.563，p<.05），五年級男學生的生活壓力（M=12.20）顯著的高於五年級女學生（M=10.00）。

5. 就六年級群體而言，不同性別學生的生活壓力有顯著差異（F=53.720，p<.05），六年級女學生的生活壓力（M=21.00）顯著的高於六年級男學生（M=11.40）。

就不同年級群體比較而言，在四年級與六年級群體中，女學生的生活壓力感受顯著的高於男學生；但在五年級群體中，男學生的生活壓力感受則反而顯著的高於女學生。

上述單純主要效果檢定的 F 統計量分別採用分割後的誤差項，如果研究者要以原先二因子變異數分析摘要中的誤差項均方（MS_w=6.578，自由度 ＝ N － pq=60 － 6=54）作為各單純主要效果檢定 F 統計量的分母，則 F 統計量的顯著性（p 值）要藉由 SPSS「Significance」函數中的次指令「SIG. F」來計算。為避免第一類型錯誤率膨脹，最好採用族系錯誤率，將各檢定的型 I 錯誤率設定為α÷5 ＝ 0.5÷5=0.1，進行五次單純主要效果比較，五次比較的總錯誤率控制在.05 水準下。下表為採用誤差項均方（MS_w=6.578）之單純主要效果考驗變異數分析摘要表。採用誤差項均方（MS_w=6.578）作用單純主要效果考驗 F 統計量的分母項，採用分割後的各誤差項均方作為單純主要效果考驗 F 統計量的分母項，其 F 檢定的顯著性差異不大，研究者可就二個單純主要效果考驗之變異數分析摘要作一比較分析。

表 4-70　不同學生性別與學生年級變項在生活壓力之單純主要效果變異數分析摘要表

變異來源	平方和	自由度	平均平方和	F 檢定	事後比較
學生年級因子（B 因子）					
在男生群體中（a1）	89.600	2	44.800	6.811*	五＞四 六＞四 六＞五
在女生群體中（a2）	605.600	2	302.800	46.032**	四＞五 六＞四
學生性別因子（A 因子）					
在四年級群體中（b1）	288.800	1	288.800	43.904***	女＞男
在五年級群體中（b2）	24.200	1	24.200	3.679n.s.	
在六年級群體中（b3）	460.800	1	460.800	70.052***	女＞男
誤差	355.200	54	6.578		

註：*p<.01　**p<.001　n.s. p>.01　四：四年級；五：五年級；六；六年級

　　表 4-70 中單純主要效果顯著性考驗的 F 統計量數值為各列的均方值除以誤差項均方值（$MS_w = 6.578$）而來，每個 F 統計量的分母項均為 $MS_w = 6.578$。

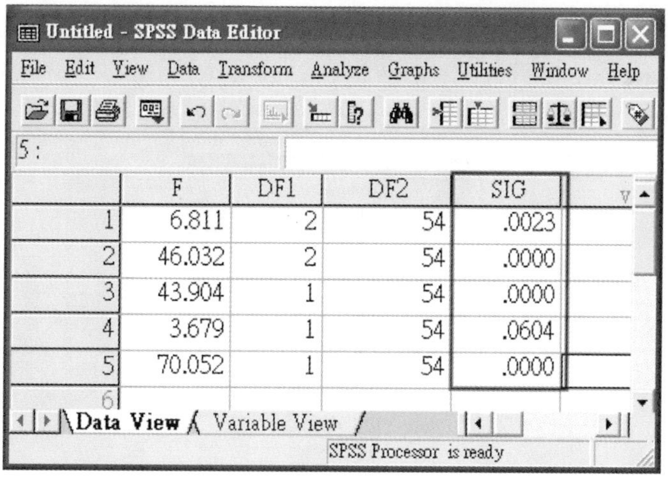

圖 4-34

　　上述單純主要效果考驗統計量 F 值顯著性 p 值的計算，SPSS 的操作程序如下：

(一)步驟 1

> 將各單純主要效果之F值，二個自由度建立如下圖格式，三個變數名稱研究者可以自訂。

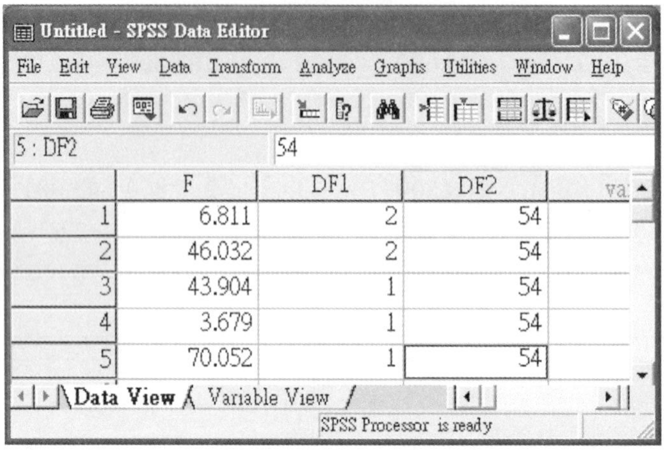

	F	DF1	DF2	va
1	6.811	2	54	
2	46.032	2	54	
3	43.904	1	54	
4	3.679	1	54	
5	70.052	1	54	

圖 4-35

(二)步驟 2

> 執行功能列「Transform」（轉換）→「Compute」（計算）程序，出現「Compute Variable」（計算變數）對話視窗。

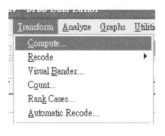

圖 4-36

　　在「Target Variable」（目標變數）下的方格中，輸入新變項名稱「SIG」，在「Function group」（函數）下拉式方盒中，選取「Significance」選項，在下方次方盒「Functions and Special Variables:」下的方盒中，選取「Sig.F」函數，連按二下，此函數語法會出現在上方「Numeric Expression」（數值運算式）下的方式格中：「SIG. F(?,?,?)，三個「？」處依序將F值、

自由度 1、自由度 2 三個變項選入。

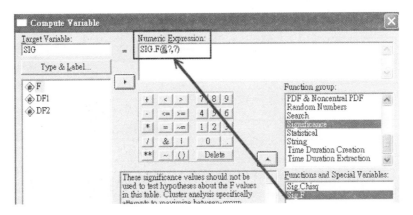

圖 4-37

將 F 值、自由度 1、自由度 2 三個變項選入「Sig.F」函數中，函數語法會變爲「Sig.F(F,DF1,DF2)」→ 按「OK」（確定）鈕，資料檔中會新增「SIG」變項。

切換到「Variable View」（變數檢視）次視窗，設定「SIG」變項的小數位數爲四位數。

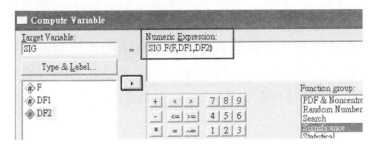

圖 4-38

4-4 CRF-33 設計——交互作用項不顯著

前面的內文提到，如果雙因子變 7 異數分析結果之交互作用項未達顯著，則直接看邊緣平均數的差異，執行「單變量」（Univariate）分析程序，輸出的報表也會呈現「主要效果」的分析結果，主要效果考驗與個別進行二次單因子變異數分析的結果相同。雙因子變異數析－交互作用項不顯著實例圖的說明如下圖 4-39：

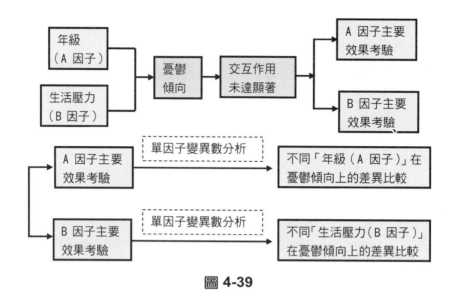

圖 4-39

4-4-1　研究問題

某心理學者想探究國中生年級變項對其憂鬱傾向的影響是否會因學生生活壓力感受的不同而有所差異，生活壓力感受對學生憂鬱傾向的影響是否會因學生年級變項的不同而不同。此心理學者採用分層隨機取樣方式，各從七年級、八年級、九年級的學生中找出高生活壓力組、中生活壓力組、低生活壓力組的學生各五名，總共樣本數為 45 位，再讓四十五位受試者填寫一份「憂鬱傾向量表」，量表的得分愈高，代表受試者的憂鬱傾向程度愈高，量表的得分愈低，代表受試者的憂鬱傾向程度愈低。根據搜集到的資料鍵入於 SPSS 統計軟體中，進行獨立樣本二因子變異數分析。

　　在資料檔的變項中，自變項有二個：學生年級（A 因子）、生活壓力（B 因子），依變項為憂鬱傾向，此測量值為一連續變項。學生年級為間斷變項有三個水準，水準數值 1 為七年級、水準數值 2 為八年級、水準數值 3 為九年級；生活壓力為間變變項有三個水準，水準 1 為低生活壓力組、水準 2 為中生活壓力組、水準 3 為高生活壓力組。資料檔建檔的範例如下：

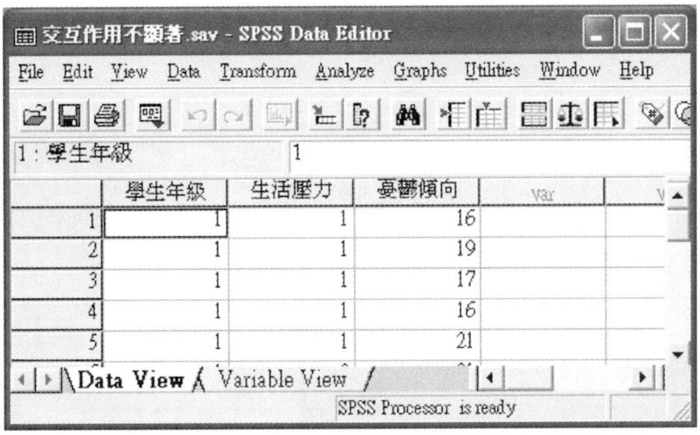

圖 4-40

4-4-2　操作程序

開啓「單變量」（Univariate）對話視窗，以進行多因子變異數分析。

㈠步驟 1

執行「分析」（Analyze）→「一般線性模式」（General Linear Model）→「單變量...」（Univariate）程序，開啓「單變量」（Univariate）對話視窗。

㈡步驟 2

在左邊變數清單中將依變項「憂鬱傾向」選入右邊「依變數」（Dependent Variables）方盒中；將自變項「學生年級」與「生活壓力」二個自變項選入右方「固定因子」（Fixed Factors）下的方盒中。

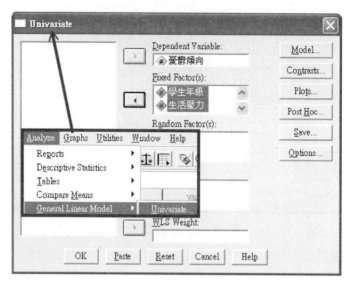

圖 4-41

㈢步驟 3

在「單變量」對話視窗中,按『圖形』(Plots)鈕,會出現「單變量:剖面圖」(Univariate: Profile Plots)次對話視窗,將兩個自變項分別選入右方的「水平軸」(Horizontal Axis)與「個別線」(Separate Lines)空盒中,按『新增』(Add)鈕:將 A 因子「學生年級」自變項選入「水平軸」框架內,將B因子「生活壓力」自變項選入「個別線」框架內,按『新增』鈕後,於下方「圖形」方盒內會出現「學生年級*生活壓力」的訊息;將B因子「生活壓力」自變項選入「水平軸」框架內,將 A 因子「學生年級」自變項選入「個別線」框架內,按『新增』鈕後,於下方「圖形」方盒內會出現「生活壓力*學生年級」的訊息→按『繼續』(Continue)鈕,回到「單變量」(Univariate)對話視窗。

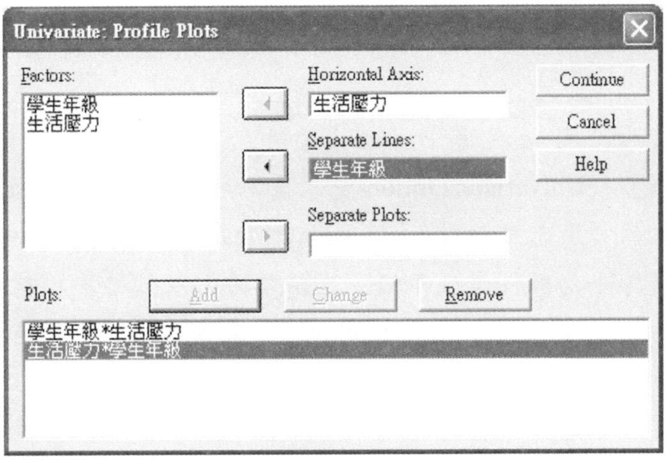

圖 4-42

（四）步驟 4

在「單變量」對話視窗中，按『Post Hoc 檢定』（Post Hoc...）鈕，出現「單變量：觀察值平均數的 Post Hoc 多重比較」（Univariate: Post Hoc Multiple Comparisons for Observed Means）次對話視窗，將左邊「因子」（Factors）下的二個自變項「學生年級」、「生活壓力」選入右邊「Post Hoc 檢定」（Post Hoc Test for）下的方盒中，選取事後比較方法，在此選取『☑Scheffe 法』→ 按『繼續』（Continue）鈕，回到「單變量」（Univariate）對話視窗。

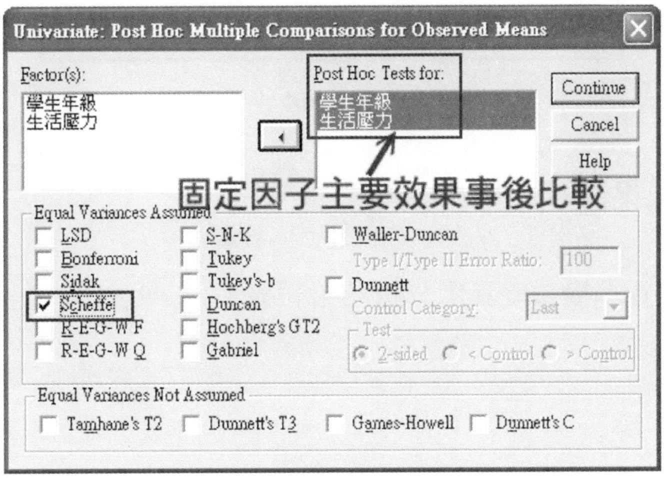

圖 4-43

㈤**步驟5**

> 在「單變量」對話視窗中，按『選項』（Options…）鈕，開啟「單變量：選項」（Univariate: Options）次對話視窗，將要呈現的平均數變項選入右方的「顯示平均數」（Display Means for:）的空格中，畫面中呈現的為邊緣平均數（學生年級、生活壓力）及細格平均數（學生年級*生活壓力）。在「顯示」（Display）方盒內勾選「☑敘述統計」（Descriptive statistics）及「☑效果項大小估計值」（Estimates of effect size）（使用者可依實際所需勾選選項）→按『繼續』（Continue）鈕，回到「單變量」（Univariate）對話視窗→按『確定』（OK）鈕。

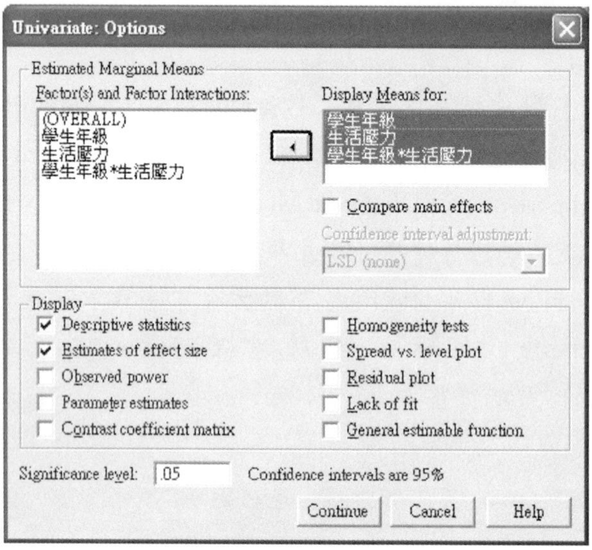

圖 4-44

4-4-3　結果說明

以下為執行單變量變異數分析結果報表。

表 4-71　Univariate Analysis of Variance（變異數的單變量分析）
Between-Subjects Factors（受試者因子）

		Value Label	N
學生性別	1	七年級	15
	2	八年級	15
	3	九年級	15
生活壓力	1	低壓力組	15
	2	中壓力組	15
	3	高壓力組	15

上表4-71為二個自變項（固定因子）的水準數、水準的數值註解（Value Label）、依變項測量值在各水準的有效樣本數。A 因子「學生年級」變項有三個水準，水準的數值為 1、2、3，數值註解分別表示七年級、八年級、九年級，每個水準有效樣本數為 15；B因子「生活壓力」變項有三個水準，水準的數值為 1、2、3，數值註解分別表示低壓力組、中壓力組、高壓力組，每個水準有效樣本數為 15，全部受試者共有四十五位。

表 4-72　Descriptive Statistics
Dependent Variable: 憂鬱傾向

學生年級	生活壓力	Mean	Std. Deviation	N
七年級	低壓力組	17.80	2.168	5
	中壓力組	20.40	3.362	5
	高壓力組	23.20	3.701	5
	Total	20.47	3.701	15
八年級	低壓力組	21.40	2.608	5
	中壓力組	22.20	4.438	5
	高壓力組	23.80	3.114	5
	Total	22.47	3.378	15
九年級	低壓力組	24.20	2.588	5
	中壓力組	25.60	2.074	5
	高壓力組	27.20	2.280	5
	Total	25.67	2.498	15
Total	低壓力組	21.13	3.543	15
	中壓力組	22.73	3.882	15
	高壓力組	24.73	3.390	15
	Total	22.87	3.829	45

上表 4-72 為樣本在依變項之細格及邊緣描述性統計量（Descriptive Statistics），包括平均數（Mean）、標準差（Std. Deviation）、個數（N）。在「單變量：選項」（Univariate: Options）次對話視窗中，於「顯示」（Display）方盒內勾選「☑敘述統計」（Descriptive statistics）選項，即會出現此描述性統計量報表。以 15 位七位級學生而言，五位「低生活壓力組」在憂鬱傾向測量值的平均得分為 17.80、五位「中生活壓力組」在憂鬱傾向測量值的平均得分為 20.40、五位「高生活壓力組」在憂鬱傾向測量值的平均得分為 23.20，七年級十五位受試者的總平均測量值為 20.47。以 15 位八位級學生而言，五位「低生活壓力組」在憂鬱傾向測量值的平均得分為 21.40、五位「中生活壓力組」在憂鬱傾向測量值的平均得分為 22.20、五位「高生活壓力組」在憂鬱傾向測量值的平均得分為 23.80，八年級十五位受試者的總平均測量值為 22.47。以 15 位九年級學生而言，五位「低生活壓力組」在憂鬱傾向測量值的平均得分為 24.20、五位「中生活壓力組」在憂鬱傾向測量值的平均得分為 25.60、五位「高生活壓力組」在憂鬱傾向測量值的平均得分為 27.20，九年級十五位受試者的總平均測量值為 25.67。二因子交互作用考驗，即在檢定以上九個細格平均數與總平均數（M=22.87）間是否有顯著差異，如果其中有一個細格平均數與總平均數（M=22.87）間的差異達到顯著水準（p<.05），則二因子交互作用檢定的效果即達顯著。在邊緣平均數方面，十五位低生活壓力組在憂鬱傾向的平均測量值為 21.13、十五位中生活壓力組在憂鬱傾向的平均測量值為 22.73、十五位高生活壓力組在憂鬱傾向的平均測量值為 24.73。

以上二因子在依變項測量值之細格及邊緣平均數與有效樣本數整理成如下表：

◆【表格範例】

表4-73 不同「學生年級」與「生活壓力」在憂鬱傾向測量值之細格與邊緣平均數摘要表

A因子＼B因子		生活壓力			邊緣平均數
		b1（低壓力組）	b2（中壓力組）	b3（高壓力組）	
學生年級	a1（七年級）	M=17.80 N=5	M=20.40 N=5	M=23.20 N=5	M=20.47 N=15
	a2（八年級）	M=21.40 N=5	M=22.20 N=5	M=23.80 N=5	M=22.47 N=15
	a3（九年級）	M=24.20 N=5	M=25.60 N=5	M=27.20 N=5	M=25.67 N=15
邊緣平均數		M=21.13 N=15	M=22.73 N=15	M=24.73 N=15	M=22.87 N=45

表4-74 Tests of Between-Subjects Effects

Dependent Variable: 憂鬱傾向

Source	Type III Sum of Squares	df	Mean Square	F	Sig.	Partial Eta Squared
Corrected Model	316.800(a)	8	39.600	4.341	.001	.491
Intercept	23529.800	1	23529.800	2579.393	.000	.986
學生年級	206.400	2	103.200	11.313	.000	.386
生活壓力	97.600	2	48.800	5.350	.009	.229
學生年級 * 生活壓力	12.800	4	3.200	.351	.842	.038
Error	328.400	36	9.122			
Total	24175.000	45				
Corrected Total	645.200	44				
a R Squared = .491 (Adjusted R Squared = .378)						

上表4-74 受試者間效應項的檢定（Tests of Between-Subjects Effects）即為二因子變異數分析摘要表，由輸出報表中得知，「學生年級」與「生活壓力」二個因子在檢定變數「憂鬱傾向」的交互作用未達顯著，F值為.351，顯著性p值=.842>.05，未達.05顯著水準，表示「學生年級」變項（A因子）對「憂鬱傾向」依變項的影響，不會因「生活壓力」（B因子）變項的不同而有所不同；相對的，「生活壓力」變項（B因子）對「憂鬱傾向」依變項的影響，不會因「學生年級」變項（A因子）的不同而有所差異。雖然「學

生年級」與「生活壓力」二個因子的交互作用不顯著,但二個自變項的主要效果檢定均達顯著,其 F 值分別為 11.313(p=.000<.05)、5.350(p=.009<.05),可見不同年級的學生,其憂鬱傾向的感受有顯著差異;而不同生活壓力的學生,所感受的憂鬱傾向也有顯著差異,這二個差異比較即二個固定因子的主要效果比較。由於學生年級、生活壓力二個因子均有三個組別(三個水準數),要知悉是哪二組間的平均數差異達到顯著,要進一步進行事後比較方能得知。

從效果量來看,A 主要效果的淨 η_A^2 值為.386,表示排除 B 因子主要效果項及 AB 交互作用項對憂鬱傾向程度的影響外,學生年級變項可以解釋憂鬱傾向變項 38.6%的變異量;B 主要效果的淨 η_B^2 值為.229,表示排除 A 因子主要效果項及 AB 交互作用項對憂鬱傾向程度的影響外,學生生活壓力變項可以解釋憂鬱傾向變項 22.9%的變異量。至於 AB 交互作用項的效果量,由於交互作用項的 F 統計量檢定未達顯著,表示在排除 A 因子主要效果、B 因子主要效果對憂鬱傾向變項的影響後,淨 η_{AB}^2 對憂鬱傾向沒有顯著的影響作用。

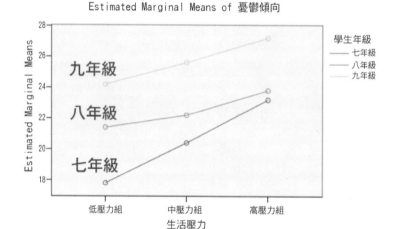

圖 4-45

上圖 4-45 為二個自變項各處理水準在憂鬱傾向之平均數趨勢圖,即二因子變異數分析之平均數折線圖,上圖 4-45 三條折線呈現的是近似平行關係,在三個「低生活壓力組」中,學生年級憂鬱傾向平均值的得分高低為九年級>八年級>七年級;在三個「中生活壓力組」中,學生年級憂鬱傾向平均值的得分高低為九年級>八年級>七年級;在三個「高生活壓力組」

中，學生年級憂鬱傾向平均值的得分高低為九年級＞八年級＞七年級，在三個壓力組中，八年級與七年級憂鬱傾向平均數的差距有以下關係存在：低生活壓力組差距（八年級－七年級）＞中生活壓力組差距（八年級－七年級）＞高生活壓力組差距（八年級－七年級）。就整體邊緣平均數來看，九年級總平均數＞八年級總平均數＞七年級總平均數，因而學生年級變項（A因子）的主要效果可能顯著。由於三條折線呈現一種近似平行的關係，二個因子間的交互作用項不顯著。

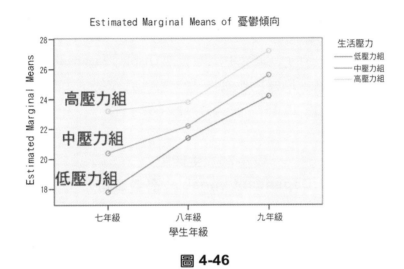

圖 4-46

上圖 4-46 為第二種交互作用平均數的折線圖，三條折線圖大約呈現一種平行的關係，因而交互作用可能不顯著，B 因子各水準平均數在個別 A 因子三個特定水準下，大致呈現一種水平狀況，此狀況即高生活壓力組樣本在憂鬱傾向的平均數高於中、低生活壓力組樣本在憂鬱傾向的平均數，而中生活壓力組樣本在憂鬱傾向的平均數又高於低生活壓力組樣本在憂鬱傾向的平均數。分數間的差距在A因子水準數值等於 1 時（七年級）最為為明顯，在A因子水準數值等於2時（八年級）、A因子水準數值等於3時（九年級）時，分數間的差距較小。就整體邊緣平均數來看，高生活壓力組總平均數＞中生活壓力組總平均數＞低生活壓力組總平均數，因而生活壓力變項（B因子）的主要效果可能顯著。

表 4-75　Estimated Marginal Means
學生年級
Dependent Variable: 憂鬱傾向

學生年級	Mean	Std. Error	95% Confidence Interval	
			Lower Bound	Upper Bound
七年級	20.467	.780	18.885	22.048
八年級	22.467	.780	20.885	24.048
九年級	25.667	.780	24.085	27.248

上表 4-75 為 A 因子主要效果考驗之邊緣平均數、標準誤、95%的信賴區間。在「單變量：選項」（Univariate: Options）次對話視窗，若將 A 因子（學生年級）選入右方的「顯示平均數」（Display Means for:）的空格中，則會出現 A 因子邊緣平均數的數據。七年級、八年級、九年級組學生在憂鬱傾向的平均數分別為 20.467、22.467、25.667。

表 4-76　生活壓力
Dependent Variable: 憂鬱傾向

生活壓力	Mean	Std. Error	95% Confidence Interval	
			Lower Bound	Upper Bound
低壓力組	21.133	.780	19.552	22.715
中壓力組	22.733	.780	21.152	24.315
高壓力組	24.733	.780	23.152	26.315

上表 4-76 為 B 因子主要效果考驗之邊緣平均數、標準誤、95%的信賴區間。在「單變量：選項」（Univariate: Options）次對話視窗，若將 B 因子（生活壓力）選入右方的「顯示平均數」（Display Means for:）的空格中，則會出現 B 因子邊緣平均數的數據。低生活壓力組、中生活壓力組、高生活壓力組學生在憂鬱傾向的平均數分別為 21.133、22.733、24.733。

表 4-77　學生年級 * 生活壓力
Dependent Variable: 憂鬱傾向

學生年級	生活壓力	Mean	Std. Error	95% Confidence Interval	
				Lower Bound	Upper Bound
七年級	低壓力組	17.800	1.351	15.061	20.539
	中壓力組	20.400	1.351	17.661	23.139
	高壓力組	23.200	1.351	20.461	25.939
八年級	低壓力組	21.400	1.351	18.661	24.139
	中壓力組	22.200	1.351	19.461	24.939
	高壓力組	23.800	1.351	21.061	26.539
九年級	低壓力組	24.200	1.351	21.461	26.939
	中壓力組	25.600	1.351	22.861	28.339
	高壓力組	27.200	1.351	24.461	29.939

　　上表 4-77 為九個細格之平均數、標準誤、95%的信賴區間。在「單變量：選項」（Univariate: Options）次對話視窗，在「因子與因子交互作用」（Factor and Factor Interactions）變數清單中若將交互作用項「A 因子*B 因子」（學生年級*生活壓力）選項選入右方的「顯示平均數」（Display Means for:）的空格中，則會出現細格的描述統計量，由於研究模式為 CRF-33 設計，總共有 3×3=9 個細格。

表 4-78　Post Hoc Tests
學生年級
Multiple Comparisons（多重比較）
Dependent Variable: 憂鬱傾向　Scheffe 法

(I)學生年級	(J)學生年級	Mean Difference(I-J)	Std. Error	Sig.	95% Confidence Interval	
					Lower Bound	Upper Bound
七年級	八年級	-2.00	1.103	.207	-4.82	.82
	九年級	-5.20(*)	1.103	.000	-8.02	-2.38
八年級	七年級	2.00	1.103	.207	-.82	4.82
	九年級	-3.20(*)	1.103	.023	-6.02	-.38
九年級	七年級	5.20(*)	1.103	.000	2.38	8.02
	八年級	3.20(*)	1.103	.023	.38	6.02
Based on observed means.						
* The mean difference is significant at the .05 level.						

　　上表 4-78 為學生年級（A 因子）在憂鬱傾向測量值各水準平均數差異

之事後比較，其中九年級學生與七年級學生平均數差異為 5.20，九年級學生與八年級學生平均數差異為 3.20，均達到顯著水準，表示九年級學生所感受的憂鬱傾向（M=25.67）顯著的高於七年級學生（M=20.47），而九年級學生所感受的憂鬱傾向也顯著的高於八年級學生（M=22.47），至於八年級學生所感受的憂鬱傾向與七年級學生所感受的憂鬱傾向間則沒有顯著的差異存在。A 因子主要效果平均數差異之事後比較即為邊緣平均數的比較，如下表 4-79 所列。

表 4-79　A 因子主要效果考驗即為 A 因子三個邊緣平均數的比較

A 因子 / B 因子		生活壓力			邊緣平均數
		b1 (低壓力組)	b2 (中壓力組)	b3 (高壓力組)	
學生年級	a1 (七年級)	M=17.80 N=5	M=20.40 N=5	M=23.20 N=5	M=20.47 N=15
	a2 (八年級)	M=21.40 N=5	M=22.20 N=5	M=23.80 N=5	M=22.47 N=15
	a3 (九年級)	M=24.20 N=5	M=25.60 N=5	M=27.20 N=5	M=25.67 N=15
邊緣平均數		M=21.13 N=15	M=22.73 N=15	M=24.73 N=15	M=22.87 N=45

生活壓力

表 4-80　Multiple Comparisons

Dependent Variable: 憂鬱傾向

Scheffe

(I)生活壓力	(J)生活壓力	Mean Difference(I-J)	Std. Error	Sig.	95% Confidence Interval	
					Lower Bound	Upper Bound
低壓力組	中壓力組	-1.60	1.103	.360	-4.42	1.22
	高壓力組	-3.60(*)	1.103	.009	-6.42	-.78
中壓力組	低壓力組	1.60	1.103	.360	-1.22	4.42
	高壓力組	-2.00	1.103	.207	-4.82	.82
高壓力組	低壓力組	3.60(*)	1.103	.009	.78	6.42
	中壓力組	2.00	1.103	.207	-.82	4.82
Based on observed means.						
* The mean difference is significant at the .05 level.						

上表 4-80 為生活壓力（B 因子）在憂鬱傾向測量值各水準平均數差異之事後比較，由於 B 因子主要效果顯著，事後比較即為 B 因子三個邊緣平均數差異兩兩的配對檢定。從上表中得知：高生活壓力組學生所感受的憂鬱傾向（M=24.73）顯著的高於低生活壓力組學生所感受的憂鬱傾向（M=21.13），其平均數差異為 3.60。至於高生活壓力組與中生活壓力組學生間之憂鬱傾向感受則沒有顯著差異，中生活壓力組與低生活壓力組學生間之憂鬱傾向感受也沒有顯著差異。

表 4-81　B 因子（生活壓力）邊緣平均數的比較

A 因子＼B 因子	生活壓力			邊緣平均數
	b1（低壓力組）	b2（中壓力組）	b3（高壓力組）	
學生年級　a1（七年級）	M=17.80 N=5	M=20.40 N=5	M=23.20 N=5	M=20.47 N=15
學生年級　a2（八年級）	M=21.40 N=5	M=22.20 N=5	M=23.80 N=5	M=22.47 N=15
學生年級　a3（九年級）	M=24.20 N=5	M=25.60 N=5	M=27.20 N=5	M=25.67 N=15
邊緣平均數	M=21.13 N=15	M=22.73 N=15	M=24.73 N=15	M=22.87 N=45

將上述獨立樣本二因子變異數分析報表結果整理如下：

◆【表格範例與詮釋】

表 4-82　不同「學生年級」與「生活壓力」在憂鬱傾向之二因子變異數分析摘要表

變異來源	SS	df	MS	F	事後比較	淨η^2
學生年級（A 因子）	206.400	2	103.200	11.313***	九＞八；九＞七	.386
生活壓力（B 因子）	97.600	2	48.800	5.350**	高＞低	.229
學生年級*生活壓力	12.800	4	3.200	.351n.s.		
誤差	328.400	36	9.122			
全體	645.200	44				

註：n.s. p>.05　**p<.01　***p<.001

　　七：七年級　八：八年級　九：九年級

　　低：低生活壓力組　中：中生活壓力組　高：高生活壓力組

從二因子變異數分析摘要表中可以得知：

1. 「學生年級」與「生活壓力」二個變項在憂鬱傾向的交互作用項未達.05 顯著水準（F=.351，p>.05）。

2. 「學生年級」變項對憂鬱傾向影響的主要效果項達到顯著（F=11.313，p<.05），在排除 B 因子（生活壓力）主要效果項及 AB 交互作用項對憂鬱傾向程度的影響外，「學生年級」變項可以解釋憂鬱傾向變項38.6%的變異量（淨η_A^2=.386）；經事後比較發現：九年級學生的憂鬱傾向（M=25.67）顯著的高於八年級（M=22.47）及七年級學生（M=20.47）。

3. 「生活壓力」變項對憂鬱傾向影響的主要效果項達到顯著（F=5.350，p<.05），在表示排除「學生年級」主要效果項及 AB 交互作用項對憂鬱傾向程度的影響外，學生「生活壓力」變項可以解釋憂鬱傾向變項22.9%的變異量（淨η_B^2=.229）；經事後比較發現：「高生活壓力」組學生的憂鬱傾向（M=24.73）顯著的高於「低生活壓力」組學生（M=21.13）。

由以上分析中，可以很清楚的得知，相同的變項進行雙因子變異數分析之前，實不必要先進行單因子變異數分析，因為交互作用如果顯著，表示二個自變項間有密切關係存在，第一個自變項（A 因子）對依變項的影響會受到第二個自變項（B因子）的不同而有所不同；而第二個自變項（B因子）對依變項的影響會受到第一個自變項（A因子）的不同而有所差異，應該進行的是「細格平均數」的比較，也就是「單純主要效果」的分析檢定，此時再同時進行「主要效果」比較沒有實質意義存在。而如果交互作用不顯著，也會呈現單因子變異數分析的結果，此時所要分析的不是細格平均數的比較，而是「邊緣平均數」的比較，即主要效果的分析檢定，在主要效果比較中，如果自變項的水準數在三個以上，也會同時進行事後比較及呈現邊緣平均數數值大小。

第五章

二因子混合設計變異數分析

進行二因子變異數分析時，如果二個自變項中，有一個是獨立因子，此因子探完全隨機化設計（completely randomized design）、一個是相依因子，此因子採隨機化區組設計（randomized block designs），則此種二因子變異數分析稱為混合設計（mixed design），混合設計的二個自變項一為獨立樣本，一為相依樣本。如某國中體育教師想探究學生性別與籃球比賽前後班級凝聚力之關係，其中性別變項為一獨立因子，內有二個水準：男生、女生；而籃球比賽為一相依因子，分為比賽前與比賽後二個水準，教師觀察測量所有學生在籃球比賽前後的班級凝聚力，所有學生於比賽前後均有一個班級凝聚力的測量值，因而籃球比賽前後是一個相依變項。

二因子混合設計與二因子獨立樣本變異數分析相同，所檢驗的效果有三項：獨立因子（A 因子）主要效果（組間主要效果）、相依因子 B 主要效果、二個自變項間交互作用項效果，若 A 因子有 p 個水準、B 因子有 q 個水準，則三者的虛無假設如下：

獨立因子（A 因子）主要效果：$H_0：\mu_{a1} = \mu_{a2} = \cdots\cdots = \mu_{ap}$
相依因子（B 因子）主要效果：$H_0：\mu_{b1} = \mu_{b2} = \cdots\cdots = \mu_{bq}$
A×B 交互作用項：$H_0：\mu_{a1b1} = \mu_{a2b2} = \cdots\cdots = \mu_{apbq}$

如果獨立因子有二個水準、相依因子有三個水準，則二個自變項的混合設計模式中有六個不同的處理水準，假設每個處理水準有三位受試者，則混合設計的基本模式可以下表 5-1 表示：

表 5-1

A 因子 B 因子		B 因子			邊緣平均數[A]
		水準一 (b1)	水準二 (b2)	水準三 (b3)	
A 因子	水準一(a1)	S_1、S_2、S_3	S_1、S_2、S_3	S_1、S_2、S_3	S_1、S_2、S_3
	水準二(a2)	S_4、S_5、S_6	S_4、S_5、S_6	S_4、S_5、S_6	S_4、S_5、S_6
	邊緣平均數[B]	S_1、S_2、S_3 S_4、S_5、S_6	S_1、S_2、S_3 S_4、S_5、S_6	S_1、S_2、S_3 S_4、S_5、S_6	

上述模式表中，就獨立因子（A 因子）中水準一而言，S_1、S_2、S_3 三位受試者均接受 B 因子三個水準的實驗處理，獨立因子（A 因子）中水準二而言，S_4、S_5、S_6 三位受試者均接受 B 因子三個水準的實驗處理。就 B 因子

來看，受試者S_1、S_2、S_3、S_4、S_5、S_6均接受其三個水準的實驗處理，因而B因子為一種組內因子，是一種重複量數設計；就 A 因子而言，水準一的受試者為 S_1、S_2、S_3，水準二的受試者為 S_4、S_5、S_6，二個水準的受試者是獨立的，因而 A 因子屬於一種組間因子，是一種獨立樣本設計。至於混合設計的依變項必須為連續變項，否則無法估計細格及邊緣平均數，無法進行平均數間的差異檢定。其中六個細格平均數間差異檢定為二個自變項的交互作用項效果考驗，邊緣平均數[A]為獨立因子（A因子）主要效果項考驗、邊緣平均數[B]為相依因子（B 因子）主要效果項考驗。三個效果考驗中，受到相依設計影響的效果項為 B 因子的主要效果及 A 因子與 B 因子交互作用項效果，因而二者的誤差項與組間因子（A 因子）的誤差項不相同。

混合設計變異數分析中，相依因子的主要效果項及因子交互作用效果項之F統計量的分母為殘差均方和（MS_r），因為它們都是包括在區組之內的效果，誤差來源是同一個受試者重複測量的隨機變化，此即為受試者內或區組內效應（within-subject effects）；獨立因子設計的效果項，隨機變異來源是受試者間的差異，稱為受試者間或區組間效應（between-subject effects），因此其F統計量是以區組均方和（MS_{block}）為分母（邱皓政，民94）。在完全獨立樣本設計模式中，F統計量的分母為組內均方和（MS_w），在完全相依因子設計模式中，F 統計量的分母為殘差均方和（MS_r），在混合設計模式中，由於同時包含獨立因子與相依因子，因而二者效果項之 F 統計量的分母誤差項也不相同。

混合設計模式，如獨立因子為 A 因子、相依因子為 B 因子，A 因子有p 個水準、B 因子有q 個水準，細格人數為n ，則混合設計變異數分析摘要表如下表5-2：

表 5-2

變異來源	SS	Df	MS	F 值
組間	$SS_{between}$	$pq-1$		
A 因子	SS_A	$p-1$	$SS_A \div (p-1)$	MS_A/MS_{block}
B 因子	SS_B	$q-1$	$SS_B \div (q-1)$	$MS_B/MS_{residual}$
A×B	SS_{AB}	$(p-1)\times(q-1)$	$SS_{AB} \div [(p-1)\times(q-1)]$	$MS_{AB}/MS_{residual}$
組內	SS_{within}	$pq(n-1)$	$SS_{within} \div pq(n-1)$	
區組（block）	SS_{block}	$p(n-1)$	$SS_{block} \div p(n-1)$	
殘差（誤差）	$SS_{residual}$	$p(q-1)(n-1)$	$SS_{residual} \div [p(q-1)(n-1)]$	
全體	SS_{total}	$npq-1$		

註：$MS_{block} = SS_{block} \div p(n-1)$；$MS_{residual}$ 或 $MS_r = SS_{residual} \div [p(q-1)(n-1)]$

MS_w 或 $MS_{within} = SS_{within} \div pq(n-1)$

在離均差平方和的關係上，其中組間的離均差平方和等於 A 因子的離均差平方和＋ B 因子的離均差平方和＋ AB 交互作用項的離均差平方和，組內離均差平方和等於區組離均差平方和＋殘差離均差平方和，全體離均差平方和等於組間離均差平方和＋組內離均差平方和。其算術運算式如下：

$$SS_{within} = SS_{block} + SS_{residual}$$

$$SS_{between} = SS_A + SS_B + SS_{AB}$$

$$SS_{total} = SS_{between} + SS_{within} = (SS_A + SS_B + SS_{AB}) + (SS_{block} + SS_{residual})$$

如果交互作用顯著，則必須進一步進行單純主要效果考驗，獨立因子單純主要效果的 F 統計量與相依因子單純主要效果考驗的 F 統計量所使用的誤差項不同，相依因子單純主要效果檢定時，F統計量之分母為殘差均方和$MS_{residual}$（簡寫為MS_r），而獨立因子單純主要效果檢定時，F統計量之分母為組內均方和MS_{within}，而非是區組間均方和MS_{block}。因為獨立因子的單純主要效果考驗是在不同的相依條件下進行檢定，並沒有把個別差異的區組間效果排除，因此誤差項要以全體細格內的變異為之，此部分也就是完全獨立設計的誤差項（邱皓政，民 94）。

二因子混合設計的效果量為淨ω^2，在SPSS報表中以「partial eta square」（淨η^2）表示。如果依變項為Y，則A因子效果量以符號$\hat{\omega}^2_{Y|A.B, AB}$表示，代表的意義為控制B主要效果項與AB交互作用效果項的變異後，A變項可以解釋 Y 變項的變異程度；B 因子效果量以符號$\hat{\omega}^2_{Y|B.A, AB}$表示，代表的意義為控制 A 主要效果項與 AB 交互作用效果項的變異後，B 變項可以解釋 Y 變項的變異程度；AB交互作用項的效果量以符號$\hat{\omega}^2_{Y|AB.A, B}$表示，代表的意義為控制A主要效果項與控制B主要效果項的變異後，AB 交互作用項可以解釋 Y 變項的變異程度。三者之效果量的大小可以直接由混合設計變異數分析摘要表中計算出：

$$\hat{\omega}^2_{Y|A.B, AB} = \frac{SS_A}{SS_A + SS_{block}}$$

$$\hat{\omega}^2_{Y|B.A, AB} = \frac{SS_B}{SS_B + SS_{residual}}$$

$$\hat{\omega}^2_{Y|AB.A, B} = \frac{SS_{AB}}{SS_{AB} + SS_{residual}}$$

混合設計的效果量如果直接由各 F 統計量估算，其計算式如下：

$$\hat{\omega}^2_{Y|A.B, AB} = \frac{(F_A - 1)(p - 1)}{(F_A - 1)(p - 1) + npq}$$

$$\hat{\omega}^2_{Y|B.A, AB} = \frac{(F_B - 1)(q - 1)}{(F_B - 1)(q - 1) + npq}$$

$$\hat{\omega}^2_{Y|AB.A, B} = \frac{(F_{AB} - 1)(p - 1)(q - 1)}{(F_{AB} - 1)(p - 1)(q - 1) + npq}$$

5-1 混合設計變異數分析——交互作用顯著實例

5-1-1 研究問題

某國中歷史教師想探究其任教的班級學生對於課堂教學活動型態的喜愛程度是否因學業成就高低的不同而有所不同，在學期末就「講述教學」、「問答討論」、「分組活動」三種課堂教學活動型態的喜愛程度讓全班學生填答，得分從一至十分，測量的分數愈低，表示樣本喜愛程度愈低，分數愈高表示學生喜愛程度愈高，之後從學期歷史科成績中，從排名前 25%的學生中，隨機挑選八名同學，將之歸類為「高學業成就」組；相對的，從排名後 25%的學生中，也隨機挑選八名同學，將之歸類為「低學業成就」組，請問不同學業成就組學生是否因課堂教學活動型態的不同而有不同的喜愛程度？

在上述研究問題中，依變項為喜愛程度的測量值，分數介於 1 至 10 分

之間,自變項有二個,一為歷史科學業成就變項,此變項有二個水準,分別為高學業成就組、低學業成就組,是一個獨立因子;二為三種課堂教學活動型態,分為三個水準:「講述教學」、「問答討論」、「分組活動」,所有受試者均要就三種課堂教學活動型態填寫其喜愛程度,屬於重複量數,是一個相依因子。二個自變項中 A 因子為獨立樣本(有二個水準)、B 因子為相依樣本(有三個處理水準),其交叉構成的細格有六種不同的處理水準,每個處理水準(細格)均有八位受試者。研究設計模式如下表 5-3:

表 5-3

相依因子 獨立因子		B 因子(課堂教學型態)		
		講述教學	問答討論	分組活動
A 因子 學業成就	低學業組(a1)	$S_1 \ldots\ldots S_8$	$S_1 \ldots\ldots S_8$	$S_1 \ldots\ldots S_8$
	高學業組(a2)	$S_9 \ldots\ldots S_{16}$	$S_9 \ldots\ldots S_{16}$	$S_9 \ldots\ldots S_{16}$

在 SPSS 資料建檔格式如下,獨立因子(A 因子)的變項名稱為「學業成就」,「講述教學」型態喜愛程度的測量值之變項名稱為「type1」、「問答討論」型態喜愛程度的測量值的變項名稱為「type2」、「分組活動」型態喜愛程度的測量值之變項名稱為「type3」,獨立因子(A 因子)「學業成就」變項的數值註解中:1 表示「低學業組」、2 表示「高學業組」。

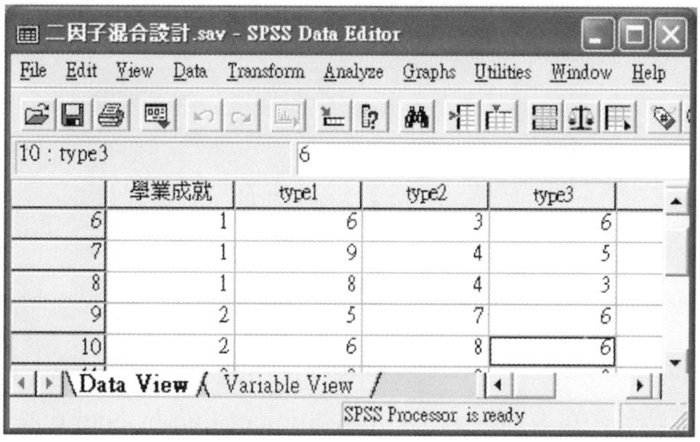

圖 5-1

二因子混合設計的細格與邊緣平均數模式如下表 5-4:

表 5-4

獨立因子 \ 相依因子		B 因子（課堂教學型態）			邊緣平均數
		講述教學	問答討論	分組活動	
A 因子 學業 成就	低學業組(a1)	$S_1 \ldots \ldots S_8$[1]	$S_1 \ldots \ldots S_8$[2]	$S_1 \ldots \ldots S_8$[3]	[1]+[2]+[3]
	高學業組(a2)	$S_9 \ldots \ldots S_{16}$[4]	$S_9 \ldots \ldots S_{16}$[5]	$S_9 \ldots \ldots S_{16}$[6]	[4]+[5]+[6]
邊緣平均數		[1]+[4] $S_1 \ldots \ldots S_{16}$	[2]+[5] $S_1 \ldots \ldots S_{16}$	[3]+[6] $S_1 \ldots \ldots S_{16}$	[1]+[2]+[3]+ [4]+[5]+[6]

5-1-2 　交互作用操作程序

㈠步驟 1

執行功能列「Analyze」（分析）→「General Linear Model」（一般線性模式）→「Repeated Measures」（重複量數）程序，開啟「Repeated Measures Define Factors」（重複量數定義因子）對話視窗。

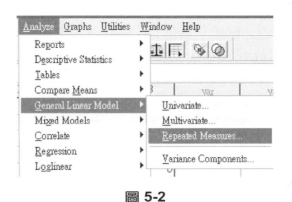

圖 5-2

㈡步驟 2

在「Repeated Measures Define Factors」（重複量數定義因子）對話視窗中，「受試者內因子的名稱」（Within-Subject Factor Name:）右邊方盒內須界定相依因子自變項的名稱：「type」，在「水準個數」（Number of Levels:）右邊方盒內鍵入自變項的水準數，範例中共有三種課堂教學活動型態，其水準數為 3，最後按『新增』（Add）鈕後，在新增鈕的右邊會出現自變項的名稱及其設定的水準數，如「type(3)」，前面 type 為設定的自變項名

稱，括號內 3 表示有三個水準。而在下方的「Measure Name」（量數名稱）右邊的方格中可輸入自變項名稱的註解，範例中輸入「教學活動」→按『Add』鈕，設定完後按右上方的『Define』（定義）鈕，開啟「Repeated Measures」（重複量數）的第二層對話視窗。

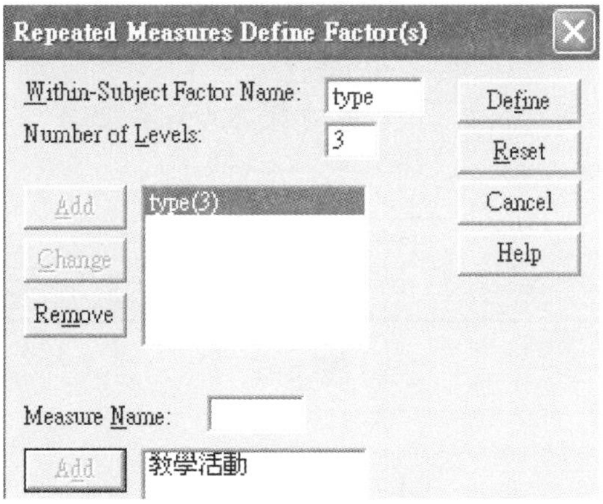

圖 5-3

（三）步驟 3

在「Repeated Measures」（重複量數）對話視窗中，在左邊變數清單中將相依因子（B 因子）三個水準選入右邊「Within-Subjects Variables（受試者內變數）的方格中，此時方格中的變數會由「_?_（1,教學活動）」、「_?_（2,教學活動）」、「_?_（3,教學活動）」，依序變成「type1（1,教學活動）」、「type2（2,教學活動）」、「type3（3,教學活動）」。

再將獨立因子（A 因子）「學業成就」自變項選入中間「Between-Subjects Factors」（受試者間的因子）下的方格中→按下方『Plots』（圖形）鈕，開啟「Repeated Measures: Profile Plots」（重複量數：剖面圖）次對話視窗。

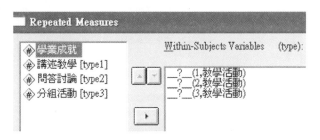

圖 5-4

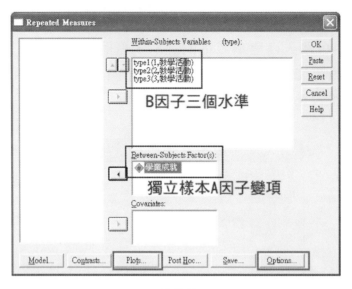

圖 5-5

㈣**步驟 4**

在「Repeated Measures: Profile Plots」（重複量數：部面圖）次對話視窗中，將獨立因子「學業成就」選入右邊「Horizontal Axis」（水平軸）下的方格中，將相依因子「type」選入右邊「Separate Lines」（個別線）下的方格中，按『Add』（新增）鈕，在「Plots」（圖形）下的大方格中會出現「學業成就*type」的訊息→次將相依因子「type」選入右邊「Horizontal Axis」（水平軸）下的方格中，將獨立因子「學業成就」選入右邊「Separate Lines」（個別線）下的方格中，按『Add』（新增）鈕，在「Plots」（圖形）下的大方格中會出現「type*學業成就」的訊息→按『Continue』（繼續）鈕，回到「Repeated Measures」（重複量數）對話視窗。

上述剖面圖的設定可以繪製二因子交互作用圖形。

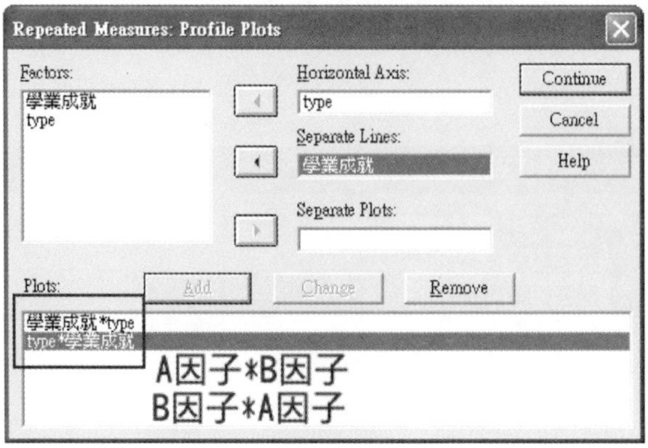

圖 5-6

㈤**步驟 5**

在「Repeated Measures」（重複量數）對話視窗中，按『Options』（選項）鈕，開啟「Repeated Measures: Options」（重複量數：選項）次對話視窗，將相依因子「type」選入右邊「Display Means for」（顯示平均數）下的方格中，勾選「☑Compare main effects」（比較主效應），在「Confidence interval adjustment」（信賴區間調整）下的相依樣本事後比較方法中選取最小顯著差異法：LSD 法。在下方「Display」（顯示）方盒中，勾選「☑Descriptive statistics」（敘述統計）及「☑Estimates of effect size」（效果項大小估計值）選項→按『Continue』（繼續）鈕，回到「Repeated Measures」（重複量數）對話視窗，按『OK』（確定）鈕。

圖 5-7

5-1-3 結果說明

表 5-5 General Linear Model

Within-Subjects Factors

Measure: 教學活動

type	Dependent Variable
1	type1
2	type2
3	type3

上表 5-5 為 B 因子（相依因子）的變項名稱、水準數及其三個水準變項名稱。由於 B 因子為相依樣本，有三個水準，三個水準的變項名稱分別為 type1、typ2、type3，B 因子也稱為「受試者內因子」（Within-Subjects Factors）。整體 B 因子變項名稱為「教學活動」。

表 5-6 Between-Subjects Factor

		Value Label	N
學業成就	1	低學業組	8
	2	高學業組	8

上表 5-6 為獨立因子的名稱（A因子），變項名稱為「學業成就」，內有二個水準，水準數值 1 表示低學業組，水準數值 2 為高學業組，二個水準各有八位受試者，獨立因子也稱為「受試者間因子」（Between-Subjects Factor）。

表 5-7 Descriptive Statistics

	學業成就	Mean	Std. Deviation	N
講述教學	低學業組	8.63	1.302	8
	高學業組	5.88	1.959	8
	Total	7.25	2.145	16
問答討論	低學業組	3.75	1.035	8
	高學業組	8.50	.926	8
	Total	6.13	2.630	16
分組活動	低學業組	4.38	1.506	8
	高學業組	7.50	1.512	8
	Total	5.94	2.175	16

　　上表 5-7 爲細格及邊緣的描述性別統計量，包括平均數、標準差與有效樣本數。在講述教學活動中，「低學業組」喜愛的平均數爲 8.63、標準差爲 1.302，「高學業組」喜愛的平均數爲 5.88、標準差爲 1.959，十六位受試者整體平均數爲 7.25、標準差爲 2.145。在問答討論教學活動中，「低學業組」喜愛的平均數爲 3.75、標準差爲 1.035，「高學業組」喜愛的平均數爲 8.50、標準差爲.926，十六位受試者整體平均數爲 6.13、標準差爲 2.630。在分組活動教學活動中，「低學業組」喜愛的平均數爲 4.38、標準差爲 1.506，「高學業組」喜愛的平均數爲 7.50、標準差爲 1.512，十六位受試者整體平均數爲 5.94、標準差爲 2.175。

表 5-8　Box's Test of Equality of Covariance Matrices (a)

Box's M	2.058
F	.262
df1	6
df2	1420.075
Sig.	.955
Tests the null hypothesis that the observed covariance matrices of the dependent variables are equal across groups.	
a Design: Intercept+學業成就	
Within Subjects Design: type	

　　上表 5-8 爲共變量矩等式的 Box 檢定，即不同學業成就組之樣本在教學活動三個依變項測量值之同質性多變量檢定結果，此檢定在於考驗學業成就在三個重複測量之共變數矩陣是否同質，採用的統計值爲 Box 法之 M 值，M 值等於 2.058、經轉換爲 F 值，F=.262，顯著性 p =.955>.05，未達到顯著水準，接受虛無假設，表示不同學業成就的受試者在三個依變項測量值之共變量矩陣具有同質。

表 5-9　Mauchly's Test of Sphericity (b)
Measure: 教學活動

Within Subjects Effect	Mauchly's W	Approx. Chi-Square	df	Sig.	Epsilon(a)		
					Greenhouse-Geisser	Huynh-Feldt	Lower-bound
type	.723	4.216	2	.121	.783	.927	.500

Tests the null hypothesis that the error covariance matrix of the orthonormalized transformed dependent variables is proportional to an identity matrix.

a May be used to adjust the degrees of freedom for the averaged tests of significance. Corrected tests are displayed in the Tests of Within-Subjects Effects table.

b Design: Intercept+學業成就
Within Subjects Design: type

　　上表 5-9 為檢驗相依樣本（相依因子）變異數分析是否違反球形或環狀性假定。就上述報表而言，Mauchly 檢定值為.723，轉換後的卡方值等於4.216，df=2，顯著性 p=.121>.05，未達顯著水準，應接受虛無假設，表示未違反變異數分析之球形假定；其中ε的最小值（Lower-bound）＝1÷（3-1）＝.500（3 為自變項的水準數），Greenhouse-Geisser的ε檢定值為.783、Huynh-Feldt 的ε檢定值為.927，二個指標均超過.75 的標準，二個ε的平均值為.855也超過.75 的標準，顯示分析的資料，未違反球面性的假定，就相依因子而言，受試者在三個水準的測量值，兩兩配對相減所得的差異值之變異數相等（homogeneity-of-variance of differences）。

表 5-10　Tests of Within-Subjects Effects
Measure: 教學活動

Source		Type III Sum of Squares	df	Mean Square	F	Sig.	Partial Eta Squared
type	Sphericity Assumed	16.125	2	8.063	3.938	.031	.220
	Greenhouse-Geisser	16.125	1.566	10.296	3.938	.043	.220
	Huynh-Feldt	16.125	1.855	8.695	3.938	.035	.220
	Lower-bound	16.125	1.000	16.125	3.938	.067	.220
Type * 學業成就	Sphericity Assumed	124.542	2	62.271	30.411	.000	.685
	Greenhouse-Geisser	124.542	1.566	79.518	30.411	.000	.685
	Huynh-Feldt	124.542	1.855	67.154	30.411	.000	.685
	Lower-bound	124.542	1.000	124.542	30.411	.000	.685
Error（type）	Sphericity Assumed	57.333	28	2.048			
	Greenhouse-Geisser	57.333	21.927	2.615			
	Huynh-Feldt	57.333	25.964	2.208			
	Lower-bound	57.333	14.000	4.095			

上表 5-10 為受試者內效應項的檢定（Tests of Within-Subjects Effects）統計量，包括相依因子（B 因子）主要效果顯著性的考驗、獨立因子（A 因子）與相依因子（B因子）交互作用效果顯著性的考驗。在球面性假定的檢驗中，未違反球面性的假定，因而不用使用矯正的統計量（Greenhouse-Geisser 或 Huynh-Feldt 列數據），直接看符合球面性假定列（Sphericity Assumed）的數據。

在B因子（教學活動）三個水準在依變項之主要效果達到顯著，F值等於 3.938，顯著性p值=.031<.05，達到.05 顯著水準，表示全部的受試者對三種不同型態的教學活動之喜愛程度有顯著的不同。相依因子（B因子）的主要效果考驗，必須要在獨立因子（A因子）與相依因子（B因子）交互作用效果考驗未達顯著性時，才有必要去探討，若是交互作用顯著，再探究相依因子（B因子）的主要效果，沒有實質的意義存在。

在獨立因子（A因子）與相依因子（B因子）交互作用效果考驗方面，型III離均差平方和為 124.542，自由度為 2，均方值為 62.271，F 值等於 30.411，顯著性 p 值=.000<.05，達到.05 的顯著水準，二個自變項在依變項之交互作用達到顯著，即不同學業成就的學生，對課堂的喜愛程度確實會因課堂活動型態的不同而有不同；或學生對課堂教學型態的喜愛程度會因學業成就的高低而有所差異。由於交互作用項顯著，因而不必探究二個自變項之主要效果是否顯著，即使自變項的主要效果達到顯著，在解釋方面也欠缺實質的意義存在。

相依因子（課堂教學型態）殘差列的數值中，型III離均差平方和為 57.333（$SS_{residual}$），自由度為 28（$df_{residual}$），均方值為 2.048（$MS_{residual}$），此殘差數值為相依因子變異數分析中，F 考驗的誤差項。

相依因子（B 因子）的效果量 $\hat{\omega}^2_{Y|B,A,AB} = \dfrac{SS_B}{SS_B + SS_{residual}} = \dfrac{16.125}{16.125+57.333} =$ .220，表示排除學業成就變項與學業成就及課堂教學型態交互作用項的影響後，單獨課堂教學型態變項可以解釋學生對歷史課堂喜愛程度 22.0%的變異量。

交互作用項（A×B）的效果量 $\hat{\omega}^2_{Y|AB,A,B} = \dfrac{SS_{AB}}{SS_{AB} + SS_{residual}} = \dfrac{124.542}{124.542+57.333} =$ .685，表示排除學業成就變項與課堂教學型態個別變項的影響後，二個變項的交互作用項可以解釋學生對歷史課堂喜愛程度 68.5%的變異量。

相依因子（B 因子）主要效果考驗在於檢定[1]+[4]、[2]+[5]、[3]+[6]三個邊緣平均數間的差異，由於屬重複量數考驗，在單因子變異數分析中，

須採用相依樣本單因子變異數分析方法加以考驗。

表 5-11

獨立因子 \ 相依因子		B 因子（課堂教學型態）			邊緣平均數
		講述教學	問答討論	分組活動	
A 因子學業成就	低學業組(a1)	S_1......S_8[1]	S_1......S_8[2]	S_1......S_8[3]	[1]+[2]+[3]
	高學業組(a2)	S_9......S_{16}[4]	S_9......S_{16}[5]	S_9......S_{16}[6]	[4]+[5]+[6]
邊緣平均數		[1]+[4] S_1......S_{16}	[2]+[5] S_1......S_{16}	[3]+[6] S_1......S_{16}	[1]+[2]+[3]+ [4]+[5]+[6]

表 5-12　Levene's Test of Equality of Error Variances (a)

	F	df1	df2	Sig.
講述教學	2.384	1	14	.145
問答討論	.059	1	14	.812
分組活動	.007	1	14	.933
Tests the null hypothesis that the error variance of the dependent variable is equal across groups.				
a Design: Intercept+學業成就				
Within Subjects Design: type				

上表 5-12 為高低學業成就組受試者在三個依變項測量值之單變量同質性檢定，變異數同質性檢定的方法為 Levene 法，經 Levene 法檢定結果，獨立因子（A 因子）二個水準受試者在三個依變項測量值之變異數同質性檢定之 F 值分別為 2.384、.059、.007，顯著性 p 值分別為.145、.812、.933，均未達.05 的顯著水準，接受虛無假設，表示獨立因子（A 因子）二個水準樣本在三個依變項測量值之變異數均為同質，未違反變異數同質性檢定，此結果與上述採用 Box 法進行檢定結果相同。

表 5-13 Tests of Between-Subjects Effects
Measure: 教學活動
Transformed Variable: Average

Source	Type III Sum of Squares	df	Mean Square	F	Sig.	Partial Eta Squared
Intercept	1989.188	1	1989.188	1039.451	.000	.987
學業成就	35.021	1	35.021	18.300	.001	.567
Error	26.792	14	1.914			

上表 5-13 為「受試者間效應項的檢定」（Tests of Between-Subjects Effects）統計量，此統計量表示的是高低學業成就組樣本對整體課堂活動喜愛程度的差異比較，此比較即獨立因子（A因子）主要效果顯著性考驗。型III離均差平方和為 35.021，自由度為 1（二個水準，df = 2 - 1 = 1），均方值為 35.021，F值等於 18.300，顯著性p值=.001<.05，達到.05 的顯著水準，表示高低學業成就二組樣本對整體課堂活動的喜愛程度有顯著的不同，由於上述獨立因子（A 因子）與相依因子（B 因子）交互作用效果項考驗顯著，因而獨立因子（A 因子）主要效果顯著與否就不具實質的意義存在，研究者不必進一步就主要效果進行解釋。

獨立因子（A因子）的效果量 $= \dfrac{SS_A}{SS_A + SS_{block}} = \dfrac{35.021}{35.021+26.792} = .567$，表示排除課堂教學型態變項與學業成就及課堂教學型態交互作用項的影響後，單獨學業成就變項可以解釋學生對歷史課堂喜愛程度 56.7% 的變異量。

獨立因子（A因子）主要效果考驗在於考驗下列[1]+[2]+[3]（受試者為 $S_1 \ldots\ldots S_8$）與[4]+[5]+[6]（受試者為 $S_9 \ldots\ldots S_{16}$）二個邊緣平均數的差異，此部分在單因子分析中，可採用獨立樣本 t 檢定或獨立樣本單因子變異數分析法來考驗。

表 5-14

相依因子 獨立因子		B 因子（課堂教學型態）			邊緣平均數
		講述教學	問答討論	分組活動	
A 因子 學業	低學業組(a1)	$S_1 \ldots\ldots S_8$[1]	$S_1 \ldots\ldots S_8$[2]	$S_1 \ldots\ldots S_8$[3]	[1]+[2]+[3]
	高學業組(a2)	$S_9 \ldots\ldots S_{16}$[4]	$S_9 \ldots\ldots S_{16}$[5]	$S_9 \ldots\ldots S_{16}$[6]	[4]+[5]+[6]
邊緣平均數		[1]+[4] $S_1 \ldots\ldots S_{16}$	[2]+[5] $S_1 \ldots\ldots S_{16}$	[3]+[6] $S_1 \ldots\ldots S_{16}$	[1]+[2]+[3]+ [4]+[5]+[6]

表 5-15　**Estimated Marginal Means**

type

Estimates

Measure: 教學活動

type	Mean	Std. Error	95% Confidence Interval	
			Lower Bound	Upper Bound
1	7.250	.416	6.358	8.142
2	6.125	.245	5.598	6.652
3	5.938	.377	5.128	6.747

　　上表 5-15 估計邊緣平均數為相依因子（B 因子）的邊緣平均數相關統計量，全體樣本學生對三種課堂活動型態喜愛程度測量值之平均數分別為7.250、6.125、5.938，標準誤分別為.416、.245、.377，此三個邊緣平均數差異比較即 B 因子主要效果考驗。

表 5-16　**Pairwise Comparisons**

Measure: 教學活動

(I) type	(J) type	Mean Difference (I-J)	Std. Error	Sig.(a)	95% Confidence Interval for Difference (a)	
					Lower Bound	Upper Bound
1	2	1.125(*)	.447	.025	.166	2.084
	3	1.313	.625	.054	-.027	2.652
2	1	-1.125(*)	.447	.025	-2.084	-.166
	3	.188	.422	.664	-.717	1.092
3	1	-1.313	.625	.054	-2.652	.027
	2	-.188	.422	.664	-1.092	.717
Based on estimated marginal means						
* The mean difference is significant at the .05 level.						
a Adjustment for multiple comparisons: Least Significant Difference (equivalent to no adjustments).						

　　上表 5-16 為相依因子（B 因子）之事後比較，由於 B 因子主要效果考驗顯著，B因子的水準數有三個，因而需進行兩兩配對組的比較，以得知是那二個配對組間平均數的差異達到顯著，由於二個自變項的交互作用顯著，因而個別因子之主要效果項考驗及其事後比較不用進一步加以詮釋。

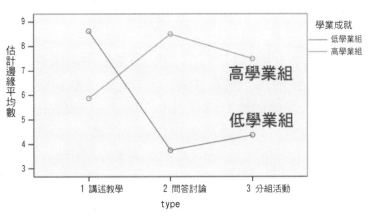

圖 5-8

上圖 5-8 為第一種平均數圖，X 軸為相依因子（B 因子）三個水準，Y軸為獨立因子的測量值，六個端點或折點為六個細格平均數值，在「講述教學」課堂教學型態中，低學業組的平均數高於高學業組的平均數，在「問答討論」課堂教學型態中，高學業組的平均數高於低學業組的平均數，在「分組活動」課堂教學型態中，高學業組的平均數高於低學業組的平均數，二者平均數的差異值小於二組在「問答討論」課堂教學型態中平均數的差異值。由於平均數圖呈現一種交叉關係，二因子交互作用可能顯著。如果混合設計交互作用顯著，上表所表示的為獨立因子（A 因子）單純主要效果檢定。

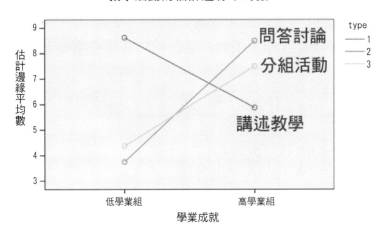

圖 5-9

上圖 5-9 為第二種平均數圖，X 軸為獨立因子（A 因子）二個水準，Y 軸為相依因子三個水準的測量值，六個端點或折點為六個細格平均數值，就「低學業組」樣本而言，B 因子測量值平均數的高低，依序為「講述教學」、「分組活動」、「問答討論」；就「高學業組」樣本而言，B 因子測量值平均數的高低，依序為「問答討論」、「分組活動」、「講述教學」，圖形呈現的是一種非次序的交互關係（dis rdinal interaction），具有交叉的折線，表示二個自變項對於依變項的交互效果可能顯著。二因子混合設計的交互作用若是顯著，上表所表示的為相依因子（B 因子）單純主要效果檢定。

茲將以上混合設計之結果，整理成如下的摘要表。

◆【表格範例】

表 5-17　不同學業成就與課堂教學型態之二因子變異數分析摘要表

變異來源	SS	Df	MS	F	$\hat{\omega}^2$
學業成就（A 因子）	35.021	1	35.021	18.300**	.567
教學型態 b（B 因子）	16.125	2	8.063	3.938*	.220
學業成就×教學型態 b（A×B）	124.542	2	62.271	30.411***	.685
組內	84.125	42	1.956		
區組（受試者間）	26.792	14	1.914		
殘差	57.333	28	2.048		
全體	259.813	47			

註：標示 b 者為區組設計因子（相依因子），而以殘差列數值為誤差項。

　　* p<.05　** p<.01　*** p<.001

上述摘要表 5-17 中，學業成就獨立因子（A 因子）、課堂教學型態相依因子（B 因子）、交互作用項的 F 統計量與其誤差項如下：

$$F_A = \frac{MS_A}{MS_{block}} = \frac{35.021}{1.914} = 18.300$$，獨立因子的分母項是區組效果的均方和（＝1.914）。

$$F_B = \frac{MS_B}{MS_{residual}} = \frac{8.063}{2.048} = 3.938$$，相依因子的分母是殘差的均方和（＝2.048）。

$$F_{AB} = \frac{MS_{AB}}{MS_{residual}} = \frac{62.271}{2.048} = 30.411$$，交互作用項的分母是殘差的均方和（＝

2.048），因交互作用項也與相依因子有關。

從上述二因子變異數分析摘要中可以發現：學業成就與課堂教學型態對學生喜愛程度影響的交互作用項顯著（F=30.411，p<.001），可見不同學業成就的學生，對歷史課堂的喜愛程度會因課堂教學活動型態的不同而有不同；或學生對課堂教學型態的喜愛程度會因學生學業成就的高低而有所差異，二個自變項的交互作用項效果量為.685，表示學業成就與課堂教學型態二個變項所構成的交互作用項可以解釋學生課堂喜愛程度68.5%的變異。除了交互作用項顯著外，二個因子的主要效果也均達顯著，不同學業成就的學生其對課堂喜愛的程度有顯著的不同（F=18.300，p<.01），學業成就變項對學生課堂喜愛程度影響的變異量為 56.7%；不同課堂教學活動型態下，學生對課堂喜愛的程度也有顯著的不同（F=3.938，p<.05），課堂教學活動型態可以解釋學生課堂喜愛程度22.0%的變異量。

由於學業成就與課堂教學型態對學生喜愛程度影響的交互作用項顯著，因而需進一步進行單純主要效果考驗。

5-1-4　單純主要效果考驗操作程序

㈠相依因子（B因子）單純主要效果考驗

相依因子（B因子）單純主要效果考驗，所要考驗的細格間的差異有二種，第一種在檢定[1]、[2]、[3]三個細格平均數間的差異，它是一種重複量數，因而採用的方法為單因子相依樣本變異數分析，分析的樣本為「低學業組」八名學生。

表 5-18

相依因子 獨立因子		B因子（課堂教學型態）			邊緣平均數
		講述教學	問答討論	分組活動	
A因子 學業 成就	低學業組(a1)	S_1......S_8[1]	S_1......S_8[2]	S_1......S_8[3]	[1]+[2]+[3]
	高學業組(a2)	S_9......S_{16}[4]	S_9......S_{16}[5]	S_9......S_{16}[6]	[4]+[5]+[6]
邊緣平均數		[1]+[4] S_1......S_{16}	[2]+[5] S_1......S_{16}	[3]+[6] S_1......S_{16}	[1]+[2]+[3]+ [4]+[5]+[6]

第二種在檢定[4]、[5]、[6]三個細格平均數間的差異，它是一種重複量數，因而採用的方法為單因子相依樣本變異數分析，分析的樣本為「高學業組」八名學生。

表 5-19

相依因子 獨立因子		B 因子（課堂教學型態）			邊緣平均數
		講述教學	問答討論	分組活動	
A 因子 學業 成就	低學業組(a1)	S_1......S_8[1]	S_1......S_8[2]	S_1......S_8[3]	[1]+[2]+[3]
	高學業組(a2)	S_9......S_{16}[4]	S_9......S_{16}[5]	S_9......S_{16}[6]	[4]+[5]+[6]
邊緣平均數		[1]+[4] S_1......S_{16}	[2]+[5] S_1......S_{16}	[3]+[6] S_1......S_{16}	[1]+[2]+[3]+ [4]+[5]+[6]

相依因子（B 因子）單純主要效果考驗分析的流程如下：

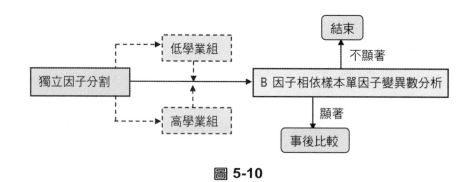

圖 5-10

從上述流程中可以得知相依因子（B因子）單純主要效果考驗在於先將獨立因子（A 因子）依照水準數值分割或分組比較，然後在每個水準樣本中，以相依因子（B因子）作為受試者內變數進行相依樣本單因子變異數分析，如果B因子的水準數在三個以上，整體顯著性考驗F值達到顯著水準，須進一步進行事後比較。

1. 步驟 1

執行功能列「資料」（Data）→「分割檔案」（Split File）程序，出現「分割檔案」（Split File）對話視窗，勾選「⊙依組別組織輸出」（Organize output by groups）選項，在左邊變數清單中選取獨立因子「學業成就」至右邊「Groups Based on:」（以組別為準）下的方格中→按『確定』（OK）鈕。

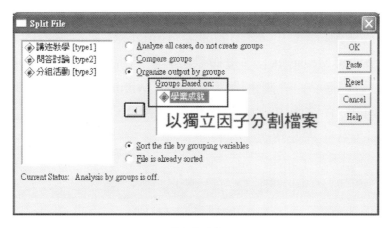

圖 5-11

2.步驟 2

　　執行功能列「Analyze」（分析）→「General Linear Model」（一般線性模式）→「Repeated Measures」（重複量數）程序，開啟「Repeated Measures Define Factors」（重複量數定義因子）對話視窗。

　　在「Repeated Measures Define Factors」（重複量數定義因子）對話視窗中，「受試者內因子的名稱」（Within-Subject Factor Name:）右邊方盒內界定相依因子自變項的名稱：「type」，在「水準個數」（Number of Levels:）右邊方盒內鍵入自變項的水準數，範例中共有三種課堂教學活動型態，其水準數為 3，最後按『新增』（Add）鈕後，在新增鈕的右邊會出現自變項的名稱及其設定的水準數，如「type(3)」，前面 type 為設定的自變項名稱，括號內 3 表示有三個水準→按右上方的『Define』（定義）鈕，開啟「Repeated Measures」（重複量數）的第二層對話視窗。

圖 5-12

3.步驟3

在「Repeated Measures」（重複量數）對話視窗中，在左邊變數清單中將相依因子（B 因子）三個水準選入右邊「Within-Subjects Variables」（受試者內變數）的方格中，此處方格中的變數會變成「type1(1)」、「type2(2)」、「type3(3)」。

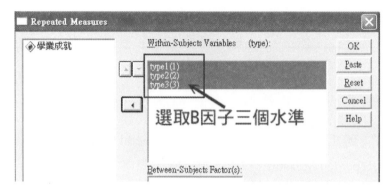

圖 5-13

4.步驟4

在「Repeated Measures」（重複量數）對話視窗中，按『Options』（選項）鈕，開啟「Repeated Measures: Options」（重複量數：選項）次對話視窗，將相依因子「type」選入右邊「Display Means for」（顯示平均數）下的方格中，勾選「☑Compare main effects」（比較主效應），在「Confidence interval adjustment」（信賴區間調整）下的相依樣本事後比較方法中選取最小顯著差異法：LSD 法，在下方「Display」（顯示）方盒中，勾選「☑Descriptive statistics」（敘述統計）及「☑Estimates of effect size」（效果項大小估計值）選項→按『Continue』（繼續）鈕，回到「Repeated Measures」（重複量數）對話視窗→按『OK』（確定）鈕。

【備註】：因為相依因子（B因子）有三個水準，如果重複量數考驗之F值達到顯著，須進一步進行事後比較，上述步驟中勾選「☑Compare main effects」（比較主效應）即可進行相依樣本之事後比較。

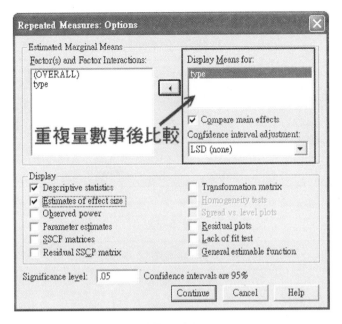

圖 5-14

㈡獨立因子（A 因子）單純主要效果考驗

獨立因子（A 因子）單純主要效果考驗在於檢定細格[1]與[4]、細格[2]與[5]、細格[3]與[6]平均數間的差異，所以考驗的有以下三項：一為不同學業成就組學生對「講述教學」課堂教學型態喜愛程度的差異、二為不同學業成就組學生對「問答討論」課堂教學型態喜愛程度的差異、三為不同學業成就組學生對「分組活動」課堂教學型態喜愛程度的差異，由於 A 因子為獨立樣本，檢定二個樣本間平均數的差異，直接採用獨立樣本單因子變異數分析。三項考驗的模式表如下：

表 5-20

相依因子 獨立因子		B 因子（課堂教學型態）			邊緣平均數
		講述教學	問答討論	分組活動	
A 因子 學業 成就	低學業組(a1)	$S_1......S_8$ [1]	$S_1......S_8$ [2]	$S_1......S_8$ [3]	[1]+[2]+[3]
	高學業組(a2)	$S_9......S_{16}$ [4]	$S_9......S_{16}$ [5]	$S_9......S_{16}$ [6]	[4]+[5]+[6]
邊緣平均數		[1]+[4] $S_1......S_{16}$	[2]+[5] $S_1......S_{16}$	[3]+[6] $S_1......S_{16}$	[1]+[2]+[3]+ [4]+[5]+[6]

表 5-21

獨立因子 \ 相依因子		B 因子（課堂教學型態）			邊緣平均數
		講述教學	問答討論	分組活動	
A 因子 學業 成就	低學業組(a1)	S_1......S_8 [1]	S_1......S_8 [2]	S_1......S_8 [3]	[1]+[2]+[3]
	高學業組(a2)	S_9......S_{16} [4]	S_9......S_{16} [5]	S_9......S_{16} [6]	[4]+[5]+[6]
邊緣平均數		[1]+[4] S_1......S_{16}	[2]+[5] S_1......S_{16}	[3]+[6] S_1......S_{16}	[1]+[2]+[3]+ [4]+[5]+[6]

表 5-22

獨立因子 \ 相依因子		B 因子（課堂教學型態）			邊緣平均數
		講述教學	問答討論	分組活動	
A 因子 學業 成就	低學業組(a1)	S_1......S_8 [1]	S_1......S_8 [2]	S_1......S_8 [3]	[1]+[2]+[3]
	高學業組(a2)	S_9......S_{16} [4]	S_9......S_{16} [5]	S_9......S_{16} [6]	[4]+[5]+[6]
邊緣平均數		[1]+[4] S_1......S_{16}	[2]+[5] S_1......S_{16}	[3]+[6] S_1......S_{16}	[1]+[2]+[3]+ [4]+[5]+[6]

　　獨立因子單純主要效果考驗，即以獨立因子「學業成就」為自變項，而以相依因子三個水準變項為依變項進行單因子獨立樣本變異數分析。

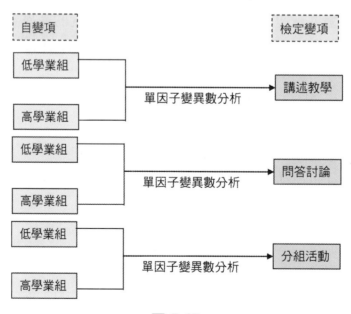

圖 5-15

1. 步驟 1

執行功能列「資料」（Data）→「分割檔案」（Split File）程序，出現「分割檔案」（Split File）對話視窗，勾選「⊙Analyze all cases, do not create groups」（分析所有觀察值，勿建立組別）選項→按『確定』（OK）鈕。

【備註】：在先前操作中，由於根據獨立因子「學業成就」變項將原始資料檔分割，因而在之後的單因子變異數分析中，必須先將資料檔分割的功能取消，將所有的觀察值納入統計分析。

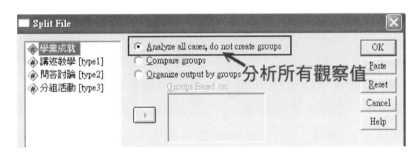

圖 5-16

2. 步驟 2

執行功能列「Analyze」（分析）→「Compare Means」（比較平均數法）→「One-Way ANOVA...」（單因子變異數分析）程序。

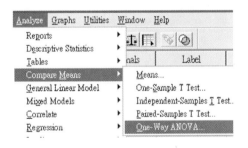

圖 5-17

3. 步驟 3

在「One-Way ANOVA...」（單因子變異數分析）對話視窗中，將相依因子（B因子）三個水準（依變項）選入右邊「Dependent List」（依變數清單）方格中，將獨立因子（A因子）選入右邊「Factor」（因子）下的方格中→按『Options...』（選項）鈕，以開啓「One-Way ANOVA: Options」（單因子變異數分析：選項）次對話視窗。

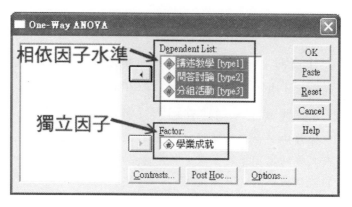

圖 5-18

4. 步驟 4

在「One-Way ANOVA: Options」（單因子變異數分析：選項）中，勾選「☑Descriptive」（描述性統計量）、「☑Homogeneity of variance test」（變異數同質性檢定）選項，按『Continue』（繼續）鈕，回到「One-Way ANO-VA...」（單因子變異數分析）對話視窗→按『OK』（確定）鈕。

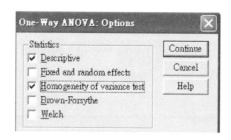

圖 5-19

5-1-5 單純主要效果考驗報表說明

㈠相依因子（B 因子）單純主要效果考驗

1.「低學業組」樣本在三種課堂活動型態的差異比較

學業成就 = 低學業組

表 5-23　Descriptive Statistics (a)

	Mean	Std. Deviation	N
講述教學	8.63	1.302	8
問答討論	3.75	1.035	8
分組活動	4.38	1.506	8
a 學業成就 = 低學業組			

　　上表 5-23 為「低學業組」樣本在三種課堂活動型態喜愛程度測量值的描述性統計量，包括平均數、標準差及有效樣本數。「低學業組」樣本在三種課堂活動型態的差異比較，即在檢定這三個平均數間之差異是否達到顯著水準。「低學業組」樣本對「講述教學」、「問答討論」、「分組活動」課堂型態的喜愛平均數分別為 8.63、3.75、4.38。

表 5-24　Mauchly's Test of Sphericity (b,c)
Measure: MEASURE_1

Within Subjects Effect	Mauchly's W	Approx. Chi-Square	df	Sig.	Epsilon(a)		
					Green-house-Geisser	Huynh-Feldt	Lower-bound
type	.808	1.280	2	.527	.839	1.000	.500

Tests the null hypothesis that the error covariance matrix of the orthonormalized transformed dependent variables is proportional to an identity matrix.

a May be used to adjust the degrees of freedom for the averaged tests of significance. Corrected tests are displayed in the Tests of Within-Subjects Effects table.

b Design: Intercept
Within Subjects Design: type

c 學業成就 = 低學業組

　　上表 5-24 為檢驗相依樣本（相依因子）變異數分析是否違反球形或環狀性假定。就報表而言，Mauchly 檢定值為 .808，轉換後的卡方值等於 1.280，df=2，顯著性 p=.527>.05，未達顯著水準，應接受虛無假設，表示未違反變異數分析之球形假定；其中ε的最小值為 .500，Greenhouse-Geisser 的ε檢定值為 .839、Huynh-Feldt 的ε檢定值為 1.000，二個指標均超過 .75 的標準，二個ε的平均值為 .920 也超過 .75 的標準，顯示分析的資料，未違反球面性的假定。

表 5-25　Tests of Within-Subjects Effects (a)

Measure: MEASURE_1

Source		Type III Sum of Squares	df	Mean Square	F	Sig.	Partial Eta Squared
type	Sphericity Assumed	112.583	2	56.292	30.214	.000	.812
	Greenhouse-Geisser	112.583	1.678	67.104	30.214	.000	.812
	Huynh-Feldt	112.583	2.000	56.292	30.214	.000	.812
	Lower-bound	112.583	1.000	112.583	30.214	.001	.812
Error (type)	Sphericity Assumed	26.083	14	1.863			
	Greenhouse-Geisser	26.083	11.744	2.221			
	Huynh-Feldt	26.083	14.000	1.863			
	Lower-bound	26.083	7.000	3.726			

a 學業成就 = 低學業組

在球面性假定的檢驗中，未違反球面性的假定，因而不用使用矯正的統計量（Greenhouse-Geisser 或 Huynh-Feldt 列數據），直接看符合球面性假定列（Sphericity Assumed）的數據。課堂教學型態三個水準在依變項之主要效果達到顯著，F值等於 30.214，顯著性 p 值=.000<.05，達到.05 顯著水準，表示八名低學業組的受試者對三種不同型態的教學活動之喜愛程度有顯著的不同。

表 5-26　Estimated Marginal Means

type

Estimates (a)

Measure: MEASURE_1

type	Mean	Std. Error	95% Confidence Interval	
			Lower Bound	Upper Bound
1	8.625	.460	7.536	9.714
2	3.750	.366	2.885	4.615
3	4.375	.532	3.116	5.634

a 學業成就 = 低學業組

上表 5-26 為低學業組受試者對三種課堂教學型態喜愛程度的測量值之描述性統計量，估計邊緣平均數之測量值有三組，因而需進一步進行事後比較，以得知樣本是在哪二個水準間的差異達到顯著。

表 5-27　Pairwise Comparisons (b)

Measure: MEASURE_1

(I) type	(J) type	Mean Difference (I-J)	Std. Error	Sig.(a)	95% Confidence Interval for Difference (a)	
					Lower Bound	Upper Bound
1	2	4.875(*)	.611	.000	3.431	6.319
	3	4.250(*)	.818	.001	2.315	6.185
2	1	-4.875(*)	.611	.000	-6.319	-3.431
	3	-.625	.596	.329	-2.034	.784
3	1	-4.250(*)	.818	.001	-6.185	-2.315
	2	.625	.596	.329	-.784	2.034
Based on estimated marginal means						
* The mean difference is significant at the .05 level.						
a Adjustment for multiple comparisons: Least Significant Difference (equivalent to no adjustments).						
b 學業成就＝低學業組						

上表 5-27 為採用最小平方差異法（LSD 法）事後比較結果，其中低學業成就組對「講述教學」課堂教學型態的喜愛程度（M=8.625）顯著的高於對「問答討論」課堂教學型態的喜愛程度（M=3.750），其平均數差異為 4.875（p=.000<.05）；而低學業成就組對「講述教學」課堂教學型態的喜愛程度（M=8.625）也顯著的高於對「分組活動」課堂教學型態的喜愛程度（M=4.375），其平均數差異為 4.250（p=.001<.05）。

2.「高學業組」樣本在三種課堂活動型態的差異比較

學業成就＝高學業組

表 5-28　Descriptive Statistics (a)

	Mean	Std. Deviation	N
講述教學	5.88	1.959	8
問答討論	8.50	.926	8
分組活動	7.50	1.512	8
a 學業成就＝高學業組			

上表 5-28 為「高學業組」樣本在三種課堂活動型態喜愛程度測量值的描述性統計量，包括平均數、標準差及有效樣本數。「高學業組」樣本在三種課堂活動型態的差異比較，即在檢定這三個平均數間之差異是否達到顯著水準。「高學業組」樣本對「講述教學」、「問答討論」、「分組活

動」課堂型態的喜愛平均數分別為 5.88、8.50、7.50。

表 5-29　Mauchly's Test of Sphericity (b,c)
Measure: MEASURE_1

Within Subjects Effect	Mauchly's W	Approx. Chi-Square	df	Sig.	Epsilon(a)		
					Green-house-Geisser	Huynh-Feldt	Lower-bound
type	.640	2.681	2	.262	.735	.883	.500

Tests the null hypothesis that the error covariance matrix of the orthonormalized transformed dependent variables is proportional to an identity matrix.

a May be used to adjust the degrees of freedom for the averaged tests of significance. Corrected tests are displayed in the Tests of Within-Subjects Effects table.

b Design: Intercept
Within Subjects Design: type

c 學業成就 = 高學業組

上表 5-29 為檢驗相依樣本（相依因子）變異數分析是否違反球形或環狀性假定。就報表而言，Mauchly 檢定值為.640，轉換後的卡方值等於 2.681，df=2，顯著性 p=.262>.05，未達顯著水準，應接受虛無假設，表示未違反變異數分析之球形假定；其中 ε 的最小值為.500，Greenhouse-Geisser 的 ε 檢定值為.735、Huynh-Feldt 的 ε 檢定值為.883，二個 ε 的平均值為.809 超過.75 的標準，顯示分析的資料，未違反球面性的假定。

表 5-30　Tests of Within-Subjects Effects (a)
Measure: MEASURE_1

Source		Type III Sum of Squares	df	Mean Square	F	Sig.	Partial Eta Squared
type	Sphericity Assumed	28.083	2	14.042	6.291	.011	.473
	Greenhouse-Geisser	28.083	1.470	19.101	6.291	.022	.473
	Huynh-Feldt	28.083	1.765	15.908	6.291	.015	.473
	Lower-bound	28.083	1.000	28.083	6.291	.041	.473
Error (type)	Sphericity Assumed	31.250	14	2.232			
	Greenhouse-Geisser	31.250	10.292	3.036			
	Huynh-Feldt	31.250	12.357	2.529			
	Lower-bound	31.250	7.000	4.464			

a 學業成就 = 高學業組

在球面性假定的檢驗中，資料未違反球面性的假定，因而不用使用矯正的統計量（Greenhouse-Geisser 或 Huynh-Feldt 列數據），直接看符合球面性假定列（Sphericity Assumed）的數據。課堂教學型態三個水準在依變項之主要效果達到顯著，F 值等於 6.291，顯著性 p 值=.011<.05，達到.05 顯著水準，表示八名高學業組的受試者對三種不同型態的教學活動之喜愛程度有顯著的不同。

表 5-31　Estimated Marginal Means

type

Estimates (a)

Measure: MEASURE_1

type	Mean	Std. Error	95% Confidence Interval	
			Lower Bound	Upper Bound
1	5.875	.693	4.237	7.513
2	8.500	.327	7.726	9.274
3	7.500	.535	6.236	8.764
a 學業成就 = 高學業組				

上表 5-31 為高學業組受試者對三種課堂教學型態喜愛程度的測量值之描述性統計量，估計邊緣平均數之測量值有三組，因而需進一步進行事後比較，以得知樣本是在哪二個水準間的差異達到顯著。

表 5-32　Pairwise Comparisons (b)

Measure: MEASURE_1

(I) type	(J) type	Mean Difference (I-J)	Std. Error	Sig.(a)	95% Confidence Interval for Difference (a)	
					Lower Bound	Upper Bound
1	2	-2.625(*)	.653	.005	-4.169	-1.081
	3	-1.625	.944	.129	-3.857	.607
2	1	2.625(*)	.653	.005	1.081	4.169
	3	1.000	.598	.138	-.413	2.413
3	1	1.625	.944	.129	-.607	3.857
	2	-1.000	.598	.138	-2.413	.413
Based on estimated marginal means						
* The mean difference is significant at the .05 level.						
a Adjustment for multiple comparisons: Least Significant Difference (equivalent to no adjustments).						
b 學業成就 = 高學業組						

上表 5-32 為採用最小平方差異法（LSD 法）事後比較結果，其中高學業成就組對「問答討論」課堂教學型態的喜愛程度（M=8.500）顯著的高於對「講述教學」課堂教學型態的喜愛程度（M=5.875），其平均數差異為 2.625（p=.005<.05）。

㈡獨立因子（A因子） 單純主要效果考驗

表 5-33　Descriptives

		N	Mean	Std. Deviation	Std. Error	95% Confidence Interval for Mean		Minimum	Maximum
						Lower Bound	Upper Bound		
講述教學	低學業組	8	8.63	1.302	.460	7.54	9.71	6	10
	高學業組	8	5.88	1.959	.693	4.24	7.51	3	8
	Total	16	7.25	2.145	.536	6.11	8.39	3	10
問答討論	低學業組	8	3.75	1.035	.366	2.88	4.62	2	5
	高學業組	8	8.50	.926	.327	7.73	9.27	7	10
	Total	16	6.13	2.630	.657	4.72	7.53	2	10
分組活動	低學業組	8	4.38	1.506	.532	3.12	5.63	3	7
	高學業組	8	7.50	1.512	.535	6.24	8.76	6	10
	Total	16	5.94	2.175	.544	4.78	7.10	3	10

上表 5-33 為高、低學業組受試者在三種課堂教學活動喜愛變項測量值之描述性統計量，包括有效樣本數、平均數、標準差、估計標準誤、95%信賴區間估計值、最小值及最大值。由表中可知八名「低學業成就」組樣本對「講述教學」、「問答討論」、「分組活動」課堂型態的喜愛平均數分別為 8.63、3.75、4.38，其標準差分別為 1.302、1.035、1.506。八名「高學業成就」組樣本對「講述教學」、「問答討論」、「分組活動」課堂型態的喜愛平均數分別為 5.88、8.50、7.50，其標準差分別為 1.959、.926、1.512。

表 5-34　Test of Homogeneity of Variances

	Levene Statistic	df1	df2	Sig.
講述教學	2.384	1	14	.145
問答討論	.059	1	14	.812
分組活動	.007	1	14	.933

上表 5-34 為變異數同質性考驗結果，就「講述教學」檢定變項而言，

Levene 統計量之 F 值等於 2.384，p=.145>.05；就「問答討論」檢定變項而言，Leven法考驗的F值等於.059，p=.812>.05；就「分組活動」檢定變項而言，Leven法考驗的F值等於.007，p=.933>.05，三者均未達.05的顯著水準，均應接受虛無假設，表示三組樣本的變異數差異均未達顯著，亦即均並未違反變異數同質性假定。

表 5-35 ANOVA

		Sum of Squares	df	Mean Square	F	Sig.
講述教學	Between Groups	30.250	1	30.250	10.929	.005
	Within Groups	38.750	14	2.768		
	Total	69.000	15			
問答討論	Between Groups	90.250	1	90.250	93.593	.000
	Within Groups	13.500	14	.964		
	Total	103.750	15			
分組活動	Between Groups	39.063	1	39.063	17.157	.001
	Within Groups	31.875	14	2.277		
	Total	70.938	15			

上表 5-35 為不同學業成就組（高學業組、低學業組）樣本在三個課堂教學型態之單因子變異數分析摘要表，此摘要表即獨立因子（A 因子） 單純主要效果顯著性考驗，由表中可知，不同學業成就組在「講述教學」（b1 水準）、「問答討論」（b2 水準）、「分組活動」（b3 水準）課堂教學型態之平均數均有顯著差異存在。

1. 就「講述教學」課堂教學型態的喜愛程度差異而言，變異數分析 F 值等於 10.929，顯著性 p 值=.005<.05，達到.05 顯著水準，表示不同學業成就組學生對「講述教學」課堂教學型態之喜愛程度有顯著差異存在，從平均數高低來看，「低學業成就」組學生對「講述教學」課堂教學型態之喜愛程度（M=8.63）顯著的高於「高學業成就」組學生（M=5.88）。
2. 就「問答討論」課堂教學型態的喜愛程度差異而言，變異數分析 F 值等於 93.595，顯著性 p 值=.000<.05，達到.05 顯著水準，表示不同學業成就組學生對「問答討論」課堂教學型態之喜愛程度有顯著差異存在，從平均數高低來看，「高學業成就」組學生對「問答討論」課堂教學型態之喜愛程度（M=8.50）顯著的高於「低學業成就」組學生（M=3.78）。
3. 就「分組活動」課堂教學型態的喜愛程度差異而言，變異數分析 F 值等

於 17.157，顯著性 p 值=.001<.05，達到.05 顯著水準，表示不同學業成就組學生對「分組活動」課堂教學型態之喜愛程度有顯著差異存在，從平均數高低來看，「高學業成就」組學生對「分組活動」課堂教學型態之喜愛程度（M=7.50）顯著的高於「低學業成就」組學生（M=4.38）。

◆【表格範例】

表 5-36　學業成就與課堂教學型態混合設計單純主要效果考驗

變異來源	SS	df	MS	F	事後比較
課堂教學型態					
在低學業組（a1）	112.583	2	56.292	30.214***	b1>b2；b1>b3
在高學業組（a2）	28.083	2	14.042	6.291*	b2>b1
學業成就					
在講述教學（b1）	30.250	1	30.250	10.929**	a1>a2
在問答討論（b2）	90.250	1	90.250	93.593***	a2>a1
在分組活動（b3）	39.063	1	39.063	17.157**	a2>a1

註：*p<.05　**p<.01　***p<.001

　　a1：低學業組、a2：高學業組、b1：講述教學、b2：問答討論、b3：分組活動

在混合設計二因子變異數分析摘要表與混合設計二因子變異數分析單純主要效果檢定摘要表中，離均差平方和（SS）有以下關係存在：

$$SS_A + SS_{AB} = SS_{A\_at\_B1} + SS_{A\_at\_B2} + SS_{A\_at\_B3}$$

$$SS_B + SS_{AB} = SS_{B\_at\_A1} + SS_{B\_at\_A2}$$

$$SS_A = 35.021 \cdot SS_B = 16.125 \cdot SS_{AB} = 124.542$$

$$SS_{A\_at\_B1} = 30.250 \cdot SS_{A\_at\_B2} = 90.250 \cdot SS_{A\_at\_B3} = 39.063$$

$$SS_{B\_at\_A1} = 112.583 \cdot SS_{B\_at\_A2} = 28.083$$

$$35.021 + 124.542 = 159.563 = 30.250 + 90.250 + 39.063$$

$$16.125 + 124.542 = 140.667 = 112.583 + 28.083$$

在混合設計的單純主要考驗中，研究者若要堅持使用原始自變項主要效果的誤差項，而不使用分割後的誤差項，則獨立因子單純主要效果考驗的誤差項為細格內均方和，不是區組間均方和，相依因子單純主要效果考驗，誤差項為殘差均方和。增列誤差項的單純主要考驗摘要表如下表 5-37，和上述摘要表比較起來，採用分割後的誤項作為單純主要效果顯著性檢定

的誤差項，其顯著性值較大，亦即較不容易達到顯著，其顯著性的檢定會較為保守。如果研究者要採用族系錯誤率，以免型 I 錯誤率膨脹，則顯著水準等於 $\alpha_{FW}=.05\div 5=.01$，採用殘差均方和及細格內均方和作為誤差項時，五個單純主要效果檢定之 F 值分別為 27.486、6.856、15.465、46.140、19.971，顯著性 p 值分別為.000、.004、.000、.000、.000，均小於.01，五個單純主要效果檢定均達顯著，和上述結果相同。

表 5-37　學業成就與課堂教學型態混合設計單純主要效果考驗

變異來源	SS	df	MS	F	事後比較
課堂教學型態					
在低學業組（a1）	112.583	2	56.292	27.486***	b1>b2；b1>b3
在高學業組（a2）	28.083	2	14.042	6.856**	b2>b1
誤差（殘差）	57.333	28	2.048		
學業成就					
在講述教學（b1）	30.250	1	30.250	15.465***	a1>a2
在問答討論（b2）	90.250	1	90.250	46.140***	a2>a1
在分組活動（b3）	39.063	1	39.063	19.971***	a2>a1
誤差（殘差）	84.125	42	1.956		

** p<.01　*** p<.001

在上表 5-37 中，相依因子單純主要效果顯著性考驗的 F 統計量，其分母項為殘差均方和（= 2.048），獨立因子單純主要效果顯著性考驗的 F 統計量，其分母項為細格內的均方和（組內均方和= 1.956），各 F 統計量求法如下：

相依因子單純主要效果：
在低學業組（a1 水準）：25.292÷2.048 = 27.486，p =.000<.001
在高學業組（a2 水準）：14.042÷2.048 = 6.856，p =.004<.01
獨立因子單純主要效果：
在講述教學（b1 水準）：30.250÷1.956 = 15.465，p =.000<.001
在問答討論（b2 水準）：90.250÷1.956 = 46.140，p =.000<.001
在分組活動（b3 水準）：39.063÷1.956 = 19.971，p =.000<.001

下圖 5-20 為根據 F 值、二個自由度，利用 F 值機率函數估計出之顯著性。

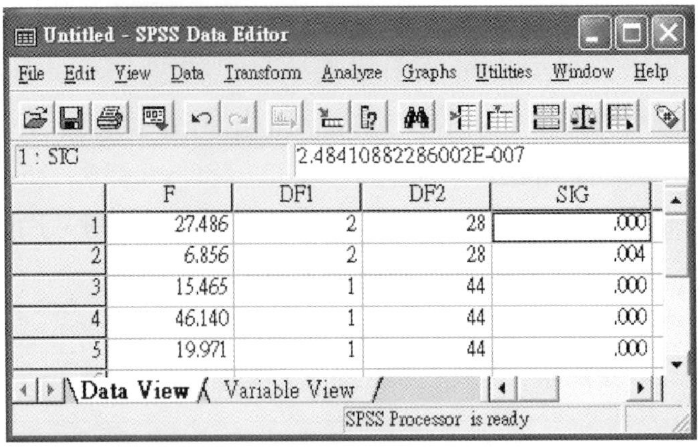

圖 5-20

上述 F 值顯著性 p 值的計算，SPSS 的操作程序如下：

1. 步驟 1

將各單純主要效果之 F 值，二個自由度建立如下表格式，三個變數名稱研究者可以自訂。

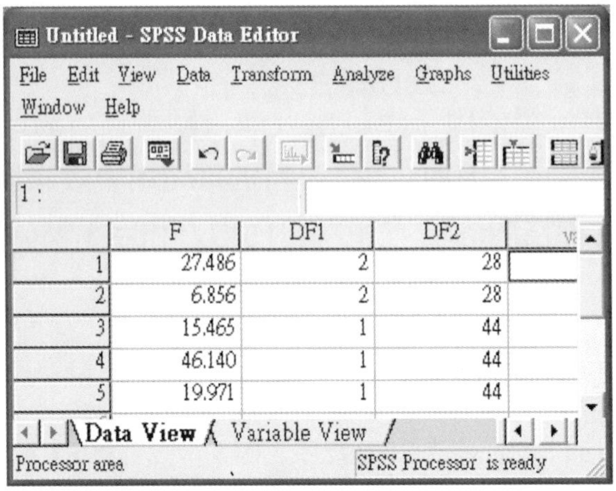

圖 5-21

2. 步驟 2

執行功能列「Transform」（轉換）→「Compute」（計算）程序，出現「Compute Variable」（計算變數）對話視窗。

在「Target Variable」（目標變數）下的方格中，輸入新變項名稱

「SIG」，在「Function group」（函數）下拉式方盒中，選取「Significance」選項，在下方次方盒「Functions and Special Variables:」下的方盒中，選取「Sig.F」函數，連按二下，此函數語法會出現在上方「Numeric Expression」（數值運算式）下的方式格中，三個「？」處依序將 F 值、自由度 1、自由度 2 三個變項選入。

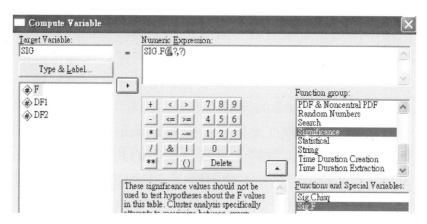

圖 5-22

將 F 值、自由度 1、自由度 2 三個變項選入「Sig.F」函數中，函數語法會變為「Sig.F（F,DF1,DF2）」→按「OK」（確定）鈕，資料檔中會新增「SIG」變項。

切換到「Variable View」（變數檢視）次視窗，設定「SIG」變項的小數位數為三位數。

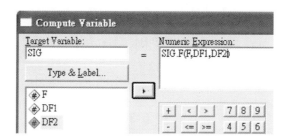

圖 5-23

混合設計變異數分析──交互作用不顯著實例

5-2-1 研究問題

某家冰飲門市部為了要了解顧客對四種口味的冰飲飲料的喜愛接受情形，隨機挑選二十名受試者至門市部試飲，四種口味的冰飲飲料分別是：少糖去冰、少糖中冰、中糖去冰、中糖中冰，每次試飲一種口味完，讓受試者填寫喜愛接受的程度，得分從一至十分，測量值的分數愈低，表示樣本喜愛接受程度愈低，分數愈高表示受試者喜愛受程度愈高，為免不同口味的冰飲飲料干擾到受試者的判斷，每種口味試飲完後，中間間隔一小時，再試飲不同的口味，其間所有受試者不得飲用其他的飲料。在二十名受試者當中，男生受試者有十位、女生受試者也有十位，冰飲門市部的負責人想了解的是：不同性別的受試者是否因冰飲飲料口味的不同而有不同的喜愛接受程度？

在上述研究問題中，依變項為接受喜愛程度的測量值，分數介於 1 至 10 分之間，自變項有二個，一為受試者性別，此變項有二個水準，分別為男生、女生，是一個獨立因子；二為四種飲料口味，分為四個水準：少糖去冰、少糖中冰、中糖去冰、中糖中冰，所有受試者均要試飲四種口味，並填寫其接受喜愛程度，屬於重複量數，是一個相依因子。二個自變項中 A 因子為獨立樣本（有二個水準）、B 因子為相依樣本（有四個處理水準），其交叉構成的細格有八種不同的處理水準，每個處理水準（細格）均有十位受試者。研究設計模式如下表 5-38：

表 5-38

獨立因子	相依因子	B 因子（口味）			
		少糖去冰	少糖中冰	中糖去冰	中糖中冰
A 因子	男生 a1（A=1）	$S_1 \ldots S_{10}$	$S_1 \ldots S_{10}$	$S_1 \ldots S_{10}$	$S_1 \ldots S_{10}$
學生性別	女生 a2（A=2）	$S_{11} \ldots S_{20}$	$S_{11} \ldots S_{20}$	$S_{11} \ldots S_{20}$	$S_{11} \ldots S_{20}$

在 SPSS 資料建檔格式如下，獨立因子（A 因子）的變項名稱為「性

別」，數值註解中：1 表示「男生」、2 表示「女生」，相依因子 B 因子直接以四種口味作為水準變項名稱：「少糖去冰」、「少糖中冰」、「中糖去冰」、「中糖中冰」。五位受試者之資料檔如下：

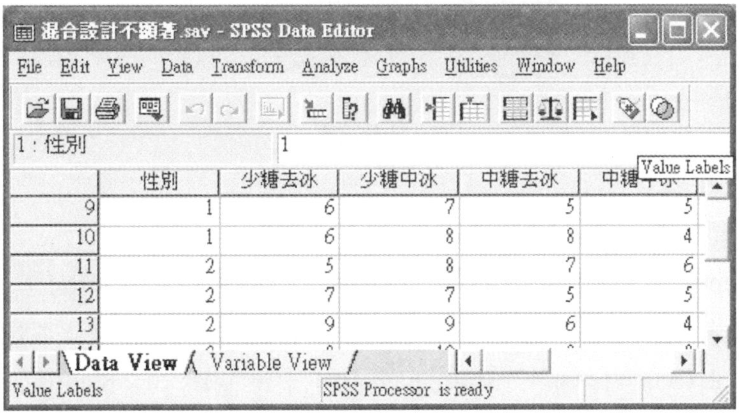

圖 5-24

二因子混合設計的細格與邊緣平均數模式如下表 5-39：

表 5-39

獨立因子　　相依因子	B 因子（口味）				邊緣平均數
	少糖去冰	少糖中冰	中糖去冰	中糖中冰	
A 因子 性別　男生(a1)	S_1......S_{10} [1]	S_1......S_{10}[2]	S_1......S_{10} [3]	S_1......S_{10} [4]	[1]+[2]+[3]+[4]
女生(a2)	S_{11}......S_{20}[5]	S_{11}......S_{20}[6]	S_{11}......S_{20}[7]	S_{11}......S_{20}[8]	[5]+[6]+[7]+[8]
邊緣平均數	[1]+[5] S_1......S_{20}	[2]+[6] S_1......S_{20}	[3]+[7] S_1......S_{20}	[4]+[8] S_1......S_{20}	[1]+[2]+[3]+[4]+ [5]+[6]+[7]+[8]

5-2-2　交互作用操作程序

(一)步驟 1

執行功能列「Analyze」（分析）→「General Linear Model」（一般線性模式）→「Repeated Measures」（重複量數）程序，開啟「Repeated Measures Define Factors」（重複量數定義因子）對話視窗。

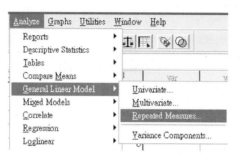

圖 5-25

(二)步驟 2

在「Repeated Measures Define Factors」（重複量數定義因子）對話視窗中，「受試者內因子的名稱」（Within-Subject Factor Name:）右邊方盒內界定相依因子自變項的名稱：「like」，在「水準個數」（Number of Levels:）右邊方盒內鍵入自變項的水準數，範例中共有四種不同口味，其水準數為4，最後按『新增』（Add）鈕後，在新增鈕的右邊會出現自變項的名稱及其設定的水準數，如「like(4)」，前面「like」為設定的自變項名稱，括號內4表示有四個水準。在下方的「Measure Name」（量數名稱）右邊的方格中可輸入自變項名稱的註解，範例中輸入「口味」→按『Add』鈕，設定完後按右上方的『Define』（定義）鈕，開啟「Repeated Measures」（重複量數）的第二層對話視窗。

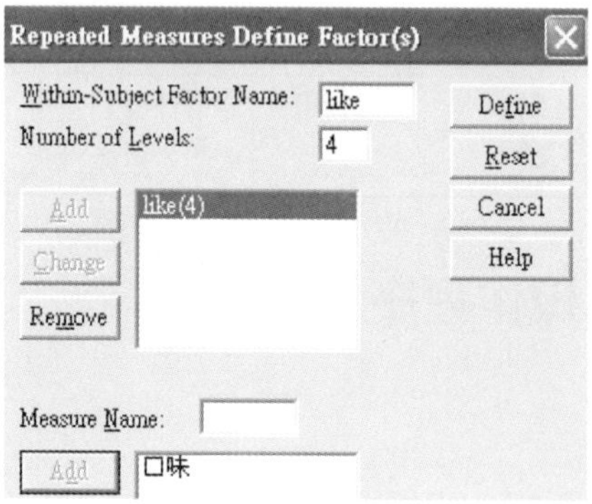

```
Repeated Measures Define Factor(s)                    [X]
Within-Subject Factor Name:  [like    ]     [ Define ]
Number of Levels:            [4]           [ Reset  ]
[ Add    ]  [like(4)          ]            [ Cancel ]
[ Change ]                                 [ Help   ]
[ Remove ]

Measure Name:  [        ]
[ Add ]  [口味]
```

圖 5-26

(三)步驟 3

在「Repeated Measures」（重複量數）對話視窗中，在左邊變數清單中將相依因子（B因子）四個水準選入右邊「Within-Subjects Variables（受試者內變數）的方格中，此數方格中的變數會由「_?_（1,口味）」、「_?_（2,

口味）」、「_?_（3,口味）」、「_?_（4,口味）」，依序變成「少糖去冰（1,口味）」、「少糖中冰（2,口味）」、「中糖去冰（3,口味）」、「中糖中冰（4,口味）」。

　　→將獨立因子（A 因子）「性別」自變項選入中間「Between-Subjects Factors」（受試者間的因子）下的方格中→按下方『Plots』（圖形）鈕，開啟「Repeated Measures: Profile Plots」（重複量數：部面圖）次對話視窗。

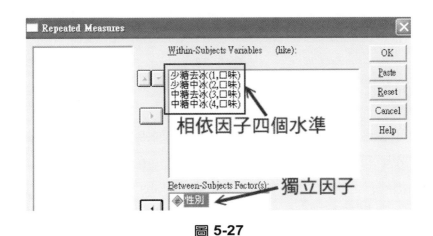

圖 5-27

(四)**步驟 4**

　　在「Repeated Measures: Profile Plots」（重複量數：部面圖）次對話視窗中，將獨立因子「性別」選入右邊「Horizontal Axis」（水平軸）下的方格中，將相依因子「like」選入右邊「Separate Lines」（個別線）下的方格中，按『Add』（新增）鈕，在「Plots」（圖形）下的大方格中會出現「性別*like」的訊息→次將相依因子「like」選入右邊「Horizontal Axis」（水平軸）下的方格中，將獨立因子「性別」選入右邊「Separate Lines」（個別線）下的方格中，按『Add』（新增）鈕，在「Plots」（圖形）下的大方格中會出現「like*性別」的訊息→按『Continue』（繼續）鈕，回到「Repeated Measures」（重複量數）對話視窗。

　　上述剖面圖的設定可以繪製二因子交互作用圖形。

圖 5-28

(五)**步驟 5**

在「Repeated Measures」（重複量數）對話視窗中，按『Options』（選項）鈕，開啟「Repeated Measures: Options」（重複量數：選項）次對話視窗，將相依因子「like」選入右邊「Display Means for」（顯示平均數）下的方格中，勾選「☑Compare main effects」（比較主效應），在「Confidence interval adjustment」（信賴區間調整）下的相依樣本事後比較方法中選取最小顯著差異法：LSD 法，在下方「Display」（顯示）方盒中，勾選「☑Descriptive statistics」（敘述統計）、「☑Homogeneity test」（同質性檢定）→按『Continue』（繼續）鈕，回到「Repeated Measures」（重複量數）對話視窗，按『OK』（確定）鈕。

圖 5-29

【備註】：在上述「Repeated Measures: Options」（重複量數：選項）次對話視窗，如將獨立因子「性別」選入右邊「Display Means for」（顯示平均數）下的方格中，在「Display」（顯示）方盒中，勾選「☑Descriptive statistics」（敘述統計），可輸出獨立因子變項二個水準的邊緣平均數，若將交互作用項變項「性別*like」選入右邊「Display Means for」（顯示平均數）下的方格中，可輸出八個細格的描述性統計量。

　　若是獨立因子的水準數在三個以上，交互作用項檢定不顯著，獨立因子（A 因子）主要效果項考驗顯著（p<.05），則獨立因子水準間平均數的差異檢定要進行事後比較，進行獨立因子主要效果項事後比較考驗，在「Repeated Measures」（重複量數）對話視窗中，要按『Post Hoc...』（Post Hoc 檢定）鈕，開啟「重複量數：觀察值平均數的 Post Hoc 多重比較」次對話視窗，在左邊「因子」方盒中選取獨立因子至右邊「Post Hoc檢定」下的方格中，在「假設相同的變異數」方盒中選取一種多重比較檢定方法，或於「未假設相同的變異數」方盒中，選取一種適合變異數不相等時的事後比較檢定法。下表為進行獨立因子（A 因子）主要效果（性別差異）之事後比較操作圖示。

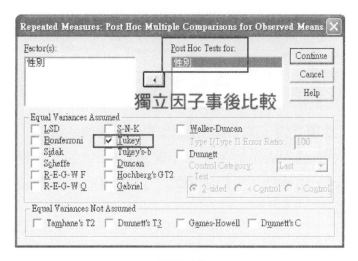

圖 **5-30**

5-2-3 結果說明

表 5-40　General Linear Model
Within-Subjects Factors
Measure: 口味

like	Dependent Variable
1	少糖去冰
2	少糖中冰
3	中糖去冰
4	中糖中冰

　　上表 5-40 為 B 因子（相依因子）的變項名稱、水準數及其四個水準變項名稱。由於 B 因子為相依樣本，有四個水準，四個水準的變項名稱分別為「少糖去冰」、「少糖中冰」、「中糖去冰」、「中糖中冰」，B 因子也稱為「受試者內因子」（Within-Subjects Factors），整體 B 因子變項名稱為「口味」。

表 5-41　Between-Subjects Factor

		Value Label	N
性別	1	男生	10
	2	女生	10

　　上表 5-41 為獨立因子的名稱（A 因子），變項名稱為「性別」，內有二個水準，水準數值 1 表示男生，水準數值 2 為女生，二個水準各有十位受試者，獨立因子也稱為「受試者間因子」（Between-Subjects Factor）。

表 5-42 **Descriptive Statistics**

	性別	Mean	Std. Deviation	N
少糖去冰	男生	7.10	1.595	10
	女生	6.70	2.111	10
	Total	6.90	1.832	20
少糖中冰	男生	8.40	1.430	10
	女生	7.50	1.581	10
	Total	7.95	1.538	20
中糖去冰	男生	6.10	1.792	10
	女生	4.30	2.111	10
	Total	5.20	2.118	20
中糖中冰	男生	6.50	2.014	10
	女生	6.10	1.370	10
	Total	6.30	1.689	20

　　上表 5-42 為細格及邊緣的描述性別統計量，包括平均數、標準差與有效樣本數。就「少糖去冰」的飲料口味而言，「男生」喜愛接受的平均數為 7.10、標準差為 1.595，「女生」喜愛接受的平均數為 6.70、標準差為 2.111，二十位受試者整體喜愛接受的平均數為 6.90、標準差為 1.832。就「少糖中冰」的飲料口味而言，「男生」喜愛接受的平均數為 8.40、標準差為 1.430，「女生」喜愛接受的平均數為 7.50、標準差為 1.581，二十位受試者整體喜愛接受的平均數為 7.95、標準差為 1.538。就「中糖去冰」的飲料口味而言，十位「男生」喜愛接受的平均數為 6.10、標準差為 1.792，十位「女生」喜愛接受的平均數為 4.30、標準差為 2.111，二十位受試者整體喜愛接受程度的平均數為 5.20、標準差為 2.118。就「中糖中冰」的飲料口味而言，十位「男生」喜愛接受的平均數為 6.50、標準差為 2.014，十位「女生」喜愛接受的平均數為 6.10、標準差為 1.370，二十位受試者整體喜愛接受程度的平均數為 6.30、標準差為 1.689。

表 5-43　Box's Test of Equality of Covariance Matrices (a)

Box's M	12.055
F	.910
df1	10
df2	1549.004
Sig.	.523
Tests the null hypothesis that the observed covariance matrices of the dependent variables are equal across groups.	
a Design: Intercept+性別 Within Subjects Design: like	

　　上表 5-43 為共變量矩等式的 Box 檢定，即不同性別之樣本在口味四個依變項測量值之變異數同質性多變量檢定結果，此檢定在於考驗性別在四個重複測量之共變數矩陣是否同質，採用的統計值為 Box 法之M值，M 值等於 12.055、經轉換為 F 值後，F=.910，顯著性 p=.523>.05，未達到顯著水準，接受虛無假設，表示不同性別的受試者在四個依變項測量值之共變量矩陣同質，即不同性別的樣本在「少糖去冰」、「少糖中冰」、「中糖去冰」、「中糖中冰」四個依變項之變異數均符合同質性假定。

表 5-44　Mauchly's Test of Sphericity (b)
Measure: 口味

Within Subjects Effect	Mauchly's W	Approx. Chi-Square	df	Sig.	Epsilon(a)		
					Greenhouse-Geisser	Huynh-Feldt	Lower-bound
Like	.646	7.315	5	.199	.826	1.000	.333
Tests the null hypothesis that the error covariance matrix of the orthonormalized transformed dependent variables is proportional to an identity matrix.							
a May be used to adjust the degrees of freedom for the averaged tests of significance. Corrected tests are displayed in the Tests of Within-Subjects Effects table.							
b Design: Intercept+性別 Within Subjects Design: like							

　　上表 5-44 為檢驗相依樣本（相依因子）變異數分析是否違反球形或環狀性假定。就上述報表而言，Mauchly 檢定值為.646，轉換後的卡方值等於 7.315，df=5，顯著性 p=.199>.05，未達顯著水準，應接受虛無假設，表示未違反變異數分析之球形假定。其中ε的最小值（Lower-bound）＝ 1÷(4−1)=

.333（4 為自變項的水準數，因為相依因子有四個水準），Greenhouse-Geisser 的 ε 檢定值為 .826、Huynh-Feldt 的 ε 檢定值為 1.000，二個指標均超過 .75 的標準，二個 ε 檢定值的平均值為 .913 也超過 .75 的標準，顯示分析的資料，未違反球面性的假定，就相依因子而言，受試者在四個水準的測量值，兩兩配對相減所得的差異值之變異數相等（homogeneity-of-variance of differences）。

表 5-45　Tests of Within-Subjects Effects
Measure: 口味

Source		Type III Sum of Squares	df	Mean Square	F	Sig.
like	Sphericity Assumed	79.238	3	26.413	7.859	.000
	Greenhouse-Geisser	79.238	2.477	31.989	7.859	.001
	Huynh-Feldt	79.238	3.000	26.413	7.859	.000
	Lower-bound	79.238	1.000	79.238	7.859	.012
like*性別	Sphericity Assumed	6.538	3	2.179	.648	.587
	Greenhouse-Geisser	6.538	2.477	2.639	.648	.560
	Huynh-Feldt	6.538	3.000	2.179	.648	.587
	Lower-bound	6.538	1.000	6.538	.648	.431
Error（type）	Sphericity Assumed	181.475	54	3.361		
	Greenhouse-Geisser	181.475	44.587	4.070		
	Huynh-Feldt	181.475	54.000	3.361		
	Lower-bound	181.475	18.000	10.082		

　　上表 5-45 為受試者內效應項的檢定（Tests of Within-Subjects Effects）統計量，包括相依因子（B 因子）主要效果顯著性的考驗（like 列數據）、獨立因子（A 因子）與相依因子（B 因子）交互作用效果顯著性的考驗（like*性別列數據）。在球面性假定的檢驗中，未違反球面性的假定，因而不用使用矯正的統計量（Greenhouse-Geisser 或 Huynh-Feldt 列數據），直接看符合球面性假定列（Sphericity Assumed）的數據。

　　在獨立因子（A 因子）與相依因子（B 因子）交互作用效果項考驗方面，型 III 離均差平方和為 6.538，自由度為 3，均方值為 2.179，F 值等於 .648，顯著性 p 值=.587>.05，未達 .05 的顯著水準，接受虛無假設，二個自變項在依變項之交互作用未達到顯著，即不同性別的受試者，對冷飲的接受喜愛程度不會因其口味不同而有不同；或樣本對四種冷飲口味的接受喜愛程度不會因性別的不同而有所不同。由於交互作用項不顯著，因而須進一

步就二個自變項之主要效果是否顯著加以探究。

B因子（口味）四個水準在依變項之主要效果達到顯著，型III離均差平方和為79.238，自由度為3，均方值為26.413，F值等於7.859，顯著性p值=.000<.05，達到.05 顯著水準，拒絕虛無假設，表示全部的受試者對四種不同口味的冷飲之之接受喜愛程度有顯著的不同。至於水準間接受喜愛程度的差異，須進一步進行事後比較方能得知。

相依因子（四種口味）殘差列的數值中，型III離均差平方和為181.475，自由度為54，均方值為3.361，此殘差數值為相依因子變異數分析中，F考驗的誤差項。

相依因子（B 因子）主要效果考驗在於檢定[1]+[5]、[2]+[6]、[3]+[7]、[4]+[8]四個邊緣平均數間的差異，由於屬重複量數考驗，在單因子變異數分析中，須採用相依樣本單因子變異數分析方法。

表 5-46

相依因子 獨立因子		B 因子（口味）				邊緣平均數
		少糖去冰	少糖中冰	中糖去冰	中糖中冰	
A 因子 性別	男生(a1)	$S_1......S_{10}$[1]	$S_1......S_{10}$[2]	$S_1......S_{10}$[3]	$S_1......S_{10}$[4]	[1]+[2]+[3]+[4]
	女生(a2)	$S_{11}......S_{20}$[5]	$S_{11}......S_{20}$[6]	$S_{11}......S_{20}$[7]	$S_{11}......S_{20}$[8]	[5]+[6]+[7]+[8]
邊緣平均數		[1]+[5] $S_1......S_{20}$	[2]+[6] $S_1......S_{20}$	[3]+[7] $S_1......S_{20}$	[4]+[8] $S_1......S_{20}$	[1]+[2]+[3]+[4]+ [5]+[6]+[7]+[8]

表 5-47 Levene's Test of Equality of Error Variances (a)

	F	df1	df2	Sig.
少糖去冰	.244	1	18	.627
少糖中冰	.094	1	18	.763
中糖去冰	.823	1	18	.376
中糖中冰	1.359	1	18	.259
Tests the null hypothesis that the error variance of the dependent variable is equal across groups.				
a Design: Intercept+性別				
Within Subjects Design: like				

上表 5-47 為不同性別受試者在四個依變項測量值之單變量變異數同質性檢定，變異數同質性檢定的方法為 Levene 法，經 Levene 法檢定結果，獨立因子（A 因子）二個水準之受試者在四個依變項測量值之變異數同質性

檢定的 F 值分別為.244、.094、.823、1.359，相對應顯著性 p 值分別為.627、.763、.376、.259，均未達.05 的顯著水準，接受虛無假設，表示獨立因子（A 因子）二個水準樣本在四個依變項測量值之變異數均為同質，未違反變異數同質性假定，此結果與上述採用 Box 法進行之共變量矩陣等式檢定的結果相同。由於符合變異數同質性假定，獨立因子主要效果之事後比較可以直接選用「假設相同的變異數」方盒中的方法，如 Bonferroni 法、Tukey 法、Sidak 法、Scheffe、Duncan 法等。

表 5-48　ests of Between-Subjects Effects
Measure: 口味
Transformed Variable: Average

Source	Type III Sum of Squares	df	Mean Square	F	Sig.
Intercept	3471.613	1	3471.613	1394.066	.000
性 別	15.313	1	15.313	6.149	.023
Error	44.825	18	2.490		

上表 5-48 為「受試者間效應項的檢定」（Tests of Between-Subjects Effects）統計量，此統計量表示的是不同性別的樣本對整體冷飲口味接受喜愛程度的差異比較，此比較即獨立因子（A 因子）主要效果顯著性考驗。型 III 離均差平方和為 15.313，自由度為 1（二個水準，df ＝ 2 － 1 ＝ 1），均方值為 15.313，F 值等於 6.149，顯著性 p 值=.023<.05，達到.05 的顯著水準，拒絕虛無假設，表示男生、女生受試者二組樣本對整體口味的接受喜愛程度有顯著的不同。

獨立因子（A 因子）主要效果檢定在於考驗下列[1]+[2]+[3]+[4]與[5]+[6]+[7]+[8]二個邊緣平均數的差異，此部分在單因子分析中，可採用獨立樣本 t 檢定或獨立樣本單因子變異數分析法來考驗。

表 5-49

相依因子 獨立因子		B 因子（口味）				邊緣平均數
		少糖去冰	少糖中冰	中糖去冰	中糖中冰	
A 因子 性別	男生(a1)	$S_1......S_{10}$[1]	$S_1......S_{10}$[2]	$S_1......S_{10}$[3]	$S_1......S_{10}$[4]	[1]+[2]+[3]+[4]
	女生(a2)	$S_{11}......S_{20}$[5]	$S_{11}......S_{20}$[6]	$S_{11}......S_{20}$[7]	$S_{11}......S_{20}$[8]	[5]+[6]+[7]+[8]
邊緣平均數		[1]+[5] $S_1......S_{20}$	[2]+[6] $S_1......S_{20}$	[3]+[7] $S_1......S_{20}$	[4]+[8] $S_1......S_{20}$	[1]+[2]+[3]+[4]+ [5]+[6]+[7]+[8]

表 5-50　**Estimated Marginal Means**

1.like

Estimates

Measure: 口味

like	Mean	Std. Error	95% Confidence Interval	
			Lower Bound	Upper Bound
1	6.900	.418	6.021	7.779
2	7.950	.337	7.242	8.658
3	5.200	.438	4.280	6.120
4	6.300	.385	5.491	7.109

上表 5-50 為相依因子（B 因子）四個水準在依變項測量值之描述性統計量，包括水準數值、平均數、估計標準誤、95%信賴區間。二十位受試者對「少糖去冰」、「少糖中冰」、「中糖去冰」、「中糖中冰」四種冷飲口味接受喜愛程度的平均數分別為 6.900、7.950、5.200、6.300。相依因子（B 因子）主要效果項的檢定即在考驗上述四個平均數間的差異是否達到顯著，若是相依樣本變異數分析整體考驗之 F 值達到顯著，進一步須進行多重事後比較。

表 5-51　**2. 性別**

Measure: 口味

性別	Mean	Std. Error	95% Confidence Interval	
			Lower Bound	Upper Bound
男生	7.025	.250	6.501	7.549
女生	6.150	.250	5.626	6.674

上表 5-51 為獨立因子（A 因子）二個水準在依變項測量值之描述性統計量，包括水準數值、平均數、估計標準誤、95%信賴區間。十位男生受試者對整體冷飲口味接受喜愛程度的平均數 7.025、十位女生受試者對整體冷飲口味接受喜愛程度的平均數 6.150。獨立因子（A 因子）主要效果項的檢定即在考驗上述二個平均數間的差異是否達到顯著，若是 A 因子主要效果項 F 統計量達到顯著，可以直接從平均數高低判別那一組的平均數顯著的較高。

表 5-52　3. 性別 * like
Measure: 口味

性別	like	Mean	Std. Error	95% Confidence Interval	
				Lower Bound	Upper Bound
男生	1	7.100	.592	5.857	8.343
	2	8.400	.477	7.399	9.401
	3	6.100	.619	4.799	7.401
	4	6.500	.545	5.356	7.644
女生	1	6.700	.592	5.457	7.943
	2	7.500	.477	6.499	8.501
	3	4.300	.619	2.999	5.601
	4	6.100	.545	4.956	7.244

　　上表 5-52 為八個細格的描述性統計量，在操作程序中之「Repeated Measures: Options」（重複量數：選項）次對話視窗，將獨立因子「性別」選入右邊「Display Means for」（顯示平均數）下的方格中，可輸出獨立因子主要效果檢定之邊緣平均數；將交互作用項變項「性別*like」選入右邊「Display Means for」（顯示平均數）下的方格中，可輸出八個細格的描述性統計量。

表 5-53　Pairwise Comparisons
Measure: 口味

(I) like	(J) like	Mean Difference (I-J)	Std. Error	Sig.(a)	95% Confidence Interval for Difference(a)	
					Lower Bound	Upper Bound
1	2	-1.050(*)	.407	.019	-1.906	-.194
	3	1.700(*)	.696	.025	.238	3.162
	4	.600	.598	.329	-.657	1.857
2	1	1.050(*)	.407	.019	.194	1.906
	3	2.750(*)	.542	.000	1.612	3.888
	4	1.650(*)	.546	.007	.503	2.797
3	1	-1.700(*)	.696	.025	-3.162	-.238
	2	-2.750(*)	.542	.000	-3.888	-1.612
	4	-1.100	.645	.106	-2.456	.256
4	1	-.600	.598	.329	-1.857	.657
	2	-1.650(*)	.546	.007	-2.797	-.503
	3	1.100	.645	.106	-.256	2.456
Based on estimated marginal means						
* The mean difference is significant at the .05 level.						
a Adjustment for multiple comparisons: Least Significant Difference (equivalent to no adjustments).						

上表 5-53 為相依因子（B 因子）主要效果之多重事後比較，採用的方法為「最小顯著差異」法（LSD 法）。由多重比較表中得知：二十位受試者對「少糖去冰」冷飲口味之接受喜愛程度（M=6.900）顯著的高於對「中糖去冰」冷飲口味的接受度（M=5.200），其平均差異為 1.700。全體受試者對「少糖中冰」冷飲口味之接受喜愛程度（M=7.950）顯著的高於對「少糖去冰」（M=6.900）、「中糖去冰」（M=5.200）、「中糖中冰」（M=6.300）冷飲口味的接受度，其平均差異分別為 1.050、2.750、1.650，顯示四種冷飲口味中，以「少糖中冰」的冷飲口味最為受試者青睞。

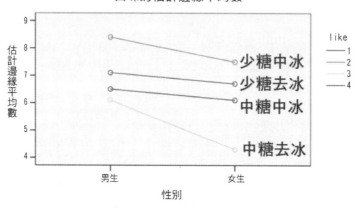

圖 5-31

上圖 5-31 為第一種平均數圖，X 軸為獨立因子（A因子）二個水準，Y 軸為相依因子四個水準在依變項的測量值，八個端點或折點為八個細格平均數值，在「男生」受試者中，對四種冷飲口味的接受程度測量值平均數的高低依序為「少糖中冰」、「少糖去冰」、「中糖中冰」、「中糖去冰」；在「女生」受試者中，對四種冷飲口味的接受程度測量值平均數的高低依序為「少糖中冰」、「少糖去冰」、「中糖中冰」、「中糖去冰」，性別樣本二個水準所呈現的趨勢大致相同。在平均數圖中，四條折線呈現接近似平行狀態，可見二個自變項交互作用不顯著，此種結果與上述交互作用顯著性考驗結果相同（F=.648，p=.587>.05）。

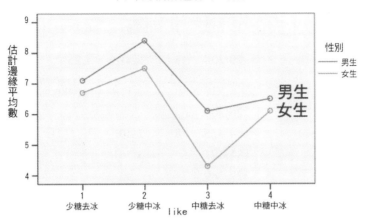

圖 **5-32**

上圖 5-32 為第二種平均數圖，X 軸為相依因子（B 因子）四個水準，Y 軸為獨立因子（A 因子）二個水準在依變項的測量值，八個端點或折點為八個細格平均數值，在「少糖去冰」、「少糖中冰」、「中糖去冰」、「中糖中冰」四種冷飲口味中，男生接受喜受程度測量值之平均數均大於女生，男生、女生樣本二條折線大致呈現一種平行狀態，表示相依因子與獨立因子二個變項的交互作用不顯著，此種結果與上述第一種平均數圖所呈現的可相互呼應。

◆【表格範例】

茲將上述性別與冷飲口味在接受喜愛程度之混合設計的結果統整歸納為下列二個表格：

表 **5-54**　不同性別與冷飲口味在接受喜愛程度之細格及邊緣平均數摘要表

相依因子 獨立因子		B 因子（冷飲口味）				邊緣平均數
		少糖去冰	少糖中冰	中糖去冰	中糖中冰	
A 因子 性別	男生(a1)	7.10	8.40	6.10	6.50	7.03
	女生(a2)	6.70	7.50	4.30	6.10	6.20
邊緣平均數		6.90	7.95	5.20	6.30	

表 5-55　不同性別與冷飲口味在接受喜愛程度之二因子變異數分析摘要表

變異來源	SS	df	MS	F	事後比較
性別（A 因子）	15.313	1	15.313	6.149*	男生>女生
冷飲口味ᵇ（B 因子）	79.238	3	26.413	7.859***	(1)>(3)；(2)>(1) (2)>(3)；(2)>(4)
性別×冷飲口味ᵇ（A×B）	6.538	3	2.179	.648n.s.	
組內	226.300	64			
區組（受試者間）	44.825	18	2.490		
殘差	181.495	54	3.361		
全體	327.389	71			

註：標示 b 者為區組設計因子（相依因子），而以殘差列數值為誤差項。

　　*p<.05　***p<.001　n.s.p>.05

　　(1)少糖去冰、(2)少糖中冰、(3)中糖去冰、(4)中糖中冰

　　　　從上述性別與冷飲口味在接受喜愛程度之二因子變異數分析摘要表中可以發現：性別與冷飲口味二個變項在接受喜愛程度之交互作用項不顯著（F=.648，p>.05），表示不同性別的受試者在口味接受喜受程度上不會因冷飲口味的不同而有差異，或受試者對四種冷飲口味的接受喜受程度不會因性別不同而有差異。

　　　　獨立因子（A因子）及相依因子（B因子）個別的主要效果均達顯著，即不同性別的受試者對整體冷飲口味的接受喜受程度有顯著的不同（F=6.149，p<.05），其中男生樣本對整體冷飲口味的接受喜受程度（M=7.03）顯著的高於女生對整體冷飲口味的接受喜受程度（M=6.20）。

　　　　相依因子主要效果考驗的 F 值等於 7.859，顯著性的 p 值<.001，也達到.05顯著水準，表示全體受試者對四種冷飲口味的接受喜愛程度有顯著的不同，由多重比較得知：二十位受試者對「少糖去冰」冷飲口味之接受喜愛程度（M=6.900）顯著的高於對「中糖去冰」冷飲口味的接受喜愛程度（M=5.200）。全體受試者對「少糖中冰」冷飲口味之接受喜愛程度（M=7.950）顯著的高於對「少糖去冰」（M=6.900）、「中糖去冰」（M=5.200）、「中糖中冰」（M=6.300）冷飲口味的接受度喜愛程度，顯示四種冷飲口味中，以「少糖中冰」的冷飲口味最為受試者青睞。

第六章

二因子完全區組化設計

SPSS Operation and Application

—Practice & Analysis of Variance

6-1 二因子完全區組化設計基本理論

在二因子變異數分析中，若是二個因子均為相依樣本的設計，則二個自變項所構成的細格之受試者均來自同一母群體的同一組觀察值，此種設計稱為二因子完全相依樣本變異數分析，也稱為二因子隨機化區組設計，屬於隨機化區組多因子設計（randomized block factorial design）的一種，二因子隨機化區組設計以符號「RBF-pq」設計表示。以「RBF-23」設計為例，其模式如下表 6-1：

表 6-1

	交叉處理	交叉處理	交叉處理	交叉處理	交叉處理	交叉處理
區組 1（S_1）	a1b1	a1b2	a1b3	a2b1	a2b2	a2b3
區組 2（S_2）	a1b1	a1b1	a1b3	a2b1	a2b2	a2b3
⋮	⋮	⋮	⋮	⋮	⋮	⋮
區組 n（S_n）	a1b1	a1b1	a1b3	a2b1	a2b2	a2b3

若是以受試者為主，則模式如下表 6-2：

表 6-2

因子2 ＼ 因子1		自變項 B		
		水準 1	水準 2	水準 3
自變項 A	水準 1	S_1 S_2 S_3 ⋮ S_n	S_1 S_2 S_3 ⋮ S_n	S_1 S_2 S_3 ⋮ S_n
	水準 2	S_1 S_2 S_3 ⋮ S_n	S_1 S_2 S_3 ⋮ S_n	S_1 S_2 S_3 ⋮ S_n

一個雙處理隨機區組因子設計的模式如下：

$$Y_{ijk} = \mu + \alpha_j + \beta_k + (\alpha\beta)_{jk} + \pi_i + (\alpha\beta\pi)_{jki} + \varepsilon_{ijk}$$

$$(i = 1,......,n \; ; \; j = 1,......,p \; ; \; k = 1,......,q)$$

Y_{ijk}：區組 S_i 和處理結合 $a_j b_k$ 的成績。

μ 是母群平均數 $\mu_{111}, \mu_{211},......,\mu_{npq}$ 的總平均數（grand mean）。

α_j：母群 j 的處理效果，$\sum\limits_{j=1}^{p} \alpha_j = 0$。

β_k：母群 k 的處理效果，$\sum\limits_{k=1}^{q} \beta_k = 0$。

$(\alpha\beta)_{jk}$：處理水準 j 和處理水準 k 的聯合效果，$\sum\limits_{j=1}^{p}(\alpha\beta)_{jk} = 0$、$\sum\limits_{k=1}^{q}(\alpha\beta)_{jk} = 0$。

π_i：母群 i 的區組效果，$NID(0, \sigma_\pi^2)$。

$(\alpha\beta\pi)_{jki}$：處理組合 jk 與區組 i 的聯合效果，$NID(0, \sigma_{\alpha\beta\pi}^2)$。

ε_{ijk}：誤差效果，$NID(0, \sigma_\varepsilon^2)$。

二因子完全相依樣本變異數分析中，A 主要效果爲 A 因子下 p 個平均數間的變異，B 主要效果爲 B 因子下 q 個平均數間的變異，AB 交互作用爲二個因子組合的細格平均數間的變異。三個效果的虛無假設如下：

A 主要效果虛無假設檢定：H_0：$\mu_{a1} = \mu_{a2} \cdots\cdots = \mu_{ap}$

B 主要效果虛無假設檢定：H_0：$\mu_{b1} = \mu_{b2} \cdots\cdots = \mu_{ba}$

AB 交互作用效果虛無假設檢定：H_0：$\mu_{a1b1} = \mu_{a2b2} \cdots\cdots = \mu_{apbq}$

在 CRF-33 設計中（二因子完全隨機化因子設計），變異數的拆解如下：

$$SS_{total} = SS_{treat} + SS_{wcell}$$

$$SS_{treat} = SS_A + SS_B + SS_{AB}$$

$$SS_{total} = SS_A + SS_B + SS_{AB} + SS_{wcell}$$

在 RBF-33 設計中（二因子隨機化區組因子設計），變異數的拆解如下：

$$SS_{total} = SS_{treat} + SS_{wcell}$$

$$SS_{treat} = SS_A + SS_B + SS_{AB}$$

$$SS_{wcell} = SS_{block} + SS_{residusl} \quad （組內效果誤差項＝區組效果變異+殘差變異）$$

$$SS_{residusl} = SS_{A.block} + SS_{B.block} + SS_{AB.block}$$

$$SS_{total} = SS_A + SS_B + SS_{AB} + SS_{block} + SS_{residusl}$$

CRF-33 與 RBF-33 設計的變異數拆解與自由度變化關係如下圖 6-1 所示 (*Kirk, 1995, p.459*)：

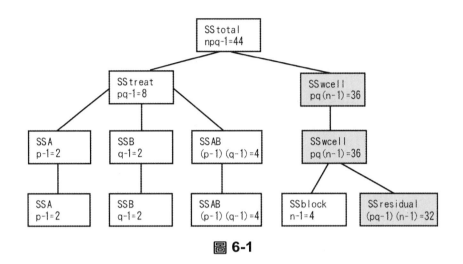

圖 6-1

表 **6-3**　二因子完全相依樣本設計變異數分析摘要表

變異來源	SS	Df	MS	F
組間（處理效果）				
A 因子	SS_A	$p-1$	MS_A	$MS_A \div MS_{AS}$
B 因子	SS_B	$q-1$	MS_B	$MS_B \div MS_{BS}$
交互作用（A×B）	SS_{AB}	$(p-1)(q-1)$	MS_A	$MS_{AB} \div MS_{ABS}$
組內	SS_{wcell}	$pq(n-1)$		
受試者間（區組）	$SS_{block}(SS_S)$	$n-1$	MS_{block}	
殘差	$SS_{residual}$	$(n-1)(pq-1)$	$MS_{residual}$	
誤差項（SS_{AS}）	SS_{AS}	$(n-1)(p-1)$	MS_{AS}	
誤差項（SS_{BS}）	SS_{BS}	$(n-1)(q-1)$	MS_{BS}	
誤差項（SS_{ABS}）	SS_{ABS}	$(n-1)(p-1)(q-1)$	MS_{ABS}	

上述摘要表中組內誤差項=區組誤差項＋殘差值；而殘差值 $SS_{residual}$ ＝誤差項 SS_{AS} ＋誤差項 SS_{BS} ＋誤差項 SS_{ABS}。

有一心理學家想探究不同的環境情境（情境 1、情境 2、情境 3）與不同的音樂配合（音樂 1、音樂 2、音樂 3）下，學生學習的學習喜愛程度。研究受試的樣本共有五位，每位要在不同環境情境與音樂組合的教室中自習一小時，共有五個區組、九種不同的學習情境。測得學生學習喜愛程度的數據如下：

表 6-4

	a1b1	a1b2	a1b3	a2b1	a2b2	a2b3	a3b1	a3b2	a3b3	$\sum\limits_{j=1}^{p}\sum\limits_{k=1}^{q}Y_{ijk}$
S_1	37	43	48	39	35	46	31	41	64	384
S_2	42	44	47	30	40	36	21	50	52	362
S_3	33	36	29	34	31	45	20	39	53	320
S_4	29	27	38	26	22	27	18	36	42	265
S_5	24	25	28	21	27	26	10	34	49	244

（數據來源：Kirk, 1995, p.457）

$\sum\limits_{i=1}^{n}Y_{ijk}$ 的 AB 摘要表如下：

表 6-5

	b1	b2	b3	$\sum\limits_{i=1}^{n}\sum\limits_{k=1}^{q}Y_{ijk}$
a1	n=5 165	175	190	530
a2	150	155	180	485
a3	100	200	260	560
$\sum\limits_{i=1}^{n}\sum\limits_{j=1}^{p}Y_{ijk}$	415	530	630	

計算代號如下

$$\sum_{i=1}^{n}\sum_{j=1}^{p}\sum_{k=1}^{q}Y_{ijk}=37+43+\cdots\cdots+34+49=1575.000$$

$$\frac{\left(\sum\limits_{i=1}^{n}\sum\limits_{j=1}^{p}\sum\limits_{k=1}^{q}Y_{ijk}\right)^2}{npq}=[Y]=\frac{(1575.000)^2}{5\times3\times3}=55125.000$$

$$\sum_{i=1}^{n}\sum_{j=1}^{p}\sum_{k=1}^{q}Y_{ijk}^2=[ABS]=(37)^2+(43)^2+\cdots\cdots+(34)^2+(49)^2=60345.000$$

$$\sum_{i=1}^{n}\frac{\left(\sum\limits_{j=1}^{p}\sum\limits_{k=1}^{q}Y_{ijk}\right)^2}{pq}=[S]=\frac{(384)^2}{3\times3}+\frac{(362)^2}{3\times3}+\frac{(320)^2}{3\times3}+\frac{(265)^2}{3\times3}+\frac{(244)^2}{3\times3}=56740.111$$

$$\sum_{j=1}^{p}\frac{\left(\sum\limits_{i=1}^{n}\sum\limits_{k=1}^{q}Y_{ijk}\right)^2}{nq}=[A]=\frac{(530)^2}{5\times3}+\frac{(485)^2}{5\times3}+\frac{(560)^2}{5\times3}=55315.000$$

$$\sum_{k=1}^{p}\frac{\left(\sum\limits_{i=1}^{n}\sum\limits_{j=1}^{p}Y_{ijk}\right)^2}{np}=[B]=\frac{(415)^2}{5\times3}+\frac{(530)^2}{5\times3}+\frac{(630)^2}{5\times3}=56668.333$$

$$\sum_{j=1}^{p}\sum_{k=1}^{q}\frac{\left(\sum\limits_{i=1}^{n}Y_{ijk}\right)^2}{n}=\frac{(165)^2}{5}+\frac{(175)^2}{5}+\cdots\cdots+\frac{(260)^2}{5}=58095.000$$

各離均差平方和計算如下：

$$SS_{total} = [ABS] - [Y] = 5220.000$$

$$SS_{block} = [S] - [Y] = 1615.111$$

$$SS_{treat} = [AB] - [Y] = 2970.000$$

$$SS_{A} = [A] - [Y] = 190.000$$

$$SS_{B} = [B] - [Y] = 1543.333$$

$$SS_{AB} = [AB] - [A] - [B] + [Y] = 1236.667$$

$$SS_{tresidual} = [ABS] - [AB] - [S] + [Y] = 634.889$$

如果使用SPSS統計軟體，執行「Analyze」分析→「General Linear Model」（一般線性模式）→「Repeat Measure」（重複量數）程序，可以輸出如下結果：

表 6-6　Tests of Within-Subjects Effects

Measure: MEASURE_1

Source		Type III Sum of Squares	df	Mean Square	F	Sig.
A	Sphericity Assumed	190.000	2	95.000	4.362	.052
	Greenhouse-Geisser	190.000	1.264	150.348	4.362	.087
	Huynh-Feldt	190.000	1.578	120.383	4.362	.087
	Lower-bound	190.000	1.000	190.000	4.362	.105
Error(A)	Sphericity Assumed	174.222	8	21.778		
	Greenhouse-Geisser	174.222	5.055	34.466		
	Huynh-Feldt	174.222	6.313	27.596		
	Lower-bound	174.222	4.000	43.556		
B	Sphericity Assumed	1543.333	2	771.667	35.570	.000
	Greenhouse-Geisser	1543.333	1.391	1109.699	35.570	.001
	Huynh-Feldt	1543.333	1.899	812.887	35.570	.000
	Lower-bound	1543.333	1.000	1543.333	35.570	.004
Error(B)	Sphericity Assumed	173.556	8	21.694		
	Greenhouse-Geisser	173.556	5.563	31.198		
	Huynh-Feldt	173.556	7.594	22.853		
	Lower-bound	173.556	4.000	43.389		
A*B	Sphericity Assumed	1236.667	4	309.167	17.229	.000
	Greenhouse-Geisser	1236.667	2.360	523.901	17.229	.001
	Huynh-Feldt	1236.667	4.000	309.167	17.229	.000
	Lower-bound	1236.667	1.000	1236.667	17.229	.014
Error(A*B)	Sphericity Assumed	287.111	16	17.944		
	Greenhouse-Geisser	287.111	9.442	30.408		
	Huynh-Feldt	287.111	16.000	17.944		
	Lower-bound	287.111	4.000	71.778		

表 6-7　Tests of Between-Subjects Effects
Measure: MEASURE_1
Transformed Variable: Average

Source	Type III Sum of Squares	df	Mean Square	F	Sig.
Intercept	55125.000	1	55125.000	136.523	.000
Error	1615.111	4	403.778		

將上面結果整理如下表 6-8：

表 6-8　二因子完全相依樣本設計變異數分析摘要表

變異來源	SS	Df	MS	F
組間（處理效果）	2970.000	8	371.250	
A 因子	190.000	2	95.000	4.362n.s.
B 因子	1543.333	2	771.667	35.570***
交互作用（A×B）	1236.667	4	309.167	17.229***
組內	2250.000	36		
受試者間（區組）	1615.111	4	403.778	
殘差	634.889	32	19.840	
誤差項（SS_{AS}）	174.222	8	21.778	
誤差項（SS_{BS}）	173.556	8	21.694	
誤差項（SS_{ABS}）	287.111	16	17.944	
全體	5220.000	44		

n.s. p>.05　　*** p<.001

　　上述組間（處理效果）離均差平方和 $= 2970.000 = SS_A + SS_B + SS_{AB}$ $= 190.000 + 1543.333 + 1236.667 = SS_{treat}$

　　組內效果誤差項＝區組效果變異＋殘差變異＝ $2250.000 = SS_{well} = SS_{block} + SS_{residusl} = 1615.111 + 634.889$

　　殘差變異　$SS_{residual} = SS_{A.block} + SS_{B.block} + SS_{AB.block} = SS_{AS} + SS_{BS} + SS_{ABS} = 174.222 + 173.556 + 287.111 = 634.889$

　　全體離均差平方和 $SS_{total} = SS_{treat} + SS_{wcell} = 2970.000 + 2250.000 = 5220.000$

　　上表中的各 F 統計量的計算如下：

　　$F_A = MS_A \div MS_{AS} = 95.0000 \div 21.778 = 4.632$

$$F_B = MS_B \div MS_{BS} = 771.667 \div 21.694 = 35.570$$

$$F_{AB} = MS_{AB} \div MS_{ABS} = 309.167 \div 17.944 = 17.229$$

在計算 A 因子主要效果項、B 因子主要效果項、AB 交互作用項顯著性考驗的 F 統計量之 F 值時，在分母項方面有部分學者認為也可以統一採用殘差的均方值（*Kirk, 1995, p.458*），以上述範例為，若以殘差的均方值 19.840 為分母項，則各項的 F 值如下：

$$F_A = MS_A \div MS_R = 95.0000 \div 19.840 = 4.79$$

$$F_B = MS_B \div MS_R = 771.667 \div 19.840 = 38.89$$

$$F_{AB} = MS_{AB} \div MS_R = 309.167 \div 19.840 = 15.58$$

上述以殘差的均方值為主要效果及交互作用項顯著性考驗之 F 值的分母項所計算出來的 F 統計量與採用各項誤差值為分母項所計算而得的 F 統計量差異不大。

完全相依設計效果量的淨 ω^2（partial omega squared）可以直接由 F 統計量估算，其計算式如下：

$$\hat{\omega}^2_{Y|A.B,\,AB} = \frac{(F_A-1)(p-1)}{(F_A-1)(p-1)+npq}$$

$$\hat{\omega}^2_{Y|B.A,\,AB} = \frac{(F_B-1)(q-1)}{(F_B-1)(q-1)+npq}$$

$$\hat{\omega}^2_{Y|AB.A,\,B} = \frac{(F_{AB}-1)(p-1)(q-1)}{(F_{AB}-1)(p-1)(q-1)+npq}$$

處理效果 A 因子的淨 $\omega^2 = \dfrac{(4.36-1)(3-1)}{(4.36-1)(3-1)+(5)(3)(3)} = .13$

處理效果 B 因子的淨 $\omega^2 = \dfrac{(35.57-1)(3-1)}{(35.57-1)(3-1)+(5)(3)(3)} = .60$

交互作用項效果的淨 $\omega^2 = \dfrac{(17.229-1)(3-1)(3-1)}{(17.229-1)(3-1)(3-1)+(5)(3)(3)} = .59$

根據 Cohen（*1988*）的論點，因為 A 因子主要效果項的關聯強度介於 .059 至 .138 之間，因而 A 因子主要效果與依變項間的關係屬中度關聯強度；B 因子主要效果項的關聯強度值與 AB 因子交互作用項的關聯強度值≥.138，

表示二者與依變項的關係均屬強度關聯強度。

　　二因子完全相依樣本變異數分析中，若是 A 因子與 B 因子的交互作用項不顯著，則應進行 A 因子與 B 因子主要效果項的考驗，由於 A 因子與 B 因子均為相依樣本，此時進行的為二個單因子相依樣本變異數分析，如果 A 因子有 p 個水準、B 因子有 q 個水準，則 A 因子相依樣本單因子變異數分析，即在比較 p 個平均數間的差異；B 因子相依樣本單因子變異數分析，即在比較 q 個平均數間的差異，如果 p 或 q 的水準數≥3，則在整體考驗的 F 值達到顯著水準後，要再進行追蹤考驗，追蹤考驗即多重事後比較，以得知是那二個配對水準間平均數的差異達到顯著水準。

6-2 二因子完全相依樣本變異數分析實例──交互作用顯著

6-2-1 研究問題

某一奶茶冷飲店想探究不同糖份（低糖、高糖）與冰量（去冰、少冰、多冰）組合的六種奶茶口味中，那種口味的接受度最為顧客所喜愛，請二十位自願的顧客作為受試對象，每人免費試飲不同口味的奶茶，喝完後，請顧客評估「口味接受度」，分數 1 至 10 分，分數愈高表示其接受喜愛的程度愈高。為了避免不同口味的奶茶對受試者產生干擾，每一位受試者試飲不同奶茶的時間間隔一小時。實驗的數據如下，請問不同糖份與不同冰量組合的奶茶口味對受試者的接受度是否有顯著的交互作用存在？

表 6-9

受試者	a1b1	a1b2	a1b3	a2b1	a2b2	a2b3
	低糖去冰	低糖少冰	低糖多冰	高糖去冰	高糖少冰	高糖多冰
A	4	10	1	8	6	4
B	5	9	2	6	4	5
C	9	10	8	7	3	4
D	5	10	3	8	2	10
E	3	10	8	7	5	4
F	6	9	4	8	3	4
G	8	10	7	6	4	8
H	5	9	2	9	7	9
I	6	10	3	7	4	4
J	7	8	8	6	8	6
K	8	10	7	10	2	5
L	5	9	9	6	4	8
M	9	8	1	9	5	6
N	6	10	9	8	6	2
O	6	9	6	6	6	7
P	8	7	4	5	5	8
Q	9	8	5	6	2	7
R	7	9	6	7	7	10
S	6	6	7	6	1	6
T	5	8	3	5	5	5

在 SPSS 資料檔中，共有六個變項，六個變項即六個處理水準：a1b1、a1b2、a1b3、a2b1、a2b2、a2b3，六個處理水準的中文註解分別為低糖去冰、低糖少冰、低糖多冰、高糖去冰、高糖少冰、高糖多冰。

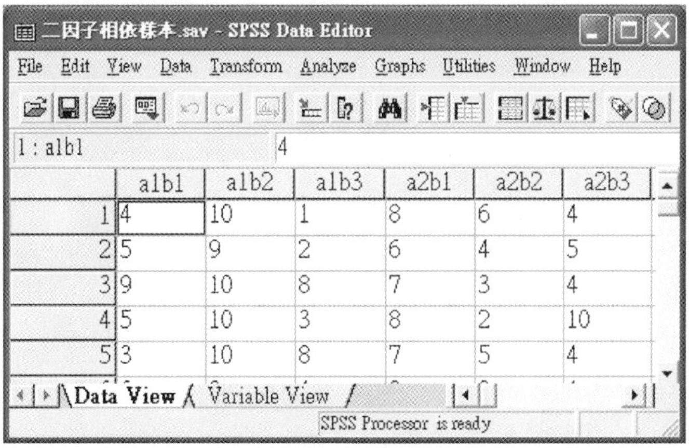

圖 6-2

二因子變異數分析中，第一個自變項為「糖份」，內有二個水準「低糖」、「高糖」；第二個自變項為「冰量」，內有三個水準「去冰」、「少冰」、「多冰」。由於二十位受試者全部接受六個處理水準的實驗處理，是一種隨機化區組因子設計（randomized block factorial design；RBF），A因子有二個水準、B因子有三個水準，因而屬於「RBF-23」設計模式。

「RBF-23」設計模式如下表 6-10 所列：

表 6-10

a1b1	a1b2	a1b3	a2b1	a2b2	a2b3
$S_1, S_2, ...,S_{20}$	$S_1, S_2, ...,S_{20}$	$S_1, S_2, ...,S_{20}$	$S_1, S_2, ...,S_{20}$	$S_1, S_2, ...,S_{20}$	$S_1, S_2, ...,S_{20}$

6-2-2　操作說明

(一)步驟 1

執行功能列「Analyze」（分析）→「General Linear Model」（一般線性模式）→「Repeated Measures」（重複量數）程序，開啓「Repeated Measures Define Factors」（重複量數定義因子）對話視窗。

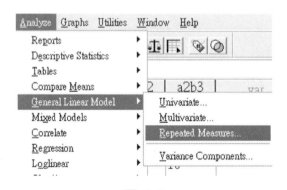

圖 6-3

(二)步驟 2

在「Repeated Measures Define Factors」（重複量數定義因子）對話視窗中，「受試者內因子的名稱」（Within-Subject Factor Name:）右邊方盒內界定第一個自變項的名稱：「a」，在「水準個數」（Number of Levels:）右邊方盒內鍵入自變項的水準數，範例中共有二種不同糖份，其水準數為 2，最

後按『Add』（新增）鈕後，在新增鈕的右邊會出現自變項的名稱及其設定的水準數，如「a(2)」，前面「a」為設定的自變項名稱，括號內 2 表示此自變項有二個水準。

　　→之後在「受試者內因子的名稱」（Within-Subject Factor Name:）右邊方盒內界定第二個自變項的名稱：「b」，在「水準個數」（Number of Levels:）右邊方盒內鍵入自變項的水準數，範例中共有三種不同冰量，其水準數為 3，最後按『Add』（新增）鈕後，在新增鈕的右邊會出現自變項的名稱及其設定的水準數，如「b(3)」，前面「b」為設定的第二個自變項名稱，括號內 3 表示此自變項有三個水準。

　　→設定完後，按右上方的『Define』（定義）鈕，開啟「Repeated Measures」（重複量數）的第二層對話視窗。

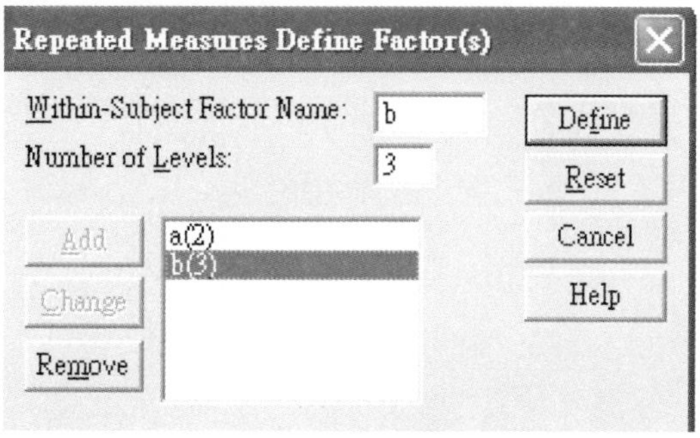

圖 6-4

(三)**步驟 3**

　　在「Repeated Measures」（重複量數）對話視窗中，在左邊變數清單中將六個細格變項選入右邊「Within-Subjects Variables（受試者內變數）的方格中，此時方格中的變數會由「_?_(1,1)」、「_?_(1,2)」、「_?_(1,3)」、「_?_(2,1)」、「_?_(2,2)」、「_?_(2,3)」，依序變成「a1b1(1,1)」、「a1b2(1,2)」、「a1b3(1,3)」、「a2b1(2,1)」、「a2b2(2,2)」、「a2b3(2,3)」。

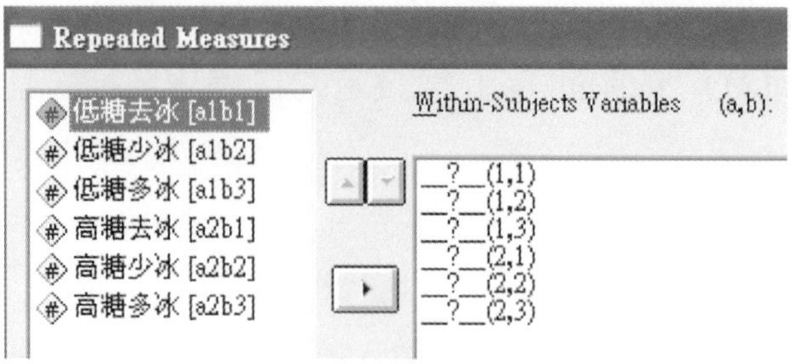

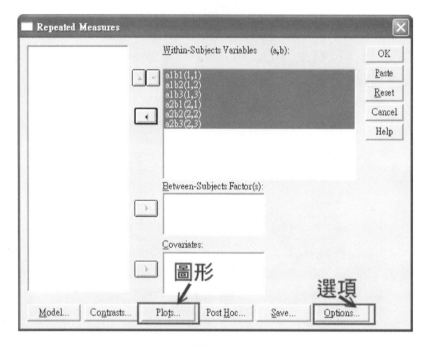

圖 6-5

圖 6-6

㈣步驟 4

→按下方『Plots』（圖形）鈕，開啟「Repeated Measures: Profile Plots」（重複量數：部面圖）次對話視窗。

在「Repeated Measures: Profile Plots」（重複量數：部面圖）次對話視窗中，將第一個自變項子「a」選入右邊「Horizontal Axis」（水平軸）下的方格中，將第二個自變項「b」選入右邊「Separate Lines」（個別線）下的方格中，按『Add』（新增）鈕，在「Plots」（圖形）下的大方格中會出現「a*b」的訊息→次將第二個自變項「b」選入右邊「Horizontal Axis」（水平軸）下的方格中，將第一個自變項「a」選入右邊「Separate Lines」（個別線）下的方格中，按『Add』（新增）鈕，在「Plots」（圖形）下的大方

格中會出現「b*a」的訊息→按『Continue』（繼續）鈕，回到「Repeated Measures」（重複量數）對話視窗。

上述剖面圖的設定可以繪製二因子交互作用圖形。

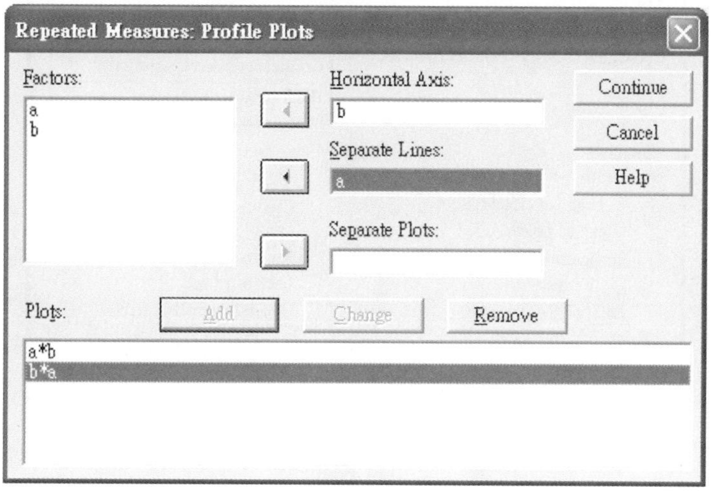

圖 6-7

(五)**步驟 5**

在「Repeated Measures」（重複量數）對話視窗中，按『Options』（選項）鈕，開啟「Repeated Measures: Options」（重複量數：選項）次對話視窗，將二個相依因子「a」、「b」及細格變項「a*b」選入右邊「Display Means for」（顯示平均數）下的方格中，勾選「☑Compare main effects」（比較主效應），在「Confidence interval adjustment」（信賴區間調整）下的相依樣本事後比較方法中選取最小顯著差異法：LSD 法，在下方「Display」（顯示）方盒中，勾選「☑Descriptive statistics」（敘述統計）選項→按『Continue』（繼續）鈕，回到「Repeated Measures」（重複量數）對話視窗→按『OK』（確定）鈕。

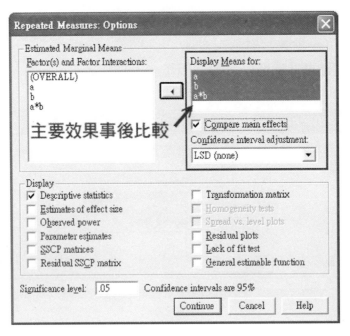

圖 6-8

6-2-3 報表說明

表 6-11　Within-Subjects Factors
Measure: MEASURE_1

a	B	Dependent Variable
1	1	a1b1
	2	a1b2
	3	a1b3
2	1	a2b1
	2	a2b2
	3	a2b3

　　上表 6-11 為受試者內因子（Within-Subjects Factors）的數據，顯示的為自變項的名稱及其處理水準數，由表中可知自變項a（糖份）有二個處理水準（低糖、高糖），而自變項b（冰量）有三個水準（去冰、少冰、多冰），二個自變項交叉構成六個處理水準，六個細格的處理水準變項名稱分別為a1b1、a1b2、a1b3、a2b1、a2b2、a2b3，全部的受試者均需要接受六種不同的實驗處理，因而是屬於隨機化區組因子設計，由於有二個因子，故此設計為二因子隨機化區組設計（RBF-23）。

表 6-12　Descriptive Statistics

	Mean	Std. Deviation	N
低糖 去冰	6.35	1.725	20
低糖 少冰	8.95	1.146	20
低糖 多冰	5.15	2.681	20
高糖 去冰	7.00	1.376	20
高糖 少冰	4.45	1.905	20
高糖 多冰	6.10	2.222	20

　　上表 6-12 為六個處理水準下，受試者在依變項「接受度」之描述統計量（Descriptive Statistics）。描述統計量包括處理水準的變項名稱（此處呈現的為其中文註解）、平均數、標準差及有效受試者樣本數，以「低糖去冰」的奶茶為例，二十位受試者的平均接受喜愛程度為 6.35、標準差為 1.725；以「高糖多冰」的奶茶為例，二十位受試者的平均接受喜愛程度為 6.10、標準差為 2.222。

　　在「Repeated Measures: Options」（重複量數：選項）次對話視窗，在下方「Display」（顯示）方盒中，勾選「☑Descriptive statistics」（敘述統計）選項，即會出現上述的描述性統計量。二十名樣本在六個處理水準接受度的平均數及標準差整理如下表：

◆【表格範例】

表 6-13　二十名受試樣本對於六種不同口味奶茶「接受度」的平均數及標準差

糖分（A）	冰量（B）	平均數	標準差
低糖（a1）	去冰（b1）	6.35	1.725
	少冰（b2）	8.95	1.146
	多冰（b3）	5.15	2.681
高糖（a2）	去冰（b1）	7.00	1.376
	少冰（b2）	4.45	1.905
	多冰（b3）	6.10	2.222

表 6-14　Mauchly's Test of Sphericity(b)
Measure: MEASURE_1

Within Subjects Effect	Mauchly's W	Approx. Chi-Square	df	Sig.	Greenhouse-Geisser	Huynh-Feldt	Lower-bound
					Epsilon(a)		
a	1.000	.000	0	.	1.000	1.000	1.000
b	.948	.963	2	.618	.950	1.000	.500
a * b	.920	1.505	2	.471	.926	1.000	.500

Tests the null hypothesis that the error covariance matrix of the orthonormalized transformed dependent variables is proportional to an identity matrix.

a May be used to adjust the degrees of freedom for the averaged tests of significance. Corrected tests are displayed in the Tests of Within-Subjects Effects table.

b Design: Intercept

in Subjects Design: a+b+a*b

　　上表 6-14 數據為 Mauchly 球形檢定（Mauchly's Test of Sphericity），即受試樣本在依變項測量值分數的球面性檢定。自變項 A 只有二個處理水準，沒有檢驗值，自變項 B 的 Mauchly W 係數為.948、近似卡方分配值等於.963、顯著性考驗的 p 值等於.618＞.05，未達顯著水準，表示未違反球面性或環狀性的假定；而交互作用項的 Mauchly W 係數為.920、近似卡方分配值等於1.505、顯著性考驗的 p 值等於.471＞.05，未達顯著水準，表示也未違反球面性或環狀性的假定，因此，均不需要使用修正公式所獲得的數據資料來解釋。

二因子完全區組化設計

表 6-15　Tests of Within-Subjects Effects
Measure: MEASURE_1

Source		Type III Sum of Squares	df	Mean Square	F	Sig.
a	Sphericity Assumed	28.033	1	28.033	6.661	.018
	Greenhouse-Geisser	28.033	1.000	28.033	6.661	018
	Huynh-Feldt	28.033	1.000	28.033	6.661	018
	Lower-bound	28.033	1.000	28.033	6.661	018
Error (a)	Sphericity Assumed	79.967	19	4.209		
	Greenhouse-Geisser	79.967	19.000	4.209		
	Huynh-Feldt	79.967	19.000	4.209		
	Lower-bound	79.967	19.000	4.209		
b	Sphericity Assumed	30.117	2	15.058	4.120	.024
	Greenhouse-Geisser	30.117	1.901	15.843	4.120	.026
	Huynh-Feldt	30.117	2.000	15.058	4.120	.024
	Lower-bound	30.117	1.000	30.117	4.120	.057
Error (b)	Sphericity Assumed	138.883	38	3.655		
	Greenhouse-Geisser	138.883	36.119	3.845		
	Huynh-Feldt	138.883	38.000	3.655		
	Lower-bound	138.883	19.000	7.310		
a * b	Sphericity Assumed	187.717	2	93.858	25.980	.000
	Greenhouse-Geisser	187.717	1.852	101.385	25.980	.000
	Huynh-Feldt	187.717	2.000	93.858	25.980	.000
	Lower-bound	187.717	1.000	187.717	25.980	.000
Error (a*b)	Sphericity Assumed	137.283	38	3.613		
	Greenhouse-Geisser	137.283	35.179	3.902		
	Huynh-Feldt	137.283	38.000	3.613		
	Lower-bound	137.283	19.000	7.225		

　　上表 6-15 為受試者內效應項的檢定值（Tests of Within-Subjects Effects），包含自變項A、自變項B二個主要效果及交互作用項的顯著性檢定及其誤差值。自變項 A 主要效果考驗之 F 值=6.661，顯著性考驗之機率值 p=.018<.05，達到顯著水準，表示不同糖份口味的奶茶，受試者的接受度有顯著的不同；自變項 B 主要效果考驗之 F 值=4.120，顯著性考驗之機率值 p=.024<.05，達到顯著水準，表示不同冰量口味的奶茶，受試者的接受度有顯著的不同，雖然二個自變項的主要效果均達到顯著水準，但此數據須在交互作用項未達顯著水準時，才有進一步解釋的必要。交互效果項考驗的離均差平方和（SS）等於 187.717、自由度為 2、均方值（Mean Square）為

93.858、F 值等於 25.980，顯著性考驗之機率值 p=.000<.05，達到顯著水準，由於交互作用項達到顯著水準，因而上述二個主要效果的顯著性可以不用加以解釋，進一步要分析的為單純主要效果考驗。

表 6-16　Tests of Between-Subjects Effects

Measure: MEASURE_1

Transformed Variable: Average

Source	Type III Sum of Squares	df	Mean Square	F	Sig.
Intercept	4813.333	1	4813.333	1507.473	
Error	60.667	19	3.193		

上表 6-16 為受試間效應項的檢定統計量（區組效果 SS_{block}），即受試者間平均數之變異量。區組效果的離均差平方和等於 60.667、自由度等於 19、均方值等於 3.193，區組效果變異為重複量數處理所造成的影響。

表 6-17　Estimated Marginal Means

1. a

Estimates

Measure: MEASURE_1

a	Mean	Std. Error	95% Confidence Interval	
			Lower Bound	Upper Bound
1	6.817	.261	6.270	7.363
2	5.850	.235	5.358	6.342

上表 6-17 為第一個自變項 A 因子二個水準的描述性統計量，受試者對低糖、高糖二種糖份口味奶茶的喜愛程度的平均數分別為 6.817、5.850，平均數的估計標準誤分別為.261、.235。

表 6-18　Pairwise Comparisons

Measure: MEASURE_1

(I)a	(J)a	Mean Difference(I-J)	Std. Error	Sig.(a)	95% Confidence Interval for Difference(a)	
					Lower Bound	Upper Bound
1	2	.967(*)	.375	.018	.183	1.751
2	1	-.967(*)	.375	.018	-1.751	-.183
Based on estimated marginal means						
* The mean difference is significant at the .05 level.						
a Adjustment for multiple comparisons: Least Significant Difference (equivalent to no adjustments).						

　　自變項 A 主要效果考驗達到顯著水準，表示不同糖份口味的奶茶，受試者的接受度有顯著的不同，上表 6-18 為自變項 A 二個水準的事後比較結果，不管冰量變項的影響，受試者對「低糖口味」（M=6.817）奶茶的接受喜愛程度顯著的高於對「高糖口味」（M=5.850）奶茶的接受喜愛程度，其平均數的差異值為.967。

表 6-19　2.b

Estimates

Measure: MEASURE_1

b	Mean	Std. Error	95% Confidence Interval	
			Lower Bound	Upper Bound
1	6.675	.249	6.153	7.197
2	6.700	.258	6.161	7.239
3	5.625	.366	4.859	6.391

　　上表 6-19 為第二個自變項 B 因子三個水準的描述性統計量，受試者對去冰、少冰、多冰三種不同冰量口味奶茶接受喜愛程度的平均數分別為6.675、6.700、5.625，平均數的估計標準誤分別為.249、.258、.366。

表 6-20　**Pairwise Comparisons**

Measure: MEASURE_1

(I)b	(J)b	Mean Difference (I-J)	Std. Error	Sig. (a)	95% Confidence Interval for Difference(a) Lower Bound	95% Confidence Interval for Difference(a) Upper Bound
1	2	-.025	.376	.948	-.812	.762
1	3	1.050(*)	.446	.029	.117	1.983
2	1	.025	.376	.948	-.762	.812
2	3	1.075(*)	.456	.029	.120	2.030
3	1	-1.050(*)	.446	.029	-1.983	-.117
3	2	-1.075(*)	.456	.029	-2.030	-.120
Based on estimated marginal means						
* The mean difference is significant at the .05 level.						
a Adjustment for multiple comparisons: Least Significant Difference (equivalent to no adjustments).						

　　由於自變項 B 主要效果考驗之 F 值達到.05 顯著水準，表示不同冰量口味的奶茶，受試者的接受度有顯著的不同。上表為整體考驗後之事後比較，受試者對「去冰口味」（M=6.675）奶茶的接受喜愛程度的顯著的高於對「多冰口味」（M=5.625）奶茶的接受喜愛程度，其平均數的差異值為 1.050；對「少冰口味」（M=6.700）奶茶的接受喜愛程度的也顯著的高於對「多冰口味」（M=5.625）奶茶的接受喜愛程度，其平均數的差異值為 1.075。

表 6-21　**3. a * b**

Measure: MEASURE_1

a	b	Mean	Std. Error	95% Confidence Interval Lower Bound	95% Confidence Interval Upper Bound
1	1	6.350	.386	5.543	7.157
1	2	8.950	.256	8.414	9.486
1	3	5.150	.599	3.895	6.405
2	1	7.000	.308	6.356	7.644
2	2	4.450	.426	3.558	5.342
2	3	6.100	.497	5.060	7.140

　　上表 6-21 為六種處理水準在依變項「接受喜愛程度」之描述性統計量，在二因子變異數分析中即為細格的描述性統計量，a1b1（低糖去冰）細格的平均數為 6.350、a1b2（低糖少冰）細格的平均數為 8.950、a1b3（低糖多冰）細格的平均數為 5.150、a2b1（高糖去冰）細格的平均數為 7.000、a2b2（高糖少冰）細格的平均數為 4.450、a2b3（高糖多冰）細格的平均數為 6.100。

二因子完全區組化設計

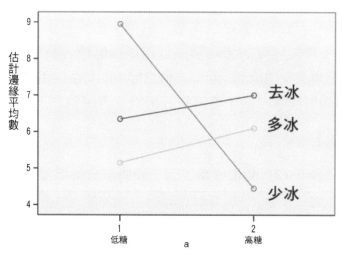

MEASURE_1的估計邊緣平均數

圖 6-9

　　上圖 6-9 為二個自變項各處理水準在依變項測量值之平均數的交互作用圖，在「低糖」的口味奶茶中，「冰量」被接受喜愛程度的平均數高低依序為少冰、去冰、多冰；在「高糖」的口味奶茶中，「冰量」被接受喜愛程度的平均數高低依序為去冰、多冰、少冰。二個自變項間平均數折線圖呈現交叉的情形，可見二個自變項的交互作用項達到顯著水準。

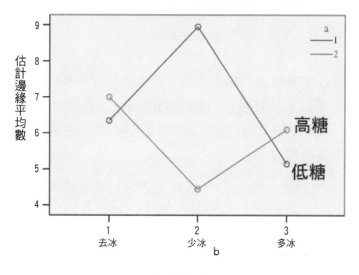

MEASURE_1的估計邊緣平均數

圖 6-10

上圖 6-10 為二個自變項各處理水準在依變項測量值之平均數的交互作用圖的不同表示圖，在「去冰」、「多冰」的口味奶茶中，「糖份」被接受喜愛程度的平均數高低依序為高糖、低糖；在「少冰」的口味奶茶中，「糖份」被接受喜愛程度的平均數高低依序為低糖、高糖。二個自變項間平均數折線圖呈現交叉的情形，可見二個自變項的交互作用項達到顯著水準。

茲將上述相依樣本二因子變異數分析摘要表統整如下：

◆【表格範例】

表 6-22   相依樣本二因子變異數分析摘要表

變異來源	SS	Df	MS	F	事後比較
組間					
糖份（A）SS_A	28.033	1	28.033	6.661*	低糖>高糖
冰量（B）SS_B	30.117	2	15.058	4.120*	去冰>多冰 少冰>多冰
交互作用（A×B）SS_{AB}	187.717	2	93.858	25.980***	
組內	416.800	114	3.656		
受試者間（區組效果）SS_S	60.667	19	3.193		
殘差值 $SS_{residual}$	356.133	95	3.749		
誤差項（SS_{AS}）	79.967	19	4.209		
誤差項（SS_{BS}）	138.883	38	3.655		
誤差項（SS_{ABS}）	137.283	38	3.613		

*$p<.05$ ***$p<.001$

在上述糖份與冰量組合的六種奶茶口味對受試者接受度影響的二因子變異數分析摘要表中可以發現：

1. 變項A主要效果考驗達到顯著水準（F=6.661，p<.05），表示不同糖份口味的奶茶，受試者的接受度有顯著的不同，不管「冰量」變項的影響，受試者對「低糖口味」奶茶的接受喜愛程度顯著的高於對「高糖口味」奶茶的接受喜愛程度。

2. 自變項 B 主要效果考驗之 F 值達到.05 顯著水準（F=4.120，p<.05），表示不同冰量口味的奶茶，受試者的接受度有顯著的不同。不管「糖份」變項的影響，受試者對「去冰口味」奶茶的接受喜愛程度的顯著的高於對「多冰口味」奶茶的接受喜愛程度，而受試者對「少冰口味」奶茶的接受喜愛程度的也顯著的高於對「多冰口味」奶茶的接受喜愛程度。

3. 自變項 A 與自變項 B 的交互作用項考驗也達到顯著水準（F=25.980，p<
.05），表示不同「糖份」口味奶茶對受試者接受度的影響會受到不同「冰
量」程度的影響，而受試者對不同「冰量」口味奶茶的接受喜愛程度也
會受到不同「糖份」的影響。由於 A、B 因子的交互作用顯著，因而進一
步須進行單純主要效果檢定，至於二個因子的主要效果顯著則不用再進
一步詮釋。

6-2-4　　單純主要效果考驗程序

㈠ A 因子單純主要效果檢定

在二因子相依樣本中，由於自變項 A 有二個水準數、自變項 B 有三個
水準數，構成一個 2×3 的交叉格。就自變項 A 單純主要效果而言，須分別
就 b1、b2、b3 三個不同冰量水準下，探討 a1、a2 水準的差異，此時須進行
三次重複量數的檢定，由於 a1、a2 只有二個水準，可以使用相依樣本 t 檢
定或單因子重複量數變異數分析均可，三個重複量數比較的水準變項為
「a1b1&a2b1」、「a1b2&a2b2」、「a1b3&a2b3」。比較的模式如下表：

表 6-23　「a1b1」&「a2b1」的比較

a1b1	a1b2	a1b3	a2b1	a2b2	a2b3
$S_1, S_2, ..., S_{20}$	$S_1, S_2, ..., S_{20}$	$S_1, S_2, ..., S_{20}$	$S_1, S_2, ..., S_{20}$	$S_1, S_2, ..., S_{20}$	$S_1, S_2, ..., S_{20}$

表 6-24　「a1b2」&「a2b2」的比較

a1b1	a1b2	a1b3	a2b1	a2b2	a2b3
$S_1, S_2, ..., S_{20}$	$S_1, S_2, ..., S_{20}$	$S_1, S_2, ..., S_{20}$	$S_1, S_2, ..., S_{20}$	$S_1, S_2, ..., S_{20}$	$S_1, S_2, ..., S_{20}$

表 6-25　「a1b3」&「a2b3」的比較

a1b1	a1b2	a1b3	a2b1	a2b2	a2b3
$S_1, S_2, ..., S_{20}$	$S_1, S_2, ..., S_{20}$	$S_1, S_2, ..., S_{20}$	$S_1, S_2, ..., S_{20}$	$S_1, S_2, ..., S_{20}$	$S_1, S_2, ..., S_{20}$

操作程序如下：

Analysis（分析）

 General Linear Model（一般線性模式）

  Repeated Measures（重複量數），出現「Repeated Measures Define Factors」（重複量數定義因子）對話視窗。

  在「Within-Subject Factor Name」（受試者內因子的名稱）後的空格中鍵入自變項「a」。

  在「Number of Level」（水準個數）後面的空格中鍵入自變項 a 的水準數「2」

  按『Add』（新增）鈕，右邊方格內會出現「a(2)」→按『Define』（定義）鈕，出現「Repeated Measures」（重複量數）對話視窗。

  選取左邊變項清單中的變項「a1b1」、「a2b1」至右邊「Within-Subject Variables」（受試者內變數）方盒中之『_?_(1)』、『_?_(2)』內，右邊方格中會出現「a1b1(1)」、「a2b1(2)」。

  按右下方的『Options』（選項）鈕，開啟「Repeated Measures: Options」（重複量數：選項）次對話視窗，勾選「☑Descriptive Statistics」（敘述統計）選項　按『Continue』（繼續）鈕，回到「Repeated Measures」（重複量數）對話視窗。

→按『OK』（確定）鈕。

說明：第二次重複上述步驟：

「Analysis」（分析）→「General Linear Model」（一般線性模式）→「Repeated Measures」（重複量數）→按『Define』（定義）鈕。

  在「Repeated Measures」（重複量數）對話視窗中，選取「Within-Subject Variables」（受試者內變數）方盒中之「a1b1(1)」、「a2b1(2)」變項，按中間『還原鈕◄』，則右邊方盒會變成原始之選取狀態『_?_(1)』、『_?_(2)』　在左邊變數清單中重新選取目標變項「a1b2」、「a2b2」至右邊方格，則方格內變數會由『_?_(1)』、『_?_(2)』變爲「a1b2(1)」、「a2b2(2)」→按『OK』（確定）鈕。

說明：第三次重複上述步驟：

「Analysis」（分析）→「General Linear Model」（一般線性模式）→「Repeated Measures」（重複量數）→按『Define』（定義）鈕。

在「Repeated Measures」（重複量數）對話視窗中，選取「Within-Subject Variables」（受試者內變數）方盒中之「a1b2(1)」、「a2b2(2)」變項，按中間『還原鈕◄』，則右邊方盒會變成原始之選取狀態『_?_(1)』、『_?_(2)』→在左邊變數清單中重新選取目標變項「a1b3」、「a2b3」至右邊方格，則方格內變數會由『_?_(1)』、『_?_(2)』變為「a1b3(1)」、「a2b3(2)」→按『OK』（確定）鈕。

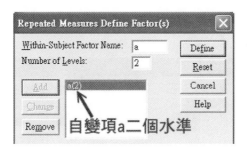

圖 6-11

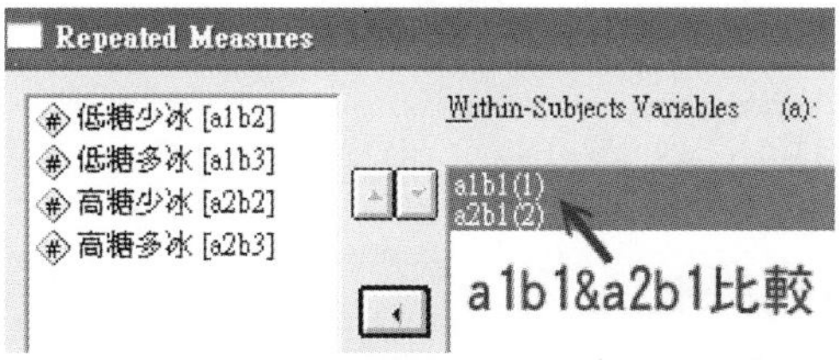

圖 6-12

上圖 6-12 為「a1b1」＆「a2b1」的比較。

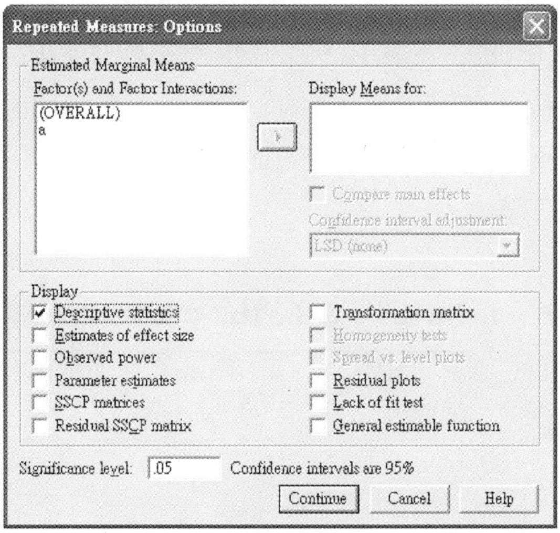

圖 6-13

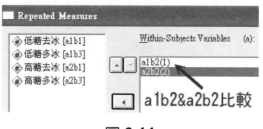

圖 6-14

上圖 6-14 為「a1b2」&「a2b2」的比較。

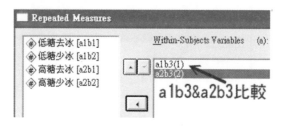

圖 6-15

上圖 6-15 為「a1b3」&「a2b3」的比較。

㈠ B 因子單純主要效果檢定

就自變項B單純主要效果而言，須分別就a1、a2 二個不同糖份水準下，探討 b1、b2、b3 水準的差異，此時須進行二次重複量數的檢定，由於b1、b2、b3 有三個水準，且屬於重複量數，因而須使用單因子重複量數變異數分析，若單純主要效果整體考驗之 F 值達到顯著，還要進行事後比較，以比較 B 因子三個水準的差異情形，二個重複量數比較的水準變項為 a1b1、a1b2、a1b3 間的比較（自變項B在a1 時，三個水準的比較）、a2b1、a2b2、a2b3（自變項 B 在 a2 時，三個水準的比較）。

比較的模式如下表：

表 6-26　1.「a1b1」&「a1b2」&「a1b3」的比較

a1b1	a1b2	a1b3	a2b1	a2b2	a2b3
$S_1, S_2, ..., S_{20}$	$S_1, S_2, ..., S_{20}$	$S_1, S_2, ..., S_{20}$	$S_1, S_2, ..., S_{20}$	$S_1, S_2, ..., S_{20}$	$S_1, S_2, ..., S_{20}$

二因子完全區組化設計

表 6-27　2. 「a2b1」&「a2b2」&「a2b3」的比較

a1b1	a1b2	a1b3	a2b1	a2b2	a2b3
$S_1, S_2, ...,S_{20}$	$S_1, S_2, ...,S_{20}$	$S_1, S_2, ...,S_{20}$	$S_1, S_2, ...,S_{20}$	$S_1, S_2, ...,S_{20}$	$S_1, S_2, ...,S_{20}$

操作程序如下：

Analysis（分析）

　General Linear Model（一般線性模式）

　　Repeated Measures（重複量數），出現「Repeated Measures Define Factors」（重複量數定義因子）對話視窗。

　　　在「Within-Subject Factor Name」（受試者內因子的名稱）後的空格中鍵入自變項「b」。

　　　在「Number of Level」（水準個數）後面的空格中鍵入自變項a的水準數「3」

　　　按『Add』（新增）鈕，右邊方格內會出現「b(3)」→按『Define』（定義）鈕，出現「Repeated Measures」（重複量數）對話視窗。

　　　選取左邊變項清單中的變項「a1b1」、「a1b2」、「a1b3」至右邊「Within-Subject Variables」（受試者內變數）方盒中之『_?_(1)』、『_?_(2)』、『_?_(3)』內，右邊方格中會出現「a1b1(1)」、「a1b2(2)」、「a1b3(3)」。

　　　按右下方的『Options』（選項）鈕，開啟「Repeated Measures: Options」（重複量數：選項）次對話視窗，在「Estimated Marginal Means」（邊際平均數估計）方盒中選取自變項b，將之移至右邊「Display Means for」（顯示平均數）下的方格中，勾選「☑Compare main effect」（比較主效應），在「Confidence interval adjustment」（信賴區間調整）下的選項中選取「LSD（none）」法（最小平方差異法），以進行事後比較。

在下方「Display」方盒中，勾選「☑Descriptive Statistics」（敘述統計）選項

→按『Continue』（繼續）鈕，回到「Repeated Measures」（重複量數）對話視窗。

→按『OK』（確定）鈕。

説明：重複上述步驟：

「Analysis」（分析）→「General Linear Model」（一般線性模式）→「Repeated Measures」（重複量數）→按『Define』（定義）鈕。

　　在「Repeated Measures」（重複量數）對話視窗中，選取「Within-Subject Variables」（受試者內變數）方盒中之「a1b1(1)」、「a1b2(2)」、「a1b3(3)」變項，按中間還原鈕，則右邊方盒會變成原始之選取狀態『_?_(1)』、『_?_(2)』、『_?_(3)』→在左邊變數清單中重新選取變項「a2b1」、「a2b2」、「a2b3」至右邊方格中，則方格內變數會變爲「a2b1(1)」、「a2b2(2)」、「a2b3(3)」→按『OK』（確定）鈕。

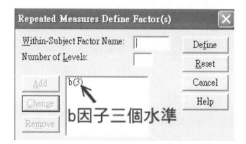

圖 6-16

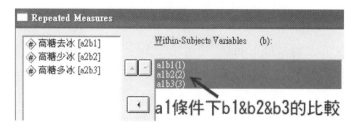

圖 6-17

圖 **6-18**

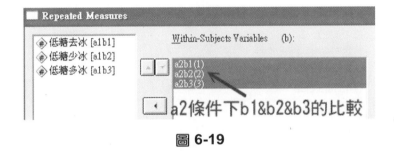

圖 **6-19**

6-2-5 單純主要效果考驗結果說明

㈠自變項 A 在 b1 的單純主要效果考驗

表 6-28 **Within-Subjects Factors**

Measure: MEASURE_1

A	Dependent Variable
1	a1b1
2	a2b1

自變項A在b1的單純主要效果考驗,即在比較a1b1、a2b1間的差異,在「去冰」冰量的條件下,比較「低糖」、「高糖」口味奶茶的接受喜愛

程度的差異。

表 6-29　Descriptive Statistics

	Mean	Std. Deviation	N
低糖去冰	6.35	1.725	20
高糖去冰	7.00	1.376	20

上表 6-29 為 a1b1（低糖去冰）、a2b1（高糖去冰）二組的平均數、標準差與受試者樣本數，由於自變項 A 只有二個水準 a1、a2，若是平均數差異考驗的 F 值達到顯著，可以直接從平均數的高低得知那種口味的接受度較高，不用進行事後比較。「低糖去冰」、「高糖去冰」接受度的平均數分別為 6.35、7.00。

表 6-30　Tests of Within-Subjects Effects
Measure: MEASURE_1

Source		Type III Sum of Squares	Df	Mean Square	F	Sig.
a	Sphericity Assumed	4.225	1	4.225	1.773	.199
	Greenhouse-Geisser	4.225	1.000	4.225	1.773	.199
	Huynh-Feldt	4.225	1.000	4.225	1.773	.199
	Lower-bound	4.225	1.000	4.225	1.773	.199
Error(a)	Sphericity Assumed	45.275	19	2.383		
	Greenhouse-Geisser	45.275	19.000	2.383		
	Huynh-Feldt	45.275	19.000	2.383		
	Lower-bound	45.275	19.000	2.383		

上表 6-30 受試者內效應項的檢定（Tests of Within-Subjects Effects）為自變項 A 在 b1 的單純主要效果考驗的統計量，變異數分析之 F 值為 1.773、顯著性考驗之機率值 p=.199>.05，未達顯著水準，表示在 b1（冰量為去冰）的水準下，a1（低糖）與 a2（高糖）口味的奶茶的接受度沒有顯著差異存在。

㈡自變項 A 在 b2 的單純主要效果考驗

表 6-31 Within-Subjects Factors

Measure: MEASURE_1

a	Dependent Variable
1	a1b2
2	a2b2

表 6-32 Descriptive Statistics

	Mean	Std. Deviation	N
低糖少冰	8.95	1.146	20
高糖少冰	4.45	1.905	20

上表 6-32 為 a1b2（低糖少冰）、a2b2（高糖少冰）二組的平均數、標準差與受試者樣本數，由於自變項 A 只有二個水準 a1、a2，若是平均數差異考驗的 F 值達到顯著，可以直接從平均數的高低得知那種口味的接受度較高，不用進行事後比較。「低糖少冰」、「高糖少冰」接受度的平均數分別為 8.95、4.45。

表 6-33 Tests of Within-Subjects Effects

Measure: MEASURE_1

Source		Type III Sum of Squares	df	Mean Square	F	Sig.
a	Sphericity Assumed	202.500	1	202.500	88.448	.000
	Greenhouse-Geisser	202.500	1.000	202.500	88.448	.000
	Huynh-Feldt	202.500	1.000	202.500	88.448	.000
	Lower-bound	202.500	1.000	202.500	88.448	.000
Error(a)	Sphericity Assumed	43.500	19	2.289		
	Greenhouse-Geisser	43.500	19.000	2.289		
	Huynh-Feldt	43.500	19.000	2.289		
	Lower-bound	43.500	19.000	2.289		

上表 6-33 受試者內效應項的檢定（Tests of Within-Subjects Effects）為自變項 A 在 b2 的單純主要效果考驗的統計量，變異數分析之 F 值為 88.448、顯著性考驗之機率值p=.000<.05，達到顯著水準，表示在b2（少冰）的水準

下，a1（低糖）與 a2（高糖）口味的奶茶的接受度有顯著差異存在，從平均數得知，a1b2（低糖少冰）口味之接受度（M=8.95）顯著的高於a2b2（高糖少冰）口味（M=4.45）之接受度。

㈢自變項 A 在 b3 的單純主要效果考驗

表 6-34　Within-Subjects Factors
Measure: MEASURE_1

a	Dependent Variable
1	a1b3
2	a2b3

表 6-35　Descriptive Statistics

	Mean	Std. Deviation	N
低糖多冰	5.15	2.681	20
高糖多冰	6.10	2.222	20

　　上表 6-35 為 a1b3（低糖多冰）、a2b3（高糖多冰）二組的平均數（M=5.15、M=6.10）、標準差與受試者樣本數（N=20），由於自變項 A 只有二個水準 a1、a2，若是平均數差異考驗的 F 值達到顯著，可以直接從平均數的高低得知那種口味的接受度較高，不用進行事後比較。

表 6-36　Tests of Within-Subjects Effects
Measure: MEASURE_1

Source		Type III Sum of Squares	df	Mean Square	F	Sig.
a	Sphericity Assumed	9.025	1	9.025	1.335	.262
	Greenhouse-Geisser	9.025	1.000	9.025	1.335	.262
	Huynh-Feldt	9.025	1.000	9.025	1.335	.262
	Lower-bound	9.025	1.000	9.025	1.335	.262
Error(a)	Sphericity Assumed	128.475	19	6.762		
	Greenhouse-Geisser	128.475	19.000	6.762		
	Huynh-Feldt	128.475	19.000	6.762		
	Lower-bound	128.475	19.000	6.762		

　　上表 6-36 受試者內效應項的檢定（Tests of Within-Subjects Effects）為自變項 A 在 b3 的單純主要效果考驗的統計量，變異數分析之 F 值為 1.335、

顯著性考驗之機率值p=.262>.05，未達到顯著水準，表示在b3（多冰冰量）的水準下，a1（低糖）與a2（高糖）口味的奶茶的接受度沒有顯著差異存在。

㈣自變項B在a1的單純主要效果考驗

表 6-37　Within-Subjects Factors
Measure: MEASURE_1

b	Dependent Variable
1	a1b1
2	a1b2
3	a1b3

自變項B在a1（低糖）的單純主要效果考驗，即在比較a1b1、a1b2、a1b3間的差異，其檢定的依變項為a1b1（低糖去冰）、a1b2（低糖少冰）、a1b3（低糖多冰）。當糖份均為「低糖」的情況下，不同冰量（去冰、少冰、多冰三種）口味奶茶的接受度的差異比較。

表 6-38　Descriptive Statistics

	Mean	Std. Deviation	N
低糖去冰	6.35	1.725	20
低糖少冰	8.95	1.146	20
低糖多冰	5.15	2.681	20

上表 6-38 為三個檢定變項的平均數、標準差與有效受試者樣本數，三個依變項：a1b1（低糖去冰）、a1b2（低糖少冰）、a1b3（低糖多冰）口味奶茶接受度的平均數分別為 6.35、8.95、5.15，標準差分別為 1.725、1.146、2.681。由於檢定的變項有三個，當平均數差異整體考驗的 F 值達到顯著，必須進一步以 LSD 法進行事後比較，以確定那幾組平均數間的差異達到顯著水準。

表 6-39　Tests of Within-Subjects Effects
Measure: MEASURE_1

Source		Type III Sum of Squares	df	Mean Square	F	Sig.
b	Sphericity Assumed	150.933	2	75.467	20.425	.000
	Greenhouse-Geisser	150.933	1.827	82.602	20.425	.000
	Huynh-Feldt	150.933	2.000	75.467	20.425	.000
	Lower-bound	150.933	1.000	150.933	20.425	.000
Error(b)	Sphericity Assumed	140.400	38	3.695		
	Greenhouse-Geisser	140.400	34.717	4.044		
	Huynh-Feldt	140.400	38.000	3.695		
	Lower-bound	140.400	19.000	7.389		

　　上表 6-39 受試者內效應項的檢定（Tests of Within-Subjects Effects）為自變項 B 在 a1（在低糖水準的條件下）的單純主要效果考驗的統計量，變異數分析之 F 值為 20.425、顯著性考驗之機率值 p=.000<.05，達到.05 顯著水準，表示在 a1（低糖）的水準下，b1（去冰）、b2（少冰）、b3（多冰）口味的奶茶之接受度有顯著差異存在，進一步從下列事後比較得知，a1b2（低糖少冰）口味之接受度（M=8.95）顯著的高於 a1b1（低糖去冰）口味之接受度（M=6.35）；而a1b2（低糖少冰）口味之接受度也顯著的高於a1b3（低糖多冰）口味之接受度（M=5.15），至於 a1b1（低糖去冰）口味之接受度與a1b3（低糖多冰）口味之接受度間則沒有明顯差異存在。

表 6-40　Pairwise Comparisons（成對的比較）
Measure: MEASURE_1

(I)b	(J)b	Mean Difference (I-J)	Std. Error	Sig. (a)	95% Confidence Interval for Difference(a)	
					Lower Bound	Upper Bound
1	2	-2.600(*)	.510	.000	-3.667	-1.533
	3	1.200	671	.090	-.205	2.605
2	1	2.600(*)	.510	.000	1.533	3.667
	3	3.800(*)	.631	.000	2.480	5.120
3	1	-1.200	.671	.090	-2.605	.205
	2	-3.800(*)	.631	.000	-5.120	-2.480
Based on estimated marginal means						
* The mean difference is significant at the .05 level.						
a Adjustment for multiple comparisons: Least Significant Difference (equivalent to no adjustments).						

上表 6-40 為事後比較表，a1b2（低糖少冰）的平均數顯著的高於 a1b1（低糖去冰），其平均數差異值為 2.600；a1b2（低糖去冰）的平均數顯著的高於 a1b3（低糖多冰），其平均數差異值為 3.800；至於 a1b1（低糖去冰）與 a1b3（低糖多冰）的平均數間則沒有顯著差異。

㈤ 自變項 B 在 a2 的單純主要效果考驗

表 6-41　Within-Subjects Factors
Measure: MEASURE_1

b	Dependent Variable
1	a2b1
2	a2b2
3	a2b3

自變項 B 在 a2（高糖）的單純主要效果考驗，即在比較 a2b1、a2b2、a2b3 間的差異，其檢定的依變項為a2b1（高糖去冰）、a2b2（高糖少冰）、a2b3（高糖多冰）。當糖份均為「高糖」的情況下，不同冰量口味（去冰、少冰、多冰三種）奶茶的接受度的差異比較。

表 6-42　Descriptive Statistics

	Mean	Std. Deviation	N
高糖去冰	7.00	1.376	20
高糖少冰	4.45	1.905	20
高糖多冰	6.10	2.222	20

上表 6-42 為三個檢定變項的平均數、標準差與有效受試者樣本數，三個依變項：a2b1（高糖去冰）、a2b2（高糖少冰）、a2b3（高糖多冰）接受度的平均數分別為 7.00、4.45、6.10，標準差分別為 1.376、1.905、2.222。由於檢定的變項有三個，當平均數差異整體考驗的 F 值達到顯著，必須進一步以LSD法進行事後比較，以確定那幾組平均數間的差異達到顯著水準。

表 6-43　Tests of Within-Subjects Effects
Measure: MEASURE_1

Source		Type III Sum of Squares	df	Mean Square	F	Sig.
b	Sphericity Assumed	66.900	2	33.450	9.362	.000
	Greenhouse-Geisser	66.900	1.923	34.783	9.362	.001
	Huynh-Feldt	66.900	2.000	33.450	9.362	.000
	Lower-bound	66.900	1.000	66.900	9.362	.006
Error(b)	Sphericity Assumed	135.767	38	3.573		
	Greenhouse-Geisser	135.767	36.544	3.715		
	Huynh-Feldt	135.767	38.000	3.573		
	Lower-bound	135.767	19.000	7.146		

上表 6-43 受試者內效應項的檢定（Tests of Within-Subjects Effects）為自變項 B 在 a2（在高糖水準的條件下）的單純主要效果考驗的統計量，變異數分析之 F 值為 9.362、顯著性考驗之機率值 p=.000<.05，達到顯著水準，表示在 a2（高糖）的水準下，b1（去冰）、b2（少冰）、b3（多冰）口味的奶茶之接受度有顯著差異存在，進一步從下列事後比較得知，a2b2（高糖少冰）口味之接受度（M=4.45）顯著的低於 a2b1（高糖去冰）口味之接受度（M=7.00）；而 a2b2（高糖少冰）口味之接受度也顯著的低於 a2b3（高糖多冰）口味之接受度（M=6.10），至於 a2b1（高糖去冰）口味之接受度與 a2b3（高糖多冰）口味之接受度間則沒有明顯差異存在。

表 6-44　Pairwise Comparisons
Measure: MEASURE_1

(I)b	(J)b	Mean Difference (I-J)	Std. Error	Sig. (a)	95% Confidence Interval for Difference(a)	
					Lower Bound	Upper Bound
1	2	2.550(*)	.535	.000	1.429	3.671
	3	.900	.619	.163	-.396	2.196
2	1	-2.550(*)	.535	.000	-3.671	-1.429
	3	-1.650(*)	.634	.017	-2.976	-.324
3	1	-.900	.619	.163	-2.196	.396
	2	1.650(*)	.634	.017	.324	2.976
Based on estimated marginal means						
* The mean difference is significant at the .05 level.						
a Adjustment for multiple comparisons: Least Significant Difference (equivalent to no adjustments).						

上表 6-44 成對的比較為採 LSD 法之事後比較結果，a2b1（高糖去冰）

的平均數顯著的高於a2b2（高糖少冰），其平均數差異值為2.550；a2b3（高糖多冰）的平均數顯著的高於a2b2（高糖少冰），其平均數差異值為1.650；至於a2b1（高糖少冰）與a2b3（高糖多冰）的平均數間則沒有顯著差異。

綜合上述單純主要效果之檢定結果，可將單純主要效果考驗之變異數分析摘要表整理如下：

◆【表格範例】

表 6-45　糖份與冰量口味之接受度的單純主要效果考驗之變異數分析摘要表

變異來源	SS	df	MS	F	事後比較
A 糖份 SS$_a$					
在 b1（去冰）	4.225	1	4.225	1.773n.s.	
在 b2（少冰）	202.500	1	202.500	88.488***	低糖>高糖
在 b3（多冰）	9.025	1	9.025	1.335n.s.	
B 冰量 SS$_b$					
在 a1（低糖）	150.933	2	75.467	20.425***	少冰>去冰；少冰>多冰
在 a2（高糖）	66.900	2	33.450	9.362***	去冰>少冰；多冰>少冰
組內誤差項	416.800	144	3.656		

n.s. p>.05　*** p<.001

如果研究者要反應整個實驗的誤差，改採用組內誤差項（區組效果變異加上殘差變異）的均方值作為各單純主要效果考驗 F 值的分母項，此時須以族系誤差率作為統計顯著性的比較值，當整體型 I 錯誤率定為.05 時，由於進行五次的單純主要效果檢定，$\alpha_{FW} = \alpha \div 5 = 0.05 \div 5 = 0.01$，當各單純考驗的 F 值統計量之顯著性 p 值小於.01，則單純主要效果才達到顯著水準。

◆【表格範例】

表 6-46　糖份與冰量口味之接受度的單純主要效果考驗之變異數分析摘要表

變異來源	SS	df	MS	F	事後比較
A 糖份 SS$_a$					
在 b1（去冰）	4.225	1	4.225	1.156n.s.	
在 b2（少冰）	202.500	1	202.500	55.388***	低糖>高糖
在 b3（多冰）	9.025	1	9.025	2.469n.s.	
B 冰量 SS$_b$					
在 a1（低糖）	150.933	2	75.467	20.642***	少冰>去冰；少冰>多冰
在 a2（高糖）	66.900	2	33.450	9.149***	去冰>少冰；多冰>少冰
組內誤差項	416.800	144	3.656		

n.s. p>.05　*** p<.001

　　採用組內誤差項的均方值作為單純主要主要效果檢定 F 統計量的分母項，所求出的結果與採用分割的誤差項均方值作為分母項，二者求出的 F 值差異不大，分別為 1.156 & 1.773（p>.05）、55.388 & 88.448（p<.05）、2.469 & 1.335（p>.05）、20.642 & 20.425（p<.05）、9.149 & 9.362（p<.05），顯著性檢定結果相同。

　　上述單純主要效果檢定 F 統計量之顯著性乃根據 F 值、二個自由度，利用 F 值尾機率函數估計而得。五個單純主要效果檢定 F 值的顯著性 p 值分別為.284567、.000000、.118883、.000000、.000207。

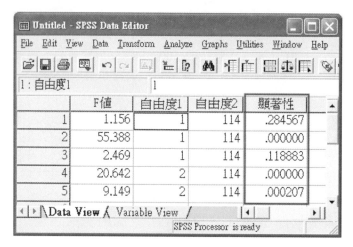

圖 6-20

　　上述 F 值顯著性 p 值的計算，SPSS 的操作程序如下：

1. 步驟 1

　　將各單純主要效果之 F 值，二個自由度建立如下表格式，三個變數名稱研究者可以自訂。

圖 6-21

2. 步驟 2

執行功能列「Transform」（轉換）→「Compute」（計算）程序，出現「Compute Variable」（計算變數）對話視窗。

在「Target Variable」（目標變數）下的方格中，輸入新變項名稱「顯著性」，在「Function group」（函數）下拉式方盒中，選取「All」選項，在下方次方盒「Functions and Special Variables:」下的方盒中，選取「Sig.F」函數，連按二下，此函數語法會出現在上方「Numeric Expression」（數值運算式）下的方式格中，三個「？」處依列將 F 值、自由度 1、自由度 2 三個變項選入。

圖 6-22

將 F 值、自由度 1、自由度 2 三個變項選入「Sig.F」函數中，函數語法會變為「Sig.F（F 值,自由度 1,自由度 2）」→按「OK」（確定）鈕，資料

檔中會新增「顯著性」變項。

在資料檔編輯視窗中切換到「Variable View」（變數檢視）次視窗，設定「顯著性」變項的小數位數為六位數。

6-3 二因子完全相依樣本變異數分析實例——交互作用不顯著

若是二因子相依樣本變異數分析之交互作用項不顯著（F_{AB}的顯著性p>.05），則不用進行「單純交互作用考驗」，此時進行的是二個個別因子的主要效果考驗，由於二個自變項因子均為相依樣本，因而二個主要效果項的考驗即個別進行二個相依樣本單因子變異數分析，以下述模式及問題為例：

表 6-47

因子2 ＼ 因子1		自變項 B			邊緣平均數
		水準 1	水準 2	水準 3	
自變項 A	水準 1	S_1 S_2 S_3 ⋮ S_{15} [1]	S_1 S_2 S_3 ⋮ S_{15} [3]	S_1 S_2 S_3 ⋮ S_{15} [5]	S_1 S_2 S_3 ⋮ S_{15} [1]+[3]+[5]
	水準 2	S_1 S_2 S_3 ⋮ S_{15} [2]	S_1 S_2 S_3 ⋮ S_{15} [4]	S_1 S_2 S_3 ⋮ S_{15} [6]	S_1 S_2 S_3 ⋮ S_{15} [2]+[4]+[6]
邊緣平均數		[1]+[2]	[3]+[4]	[5]+[6]	

6-3-1 研究問題

某國中輔導學者想探究學生於國文、英文、數學三科於考試前及考完發卷前二種不同情境之心理緊張焦慮狀態的差異情形，隨機抽取班上十五學生，於國文、英文、數學三科考試前及考完發卷前填寫一份有十題的「心理緊張焦慮」量表，分數愈高，表示受試者知覺的心理緊張焦慮愈大，測得的數據如下表6-48：

表 6-48

國文考試前	英文考試前	數學考試前	國文發卷前	英文發卷前	數學發卷前
a1b1	a1b2	a1b3	a2b1	a2b2	a2b3
38	41	45	41	44	46
36	41	42	41	44	47
34	42	41	42	43	46
32	39	47	45	40	45
34	38	50	41	40	47
32	37	36	33	40	48
31	34	29	34	38	48
35	36	46	37	37	43
41	35	48	44	36	45
28	34	50	28	35	42
29	32	47	30	36	40
34	35	43	32	40	50
37	34	29	37	38	50
30	31	48	30	31	49
41	21	47	42	29	47

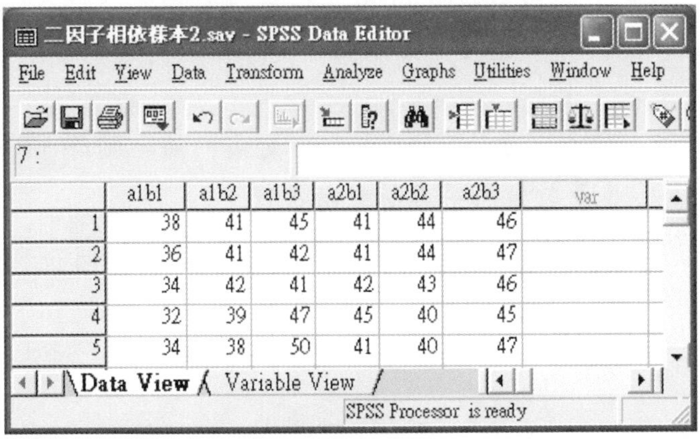

圖 6-23

6-3-2　操作說明

(一)步驟 1

執行功能列「Analyze」（分析）→「General Linear Model」（一般線性模式）→「Repeated Measures」（重複量數）程序，開啓「Repeated Measures Define Factors」（重複量數定義因子）對話視窗。

(二)步驟 2

在「Repeated Measures Define Factors」（重複量數定義因子）對話視窗中，「受試者內因子的名稱」（Within-Subject Factor Name:）右邊方盒內界定第一個自變項的名稱：「a」，在「水準個數」（Number of Levels:）右邊方盒內鍵入自變項的水準數，範例中共有二種不同情境（考試前、發卷前），其水準數爲2，最後按『Add』（新增）鈕後，在新增鈕的右邊會出現自變項的名稱及其設定的水準數，如「a(2)」，前面「a」爲設定的自變項名稱，括號內2表示此自變項有二個水準。

⇒之後在「受試者內因子的名稱」（Within-Subject Factor Name:）右邊方盒內界定第二個自變項的名稱：「b」，在「水準個數」（Number of Levels:）右邊方盒內鍵入自變項的水準數，範例中共有三種不同課目（國文、英文、數學），其水準數爲 3，最後按『Add』（新增）鈕後，在新增鈕的右邊會出現自變項的名稱及其設定的水準數，如「b(3)」，前面「b」爲設定的第二個自變項名稱，括號內 3 表示此自變項有三個水準。

⇒設定完後，按右上方的『Define』（定義）鈕，開啓「Repeated Measures」（重複量數）的第二層對話視窗。

(三)步驟 3

在「Repeated Measures」（重複量數）對話視窗中，在左邊變數清單中將六個細格變項選入右邊「Within-Subjects Variables（受試者內變數）的方格中，此時方格中的變數會由「_?_(1,1)」、「_?_(1,2)」、「_?_(1,3)」、「_?_(2,1)」、「_?_(2,2)」、「_?_(2,3)」，依序變成「a1b1(1,1)」、「a1b2(1,2)」、「a1b3(1,3)」、「a2b1(2,1)」、「a2b2(2,2)」、「a2b3(2,3)」。

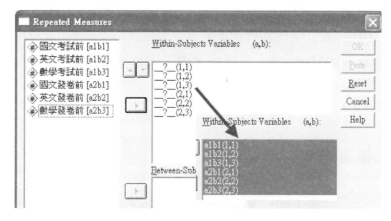

圖 6-24

(四)步驟 4

→按下方『Plots』（圖形）鈕，開啟「Repeated Measures: Profile Plots」（重複量數：部面圖）次對話視窗。

在「Repeated Measures: Profile Plots」（重複量數：部面圖）次對話視窗中，將第一個自變項子「a」選入右邊「Horizontal Axis」（水平軸）下的方格中，將第二個自變項「b」選入右邊「Separate Lines」（個別線）下的方格中，按『Add』（新增）鈕，在「Plots」（圖形）下的大方格中會出現「a*b」的訊息→次將第二個自變項「b」選入右邊「Horizontal Axis」（水平軸）下的方格中，將第一個自變項「a」選入右邊「Separate Lines」（個別線）下的方格中，按『Add』（新增）鈕，在「Plots」（圖形）下的大方格中會出現「b*a」的訊息→按『Continue』（繼續）鈕，回到「Repeated Measures」（重複量數）對話視窗。

上述剖面圖的設定可以繪製二因子交互作用圖形。

(五)**步驟 5**

在「Repeated Measures」（重複量數）對話視窗中，按『Options』（選項）鈕，開啟「Repeated Measures: Options」（重複量數：選項）次對話視窗，將二個相依因子「a」、「b」及細格變項「a*b」選入右邊「Display Means for」（顯示平均數）下的方格中，勾選「☑Compare main effects」（比較主效應），在「Confidence interval adjustment」（信賴區間調整）下的相依樣本事後比較方法中選取最小顯著差異法：LSD法，在下方「Display」（顯示）方盒中，勾選「☑Descriptive statistics」（敘述統計）選項、「☑Estimates of effect size」（效果項大小估計值）、「☑Observed power」（觀察的檢定能力）→按『Continue』（繼續）鈕，回到「Repeated Measures」（重複量數）對話視窗→按『OK』（確定）鈕。

6-3-3 報表說明

表 6-49　Within-Subjects Factors
Measure: MEASURE_1

a	b	Dependent Variable
1	1	a1b1
	2	a1b2
	3	a1b3
2	1	a2b1
	2	a2b2
	3	a2b3

　　上表 6-49 為受試者內因子（Within-Subjects Factors）的數據，顯示的為自變項的名稱及其處理水準數，由表中可知自變項a（情境）有二個處理水準（考試前、發試卷前），而自變項b（科目）有三個水準（國文、英文、數學），二個自變項交叉構成六個處理水準，六個細格的處理水準變項名稱分別為 a1b1、a1b2、a1b3、a2b1、a2b2、a2b3，全部的受試者均需要接受六種不同的實驗處理，因而是屬於隨機化區組因子設計，由於有二個因子，故此設計為二因子隨機化區組設計（RBF-23）。

表 6-50　　Descriptive Statistics

	Mean	Std. Deviation	N
國文考試前	34.13	3.980	15
英文考試前	35.33	5.164	15
數學考試前	43.20	6.837	15
國文發卷前	37.13	5.604	15
英文發卷前	38.07	4.317	15
數學發卷前	46.20	2.859	15

上表 6-50 為六個處理水準下，受試者在依變項「心理緊張焦慮」之描述統計量（Descriptive Statistics）。描述統計量包括處理水準的變項名稱（此處呈現的為其中文註解）、平均數、標準差及有效受試者樣本數，十五位受試者「國文考試前」心理緊張焦慮的平均數為 34.13、標準差為 3.980；十五位受試者「英文考試前」心理緊張焦慮的平均數為 35.33、標準差為 5.164；十五位受試者「數學考試前」心理緊張焦慮的平均數為 43.20、標準差為 6.837。十五位受試者「國文發卷前」心理緊張焦慮的平均數為 37.13、標準差為 5.064；十五位受試者「英文發卷前」心理緊張焦慮的平均數為 38.07、標準差為 4.317；十五位受試者「數學發卷前」心理緊張焦慮的平均數為 46.20、標準差為 2.859。

在「Repeated Measures: Options」（重複量數：選項）次對話視窗，在下方「Display」（顯示）方盒中，勾選「☑Descriptive statistics」（敘述統計）選項，即會出現上述的描述性統計量。十五樣本在六個處理水準接受度的平均數及標準差整理如下表 6-51：

表 6-51

因子A ＼ 因子B		自變項 B（科目）			邊緣平均數
		國文	英文	數學	
自變項 A	考試前	34.13 [1]	35.33 [3]	43.20 [5]	[1]+[3]+[5]
	發卷前	37.13 [2]	38.07 [4]	46.20 [6]	[2]+[4]+[6]
邊緣平均數		[1]+[2]	[3]+[4]	[5]+[6]	

表 6-52 **Tests of Within-Subjects Effects**
Measure: MEASURE_1

Source		Type III Sum of Squares	df	Mean Square	F	Sig.	Partial Eta Squared	Noncent. Parameter	Observed Power(a)
a	Sphericity Assumed	190.678	1	190.678	12.886	.003	.479	12.886	.915
	Greenhouse-Geisser	190.678	1.000	190.678	12.886	.003	.479	12.886	.915
	Huynh-Feldt	190.678	1.000	190.678	12.886	.003	.479	12.886	.915
	Lower-bound	190.678	1.000	190.678	12.886	.003	.479	12.886	.915
Error (a)	Sphericity Assumed	207.156	14	14.797					
	Greenhouse-Geisser	207.156	14.000	14.797					
	Huynh-Feldt	207.156	14.000	14.797					
	Lower-bound	207.156	14.000	14.797					
b	Sphericity Assumed	1473.422	2	736.711	23.372	.000	.625	46.745	1.000
	Greenhouse-Geisser	1473.422	1.903	774.184	23.372	.000	.625	44.482	1.000
	Huynh-Feldt	1473.422	2.000	736.711	23.372	.000	.625	46.745	1.000
	Lower-bound	1473.422	1.000	1473.422	23.372	.000	.625	23.372	.994
Error (b)	Sphericity Assumed	882.578	28	31.521					
	Greenhouse-Geisser	882.578	26.645	33.124					
	Huynh-Feldt	882.578	28.000	31.521					
	Lower-bound	882.578	14.000	63.041					
a*b	Sphericity Assumed	.356	2	.178	.011	.989	.001	.022	.051
	Greenhouse-Geisser	.356	1.367	.260	.011	.962	.001	.015	.051
	Huynh-Feldt	.356	1.465	.243	.011	.969	.001	.016	.051
	Lower-bound	.356	1.000	.356	.011	.918	.001	.011	.051
Error (a*b)	Sphericity Assumed	456.311	28	16.297					
	Greenhouse-Geisser	456.311	19.139	23.842					
	Huynh-Feldt	456.311	20.509	22.250					
	Lower-bound	456.311	14.000	32.594					
a Computed using alpha = .05									

　　上表 6-52 為受試者內效應項的檢定值（Tests of Within-Subjects Effects），包含自變項A、自變項B二個主要效果及交互作用項的顯著性檢定及其誤差值。自變項 A 主要效果考驗之 F 值=12.886，顯著性考驗之機率值 p=.003<.05，達到顯著水準，表示在「考試前」、「發試卷前」二同不同情境下，十五位受試者的心理緊張焦慮程度有顯著的不同；自變項 B 主要效果考驗之 F 值=23.372，顯著性考驗之機率值 p=.000<.05，達到顯著水準，表示十五位受試者在「國文」、「英文」、「數學」三種不同科目的心理緊張焦慮有顯著的不同。

　　A、B 二個因子的交互效果項考驗的離均差平方和（SS）等於.356、自

由度為 2、均方值（Mean Square）為.178、F 值等於.011，顯著性考驗之機率值 p=.989>.05，未到顯著水準，表示受試者對三個不同科目的心理緊張焦慮狀態不因「考試前」、「發試卷前」情境的不同而有顯著的不同，由於 AB 交互作用項檢定未達到顯著水準，因而研究者必項就二個因子主要效果項檢定的顯著性加以解釋說明，如果個別因子主要效果項考驗達到顯著，而其水準數在三個以上，進一步必須進行事後比較。

表 6-53　Tests of Between-Subjects Effects
Measure: MEASURE_1
Transformed Variable: Average

Source	Type III Sum of Squares	df	Mean Square	F	Sig.	Partial Eta Squared	Noncent. Parameter	Observed Power(a)
Intercept	136968.011	1	136968.011	3698.348	.000	.996	3698.348	1.000
Error	518.489	14	37.035					
a Computed using alpha = .05								

上表 6-53 為受試間效應項的檢定統計量（區組效果 SS_{block}），即受試者間平均數之變異量。區組效果的離均差平方和等於 518.489、自由度等於 14、均方值等於 37.035，區組效果變異為重複量數處理所造成的影響。

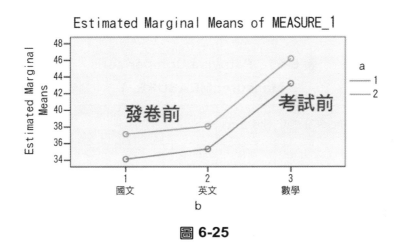

圖 6-25

上圖 6-25 為 AB 二因子所繪成的交互作用剖面圖，X 軸為 B 因子三種不同科目名稱，折線圖折點為根據 A 因子二個水準（考試前、發試卷前）在 B 因子各個水準之測量值的平均數所繪製，分別從 B 因子三個水準來看，在國文科目中（B1 水準），十五位受試者發卷前的心理緊張焦慮狀態平均

數高於考試前的心理緊張焦慮狀態平均數；在英文科目中（B2 水準），十五位受試者發卷前的心理緊張焦慮狀態平均數高於考試前的心理緊張焦慮狀態平均數；在數學科目中（B3 水準），十五位受試者發卷前的心理緊張焦慮狀態平均數高於考試前的心理緊張焦慮狀態平均數。二條折線大約呈平行趨勢，顯示 AB 因子的交互作用項考驗未達顯著水準。

表 6-54　Estimated Marginal Means

1. a
Estimates
Measure: MEASURE_1

a	Mean	Std. Error	95% Confidence Interval	
			Lower Bound	Upper Bound
1	37.556	.751	35.944	39.167
2	40.467	.766	38.823	42.110

上表 6-54 為 A 因子（二種情境）二個水準中受試者心理緊張焦慮狀態的平均數、標準誤、平均數 95%信賴區間。十五位受試者在「考試前」的心理緊張焦慮之平均數為 37.556、在「發試卷前」的心理緊張焦慮之平均數為 40.467。此二個平均數即 A 因子主要效果顯著性檢定中所要考驗的二個平均數（進行相依樣本變異數分析，水準數有二個）。

表 6-55　Pairwise Comparisons
Measure: MEASURE_1

(I)a	(J)a	Mean Difference(I-J)	Std. Error	Sig.(a)	95% Confidence Interval for Difference(a)	
					Lower Bound	Upper Bound
1	2	-2.911(*)	.811	.003	-4.650	-1.172
2	1	2.911(*)	.811	.003	1.172	4.650
Based on estimated marginal means						
* The mean difference is significant at the .05 level.						
a Adjustment for multiple comparisons: Least Significant Difference (equivalent to no adjustments).						

上表 6-55 為 A 因子主要果顯著性檢定的事後比較，由於 A 因子二個水準間的差異達到顯著，其事後比較表也會出現顯著的註解，十五位受試者於水準二（發試卷前情境）的心理緊張焦慮狀態顯著的高於水準一（考試前情境）的心理緊張焦慮狀態。

二因子完全區組化設計

表6-56　2. b

Estimates

Measure: MEASURE_1

b	Mean	Std. Error	95% Confidence Interval	
			Lower Bound	Upper Bound
1	35.633	1.151	33.165	38.102
2	36.700	1.199	34.128	39.272
3	44.700	.757	43.076	46.324

　　上表6-56為B因子（三種科目）三個水準中受試者整體的心理緊張焦慮狀態的平均數、標準誤、平均數95%信賴區間。十五位受試者對「國文」科目的心理緊張焦慮之平均數為35.633（此平均數為考試前與發試卷前二種情境下心理緊張焦慮之平均數）、對「英文」科目的心理緊張焦慮之平均數為36.700（此平均數為考試前與發試卷前二種情境下心理緊張焦慮之平均數）、對「數學」科目的心理緊張焦慮之平均數為44.700（此平均數為考試前與發試卷前二種情境下心理緊張焦慮之平均數）。此三個平均數即B因子主要效果顯著性檢定中所要考驗的三個平均數（進行相依樣本變異數分析，水準數有三個）。

表6-57　**Pairwise Comparisons**

Measure: MEASURE_1

(I)b	(J)b	Mean Difference (I-J)	Std. Error	Sig. (a)	95% Confidence Interval for Difference(a)	
					Lower Bound	Upper Bound
1	2	-1.067	1.521	.495	-4.329	2.196
	3	-9.067(*)	1.276	.000	-11.803	-6.330
2	1	1.067	1.521	.495	-2.196	4.329
	3	-8.000(*)	1.537	.000	-11.296	-4.704
3	1	9.067(*)	1.276	.000	6.330	11.803
	2	8.000(*)	1.537	.000	4.704	11.296
Based on estimated marginal means						
* The mean difference is significant at the .05 level.						
a Adjustment for multiple comparisons: Least Significant Difference (equivalent to no adjustments).						

　　上表6-57為B因子三個水準間的事後比較，由於B因子（三種不同科目）主要效果檢定的F值達到顯著，因而其事後比較結果會出現顯著的註解，其中受試者對「數學」科目整體心理緊張焦慮狀態顯著的高於對「國

文」科目整體心理緊張焦慮狀態，二者平均數的差異為 9.067；受試者對「數學」科目整體心理緊張焦慮狀態顯著的高於對「英文」科目整體心理緊張焦慮狀態，二者平均數的差異為 8.000。

表 6-58　3. a * b

Measure: MEASURE_1

a	b	Mean	Std. Error	95% Confidence Interval	
				Lower Bound	Upper Bound
1	1	34.133	1.028	31.929	36.337
	2	35.333	1.333	32.474	38.193
	3	43.200	1.765	39.414	46.986
2	1	37.133	1.447	34.030	40.237
	2	38.067	1.115	35.676	40.457
	3	46.200	.738	44.617	47.783

上表 6-58 為二個因子所交叉構成的六個細格間的描述性統計量。在「Repeated Measures: Options」（重複量數：選項）次對話視窗，在下方「Display」（顯示）方盒中，勾選「☑Descriptive statistics」（敘述統計）選項，也會出現上述的描述性統計量，二者的結果相同。

◆【表格範例】

表 6-59　二種情境與三種不同科目交叉構成的細格與邊緣平均數摘要表

因子A ＼ 因子B		自變項B（科目）			邊緣平均數
		國文	英文	數學	
自變項A	考試前	34.13	35.33	43.20	37.566
	發卷前	37.13	38.07	46.20	40.467
邊緣平均數		35.633	36.700	44.700	

◆【表格範例】

表 6-60　情境與科目在心理緊張焦慮之完全相依二因子變異數分析摘要表

變異來源	SS	Df	MS	F	事後比較
組間					
情境（A）SS_A	190.678	1	190.678	12.886**	發卷前>考試前
科目（B）SS_B	1473.422	2	736.711	23.372***	數學>國文 數學>英文
交互作用（A×B）SS_AB	.356	2	.178	.011n.s.	
組內	2064.534	84			
受試者間（區組效果）SS_S	518.489	14	37.035		
殘差值 SS_residual	1546.045	70	22.090		
誤差項（SS_AS）	207.156	14	14.797		
誤差項（SS_BS）	882.578	28	31.521		
誤差項（SS_ABS）	456.311	28	16.297		

n.s. p>.05　　** p<.01　　*** p<.001

上述組內 SS＝2064.534＝受試者間（區組效果）SS_S＋殘差值 SS_residual ＝518.489+1546.045

而殘差值 SS_residual＝1546.045＝誤差項（SS_AS）＋誤差項（SS_BS）＋誤差項 （SS_ABS）＝207.156+882.578+456.311

第七章

無母數統計檢定

在「母數統計法」（parametric statistics）常用的 t 考驗或變異數分析的 F 考驗，進行資料檢定時均需要符合一些基本假定（assumption），如果違反這些基本假定，會導致平均數的比較出現混淆及偏誤，其中一個最基本的假定即是樣本必須來自常態分配的母群，及母群體的變異數必須具有同質性，此種對母群體性質有一些基本假定的統計方法，即為母數統計。母數統計考驗所用的測量資料之樣本母群必須為呈常態分配或接近常態分配、樣本變異數具有同質性或近乎相等的變異數、觀察的各項的資料是相互獨立的、檢定的變數資料必須為計量變項（等距變數或比率變數），其中變項的測量尺度必須為連續變項，如果測量尺度是次序變項或類別變項則不適宜採用母數統計法。

以 t 考驗而言，其基本假設為常態性的假定，即樣本的抽樣分配需為常態化之外，兩個平均數差值的抽樣分配也必須符合常態化（normality）的假設；而每個群體來自的樣本也必須有相似的分散狀況（母體變異數同質性的假定）。而變異數分析的假定亦是如此，進行變異數分析考驗時須符合以下基本假定：常態性假定、變異數同質性（homogeneity of variance）假定（或稱等分散性假定）。其中如果群體所來自母體的變異數不同質，會影響變異數分析 F 考驗的正確性。

相對於母數統計法對母群假定的要求，無母數統計法（nonparametric statistics）即不受此限制。無母數統計是一種不受母群分配限制的統計方法，特別適用的檢定變項為非計量變數（間斷變數），如類別變項或次序變項，尤其是研究者取樣樣本的母群體性質無法明確得知其為常態分配時，使用無母數統計法較為適宜，因而無母數統計是一種「不受分配影響」（Distribution-free）的檢定法。此種不受母群分配性質限制的無母數統計考驗法有以下優點（*Siegel & Castellan, 1989, p.35*）：

1. 除了研究者明確地知悉母群分配的性質（nature of the population distribution）外，否則研究的樣本個數非常少，則應當採用無母數統計考驗（nonparametric statistical test），不應使用母數統計檢定（parametric statistical test）。在社會科學研究領域中多數的小樣本研究，應採用無母數統計考驗較為適宜。

2. 無母數統計對於資料或母群體的假定較少，對於在特別情境下的資料分配也可使用；此外，對研究調查而言，無母數檢定法對於假設考驗也可適用。

3. 如果資料不是計量變項，而是比計量變項還弱的次序變項，則使用無母數統計法考驗更為適切，因為無母數統計考驗特別適用於次序變數。如果研究者只希望其受試者填寫較多或較少的屬性（間斷變數），而不是填寫多多少或少多少的資料（連續變數），則測量的分數就不是計量變項，此時不能採用母數統計法，而應使用無母數統計考驗。

4. 無母數統計法對於處理如分類或類別化的資料（間斷變項）特別有用，此種分類資料即名義或類別變數，對於名義變項的假設檢定無法使用母數統計法加以考驗。

5. 無母數統計考驗可以處理數個來自不同母群分配的樣本觀察值，母數統計無法處理來自不相同母群分配樣本資料（違反母數統計的基本假定）。

6. 與母數統計相較之下，無母數統計考驗比較容易學習和應用；而其考驗的結果也較母數統計的解釋更為直接。

　　無母數統計適用時機為：(1)不知道母群參數的性質、(2)小樣本的受試者或觀察值、(3)測量資料的屬性為名義或次序變數時。無母數統計雖然有以上優點，在使用上也有以下的一些限制：

1. 如果樣本母群體的的各種性質符合母數統計的假定時，採用無母數統計考驗會浪費許多有用的資訊，也就是無母數統計考驗的統計考驗力（power）較差，與母數統計考驗相較之下，無母數統計考驗的「考驗力有效性」（power-efficiency）較低，以相同的測量資料而言，採用無母數統計之統計考驗力最多只有母數統計之統計考驗力的 95%。無母數統計法在處理測量的等距尺度（強量表－stronger scale）資料時，會將其轉換為弱尺度（weaker scale）量表（如次序變項，以等級平均數替代平均數），因而無法完全有效利用樣本所提供的資訊。

2. 就計量資料而言，無母數統計考驗法顯現較低的系統性（systematic），相對的，母數統計考驗的系統性較佳，亦即無母數統計只能就集中趨勢問題作一簡單差異比較。但就類別資料或次序資料的處理，無母數統計考驗法的系統性反而較佳。

3. 無母數統計法雖較為簡易，但無法處理變項間「交互作用」顯著性考驗的問題，亦即對二個變項對依變項的交互作用影響無法檢定考驗。

4. 在統計考驗過程中將計量資料轉變為非計量資料（如將等距變數轉化為次序變數，以等級或中位數代替算術平均數）時，有時會漏失了資料的部分訊息。

　　社會科學領域中的訪談或實驗研究，有時限於實際的情境及相關因素的影響，受試的樣本數不多，此種以小樣本為受試者或以少數觀察值所獲得的測量分數，雖然也可以採用母數統計考驗組別間的差異，但如能採用無母數統計法則結果的解釋更為適切，尤其是測量資料可能違背母數檢定的條件或無法確知母群分配的屬性時，最好直接採用無母數統計方法，而不須採用其他資料校正後的母數統計方法

　　在 SPSS 統計軟體中，其功能列的「分析」（Analyze）選單，有一個選單為「無母數檢定」（Nonparametric Tests），選單內包含常見的無母數統計方法，如卡方分配（Chi-Square）、二項式分配（Binomial）、連檢定（Runs）、單一樣本 K-S 統計（1-Sample K-S）、二個獨立樣本考驗（2 Independent Samples）、K 個獨立樣本考驗（K Independent Samples）、二個相關樣本考驗（2 Related Sample）、K 個相關樣本考驗（K Related Sample）等。

1. 單一樣本 K-S 統計（1-Sample K-S）對話視窗中，檢定分配的方盒包括：「常態分配」（Normal）、「均勻分配」（Uniform）、「Poisson 機率分配」、「指數模式」（Exponential）等四項。

2. 兩個相關樣本考驗的對話視窗中，檢定類型方盒包括：「魏克遜符號等級考驗」（Wilcoxon 檢定）、「符號檢定」（Sign 檢定）、「麥內瑪考驗」（McNemar 檢定）等三種檢定方法。

3. 兩個獨立樣本考驗的對話視窗中，檢定類型方盒包括：「曼-惠特尼 U 檢定」（Mann-Whitney U 統計量）、「柯－史二組樣本 Z 考驗」（Kolmogorov-Smirnov Z 檢定）、「Moses 極端反應」（Moses extreme reactions）、「Wald-Wolfowitz 連檢定」等四種檢定方法。

4. K 個獨立樣本檢定的對話視窗中，檢定類型方盒包括「克－瓦二氏單因子變異數等級分析；簡稱 H 檢定法」（Kruskal-Wallis H 檢定法）、「中位數考驗」（Median）等二種檢定方法。

5. K 個相關樣本檢定的對話視窗中，檢定類型方盒包括：「寇克蘭 Q 檢定」（Cochran's Q 檢定）、「弗里曼二因子等級變異數分析」（Friedman 檢定）、Kenkall 和諧係數考驗（Kendall's W 檢定）等三種檢定方法。

7-1 符號考驗&魏氏檢定

「符號考驗」（sign test）適用於二個相依樣本（重複法或配對組），使用正負號來作為資料的統計方法，檢定變數為次序尺度（ordinal scale）以上變項。符號考驗主要在計算每對測量值的正負號，並檢定這些正負號的分配是否符合隨機性。假設二個母群體測量值沒有真正差異存在，則正號（第一個測量分數大於第二個測量分數）與負號（第一個測量分數小於第二個測量分數）的分配大致應該相等。符號考驗只考慮二個測量值差異的方向（direction），而不管差異值測量值的大小（size）或差異值數值（quantitative）是多少，檢定考驗時不須假定差異分配的型態，也不須假定所有受試者是來自相同的母群體。

二相依樣本符號檢定雙側考驗之虛無假設與對立假設如下：

$H_0 : \eta_1 = \eta_2$（二個水準測量值的中位數相等）
$H_1 : \eta_1 \neq \eta_2$（二個水準測量值的中位數顯著不相等）

單側考驗之虛無假設與對立假設如下：

$H_0 : \eta_1 \leq \eta_2$
$H_1 : \eta_1 > \eta_2$

檢定成對母體分配是否相同與檢定母體中位數是否相同類似，樣本成對差異值的正負號表示成對樣本觀察值的差異方向（大於與小於），令 X_1, Y_1 為成對樣本的觀察值，則樣本成對的差異值D為：$D = X_1 - Y_1$，若D>0則為正號（＋），D<0為負號，D＝0剔除，令剔除0後的成對差異值D的數目（成對樣本數）為 n。若兩母體分配相同，則 D 的正號次數與負號次數應相等或趨近相等；相對的，如果 D 的正號次數與負號次數明顯不相等，則表示兩母體分配型態不一樣，亦即若二母體分配的型態相似，則出現正號或負號的機率應為二分之一，因而檢定兩母體分配型態是否相同，等於是檢定出現正號的比例p值是否等於 0.5（林惠玲、陳正倉，民 94）。符號檢定的統計決策通常採用「二項分配」（binomial distribution），因而符號檢定有時也稱為二項檢定（binomial test）。

「魏克遜符號等級考驗」（Wilcoxon signed ranks test；簡稱魏氏檢定）除考慮到配對組差異值的方向外，也同時考慮到差異值的大小，因而可說是符號考驗的修正應用檢定法。在符號考驗中，只考慮到差異值的方向（正負號），而未能考慮到差異值的大小。魏克遜符號等級考驗可以同時考量到正負方向與差異值的大小，因而其檢定統計考驗力（power）較符號考驗為高。在社會科學領域中，「魏克遜符號等級考驗」也是一種非常有用的檢定法，如果二種情境的差異愈大，加權值的差異也會愈大。

「符號考驗」與「魏克遜符號等級考驗」在無母數統計法的地位相當於母數統計法中成對相依樣本的 t 檢定法。其對照表如下表 7-1：

表 7-1

母數統計法	無母數統計法
相依樣本 t 檢定	符號檢定
相依樣本 t 檢定	魏克遜符號等級考驗
相依樣本 t 檢定	麥內瑪檢定（McNemar）
【備註】：麥內瑪檢定（McNemar）又稱「改變的顯著性檢定」，適用於 2×2 列聯表，資料為二分名義變項。	

7-1-1　符號檢定實例

㈠研究問題

在一項降低國中學生學習焦慮的輔導訓練方案活動中，研究者宣稱其規劃設計的小團體輔導方案活動可以有效減低學生的學習焦慮，在方案活動實施前、後均讓受試者填寫一份「學習焦慮」感受量表，其數據如下表 7-2，請問此輔導方案活動是否有效？

表 7-2

受試者	S1	S2	S3	S4	S5	S6	S7	S8	S9	S10	S11	S12
實驗前	56	60	75	68	54	74	62	73	62	64	76	66
實驗後	60	62	70	63	55	69	62	70	58	54	70	63

在 SPSS 資料檔中，成對相依樣本的二個變項名稱分別為：「實驗前」、

「實驗後」，變項的數值為受試者在「學習焦慮感受量表」上的得分，測量值的分數愈高，表示受試者學習焦慮感愈高；測量值的分數愈低，表示受試者學習焦慮感愈低。

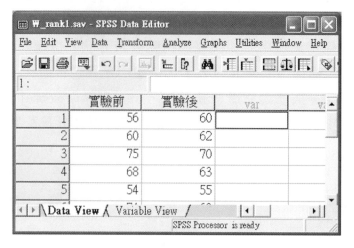

圖 7-1

研究的二種假設檢定如下：

虛無假設 H_0：輔導方案活動對減低學生的學習焦慮沒有顯著成效。
對立假設 H_1：輔導方案活動對減低學生的學習焦慮有顯著成效。

㈡操作程序

⇒從功能表執行下列程序
分析（Analyze） 　無母數檢定（Nonparametric Tests） 　　二個相關樣本（2 Related Samples…），出現「兩個相關樣本檢定」 （Two-Related-Samples Tests）的對話視窗
⇒將成對目標變數「實驗前」、「實驗後」變項選入右邊「欲檢定之配對變數的清單」（Test Pair(s) List:）下的方盒中。 ⇒右下方「檢定類型」（Test Type）的方盒中勾選『☑符號檢定』（Sign）選項。 ⇒按『確定』（OK）鈕。

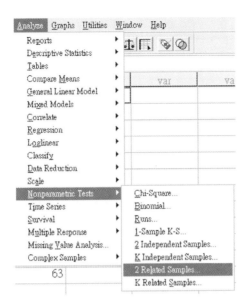

圖 7-2

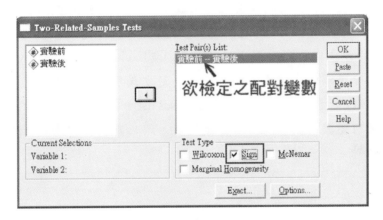

圖 7-3

在「兩個相關樣本檢定」（Two-Related-Samples Tests）的對話視窗中，右下方的「檢定類型」（Test Type）的方盒內，共有四種成對相依樣本的無母數統計檢定法：「魏克遜符號等級考驗」（□Wilcoxon）、「符號考驗」（□Sign）、「麥內瑪考驗」（□McNemar）、「邊緣同質性」（□Marginal Homogeneity）。在考驗時至少要勾選一種，也可以同時勾選，檢定結果會分別呈現。

麥內瑪考驗用於重複性測量，此檢定會判斷實驗處理前測量值的反應率與實驗處理後測量值的反應率是否相同；若是資料為二分變項且資料已經分類，可採用「邊緣同質性檢定」，此檢定法是前述麥內瑪考驗法的擴展，適合於多項式反應資料。

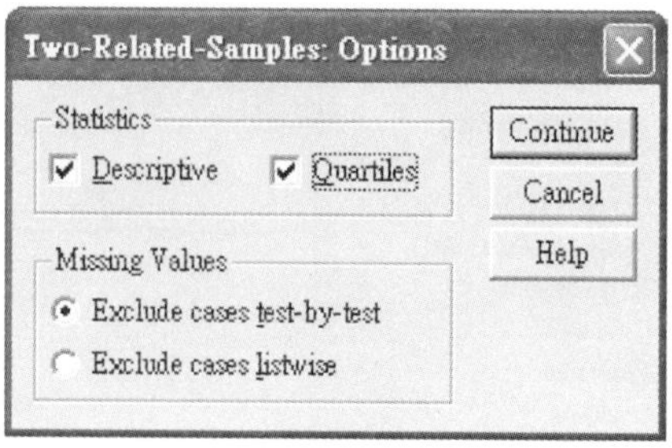

圖 7-4

在「兩個相關樣本檢定」（Two-Related-Samples Tests）的對話視窗中，按右下方『Options...』（選項）鈕，可以開啟「Two-Related-Samples: Options」（二個相關樣本：選項）次對話視窗，在「Statistics」（統計量）的方盒中，包括『描述性統計量』（□Descriptive）與『四分位數』（□Quartiles）二個選項。描述性統計量選項可以顯示平均數、標準差、最小值、最大值和非遺漏觀察值的個數；四分位數選項會呈現與第25個、第50個、第75個百分位數相對應的數值。在「遺漏值」（Missing Values）的方盒中，有二個選項，一為「⊙Exclude cases test-by-test」（依檢定排除遺漏值）選項，會依各種檢定方式分別對遺漏值進行評估，此為SPSS內定選項；二為「Exclude cases listwise」（完全排除遺漏值），若是任何變數之樣本觀察值有遺漏值，則此觀察值會被完全排除於統計分析之外。

(二)結果說明

Sign Test（符號檢定）

表 7-3　**Frequencies**

		N
實驗後－實驗前	Negative Differences(a)（負差異）	8
	Positive Differences(b)（正差異）	3
	Ties(c)（等值結）	1
	Total（總和）	12
a 實驗後＜實驗前		
b 實驗後＞實驗前		
c 實驗後＝實驗前		

上表 7-3 爲符號考驗的次數分配表，實驗處理後學習焦慮分數低於實驗處理前學習焦慮分數者共有 8 位（負差異列值）、實驗處理後學習焦慮分數高於實驗處理前學習焦慮分數者共有 3 位（正差異列值），實驗處理後學習焦慮分數等於實驗處理前學習焦慮分數者有 1 位（等值結列值），全部受試樣本共有 12 位。

下表 7-4 中的最後一列爲二組受試者符號考驗的個別次數分配情形，符號「＋」表示實驗前測量分數小於實驗後的測量分數（正差異），共有 3 位；符號「－」表示實驗前測量分數大於實驗後的測量分數（負差異），共有 8 位；符號「0」表示實驗前測量分數等於實驗後的測量分數（等值結），共有 1 位。

表 7-4

受試者	S1	S2	S3	S4	S5	S6	S7	S8	S9	S10	S11	S12
實驗前	56	60	75	68	54	74	62	73	62	64	76	66
實驗後	60	62	70	63	55	69	62	70	58	54	70	63
差異符號	＋	＋	－	－	＋	－	0	－	－	－	－	－

表 7-5　Test Statistics（檢定統計量）

	實驗後－實驗前
Exact Sig.（2-tailed）精確顯著性（雙尾 a）	.227(a)
a Binomial distribution used（a 使用二項式分配）	
b Sign Test（b 符號檢定）	

上表 7-5 爲符號考驗的檢定統計量，在雙側檢定下的 p 值爲.227，未達.05的顯著水準，由於本研究的研究假設爲「實驗處理後輔導方案活動可有效減低學生的學習焦慮感受」，屬於單側檢定問題，須將雙側檢定所得之顯著機率值除以 2，在單側檢定下的 p 值爲.1135，未達.05 的顯著水準，須接受虛無假設，研究者所宣稱的「輔導方案活動可有效減低學生的學習焦慮感受」之假設無法獲得支持，亦即此輔導方案活動對於減低學生的學習焦慮感受沒有顯著的成效。

7-1-2　魏克遜符號等級考驗

以上述研究問題爲例，進行魏克遜符號等級檢定的操作與結果如下：

(一)操作程序

⇒從功能表執行下列程序
分析（Analyze） 　無母數檢定（Nonparametric Tests） 　　二個相關樣本（2 Related Samples…），出現「兩個相關樣本檢定」 （Two-Related-Samples Tests）的對話視窗
⇒將成對目標變數「實驗前」、「實驗後」變項選入右邊「欲檢定之配對變數的清單」（Test Pair(s) List:）下的方盒中。 ⇒右下方「檢定類型」（Test Type）的方盒中勾選『☑Wilcoxon』（魏克遜符號等級考驗）選項。 ⇒按『確定』（OK）鈕。

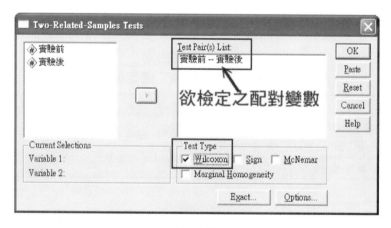

圖 7-5

(二)結果說明

表 7-6　**Wilcoxon Signed Ranks Test**

Descriptive Statistics

	N	Mean	Std. Deviation	Minimum	Maximum	Percentiles		
						25th	50th (Median)	75th
實驗前	12	65.83	7.469	54	76	60.50	65.00	73.75
實驗後	12	63.00	5.752	54	70	58.50	62.50	69.75

上表 7-6 為描述性統計量，包括平均數、標準差、變項測量值的最小值、最大值、第 25 個百分位數、中位數、第 75 個百分位數。上述算術平均數 65.83、63.00 為母數統計法中相依樣本 t 檢定所要比較的平均數。

表 7-7　Ranks

		N	Mean Rank	Sum of Ranks
實驗後－實驗前	Negative Ranks（負等級）	8(a)	7.19	57.50
	Positive Ranks（正等級）	3(b)	2.83	8.50
	Ties（等值結）	1(c)		
	Total（總和）	12		
a 實驗後＜實驗前				
b 實驗後＞實驗前				
c 實驗後＝實驗前				

上表 7-7 為「魏克遜符號等級考驗」差值等級結果，實驗處理後學習焦慮分數低於實驗處理前學習焦慮分數者共有 8 位（負等級列），實驗處理後學習焦慮分數高於實驗處理前學習焦慮分數者共有 3 位（正等級列），實驗處理前後學習焦慮分數相同者有 1 位，全部的受試者有十二位。將十二位受試者實驗處理前後學習焦慮分數差異值的大小絕對值化為等級後，剔除差異值等於 0 的受試者，n 等於 11。8 位後測分數低於前測分數的受試者樣本等級平均數為 7.19（實際數值為 7.1875）、等級總和為 57.50（＝7.1875×8）、3 位後測分數高於前測分數的受試者樣本等級平均數為 2.83（實際數值為 2.8333）、等級總和為 8.50（＝2.8333×3）。「魏克遜符號等級考驗」主要在檢定這二個「等級平均數」間的差異是否達到統計上的顯著水準。如果是母數統計法中成對相依樣本的 t 檢定主要在考驗二組算術平均數間（$M_1 = 56.83$、$M_2 = 63.00$）的差異是否達到統計上的顯著水準。

表 7-8　Test Statistics(b)（檢定統計量）

	實驗後－實驗前
Z	-2.185(a)
Asymp. Sig.（2-tailed）漸近顯著性（雙尾）	.029
a Based on positive ranks.（以正等級為基礎）	
b Wilcoxon Signed Ranks Test（Wilcoxon 符號等級檢定）	

上表 7-8 為「魏克遜符號等級考驗」的檢定統計量，二個等級平均數差

異檢定的 Z 值爲-2.1850，雙側檢定下的 p 值爲.029<.05，達到.05 的顯著水準。但因本研究爲單側檢定，單側考驗之 p 值必須將雙側考驗獲得之 p 值除以 2，獲得之單側考驗的 p 值爲.0145，達到.05 的顯著水準，應拒絕虛無假設，即研究者所宣稱的「輔導方案活動可有效減低學生的學習焦慮感受」之假設獲得支持，亦即此輔導方案活動對於減低學生的學習焦慮感受有顯著的成效。

在上述同樣的資料中採用「符號考驗」與「魏克遜符號等級考驗」法所獲得的統計結果並未完全一樣，前面接受虛無假設、後者則拒絕虛無假設。此乃「符號考驗」只考慮二個差異值的方向，並未考慮到差異值的大小；而「魏克遜符號等級考驗」法則同時考慮到二個測量值差異的方向，也兼顧到測量值差異值的大小，「魏克遜符號等級考驗」的統計考驗力顯著的高於「符號考驗」。

7-1-3　範例統計分析原理

表 7-9

實驗前	實驗後	差異值 D	|差異|的等級	帶符號的等級	正等級的總和	負等級的總和
62	62	0	0	剔除		
54	55	-1	1	1		1
60	62	-2	2	2		2
73	70	3	3	3.5	3.5	
66	63	3	3	3.5	3.5	
56	60	-4	4	5.5		5.5
62	58	4	4	5.5	5.5	
75	70	5	5	8	8	
68	63	5	5	8	8	
74	69	5	5	8	8	
76	70	6	6	10	10	
64	54	10	10	11	11	
				$\Sigma R=66$	$\Sigma R_{+}=57.5$	$\Sigma R_{-}=8.5$
				$n=11$	$n_{+}=8$	$n_{-}=3$
					$\overline{R}_{+}=7.1875$	$\overline{R}_{-}=2.8333$

上述中差異值＝實驗前－實驗後，研究者也可以採用「實驗後－實驗前」作爲差異值，二者結果相同只是正等級與負等級的個數剛好相反，上

述SPSS統計分析的報表中，差異值採用「實驗後－實驗前」的數據，即第二個變項減去第一個變項的數值，作爲差異值。

如果ΣR_+爲正等級的總和、ΣR_-爲負等級的總和，則$\Sigma R_+ + \Sigma R_- = 57.5$

$+ 8.5 = 66 = \dfrac{n(n+1)}{2} = 11 \times (11 + 1) \div 2$

正等級的總和：$W(+) = 3.5+3.5+5.5+8+8+8+10+11 = 57.5$

負等級的總和：$W(-) = 1+2+5.5 = 8.5$

檢定統計量 $T = MIN[W(+)，W(-)] = MIN(57.5，8.5) = 8.5 = T_{obt}$

查下表 7-10 魏克遜符號等級 T 檢定的臨界值，當 $n=11$，單尾檢定$\alpha=.05$時，$T_{CRI\_V} = 14$ 由於$T_{obt} = 8.5 < T_{CRI\_V} = 14$，落入拒絕區，拒絕虛無假設。當 $n=11$，雙尾檢定$\alpha = .05$ 時，$T_{CRI\_V} = 11$，由於$T_{obt} = 8.5 < T_{CRI\_V} = 11$，落入拒絕區，拒絕虛無假設。在統計檢定中，如果單尾檢定拒絕虛無假設，則雙尾檢定也會拒絕虛無假設，因爲同樣是$\alpha = .05$時，雙尾檢定的臨界值絕對值會大於單尾檢定的臨界值。此結果與上述 SPSS 輸出結果一樣。

魏克遜符號等級 T 統計顯著性檢定之統計決策法則爲：當$T_{obt} < T_{CRI\_V}$時，則拒絕虛無假設；若是$T_{obt} \geq T_{CRI\_V}$時，則接受虛無假設。

表 7-10　魏克遜符號等級 T 檢定的臨界值

單側檢定	雙側檢定	n=5	n=6	n=7	n=8	n=9	n=10	n=11	n=12
$\alpha=.05$	$\alpha=.10$	1	2	4	6	8	11	14	17
$\alpha=.025$	$\alpha=.05$		1	2	4	6	8	11	14
$\alpha=.01$	$\alpha=.02$			0	2	3	5	7	10
$\alpha=.005$	$\alpha=.01$				0	2	3	5	7
		n=13	n=14	n=15	n=16	n=17	n=18	n=19	n=20
$\alpha=.05$	$\alpha=.10$	21	26	30	36	41	47	54	60
$\alpha=.025$	$\alpha=.05$	17	21	25	30	35	40	46	52
$\alpha=.01$	$\alpha=.02$	13	16	20	24	28	33	38	43
$\alpha=.005$	$\alpha=.01$	10	13	16	19	23	28	32	37
		n=21	n=22	n=23	n=24	n=25	n=26	n=27	n=28
$\alpha=.05$	$\alpha=.10$	68	75	83	92	101	110	120	130
$\alpha=.025$	$\alpha=.05$	59	66	73	81	90	98	107	117
$\alpha=.01$	$\alpha=.02$	49	56	62	69	77	85	93	102
$\alpha=.005$	$\alpha=.01$	43	49	55	61	68	76	84	92

數據來源：林惠玲、陳正倉，民 94，p.605。

註：要達到顯著水準須符合$T_{obt} \leq T_{CRI\_V}$，n 爲剔除差異值爲 0 的觀察值數目。

在符號考驗中，若正等級及負等級的樣本數 $n \geq 20$，可採用 Z 檢定統計量考驗：

$$Z = \frac{n_+ - 0.5n}{0.5\sqrt{n}}$$

以上述數據為例，符號考驗之近似 Z 檢定統計量等於：

$$Z = \frac{n_+ - 0.5n}{0.5\sqrt{n}} = \frac{8 - 0.5 \times 11}{0.5\sqrt{11}} = \frac{2.5}{1.6583} = 1.5076$$

在單側考驗中，因為 $|Z_{obt}| = |1.5076| < |Z_{CRI\_V}| = |1.645|$，未落入拒絕區，接受虛無假設，研究假設無法獲得支持，輔導方案活動無法有效降低學生的學習焦慮，此結論與上述 SPSS 之結果相同。

在魏克遜符號等級檢定法中，若 W（＋）表示正等級的總和、W（－）表示負等級的總和，統計量 W 表示 W（＋）或 W（－）等級和數值較小者，T 等於二個等級和的差異值＝W（＋）－W（－）。如果正等級及負等級的樣本數 $n \geq 10$，且差異值 D 為連續對稱分配，其中位數等於 0，則統計量 T 的分配近似常態分配，其期望值、標準誤與 Z 檢定統計量如下：

$$E(T) = 0$$
$$\sigma_T = \sqrt{\frac{n(n+1)(2n+1)}{6}}$$
$$Z = \frac{T - E(T)}{\sigma_T} = Z = \frac{T - 0}{\sigma_T}$$

正等級及負等級的樣本數 $n \geq 25$ 時，W 的分配會趨近於常態分配，其期望值、標準誤與 Z 檢定統計量如下：

$$E(W) = \frac{n(n+1)}{4}$$
$$\sigma_W = \sqrt{\frac{n(n+1)(2n+1)}{24}}$$
$$Z = \frac{W - E(W)}{\sigma_W}$$

以上述研究問題數據為例，二種 Z 檢定統計量如下：

$$W(+) = 3.5+3.5+5.5+8+8+8+10+11 = 57.5$$

$$W(-) = 1+2+5.5 = 8.5$$

$$T = W(+) - W(-) = 57.5 - 8.5 = 49$$

$$\sigma_T = \sqrt{\frac{n(n+1)(2n+1)}{6}} = \sqrt{\frac{11(11+1)(2 \times 11+1)}{6}} = 22.4944$$

$$Z = \frac{T-E(T)}{\sigma_T} = \frac{49-0}{22.4944} = 2.1783$$

$$E(W) = \frac{n(n+1)}{4} = \frac{11(11+1)}{4} = 33$$

$$\sigma_W = \sqrt{\frac{n(n+1)(2n+1)}{24}} = \sqrt{\frac{11(11+1)(2 \times 11+1)}{24}} = 11.2472$$

$$Z = \frac{W-E(W)}{\sigma_W} = \frac{8.5-33}{11.2472} = -2.1783$$

雙側考驗中，因為 $|Z_{obt}| = |2.1783|$ 或 $|Z_{obt}| = |-2.1783| > |Z_{CRI\_V}| = |\pm 1.96|$，落入拒絕區，拒絕虛無假設，接受對立假設。單側考驗中，因為 $|Z_{obt}| = |2.1783|$ 或 $|Z_{obt}| = |-2.1783| > |Z_{CRI\_V}| = |\pm 1.645|$，落入拒絕區，拒絕虛無假設，接受對立假設，研究假設獲得支持，輔導方案活動可以有效降低學生的學習焦慮。

7-2 魏克遜符號等級檢定&t 檢定

7-2-1 研究問題

一位生態保育學者在一場大學新生活動中積極宣導野生動物的保育觀念，在演講之前她先播放一部自己拍攝的野生動物保育影片，為了探討此部影片對現場聽講學生對野生動物保育態度是否有所影響，此保育學者從現場大一新生中隨機抽取十五位學生為受試者，在影片播放前、播放後讓受試者填寫一份有十五題的「野生動物保育態度量表」，量表採用李克特五點量表法，分數介於 15 至 75 分之間，測量值分數愈高，表示受試者愈支持野生動物保育，此生態保育學者測得的數據如下表所列，請問此部野生動物保育影片對大一學生的野生動物保育態度有無影響？

研究問題的虛無假設與對立假設如下：

虛無假設：H_0：影片播放前後受試者對野生動物保育態度沒有顯著不同。

對立假設：H_1：影片播放前後受試者對野生動物保育態度有顯著不同。

表 7-11

受試者	播放前	播放後	差異值 D	差異值絕對值	帶符號的等級	正等級的總和	負等級的總和
S1	68	75	-7.00	7.00	9.5		9.5
S2	67	72	-5.00	5.00	8.0		8.0
S3	70	70	.00	0.00	剔除		
S4	62	64	-2.00	2.00	6.0		6.0
S5	54	52	2.00	2.00	6.0	6.0	
S6	65	75	-10.00	10.00	11.0		11.0
S7	72	71	1.00	1.00	2.5	2.5	
S8	59	74	-15.00	15.00	14.0		14.0
S9	61	60	1.00	1.00	2.5	2.5	
S10	67	67	-7.00	7.00	9.5		9.5
S11	69	67	2.00	2.00	6.0	6.0	
S12	74	73	1.00	1.00	2.5	2.5	
S13	57	69	-12.00	12.00	13.0		13.0
S14	63	62	1.00	1.00	2.5	2.5	
S15	62	73	-11.00	11.00	12.0		12.0
					105	22	83
					$n = 14$	$n_+ = 6$	$n_- = 8$
						$\overline{R}_+ = 3.667$	$\overline{R}_- = 10.875$

正等級的總和：$W(+) = 22(n_+ = 6)$

負等級的總和：$W(-) = 83(n_- = 8)$

檢定統計量 $T = MIN[W(+)，W(-)] = MIN(22，83) = 22 = T_{obt}$

查魏克遜符號等級 T 檢定的臨界值，當 $n = 14$，雙尾檢定 $\alpha = .05$ 時，$T_{CRI\_V} = 21$，魏克遜符號等級 T 檢定臨界值的統計決策要達到顯著水準須符合 $T_{obt} \leq T_{CRI\_V}$，由於上述 T 統計量 $T_{obt} = 22 > T_{CRI\_V} = 21$，未達顯著水準，即落入接受域，接受虛無假設，研究假設無法獲得支持，即影片播放前後受試者對野生動物保育態度沒有顯著不同，此部影片並未使大一新生對野生動物的保育態度更正向。

在 SPSS 資料檔中，配對變數的名稱為「播放前」、「播放後」，變項

內的數值為受試者在「野生動物保育態度量表」上的測量值分數。

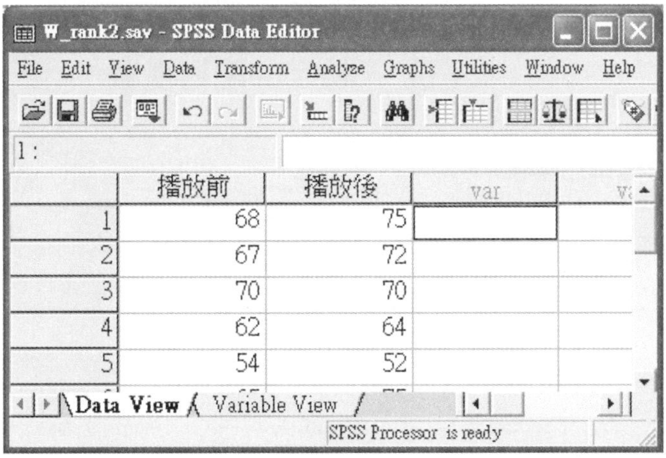

	播放前	播放後	var	va
1	68	75		
2	67	72		
3	70	70		
4	62	64		
5	54	52		

圖 7-6

7-2-2 魏克遜符號等級檢定

㈠操作程序

⇒從功能表執行下列程序

分析（Analyze）
　無母數檢定（Nonparametric Tests）
　　二個相關樣本（2 Related Samples…），出現「兩個相關樣本檢定」
（Two-Related-Samples Tests）的對話視窗

⇒將成對目標變數「播放前」、「播放後」變項選入右邊「欲檢定之配對變數的清單」（Test Pair(s) List:）下的方盒中。
⇒右下方「檢定類型」（Test Type）的方盒中勾選『☑Wilcoxon』選項。
⇒按『確定』（OK）鈕。

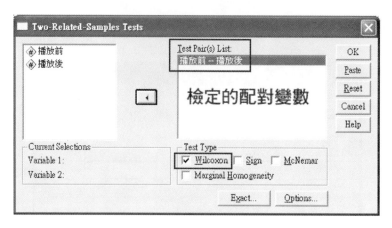

圖 7-7

(二)結果說明

表 7-12　Wilcoxon Signed Ranks Test

Ranks

		N	Mean Rank	Sum of Ranks
播放後－播放前	Negative Ranks	6(a)	3.67	22.00
	Positive Ranks	8(b)	10.38	83.00
	Ties	1(c)		
	Total	15		
a 播放後＜播放前				
b 播放後＞播放前				
c 播放後＝播放前				

　　上表 7-12 中負等級的觀察值有六位，其等級總和為 22、等級平均數為 3.67；正等級的觀察值有 8 位，其等級總和為 83、等級平均數為 10.38，等值結（二次測量值的差異值為 0）的觀察值有 1 位，總受試樣本有 15 位。測量值與等級和的換算請參考上述的數據。

表 7-13　Test Statistics(b)

	播放後－播放前
Z	-1.922(a)
Asymp. Sig. （2-tailed）	.055
a Based on negative ranks.	
b Wilcoxon Signed Ranks Test	

上述為魏克遜符號等級檢定統計量，魏克遜符號等級檢定統計量轉換成 Z 值為-1.922，在雙尾檢定時，漸近顯著性 p=.055>0.5，未達.05 顯著水準，接受虛無假設，表示影片播放前後受試者對野生動物保育態度沒有顯著不同，影片並未使大一新生對野生動物的保育態度更正向。

7-2-3　成對樣本 t 檢定

上述的數據資料如果符合母數統計的假定，則可以使用相依樣本的 t 檢定法加以考驗。

(一)操作程序

⇒從功能列執行下列程序
分析（Analyze）　　比較平均數法（Compare Means）　　　成對樣本 T 檢定（Paired Samples T Test），出現「成對樣本 T 檢定」（Paired- Samples T Test）對話視窗。
⇒將左邊成對目標變數「播放前」、「播放前」變項選入右邊「配對變數」（Paired Variables）方盒中。 ⇒按『確定』（OK）鈕。

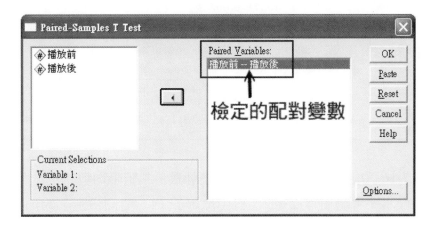

圖 7-8

(二)結果說明

表 7-14　Paired Samples Statistics

		Mean	N	Std. Deviation	Std. Error Mean
Pair 1	播放前	64.67	15	5.640	1.456
	播放後	68.73	15	6.628	1.711

　　上表 7-14 為十五受試者於影片播放前、播放後在野生動物保育態度量表上的測量分數之平均數、標準差及標準誤。影片播放前保育態度量表測量分數的平均數（Mean）、標準差（Std. Deviation）、標準誤分別為 64.67、5.640、1.456；播放後保育態度量表測量分數的平均數（Mean）、標準差（Std. Deviation）、標準誤分別為 68.73、6.628、1.711。

表 7-15　Paired Samples Correlations

		N	Correlation	Sig.
Pair 1	播放前 & 播放後	15	.554	.032

　　上表 7-15 為十五位受試者影片播放前、播放後保育態度測量分數的相關，相關係數為.554、顯著性機率p值等於.032<.05，二者達到.05 顯著水準。

表 7-16　Paired Samples Test

		Paired Differences					t	df	Sig. (2-tailed)
		Mean	Std. Deviation	Std. Error Mean	95% Confidence Interval of the Difference				
					Lower	Uper			
Pair 1	播放前 - 播放後	-4.067	5.861	1.513	-7.312	-8.21	-2.687	14	.018

　　上表 7-16 為成對相依樣本 t 檢定的統計量，二組平均數的差異為-4.067、成對相依樣本 t 考驗值等-2.687、自由度等於 14、雙側檢定下的p值為.018<.05，達到.05 的顯著水準。平均數差異檢定之 t 統計量達到顯著水準，應拒絕虛無假設，接受對立假設，研究假設獲得支持：影片播放前、播放後受試者對野生動物保育態度有顯著的不同，大一新生在看完野生動物保育影

片後，其對野生動物保育態度更爲正向。

上述成對相依樣本 t 檢定結果與採用「魏克遜符號等級考驗」（Wilcoxon 檢定）結果並不相同，相同的研究資料數據，在同一顯著水準下，設定爲雙尾檢定，顯著水準α爲.05，二個統計方法所獲得的檢定結果不一樣，利用母數統計法，在對立假設 H_1 爲眞的情況下，接受對立假設 H_1（拒絕虛無假設 H_0）的機率較無母數統計法爲高，因爲母數統計法的統計考驗力高於無母數統計法的統計考驗力（power）。在多數情況下，如果無母數統計檢定的結果達到顯著水準（拒絕虛無假設），則相對應的其母數統計檢定也會達到顯著（拒絕虛無假設），但如果資料屬性違反母數統計的基本假定，則二者可能出現相反的結果，因而如何評估資料、採用合適的統計方法（母數統計／無母數統計）對資料分析與結果的正確性影響很大，如果資料檢定時違反母數統計的基本假定或是小樣本的統計檢定最好還是採用無母數統計法較佳。

7 - 3 曼－惠特尼 U 檢定

「曼－惠特尼考驗」（Mann-Whitney test）適用於二個獨立樣本，檢定的資料屬性爲次序變項，其考驗在於檢定二個獨立的群體是否來自相同的母群（母體中位數相同）。如果研究者發現蒐集的資料屬性無法滿足等距尺度（interval scaling）的條件，或資料不能符合 t 考驗的基本假定時，即不知母體的分配爲何？或母群體不是常態分配，或是樣本數很小，則最好以「魏氏－曼－惠特尼考驗」法代替t檢定法來考驗二個母群的差異。「曼－惠特尼考驗」法是無母數統計法中統計考驗力甚高的一種檢定法，也是作爲母數統計 t 檢定法的最佳替代方法。在無母數統計方法中，要考驗二組獨立樣本的差異時，除可採用「曼－惠特尼考驗」法外，也可採用「魏克遜等級和檢定法」（Wilcoxon rank-sum test），魏克遜等級和檢定法又稱爲「魏克遜二樣本檢定法」（Wilcoxon two-sample test）。魏克遜等級和檢定法是由 F. Wilcoxon 所提出；而曼－惠特尼 U 考驗法是由學者 H. B. MANN 與 D. R. Whitney 所提出，二者的檢定方法類似，均是用來考驗二個母體分配（或中位數）是否相同，二者均是利用兩個隨機樣本的等級和來進行差異考驗，適用於二個獨立母體分配未知，樣本爲小樣本的情況。在 SPSS 中進行曼－惠特尼考驗時，除呈現曼－惠特尼U統計量外，同時也會呈現 Wilcoxon W 統計量。母數統計與無母數統計法中，對於二個獨立樣本考驗採用

的方法如下：

表 7-17

母數統計法	無母數統計法
獨立樣本 t 檢定	魏克遜等級和檢定法
獨立樣本 t 檢定	曼－惠特尼 U 考驗法

曼－惠特尼 U 檢定雙側考驗之虛無假設與對立假設如下：

$H_0 : \eta_1 = \eta_2$（二個組別的中位數相等）

$H_1 : \eta_1 \neq \eta_2$（二個組別的中位數顯著不相等）

單側考驗之虛無假設與對立假設如下：

$H_0 : \eta_1 \leq \eta_2$

$H_1 : \eta_1 > \eta_2$

7-3-1　樣本人數相等實例

㈠研究問題

某私立高中輔導主任想了解學校高中一年級男女學生的抽象推理能力是否有所差異，從高中一年級學生中隨機抽取 8 名男生、8 名女生，16 位被抽取的學生利用早自修時間統一至輔導中心施測一份標準化「抽象推理能力」測驗，總分為 0 分至 100 分，分數愈高表示受試者的抽象推理能力愈佳；分數愈低表示受試者的抽象推理能力愈差，其測得的數據如下，請問此私立學校高中一年級男女學生的抽象推理能力是否有所差異？

表 7-18

性　別	男	男	男	男	男	男	男	男	女	女	女	女	女	女	女	女
推理能力	80	64	85	92	84	86	94	78	79	62	83	72	66	61	73	81
推理等級	9	3	13	15	12	14	16	7	8	2	11	5	4	1	6	10

在 SPSS 資料建檔中，有二個變項，自變項為「性別」，其數值編碼 1 為男生、2 為女生，為間斷變數；檢定變項為抽象推理能力分數，變項名稱為「推理能力」，為連續變項。由於樣本數很小，故採用「曼－惠特尼考驗」（Mann-Whitney test）法代替獨立樣本 t 檢定法。

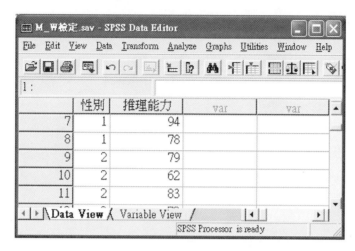

圖 7-9

(二)操作程序

⇒從功能表選擇：

分析（Analyze）

　　無母數檢定（Nonparametric Tests）

　　　二個獨立樣本（2 Independent Samples…），出現「兩個獨立樣本檢定」（Two-Independent-Samples Tests）的對話視窗。

⇒將目標變數中的依變項「推理能力」選入右邊「檢定變數的清單」（Test Variable List:）下的方盒中。

⇒將自變項「性別」選入右邊「分組變數」（Grouping Variable）下的空格中，點選分組自變數『性別（？？）』→按『定義組別』（Define Groups）鈕，開啟「兩個獨立樣本：定義組別」（Two Independent Samples: Define...）的次對話視窗。

　　⇒在「組別(1)」（Group 1）的右方空格鍵入分組變項的第一個水準編碼 1。

　　⇒在「組別(2)」（Group 2）的右方空格鍵入分組變項的第二個水準編碼 2。

⇒按『繼續』鈕 回到「兩個獨立樣本檢定」 (Two-Independent-Samples Tests) 的對話視窗。
⇒在下方「檢定類型」 (Test Type) 的方盒中勾選『☑ Mann-Whitney U 統計量』選項。
⇒按『確定』 (OK) 鈕。

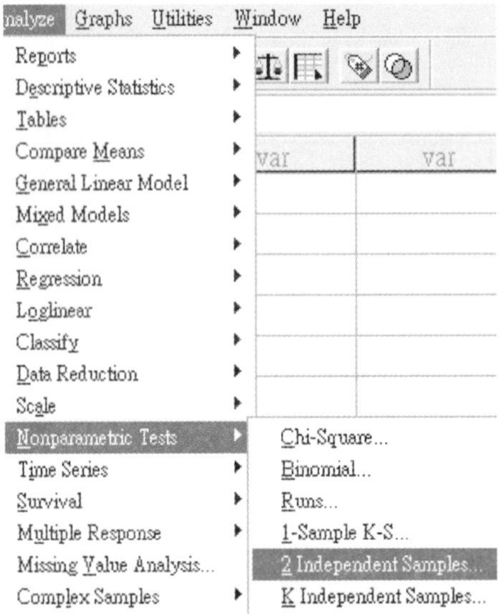

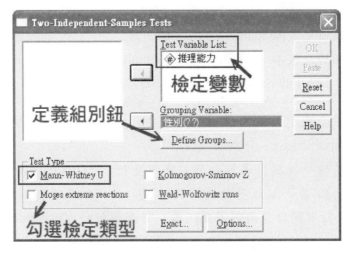

圖 7-10

圖 7-11

【備註】：在「兩個獨立樣本檢定」（Two-Independent-Samples Tests）的對話視窗中，下方的「檢定類型」（Test Type）方盒內，共有四種無母數統計檢定法：「曼－惠特尼U檢定」（Mann-Whitney U 統計量）、「柯-史二組樣本 Z 考驗」（Kolmogorov-Smirnov Z 檢定）、「Moses 極端反應」（Moses extreme reactions）、「Wald-Wolfowitz 連檢定」。在考驗時至少要勾選一種，也可以同時勾選，檢定結果會分別呈現。其中以「曼-惠特尼U檢定」（Mann-Whitney U 統計量）的使用最為普遍。

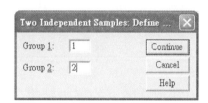

圖 7-12

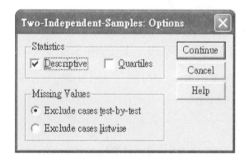

圖 7-13

【備註】：在「兩個獨立樣本檢定」（Two-Independent-Samples Tests）的對話視窗中，按右下方『Options...』（選項）鈕，可以開啟「Two-Independent-Samples: Options」（二個獨立樣本：選項）次對話視窗，在「Statistics」（統計量）的方盒中，包括『描述性統計量』（Descriptive）與『四分位數』（Quartiles）二個選項。

（二）結果說明

表 7-19　Descriptive Statistics

	N	Mean	Std. Deviation	Minimum	Maximum
推理能力	16	77.50	10.270	61	94
性別	16	1.50	.516	1	2

上表 7-19 爲描述性統計量，16 位受試者抽象推理能力的平均得分爲 77.50、測量值標準差爲 10.270、最小值（最低分）爲 61、最大值（最高分）爲 94。由於「性別」變項爲間斷變項，數值編碼分別爲 1、2，故其最小值爲 1、最大值爲 2、平均值爲 1.50。

表 7-20　Mann-Whitney Test
Ranks

	性別	N	Mean Rank	Sum of Ranks
推理能力	男生	8	11.13	89.00
	女生	8	5.88	47.00
	Total	16		

上表 7-20 爲「曼－惠特尼考驗」的等級結果，男生觀察值有 8 位，女生觀察值有 8 位，16 位樣本觀察值原始的抽象推理能力分數（等距變數）轉化爲等級後（分數最低者等級爲 1），8 位男生抽象推理分數的等級總和爲 89.00，等級平均數爲 11.125（＝89÷8＝11.125÷11.13）；8 位女生抽象推理分數的等級總和爲 47.00，等級平均數爲 5.875（47÷8＝5.875÷5.88），表中的等級平均數（mean rank）的數字爲四捨五入的數值，其原始等級平均數分別爲 11.125、5.875。

表 7-21　Test Statistics(b)

	推理能力
Mann-Whitney U	11.000
Wilcoxon W	47.000
Z	-2.205
漸近顯著性（雙尾）Asymp. Sig. (2-tailed)	.027
精確顯著性 Exact Sig. [2*（1-tailed Sig.）]	.028(a)

a Not corrected for ties.

b Grouping Variable: 性別

上表 7-21 爲「魏氏－曼－惠特尼考驗」的檢定統計量，第一列「Mann-Whitney U 統計量」爲其檢定量數值大小，U 統計量等於 11.000，第二列爲「魏克遜等級和檢定」（Wilcoxon rank-sum test）統計數值大小，Wilcoxon W 統計量等於 47.000，雙側檢定之精確顯著性 p 值等於 .028<.05，達到 .05 顯

著水準，應拒絕虛無假設，接受對立假設，表示不同性別的高一學生其抽象推理能力間有顯著的不同，此私立學校高一男學生的抽象推理能力（$\overline{R_1}$=11.125）顯著的優於高一女學生（$\overline{R_2}$=5.875）。

在「魏氏－曼－惠特尼考驗」的檢定統計量中，有一個「Z 檢定」值，其適用時機為 n1 與 n2 均≥10、檢定統計量 W 在虛無假設為真的情況下，近似常態分配，樣本為隨機抽取且二個樣本來自母體型態相同（中位數相同）的母群體，此時可採用 Z 統計量來檢定。範例中求出的 Z 檢定統計量為-2.205，雙尾之漸近顯著性的 p 值等於.027，達到.05 的顯著水準，拒絕虛無假設，不同性別的高一學生其抽象推理能力間有顯著的不同，此結果與上述採用 Mann-Whitney U 統計量檢定之結果相同。

◆【表格範例】

表 7-22　不同性別之高一學生在抽象推理能力之差異檢定摘要表

檢定變項	性別	人數	等級平均數	等級總和	Mann-Whitney U
抽象推理能力	男生	8	11.13	89.00	11.000*
	女生	8	5.88	47.00	

* 　p<.05

㈣統計量求法

表 7-23

測量值	等級	測量值	等級
80	9	79	8
64	3	62	2
85	13	83	11
92	15	72	5
84	12	66	4
86	14	61	1
94	16	73	6
78	7	81	10
等級總和	$\Sigma R_1=89$		$\Sigma R_2=47$
平均等級	$\overline{R_1}=11.125$		$\overline{R_2}=5.875$

曼－惠特尼 U 考驗的檢定（Mann-Whitney 檢定法）公式如下：

$$U_1 = n_1 n_2 + \frac{n_1(n_1+1)}{2} - R_1 = 8 \times 8 + \frac{8(8+1)}{2} - 89 = 100 - 89 = 11$$

$$U_2 = n_1 n_2 + \frac{n_2(n_2+1)}{2} - R_2 = 8 \times 8 + \frac{8(8+1)}{2} - 47 = 100 - 47 = 53$$

$U_{obt} = \min(U_1, U_2) = \min(11, 53)$，$U_{obt} = 11$ 的數值為上述 SPSS 統計分析輸出結果報表中的「Mann-Whitney U」統計檢定量的數值。

$U'_{obt} = \min(U_1, U_2) = \min(11, 53) = 53$

曼－惠特尼 U 檢定的統計決策上，如果 $U_{obt} \leq U_{CRI\_v}$ 臨界值或 $U'_{obt} \geq U'_{CRI\_v}$ 臨界值，則達到顯著水準。在曼－惠特尼 U 檢定臨界值的表格中，當 n1=8、n2=8、雙尾檢定時，顯著水準 $\alpha = .05$ 之 $U_{CRI\_v} = 13$、$U'_{CRI\_v} = 51$，由於 $U_{obt} = 11 < U_{CRI\_v} = 13$，拒絕虛無假設，接受對立假設或 $U'_{obt} = 53 > U'_{CRI\_v} = 51$，拒絕虛無假設，接受對立假設，二者之統計決策結果相同。

$\alpha = .025$ 單側檢定、$\alpha = .05$ 雙側檢定時 U_{CRI_v}（上面的數值）與 U'_{CRI_v}（下面的數值）的臨界值（數據來源：潘中道、郭俊賢，民 94，p.623）。

表 7-24

n_2 \ n_1	5	6	7	8	9	10	11	12	13
5	2	3	5	6	7	8	9	11	12
	23	27	30	34	38	42	46	49	53
6	3	5	6	8	10	11	13	14	16
	27	31	36	40	44	49	53	58	62
7	5	6	8	10	12	14	16	18	20
	30	36	41	46	51	56	61	66	71
8	6	8	10	<u>13</u>	15	17	19	22	24
	34	40	46	<u>51</u>	57	63	69	74	80
9	7	10	12	15	17	20	23	26	28
	38	49	51	57	64	70	76	82	89
10	8	11	14	17	20	23	26	29	33
	42	49	56	63	70	77	84	91	97
11	9	13	16	19	<u>23</u>	26	30	33	37
	46	53	61	69	<u>76</u>	84	91	99	106
12	11	14	18	22	26	29	33	37	41
	49	58	66	74	82	91	99	107	115
13	12	16	20	24	28	33	37	41	45
	53	62	71	80	89	97	106	115	124

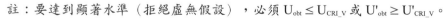

註：要達到顯著水準（拒絕虛無假設），必須 $U_{obt} \leq U_{CRI\_v}$ 或 $U'_{obt} \geq U'_{CRI\_v}$。

$\Sigma R_2 = 47.000$，為 SPSS 輸出報表中的 Wilcoxon W 統計量的數值。

在實務應用上，若 n_1 與 n_2 的數值 ≥ 10，則樣本為隨機抽取，二個隨機樣本來自的母群體的分配型態相同，即二個母群的中位數相等：$\eta_1 = \eta_2$，較小樣本數等級和 R 分配的期望值與標準差如下：

$$期望值：E(R) = \frac{n_1(n_1+n_2+1)}{2}$$

$$標準差：\sigma_R = \sqrt{\frac{n_1 n_2(n_1+n_2+1)}{12}}$$

$$Z = \frac{R - E(R)}{\sigma_R}$$

範例中的期望值 $= E(R) = \dfrac{n_1(n_1+n_2+1)}{2} = \dfrac{8(8+8+1)}{2} = 68$

標準差：$\sigma_R = \sqrt{\dfrac{n_1 n_2(n_1+n_2+1)}{12}} = \sqrt{\dfrac{8 \times 8(8+8+1)}{12}} = 9.5219$

$Z = \dfrac{R - E(R)}{\sigma_R} = \dfrac{47-68}{9.5219} = \dfrac{-21}{9.5219} = -2.205 = Z_{obt}$

因為 $|Z_{obt}| = |-2.205| > |Z_{CRI\_V}| = |-1.96|$，落入拒絕區，拒絕虛無假設，接受對立假設。

㈤求測量值的等級

曼－惠特尼 U 檢定法和魏克遜等級和檢定法類似，均是用於考驗二個樣本之母群體分配型態是否相同，即二個母體的中位數是否有所差異，兩者採用的方法均是利用兩個隨機抽取樣本的等級和來進行考驗，在等級的比較中，測量值的數值最低者，其等級為 1，如果測量值的數值相同，則採相同數值等級的平均數作為其等級，測量值與轉換等級的範例如下表 7-25：

表 7-25

測量值	15	18	18	20	25	26	27	30	30
等　級	1	2.5	2.5	4	5	6	7	8.5	8.5
備　註		(2+3)÷2=2.5						(8+9)÷2=8.5	

表 7-26

測量值	50	52	54	54	54	59	59	60	68	68	70
等　級	1	2	4	4	4	6.5	6.5	8	9.5	9.5	11
備　註			(3+4+5)÷3=4			(6+7)÷2=6.5			(9+10)÷2=9.5		

　　SPSS「Transform」（轉換）功能表可以求出測量值之等級，其操作程序如下：

> 執行功能表「Transform」（轉換）→「Rank Cases...」（觀察值等級化）程序，開啓
> 「Rank Cases」（等級觀察值）對話視窗。
> ⇒在左邊變數清單中將目標變項「推理能力」點選至右邊「Variables」（變數）下的方格中。
> ⇒左下角「Assign Rank 1 to」（等級1指定給）方盒中勾選內定選項『◉ Smallest value』（最小者），勾選「☑Display summary tables」（顯示摘要表）。
> ⇒按右下角『Ties...』（等值結）鈕，開啓「Rank Cases: Ties」（等級觀察值）次對話視窗。
> 　⇒在『Rank Assigned to Ties』（指定同分的等級）方盒中勾選「◉ Mean」（平均數）選項→按『Continue』鈕，回到「Rank Cases」（等級觀察值）對話視窗。
> ⇒按『OK』（確定）鈕。

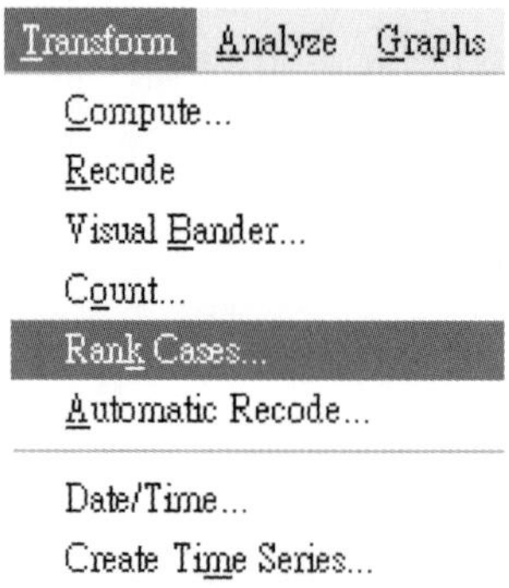

Transform　Analyze　Graphs

Compute...
Recode
Visual Bander...
Count...
Rank Cases...
Automatic Recode...

Date/Time...
Create Time Series...

圖 7-14

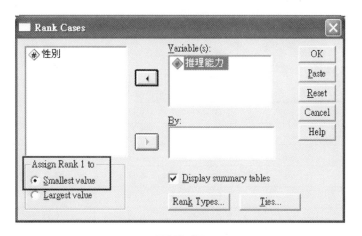

圖 7-15

在上述「Rank Cases」（等級觀察值）對話視窗，左下角「Assign Rank 1 to」（等級 1 指定給）方盒中的選項有二個『◉Smallest value』（最小者）、『Largest value』（最大者），前者為內定選項，表示測量值最低者，其等級變項數值為 1、測量值次低者，其等級變項數值為 2，依此類推，等級最大者，其測量值的數值分數最高；如勾選『◉Largest value』（最大者）選項，則測量值數值最高者，其等級變項數值為 1、測量值數值次高者，其等級變項數值為 2，依此類推排名，等級最大者，其測量值的數值分數最低。在無母數統計法中，統計量的估計值如用到等級者，在把測量值轉換為等級時，均將測量值分數或數值最小者，設為等級 1，因而如等級總和或等級平均數最低的組別，表示其原始測量值分數也最低。

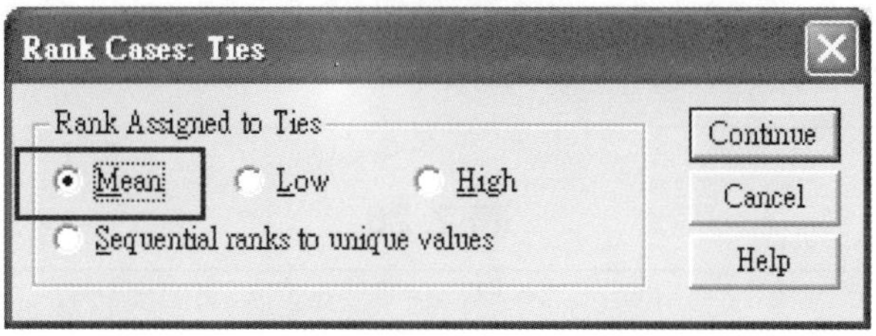

圖 7-16

上述「Rank Cases: Ties」（等級觀察值）次對話視窗，在『Rank Assigned to Ties』（指定同分的等級）方盒中有四個選項：「◉Mean」（平均數）、「Low」（低）、「High」（高）、「Sequential ranks to unique values」（同分觀察值依順序給唯一值）。上面四種情形以下表 7-27 測量值為例：

表 7-27

測量值	原始排序	平均數等級 (Mean 選項)	低等級選項 (Low 選項)	高等級選項 (High 選項)	同分觀察值 依順序給唯 一值
12	1	1.0	1.0	1.0	1.0
18	2	2.5	2.0	3.0	2.0
18	3	2.5	2.0	3.0	2.0
20	4	4.0	4.0	4.0	3.0
22	5	5.0	5.0	5.0	4.0
25	6	7.0	6.0	8.0	5.0
25	7	7.0	6.0	8.0	5.0
25	8	7.0	6.0	8.0	5.0
30	9	9.0	9.0	9.0	6.0
31	10	10.0	10.0	10.0	7.0

7-3-2 樣本人數不相等實例

㈠研究問題

某成人教育學者想探究成年人不同的家庭社經地位是否其生活滿意度的感受有所差異，乃採隨機取樣方式，抽取 9 位高社經地位、11 位低社經地位的成年人，二組樣本的受試者均填寫一份有十題的「生活滿意感受問卷」，問卷採用李克特五點量表法，測量的分數愈高，表示受試者所知覺的生活滿意度愈高，測量的分數愈低，表示受試者所知覺的生活滿意度愈低，測得的數據如下表 7-28：

表 7-28

高社經地位	50	49	41	39	47	42	48	36	38		
低社經地位	37	36	35	30	48	31	34	40	44	33	41

在 SPSS 資料建檔中，有二個變項，自變項為「社經地位」，其數值編碼 1 為「高社經地位」、2 為「低社經地位」，為間斷變數；檢定變項為生活滿意問卷上的測量分數，變項名稱為「生活滿意」，為連續變項。由於樣本數很小，故採用「曼－惠特尼考驗」（Mann-Whitney test）法代替獨立樣本 t 檢定法。

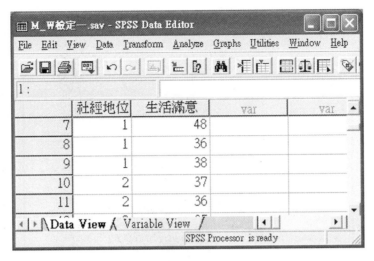

圖 7-17

㈡操作程序

⇒從功能表執行：

分析（Analyze）

　　無母數檢定（Nonparametric Tests）

　　　　二個獨立樣本（2 Independent Samples…），出現「兩個獨立樣本檢定」（Two-Independent-Samples Tests）的對話視窗

⇒將目標變數中的依變項「生活滿意」選入右邊「檢定變數的清單」（Test Variable List:）下的方盒中。

⇒將自變項「社經地位」選入右邊「分組變數」（Grouping Variable）下的空格中，點選分組自變數『社經地位(? ?)』→按『定義組別』（Define Groups）鈕，開啟「兩個獨立樣本：定義組別」（Two Independent Samples: Define...）的次對話視窗。

　⇒在「組別(1)」（Group 1）的右方空格鍵入分組變項的第一個水準編碼 1。

　⇒在「組別(2)」（Group 2）的右方空格鍵入分組變項的第二個水準編碼 2。

　⇒按『繼續』鈕→回到「兩個獨立樣本檢定」（Two-Independent-Samples Tests）的對話視窗。

⇒在下方「檢定類型」（Test Type）的方盒中勾選『☑ Mann-Whitney U 統計量』選項。

⇒按『確定』（OK）鈕。

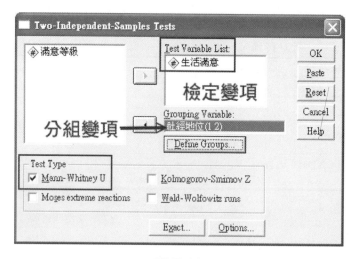

圖 7-18

㈡結果說明

表 7-29　Mann-Whitney Test
Ranks

	社經地位	N	Mean Rank	Sum of Ranks
生活滿意	高社經地位	9	13.83	124.50
	低社經地位	11	7.77	85.50
	Total	20		

　　上表 7-29 為「曼－惠特尼考驗」的等級結果，高社經地位觀察值有 9 位，低社經地位觀察值有 11 位，20 位樣本觀察值原始的生活滿意感受測量值分數（等距變數）轉化為等級後（分數最低者等級為 1），9 位高社經地位樣本知覺的生活滿意度分數之等級總和為 124.50，等級平均數為 13.83（＝124.50÷9＝13.83）；11 位低社經地位樣本知覺的生活滿意度分數之等級總和為 85.50，等級平均數為 7.77（13.83÷11＝13.83），表中的等級平均數（mean rank）的數字為四捨五入的數值，取到小數第二位。

表 7-30　Test Statistics(b)

	生活滿意
Mann-Whitney U	19.500
Wilcoxon W	85.500
Z	-2.282
Asymp. Sig. (2-tailed)	.023
Exact Sig. [2*(1-tailed Sig.)]	.020(a)

a　Not corrected for ties.

b　Grouping Variable: 社經地位

上表 7-30 為「魏氏－曼－惠特尼考驗」的檢定統計量，第一列「Mann-Whitney U 統計量」為其檢定量數值大小，U 統計量等於 19.500，第二列為「魏克遜等級和檢定」（Wilcoxon rank-sum test）統計數值大小，Wilcoxon W 統計量等於 85.500，雙側檢定之精確顯著性p 值等於.020<.05，達到.05 顯著水準，拒絕虛無假設，接受對立假設，表示不同社經地位的成年人其感受的生活滿意度有顯著的不同，高社經地位的成年人所感受的生活滿意度（$\overline{R}_1 = 13.83$）顯著的高於低社經地位的成年人所感受的生活滿意度（$\overline{R}_2 = 7.77$）。

◆【表格範例】

表 7-31　不同社經地位成年人在生活滿意感受的曼－惠特尼 U 檢定摘要表

檢定變項	類別	人數	等級平均數	等級總和	Mann-Whitney U
生活滿意	高社經地位	9	13.83	124.50	19.500*
	高社經地位	11	7.77	85.50	

* p<.05

㈣統計量求法

表 7-32

測量值	等級	測量值	等級
50	20	37	8
49	19	36	6.5
41	12.5	35	5
39	10	30	1
47	16	48	17.5
42	14	31	2
48	17.5	34	4
36	6.5	40	11
38	9	44	15
		33	3
		41	12.5
等級總和	$\Sigma R_1 = 124.5$		$\Sigma R_2 = 85.5$
平均等級	$\overline{R}_1 = 13.83$		$\overline{R}_2 = 7.77$

曼－惠特尼 U 考驗的檢定（Mann-Whitney 檢定法）公式如下：

$$U_1 = n_1 n_2 + \frac{n_1(n_1+1)}{2} - R_1 = 9 \times 11 + \frac{9(9+1)}{2} - 124.5 = 144 - 124.5 = 19.50$$

$$U_2 = n_1 n_2 + \frac{n_2(n_2+1)}{2} - R_2 = 9 \times 11 + \frac{11(11+1)}{2} - 85.5 = 165 - 85.5 = 79.5$$

$$U_{abt} = min(U_1, U_2) = min(19.50, 79.5) = 19.5$$

$U_{abt} = 19.5$ 的數值為上述SPSS統計分析輸出結果報表中的「Mann-Whitney U」統計檢定量的數值。

$$U'_{abt} = max(U_1, U_2) = max(19.50, 79.5) = 79.5$$

在曼－惠特尼 U 檢定的統計決策上，如果 $U_{obt} \leq U_{CRI\_v}$ 臨界值或 $U'_{obt} \geq U'_{CRI\_v}$ 臨界值，則達到顯著水準。在曼－惠特尼 U 檢定臨界值的表格中，當 n1 = 9、n2 = 11、雙尾檢定時，顯著水準α = .05 之 $U_{CRI\_v} = 23$、$U'_{CRI\_v} = 76$，由於 $U_{obt} = 19.5 < U_{CRI\_v} = 23$，拒絕虛無假設，接受對立假設或 $U'_{obt} = 79.5 > U'_{CRI\_v} = 76$，拒絕虛無假設，接受對立假設，二者之統計決策結果相同。

$\Sigma R_2 = 85.500$，為 SPSS 輸出報表中的 Wilcoxon W 統計量的數值。

期望值 $= E(R) = \dfrac{n_1(n_1+n_2+1)}{2} = \dfrac{9(9+11+1)}{2} = 94.5$

標準差：$\sigma_R = \sqrt{\dfrac{n_1 n_2 (n_1+n_2+1)}{12}} = \sqrt{\dfrac{9 \times 11(9+11+1)}{12}} = 13.1624$

$Z = \dfrac{R - E(R)}{\sigma_R} = \dfrac{124.5 - 94.5}{13.1624} = \dfrac{30}{13.1624} = 2.280 = Z_{obt}$

因為 $|Z_{obt}| = |-2.280| > |Z_{CRI\_V}| = |1.96|$，落入拒絕區，拒絕虛無假設，接受對立假設。

在 SPSS 輸出的統計報表中 Z 值為-2.282，其絕對值與上述 2.280 的相差不大，由於為雙尾檢定，一個是左側檢定，一個是右側檢定，其結果相同。

7-4 曼－惠特尼 U 檢定&t 檢定

7-4-1 研究問題

> 某大學統計系主任想要了解大一甲乙二班「統計學」的成績是否有顯著差異，學期末時從甲、乙兩班的同學中，各抽取六名學生，並取得此十二名學生「統計學」的學期成績，成績數據如下表 7-33：請問甲班、乙班「統計學」的成績是否有所差異？

表 7-33

甲班	77	82	75	66	76	84
乙班	83	78	84	86	85	79

在 SPSS 資料檔建檔中，分組變項為「班級」，其數值編碼中 1 為甲班、2 為乙班，是二分名義變數；檢定變項名稱為「統計成績」，變項的測量值為觀察值統計學的成績，是連續變項。

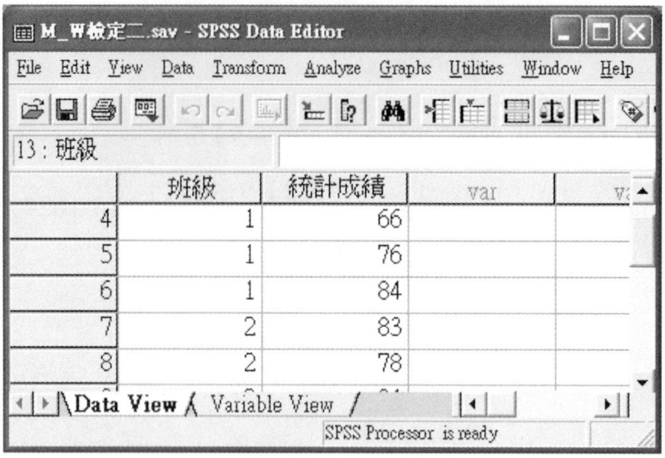

SPSS & ANOVA

	班級	統計成績	var	va
4	1	66		
5	1	76		
6	1	84		
7	2	83		
8	2	78		

圖 7-19

7-4-2　曼－惠特尼 U 檢定

㈠操作程序

> ⇒ 從功能表執行：
>
> 分析（Analyze）
> 　　無母數檢定（Nonparametric Tests）
> 　　　二個獨立樣本（2 Independent Samples…），出現「兩個獨立樣本檢定」（Two-Independent-Samples Tests）的對話視窗。
>
> ⇒ 將目標變數中的依變項「統計成績」選入右邊「檢定變數的清單」（Test Variable List:）下的方盒中。
> ⇒ 將自變項「班級」選入右邊「分組變數」（Grouping Variable）下的空格中，點選分組自變數『班級(? ?)』→按『定義組別』（Define Groups）鈕，開啟「兩個獨立樣本：定義組別」（Two Independent Samples: Define...）的次對話視窗。
> 　⇒ 在「組別(1)」（Group 1）的右方空格鍵入分組變項的第一個水準編碼 1。
> 　⇒ 在「組別(2)」（Group 2）的右方空格鍵入分組變項的第二個水準編碼 2。
> 　⇒ 按『繼續』鈕→回到「兩個獨立樣本檢定」（Two-Independent-Samples Tests）的對話視窗。

⇒在下方「檢定類型」（Test Type）的方盒中勾選『☑ Mann-Whitney U 統計量』選項。

⇒按『確定』（OK）鈕。

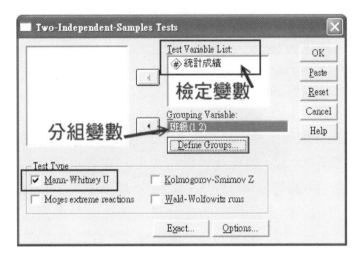

圖 7-20

(二)結果說明

表 7-34　NPar Tests
Mann-Whitney Test
Ranks

	班級	N	Mean Rank	Sum of Ranks
	甲班	6	4.42	26.50
統計成績	乙班	6	8.58	51.50
	Total	12		

上表 7-34 為「曼-惠特尼考驗」的等級結果，甲班觀察值有 6 位，乙班觀察值有 6 位，12 位樣本觀察值原始的統計學成績分數（等距變數）轉化為等級後（分數最低者等級為 1），6 位甲班學生等級總和為 26.50，等級平均數為 4.42；6 位乙班學生等級總和為 51.50，等級平均數為 8.58。

表 7-35　Test Statistics(b)

表 7-35　Test Statistics(b)

	統計成績
Mann-Whitney U	5.500
Wilcoxon W	26.500
Z	-2.005
Asymp. Sig. (2-tailed)	.045
Exact Sig. [2*(1-tailed Sig.)]	.041(a)

a Not corrected for ties.

b Grouping Variable: 班級

　　上表 7-35 為「魏氏－曼－惠特尼考驗」的檢定統計量，「Mann-Whitney U 統計量」等於 5.500，「魏克遜等級和檢定」W 統計量等於 26.500，雙側檢定之精確顯著性 p 值等於 .041<.05，達到 .05 顯著水準，拒絕虛無假設，接受對立假設，表示不同班級學生的統計學成績有顯著差異存在，乙班學生的統計學成績（$\bar{R}_1$＝8.58）顯著的優於甲班學生的統計學成績（$\bar{R}_2$＝4.42）。

表 7-36　不同班級的大一學生之統計學成績的曼-惠特尼 U 檢定摘要表

檢定變項	類別	人數	等級平均數	等級總和	Mann-Whitney U
統計學成績	甲班	9	4.42	26.50	5.500*
	乙班	11	8.58	51.50	

* p<.05

7-4-3　獨立樣本 t 檢定

㈠操作程序

Analyze（分析）

　　Compare Means（比較平均數法）

　　　　Independent-Samples T Test...（獨立樣本 T 檢定），出現「Independent-Samples T Test」（獨立樣本 T 檢定）對話視窗。

⇒將依變項「統計成績」選入右邊「Test Variable(s)」（檢定變數）下的方盒內。

⇒將自變項性別「班級」選入右邊「Grouping Variable」（分組變數）下方的空格中，點選其下方格中「班級(? ?)」選項。

⇒按『Define Groups』（定義組別）鈕，出現「Define Groups」（定義組別）次對話視窗。

⇒在「Group 1:」（組別1）的右邊方格輸入甲班數值編碼1。

⇒在「Group 2:」（組別2）的右邊方格輸入乙班數值編碼2。

⇒按『Continue』（繼續）鈕→回到「Independent-Samples T Test」（獨立樣本T檢定）對話視窗，「Grouping Variable」（分組變數）下方的空格「班級(? ?)」會變爲「班級(1 2)」。

⇒按『OK』（確定）鈕。

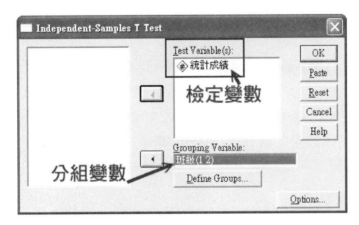

圖 7-21

(二)結果說明

表 7-37　　T-Test

Group Statistics

	班級	N	Mean	Std. Deviation	Std. Error Mean
統計成績	甲班	6	76.67	6.314	2.578
	乙班	6	82.50	3.271	1.335

上表 7-37 爲甲、乙二班觀察值的組別統計量，6 位甲班觀察值統計學成績的平均數爲 76.67、標準差爲 6.314、平均數標準誤爲 2.578；6 位乙班觀察值統計學成績的平均數爲 82.50、標準差爲 3.271、平均數標準誤爲 1.335。

表 7-38　Independent Samples Test

| | | Levene's Test for Equality of Variances | | t-test for Equality of Means | | | | | | |
| | | F | Sig. | t | df | Sig. (2-tailed) | Mean Difference | Std. Error Difference | 95% Confidence Interval of the Difference | |
									Lower	Upper
統計成績	Equal variances assumed	.855	.377	-2.009	10	.072	-5.833	2.903	-12.302	.635
	Equal variances not assumed			-2.009	7.504	.082	-5.833	2.903	-12.606	.939

上表 7-38 為獨立樣本 t 檢定統計量，Levene 法檢定之 F 值未達顯著差異（F=.855，p=.377>.05），表示二組樣本變異數同質，看第一列「假設變異數相等」（Equal variances assumed）之 t 值，二組樣本平均數的差異值等於-5.833，檢定統計量 t 值等於-2.009、df=10、p=.072>.05，未達.05 顯著水準，接受虛無假設，表示甲、乙二班統計學成績沒有顯著差異。

◆【表格範例】

表 7-39　不同班級學生之統計學成績的獨立樣本 t 檢定摘要表

班級	人數	平均數	標準差	t 值
甲班	6	76.67	6.314	-2.009n.s.
乙班	6	82.50	3.271	

n.s. p>.05

上述採用曼－惠特尼 U 檢定與獨立樣本 t 檢定所獲得的結論剛好相反。在統計分析中，若是資料嚴重違反常態性假定，或是數據資料屬性不是等距或比率尺度，或是小樣本的分析，進行二組樣本的差異比較時，研究者最好以無母數統計法的曼－惠特尼 U 檢定法來替代獨立分組設計的 t 檢定法，尤其是小樣本的統計資料分析，由於樣本觀察值太少，可能會違反常態性假定，此時使用曼－惠特尼 U 檢定法來進行資料的統計分析較為適宜，只是與母數統計法比較之下，其統計考驗力會較低。

7-5 改變的顯著性檢定

「麥內瑪考驗」（McNemar test）適用於一組受試者在一個二分間斷變數的反應測量次數，前後二次測量間改變的百分比是否有顯著差異。當研究者對同一組樣本進行前後二次調查，想檢定受試者對同一事件前後二次的態度是否有所改變時，可採用「麥內瑪考驗」法，「麥內瑪考驗」法適用的列聯表為 2×2，如果列聯表大於 2×2 時，同一組受試者態度的改變檢定，應採用「包卡爾對稱性檢定」（Bowker's test of symmetry）法。「麥內瑪考驗」特別適用於「前」、「後」設計中，受試者在前後二種設計中測量值的改變情形，測量值屬性需為名義（nominal）或次序（ordinal）變項。

7-5-1 統計決策分析

> 某位大學統計學任課教師想了解其任教班級的學生，在「學期初」和「學期末」對其任教學生修讀統計學科目的懼怕態度是否有所改變，以作為作來教學改進的參考，他從任教的二班學生中隨機抽取 50 名學生，調查的數據如下，請問修讀此大學教師統計學學生，經過一學期的修讀後，對統計學懼怕態度是否有顯著改變？

表 7-40

		學期末		總計
		懼怕	不懼怕	
學期初	懼怕	6	29	35
	不懼怕	2	13	15
	總計	8	42	

1. 對立假設與虛無假設

對立假設：學期初、學期末學生懼怕統計學的態度有顯著改變。
虛無假設：學期初、學期末學生懼怕統計學的態度沒有顯著改變。

2. 計算卡方統計量

在上表 7-40 中，有 6 位學生在學期初及學期末均懼怕統計學一課，13

位學生於學期初及學期末均不懼怕統計學一科,在50位受試者中,學期初及學期末對統計學一科懼怕態度均沒有改變者共 6+13=19 位,不過這不是研究者所表探究的重點,研究者所感興趣的是學期初與學期末對統計學態度有改變的學生。學期初懼怕統計學一課,但學期末反而不懼怕者有29人;學期初不會懼怕統計學一科,但學期末反而懼怕者有 2 人,經過一學期的修讀後,態度有顯著改變者共 29+2=31 位。假設此四格的人數及邊緣人數以下述代號表示:

表 7-41

	水準數值 1	水準數值 2	邊緣次數
水準數值 1	A	B	(A+B)
水準數值 2	C	D	(C+D)
邊緣次數	(A+C)	(B+D)	(A+B+C+D)

在上述表 7-41 中,研究者所關心的是學期初與學期末態度有改變的人次,所以是(B+C)的和,如果沒有顯著改變,則B應等於C,在虛無假設 H_0:B=C的情況下,理論上有 $\frac{B+C}{2}$ 的人由學期初懼怕態度變成不懼怕態度;也有 $\frac{B+C}{2}$ 的受試者由不懼怕態度變成懼怕的態度。所以此二格的期望次數都是 $\frac{B+C}{2}$ 。

根據卡方的定義公式: $\chi^2 = \sum \frac{(f_0-f_e)^2}{f_e}$,可以導出下列的計算式子:

$$\chi^2 = \frac{(B-\frac{B+C}{2})^2}{\frac{B+C}{2}} + \frac{(C-\frac{B+C}{2})^2}{\frac{B+C}{2}} = \frac{(B-C)^2}{B+C} = \frac{(29-2)^2}{29+2} = 23.516,自由度等於 1。$$

在 SPSS 視窗操作中,如果 (B+C) > 25,則使用校正之 χ^2 值 $= \sum \frac{(f_0-f_e-0.5)^2}{f_e}$

$$= \frac{(|B-C|-1)^2}{B+C} = \frac{(29-2-1)^2}{29+2} = 21.806 \ (\chi^2_{(df=1)})$$

3.設定顯著水準,查出卡方分配臨界值

在自由度等於 1、顯著水準α=.05 ($\chi^2_{(1,.05)}$)時,卡方分配的臨界值為 3.8415,$\chi^2_{CRI\_V} = 3.8415$。

4. 統計決策

因為 $\chi^2_{obt}=21.806$ 大於 $\chi^2_{CRI\_v}=3.8415$，落入拒絕區，拒絕虛無假設，表示樣本觀察值在學期初、學期末懼怕統計學的態度有顯著改變。

7-5-2　SPSS 操作

㈠資料建檔

上述資料建檔中以原始測量分數建檔，二個變數分別為「學期初」變項、「學期末」變項，二個變項均為二分名義變數，變數註解中 1 為「懼怕」、2 為「不懼怕」，數據建檔範例如下表 7-42：

表 7-42

學期初	學期末
1	1
1	2
1	1
2	1
2	2
2	1
1	2
1	2
.	.

如果以次數統計表建檔，則需要一個次數變項（freq），資料建檔如下表 7-43：

表 7-43

學期初	學期末	次數
1（懼怕）	1（懼怕）	6
1（懼怕）	2（不懼怕）	29
2（不懼怕）	1（懼怕）	2
2（不懼怕）	2（不懼怕）	13

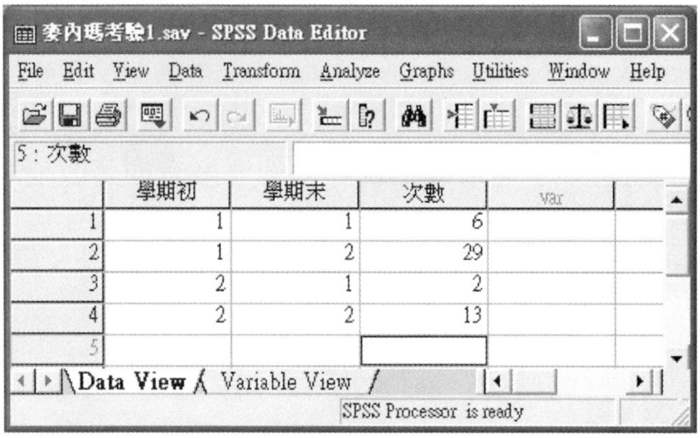

圖 7-22

㈡觀察值次數加權

　　若以分類之交叉表之列聯表建檔時，因已鍵入各細格的統計次數，在統計考驗之前，要先依「次數」變項進行觀察值加權，以告知電腦「學期初」變數水準數值1且「學期末」水準數值1的次數有6位觀察值、「學期初」變數水準數值1且「學期末」水準數值2的次數有29位觀察值、「學期初」變數水準數值2且「學期末」水準數值1的次數有2位觀察值、電腦「學期初」變數水準數值2且「學期末」水準數值2的次數有13位觀察值。觀察值次數加權執行程序如下：

　　觀察值加權操作步驟：

⇒從功能表選擇：

資料（Data）

　觀察值加權...（Weight Cases），出現「加權觀察值」（Weight Cases）的對話視窗

⇒在右邊的方盒中勾選『◉依據...加權觀察值』（Weight cases by）選項，將次數目標變數「次數」點選至右邊「次數變數」（Frequency）下的方格中。

⇒按『確定』（OK）鈕。

【備註】：資料建檔時，如果是以第一種原始資料方式建立資料檔（未事先統計各細格的變數），則不需要執行「觀察值加權」的程序，直接進行無母數統計的檢定即可。

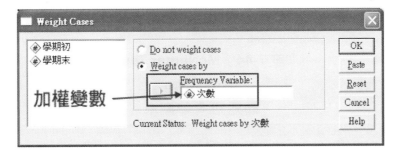

圖 **7-23**

㈢執行麥內瑪考驗

⇒從功能表選擇：

分析（Analyze）
　無母數檢定（Nonparametric Tests）
　　二個相關樣本（2 Related Samples…），出現「兩個相關樣本檢定」
（Two-Related-Samples Tests）的對話視窗

⇒將成對目標變數「學期初」、「學期末」變項選入右邊「欲檢定之配對變數的清單」（Test Pair(s) List:）下的方盒中。
⇒右下方「檢定類型」（Test Type）的方盒中勾選『☑McNemar檢定』選項。
⇒按『確定』（OK）鈕。

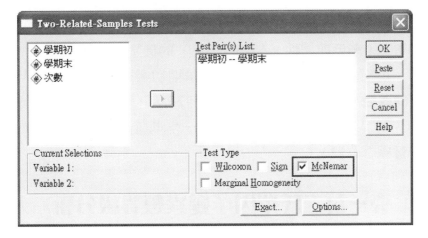

圖 **7-24**

㈣結果說明

表 7-44　McNemar Test

Crosstabs

學期初 & 學期末

學期初	學期末	
	1（懼怕）	2（不懼怕）
1（懼怕）	6	29
2（不懼怕）	2	13

　　上表 7-44 為細格的次數分配，學期初懼怕統計學，但學期末不懼怕統計學者有 29 人（態度有改變者）；學期初懼怕統計學，學期末也懼怕統計學者有 6 人；學期初不懼怕統計學，但學期末懼怕統計學者有 2 人（態度有改變者）；學期初不懼怕統計學，學期末也不懼怕統計學者有 13 人。

表 7-45　Test Statistics(b)

	學期初 & 學期末
N	50
Chi-Square (a)	21.806
Asymp. Sig.	.000
a Continuity Corrected	
b McNemar Test	

　　上表 7-45 為「麥內瑪考驗」的檢定統計量，經麥氏考驗結果，其卡方值等於 21.806，漸近顯著性（Asymp. Sig.）的機率 p 值等於.000<.05，達到顯著水準，拒絕虛無假設，表示樣本在學期初至學期末對統計學懼怕的態度有顯著的改變。學期初懼怕統計學者有 35 人，學期末懼怕統計學者只有 6 人，其中 29 人由懼怕變為不懼怕，經一學期統計學教學後，學生對統計學的態度有顯著改變。

7-6　克－瓦二氏單因子變異數等級分析

　　「克－瓦二氏單因子變異數等級分析」（Kruskal-Wallis one-way analysis of variance ranks；簡稱H檢定法）是 Wilcoxon 等級和檢定法及 Mann-Whitney

U 檢定法的擴大應用，可適用至三個以上獨立群體（群體之個數不一定要相等）間的比較，其考驗主要在檢定多個群體在依變項（次序尺度以上）的分配情形是否來自相同的母群。在母數統計中，如果研究中使用單因子變異時分析時，無法得知樣本是否取自常態分配的母群，或測量的變數是次序變項，而不是等距或比率變數，或是取樣樣本爲小樣本時，則可使用「克－瓦二氏單因子變異數等級分析」取代單因子變異數分析法。

「克－瓦二氏單因子變異數等級分析」法由學者 Kruskal 與 Wallis 提出，用以檢定 k 組獨立樣本是否來自同一母群體（中位數相同），此檢定法不像母數統計法中的ANOVA必須假定母群須符合常態性假定、也須符合變異數同質性的假定，它主要採用「等級」來進行變異數的分析，因而其檢定變項的尺度必須至少爲次序尺度（ordinal variables）。H 檢定法的虛無假設與對立假設設定如下：

虛無假設 $H_0 : \theta_1 = \theta_2 = \cdots\cdots = \theta_k$（k 組樣本母群的中位數相等）
對立假設 $H_1 : \theta_i \neq \theta_j$，就某一群體 i 及 j（k 組樣本中至少有一對樣本群體的中位數不相等）。

自變項爲三分以上名義變項，在考驗依變項在自變項組別間的差異，母數統計與無母數統計採用的方法對照如下表 7-46：

表 7-46

母數統計法	無母數統計法
單因子獨立樣本變異數分析	克一瓦二氏單因子變異數等級分析
單因子獨立樣本變異數分析	中位數考驗

7-6-1　H 檢定法實例一——三個群體的差異比較

(一)研究問題

某國中校長想了解該校二年級甲、乙、丙三班的第二次定期考查的數學成績是否有顯著差異，從此三個班級中，各隨機抽取五名學生，其學生的數學成績數據如下表 7-46，請問三個班級第二次定期考查的數學成績是否有顯著的不同？

表 7-47

甲班	乙班	丙班
56	59	67
62	69	76
60	71	80
57	65	82
70	73	85

在 SPSS 資料編輯視窗時，資料檔的建檔中有二個變項，「班級」、「數學成績」，「班級」變數為一個三分名義變項，其數值水準1為甲班、數值水準2為乙班、數值水準3為丙班；「數學成績」為一個等距變數，其數值為觀察值第二次定期考查的數學成績分數，分數愈高，表示學生第二次定期考查的數學成績愈佳。

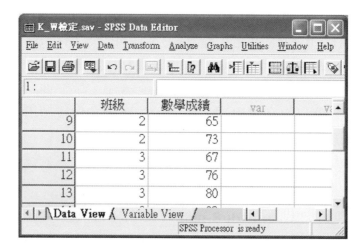

圖 7-25

㈡ H 檢定法的統計決策程序

將所有觀察值原始的數學成績分數轉換為等級。

表 7-48

甲班		乙班		丙班	
分數	等級	分數	等級	分數	等級
56	1	59	3	67	7
62	5	69	8	76	12
60	4	71	10	80	13
57	2	65	6	82	14
70	9	73	11	85	15
$n_1 = 5$	$\Sigma R_1 = 21$	$n_2 = 5$	$\Sigma R_2 = 38$	$n_3 = 5$	$\Sigma R_3 = 61$
	$\overline{R}_1 = 4.20$		$\overline{R}_2 = 7.60$		$\overline{R}_3 = 12.20$

1. 檢定假設

虛無假設 H_0：三個班級的數學成績間沒有顯著差異。

對立假設 H_1：三個班級的數學成績間有顯著差異。

2. 使用克－瓦二氏單因子變異數等級分析計算檢定統計量

$$H = \frac{12}{n(n+1)}\sum_{j=1}^{p}\frac{R_i^2}{n_i} - 3(n+1)$$
$$= \frac{12}{15(15+1)}\left[\frac{(21)^2}{5} + \frac{(38)^2}{5} + \frac{(61)^2}{5}\right] - 3(15+1) = \frac{12}{240}(88.20 + 288.80 + 744.20) - 48$$
$$= 56.06 - 48 = 8.06 = \chi_{obt}^2$$

3. 設定顯著水準，查出卡方分配臨界值

卡方自由度 $p-1 = 2$，$\alpha = .05$ 時，$\chi_{CRI\_V}^2 = 5.99$ ($\chi_{2,0.05}^2$)。

4. 統計決策

因為 χ_{obt}^2 值 $= 8.080$ 大於 $\chi_{CRI\_V}^2 = 5.99$，落入拒絕區，拒絕虛無假設，三個班級的數學成績間有顯著差異。

5. 事後比較

克－瓦二氏單因子等級變異數分析之檢定統計量相當於母數統計法之獨立樣本變異數分析，在獨立樣本變異數分析中如果 F 值達到顯著，則要進行事後比較。H 檢定法亦同，當檢定結果達到顯著水準，應該進行事後比較，以找出是哪幾對平均數間有顯著差異。

SPSS 視窗版之軟體沒有提供 H 檢法之事後比較，此部分可參考學者

Siegel 與 Castellan（*1989, p.213*）所提之方法。事後比較的公式如下：

$$\left| \overline{R}_i - \overline{R}_j \right| \geq Z_{\alpha/k(k-1)} \sqrt{\frac{N(N+1)}{12}\left(\frac{1}{n_i} + \frac{1}{n_j}\right)}$$

其中 $\overline{R}_i$ 是第 i 組的平均等級、$\overline{R}_j$ 是第 j 組的平均等級，k 是組數（範例等於 3），N 是樣本總數（範例等於 15）、n_i 是第 i 組的樣本數、n_j 是第 j 組的樣本數，α是研究者設定的顯著水準（.05 或.01）、$Z_{\alpha/k(k-1)}$ 是在顯著水準α及進行 k(k−1)次事後比較下的臨界值。假設α定為.05，組別數等於 3（k=3），$Z_{.05/[3(3-1)]} = Z_{.00833} \doteq 2.394$，查下表常態分配表，當尾機率值等於.00833 時，相對應的 Z 值約為 2.394。

$$Z_{\alpha/k(k-1)}\sqrt{\frac{N(N+1)}{12}\left(\frac{1}{n_i}+\frac{1}{n_j}\right)} = 2.394\sqrt{\frac{15(15+1)}{12}\left(\frac{1}{5}+\frac{1}{5}\right)} = 2.394 \times \sqrt{8}$$
$$= 6.77 \text{（臨界值）}$$

三組平均等級分別為第一組等於 4.20、第二組等於 7.60、第三組等於 12.20。平均等級差異的絕對值如下：

$$\left|\overline{R}_1 - \overline{R}_2\right| = \left|4.20 - 7.60\right| = 3.40 < 6.77 \text{（第一組與第二組的事後比較不顯著）}$$
$$\left|\overline{R}_1 - \overline{R}_3\right| = \left|4.20 - 12.20\right| = 8.00 > 6.77 \text{（第一組與第三組的事後比較顯著）}$$
$$\left|\overline{R}_2 - \overline{R}_3\right| = \left|7.60 - 12.20\right| = 4.60 < 6.77 \text{（第二組與第三組的事後比較不顯著）}$$

從上面的事後比較可以發現，只有第一組與第三組間的平均等級差異的絕對值（8.00）大於臨界值（6.77），達到.05 的顯著水準，表示甲班和丙班學生的數學成績間有顯著的不同，丙班學生的數學成績顯著的高於甲班學生，至於甲班學生的數學成績和乙班學生的數學成績間則沒有顯著的不同。

表 **7-49**　部分常態分配累積機率與尾機率對照表

Z 值	Z 值以下機率	右尾機率值	平均數到 Z 值面積	左尾機率值
2.390	.99158	.00842	.49158	.00842
2.391	.99160	.00840	.49160	.00840
2.392	.99162	.00838	.49162	.00838
2.393	.99164	.00836	.49164	.00836
2.394	.99167	.00833	.49167	.00833
2.395	.99169	.00831	.49169	.00831
2.396	.99171	.00829	.49171	.00829
2.397	.99174	.00826	.49174	.00826
2.398	.99176	.00824	.49176	.00824
2.400	.99180	.00820	.49180	.00820
2.410	.99202	.00798	.49202	.00798
2.420	.99224	.00776	.49224	.00776
2.430	.99245	.00755	.49245	.00755
2.440	.99266	.00734	.49266	.00734
2.450	.99286	.00714	.49286	.00714
2.460	.99305	.00695	.49305	.00695
2.470	.99324	.00676	.49324	.00676
2.480	.99343	.00657	.49343	.00657
2.490	.99361	.00639	.49361	.00639
2.500	.99379	.00621	.49379	.00621
2.510	.99396	.00604	.49396	.00604
2.520	.99413	.00587	.49413	.00587
2.530	.99430	.00570	.49430	.00570
2.540	.99446	.00554	.49446	.00554
2.550	.99461	.00539	.49461	.00539
2.560	.99477	.00523	.49477	.00523
2.570	.99492	.00508	.49492	.00508
2.580	.99506	.00494	.49506	.00494
2.590	.99520	.00480	.49520	.00480
2.600	.99534	.00466	.49534	.00466
2.610	.99547	.00453	.49547	.00453
2.620	.99560	.00440	.49560	.00440
2.630	.99573	.00427	.49573	.00427
2.631	.99574	.00426	.49574	.00426
2.632	.99576	.00424	.49576	.00424
2.634	.99578	.00422	.49578	.00422
2.635	.99579	.00421	.49579	.00421

表 7-49　部分常態分配累積機率與尾機率對照表（續）

Z 值	Z 值以下機率	右尾機率值	平均數到 Z 值面積	左尾機率值
2.636	.99581	.00419	.49581	.00419
2.637	.99582	.00418	.49582	.00418
2.638	.99583	.00417	.49583	.00417
2.639	.99584	.00416	.49584	.00416
2.640	.99585	.00415	.49585	.00415
2.641	.99587	.00413	.49587	.00413
2.642	.99588	.00412	.49588	.00412
2.643	.99589	.00411	.49589	.00411
2.644	.99590	.00410	.49590	.00410
2.645	.99592	.00408	.49592	.00408
2.646	.99593	.00407	.49593	.00407
2.647	.99594	.00406	.49594	.00406
2.480	.99343	.00657	.49343	.00657
2.649	.99596	.00404	.49596	.00404
2.650	.99598	.00402	.49598	.00402

註：本表的數據由 SPSS 函數群的中的「Cdfnorom」函數產生

(三) SPSS 的操作程序

⇒ 從功能表執行：

分析（Analyze）
　　無母數檢定（Nonparametric Tests）
　　　K 個獨立樣本（K Independent Samples…），出現「多個獨立樣本檢定」（Tests for Several Independent Samples）的對話視窗。

⇒ 將目標變數中的依變數「數學成績」點選至右邊「檢定變數清單」（Test Variable List:）下的方盒中。
⇒ 將自變項「班級」選入右邊「分組變數」（Grouping Variable）下的空格中，點選分組自變數『班級(? ?)』→按『定義範圍』（Define Range）鈕，開啓「多個獨立樣本：定義範圍」（Several Independent Samples: Define Range）的次對話視窗。
　　⇒ 在「最小值」（Minimum）的右方空格鍵入分組變項的第一個數值水準編碼 1。
　　⇒ 在「最大值」（Maximum）的右方空格鍵入分組變項的第二個數值水準編碼 3。

> ⇒按『繼續』鈕→回到「多個獨立樣本檢定」（Tests for Several Independent Samples）的對話視窗，「分組變數」（Grouping Variable）下的空格自變項會由「班級(？？)」變為「班級（1 3）」。
>
> ⇒在下方「檢定類型」（Test Type）的方盒中勾選『☑「Kruskal-Wallis H檢定法（克-瓦二氏單因子變異數等級分析）』選項。
>
> ⇒按『確定』（OK）鈕。

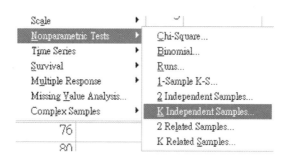

圖 7-26

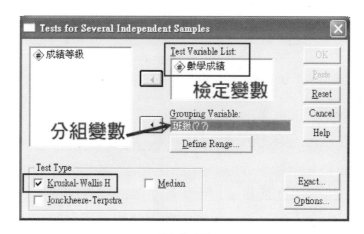

圖 7-27

　　在「多個獨立樣本檢定」（Tests for Several Independent Samples）的對話視窗中，左下角的「檢定類型」（Test Type）方盒有三個選項：『□ Kruskal-Wallis H』、『□Median』（中位數檢定）、『□Jonckheene-Terpstra』。此三個選項均可用來檢定多個獨立樣本是否取自相同的母群體，「Kruskal-Wallis H」是「Mann-Whitney U」統計量檢定的延伸，其功能比中位數檢定更為強大，「Kruskal-Wallis H」與「Median」檢定法均可適用於樣本資料事先未按遞增或遞減順序排列過，可以將原先的資料全部排序再求

出等級，以進行統計分析。

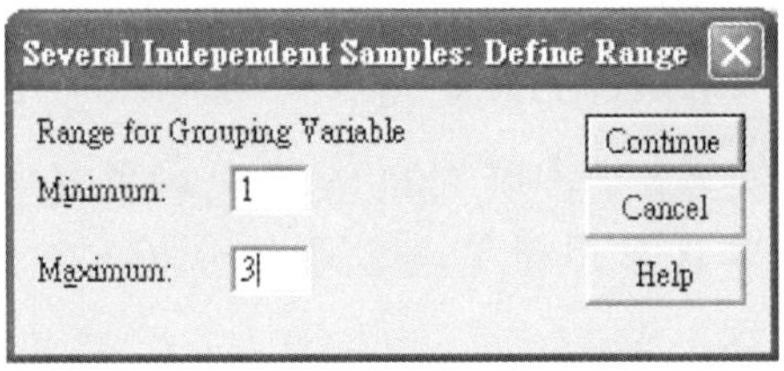

圖 7-28

上述「多個獨立樣本：定義範圍」（Several Independent Samples: Define Range）的次對話視窗中，「Minimum」（最小值）、「Maximum」（最大值）右邊的方格中要分別輸入自變項水準數值中的最小值與最大值，如自變項有五個水準（五個組別），組別的水準數值分別 2、3、4、5、6，則「最小值」應輸入 2、「最大值」應輸入 6；若是研究者的水準數值編碼為 1、2、3、4、5，則「最小值」應輸入 1、「最大值」應輸入 5。

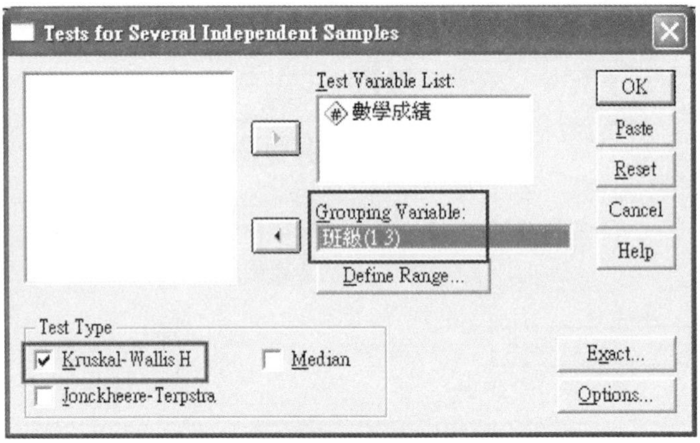

圖 7-29

按『Define Range』（定義範圍）鈕，進入「多個獨立樣本：定義範圍」（Several Independent Samples: Define Range）的次對話視窗，完成分組變數水準數值最小值與最大值的設定後，分組變數（Grouping Variable）下的自變項會由「班級（？？）」變為「班級（1 3）」，括號內的數值第一個為自變項水準數值的最小值、第二個為自變項水準數值的最大值。

(四) SPSS 的結果說明

表 7-50　Kruskal-Wallis Test

Ranks

	班級	N	Mean Rank
數學成績	甲班	5	4.20
	乙班	5	7.60
	丙班	5	12.20
	Total	15	

上表 7-50 為「克－瓦二氏單因子變異數等級分析」（H檢定法）之等級平均數，三個班級的數學成績化為等級後，甲、乙、丙三班觀察值的等級平均數分別為 4.20、7.60、12.20。

「克－瓦二氏單因子變異數等級分析」考驗即在檢定這三個等級平均數的差異是否達到顯著；而在單因子變異數分析之母數統計中，主要在考驗群體間的算術平均數的差異是否達到顯著，前者以「等級」（次序尺度）來進行變異數分析檢定；後者以「原始分數」來進行變異數分析考驗。

表 7-51　Test Statistics(a,b)

	數學成績
Chi-Square	8.060
Df	2
Asymp. Sig.（漸近顯著性）	.018
a Kruskal Wallis Test	
b Grouping Variable: 班級	

上表 7-51 為「克-瓦二氏單因子變異數等級分析」（H檢定法）檢定統計量，自由度為 2，檢定統計量的卡方值為 8.060，雙側檢定之漸近顯著性p值等於.018<.05，達到.05 顯著水準，拒絕虛無假設，表示三個班級第二次定期考查的數學成績間有顯著差異。

無母數統計法中的「克－瓦二氏單因子變異數等級分析」與母數統計法中的單因子變異數分析一樣，如果整體考驗達到顯著（前者為卡方值顯著、後者為 F 值顯著），則進一步應進行事後比較，以找出是哪幾對等級平均數間有顯著差異。在單因子變異數分析中，研究者可以直接利用 SPSS 統計軟體求出事後比較結果報表，但在無母數統計方法中，SPSS 統計軟體

並沒有提供此一功能,因而有關「克─瓦二氏單因子變異數等級分析」的事後比較考驗,研究者應採用上述介紹的方法。

◆【表格範例】

表 7-52　不同班級在數學成績之克-瓦二氏單因子變異數等級分析摘要表

班級	人數	等級平均數	X^2	事後比較
甲班	5	4.20	8.060*	丙班>甲班
乙班	5	7.60		
丙班	5	12.20		

* $p < .05$

7-6-2　H檢定法實例二──四個群體的差異比較

㈠研究問題

某國中輔導主任想了解該校二年級甲、乙、丙、丁四個班級學生的英文焦慮感受是否有顯著差異,從此四個班級中,各隨機抽取六名學生,施予「英文焦慮量表」,測得的數據如下表 7-53,請問四個班級學生所知覺的英文無慮是否有顯著的不同?

表 7-53

甲班	乙班	丙班	丁班
20	18	8	25
18	24	9	16
11	23	10	20
17	21	9	21
15	13	14	19
19	15	11	24

㈡H檢定法的統計決策程序

將所有觀察值原始的英文焦慮分數轉換為等級。

表 7-54

甲班		乙班		丙班		丁班	
測量值	等級	測量值	等級	測量值	等級	測量值	等級
20	17.5	18	13.5	8	1.00	25	24.0
18	13.5	24	22.5	9	2.50	16	11.0
11	5.5	23	21.0	10	4.00	20	17.5
17	12.0	21	19.5	9	2.50	21	19.5
15	9.5	13	7.0	14	8.00	19	15.5
19	15.5	15	9.5	11	5.50	24	22.5
$n_1=6$	$\sum R_1 = 73.5$	$n_2=6$	$\sum R_2 = 93.0$	$n_3=6$	$\sum R_3 = 23.5$	$n_4=6$	$\sum R_4 = 110.0$
	$\overline{R}_1 = 12.250$		$\overline{R}_2 = 15.500$		$\overline{R}_3 = 3.917$		$\overline{R}_4 = 18.333$

1. 檢定假設

虛無假設 H_0：四個班級學生的英文焦慮間沒有顯著差異。

對立假設 H_1：四個班級學生的英文焦慮間有顯著差異。

2. 使用克－瓦二氏單因子變異數等級分析計算檢定統計量

$$H = \frac{12}{n(n+1)}\sum_{i=1}^{p}\frac{R_i^2}{n_i} - 3(n+1)$$

$$= \frac{12}{24(24+1)}\left[\frac{(73.5)^2}{6} + \frac{(93)^2}{6} + \frac{(23.5)^2}{6} + \frac{(110.0)^2}{6}\right] - 3(24+1)$$

$$= 0.02 \times (4450.5833) - 75 = 89.0117 - 75 = 14.0117 = \chi_{obt}^2$$

3. 設定顯著水準，查出卡方分配臨界值

卡方自由度 $4-1=3$，$\alpha=.05$ 顯著水準時，$\chi_{CRI\_V}^2 = 7.815$（$\chi_{3,0.05}^2$）。

4. 統計決策

因為 χ_{obt}^2 值 $=14.0117$ 大於 $\chi_{CRI\_V}^2 = 7.815$，落入拒絕區，拒絕虛無假設，接受對立假設，四個班級學生的英文焦慮間有顯著差異。

5. 事後比較

克－瓦二氏單因子等級變異數分析之檢定統計量相當於母數統計法之獨立樣本變異數分析，在獨立樣本變異數分析中如果 F 值達到顯著，則要進行事後比較。H 檢定法亦同，當檢定結果達到顯著水準，應該進行事後比較，以找出是哪幾對平均數間有顯著差異。

H 檢定法之事後比較的公式如下：

$$\left|\overline{R}_i - \overline{R}_j\right| \geq Z_{\alpha/k(k-1)} \sqrt{\frac{N(N+1)}{12}\left(\frac{1}{n_i} + \frac{1}{n_j}\right)}$$

其中 $\overline{R}_i$ 是第 i 組的平均等級、$\overline{R}_j$ 是第 j 組的平均等級，k 是組數（範例 k=4），N 是樣本總數（範例等於 24）、 是第 i 組的樣本數、 是第 j 組的樣本數，α是研究者設定的顯著水準（.05 或.01）、$Z_{\alpha/k(k-1)}$ 是在顯著水準α及進行 k(k−1) 次事後比較下的臨界值。假設α定為.05，組別數等於 4(k=4)，$Z_{.05/[4(4-1)]}$ $= Z_{.00412} \doteq 2.642$，查上述常態分配表，當尾機率值等於.00412 時，相對應的 Z 值約為 2.642。

算式

$$Z_{\alpha/k(k-1)} \sqrt{\frac{N(N+1)}{12}\left(\frac{1}{n_i} + \frac{1}{n_j}\right)} = 2.642 \sqrt{\frac{24(24+1)}{12}\left(\frac{1}{6} + \frac{1}{6}\right)} = 2.642 \times 4.082$$
$$= 10.786 \text{（臨界值）}$$

四組平均等級分別為第一組等於 12.250、第二組等於 15.500、第三組等於 3.917、第四組等於 18.333。由於組數有四組，總共要進行的平均等級差異事後比較次數有 4×(4−1)÷2＝6 次。六次平均等級差異比較的絕對值如下：

$\left|\overline{R}_1 - \overline{R}_2\right| = \left|12.250 - 15.500\right| = 3.250 < 10.786$（第一組與第二組的事後比較不顯著）

$\left|\overline{R}_1 - \overline{R}_3\right| = \left|12.250 - 3.917\right| = 8.333 < 10.786$（第一組與第三組的事後比較不顯著）

$\left|\overline{R}_1 - \overline{R}_4\right| = \left|12.250 - 18.333\right| = 6.083 < 10.786$（第一組與第四組的事後比較不顯著）

$\left|\overline{R}_2 - \overline{R}_3\right| = \left|15.500 - 3.917\right| = 11.583 > 10.786$（第二組與第三組的事後比較顯著）

$\left|\overline{R}_2 - \overline{R}_4\right| = \left|15.500 - 18.333\right| = 2.833 < 10.786$（第二組與第四組的事後比較不顯著）

$\left|\overline{R}_3 - \overline{R}_4\right| = \left|3.917 - 18.333\right| = 14.416 > 10.786$（第三組與第四組的事後比較顯著）

從上面的事後比較可以發現，第二組與第三組間的平均等級差異的絕對值（=11.583）大於臨界值（10.786）、第四組與第三組間的平均等級差異的絕對值（=14.416）大於臨界值（10.786），達到.05 的顯著水準，表示乙班和丙班學生的英文焦慮有顯著的不同，丁班和丙班學生的英文焦慮也有顯著的不同，乙班（$\bar{R}_2 = 15.500$）和丁班（$\bar{R}_4 = 18.333$）學生的英文焦慮顯著的高於丙班學生（$\bar{R}_3 = 3.917$）（等級平均數愈小，表示樣本觀察值的英文焦慮愈低；等級平均數愈大，表示樣本觀察值的英文焦慮愈高）。

(三) SPSS 的操作程序

⇒從功能表執行：

分析（Analyze）
　無母數檢定（Nonparametric Tests）
　　K 個獨立樣本（K Independent Samples…），出現「多個獨立樣本檢定」（Tests for Several Independent Samples）的對話視窗。

⇒將目標變數中的依變數「英文焦慮」點選至右邊「檢定變數清單」（Test Variable List:）下的方盒中。
⇒將自變項「班級」選入右邊「分組變數」（Grouping Variable）下的空格中，點選分組自變數『班級(? ?)』→按『定義範圍』（Define Range）鈕，開啟「多個獨立樣本：定義範圍」（Several Independent Samples: Define Range）的次對話視窗。
　⇒在「最小值」（Minimum）的右方空格鍵入分組變項的第一個數值水準編碼 1。
　⇒在「最大值」（Maximum）的右方空格鍵入分組變項的第二個數值水準編碼 4。
　⇒按『繼續』鈕→回到「多個獨立樣本檢定」（Tests for Several Independent Samples）的對話視窗，「分組變數」（Grouping Variable）下的空格自變項會由「班級(? ?)」變為「班級（1 4）」。
⇒在下方「檢定類型」（Test Type）的方盒中勾選『☑「Kruskal-Wallis H 檢定法（克-瓦二氏單因子變異數等級分析）』選項。
⇒按『確定』（OK）鈕。

㈣ SPSS 的結果說明

表 7-55　Kruskal-Wallis Test

Ranks

	班級	N	Mean Rank
英文焦慮	甲班	6	12.25
	乙班	6	15.50
	丙班	6	3.92
	丁班	6	18.33
	Total	24	

上表 7-55 為「克－瓦二氏單因子變異數等級分析」（H檢定法）之等級平均數，四個班級觀察值的原始英文焦慮測量值分數化為等級後，甲、乙、丙、丁四班觀察值的等級平均數分別為 12.25、15.50、3.92、18.33。

表 7-56　Test Statistics(a,b)

	英文焦慮
Chi-Square	14.061
Df	3
Asymp. Sig.（漸近顯著性）	.003
a Kruskal Wallis Test	
b Grouping Variable: 班級	

上表 7-56 為「克－瓦二氏單因子變異數等級分析」（H檢定法）檢定統計量，自由度為 3，檢定統計量的卡方值為 14.061，雙側檢定之漸近顯著性p值等於.003<.05，達到.05 顯著水準，拒絕虛無假設，表示四個班級學生所知覺的英文焦慮間有顯著差異。在上述統計決策程序中所計算出的卡方值為 14.0117、與 SPSS 輸出報表中的卡方值 14.061 甚為接近，二者之間的差異乃無法整除時小數點位數進位時所產生的。

◆【表格範例】

表 7-57　不同班級在英文焦慮之克－瓦二氏單因子變異數等級分析差異比較摘要表

班級	人數	等級平均數	x^2	事後比較
甲班	6	12.25	14.061**	乙班>丙班
乙班	6	15.50		丁班>丙班
丙班	6	3.92		
丁班	6	18.33		

** p<.01

【變異數分析與 H 檢定法──小樣本的差異】

㈠研究問題

某輔導學者想探究不同婚姻狀況（已婚、離異、喪偶）的成年人其自殺意念傾向是否有顯著的不同，採分層隨機取樣方式，從已婚、離異、喪偶三個群體的成年人中隨機抽取六名受試者，其測得的數據如下表 7-58。各樣本觀察值之自殺意念測量值乃在「自殺意念知覺量表」上的得分，測量值分數愈高，表示樣本觀察值的自殺意念傾向愈高。

表 7-58

已婚	離異	喪偶
26	23	24
20	23	26
21	23	27
27	33	29
22	24	28
19	25	33

　　在 SPSS 資料建檔中，共有二個變數，自變數為「婚姻狀況」，依變數為「自殺意念」，「婚姻狀況」變數為三分類別變項，水準數值 1 為「已婚」、水準數值 2 為「離異」、水準數值 3 為「喪偶」，「自殺意念」為連續變數，測量值乃受試者在「自殺意念知覺量表」上的得分，測量值分數

愈高，表示樣本觀察值的自殺意念傾向愈高。

(二)採用母數統計法之單因子變異數分析結果

表 7-59　Oneway

Descriptives

自殺意念

	N	Mean	Std. Deviation	Std. Error	95% Confidence Interval for Mean		Minimum	Maximum
					Lower Bound	Upper Bound		
已婚	6	22.50	3.271	1.335	19.07	25.93	19	27
離異	6	25.17	3.920	1.600	21.05	29.28	23	33
喪偶	6	27.83	3.061	1.249	24.62	31.05	24	33
Total	18	25.17	3.930	.926	23.21	27.12	19	33

　　上表 7-59 為不同婚姻狀況的成年人在自殺意念測量值之描述性統計量，6 位已婚者之自殺意念的平均數為 22.50、標準差為 3.271、標準誤為 1.335；6 位離異者之自殺意念的平均數為 25.17、標準差為 3.920、標準誤為 1.249；6 位喪偶者之自殺意念的平均數為 27.83、標準差為 3.061、標準誤為 1.249。18 位樣本觀察值的總平均數為 25.17、標準差為 3.930、標準誤為.926。

表 7-60　ANOVA

自殺意念

	Sum of Squares	df	Mean Square	F	Sig.
Between Groups	85.333	2	42.667	3.612	.052
Within Groups	177.167	15	11.811		
Total	262.500	17			

　　上表 7-60 為獨立樣本變異數分析摘要表，組間差異的離均差平方和為 85.333、自由度為 2、均方值為 42.667、組內誤差項的均方值為 11.811，F 統計量為 3.612，顯著性機率值為.052>.05，未達顯著水準，表示不同婚姻狀況的成年人其自殺意念傾向沒有顯著不同。

㈡採用無母數統計法之克－瓦二氏單因子變異數等級分析結果

表 7-61　NPar Tests

Kruskal-Wallis Test

Ranks

	婚姻狀況	N	Mean Rank
	已婚	6	5.83
	離異	6	9.00
自殺意念	喪偶	6	13.67
	Total	18	

上表 7-61 為「克－瓦二氏單因子變異數等級變異數分析」之統計量，三個婚姻狀況組別的自殺意念原始測量值化為等級後，6 位已婚組別的等級平均數為 5.83、6 位離異組別的等級平均數為 9.00、6 位喪偶組別的等級平均數為 13.67。

表 7-62　Test Statistics(a,b)

	自殺意念
Chi-Square	6.592
df	2
Asymp. Sig.	.037
a Kruskal Wallis Test	
b Grouping Variable: 婚姻狀況	

上表 7-62 為「克－瓦二氏單因子變異數等級分析」（H檢定法）檢定統計量，自由度為 2，檢定統計量的卡方值為 6.592，雙側檢定之漸近顯著性p值等於.037<.05，達到.05 顯著水準，拒絕虛無假設，表示三種不同婚姻狀況的成年人所知覺的自殺意念間有顯著差異。

在上述同一個資料檔中採用無母數統計法之克-瓦二氏單因子變異數等級分析與採用母數統計法之單因子獨立樣本變異數分析之結果剛好相反，前者拒絕虛無假設、後者接受虛無假設，之所以會有此結果，乃是取樣觀察值為小樣本的緣故。因而若是小樣本的資料分析，研究者最好採用無母數統計分析法較為適切。

7-7 弗里曼二因子等級變異數分析

「弗里曼二因子等級變異數分析」（Friedman two-way analysis of valiance by ranks）主要在檢定受試者接受三個以上的實驗處理時，在某一個次序變項測量值的差異，適用此檢定方法須符合以下二個條件：一為測量變數至少為次序尺度（ordinal scale）以上（檢定時轉為次序變數）、二為k個配對組（或同一組受試者重複接受 k 個實驗處理）。此一方法與母數統計法中相依樣本單因子變異數分析法功用相似，不同的是母數統計法中的依變數為等距以上變數，而弗里曼二因子等級變異數分析的依變數為次序變數。弗里曼二因子等級變異數分析通常簡稱為「弗氏檢定」（Friedman test）或「弗里曼檢定」法。

「弗里曼檢定」法適用於樣本母體不是常態分配，或分析的資料為順序尺度，或樣本觀察值為小樣本。此檢定法用於 k 組相依樣本是否來自相同的母體（中位數相同），凡同一受試者重複接受 k 個不同的實驗處理水準後，將所測得的測量值化為等級，可使用「弗里曼檢定法」，此法的全名稱為「弗里曼二因子等級變異數分析」（Friedman two-way ANOVA by ranks）。弗里曼檢定法中的虛無假設與對立假設設定如下：

虛無假設 $H_0：\theta_1 = \theta_2 = \cdots\cdots = \theta_k$（k 組樣本母群的中位數相等）

對立假設 $H_1：\theta_i \neq \theta_j$，至少有二個情境 i 及 j 或二個群體的中位數不相等。

7-7-1 弗里曼檢定法實例一──k=3

(一)研究問題

某研究者想要探消費者對相同價錢的三種品牌的紅茶，其口味的接受度是否有顯著不同，乃隨機抽取八名消費者免費試飲甲、乙、丙三種不同品牌的紅茶，試飲完後，讓受試者評估接受喜愛的程度，分數從 1 分至 10 分，分數愈高，表示消費者接受喜愛的程度愈高，為免不同品牌口味的紅茶相互影響，消費者試飲一種品牌口味的紅茶後，中間間隔三十分鐘，測得的數據如下表 7-63，請問消費者對三種不同品牌的紅茶之接受度是否有顯著的不同？

表 7-63

甲品牌	乙品牌	丙品牌
10	5	7
8	4	8
10	2	9
9	3	8
9	4	6
8	2	5
7	1	7
8	4	10

在 SPSS 編輯視窗中，依照上述資料檔的數據建檔，三個變項名稱為：甲品牌、乙品牌、丙品牌，各變數的數值為受試者填寫的接受度分數，分數值介於 1 至 10 分，分數值愈大表示受試者對該品牌紅茶品味的接受度愈高；分數值愈低表小受試者對該品牌紅茶品味的接受度愈低。

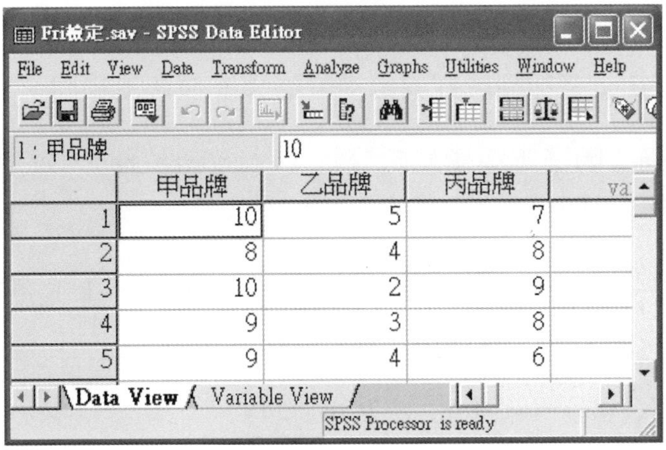

圖 7-30

(二)檢定統計決策程序

將 k 個實驗處理 n 列的各樣本觀察值之測量值，由小到大排序並給予等級，計算各實驗處理的等級總和與等級平均數。

表 7-64

受試者	甲品牌		乙品牌		丙品牌	
	測量值	等級	測量值	等級	測量值	等級
S1	10	3	5	1	7	2
S2	8	2.5	4	1	8	2.5
S3	10	3	2	1	9	2
S4	9	3	3	1	8	2
S5	9	3	4	1	6	2
S6	8	3	2	1	5	2
S7	7	2.5	1	1	7	2.5
S8	8	2	4	1	10	3
$\sum R_i$		22		8		18
$\bar{R}_i$		2.75		1		2.25
$\sum R_i^2$		484		64		324

1. 檢定假設

虛無假設 H_0：三種品牌紅茶接受度的評等相同。

對立假設 H_1：三種品牌紅茶接受度的評等顯著不相同。

2. 使用弗里曼二因子等級變異數分析（Friedman two-way ANOVA by ranks）計算檢定統計量

$$\chi^2_{FR}=\frac{12}{nk(k+1)}\sum_{i=1}^{k}R_i^2-3n(k+1)$$（其中 n 是受試者人數、k 是處理水準數、R_i 為第 i 組的等級總和）

$$=\frac{12}{8(3)(3+1)}[(22)^2+(8)^2+(18)^2]-3(8)(3+1)$$

$$=0.125\times(872)-96=13.000=\chi^2_{obt}$$

3. 設定顯著水準，查出卡方分配臨界值

卡方自由度 $3-1=2$，$\alpha=.05$ 顯著水準時，$\chi^2_{CRI\_V}=5.991$ $(\chi^2_{2,0.05})$。

4. 統計決策

因為 χ^2_{obt} 值 $=13.000$ 大於 $\chi^2_{CRI\_V}=5.991$，落入拒絕區，拒絕虛無假設，接受對立假設，受試者對三種品牌紅茶口味接受度的評定不一致。

5.事後比較

　　弗里曼二因子等級變異數分析相當於母數統計法之相依樣本單因子變異數分析，在相依樣本變異數分析中如果 F 值達到顯著，則要進行事後比較。弗里曼二因子等級變異數分析結果方法類似，當整體卡方值檢定結果達到顯著水準，應該進行事後比較，以找出是哪幾對平均數間有顯著差異。

　　SPSS 視窗版之軟體沒有提供弗里曼二因子等級變異數分析法之事後比較，此部分可參考學者 Siegel 與 Castellan（*1989, pp.180-181*）所提之方法。事後比較檢定的統計公式如下：

$$\left| R_i - R_j \right| \geq Z_{\alpha/k(k-1)} \sqrt{\frac{Nk(k+1)}{6}}$$

　　其中 R_i 是第 i 組的等級總和（rank sums）、R_j 是第 j 組的等級總和。k是組數（範例等於3），N是樣本總數（範例等於8），α是研究者設定的顯著水準（.05 或.01）、$Z_{\alpha/k(k-1)}$是在顯著水準α及進行k(k-1)次事後比較下的臨界值。假設α定為.05，組別數等於3（k＝1），$Z_{.05/[3(3-1)]} = Z_{.00833} \doteq 2.394$，查常態分配表，當機率值等於.00833時，相對應的 Z 值約為 2.394。事後比較臨界值如下：

$$Z_{\alpha/k(k-1)} \sqrt{\frac{N \times k \times (k+1)}{6}} = 2.394 \times \sqrt{\frac{8 \times 3 \times (3+1)}{6}} = 2.394 \times \sqrt{16} = 9.576$$

　　三組等級總和分別為第一組等於 22、第二組等於 8、第三組等於 18。等級總和差異的絕對值如下：

$\left| R_1 - R_2 \right| = \left| 22-8 \right| = 14.000 > 9.576$（甲品牌口味紅茶與乙品牌口味紅茶的接受度不相同）。
$\left| R_1 - R_3 \right| = \left| 22-18 \right| = 4.000 < 9.576$（甲品牌口味紅茶與丙品牌口味紅茶的接受度相同）。
$\left| R_2 - R_3 \right| = \left| 8-18 \right| = 10.000 > 9.576$（乙品牌口味紅茶與丙品牌口味紅茶的接受度不相同）。

　　從上面的事後比較可以發現：受試者對甲品牌口味紅茶與乙品牌口味紅茶的接受度的評定不相同，對丙品牌口味紅茶與乙品牌口味紅茶的接受

度的評定也不相同，從等級平均數可以看出：受試者對甲品牌口味紅茶的接受度（$\overline{R}_1 = 2.75$）顯著的高於乙品牌口味紅茶的接受度（$\overline{R}_2 = 1.00$）、受試者對丙品牌口味紅茶的接受度（$\overline{R}_3 = 2.25$）顯著的高於乙品牌口味紅茶的接受度（$\overline{R}_2 = 1.00$）。

㈢ SPSS 統計分析的操作程序

⇒從功能表執行下列程序：

分析（Analyze）

　無母數檢定（Nonparametric Tests）

　　K 個相關樣本（K Related Samples…），出現「多個相關樣本檢定」（Tests for Several Related Samples）的對話視窗。

⇒在左方變變清單中，將目標變數「甲品牌」、「乙品牌」、「丙品牌」三個變項點選至右邊「檢定變數」（Test Variables）下的方盒中。

⇒左下方「檢定類型」（Test Type）的方盒中勾選『☑ Friedman 檢定』（弗里曼二因子等級變異數分析）選項。

⇒按『確定』（OK）鈕。

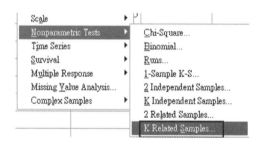

圖 7-31

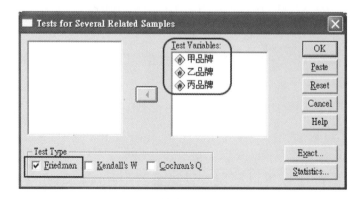

圖 7-32

在「多個相關樣本檢定」（Tests for Several Related Samples）的對話視窗中，左下方的『檢定類型』（Test Type）下的方盒中有三個檢定類型：「□Friedman」、「□Kendall's W」、「□Cochran's Q」。「Kendall's W」檢定是一種和諧係數，它可測量評估者的看法間或評分間是否一致；「Cochran's Q」檢定法是 McNemar 檢定 k 個樣本情況的延伸，如果資料是二分變數也可以使用「Cochran's Q」檢定法。

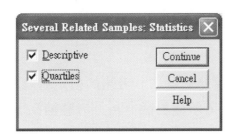

圖 7-33

在「多個相關樣本檢定」（Tests for Several Related Samples）的對話視窗中，如按右下角『Statistics』（統計量）鈕，可開啟「Several Related Samples: Statistics」（多個相關樣本：統計量）的次對話視窗，其中有二個選項：「□Descriptive」（描述性統計量）、「□Quartiles」（四分位數），勾選「描述性統計量」選項可呈現平均數、標準差、最小值、最大值與非遺漏觀察值的個數；勾選「四分位數」選項可以呈現與第 25 個、第 50 個、第 75 個百分位數相對應的測量值。

㈣ SPSS 報表結果說明

表 7-65

	Mean Rank
甲 品 牌	2.75
乙 品 牌	1.00
丙 品 牌	2.25

上表 7-65 為樣本觀察值在三個處理水準情境下於依變項上的等級平均數，等級平均數（Mean Rank）乃根據原始計量變數測量值（等距尺度）的大小加以排序後的等級（次序尺度），原始測量值分數愈大轉換後的等級也愈大。八名受試者對甲品牌紅茶口味之接受度的等級平均數為 2.75、對

乙品牌紅茶口味之接受度的等級平均數為 1.00、對丙品牌紅茶口味之接受度的等級平均數為 2.25。

表 7-66　Test Statistics(a)

N	8
Chi-Square	13.867
Df	2
Asymp. Sig.	.001
a Friedman Test	

上表 7-66 為「弗里曼檢定法」考驗的檢定統計量，三個等級平均數之差異經「弗里曼二因子等級變異數分析」考驗結果，卡方值（Chi-Square）等於 13.867、自由度等於 2，漸近顯著性（Asymp. Sig.）p 值等於.001，達到.05 的顯著水準，應拒絕虛無假設，接受對立假設。

◆【表格範例】

表 7-67　受試者對不同品牌口味紅茶接受度之「弗里曼二因子等級變異數分析」摘要表

班級	受試者	等級平均數	X^2	事後比較
甲品牌	8	2.75	13.687**	甲品牌>乙品牌
乙品牌	8	1.00		丙品牌>乙品牌
丙品牌	8	2.25		

** p<.01

7-7-2　弗里曼檢定法實例二──k=4

某國小六年級導師在一項行動研究中想了解班上學生對語文、數學、自然、英文四科的喜愛程度是否有所差異，以作為教學改進的參考。此教師從任教班級中隨機抽取十名學生，讓其對語文、數學、自然、英文四科填寫一份「課程喜愛程度量表」，各量表總分從 0 分至 10 分，分數愈高表示學生對課程愈喜愛，分數愈低表示學生對課程喜愛的程度愈低，測得的數據分數如下表 7-67。請問班上學生對語文、數學、自然、英文四個課目的喜愛程度是否有顯著的不同？

表 7-67

語文	數學	自然	英文
10	2	4	7
6	7	9	8
9	4	2	10
10	1	2	8
10	3	4	9
9	2	5	5
8	6	6	4
9	4	5	9
9	2	1	10
8	3	2	10

在SPSS編輯視窗中，依照上述資料檔的數據建檔，四個變項名稱為：語文、數學、自然、英文，各變數的數值為受試者填寫的喜愛程度分數，分數值介於 0 至 10 分，分數愈高表示學生對課程的喜愛程度愈高。

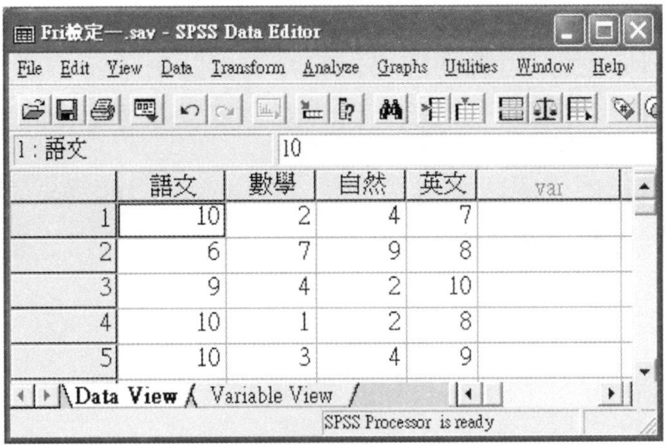

圖 7-34

㈡檢定統計決策程序

將 k 個實驗處理 n 列的各樣本觀察值之測量值，由小到大排序並給予等級，計算各實驗處理的等級總和與等級平均數。

表 7-68

受試者	語文		數學		自然		英文	
	測量值	等級	測量值	等級	測量值	等級	測量值	等級
S1	10	4	2	1	4	2	7	3
S2	6	1	7	2	9	4	8	3
S3	9	3	4	2	2	1	10	4
S4	10	4	1	1	2	2	8	3
S5	10	4	3	1	4	2	9	3
S6	9	4	2	1	5	2.5	5	2.5
S7	8	4	6	2.5	6	2.5	4	1
S8	9	3.5	4	1	5	2	9	3.5
S9	9	3	2	2	1	1	10	4
S10	8	3	3	2	2	1	10	4
ΣR_i		33.5		15.5		20		31
ΣR_i^2		1122.25		240.25		400		961
$\overline{R}_i$		3.35		1.55		2.00		3.10

1. 檢定假設

虛無假設 H_0：受試者對四種科目的喜愛程度相同。

對立假設 H_1：受試者對四種科目的喜愛程度顯著不相同。

2. 使用弗里曼二因子等級變異數分析（Friedman two-way ANOVA by ranks）計算檢定統計量

$$\chi^2_{FR} = \frac{12}{nk(k+1)}\sum_{i=1}^{k}R_i^2 - 3n(k+1)$$
$$= \frac{12}{10(4)(4+1)}\left[(33.5)^2+(15.5)^2+(20)^2+(31)^2\right]-3(10)(4+1)$$
$$= 0.060 \times 2723.5 - 150 = 163.410 - 150 = 13.410 = \chi^2_{obt}$$

3. 設定顯著水準，查出卡方分配臨界值

卡方自由度 $4-1=3$，$\alpha=.05$ 顯著水準時，$\chi^2_{CRI\_V}=7.815$（$\chi^2_{3,0.05}$）。

4. 統計決策

因為 χ^2_{obt} 值 $= 13.410$ 大於 $\chi^2_{CRI\_V}=7.815$，落入拒絕區，拒絕虛無假設，接受對立假設，受試者對四種科目的喜愛程度有顯著的不同。

5.事後比較

弗里曼二因子等級變異數分析相當於母數統計法之相依樣本單因子變異數分析，在相依樣本變異數分析中如果 F 值達到顯著，則要進行事後比較。弗里曼二因子等級變異數分析結果方法類似，當整體卡方值檢定結果達到顯著水準，應該進行事後比較，以找出是哪幾對平均數間有顯著差異。

假設α定爲.05，組別數等於 4（k=4），$Z_{.05/[4(4-1)]} = Z_{.00412} \doteq 2.642$，查上述常態分配表，當尾機率值等於.00412 時，相對應的 Z 值約爲 2.642。

事後比較臨界值如下：

$$Z_{\alpha/k(k-1)}\sqrt{\frac{N \times k \times (k+1)}{6}} = 2.642 \times \sqrt{\frac{10 \times 4 \times (4+1)}{6}} = 2.642 \times \sqrt{\frac{200}{6}} = 15.254$$

若是

$$|R_i - R_j| \geq Z_{\alpha/k(k-1)}\sqrt{\frac{Nk(k+1)}{6}} = 15.254，則二個處理水準間的差異達到顯著。$$

四組等級總和分別爲第一組等於 33.5（對語文喜愛程度）、第二組等於 15.5（對數學喜愛程度）、第三組等於 20.0（對自然喜愛程度）、第四組等於 31.0（對英文喜愛程度）。等級總和差異的絕對值如下：

$|R_1 - R_2| = |33.5 - 15.5| = 18.000 > 15.254$（對語文與數學喜愛程度有顯著不同）

$|R_1 - R_3| = |33.5 - 20.0| = 13.500 < 15.254$（對語文與自然喜愛程度沒有顯著不同）

$|R_1 - R_4| = |33.5 - 31.0| = 2.500 < 15.254$（對語文與英文喜愛程度沒有顯著不同）

$|R_2 - R_3| = |15.5 - 20.0| = 4.500 < 15.254$（對數學與自然喜愛程度沒有顯著不同）

$|R_2 - R_4| = |15.5 - 31.0| = 15.500 > 15.254$（對數學與英文喜愛程度有顯著不同）

$|R_3 - R_4| = |20.0 - 31.0| = 11.000 < 15.254$（對自然與英文喜愛程度沒有顯著不同）

(三) SPSS 統計分析的操作程序

⇒從功能表執行下列程序：

分析（Analyze）

　無母數檢定（Nonparametric Tests）

　　K個相關樣本（K Related Samples…），出現「多個相關樣本檢定」（Tests for Several Related Samples）的對話視窗。

⇒在左方變變清單中，將目標變數「語文」、「數學」、「自然」、「英文」四個變項點選至右邊「檢定變數」（Test Variables）下的方盒中。

⇒左下方「檢定類型」（Test Type）的方盒中勾選『☑Friedman檢定』（弗里曼二因子等級變異數分析）選項。

⇒按『確定』（OK）鈕。

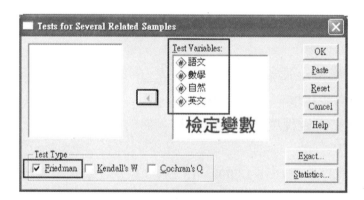

圖 7-35

(四) SPSS 報表結果說明

表 7-69　Friedman Test

Ranks

	Mean Rank
語文	3.35
數學	1.55
自然	2.00
英文	3.10

上表 7-69 為樣本觀察值在四個處理水準情境下於依變項上的等級平均數，等級平均數（Mean Rank）乃根據原始計量變數測量值（等距尺度）的大小加以排序後的等級（次序尺度），原始測量值分數愈大轉換後的等級也愈大。十名學生對語文、數學、自然、英文四科喜愛程度測量值的等級平均數分別為 3.35、1.55、2.00、3.10，學生對語文科的喜愛程度最高，對數學科的喜愛程度最低。至於這些平均數等級間的差異是否達到顯著，須經進一步進行整體考驗方能得知。

表 7-70　Test Statistics(a)

N	10
Chi-Square	13.825
df	3
Asymp. Sig.	.003
a Friedman Test	

　　上表 7-70 為「弗里曼檢定法」考驗的檢定統計量，四個等級平均數之差異經「弗里曼二因子等級變異數分析」考驗結果，卡方值（Chi-Square）等於 13.825、自由度等於 3，漸近顯著性（Asymp. Sig.）p 值等於.003，達到.05 的顯著水準，應拒絕虛無假設，接受對立假設，表示受試者對四種科目的喜愛程度有顯著的不同。

◆【表格範例】

表 7-71　受試者對不同科目喜愛程度之「弗里曼二因子等級變異數分析」摘要表

品牌	受試者	等級平均數	χ^2	事後比較
語文	10	3.35	13.687**	語文>數學
數學	10	1.55		英文>數學
自然	10	2.00		
英文	10	3.10		

** p<.01

【附錄】

表 7-72　χ²分配臨界值與顯著水準對照表

自由度	α=.05	α=.01	α=.001
1	3.8415	6.6349	10.8276
2	5.9915	9.2103	13.8155
3	7.8147	11.3449	16.2662
4	9.4877	13.2767	18.4668
5	11.0705	15.0863	20.5150
6	12.5916	16.8119	22.4577
7	14.0671	18.4753	24.3219
8	15.5073	20.0902	26.1245
9	16.9190	21.6660	27.8772
10	18.3070	23.2093	29.5883
11	19.6751	24.7250	31.2641
12	21.0261	26.2170	32.9095
13	22.3620	27.6882	34.5282
14	23.6848	29.1412	36.1233
15	24.9958	30.5779	37.6973
16	26.2962	31.9999	39.2524
17	27.5871	33.4087	40.7902
18	28.8693	34.8053	42.3124
19	30.1435	36.1909	43.8202
20	31.4104	37.5662	45.3147
21	32.6706	38.9322	46.7970
22	33.9244	40.2894	48.2679
23	35.1725	41.6384	49.7282
24	36.4150	42.9798	51.1786
25	37.6525	44.3141	52.6197
26	38.8851	45.6417	54.0520
27	40.1133	46.9629	55.4760
28	41.3371	48.2782	56.8923
29	42.5570	49.5879	58.3012
30	43.7730	50.8922	59.7031
40	55.7585	63.6904	73.4020
50	67.5048	76.1539	86.6608
60	79.0819	88.3794	99.6072
70	90.5312	100.4252	112.3169
80	101.8795	112.3288	124.8392

表 7-72　χ²分配臨界值與顯著水準對照表（續）

自由度	α=.05	α=.01	α=.001
90	113.1453	124.1163	137.2084
100	124.3421	135.8067	149.4493
120	146.5674	158.9502	173.6174
200	233.9943	249.4451	267.5405
300	341.3951	359.9064	381.4252
400	447.6325	468.7245	493.1318
500	553.1268	576.4928	603.4460

上表 7-72 數據由 SPSS「IDF.CHISQ」函數所產生。「IDF.CHISQ」函數的語法為：「IDF.CHISQ(prob, df)」，副指令「prob」為卡方臨界值以下累積機率，「df」為卡方的自由度，如自由度為 3，顯著水準α=.05，則卡方臨界值以下的累積機率為 0.95，卡方分配臨界值的函數語法為：「IDF.CHISQ (0.95, 3)」。

7-8 弗里曼二因子等級變異數分析與相依樣本單因子變異數分析

7-8-1 研究問題

某高中輔導教師想了解其學校一年級學生在英文科目、數學科目、物理科目考試之前的心理緊張焦慮狀態是否有所不同，隨機抽取該校一年級的學生十二名，於三個科目考試之前半小時施測「心理緊張焦慮」量表，量表測量值的分數愈高，表示受試者的心理緊張焦慮程度愈高；量表測量值的分數愈低，表示受試者的心理緊張焦慮程度愈低。測得的數據如下表 7-73，此輔導教師若是採用母數統計與無母數統計來統計分析資料，則結果為何？

表 7-73

編號	英文考試前	數學考試前	數學考試前
01	39	39	39
02	37	39	38
03	35	36	36
04	27	30	29
05	26	28	28
06	33	33	31
07	27	28	27
08	27	28	27
09	30	31	30
10	28	28	29
11	27	27	28
12	40	38	41

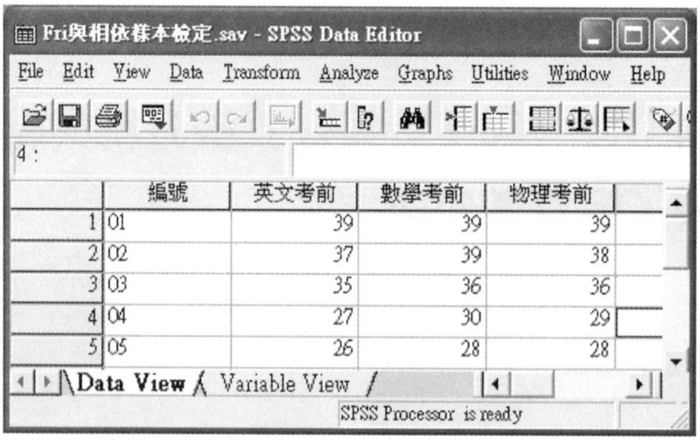

圖 7-36

　　研究問題如下：「受試者在英文、數學、物理三種不同科目考試前的心理緊張狀態是否有顯著不同？」

　　研究假設如下：「受試者在英文、數學、物理三種不同科目考試前的心理緊張狀態有顯著不同。」

7-8-2　結果分析

㈠相依樣本單因子變異數分析

表 7-74　Within-Subjects Factors

Measure: MEASURE_1

a	Dependent Variable
1	英文考前
2	數學考前
3	物理考前

上表 7-74 為自變項名稱及處理水準數，自變項名稱為「a」、三個處理水準名稱分別為「英文考前」、「數學考前」、「物理考前」；第一欄為自變項名稱及其水準數目；第二欄為處理水準數相對應的變項名稱。

表 7-75　Descriptive Statistics

	Mean	Std. Deviation	N
英文考前	31.33	5.211	12
數學考前	32.08	4.719	12
物理考前	31.92	5.107	12

上表 7-75 為三個處理水準數的描述統計量，包括平均數、標準差及有效觀察值個數，以英文科而言，十二位學生考試前的心理緊張焦慮得分的平均數為 31.33、標準差為 5.211；以數學科而言，十二位學生考試前心理緊張焦慮測得的數據平均數為 32.08、標準差為 4.719；以物理科而言，十二位學生考試前心理緊張焦慮測得的數據平均數為 31.92、標準差為 5.107。

表 7-76　Mauchly's Test of Sphericity(b)
Measure: MEASURE_1

Within Subjects Effect	Mauchly's W	Approx. Chi-Square	df	Sig.	Epsilon(a)		
					Greenhouse-Geisser	Huynh-Feldt	Lower-bound
a	.941	.606	2	.738	.944	1.000	.500

Tests the null hypothesis that the error covariance matrix of the orthonormalized transformed dependent variables is proportional to an identity matrix.

a May be used to adjust the degrees of freedom for the averaged tests of significance. Corrected tests are displayed in the Tests of Within-Subjects Effects table.

b Design: Intercept
Within Subjects Design: a

上表 7-76 為球面性假定檢定的統計量，Mauchly 檢定值為.941，轉換後的卡方值等於.606，df=2，顯著性 p=.738>.05，未達顯著水準，應接受虛無假設，表示未違反變異數分析之球形假定；而ε的最小值（Lower-bound）＝1÷(3−1)＝.500（3 為自變項的水準數），Greenhouse-Geisser 的ε檢定值為.944、Huynh-Feldt 的ε檢定值為 1.000，二個指標均超過.75 的標準，二個ε的平均值為.972 [＝(.944＋1.000)÷2]也超過.75 的標準，顯示分析的資料，未違反球面性的假定，即受試者在不同水準依變項上的得分，兩兩配對相減所得的差異值之變異數相等（homogeneity-of-variance of differences）。

表 7-77　Tests of Within-Subjects Effects
Measure: MEASURE_1

Source		Type III Sum of Squares	df	Mean Square	F	Sig.
a	Sphericity Assumed	3.722	2	1.861	2.416	.113
	Greenhouse-Geisser	3.722	1.889	1.971	2.416	.116
	Huynh-Feldt	3.722	2.000	1.861	2.416	.113
	Lower-bound	3.722	1.000	3.722	2.416	.148
Error(a)	Sphericity Assumed	16.944	22	.770		
	Greenhouse-Geisser	16.944	20.778	.816		
	Huynh-Feldt	16.944	22.000	.770		
	Lower-bound	16.944	11.000	1.540		

上表 7-77 為受試內變異數，分成處理效果及誤差項二部分，處理效果

為自變項「a」的效果。如果相依樣本變異數分析違反球面性假定，分析資料須進行校正，因而須看 Greenhouse-Geisser、Huynh-Feldt 橫列之資料，此二列的 F 值為調整後的 F 考驗值（adjusted F test）。由於範例中並本違反球面性假定，直接看「假設為球形」（Sphericity Assumed）橫列之資料，作為估計值進行假設考驗，在處理效果項方面，型III 之 SS=3.722，df=2，MS=1.861，F=2.416，顯著性p=.113>.05，未達到.05 顯著水準，表示自變項的處理效果不顯著，即學生在英文、數學、物理三個科目考試前的心理緊張焦慮狀態沒有顯著的不同。

表 7-78　Tests of Between-Subjects Effects

Measure: MEASURE_1

Transformed Variable: Average

Source	Type III Sum of Squares	df	Mean Square	F	Sig.
Intercept	36353.778	1	36353.778	491.536	.000
Error	813.556	11	73.960		

上表為受試者間效應項的檢定值，受試者間效應項的檢定值即相依樣本中區組（Block）間的差異。包括離均差平方和、自由度、均方值。由表中可知受試者間（SS_b）的離均差平方和等於 813.556、自由度等於 11、均方值等於 73.960。

表 7-79　Estimated Marginal Means

a

Estimates

Measure: MEASURE_1

a	Mean	Std. Error	95% Confidence Interval	
			Lower Bound	Upper Bound
1	31.333	1.504	28.023	34.644
2	32.083	1.362	29.085	35.081
3	31.917	1.474	28.672	35.162

上表 7-79 估計邊緣平均數為三個處理水準數的描述統計量，包括平均數、標準誤、平均數 95%的信賴區間，以英文科而言，十二位學生考試前的心理緊張焦慮得分的平均數為 31.333、標準誤為 1.504；以數學科而言，

十二位學生考試前心理緊張焦慮測得的數據平均數為 32.083、標準誤為 1.362；以物理科而言，十二位學生考試前心理緊張焦慮測得的數據平均數為 31.917、標準誤為 1.474。

表 7-80 Pairwise Comparisons
Measure: MEASURE_1

(I)a	(J)a	Mean Difference (I-J)	Std. Error	Sig.(a)	95% Confidence Interval for Difference(a)	
					Lower Bound	Upper Bound
1	2	-.750	.372	.069	-1.568	.068
	3	-.583	.313	.089	-1.272	.105
2	1	.750	.372	.069	-.068	1.568
	3	.167	.386	.674	-.683	1.016
3	1	.583	.313	.089	-.105	1.272
	2	-.167	.386	.674	-1.016	.683

Based on estimated marginal means

a Adjustment for multiple comparisons: Least Significant Difference (equivalent to no adjustments).

上表 7-80 為 a 因子三個水準的事後比較，由於整體考驗的 F 值未達顯著水準，所以事後比較摘要表中配對組平均數間差異考驗均沒有達到顯著。

㈡弗里曼二因子等級變異數分析

1. SPSS 統計分析的操作程序

⇒從功能表執行下列程序：

分析（Analyze）
　　無母數檢定（Nonparametric Tests）
　　　K 個相關樣本（K Related Samples…），出現「多個相關樣本檢定」（Tests for Several Related Samples）的對話視窗。

⇒在左方變變清單中，將目標變數「英文考前」、「數學考前」、「物理考前」三個變項點選至右邊「檢定變數」（Test Variables）下的方盒中。
⇒左下方「檢定類型」（Test Type）的方盒中勾選『☑Friedman 檢定』（弗里曼二因子等級變異數分析）選項。
⇒按『確定』（OK）鈕。

2.弗里曼二因子等級變異數分析結果

表 7-81　Friedman Test

Ranks

	Mean Rank
英文考前	1.50
數學考前	2.38
物理考前	2.13

　　上表 7-81 為樣本觀察值在三個處理水準情境下於依變項上的等級平均數，等級平均數（Mean Rank）乃根據原始計量變數測量值（等距尺度）的大小加以排序後的等級（次序尺度），原始測量值分數愈大轉換後的等級也愈大。十二位學生對英文、數學、物理三個科目考試前心理緊張狀態測量值的等級平均數分別為 1.50、2.38、2.13，學生在數學科目考試前的心理緊張狀態最高，在英文科目考試前的心理緊張狀態最低。至於這些平均數等級間的差異是否達到顯著，須經進一步進行整體考驗方能得知。

表 7-82　Test Statistics(a)

N	12
Chi-Square	6.500
df	2
Asymp. Sig.	.039
a Friedman Test	

　　上表 7-82 為「弗里曼檢定法」考驗的檢定統計量，三個等級平均數之差異經「弗里曼二因子等級變異數分析」考驗結果，卡方值（Chi-Square）等於 6.500、自由度等於 2，漸近顯著性（Asymp. Sig.）p 值等於.039，達到.05 的顯著水準，應拒絕虛無假設，接受對立假設，表示受試者在英文、數學、物理三種不同科目考試前的心理緊張狀態有顯著不同，研究假設獲得支持。

　　在小樣本的變異數分析中，若是樣本數小於 25，通常無法滿足常態性假定，以上述的數據而言，進行母群常態性檢定操作程序如下：

從功能表執行「Analyze」（分析）→「Descriptive Statistics」（描述統計）→「Explore...」（預檢資料）程序，開啓「Explore」（預檢資料）對話視窗。

在「Explore」（預檢資料）對話視窗中，將左邊變數清單中的目標變數「英文考前」、「數學考前」、「物理考前」三個變項選入右邊「Dependent List」（依變數清單）下的方格中。

⇒在左下方「Display」（顯示）方盒中，選取內定選項『Both』（兩者），以顯示統計量及圖形。

⇒按『Plot』（統計圖）鈕，開啓「Explore: Plots」（預檢資料：統計圖）次對話視窗。

在「Explore: Plots」（預檢資料：統計圖）次對話視窗中。

⇒勾選「☑莖葉圖」（Stem-and-leaf）選項。

⇒勾選「☑Normality plots with tests」（檢定常態分配圖）選項。

⇒按『Continue』（繼續）鈕，回到「Explore」（預檢資料）對話視窗，按『OK』（確定）鈕。

表 7-83 Tests of Normality

	Kolmogorov-Smirnov(a)			Shapiro-Wilk		
	Statistic	df	Sig.	Statistic	df	Sig.
英文考前	.239	12	.057	.845	12	.032
數學考前	.223	12	.101	.839	12	.027
物理考前	.238	12	.059	.836	12	.025
a Lilliefors Significance Correction						

　　上表爲資料是否爲常態分配之檢定統計量。因爲自由度只有 12，樣本觀察值個數小於 50，採用「Shapiro-Wilk」統計量檢定較爲適合，表中薛－魏常態性檢定（Shapiro-Wilk normal test）統計量爲分別爲.845、.839、.836，顯著性機率值p 分別p=.032<.05、p=.027<.05、 p =.025<.05，拒絕虛無假設，表示測量分數的分配不是常態分配。

　　由於樣本觀察值屬小樣本，較易偏離常態性假定，因而若是採用母數統計法較易產生偏誤。從上面的分析結果中可以發現，採用母數統計之相依樣本單因子變異數分析的結果爲「研究假設無法獲得支持」，表示受試者在英文、數學、物理三種不同科目考試前的心理緊張狀態沒有顯著不同；

但若是研究者改採用無母數統計法之弗里曼二因子等級變異數分析，研究結果爲「研究假設獲得支持」，表示受試者在英文、數學、物理三種不同科目考試前的心理緊張狀態有顯著不同，研究假設獲得支持。二種不同的方法所獲致的結論剛好相反，因而對於小樣本的資料分析（樣本觀察值小於 25）時，研究者最好改採用無母數統計法來進行差異的顯著性考驗較爲適宜。

第八章

共變數分析

SPSS Operation and Application

—Practice & Analysis of Variance

8-1 共變數分析基本假定

在實驗設計中，考量實際的實驗情境，無法一一排除某些會影響實驗結果的無關變項（或稱干擾變項），為了排除這些不在實驗處理中所操弄的變項，而其結果又會影響依變項，可以藉由「統計控制」（statistical control）方法，以彌補「實驗控制」（experimental control）的不足。為了提高實驗研究的內在效度，須將可能干擾實驗結果的無關變項加以控制，使不致產生系統性的誤差，此方面所用的方法如以隨機方式將受試者分派到不同的群體；受試者自身的控制，讓受試者均參加所有的的不同實驗處理；將受試者變項納入實驗設計中，使其成為一個自變項，研究設計由單因子實驗設計改為多因子實驗設計；排除變項，把無關變項悉數消除，作為控制的一種方法，如受試者的某些變項，可採具有固有特徵，並經過選擇的個案，予以排除，如僅納入女性當作受試者，即是移去了性別變項。

此外，在控制無關變項方法，尚有以下幾個特殊方法（Kirk, 1995）：

1. 單盲歷程：真正實驗目的不要告訴受試者，如誠實測驗。
2. 雙盲歷程：受試者和主試者皆不知實驗處理本質，如藥物研究中，用藥量和糖衣皆被編碼，使其無法為受試者和主試者辨認。
3. 隱瞞：受試者未被告訴實驗的相關細節，而被告知成另一個假目的，此法使用上須特別注意倫理的問題。
4. 實驗偽裝技巧：受試者不知道其正參與實驗，此法常見於自然觀察策略之中。
5. 多研究者：研究者特徵（外表特徵、人格特徵、無經驗 等）會影響研究結果，限制研究結果的類推性，因而把研究納入實驗變項中。
6. 簡報會談：實驗後和受試者舉行會談，以探知受試者之信念、期望，此時所獲得資訊可驗證前面資料之可信程度。
7. 實驗者期望的控制組：藉使用數個群組的研究者，一組被引導正向實驗結果，一組被引導期望相反結果，另一組相信處理對依變項沒有影響，此種設計花費較多，因為包含無數的研究者和受試者。
8. 無關－實驗技巧：此技巧需要受試者參與二種實驗：首先受試者參與自變項處理；其次是參與第二個實驗，同時測量依變項。研究者傳遞了「第二個實驗與第一個實驗無關」的訊息。

9. 準控制群體：除了處理感興趣的情境外，給予準控制組與實驗組相同的指導語和情境。它不像一般控制組一樣，不給糖衣。

10. YORKed 控制歷程：用配對方式處理，如一位主動受試者、一位被動受試者同時接受相同的實驗情境，但是只有主動受試者行為影響實驗結果。

從教師行動研究或實驗研究觀點而言，研究者必須遵守研究倫理守則，研究倫理守則包括以下幾點（*Kirk, 1995*）：

1. 研究者應該知悉研究倫理、價值的所有議題，負起作研究決定的責任，也應為採取的行動負起全責，不論是研究主持人、協同研究者、研究助理或研究職員均應遵守所有研究過程中應有的倫理守則。

2. 受試者應該被告知相關研究的訊息，尊重受試者。在實驗過程中受試者有權拒絕或中途離開，研究人員對受試者的福址、權利、尊嚴，要特別加以保護與尊重。

3. 保護受試者身心安全，真實告知受試者危險程度與可能受到的影響。研究者有義務更改或重新規劃有害於受試者身心安全的實驗設計。

4. 保護弱勢族群受試者的人權、興趣，弱勢族群如學童、少數民族、病患、貧困者、犯人等。

5. 未經事前謹慎嚴謹的倫理分析，不能對受試者使用隱瞞策略。要保證受試者不因研究而受到任何傷害。

6. 參與者私人資料只有在其事先同意的前提下才能收集；研究結果的出版也要當事者的同意或以筆名出現，以保障當事者的隱私權與人格權。

7. 資料蒐集分析後，應提供有關研究性質與相關發現給受試者。此外，更應正確而誠實的呈現研究報告，不能任意扭曲資料的解釋結果。

真正實驗設計在社會科學領域實施常有其困難性，因而在行為及社會科學領域中較常實施的為「準實驗設計」，於準實驗設計中較無法使用實驗控制法來完全控制無關的干擾變項，因而較常使用增加實驗內在效度的方法即為統計控制法。在上面情境中，所用的統計控制方法便稱為「共變數分析」（analysis of covariance；簡稱 ANCOVA），共變數分析中會影響實驗結果，但非研究者操控的自變項，稱為「共變量」（covariate）。在共變數分析中，自變項屬間斷變項，而依變項（實驗結果）、共變項均屬連續變項。在實際的情境中，研究者如無法以隨機抽樣與隨機分配的方式實施

實驗處理，以實驗控制來降低影響實驗處理效果的干擾變項，則通常會採取統計控制方法，排除干擾變項的影響，統計控制法在準實驗設計法中應用的相當普遍。

如研究者想探討傳統教學法與電腦輔助教學法對國小六年級學生數學成績的影響，因為受限於實際的教育情境，無法打破原來「班級」的界限，研究者只好採用準實驗設計方法，隨機分派（random assignment）一個班採用傳統教學法、另外一個班採用電腦輔助教學。研究者根據相關理論文獻，認為「智力」高低與學生的數學成績有顯著正相關存在，雖然採用隨機分配的方法，但研究者無法保證二個班級學生間的「智力」間沒有顯著差異，此時，若配合「統計控制」方法，採用共變數分析，將學生的「智力」作為共變項，即可將「智力」干擾變項對學生數學成績的影響排除掉，經過統計控制的方法，原來存在於二個班級間的智力差異，便可以得到校正，之後採用共變量分析統計方法，二個班級間的數學成績的調整平均數間仍有顯著差異存在，便是實驗處理效果，即傳統教學法與電腦輔助教學法的差異。在行為及社會科學領域中，常以前測成績作為共變項，以探討排除前測成績的影響後，後測成績間的差異是否達到顯著。

共變數分析與變異數分析之間有許多異同點（余民寧，民 86）：

1. 在變異數分析中，依變項是屬於連續變項，自變項屬於類別或間斷變項；在共變數分析中，依變項仍須是連續變項，而自變項亦屬於類別或間斷變項，但共變數分析中，多了一個共變項，共變項必須屬於連續變項才可以。
2. 變異數分析是供實驗控制方式以減少實驗誤差；而共變數分析則是借統計控制方式以控制共變項的干擾效果，以減少實驗誤差，增進實驗研究的內在效度。
3. 變異數分析是比較重視事前妥善的設計與規劃，以及實驗過程中嚴密的控制實驗情境；而共變數分析則以事後補救統計方法進行，但在實驗進行之前必須先蒐集共變項或影響實驗處理效果的資料。

共變數分析的基定假定與變異數分析基本假定相同：常態性、獨立性、變異數同質性，此外，還有三個重要假定：

1. 依變項與共變數之間是直線相關，共變項必須是等距尺度或比率尺度。

2. 所測量的共變項不應有誤差，如果選用的是多題項之量表，應有高的內部一致性信度或再測信度。有可靠性量表的信度，其α係數最好在.80 以上。此假定在非「眞正實驗設計」（true experimental design）中特別重要，違反此一假定，較易導致第一類型錯誤；在眞正實驗設計中，違反此假定，會降低統計考驗力。

3. 「組內迴歸係數同質性」（homogeneity of with-in regression），各實驗處理組中依據共變項（X）預測依變項（Y）的迴歸線之斜率係數要相等，亦即各條迴歸線要互相平行。如果「組內迴歸係數同質性」考驗結果，各組斜率不相等，不宜直接進行共變數分析。

「組內迴歸係數同質性」考驗的虛無假設：

$$H_0 : \beta_{w1} = \beta_{w2} = \beta_{w3} = \cdots\cdots = \beta_k$$

如果實驗處理有三組，若三組的共變項分別爲 X_1、X_2、X_3，三組的依變項分別爲Y_1、Y_2、Y_3，則根據X_1預測Y_1可得到第一個迴歸線及斜率β_{w1}、根據 X_2 預測 Y_2 可得到第二個迴歸線及斜率β_{w2}、根據 X_3 預測 Y_3 可得到一個迴歸線及斜率β_{w3}，若是組內迴歸係數同質性結果不顯著，表示迴歸線斜率β_{w1}、斜率β_{w2}、斜率β_{w3}的斜率可視爲相同，此時三組的斜率可用一條共用斜率β_k來代替，雖然斜率β_{w1}、斜率β_{w2}、斜率β_{w3}的數值不相同，但因組內迴歸係數同質性檢定顯著性p值<.05，三個數值應視爲相同，表示三條迴歸線互相平行。

若依變項爲 Y、共變項爲 X，完全隨機化共變數設計（completely randomized analysis of covariance design）分析的線性模式如下（*Kirk, 1995, p. 717*）：

$$Y_{ij} = \mu + \alpha_j + \beta_w (X_{ij} - \overline{X}..) + \varepsilon_{ij} \quad (i = 1, ..., n \; ; j = 1, ..., p)$$

在完全隨機化設計（變異數分析）中的線性模式如下：

$$Y_{ij} = \mu + \alpha_j + \varepsilon_{ij}$$

共變數分析與變異數分析線性模式最主要的差別在於增加$\beta_w (X_{ij} - \overline{X}..)$一

項，其中β_w爲「組內迴歸係數」（within-groups regression coefficient），爲各迴歸線斜率的共同斜率，$\overline{X}..$爲共變項的總平均數（grand mean）。共變數分析中，先排除共變項的影響，再計算各依變項分數的「調整後分數」（adjusted score），進而計算各組「調整後平均數」（adjusted mean），以進行變異數的拆解：

$$Y_{ADJ\_ij} = Y_{ij} - \beta_w (\overline{X}_i - \overline{X}..) = \mu + \alpha_j + \varepsilon_{ij}$$

變異數分析的原理，是將依變項的總變異量，拆解成自變項效果（組間）與誤差效果（組內）兩個部分，再進行 F 考檢。共變數分析乃利用迴歸分析方式，將依變項的總變異量先行分割爲共變項可解釋部分與不可解釋部分，不可解釋的變異再由變異數分析原理來進行拆解。共變數分析的變異拆解如下（邱皓政，民89）：

調整後平均數的計算公式如下：

$$\overline{Y}'_j = \overline{Y}_i - \beta_w (\overline{X}_i - \overline{X})$$

上述公式中：爲觀察值在共變項上的總平均數。

$\overline{X}_i$：是各處理水準 i 在共變項上之平均數。

β_w：組內迴歸係數共同值。

$\overline{Y}_i$：爲各處理水準 i 在依變項上之平均數。

共變數分析的變異量拆解如下：

總離均差平方和

＝控制項共變積和＋迴歸殘差變異量

＝控制項共變積和＋（組間離均差平方和+受試者間離均差平方和+殘差）

$$SS_{total} = SS_{cov\,ariance} + (SS_{between} + SS_{subject} + SS_{residual})$$

共變數分析的優點一爲減少實驗誤差變異來源，增加統計考驗力；二爲降低非研究操弄之實驗處理差異的偏差。共變數分析結合了迴歸分析與

變異數分析方法，實驗處理除包括依變項的測量外，也包括一個以上共變項的測量。共變數分析的主要步驟有三：

1. 組內迴歸係數同質性考驗：若迴歸係數不相同，可用「詹森－內曼法」來分析，或實驗組分開個別討論。

2. 共變數分析：如果 K 條迴歸線平行，可以將這些迴歸線合併找出一條具代表性的迴歸線，此條代表性迴歸線即為「組內迴歸線」，如果每個群體、每個細格迴歸線斜率相同，表示自變項與共變數間沒有交互作用，平均組內（細格）迴歸線就可以調整依變數的原始分數。共變數分析，即在看排除共變項（X）的解釋量後，各組平均數間是否仍有顯著差異。

3. 進行事後比較：共變數分析之 F 值如達顯著，則進行事後比較分析，事後比較以「調整後的平均數」（adjusted means）為比較標準，找出哪一對調整後平均數間有顯著差異。

此外，研究者在選擇共變數時，應考量三個因素：

1. 僅與依變項有關，而非實驗處理的變項。

2. 如果二個共變項之間的相關在.80 以上，則只需要挑選其中一個作為共變項即可。

3. 受試者較少時，應使用較多個共變項。共變項個數較多時，較易控制干擾變項，實驗處理統計考驗較為正確（*Bryman & Cramer, 1997*）。

8-2 獨立樣本單因子共變數分析實例

8-2-1 研究問題

某教育學者想探究三種不同的學習策略對學生語文成績的影響，此學者從國中二年級學生中隨機抽取三十名學生參與三種不同的實驗活動教學，三種不同的教學活動型態分別教導學生採用「學習策略Ⅰ」、「學習策略Ⅱ」、「學習策略Ⅲ」，實驗教學時間為暑假二個月時間，各組每週上課三次，每次上課二小時。考量三組學生間的個別差異，研究在實驗之前對受試者施予「語文成就測驗一」，作為前測成績，以此成績

作為共變量，實驗結束後再施予「語文成就測驗二」，作為後測成績，其測得的數據如下表 8-1，請問在排除前測成績的影響後，三種學習策略的教學成效對學生語文成績是否有顯著的影響作用？

表 8-1

學習策略 I		學習策略 II		學習策略III	
前 測	後 測	前 測	後 測	前 測	後 測
68	74	60	70	72	72
72	82	67	78	75	76
57	67	73	73	82	83
64	86	81	84	81	82
70	80	54	82	80	82
82	93	87	94	79	79
84	91	59	75	78	79
73	78	64	84	76	84
74	80	56	76	64	67
86	91	69	78	89	89

上述研究問題中自變項有三個水準，分別為「學習策略 I」、「學習策略 II」、「學習策略III」，依變項為後測語文成就測驗成績，因三組學生起始點不同，因而以三組前測語文成績為共變量，三組學生獨立，因此採用獨立樣本單因子單變量共變數分析，上述實驗設計為準實驗設計的一種。

在 SPSS 資料建檔方面，有三個變項：組別、前測成績、後測成績。其中組別為三分名義變項，其水準數值 1 表示採用學習策略 I 的組別、水準數值 2 表示採用學習策略 II 的組別、水準數值 3 表示採用學習策略III的組別。「前測成績」變項的數值為受試者在「語文成就測驗一」的成績分數，為連續變項，在準實驗設計中作為「共變量」；「後測成績」變項的數值為受試者在「語文成就測驗二」的成績分數，為連續變項，前測成績與後測成績變項中的測量值數值愈大，表示學生的語文成就愈佳。

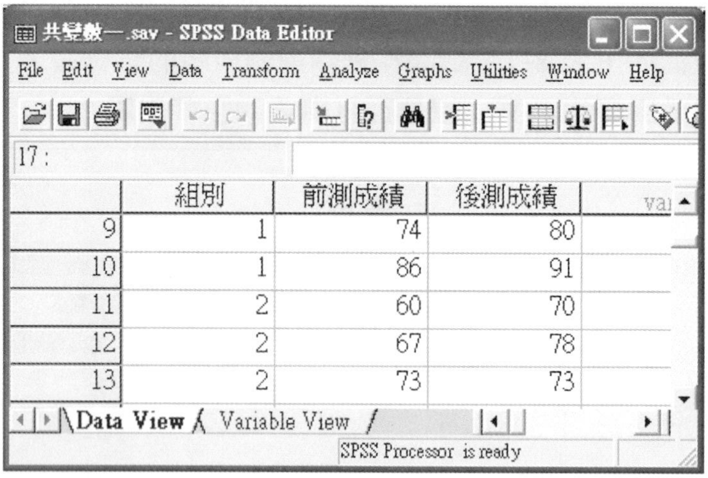

圖 8-1

8-2-2　組內迴歸係數同質性檢定

　　進行共變數分析之前，要先檢定組內迴歸係數同質性之假定，組內迴歸係數同質性檢定係在考驗各實驗處理組內共變項對依變項進行迴歸分析所得到的斜率是否相等，此一假設檢定分析，是將共變項視為獨立的一個自變項，即在考驗原分組自變項與共變項間是否有顯著的交互作用，若交互作用檢定達到顯著，表示原自變項與共變項間有交互的影響關係，此結果表示違反了組內迴歸係數同質性的假定；反之，若自變項與共變項間的交互作用檢定結果未達顯著，代表未違反組內迴歸係數同質性的假定。

㈠操作程序

1. 步驟 1

> 執行功能表「Analyze」（分析）→「General Linear Model」（一般線性模式）→「Univariate」（單變量）程序，出現「Univariate」（單變量）對話視窗。

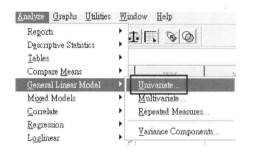

圖 8-2

2. 步驟 2

在「Univariate」（單變量）對話視窗中。

⇒在左邊變數清單中將依變項「後測成績」選入右邊「依變數」（Dependent Variable）下的空盒中。

⇒在左邊變數清單中將自變項「組別 」選入右邊「固定因子」（Fixed Factors）下的空盒中。

⇒在左邊變數清單中將控制變項「前測成績」選入右邊「共變量」（Covariates）下的空盒中。

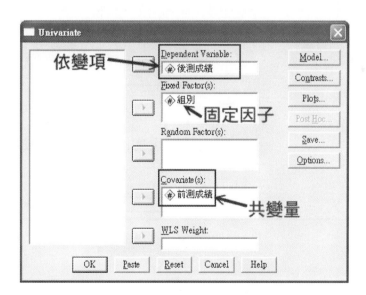

圖 8-3

3. 步驟 3

⇒按右上角『Model...』（模式）鈕，開啟「單變量：模式」（Univariate: Model）次對話視窗。

　⇒在「指定模式」（Specify Model）方盒中，選取右邊「⊙Custom（自訂）」選項，「因子與共變量方盒」（Factors & Covariate）的變數清單中，將「組別」變項選入右邊「Model」（模式）下的空盒中、將「前測成績」變項選入右邊「Model」（模式）下的空盒中、最後同時選取「組別」、「前測成績」二個選項，選入右邊「Model」（模式）空盒中，此時右邊「Model」（模式）空盒中會出現三個模式：「組別」、「前測成績」、「前測成績*組別」

　⇒在「平方和」（Sum of squares）的下拉式選項中，選取內定之「Type III」（型 III）的計算方法。

　⇒按『Continue』（繼續）鈕，回到「單變量」對話視窗→按『OK』（確定）鈕。

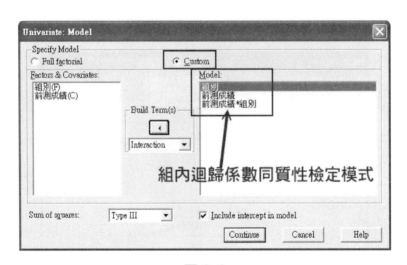

圖 8-4

【備註】：「單變量：模式」（Univariate: Model）次對話視窗中，在左邊「因子與共變量」的方盒中，SPSS在列出因子和共變量時，會用（F）代表固定因子，用（C）代表共變量，如「組別（F）」表示「組別」變項是一個固定因子（自變項）、「前測成績（C）」表示「前測成績」是一個共變量；至於「一般因子分析」，則用（R）代表隨機因子。

(二)組內迴歸係數同質性檢定結果

表 8-2　Tests of Between-Subjects Effects

Dependent Variable: 後測成績

Source	Type III Sum of Squares	df	Mean Square	F	Sig.
Corrected Model	950.252(a)	5	190.050	9.085	.000
Intercept	303.874	1	303.874	14.526	.001
組別	121.399	2	60.699	2.902	.074
前測成績	856.382	1	856.382	40.939	.000
組別 * 前測成績	98.884	2	49.442	2.364	.116
Error	502.048	24	20.919		
Total	194895.000	30			
Corrected Total	1452.300	29			
a R Squared = .654 (Adjusted R Squared = .582)					

上表 8-2 為組內迴歸係數同質性考驗結果（組別*前測成績欄列之數據），組別自變項與共變項前測成績之交互作用項考驗的 F 值為 2.364；顯著性考驗的 p 值＝.116>.05，未達.05 的顯著水準，接受虛無假設，表示三組迴歸線的斜率相同，亦即共變項（前測成績）與依變項（後測成績）間的關係不會因自變項各處理水準的不同而有所差異，以各實驗處理組的共變項（前測成績）來預測依變項（後測成績）所得到的各條迴歸線之迴歸係數相同（迴歸線斜率相同），三條迴歸線互相平行，符合共變數分析中組內迴歸係數同質性的假定，繼續進行共變數分析。

8-2-3　共變數分析

(一)操作程序

1. 步驟 1

執行功能表「Analyze」（分析）→「General Linear Model」（一般線性模式）→「Univariate」（單變量）程序，出現「Univariate」（單變量）對話視窗。

⇒在左邊變數清單中將依變項「後測成績」選入右邊「依變數」（Dependent Variable）下的空盒中。

⇒在左邊變數清單中將自變項「組別」選入右邊「固定因子」（Fixed Factors）下的空盒中。

⇒在左邊變數清單中將控制變項「前測成績」選入右邊「共變量」（Covariates）下的空盒中。

2. 步驟 2

⇒按右上角『Model...』（模式）鈕，出現「單變量：模式」（Univariate: Model）次對話視窗。

　⇒在「指定模式」（Specify Model）方盒中，選取內定之「⊙完全因子模式」（Full factorial」）。

　⇒在下方「平方和」（Sum squares）的下拉式選項中，選取內定之「型 III」（Type III）或「型 I」（Type I ）的計算方法。

　⇒按『繼續』鈕，回到「單變量」對話視窗。

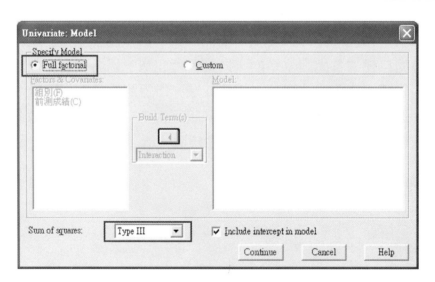

圖 8-5

3. 步驟 3

⇒在「單變量」（Univariate）對話視窗中，按『選項』（Options）鈕，出現「單變量：選項」（Univariate: Options）次對話視窗。

　⇒將左邊「因子與因子交互作用」（Factor(s) and Factor Interactions）

方盒下之因子「組別」自變項選入右邊「顯示平均數」（Display Means for）下的空盒中。

　⇒勾選「☑比較主效應」（Compare main effects）選項，以比較「組別」因子間（自變項間）調整後平均數的差異，亦即組別變項事後比較。「信賴區間調整」（Confidence interval adjustment）下的選項中選取內定的「LSD（none）法」（最小顯著差異法）。

　⇒在「顯示」（Display）方盒中勾選「敘述統計」（☑Descriptive statistics）、「效果項大小估計值」（☑Estimate effect size）、「參數估計值」（☑parameter estimates）、「同質性檢定」（☑Homogeneity tests）等選項。

　⇒按『Continue』（繼續）鈕，回到「單變量」對話視窗→按『OK』（確定）鈕。

圖 8-6

【備註】：將「組別」自變項選入右邊「顯示平均數」（Display Means for）下的空盒中，勾選「☑比較主效應」（Compare main effects）選項，可進行「組別」因子間（自變項間）調整後平均數的事後比較，內定的方法為「最小顯著差異法」（least significant difference；LSD法），若是自變項的水準數在三個以上，共變數分析整體考驗的 F 值達到顯著水準，進一步要進行事後比較，以得知那二組間之調整後平均數間的差異值達到顯著。

(二)共變數分析結果

表 8-3　Between-Subjects Factors

		Value Label	N
組別	1	學習策略一	10
	2	學習策略二	10
	3	學習策略三	10

上表 8-3 為「組別」自變項的訊息。自變項有三個水準，水準數值編碼分別為 1、2、3，三個水準數值的註解分別為學習策略一、學習策略二、學習策略三，每個水準的受試者有 10 位。

表 8-4　Descriptive Statistics
Dependent Variable: 後測成績

組別	Mean	Std. Deviation	N
學習策略一	82.20	8.244	10
學習策略二	79.40	6.883	10
學習策略三	79.30	6.325	10
Total	80.30	7.077	30

上表 8-4 為自變項三個水準在依變項（後測成績）上的描述性統計量，包括平均數、標準差、樣本數。三個組別經實驗處理後，語文成就測驗（原始後測成績）的平均數分別為 82.20、79.40、79.30，其標準差分別為 8.244、6.883、6.325。全部受試者的總平均數為 80.30、標準差為 7.077。表中後測成績的數據，為未排除共變數（前測成績）影響的原始測得分數，不是排除前測成績影響後的「調整後平均數」（adjusted mean）。

表 8-5　Levene's Test of Equality of Error Variances(a)
Dependent Variable: 後測成績

F	df1	df2	Sig.
1.797	2	27	.185
Tests the null hypothesis that the error variance of the dependent variable is equal across groups.			
a Design: Intercept+前測成績+組別			

上表 8-5 為誤差變異量的 Levene 檢定統計量，此檢定量在考驗各組別中在依變項誤差變異量是否相等，Levene 檢定統計量的 F 值等於 1.797，顯著性機率值等於.185，接受虛無假設，符合組合變異同質性假定，即各處理水準在後測成績的誤差變異相同。

表 8-6　Tests of Between-Subjects Effects
Dependent Variable: 後測成績

Source	Type III Sum of Squares	df	Mean Square	F	Sig.	Partial Eta Squared
Corrected Model	851.368(a)	3	283.789	12.278	.000	.586
Intercept	546.171	1	546.171	23.631	.000	.476
前測成績	797.168	1	797.168	34.490	.000	.570
組別	210.213	2	105.107	4.548	.020	.259
Error	600.932	26	23.113			
Total	194895.000	30				
Corrected Total	1452.300	29				
a R Squared = .586 (Adjusted R Squared = .538)						

上表 8-6 為共變數分析結果摘要表，排除共變項（前測成績）對依變項（後測成績）的影響力後，自變項組別（三種學習策略）對依變項「語文成就」所造成的實驗處理效果顯著，組間效果項考驗的 F 值等於＝4.548，顯著性機率值 p=.020<.05，達到.05 顯著水準，表示後測成績的高低會因受試樣本所接受的實驗處理（自變項）的不同，而有顯著的差異存在，即排除前測成績的影響後，三種學習策略組之間的實驗處理效果項顯著，效果量的η^2為.259，顯示自變項在排除共變項的影響後，對依變項的解釋變異為25.9%。由於自變組別的水準有三組，在其共變數分析檢定結果達到.05 的顯著水準後，必須進一步進行事後比較，以得知是哪幾組受試樣本在依變項的平均數有顯著差異存在。

$淨\eta^2 = \dfrac{SS_B}{SS_B + SS_W} = \dfrac{210.213}{210.213 + 600.932} = .259$，淨$\eta^2$（Partial Eta Squared）係指在排除或調整共變項的影響後，自變項可以解釋依變項變異量多少的百分比。表中的淨η^2為.259，表示在排除前測成績的影響後，學生接受三種不同的學習策略教學活動（自變項）可以解釋學生語文成績 25.9%的變異量，學習策略教學活動型態變項與學生語文成就間的關係屬「高度關聯強度」關係。

表 8-7　Parameter Estimates
Dependent Variable: 後測成績

Parameter	B	Std. Error	T	Sig.	95% Confidence Interval		Partial Eta Squared
					Lower Bound	Upper Bound	
Intercept	32.443	8.122	3.994	.000	15.748	49.138	.380
前測成績	.604	.103	5.843	.000	.392	.815	.570
[組別=1]	5.678	2.201	2.579	.016	1.153	10.203	.204
[組別=2]	6.501	2.410	2.697	.012	1.546	11.455	.219
[組別=3]	0(a)	.	.	.	.	.	.
a This parameter is set to zero because it is redundant.							

上表 8-7 為參數估計值，根據此參數估計值可以計算出各組在依變項上的「調整後平均數」。共變數分析原理中，由於先將共變項的影響效果排除，再檢定自變項效果的顯著性，若是共變數分析的組間差異達到顯著，表示經調整後的依變項測量值的平均數間的差異達到顯著，此時所比較分析的是調整後平均數而非原始的測量值平均數。

調整後平均數的計算公式如下：

$$\overline{Y}'_i = \overline{Y}_i - \beta_w (\overline{X}_i - \overline{X})$$

上述公式中：$\overline{X}$ 為觀察值在共變項上的總平均數。
$\overline{X}_i$：是各處理水準 i 在共變項上之平均數。
β_w：組內迴歸係數共同值。
$\overline{Y}_i$：為各處理水準 i 在依變項上之平均數。

範例中的各項數值如下：$\overline{Y}_1 = 82.20$、$\overline{Y}_2 = 79.40$、$\overline{Y}_3 = 79.30$、$\overline{X} = 72.53$、$\beta_w = .604$、$\overline{X}_1 = 73.00$、$\overline{X}_2 = 67.00$、$\overline{X}_3 = 77.60$。

$$\overline{Y}'_1 = \overline{Y}_1 - \beta_w (\overline{X}_1 - \overline{X}) = 82.20 - .604(73.00 - 72.53) = 81.918$$
$$\overline{Y}'_2 = \overline{Y}_2 - \beta_w (\overline{X}_2 - \overline{X}) = 79.40 - .604(67.00 - 72.53) = 82.741$$
$$\overline{Y}'_3 = \overline{Y}_3 - \beta_w (\overline{X}_3 - \overline{X}) = 79.30 - .604(77.60 - 72.53) = 76.241$$

調整後的平均數，也可由上面的參數估計值中換算而來，如：

估計組別 1 的調整後平均數 = 32.443 + (5.678) + 72.53 × .604 = 81.918

估計組別 2 的調整後平均數 = 32.443 + (6.501) + 72.53 × .604 = 82.741

估計組別 3 的調整後平均數 = 32.443 + 0　　　 + 72.53 × .604 = 76.241

　　參數估計值中的「[組別=1]」欄為組別變項中的第一個水準（組別一）與第三個水準（組別三）的比較、第二欄「B」為二組調整後平均數的差：81.918 − 76.241 = 5.678，差異顯著性考驗的 t 值 = 2.579（= 5.678 ÷ 2.201），顯著性機率值 p = .016<.05，達到顯著水準，表示排除前測成績的影響後，學習策略 I 與學習策略III的實驗效果顯著，二組學生的語文成就有顯著差異。「[組別=2]」欄為組別變項中的第二個水準（組別二）與第三個水準（組別三）的比較、第二欄「B」為二組調整後平均數的差：82.741 − 76.241 = 6.500，差異顯著性考驗的 t 值 = 2.697（= 6.500 ÷ 2.410），顯著性機率值 p = .012<.05，達到顯著水準，表示排除前測成績的影響後，學習策略 II 與學習策略III的實驗效果顯著，二組學生的語文成就有顯著差異。

【依組別求出各組別在依變項的描述性統計量實例】

　　研究者若要求出各處理水準在共變項（前測成績）、檢定變項（後測成績）的描述性統計量，如平均數、標準差、變異數、中位數、偏態、峰度、全距、平均數的標準誤、幾何平均數、調和平均數等，可利用「Mean」（平均數）指令功能。其操作程序如下：

執行功能表「Analyze」（分析）→「Compare Means」（比較平均數法）「Means」（平均數）的程序，開啟「Means」（平均數）對話視窗。

⇒將共變項「前測成績」與依變項「後測成績」選入右邊「Dependent List」（依變數清單）方盒中。

⇒將自變項「組別」選入右邊「Independent List」（自變數清單）中。

⇒按右下角『Option』（選項）鈕，開啟「Means: Options」（平均數：選項）次對話視窗

　⇒在左邊「Statistics」（統計量）清單中選取要呈現的統計量至右邊「Cell Statistics」（格統計量）的方盒中，內定輸出的統量為「Mean」（平均數）、「Number of Cases」（觀察值個數）、「Standard Deviation」（標準差）三項。

　⇒按『Continue』鈕，回到「Means」（平均數）對話視窗→按『OK』（確定）鈕。

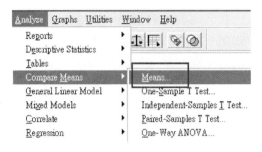

圖 8-7

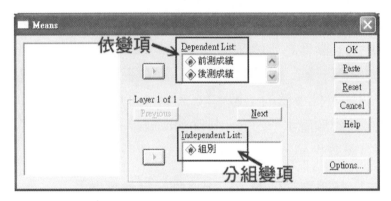

圖 8-8

在「Means」（平均數）對話視窗中，「Dependent List」（依變數清單）下的方格中至少要選入一個依變項變數，在「Independent List」（自變數清單）下的方格中可選取一個或多個組別變項，若是「Independent List」（自變數清單）下的方格中沒有選取分組變數，則會呈現所有樣本觀察值在依變項測量值的描述性統計量。

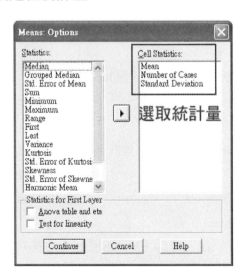

圖 8-9

在「Means: Options」（平均數：選項）的次話視窗中，左邊「Statistics」（統計量）的選單中的統計量包括：總和（Sum）、觀察值個數（Number of Cases）、平均數（Mean）、中位數（Median）、標準差（Standard Deviation）、組別的中位數（Grouped Median）、平均數標準差（Std. Error of Mean）、最小值（Minimum）、最大值（Maximum）、全距或範圍（Range）、分組變數第一個類別的變數值（First）、分組變數最後一個類別的變數值（Last）、變異數（Variance）、峰度（Kurtosis）、峰度的標準誤（Std. Error of Kurtosis）、偏態（Skewness）、偏態的標準誤（Std. Error of Skewness）、總和百分比（Percent of Total Sum）、N 總數百分比（Percent of Total N）、幾何平均數（Harmonic Mean）、調和平均數（Geometric Mean）等。

表 8-8 Report

組別		前測成績	後測成績
學習策略一	Mean	73.00	82.20
	N	10	10
	Std. Deviation	9.092	8.244
學習策略二	Mean	67.00	79.40
	N	10	10
	Std. Deviation	10.791	6.883
學習策略三	Mean	77.60	79.30
	N	10	10
	Std. Deviation	6.620	6.325
Total	Mean	72.53	80.30
	N	30	30
	Std. Deviation	9.741	7.077

上表 8-8 為共變項（前測成績）、依變項（後測成績）在各處理水準上的描述性統計量，三個處理水準組別在前測成績的平均數分別為 73.00、67.00、77.60，三十位受試者前測成績的總平均數為 72.53、標準差為 9.741；三個處理水準組別在後測成績的平均數分別為 82.20、79.40、79.30，三十位受試者後測成績的總平均數為 80.30、標準差為 7.047。

表 8-9　**Estimated Marginal Means**

組別

Estimates

Dependent Variable: 後測成績

組別	Mean	Std. Error	95% Confidence Interval	
			Lower Bound	Upper Bound
學習策略一	81.918(a)	1.521	78.792	85.045
學習策略二	82.741(a)	1.623	79.405	86.078
學習策略三	76.241(a)	1.607	72.937	79.544
a Covariates appearing in the model are evaluated at the following values: 前測成績 = 72.53.				

上表 8-9 估計邊緣平均數為自變項三個水準在依變項測量值之「調整後平均數」，三種不同處理策略的後測成績分別為 82.20、79.40、79.30，調整後平均數分別為 81.918、82.741、76.241。

表 8-10　**Pairwise Comparisons**

Dependent Variable: 後測成績

(I)組別	(J)組別	Mean Difference (I-J)	Std. Error	Sig. (a)	95% Confidence Interval for Difference(a)	
					Lower Bound	Upper Bound
學習策略一	學習策略二	-.823	2.237	.716	-5.421	3.775
	學習策略三	5.678(*)	2.201	.016	1.153	10.203
學習策略二	學習策略一	.823	2.237	.716	-3.775	5.421
	學習策略三	6.501(*)	2.410	.012	1.546	11.455
學習策略三	學習策略一	-5.678(*)	2.201	.016	-10.203	-1.153
	學習策略二	-6.501(*)	2.410	.012	-11.455	-1.546
Based on estimated marginal means						
* The mean difference is significant at the .05 level.						
a Adjustment for multiple comparisons: Least Significant Difference (equivalent to no adjustments).						

上表 8-10 為三個處理水準（三個組別）調整後的平均數之事後比較。其中學習策略Ⅰ與學習策略Ⅲ組別間的實驗處理效果顯著，其平均數的差異值為 5.678；學習策略Ⅱ與學習策略Ⅲ組別間的實驗處理效果也顯著，其平均數的差異值為 6.501，至於學習策略Ⅰ與學習策略Ⅱ組別間的實驗處理效果未達顯著。可見採用學習策略Ⅰ與學習策略Ⅱ的教學活動型態比採用

學習策略Ⅲ的教學活動型態更有助於學生語文成就的提昇，至於學習策略Ⅰ與學習策略Ⅱ的教學活動型態對學生的語文成就則沒有顯著的影響。

表 8-11　Univariate Tests

Dependent Variable: 後測成績

	Sum of Squares	df	Mean Square	F	Sig.	Partial Eta Squared
Contrast	210.213	2	105.107	4.548	.020	.259
Error	600.932	26	23.113			

The F tests the effect of 組別. This test is based on the linearly independent pairwise comparisons among the estimated marginal means.

　　上表 8-11 為共變數分析摘要表的部分內容，呈現組間之顯著性差異考驗與誤差項的數值。共變數分析中的組間效果達到顯著，$F_{(2,26)}=4.548$，p=.020<.05，表示在排除前測成績變因的影響後，不同學習策略的教學活動會影響學生的語文成績。

　　以上獨立樣本單因子共變數分析結果可以整理成下列三個表格呈現。

◆【表格範例一】

表 8-12　不同學習策略組別在「語文成績」後測成績之描述性統計量

組別	人數	平均數	標準差	調整後平均數
學習策略Ⅰ	10	82.20	8.244	81.918
學習策略Ⅱ	10	79.40	6.883	82.741
學習策略Ⅲ	10	79.30	6.325	76.241

註：共變項為語文測驗前測成績（$\overline{X}=72.53$）

◆【表格範例二】

表 8-13　組內迴歸係數同質性檢定摘要表

變異來源	SS	df	MS	F
組間×共變項	98.884	2	49.442	2.364n.s.
誤差	502.048	24	20.919	

◆【表格範例三】

表 8-14 不同學習策略實驗處理在「語文成績」效果之共變數分析摘要表

變異來源	SS	df	MS	F	淨η^2	事後比較
共變項（前測成績）	797.168	1	797.168	34.490***	.570	
組間效果（組別）	210.213	2	105.107	4.548*	.259	I >III；II >III
組內（誤差）	600.932	26	23.113			
總數	1452.300	29				

*p<.05　***p<.05

8-3 共變數分析與變異數分析

8-3-1 研究問題

某研究者想探究企業諮商中現實治療對績效落後員工自我概念輔導成效之研究，從某一大型企業組織者挑選出績效落後員工 26 名，依隨機分配的方式將之分為實驗組、控制組，實驗組成員每週一次，每次二小時，共進行十次之現實治療團體；控制組於實驗期間不進行任何的處置，待實驗結束後，追蹤測驗施測完，再以工作坊模式對控制組成員進行現實治療團體輔導課程。

實驗設計模式如下表 8-15：

表 8-15

	前測	實驗處理	後測	追蹤測
實 驗 組	T1	X	T3	T5
控 制 組	T2		T4	T6

前測、後測、追蹤測時，實驗組、控制組成員均實測「自我概念量表」，量表的總分愈高，表示受試者的自我概念愈正向；X為實驗處理，即實驗組成員接受二十小時的現實治療團體輔導。

研究測得的數據如下表 8-16：

表 8-16

實驗組			控制組		
前測	後測	追蹤測	前測	後測	追蹤測
21	46	45	30	40	42
20	42	44	29	22	43
22	43	45	32	38	43
24	41	43	31	42	40
23	40	42	25	40	39
24	54	40	27	42	43
24	55	48	29	40	44
26	50	42	30	44	29
19	30	42	38	38	27
20	45	40	40	43	26
27	43	42	38	42	38
30	48	42	39	41	47
28	40	41	30	45	37

8-3-2 立即輔導效果的操作程序

㈠組內迴歸係數同質性檢定操作程序

1. 步驟 1

執行功能表「Analyze」（分析）→「General Linear Model」（一般線性模式）→「Univariate」（單變量）程序，出現「Univariate」（單變量）對話視窗。

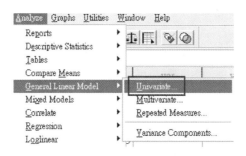

圖 8-10

2.步驟2

在「Univariate」（單變量）對話視窗中。

⇒在左邊變數清單中將依變項「後測」選入右邊「依變數」（Dependent Variable）下的空盒中。

⇒在左邊變數清單中將自變項「組別」選入右邊「固定因子」（Fixed Factors）下的空盒中。

⇒在左邊變數清單中將控制變項「前測」選入右邊「共變量」（Covariates）下的空盒中。

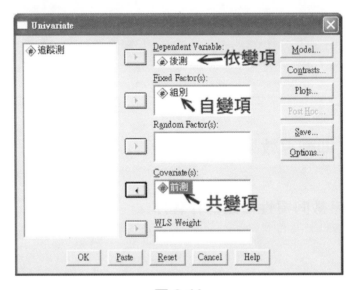

圖 8-11

3.步驟3

⇒按右上角『Model...』（模式）鈕，開啟「單變量：模式」（Univariate: Model）次對話視窗。

⇒在「指定模式」（Specify Model）方盒中，選取右邊「⊙Custom（自訂）」選項，「因子與共變量方盒」（Factors & Covariate）的變數清單中,將「組別」變項選入右邊「Model」（模式）下的空盒中、將「前測」變項選入右邊「Model」（模式）下的空盒中、最後同時選取「組別」、「前測」二個選項，選入右邊「Model」（模式）空盒中，此時右邊「Model」（模式）空盒中會出現三個模式：「組別」、「前測」、「前測*組別」。

⇒在「平方和」（Sum of squares）的下拉式選項中，選取內定之「Type III」（型 III）的計算方法。

⇒按『Continue』（繼續）鈕，回到「單變量」對話視窗→按『OK』（確定）鈕。

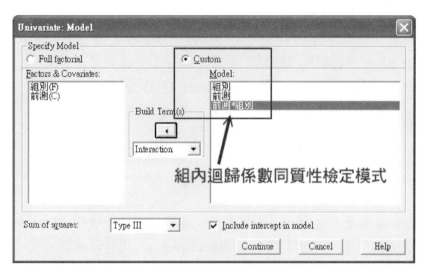

圖 8-12

㈡共變數分析操作程序

1. 步驟 1

執行功能表「Analyze」（分析）→「General Linear Model」（一般線性模式）→「Univariate」（單變量）程序，出現「Univariate」（單變量）對話視窗。

⇒在左邊變數清單中將依變項「後測」選入右邊「依變數」（Dependent Variable）下的空盒中。

⇒在左邊變數清單中將自變項「組別」選入右邊「固定因子」（Fixed Factors）下的空盒中。

⇒在左邊變數清單中將控制變項「前測」選入右邊「共變量」（Covariates）下的空盒中。

2. 步驟 2

⇒按右上角『Model...』（模式）鈕，開啟「單變量：模式」（Univariate: Model）次對話視窗。

　⇒在「指定模式」（Specify Model）方盒中，選取內定之「⊙完全因子模式」（Full factorial」）。

　⇒在下方「平方和」（Sum squares）的下拉式選項中，選取內定之「型 III」（Type III）或「型 I」（Type I）的計算方法。

　⇒按『Continue』（繼續）鈕，回到「Univariate」（單變量）對話視窗。

3. 步驟 3

⇒在「單變量」（Univariate）對話視窗中，按『選項』（Options）鈕，出現「單變量：選項」（Univariate: Options）次對話視窗。

　⇒將左邊「因子與因子交互作用」（Factor(s) and Factor Interactions）方盒下之因子「組別」自變項選入右邊「顯示平均數」（Display Means for）下的空盒中。

　⇒勾選「☑比較主效應」（Compare main effects）選項，以比較「組別」因子間（自變項間）調整後平均數的差異，亦即組別變項事後比較，「信賴區間調整」（Confidence interval adjustment）下的選項中選取內定的「LSD（none）法」（最小顯著差異法）。

　⇒在「顯示」（Display）方盒中勾選「敘述統計」（☑Descriptive statistics）、「效果項大小估計值」（☑Estimate effect size）、「參數估計值」（☑parameter estimates）等選項。

　⇒按『Continue』（繼續）鈕，回到「單變量」對話視窗→按『OK』（確定）鈕。

圖 8-13

8-3-3　立即輔導效果方面

(一)組內迴歸係數同質性檢定

表 8-17　**Tests of Between-Subjects Effects**

Dependent Variable: 後測

Source	Type III Sum of Squares	df	Mean Square	F	Sig.
Corrected Model	212.621(a)	3	70.874	1.858	.166
Intercept	483.098	1	483.098	12.664	.002
組別	3.831	1	3.831	.100	.754
前測	70.920	1	70.920	1.859	.187
組別 * 前測	22.555	1	22.555	.591	.450
Error	839.226	22	38.147		
Total	47084.000	26			
Corrected Total	1051.846	25			
a R Squared = .202 (Adjusted R Squared = .093)					

　　組內迴歸係數同質性檢定的 F 值等於.591，顯著性的 p 值 = .450>.05，未達.05 顯著水準，各實驗處理組的共變項預測依變項所得的迴歸線的迴歸係數相同，二條迴歸線互相平行，共變數分析模式並未違反組內迴歸係數同質性的假定，可繼續進行共變數分析。

表 8-18　**Descriptive Statistics**

Dependent Variable: 後測

組別	Mean	Std. Deviation	N
實驗組	44.38	6.577	13
控制組	39.77	5.8732	13
Total	42.08	6.486	26

　　實驗組與控制組在「自我概念」後測成績的平均數分別為 44.38、39.37，標準差分別為 6.577、5.732，整體的平均數為 42.08。

表 8-19　**Tests of Between-Subjects Effects**

Dependent Variable: 後測

Source	Type III Sum of Squares	df	Mean Square	F	Sig.	Partial Eta Squared
Corrected Model	190.066(a)	2	95.033	2.536	.101	.181
Intercept	557.717	1	557.717	14.885	.001	.393
前測	51.604	1	51.604	1.377	.253	.056
組別	177.475	1	177.475	4.737	.040	.171
Error	861.780	23	37.469			
Total	47084.000	26				
Corrected Total	1051.846	25				
a R Squared = .181 (Adjusted R Squared = .109)						

　　共變數分析摘要表中，組間效果檢定的 $F_{(1,23)}$ 值等於 4.737，顯著性 p 值 = .040<.05，達到顯著水準，表示排除前測變項影響後，實驗組與控制組在「自我概念」方面有顯著的差異存在。

表 8-20　**Parameter Estimates**

Dependent Variable: 後測

Parameter	B	Std. Error	T	Sig.	95% Confidence Interval		Partial Eta Squared
					Lower Bound	Upper Bound	
Intercept	28.558	9.703	2.943	.007	8.486	48.630	.274
前測	.349	.297	1.174	.253	-.266	.963	.056
[組別=1]	7.566	3.476	2.176	.040	.374	14.757	.171
[組別=2]	0(a)						
a This parameter is set to zero because it is redundant.							

上表 8-20 為參數估計值，實驗組與控制組調整後平均數的差異值等於 7.566，標準誤等於 3.476、調整後平均數的差異值顯著性考驗的 t 值等於 2.176，顯著性機率值 p＝.040<.05，達到顯著水準。

表 8-21　Estimated Marginal Means
組別
Estimates
Dependent Variable: 後測

組別	Mean	Std. Error	95% Confidence Interval	
			Lower Bound	Upper Bound
實驗組	45.860(a)	2.112	41.490	50.230
控制組	38.294(a)	2.112	33.924	42.664
a Covariates appearing in the model are evaluated at the following values: 前測＝27.92.				

立即輔導效果中的自我概念後測成績調整後平均數，實驗組為 45.860、控制組為 38.294，二組調整後平均數的差異值等於 7.566，和上表參數估計值中的數據相同。

表 8-22　Pairwise Comparisons
Dependent Variable: 後測

(I)組別	(J)組別	Mean Difference (I-J)	Std. Error	Sig. (a)	95% Confidence Interval for Difference(a)	
					Lower Bound	Upper Bound
實驗組	控制組	7.566(*)	3.476	.040	.374	14.757
控制組	實驗組	-7.566(*)	3.476	.040	-14.757	-.374
Based on estimated marginal means						
* The mean difference is significant at the .05 level.						
a Adjustment for multiple comparisons: Least Significant Difference (equivalent to no adjustments).						

上表 8-22 為調整後平均數間的事後比較，實驗組與控制組的差異值達到顯著，實驗組成員的自我概念顯著的較控制組正向。由於組別的水準數只有二組，因而事後比較的結果，也可以參考上述「參數估計」輸出表格。

以上實驗處理立即輔導效果之獨立樣本單因子共變數分析結果可以整理成下列三個表格呈現。

◆【表格範例】

表 8-23　不同組別在「自我概念量表」後測成績之描述性統計量

組別	人數	平均數	標準差	調整後平均數
實驗組	13	44.38	6.577	45.860
控制組	13	39.77	5.732	38.294

註：共變項為自我概念前測成績＝27.92

表 8-24　組內迴歸係數同質性考驗摘要表

變異來源	SS	df	MS	F
組間×共變項	22.555	1	22.555	.591n.s.
誤差	839.226	22	38.147	

n.s. $p > .05$

表 8-25　不同組別在「自我概念量表」後測成績之共變數分析摘要表

變異來源	SS	df	MS	F	淨η^2
共變量	51.604	1	51.604	1.377n.s.	.056
組間	177.475	1	177.475	4.737*	.171
組內（誤差）	861.780	23	37.469		
全體	1051.846	25			

n.s. $p > .05$　*$p < .05$

8-3-4　長期輔導效果方面

㈠組內迴歸係數同質性檢定

表 8-26　Tests of Between-Subjects Effects

Dependent Variable: 追蹤測

Source	Type III Sum of Squares	df	Mean Square	F	Sig.	Partial Eta Squared
Corrected Model	213.788(a)	3	71.263	2.932	.056	.286
Intercept	1294.224	1	1294.224	53.253	.000	.708
組別	12.427	1	12.427	.511	.482	.023
前測	39.086	1	39.086	1.608	.218	.068
組別 * 前測	15.885	1	15.885	.654	.427	.029
Error	534.674	22	24.303			
Total	43476.000	26				
Corrected Total	748.462	25				

a R Squared = .286 (Adjusted R Squared = .188)

組內迴歸係數同質性檢定的 F 值等於.654，顯著性的 p 值＝.427>.05，未達.05 顯著水準，各實驗處理組的共變項預測依變項所得的迴歸線的迴歸係數相同，二條迴歸線互相平行，共變數分析模式並未違反組內迴歸係數同質性的假定，可繼續進行共變數分析。

表 8-27　Descriptive Statistics

Dependent Variable: 追蹤測

組別	Mean	Std. Deviation	N
實驗組	42.77	2.242	13
控制組	38.31	6.824	13
Total	40.54	5.472	26

　　實驗組與控制組在「自我概念量表」追蹤測成績的平均數分別為 42.77、38.31，標準差分別為 2.242、6.824，整體的平均數為 40.54。

表 8-28　Tests of Between-Subjects Effects

Dependent Variable: 追蹤測

Source	Type III Sum of Squares	df	Mean Square	F	Sig.	Partial Eta Squared
Corrected Model	197.903(a)	2	98.951	4.134	.029	.264
Intercept	1428.418	1	1428.418	59.673	.000	.722
前測	68.518	1	68.518	2.862	.104	.111
組別	3.496	1	3.496	.146	.706	.006
Error	550.559	23	23.937			
Total	43476.000	26				
Corrected Total	748.462	25				
a R Squared = .264 (Adjusted R Squared = .200)						

　　共變數分析摘要表中，組間效果檢定的 F（1,23）值等於.146，顯著性 p 值＝.706>.05，未達到.05 顯著水準，表示排除前測變項影響後，實驗組與控制組在「自我概念」方面沒有顯著的差異。

表 8-29　　Parameter Estimates
Dependent Variable: 追蹤測

Parameter	B	Std. Error	T	Sig.	95% Confidence Interval		Partial Eta Squared
					Lower Bound	Upper Bound	
Intercept	51.226	7.755	6.605	.000	35.183	67.270	.655
前測	-.402	.237	-1.692	.104	-.893	.089	.111
[組別=1]	1.062	2.779	.382	.706	-4.686	6.810	.006
[組別=2]	0(a)	.	.	.	.	.	.
a This parameter is set to zero because it is redundant.							

　　上表 8-29 為參數估計值，實驗組與控制組調整後平均數的差異值等於 1.062，標準誤等於 2.779、調整後平均數的差異值顯著性考驗的 t 值等於 .382，顯著性機率值 p＝.706＞.05，未達到顯著水準，此結果和上述共變數分析摘要表呈現的結果相同。

表 8-30　　Estimated Marginal Means
組別
Estimates
Dependent Variable: 追蹤測

組別	Mean	Std. Error	95% Confidence Interval	
			Lower Bound	Upper Bound
實驗組	41.069(a)	1.688	37.577	44.562
控制組	40.008(a)	1.688	36.515	43.500
a Covariates appearing in the model are evaluated at the following values: 前測 = 27.92.				

　　長期輔導效果中的自我概念追蹤測成績調整後平均數，實驗組為 41.069、控制組為 40.008，二組調整後平均數的差異值＝41.069－40.008＝1.061。

　　以上實驗處理長期輔導效果之獨立樣本單因子共變數分析結果可以整理成下列三個表格呈現。

◆【表格範例】

表 8-31　不同組別在「自我概念量表」追蹤測成績之描述性統計量

組別	人數	平均數	標準差	調整後平均數
實驗組	13	42.77	2.242	41.069
控制組	13	38.31	6.824	40.008

註：共變項為自我概念前測成績＝27.92

表 8-32　組內迴歸係數同質性考驗摘要表

變異來源	SS	df	MS	F
組間×共變項	15.885	1	15.885	.654n.s.
誤差	534.674	22	24.303	

n.s.　p>.05

表 8-33　不同組別在「自我概念量表」追蹤測成績之共變數分析摘要表

變異來源	SS	df	MS	F
共變量	68.518	1	68.518	2.862 n.s.
組間	3.496	1	3.496	.146 n.s.
組內（誤差）	550.559	23	23.937	
全體	748.462	25		

n.s.　p>.05

8-3-5　單因子變異數分析結果

㈠獨立樣本單因子變異數分析操作程序

　　直接採用獨立樣本單因子變異數分析，以比較實驗組、控制組在自我概念量表後測與追蹤測之差異比較（因為組別只有二組，研究者也可採用獨立樣本 t 檢定）。

> 執行功能表「Analyze」（分析）→「Compare Means」（比較平均數法）→「One-Way ANOVA」（單因子變異數分析）程序，出現「One-Way ANOVA」（單因子變異數分析）對話視窗。
> ⇒在左邊變數清單中，將依變項「後測」、「追蹤測」選入右方「Dependent List」（依變數）方盒中。

⇒將自變項「組別」變項選入右方的「Factor」（因子）方盒中。

⇒按右下方『Options...』（選項）鈕，開啟在「One-Way ANOVA: Options」（單因子變異數分析：選項）次對話視窗，勾選「☑Descriptive」（描述性統計量）選項。

　　⇒按『Continue』（繼續）鈕，回到「One-Way ANOVA」（單因子變異數分析）對話視窗→按『OK』（確定）鈕。

(二)不同組別在自我概念量表後測、追蹤期之差異比較結果

表 8-34　Descriptives

		N	Mean	Std. Deviation	Std. Error	95% Confidence Interval for Mean		Minimum	Maximum
						Lower Bound	Upper Bound		
後測	實驗組	13	44.38	6.577	1.824	40.41	48.36	30	55
	控制組	13	39.77	5.732	1.590	36.31	43.23	22	45
	Total	26	42.08	6.486	1.272	39.46	44.70	22	55
追蹤測	實驗組	13	42.77	2.242	.622	41.41	44.12	40	48
	控制組	13	38.31	6.824	1.893	34.18	42.43	26	47
	Total	26	40.54	5.472	1.073	38.33	42.75	26	48

　　實驗組、控制組在自我概念量表後測成績的平均數分別為44.38、39.77，標準差分別為6.577、5.732；實驗組、控制組在自我概念量追蹤測成績的平均數分別為42.77、38.31，標準差分別為2.242、6.824。

表 8-35　ANOVA

		Sum of Squares	df	Mean Square	F	Sig.
後測	Between Groups	138.462	1	138.462	3.638	.069
	Within Groups	913.385	24	38.058		
	Total	1051.846	25			
追蹤測	Between Groups	129.385	1	129.385	5.016	.035
	Within Groups	619.077	24	25.795		
	Total	748.462	25			

　　實驗組、控制組在自我概念量表後測成績差異比較的變異數分析之F值為3.638，顯著性機率值$p=.069>.05$，未達.05顯著水準，表示實驗處理之立

即輔導效果不顯著；實驗組、控制組在自我概念量表追蹤測成績差異比較的變異數分析之 F 值為 5.016，顯著性機率值 p=.035<.05，達到.05 顯著水準，實驗組成員在自我概念追蹤測的平均數顯著的高於控制組成員在自我概念追蹤測的平均數，表示實驗處理之長期輔導效果顯著。

(二)不同組別在自我概念量表前測之差異比較

1. 操作程序

> 執行功能表「Analyze」（分析）→「Compare Means」（比較平均數法）→「One-Way ANOVA」（單因子變異數分析）程序，出現「One-Way ANOVA」（單因子變異數分析）對話視窗。
>
> ⇒在左邊變數清單中，將依變項「前測」選入右方「Dependent List」（依變數）方盒中。
>
> ⇒將自變項「組別」變項選入右方的「Factor」（因子）方盒中。
>
> ⇒按右下方『Options...』（選項）鈕，開啟在「One-Way ANOVA: Options」（單因子變異數分析：選項）次對話視窗，勾選「☑ Descriptive」（描述性統計量）選項。
>
> ⇒按『Continue』（繼續）鈕，回到「One-Way ANOVA」（單因子變異數分析）對話視窗→按『OK』（確定）鈕。

2. 結果說明

表 8-36　Descriptives 前測

	N	Mean	Std. Deviation	Std. Error	95% Confidence Interval for Mean		Minimum	Maximum
					Lower Bound	Upper Bound		
實驗組	13	23.69	3.351	.929	21.67	25.72	19	30
控制組	13	32.15	4.913	1.363	29.18	35.12	25	40
Total	26	27.92	5.966	1.170	25.51	30.33	19	40

上表 8-36 為實驗組、控制組在自我概念量表前測成績的描述性統計量，二組的平均數分別為 23.69、32.15，標準差分別為 3.351、4.913，16 位成員前測成績的總平均數為 27.92，標準差為 5.966。

表 8-37　　ANOVA 前測

	Sum of Squares	df	Mean Square	F	Sig.
Between Groups	465.385	1	465.385	26.314	.000
Within Groups	424.462	24	17.686		
Total	889.846	25			

　　實驗組與控制組在自我概念前測成績的變異數分析摘要中，統計量F值等於 26.314，顯著性機率值 p＝.000<.05，達到.05 顯著水準，表示實驗組與控制組在自我概念前測成績有顯著差異存在，控制組成員的自我概念顯著的較實驗組成員正向。

　　實驗組與控制組在自我概念前測成績的差異達到顯著，控制組在自我概念量表前測得分的平均數顯著的高於實驗組前測分數的平均數，由於二組的起點行為即有顯著差異存在，研究者若是沒有考慮組別間起點行為的不同，直接比較後測成績作為立即輔導效果、或直接比較追蹤測成績作為長期輔導效果，容易出現統計偏誤的結果。以直接比較二組的後測成績而言，若是組別甲的成績顯著的高於組別乙的成績，此種結果是實驗處理造成的？還是一開始組別甲的成績即顯著的優於組別乙的成績？不容易區別出來，可能研究者不用實施實驗處理，三個月的時間後，組別甲的後測成績還是可能顯著的優於組別乙的後測成績。

　　在行為及社會科學領域中，受限於實際情境的現況，受試者本身特性的影響，多數研究設計會採用「準實驗研究設計」而非「真正實驗設計」，對於無法以實驗方法控制或排除無關變項的影響，如無法隨機抽取樣本、無法隨機分配受試者，無法採配對法方式將受試者分組等等，則可採用「統計控制」的方法，統計控制法中最常使用者為共變數分析，在學校教育情境的實驗設計中，研究者無法確定參與各組的受試者完全相等，採用共變數分析法特別有其價值性。

　　將上述採用共變數分析與變異數分析的結果整理如下表 8-38：

表 8-38

統計方法＼變項	前測成績	後測成績	追蹤測成績
變異數分析	F＝26.314***	F＝3.638n.s.	F＝5.016*
共變數分析	────	F＝4.737*	F＝0.146n.s.

n.s. p>.05　　* p<.05　　*** p<.001

從上表中可以發現，實驗組與控制組二組自我概念的差異比較時，如果直接採用變異數分析來探討，則實驗處理的立即效果不顯著（F＝3.638n. s.），長期輔導效果顯著（F＝5.016*），若採用統計控制方法，排除前測成績的影響後，實驗處理的立即效果顯著（F＝4.737*）、長期輔導效果不顯著（F＝0.146n.s.），二者得到的統計結果剛好相反。上述研究結果之所以完全相反，乃是研究者未考慮到受試者實驗之前的差異，雖然隨機化是用來控制無關變項干擾的有效方法，但即使研究者採用隨機分派（random assignment）的方法，也無法保證組別間的受試者各方面均完全相等，此時採用「統計控制」（statistical control）的方法可以彌補「實驗控制」（experimental control）的不足，共變數分析便是用來做為統計控制最佳工具，共變數分析與變異數分析的不同點，在於共變數分析可以排除「共變項」（covariate）對依變項的影響後，檢定各實驗處理組別間之調整後平均數的差異是否仍達到顯著水準。

8-4 重複量數單因子共變數分析

8-4-1 研究問題

某心理學家想探究大二修讀統計學學生在平時考、期中考與期末考前半小時的心理緊張狀態，其認為學生考試心理緊張狀態是一種「情境感受」而非是永久特質。研究者隨機抽取 6 名修讀統計學的學生為受試者，於平時考、期中考與期末考前半小時測得其心理緊張感受情形，為避免學生個人人格特質焦慮變因的干擾，在測試學生心理緊張狀態前二星期施予「人格特質焦慮感受」量表，以量表所得的分數作為共變數，測得的數據如下表 8-39，請問在排除學生個人特質焦慮感受外，三種不同三種的考試類型，學生的心理緊張狀態是否有顯著的不同？

表 8-39

受試者	平時考		期中考		期末考	
	X	Y	X	Y	X	Y
A	29	26	44	45	41	48
B	24	28	34	41	46	50
C	26	30	26	38	42	49
D	45	45	37	42	38	46
E	32	34	46	48	37	47
F	38	42	37	42	35	43

上表 8-39 的數據於 SPSS 資料檔中，共有四個變項，區組變項 s，因有六位受試者，水準數值由 1 至 6；因子變項 b，因有三種不同情境類型，水準數值爲 1、2、3，共變數 x，爲前測成績，依變項 y 爲後測成績。

表 8-40

s（區組）	b（因子）	x（共變數－前測）	y（依變項－後測）
1	1	29	26
2	1	24	28
3	1	26	30
4	1	45	45
5	1	32	34
6	1	38	42
1	2	44	45
2	2	34	41
3	2	26	38
4	2	37	42
5	2	46	48
6	2	37	42
1	3	41	48
2	3	46	50
3	3	42	49
4	3	38	46
5	3	37	47
6	3	35	43

SPSS 資料編輯視窗畫面如下：

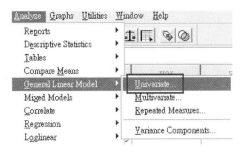

圖 8-14

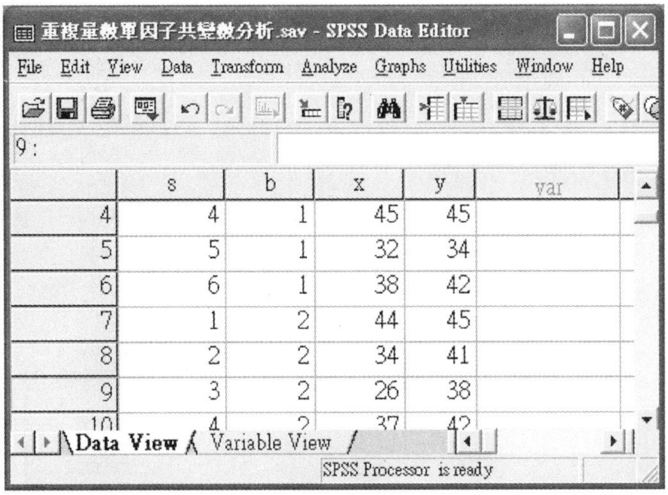

8-4-2　操作程序

㈠組內迴歸係數同質性檢定操作程序

1. 步驟 1

執行功能表「Analyze」（分析）→「General Linear Model」（一般線性模式）→「Univariate」（單變量）程序，開啟「Univariate」（單變量）對話視窗。

圖 8-15

2. 步驟 2

在「Univariate」（單變量）對話視窗中。

⇒在左邊變數清單中將依變項「後測[y]」選入右邊「依變數」（Dependent Variable）下的空盒中。

⇒在左邊變數清單中將自變項「區組[s]」、「實驗處理[b]」選入右邊「固定因子」（Fixed Factors）下的空盒中。

⇒在左邊變數清單中將控制變項「前測[x]」選入右邊「共變量」（Covariates）下的空盒中。

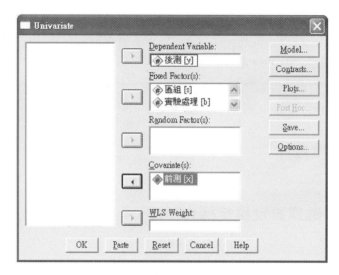

圖 8-16

3.步驟 3

⇒按右上角『Model...』（模式）鈕，出現「單變量：模式」（Univariate: Model）次對話視窗。

⇒在「指定模式」（Specify Model）方盒中，選取右邊「⊙Custom（自訂）」選項，「因子與共變量方盒」（Factors & Covariate）的變數清單中，將區組「s」變數、「b」因子、共變數「x」選入右邊「Model」（模式）下的空盒中，同時選取「b(F)」因子、「x(C)」二個變項，選入右邊「Model」（模式）空盒中，此時右邊「Model」（模式）空盒中會出現四個模式效果：區組「s」、「b」因子、共變數「x」、「b*x」交互作用效果項。

⇒在「平方和」（Sum of squares）的下拉式選項中，選取內定之「Type III」（型 III）的計算方法。

⇒按『Continue』（繼續）鈕，回到「單變量」對話視窗→按『OK』（確定）鈕。

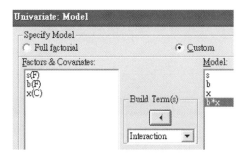

圖 8-17

㈡共變數分析操作程序

1. 步驟 1

執行功能表「Analyze」（分析）→「General Linear Model」（一般線性模式）→「Univariate」（單變量）程序，出現「Univariate」（單變量）對話視窗。

⇒在左邊變數清單中將依變項「後測[y]」選入右邊「依變數」（Dependent Variable）下的空盒中。

⇒在左邊變數清單中將「區組[s]」及自變項「實驗處理[b]」選入右邊「固定因子」（Fixed Factors）下的空盒中。

⇒在左邊變數清單中將控制變項「前測[x]」選入右邊「共變量」（Co-variates）下的空盒中。

2. 步驟 2

⇒按右上角『Model...』（模式）鈕，出現「單變量：模式」（Univariate: Model）次對話視窗。

　⇒在「指定模式」（Specify Model）方盒中，選取右邊「⊙Custom（自訂）」選項，「因子與共變量方盒」（Factors & Covariate）的變數清單中，將「區組[s]」變數、「實驗處理[b]」因子、共變數「前測[x]」選入右邊「Model」（模式）下的空盒中，此時右邊「Model」（模式）空盒中會出現三個模式效果：區組「s」、「b」因子、共變數「x」效果項。

　⇒在「平方和」（Sum of squares）的下拉式選項中，選取內定之「Type III」（型 III）的計算方法。

⇒按『Continue』（繼續）鈕，回到「單變量」（Univariate）對話視窗。

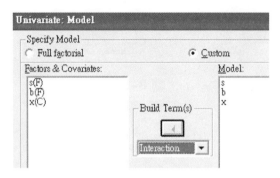

圖 8-18

3. 步驟 3

⇒在「單變量」（Univariate）對話視窗中，按『選項』（Options）鈕，出現「單變量：選項」（Univariate: Options）次對話視窗。

⇒將左邊「因子與因子交互作用」（Factor(s) and Factor Interactions）方盒下之因子「b」自變項選入右邊「顯示平均數」（Display Means for）下的空盒中。

⇒勾選「☑ 比較主效應」（Compare main effects）選項，以比較「b」因子間（自變項間）調整後平均數的差異，亦即組別變項事後比較。「信賴區間調整」（Confidence interval adjustment）下的選項中選取內定的「LSD（none）法」（最小顯著差異法）。

⇒在「顯示」（Display）方盒中勾選「敘述統計」（☑ Descriptive statistics）、「參數估計值」（☑ parameter estimates）等選項。

⇒按『Continue』（繼續）鈕，回到「單變量」對話視窗→按『OK』（確定）鈕。

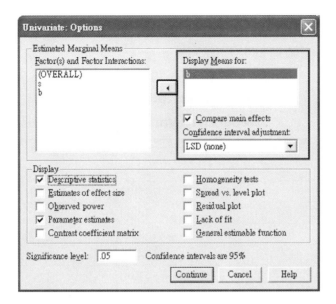

圖 **8-19**

8-4-3 結果說明

表 8-41　**Tests of Between-Subjects Effects**

Dependent Variable: 後測

Source	Type III Sum of Squares	df	Mean Square	F	Sig.
Corrected Model	886.422(a)	10	88.642	22.500	.000
Intercept	74.650	1	74.650	18.948	.003
s	19.129	5	3.826	.971	.495
b	31.673	2	15.836	4.020	.069
x	191.585	1	191.585	48.630	.000
b * x	17.298	2	8.649	2.195	.182
Error	27.578	7	3.940		
Total	31666.000	18			
Corrected Total	914.000	17			
a R Squared = .970 (Adjusted R Squared = .927)					

　　上表 8-41 為組內迴歸係數同質性考驗結果（b*x 欄列之數據），b 因子自變項與共變項前測成績之交互作用項考驗的 F 值為 2.195；顯著性考驗的 p 值 = .182>.05，未達.05 的顯著水準，接受虛無假設，表示三組迴歸線的斜率相同，亦即共變項（前測成績）與依變項（後測成績）間的關係不會因自變項各處理水準的不同而有所差異，以各實驗處理組的共變項（前測成績）來預測依變項（後測成績）所得到的各條迴歸線之迴歸係數相同（迴

歸線斜率相同），三條迴歸線互相平行，符合共變數分析中組內迴歸係數同質性的假定，繼續進行共變數分析。

表 8-42　Descriptive Statistics
Dependent Variable: 後測

區組	實驗處理	Mean	Std. Deviation	N
1	平時考	26.00	.	1
	期中考	45.00	.	1
	期末考	48.00	.	1
	Total	39.67	11.930	3
2	平時考	28.00	.	1
	期中考	41.00	.	1
	期末考	50.00	.	1
	Total	39.67	11.060	3
3	平時考	30.00	.	1
	期中考	38.00	.	1
	期末考	49.00	.	1
	Total	39.00	9.539	3
4	平時考	45.00	.	1
	期中考	42.00	.	1
	期末考	46.00	.	1
	Total	44.33	2.082	3
5	平時考	34.00	.	1
	期中考	48.00	.	1
	期末考	47.00	.	1
	Total	43.00	7.810	3
6	平時考	42.00	.	1
	期中考	42.00	.	1
	期末考	43.00	.	1
	Total	42.33	.577	3
Total	平時考	34.17	7.757	6
	期中考	42.67	3.445	6
	期末考	47.17	2.483	6
	Total	41.33	7.332	18

上表 8-42 為區組（六位受試者）及 b 因子在後測成績的描述性統計量，以 b 因子三個水準而言，學生心理緊張狀態的平均數分別為平時考前為34.17、期中考前為 42.67、期末考前為 47.17。

表 8-43　Tests of Between-Subjects Effects
Dependent Variable: 後測

Source	Type III Sum of Squares	df	Mean Square	F	Sig.
Corrected Model	869.124(a)	8	108.641	21.788	.000
Intercept	78.236	1	78.236	15.691	.003
s	31.840	5	6.368	1.277	.353
b	128.393	2	64.196	12.875	.002
x	274.791	1	274.791	55.111	.000
Error	44.876	9	4.986		
Total	31666.000	18			
Corrected Total	914.000	17			
a R Squared = .951 (Adjusted R Squared = .907)					

　　上表 8-43 為共變數分析統果摘要表，排除共變項（前測成績）對依變項（後測成績）的影響力後，自變項組別（三種考試情境）對依變項「心理緊張狀態」所造成的實驗處理效果顯著，組間效果項考驗的 F 值等於 ＝12.875，顯著性機率值 p＝.002<.05，達到.05 顯著水準，表示後測成績的高低會因受試樣本所接受的實驗處理（自變項）的不同，而有顯著的差異存在，即排除前個人特質焦慮變因的影響後，三種不同的考試類型對學生心理緊張狀態的影響有顯著差異存在。由於自變組別的水準有三組，在其共變數分析檢定結果達到.05 的顯著水準後，必須進一步進行事後比較，以得知是哪幾組受試樣本在依變項的平均數有顯著差異存在。

表 8-44　Parameter Estimates
Dependent Variable: 後測

Parameter	B	Std. Error	t	Sig.	95% Confidence Interval for Difference(a)	
					Lower Bound	Upper Bound
Intercept	18.738	4.2.4	4.425	.002	9.159	28.317
[s=1]	-3.648	1.828	-1.995	.077	-7.783	.488
[s=2]	-1.195	1.834	-.652	.531	-5.344	2.953
[s=3]	.591	1.898	.311	.763	-3.704	4.885
[s=4]	-.452	1.853	-.244	.813	-4.644	3.739
[s=5]	-.560	1.831	-.306	.767	-4.701	3.582
[s=6]	0(a)	.	.	.	.	.
[b=1]	-7.482	1.488	-5.028	.001	-10.848	-4.116
[b=2]	-2.661	1.313	-2.027	.073	-5.630	.309
[b=3]	0(a)	.	.	.	.	.
x	.736	.099	7.424	.000	.512	.960
a This parameter is set to zero because it is redundant.						

上表 8-44 為參數估計數，[b=1]為第一個水準（平時考）與第三個水準（期末考）的比較，二者調整後平均數差異為-7.482，差異顯著性檢定的 t 值等於-5.028，顯著性機率值p=.001<.05，達到.05 顯著水準；表示排除個人特質焦慮變因的影響後，受試者在「平時考」、「期末考」二種不同的考試情境，所感受的心理緊張狀態有顯著差異存在；[b=2]為第二個水準（期中考）與第三個水準（期末考）的比較，二者調整後平均數差異為-2.661，差異顯著性檢定的 t 值等於-2.027，顯著性機率值p=.073>.05，未達到.05 顯著水準；表示排除個人特質焦慮變因的影響後，受試者在「期中考」、「期末考」二種不同的考試情境，所感受的心理緊張狀態沒有顯著差異存在。至於第一個水準（平時考）與第二個水準（期中考）間的差異比較，在上述多重比較中無法獲知。

表 8-45　Estimated Marginal Means

實驗處理

Estimates

Dependent Variable: 後測

實驗處理	Mean	Std. Error	95% Confidence Interval	
			Lower Bound	Upper Bound
平時考	37.232(a)	1.001	34.968	39.496
期中考	42.054(a)	.915	39.983	44.124
期末考	44.714(a)	.970	42.521	46.908
a Covariates appearing in the model are evaluated at the following values: 前測 = 36.50.				

上表 8-45 為後測成績調整後的平均數，三組調整後的平均數分別為37.232、42.054、44.714，共變項前測成績的總平均數為 36.50。

表 8-46　Pairwise Comparisons

Dependent Variable: 後測

(I)實驗處理	(J)實驗處理	Mean Difference(I-J)	Std. Error	Sig.	95% Confidence Interval for Difference(a)	
					Lower Bound	Upper Bound
平時考	期中考	-4.821(*)	1.381	.007	-7.946	-1.697
	期末考	-7.482(*)	1.488	.001	-10.848	-4.116
期中考	平時考	4.821(*)	1.381	.007	1.697	7.946
	期末考	-2.661	1.313	.073	-5.630	.309
期末考	平時考	7.482(*)	1.488	.001	4.116	10.848
	期中考	2.661	1.313	.073	-.309	5.630
Based on estimated marginal means						
* The mean difference is significant at the .05 level.						
a Adjustment for multiple comparisons: Least Significant Difference (equivalent to no adjustments).						

　　上表 8-46 為三組調整後平均數的多重比較，「期中考」&「平時考」調整後的平均數差異達到.05 顯著水準，其平均差異為 4.821，表示表示排除個人特質焦慮變因的影響後，受試者在「期中考」、「平時考」二種不同的考試情境，所感受的心理緊張狀態有顯著差異存在，期中考時所感受的心理緊張狀態（M＝42.054）顯著的高於平時考時所感受的心理緊張狀態（M＝37.232）；「平時考」&「期末考」調整後的平均數差異達到.05 顯著水準，其平均差異為 7.482，表示表示排除個人特質焦慮變因的影響後，受試者在「期末考」、「平時考」二種不同的考試情境，所感受的心理緊張狀態有顯著差異存在，期末考時所感受的心理緊張狀態（M＝44.714）顯著的高於平時考時所感受的心理緊張狀態（M＝37.232）。

表 8-47　Univariate Tests

Dependent Variable: 後測

	Sum of Squares	df	Mean Square	F	Sig.
Contrast	128.393	2	64.196	12.875	.002
Error	44.876	9	4.986		
The F tests the effect of 實驗處理. This test is based on the linearly independent pairwise comparisons among the estimated marginal means.					

　　上表 8-47 為共變數分析之因子間的差異及誤差項，因子間差異的 F 值等於 12.875，顯著性機率值 p 等於.002<.05，達到.05 顯著水準。

以上重複量數單因子共變數分析結果可以整理成下列三個表格：

◆【表格範例一】

表 8-48　不同考試類型在「心理緊張狀態」後測成績之描述性統計量

因子	人數	平均數	標準差	調整後平均數
平時考	6	34.17	7.757	37.232
期中考	6	42.67	3.445	42.054
期末考	6	47.17	2.483	44.714

註：共變項為個人特質焦慮測驗分數─前測成績（$\overline{X} = 36.50$）

◆【表格範例二】

表 8-49　組內迴歸係數同質性檢定摘要表

變異來源	SS	df	MS	F
因子間 * 共變項	17.298	2	8.649	2.195n.s.
誤差	27.578	7	3.940	

n.s. $p > .05$

◆【表格範例三】

表 8-50　不同考試類型在「心理緊張狀態」效果之共變數分析摘要表

變異來源	SS	df	MS	F	事後比較
共變項（前測成績）	274.791	1	274.791	55.111***	
因子間效果	128.393	2	64.196	12.875**	期中考>平時考 期末考>平時考
組內	76.716	14			
受試者間	31.840	5	6.368	1.277	
殘差	44.876	9	4.986		
全體	914.000	17			

**$p < .01$　***$p < .001$

8-5 「詹森─內曼法」的應用

在共變數分析中，根據X_1預測Y_1得到第一個迴歸線及斜率β_{w1}、根據X_2預測Y_2得到第二個迴歸線及斜率β_{w2}、根據X_3預測Y_3得到一個迴歸線及斜率β_{w3}，若是組內迴歸係數同質性結果達到顯著（p值<.05），表示迴歸線斜

率β_{w1}、斜率β_{w2}、斜率β_{w3}的斜率不相同,此時三組的斜率無法用一條共用斜率β_{k}來代替,此時資料檔會違反「組內迴歸係數同質性考驗」的假定,不宜直接採用共變數分析方法來解釋結果,若是組內迴歸線不平行的情況很嚴重(如有交叉點),則直接採用共變數分析可能會導致錯誤結果。以只有實驗組與控制組二組而言,若是組內迴歸係數同質性結果達到顯著(p 值<.05),表示斜率β_{w1}與斜率β_{w2}的數值顯著不相同,二條迴歸線沒有互相平行,此時因為二條迴歸線的斜率不相等,因而可能會呈現一個交叉點的情形,如圖 8-20 所示:

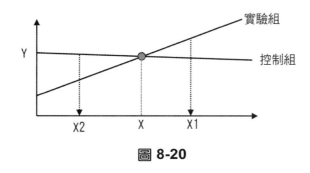

圖 8-20

　　當組內迴歸係數同質性的假定不符合時($p<.05$),表示組別各水準根據X變項(共變量)來預測依變量(Y)之迴歸線的斜率不會相等,交叉點附近,表示X變量之測量分數的受試者在Y變項測量值上沒有顯著的不同,二組間調整後平均數的差異等於 0 或接近 0,但當X值離交叉點以上或以下某個距離後,二組間調整後平均數的差異會達到顯著水準。以上述組內迴歸線的相交點及差異顯著點之圖示而言,X 測量值介於 X1 至 X2 之間區段為沒有顯著差異區間,而當 X 測量值大於X1 時,實驗組之調整後平均數顯著的高於控制組;但當 X 測量值小於X2 時,實驗組之調整後平均數反而顯著的低於控制組,因而對於 X 測量值大於X1 的受試者宜採用實驗組的處理方法,對於 X 測量值小於 X2 的受試者宜採用控制組的處理方法。

　　在進行共變數分析之前,必須先符合組內迴歸係數同質性的基本假定,此假定為以各組別的共變量對依變項進行迴歸分析時,所獲得的各組迴歸係數必須是一致的,即虛無假設 $H_0:\beta_{w1}=\beta_{w2}=\beta_{w3}=\cdots\cdots=\beta_k$ 必須獲得支持,若是上述虛無假設無法獲支持,表示以各組別的共變量對依變項進行迴歸分析時,所獲得的各組迴歸係數顯著的不相同,此時不宜直接進行共變數分析,而宜採用「詹森－內曼」(Johnson-Neyman)來進行分析。

8-5-1 研究問題

某教育學者想探究二種不同的教學方法（教學法Ⅰ、教學法Ⅱ）對國小六年級學生閱讀能力的影響，隨機抽取二十名學生，依其國文成績配對分派到實驗組與控制組，實驗組採用教學方法Ⅰ、控制組採用教學方法Ⅱ，為避免智力變項對實驗效果的影響，研究者以智力變項（智力測驗分數）為共變數，經六週的教學實驗後，二組均實施「閱讀能力測驗」，測驗的數值愈大，表示受試者的閱讀能力愈佳，研究測得的數據如下表 8-51，請問排除智力變項的影響後，二組的閱讀成績是否有顯著的差異？

表 8-51

教學法Ⅰ（實驗組）		教學法Ⅱ（控制組）	
智力	閱讀成績	智力	閱讀成績
3	6	2	7
7	12	9	9
7	12	4	6
12	18	9	10
6	11	3	5
6	9	11	10
4	8	4	8
7	12	10	11
10	14	12	10
7	10	4	8

　　SPSS 資料檔的建檔中，共有三個變項，「組別」變項，水準數值 1 為實驗組、水準數值 2 為控制組；共變量為「X」，變數註解為「智力」；依變項為「Y」，變數註解為」閱讀能力」。

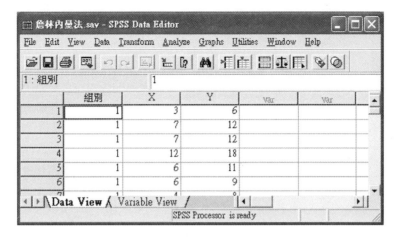

圖 8-21

8-5-2 共變數分析結果

表 8-52 Between-Subjects Factors

		Value Label	N
組別	1	教學法一	10
	2	教學法二	10

上表 8-52 為實驗組與控制組的人數，組別自變項的水準編碼中 1 表示教學法 Ⅰ（實驗組）、2 表示教學法 Ⅱ（控制組），每組各有十位受試者。

表 8-53 Tests of Between-Subjects Effects
Dependent Variable: 閱讀成績

Source	Type III Sum of Squares	df	Mean Square	F	Sig.
Corrected Model	132.626(a)	2	66.313	27.785	.000
Intercept	81.300	1	81.300	34.064	.000
X	93.426	1	93.426	39.145	.000
組別	37.233	1	37.233	15.600	.001
Error	40.574	17	2.387		
Total	2094.000	20			
Corrected Total	173.200	19			
a R Squared = .766 (Adjusted R Squared = .738)					

共變數分析摘要表中，組間效果檢定的 $F_{(1,17)}$ 值等於 15.600，顯著性 p 值＝.001<.05，達到顯著水準，表示排除智力變項影響後，教學法 Ⅰ 與教學

法 II 之受試者在「閱讀成績」之間有顯著的差異存在。

表 8-54　Estimated Marginal Means

組別

Estimates

Dependent Variable: 閱讀成績

組別	Mean	Std. Error	95% Confidence Interval	
			Lower Bound	Upper Bound
教學法一	11.165(a)	.489	10.134	12.195
教學法二	8.435(a)	.489	7.405	9.466
a Covariates appearing in the model are evaluated at the following values: 智力 = 6.85.				

上表 8-54 為二組受試者在閱讀成績調整後平均數的數據，實驗組（教學法 I）為 11.165、控制組（教學法 II）為 8.435，二組調整後平均數的差異值等於 2.729，共變量（智力測驗分數）的平均數為 6.85。

表 8-55　Pairwise Comparisons

Dependent Variable: 閱讀成績

(I)組別	(J)組別	Mean Difference (I-J)	Std. Error	Sig. (a)	95% Confidence Interval for Difference(a)	
					Lower Bound	Upper Bound
教學法一	教學法二	2.729(*)	.691	.001	1.271	4.187
教學法二	教學法一	-2.729(*)	.691	.001	-4.187	-1.271
Based on estimated marginal means						
* The mean difference is significant at the .05 level.						
a Adjustment for multiple comparisons: Least Significant Difference (equivalent to no adjustments).						

上表 8-55 為二組閱讀成績調整後平均數的事後比較，採用教學法 I 組別的受試者其閱讀成績顯著的高於採用教學法 II 組別的受試者，其調整後平均數的差異值為 2.729。可見，在排除智力變項的影響後，採用教學法 I 的教學法對於學生閱讀理解能力顯著的優於採用教學法 II 的教學法。

8-5-3　組內迴歸係數同質性檢定

表 8-56　Tests of Between-Subjects Effects
Dependent Variable: 閱讀成績

Source	Type III Sum of Squares	df	Mean Square	F	Sig.
Corrected Model	157.744(a)	3	52.581	54.434	.000
Intercept	47.465	1	47.465	49.137	.000
組別	5.183	1	5.183	5.365	.034
X	116.729	1	116.729	120.841	.000
組別 * X	25.118	1	25.118	26.003	.000
Error	15.456	16	.966		
Total	2094.000	20			
Corrected Total	173.200	19			
a R Squared = .911 (Adjusted R Squared = .894)					

　　組內迴歸係數同質性檢定的 F 值等於 26.003（$F_{1.16} = 26.003$），顯著性的 p 值＝.000<.05，達到.05 顯著水準，表示各實驗處理組的共變項預測依變項所得的迴歸線的迴歸係數不相同，二條迴歸線並未互相平行，由於組內迴歸係數同質性檢定達到顯著，因而採用共變數分析模式會違反組內迴歸係數同質性考驗的假定，此時，若直接採用上述共變數分析的結果作為研究結論並不適切，研究者應進一步採用「詹森－內曼法」（Johnson-Neyman）加以統計分析。

　　在 SPSS 統計軟體中，並無法進行詹森－內曼法的統計程序，研究者必須另外撰寫程式，為便於研究者進行分析，光碟中附有以「java」程式開發的詹森－內曼法的統計分析程式，此程式的報表主要根據林清山（民 81，pp.491-496）與余民寧（民 94，pp.442-447）的範例說明加以研發，其操作程序在光碟中有詳細說明。

8-5-4　詹森－內曼法程式的操作

㈠資料處理

1. 資料建檔

將資料檔輸入「Microsoft excel」應用軟體中，A 欄爲實驗組共變數數據（如前測成績）、B欄爲實驗組後測成績數據、C欄爲控制組共變數數據（如前測成績）、D欄爲控制組後測成績數據。在下面數據中，A欄爲「教學法 I」受試者的智商分數、B欄爲「教學法 I」受試者閱讀成績分數、C欄爲「教學法II」受試者的智商分數、D欄爲「教學法II」受試者閱讀成績分數。

	A	B	C	D	E
1	3	6	2	7	
2	7	12	9	9	
3	7	12	4	6	
4	12	18	9	10	
5	6	11	3	5	
6	6	9	11	10	
7	4	8	4	8	
8	7	12	10	11	
9	10	14	12	10	
10	7	10	4	8	

圖 8-22

2. 資料存檔

建立好的資料檔案必須存在「C:\」底下，檔案類型選「CSV（逗號分隔）（*.csv）」並命名爲「sample」，存檔後的檔案名稱爲「sample.csv」。

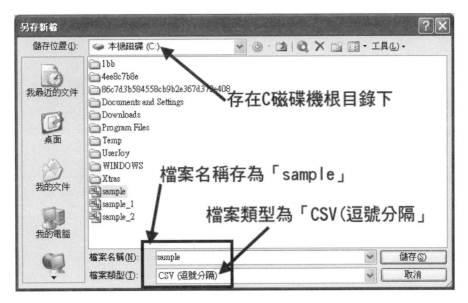

圖 8-23

(二)安裝 Java Runtime Environment

本程式需在 JAVA 的環境裡才能執行，請在書本所附的光碟裡的「詹森-內曼法程式」的資料夾裡找到「jre-1_5_0_09-windows-i586-p.exe」，並在上面點二下，開始進行安裝，安裝程序如下：

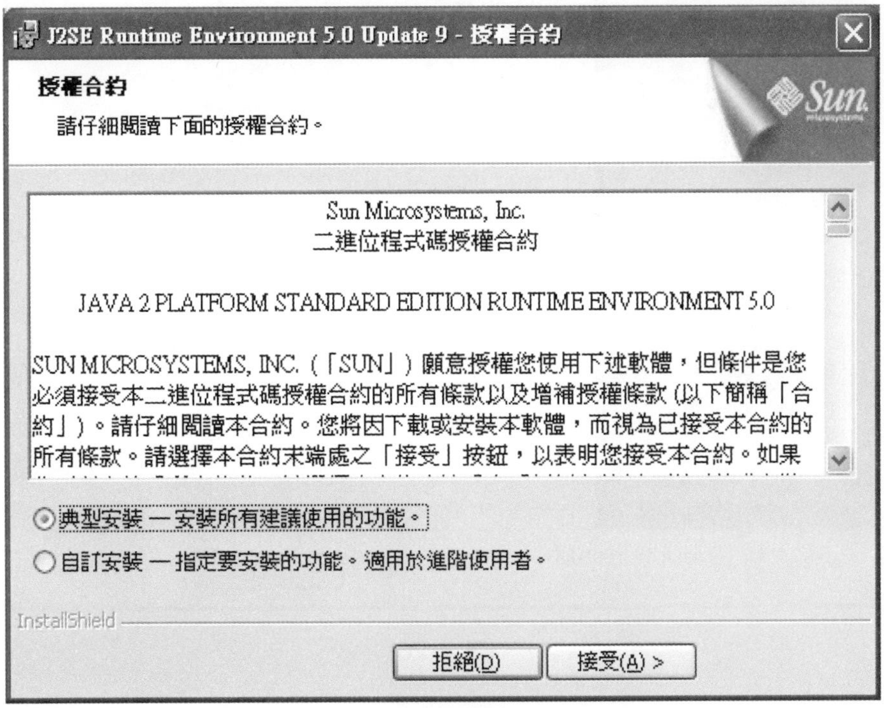

圖 8-24

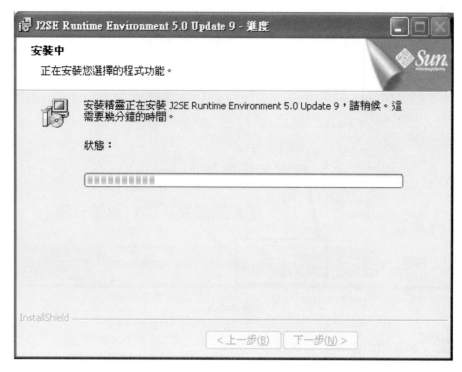

圖 8-25

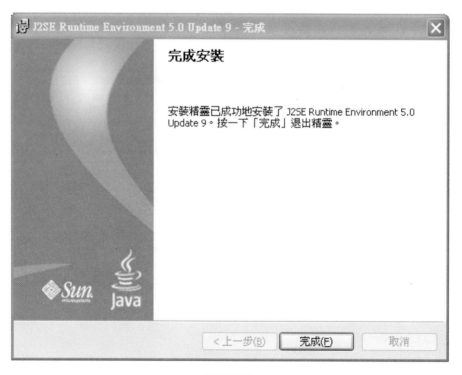

圖 8-26

㈢執行詹森－內曼法

1. 修改 t 分配臨界值

在「詹森－內曼法程式」的資料夾內打開「t-value.txt」的檔案，將裡面的數值改為你需要的「t 分配臨界值」。

此時 t 分配臨界值的自由度為 $n1+n2-4 = 10+10-4 = 16$，查下表之 t 分配臨界值與顯著水準對照表，自由度等於 16，$\alpha = .05$ 之雙側考驗的 t 值為 2.120。

2. 執行 RunJava. bat，並得到以下的結果

SSw(x)	SSw(y)	CPwj	df	ss"w(y)	df	bwj	awj
60.90	99.60	75.20	9	6.74	8	1.23	2.68
125.60	34.40	56.80	9	8.71	8	.45	5.32
186.50	134.00	132.00	18	15.46	16		

圖 8-27

上圖 8-27 中「bwj」欄為二組迴歸線的斜率，「awj」欄為二組迴歸線的截距，其中 $b_{w1} = 1.23$（教學法 I 組內迴歸線斜率）、$b_{w2} = .45$（教學法 II 組內迴歸線斜率）、$a_{w1} = 2.67$（教學法 I 組內迴歸線截距）、$a_{w2} = 5.32$（教學法 II 組內迴歸線截距）。二條組內迴歸線的方程式如下：

$$Y_1 = 2.68 + 1.23X_1$$

$$Y_2 = 5.32 + .45X_2$$

依據二條組內迴歸線的斜率與截距，可以將二條組內迴歸線繪製如下圖 8-28（此圖也可以使用 Microsoft Excel 應用軟體繪製）：

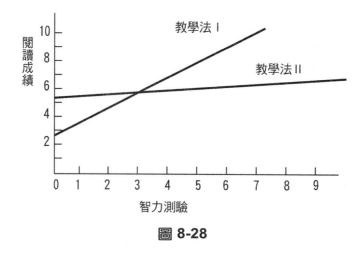

圖 8-28

迴歸線相交點及差異顯著點		
Xo	3.38	
A	.51	
B	-1.34	
C	1.14	
XD	4.84	.46

圖 8-29

上圖 8-29 中為組內迴歸線相交點及差異顯著點，其中 $X_0 = 3.38$ 為二條迴歸線的相交點，對智力測驗分數為 3.38 的受試者而言，採用教學法 I （實驗組）與採用教學法 II（控制組）二組的閱讀成績沒有顯著的不同，對於智力測驗分數等於 3.38 附近的學生，採用教學法 I 與採用教學法 II 的閱讀成績沒有顯著的差異存在。$X_D = 4.84$ 或 $X_D = .46$，表示智力測驗介於〔.46，4.84〕中間的受試者，二種教學方法間沒有顯著差異區間，但如果智力測驗分數在 4.84 以上，或智力測驗分數在.46 以下，表示是有顯著差異區域，即二個組別的閱讀成績有顯著的差異存在，當智力測驗分數在 4.84 分以上時，採用教學法 I 的受試者之閱讀成績顯著的優於採用教學法 II 的受試者之閱讀成績；但當智力測驗分數在.46 以下時，採用教學法 II 的受試者之閱讀成績反而顯著的優於採用教學法 I 的受試者之閱讀成績，而智力測驗分數介於.46 至 4.84 之間的受試者，不論採用教學法 I 或教學法 II，其閱讀成績間均沒有顯著的不同。因而對於智力測驗分數低於.46 的國小學生，要提高其閱讀成績宜採用教學法 II 的方法，而對於智力測驗分數高於 4.84 的國小學生，要提高其閱讀成績則要採用教學法 I 的方法。

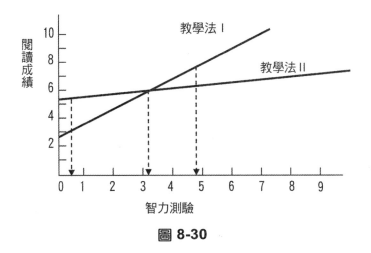

圖 8-30

上述迴歸線相交點 X_0 的求法如下：

$$X_0 = \frac{a_{w2} - a_{w1}}{b_{w1} - b_{w2}}$$

顯著差異臨界點 X_D 的計算公式如下：

$$X_D = \frac{-B \pm \sqrt{B^2 - AC}}{A}$$

　　上述共變數分析中，如果未進行「組內迴歸係數同質性考驗」，直接進行共變數分析結果，可以發現：不論智力測驗分數高低，排除智力測驗變項的影響，採用教學法 I 之受試者的閱讀成績均顯著的優於採用教學法 II 之受試者的閱讀成績，但若是先進行「組內迴歸係數同質性考驗」，則可以發現二條組內迴歸線並不是互相平行，直接採用共變數分析結果並不正確，此時宜採用「詹森－內曼」（Johnson-Neyman）的校正方法進行分析，依據「詹森－內曼」法分析結果，教學法 I 之受試者的閱讀成績顯著的優於採用教學法 II 之受試者的閱讀成績，僅只限於受試者智力測驗分數高於 4.84 分以上者，智力測驗分數介於 .46 至 4.84 分區段之受試者，二種教學方法之閱讀成績間並沒有顯著的不同。

　　光碟內所附的「詹森－內曼」法程式並沒有自動繪製組內迴歸線的交叉點及差異顯著性臨界點圖，此部分研究者可根據計算出的二條迴歸線的斜率及截距自行繪製。當資料檔以 SPSS 統計軟體進行共變數分析時，若是共變數分析顯著性的 F 值達到顯著（$p < .05$），而組內迴歸係數同質性考驗

的結果也達到顯著（p<.05），則應當使用「詹森－內曼」法進行資料，此時可利用光碟內所附的程式加以統計分析。

表8-57　t分配臨界值與顯著水準對照表

自由度（df）	單尾檢定α＝.05 雙尾檢定α＝.10	單尾檢定α＝.025 雙尾檢定α＝.05	單尾檢定α＝.005 雙尾檢定α＝.01
5	2.015	2.571	4.032
6	1.943	2.447	3.707
7	1.895	2.365	3.499
8	1.860	2.306	3.355
9	1.833	2.262	3.250
10	1.812	2.228	3.169
11	1.796	2.201	3.106
12	1.782	2.179	3.055
13	1.771	2.160	3.012
14	1.761	2.145	2.977
15	1.753	2.131	2.947
16	1.746	**2.120**	2.921
17	1.740	2.110	2.898
18	1.734	2.101	2.878
19	1.729	2.093	2.861
20	1.725	2.086	2.845
21	1.721	2.080	2.831
22	1.717	2.074	2.819
23	1.714	2.069	2.807
24	1.711	2.064	2.797
25	1.708	2.060	2.787
26	1.706	2.056	2.779
27	1.703	2.052	2.771
28	1.701	2.048	2.763
29	1.699	2.045	2.756
30	1.697	2.042	2.750
31	1.696	2.040	2.744
32	1.694	2.037	2.738
33	1.692	2.035	2.733
34	1.691	2.032	2.728
35	1.690	2.030	2.724
36	1.688	2.028	2.719

表 8-57　　t 分配臨界值與顯著水準對照表（續）

自由度（df）	單尾檢定α＝.05 雙尾檢定α＝.10	單尾檢定α＝.025 雙尾檢定α＝.05	單尾檢定α＝.005 雙尾檢定α＝.01
37	1.687	2.026	2.715
38	1.686	2.024	2.712
39	1.685	2.023	2.708
40	1.684	2.021	2.704
41	1.683	2.020	2.701
42	1.682	2.018	2.698
43	1.681	2.017	2.695
44	1.680	2.015	2.692
45	1.679	2.014	2.690
46	1.679	2.013	2.687
47	1.678	2.012	2.685
48	1.677	2.011	2.682
49	1.677	2.010	2.680
50	1.676	2.009	2.678
51	1.675	2.008	2.676
52	1.675	2.007	2.674
53	1.674	2.006	2.672
54	1.674	2.005	2.670
55	1.673	2.004	2.668
56	1.673	2.003	2.667
57	1.672	2.002	2.665
58	1.672	2.002	2.663
59	1.671	2.001	2.662
60	1.671	2.000	2.660
70	1.667	1.994	2.648
80	1.664	1.990	2.639
90	1.662	1.987	2.632
100	1.660	1.984	2.626

　　為便於讀者比較，以下再以余民寧（民 84，pp.442-446）的範例數據再加以說明：

(一)研究問題

某研究者想探究二種增強方法（增強法Ⅰ、增強法Ⅱ）對學生語文記憶效果的影響，為避免二組受試者間差異對實驗效果的影響，以二組語文記憶測驗前測成績為共變數（X），經八週的教學實驗後，二組均施予相同的「語文記憶測驗」，測得的成績作為後測成績（Y），請問排除前測成績的影響後，二組受試者的語文記憶成績是否有顯著差異？

表 8-58

增強法Ⅰ		增強法Ⅱ	
前測	後測	前測	後測
3	5	4	10
1	4	4	13
3	4	4	10
1	3	3	8
2	4	3	7
1	3	1	5
3	5	2	6
2	4	3	8
2	4	3	7
2	4	3	6

資料數據來源：取自余民寧（民 84，p.442）

(二)共變數分析結果

表 8-59　**Tests of Between-Subjects Effects**

Dependent Variable: 後測

Source	Type III Sum of Squares	df	Mean Square	F	Sig.
Corrected Model	111.500(a)	2	55.750	38.684	.000
Intercept	10.198	1	10.198	7.076	.016
X	31.500	1	31.500	21.857	.000
組別	23.026	1	23.026	15.977	.001
Error	24.500	17	1.441		
Total	856.000	20			
Corrected Total	136.000	19			
a R Squared = .820 (Adjusted R Squared = .799)					

共變數分析摘要表中，組間效果檢定的 F（1,17）值等於 15.977，顯著性 p 值＝.001<.05，達到顯著水準，表示排除前測成績變項影響後，增強法 I 與增強法 II 的受試者在「語文記憶成績」效果之間有顯著的差異存在。

表 8-60　Estimated Marginal Means
組別
Estimates
Dependent Variable: 後測

組別	Mean	Std. Error	95% Confidence Interval	
			Lower Bound	Upper Bound
增強法一	4.750(a)	.412	3.880	5.620
增強法二	7.250(a)	.412	6.380	8.120
a Covariates appearing in the model are evaluated at the following values: 前測＝2.50.				

上表 8-60 為二組受試者在後測語文記憶成績調整後平均數數據，增強法 I 為 4.750、增強法 II 為 7.250，共變數（前測成績）為 2.50。

表 8-61　Pairwise Comparisons
Dependent Variable: 後測

(I)組別	(J)組別	Mean Difference (I-J)	Std. Error	Sig. (a)	95% Confidence Interval for Difference(a)	
					Lower Bound	Upper Bound
教學法一	教學法二	-2.500(*)	.625	.001	-3.820	-1.180
教學法二	教學法一	2.500(*)	.625	.001	1.180	3.820
Based on estimated marginal means						
* The mean difference is significant at the .05 level.						
a Adjustment for multiple comparisons: Least Significant Difference (equivalent to no adjustments).						

上表 8-61 為二組語文記憶成績調整後平均數的事後比較，採用「增強法 II」組別的受試者其語文記憶成績顯著的高於採用「增強法 I」組別的受試者，其調整後平均數的差異值為 2.500。可見，採用「增強法 II」的增強方法對於學生的語文記憶成績顯著的優於採用「增強法 I」的增強方法。

(三)組內迴歸係數同質性考驗

表 8-62　Tests of Between-Subjects Effects
Dependent Variable: 後測

Source	Type III Sum of Squares	df	Mean Square	F	Sig.
Corrected Model	118.792(a)	3	39.597	36.817	.000
Intercept	9.248	1	9.248	8.598	.010
組別	.545	1	.545	.507	.487
X	26.720	1	26.720	24.844	.000
組別 * X	7.292	1	7.292	6.780	.019
Error	17.208	16	1.076		
Total	856.000	20			
Corrected Total	136.000	19			
a R Squared = .873 (Adjusted R Squared = .850)					

組內迴歸係數同質性檢定的 F 值等於 6.78（$F_{1,16} = 6.78$），顯著性的 p 值 .019<.05，達到 .05 顯著水準，表示各實驗處理組的共變項預測依變項所得的迴歸線的迴歸係數不相同，二條迴歸線並未互相平行，二條迴歸線的斜率：$b_{w1} = .67$（增強法 I 組內迴歸線斜率）、$b_{w2} = 2.12$（增強法 II 組內迴歸線斜率）之間真的不同。由於組內迴歸係數同質性檢定達到顯著，因而資料檔違反「組內迴歸係數同質性考驗」的假定，若直接採用上述共變數分析的結果作為研究結論並不適切，研究者應進一步採用「詹森－內曼法」（Johnson-Neyman）加以統計分析。

(四)「詹森－內曼」的校正方法結果

SSw(x)	SSw(y)	CPwj	df	ss"w(y)	df	bwj	awj
6.00	4.00	4.00	9	1.33	8	.67	2.67
8.00	52.00	17.00	9	15.88	8	2.12	1.62
14.00	56.00	21.00	18	17.21	16		

圖 8-31

上圖 8-31 中「bwj」欄為二組迴歸線的斜率，「awj」欄為二組迴歸線的截距。$b_{w1} = .67$（增強法 I 內迴歸線斜率）、$b_{w2} = 2.12$（增強法 II 組內迴歸線斜率）、$a_{w1} = 2.67$（增強法 I 組內迴歸線截距）、$a_{w2} = 1.62$（增強法 II 組內迴歸線截距）。二條組內迴歸線的方程式如下：

$Y_1 = 2.67 + .67X_1$ （增強法 I ）

$Y_2 = 1.62 + 2.12X_2$ （增強法 II ）

依據二條組內迴歸線的斜率與截距，可以將二條組內迴歸線繪製如下：

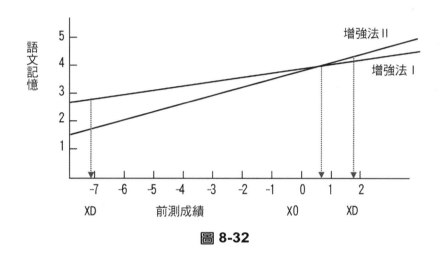

圖 **8-32**

迴歸線相交點及差異顯著點		
Xo	.71	
A	.72	
B	1.90	
C	-8.54	
XD	1.70	-7.01

圖 **8-33**

上圖 8-33 中為組內迴歸線相交點及差異顯著點，其中 $X_0 = .71$ 為二條組內迴歸線的交叉點，前測成績為 .71 分時，實驗組與控制組二種增強方法的實驗效果的差異值為 0（即沒有顯著差異存在），計算出的顯著差異點 X_D = 1.70 或 X_D = -1.70，表示前測成績在 1.70 以上者，二種增強方法的實驗效果的差異顯著；而前測成績在 -7.01 以下者，二種增強方法的實驗效果的差異也會顯著，至於前測成績界於〔-7.01，1.70〕中間區段者，二種增強方法的實驗效果的差異並沒有顯著，即前測成績大於 -7.01，小於 1.70 分時，實驗組與控制組的受試者在語文記憶後測成績並沒有顯著的不同。根據組內迴歸線的交叉點和差異顯著臨界點圖可以得知：對於前測成績得分在 1.70 分以上的受試者，採用增強法 II 的語文記憶成績顯著的優於採用增強法 I

的方法，因而要提高學生的語文記憶成績，對於前測成績分數在 1.70 分以上者，宜採用增強法 II 的增強方法，而對於前測成績得分小於 -7.01 的學生，則宜採用增強法 I 的增強方法。

第九章

三因子獨立樣本變異數分析

SPSS Operation and Application

—Practice & Analysis of Variance

在多因子獨立樣本變異數分析中，如果自變項有三個，則稱為三因子獨立樣本變異數分析。三個固定因子假設為 A、B、C，若三因子交互作用項的 F 著達到顯著水準，則須進一步進行「單純交互作用效果」（simple interaction-effects）的顯著性考驗，如果「單純交互作用效果」項檢定達到顯著，必須再進一步進行「單純單純主要效果」（simple simple main-effects）項考驗及事後比較；相對的，如果三因子交互作用項未達顯著水準，必須進一步進行二因子交互作用效果（interaction effect）的顯著性考驗，此時即分別檢定二個自變項的交互作用項，因為自變項有三個獨立因子，因而需要個別進行三個二因子交互作項顯著性考驗。

以下述研究問題為例：某研究者想探究國中二年級學生的數學成就是否因學生性別、學生家庭結構、學生家庭社經地位的不同而有顯著的不同？研究假設為：「國中二年級學生的數學成就因學生性別、學生家庭結構、學生家庭社經地位的不同而有顯著差異。」上述三個自變項為學生性別（A 因子）、學生家庭結構（B 因子）、學生家庭社經地位（C 因子），A 因子為二分類別變項，二個水準分別為男生（A=1）、女生（A=2）；B 因子為二分類別變項，二個水準分別為完整家庭（B=1）、單親家庭（B=2）；C 因子為三分類別變項，三個水準分別為高社經地位（C=1）、中社經地位（C=2）、低社經地位（C=3），三個自變項所構成的處理水準細格有 $2 \times 2 \times 3 = 12$ 格，若是每個細格有五位觀察值，則三個因子所構成的交叉細格模式如下表 9-1：

表 9-1

因子 C		因子 A					
		A=1			A=2		
		C=1	C=2	C=3	C=1	C=2	C=3
因子 B	B=1	$S_1..S_5$	$S_6..S_{10}$	$S_{11}..S_{15}$	$S_{16}..S_{20}$	$S_{21}..S_{25}$	$S_{26}..S_{30}$
	B=2	$S_{31}..S_{35}$	$S_{36}..S_{40}$	$S_{41}..S_{45}$	$S_{46}..S_{50}$	$S_{51}..S_{55}$	$S_{56}..S_{60}$

就 A 因子而言，二個水準的觀察值各有三十位；就 B 因子而言，二個水準的觀察值各有三十位，就 C 水準而言，三個水準的觀察值各有二十位，總樣本數總共六十位。上述三因子變異數分析的架構圖示如下圖 9-1：

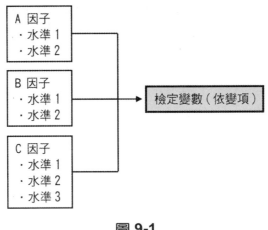

圖 9-1

在三因子獨立樣本變異數分析中，如果三因子交互作用項檢定之 F 值（F_{ABC}）未達顯著水準（p>.05），進一步進行二因子交互作用項效果的檢定，三個二因子交互作用項分別為 A×B（性別×家庭結構）、A×C（性別×社經地位）、B×C（家庭結構×社經地位），若二因子交互作用項 F 值（F_{AB}、F_{AC}、F_{BC}）達到顯著水準，則進一步要進行「單純主要效果」（simple main-effects）檢定，此時即回到二因子獨立樣本變異數分析，有關二因子獨立樣本變異數分析的操作程序及報表結果分析，可參閱前述的章節。如果二因子交互作用項也不顯著，則必須進行各獨立因子的「主要效果」考驗，以A×B（性別×家庭結構）交互作用為例，如果「性別×家庭結構」的交互作用項不顯著，則要進行 A 因子（性別變項）、B 因子（家庭結構變項）的個別主要效果（F_A、F_B）顯著性考驗；若是「性別×家庭結構」的交互作用項（F_{AB}）考驗顯著，則要進行的單純主要效果考驗如下：

在B=1（完整家庭群體）的情境下，A因子（性別變項）在依變項的差異比較。

在B=2（單親家庭群體）的情境下，A因子（性別變項）在依變項的差異比較。

在A=1（男生群體）的情境下，B因子（家庭結構變項）在依變項的差異比較。

在A=2（女生群體）的情境下，B因子（家庭結構變項）在依變項的差異比較。

如果三因子交互作用項考驗的 F 值（F_{ABC}）達到顯著水準，必須進一步進行單純交互作用效果項的顯著性考驗，所謂「單純交互作用項」效果的顯著性考驗即分別檢定二個因子的交互作用項在第三個因子各處理水準中的顯著性，以上述範例而言，若是三因子「性別*家庭結構*社經地位」的交互作用項效果考驗達到顯著，所要進行的單純交互作用項效果顯著性考驗如下：

1. A×B（性別*家庭結構）在 C1 處理水準（高社經組）的交互作用項效果檢定、A×B（性別*家庭結構）在 C2 處理水準（中社經組）的交互作用項效果檢定、A×B（性別*家庭結構）在 C3 處理水準（低社經組）的交互作用項效果檢定。

2. A×C（性別*社經地位）在 B1 處理水準（完整家庭）的交互作用項效果檢定、A×C（性別*社經地位）在 B2 處理水準（單親家庭）的交互作用項效果檢定。

3. B×C（家庭結構*社經地位）在 A1 處理水準（男生群體）的交互作用項效果檢定、B×C（家庭結構*社經地位）在 A2 處理水準（女生群體）的交互作用項效果檢定。

由於 A 因子有二個水準、B 因子有二個水準、C 因子有三個水準，總共要進行 2＋2＋3＝7 次的單純交互作用項效果顯著性考驗。

如果單純交互作用項效果考驗達到顯著，表示在第三個自變項某一個處理水準情境下，其餘二個自變項對依變項的影響不是獨立的，此時要再進行「單純單純主要效果」顯著性檢定，以 B×C（家庭結構*社經地位）在 A1 處理水準（男生群體）的單純交互作項效果顯著性考驗為例，如果 $F_{BC\_at\_A1}$ 的 F 值達到顯著，表示在「男生群體」（A=1）的處理水準中，家庭結構變項對學生數學成就的影響，會因學生社經地位的不同而不同；或社經地位變項對學生數學成就的影響，會因學生家庭結構的不同而有所差異，B×C 二因子（家庭結構*社經地位）交互作用項在（A=1）的處理水準中達到顯著，表示在 A=1 的處理水準中，B 因子對依變項的影響會因 C 因子的不同而不同；或在 A=1 的處理水準中，C 因子對依變項的影響會因 B 因子的不同而不同，B、C 因子交互作用項的顯著檢定限定於 A=1 的處理水準群體中，此種分析即為單純單純主要效果考驗。

三因子變異數分析的判別流程圖如下圖 9-2 所列：

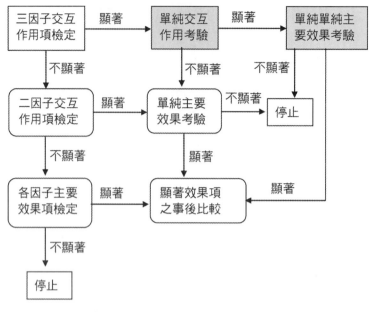

圖 9-2

9-1 三因子獨立樣本變異數分析實例——交互作用項顯著

9-1-1 研究問題

某研究者想探究國中二年級學生的數學成就是否因學生性別、學生家庭結構、學生家庭社經地位的不同而有顯著的不同，採分層隨機抽取方式，抽取六十名國中二年級學生，其中男生、女生各有三十位；完整家庭、單親家庭學生各有三十位；高社經地位、中社經地位、低社經地位的學生各有二十位。六十名學生受試者統一實施標準化數學成就測驗，分數愈高，表示學生的數學成就愈佳；分數愈低，表示學生的數學成就愈差。六十名學生測得的數據如下表 9-2，請問國中二年級學生的數學成就是否因學生性別、學生家庭結構、學生家庭社經地位的不同而有顯著差異？

表 9-2

社經地位（C 因子）		學生性別（A 因子）					
		男生			女生		
		高	中	低	高	中	低
家庭結構（B 因子）	完整家庭	91	85	71	87	89	78
		94	87	72	94	88	76
		90	92	71	92	88	74
		92	84	70	88	86	72
		91	92	76	90	90	70
	單親家庭	87	78	61	74	70	61
		85	75	52	78	76	62
		84	74	54	76	71	60
		86	74	57	75	65	62
		84	72	57	74	80	61

在 SPSS 資料建檔中，共有四個變項，依變項為「數學成就」分數，自變項有三個：「性別」、「家庭結構」、「社經地位」，三個自變項均為類別變項，「性別」變項為二分類別變項，水準數值中 1 表示「男生」、2 表示「女生」；「家庭結構」變項為二分類別變項，水準數值中 1 表示「完整家庭」、2 表示「單親家庭」；「社經地位」變項為三分類別變項，水準數值中 1 表示「高社經組」、2 表示「中社經組」、3 表示「低社經組」。

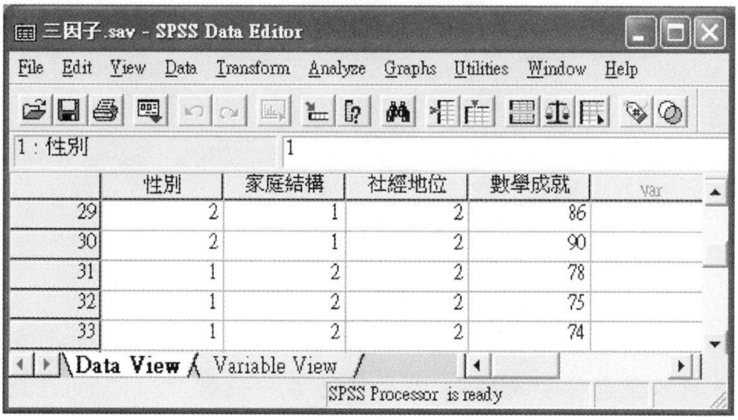

圖 9-3

9-1-2　操作程序

(一)步驟 1

執行功能列「分析」（Analyze）／「一般線性模式」（General Linear Model）／「單變量...」（Univariate）程序，開啓「單變量」（Univariate）對話視窗。

(二)步驟 2

在「單變量」（Univariate）對話視窗中。

⇒在左邊變數清單中將依變項「數學成就」選入右邊「依變數」（Dependent Variables）方盒中。

⇒在左邊變數清單中將變項「性別」、「家庭結構」、「社經地位」三個自變項選入右方「固定因子」（Fixed Factors）下的方盒中。

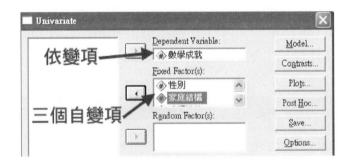

圖 9-4

(三)步驟 3

在「單變量」對話視窗中，按『Post Hoc 檢定』（Post Hoc...）鈕，開啓「單變量：觀察值平均數的 Post Hoc 多重比較」（Univariate: Post Hoc Multiple Comparisons for Observed Means）次對話視窗。

⇒將左邊「因子」（Factors）下的三個自變項「性別」、「家庭結構」、「社經地位」選入右邊「Post Hoc 檢定」（Post Hoc Test for）下的方盒中，選取事後比較方法，在此選取『☑Scheffe 法』→按『繼續』（Continue）鈕，回到「單變量」（Univariate）對話視窗。

三因子獨立樣本變異數分析

【備註】：步驟 3 主要在呈現三個獨立因子主要效果項的事後比較摘要表，若是三因子交互作用效果項顯著，則個別因子主要效果顯著性考驗之事後比較表即沒有實質意義，如果三因子交互作用項（A×B×C）不顯著、三個個別二因子交互作用項（A×B、A×C、B×C）也未達顯著，應進行各因子主要效果顯著性考驗及主要效果項顯著性考驗的事後比較。

㈣步驟 4

在「單變量」對話視窗中，按『選項』（Options...）鈕，開啟「單變量：選項」（Univariate: Options）次對話視窗。

⇒將要呈現的平均數變項選入右方的「顯示平均數」（Display Means for:）的空格中，畫面中呈現的為所有效果的平均數，包括：「性別」、「家庭結構」、「社經地位」、「性別*家庭結構」、「性別*社經地位」、「家庭結構*社經地位」、「性別*家庭結構*社經地位」。

⇒在「顯示」（Display）方盒內勾選「☑敘述統計」（Descriptive statistics）及「☑效果項大小估計值」（Estimates of effect size）（使用者可依實際所需勾選選項）。

⇒按『繼續』（Continue）鈕，回到「單變量」（Univariate）對話視窗→按『確定』（OK）鈕。

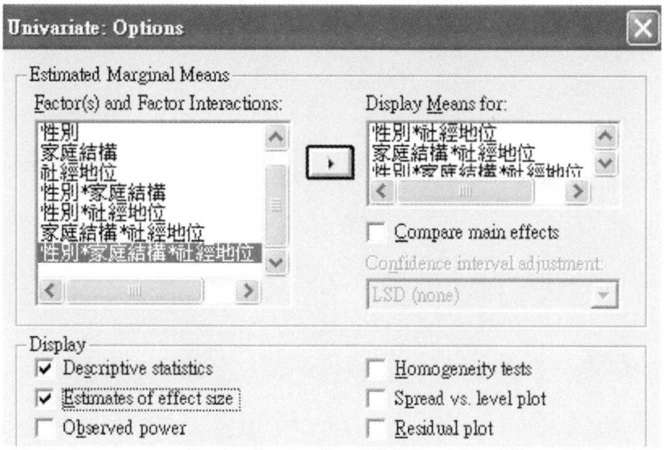

圖 9-5

9-1-3　三因子交互作用項顯著性考驗結果說明

表 9-3　Between-Subjects Factors

		Value Label	N
性別	1	男生	30
	2	女生	30
家庭結構	1	完整家庭	30
	2	單親家庭	30
社經地位	1	高社經組	20
	2	中社經組	20
	3	低社經組	20

　　上表 9-3 為三個獨立樣本自變項的訊息，包括自變項名稱、各變項包含的水準數值、各水準數值的註解、各水準的觀察值數目。就「性別」變項而言，為二分名義變項，水準數值的編碼為 1、2，水準數值註解 1 為男生、2 為女生，二個水準的觀察值各有 30 位；就「家庭結構」變項而言，為二分名義變項，水準數值的編碼為 1、2，水準數值註解 1 為完整家庭、2 為單親家庭，二個水準的觀察值各有 30 位；就「社經地位」變項而言，為三分名義變項，水準數值的編碼為 1、2、3，水準數值註解 1 為高社經地位組、2 為中社經地位組、3 為低社經地位組，三個水準的觀察值各有 20 位，樣本觀察值的總數為 60 位。

表 9-4　**Descriptive Statistics**

Dependent Variable: 數學成就

性別	家庭結構	社經地位	Mean	Std. Deviation	N
男生	完整家庭	高社經組	91.60	1.517	5
		中社經組	88.00	3.808	5
		低社經組	72.00	2.345	5
		Total	83.87	9.172	15
	單親家庭	高社經組	85.20	1.304	5
		中社經組	74.60	2.191	5
		低社經組	56.20	3.421	5
		Total	72.00	12.610	15
	Total	高社經組	88.40	3.627	10
		中社經組	81.30	7.646	10
		低社經組	64.10	8.774	10
		Total	77.93	12.401	30
女生	完整家庭	高社經組	90.20	2.864	5
		中社經組	88.20	1.483	5
		低社經組	74.00	3.162	5
		Total	84.13	7.846	15
	單親家庭	高社經組	75.40	1.673	5
		中社經組	72.40	5.771	5
		低社經組	61.20	.837	5
		Total	69.67	7.108	15
	Total	高社經組	82.80	8.108	10
		中社經組	80.30	9.226	10
		低社經組	67.60	7.090	10
		Total	76.90	10.403	30
Total	完整家庭	高社經組	90.90	2.283	10
		中社經組	88.10	2.726	10
		低社經組	73.00	2.828	10
		Total	84.00	8.387	30
	單親家庭	高社經組	80.30	5.355	10
		中社經組	73.50	4.275	10
		低社經組	58.70	3.529	10
		Total	70.83	10.127	30
	Total	高社經組	85.60	6.754	20
		中社經組	80.80	8.263	20
		低社經組	65.85	7.969	20
		Total	77.42	11.360	60

上表 9-4 為樣本在依變項上描述性統計量，先依性別變項將觀察值分割為男生、女生二個群體，次依家庭結構變項分類、最後再依社變地位變項分類。六十位學生數學成就的總平均數為 77.42、標準差為 11.360。要呈現上表數據，於「單變量：選項」（Univariate: Options）次對話視窗中，在「顯示」（Display）方盒內，要勾選「☑敘述統計」（Descriptive statistics）選項。

表 9-5　Tests of Between-Subjects Effects
Dependent Variable: 數學成就

Source	Type III Sum of Squares	df	Mean Square	F	Sig.	Partial Eta Squared
Corrected Model	7223.783(a)	11	656.708	80.660	.000	.949
Intercept	359600.417	1	359600.417	44167.912	.000	.999
性別	16.017	1	16.017	1.967	.167	.039
家庭結構	2600.417	1	2600.417	319.396	.000	.869
社經地位	4244.033	2	2122.017	260.637	.000	.916
性別 * 家庭結構	25.350	1	25.350	3.114	.084	.061
性別 * 社經地位	207.033	2	103.817	12.714	.000	.346
家庭結構 * 社經地位	49.633	2	24.817	3.048	.057	.113
性別 * 家庭結構 * 社經地位	81.300	2	40.650	4.993	.011	.172
Error	390.800	48	8.142			
Total	367215.000	60				
Corrected Total	7614.583	59				
a R Squared = .949 (Adjusted R Squared = .937)						

上表 9-5 為三因子獨立樣本變異數分析統計量，三因子交互作用項的 SS 等於 81.300、自由度等於 2、MS 等於 40.650，交互作用項檢定的 F 值為 4.993、顯著性機率值 p=.011<.05，達到 .05 顯著水準，表示國中學生的數學成就會因其性別、家庭結構、社經地位三個自變項的不同而有所差異，由於 A、B、C 三個因子的交互作用項達到顯著，AB 二因子交互作用項、BC 二因子交互作用項、CA 因子交互作用項、A 因子主要效果項、B 因子主要效果項、C 因子主要效果項檢定是否達到顯著就沒有任何實質的意義。

◆【三因子獨立樣本變異數分析表格範例】

三因子獨立樣本變異數分析的結果可以整理為如下的摘要表（表 9-6）：

表 9-6

變異來源	SS	df	MS	F	淨η²
性別（A）	16.017	1	16.017	1.967n.s.	.039
家庭結構（B）	2600.417	1	2600.417	319.396***	.869
社經地位（C）	4244.033	2	2122.017	260.637***	.916
性別×家庭結構（A×B）	25.350	1	25.350	3.114n.s.	.061
性別×社經地位（A×C）	207.033	2	103.517	12.714***	.346
家庭結構×社經地位（B×C）	49.633	2	24.817	3.048n.s.	.113
性別×家庭結構×社經地位（A×B×C）	81.300	2	40.650	4.993*	.172
誤差	390.800	48	8.142		
全體	7614.583	59			

n.s. p>.05　　*p<.05　　***p<.001

表 9-7　Estimated Marginal Means

1. 性別

Dependent Variable: 數學成就

性別	Mean	Std. Error	95% Confidence Interval	
			Lower Bound	Upper Bound
男生	77.933	.521	76.886	78.981
女生	76.900	.521	75.853	77.947

上表 9-7 爲不同性別的學生在依變項上的描述性統計量，三十位男生群體數學成就的平均數爲 77.933、三十位女生群體數學成就的平均數爲 76.900，對自變項A的主要效果而言，就是檢定這二個平均數與總平均數 77.42 間的差異是否達到顯著水準。

表 9-8　2. 家庭結構

Dependent Variable: 數學成就

家庭結構	Mean	Std. Error	95% Confidence Interval	
			Lower Bound	Upper Bound
完整家庭	84.000	.521	82.953	85.047
單親家庭	70.833	.521	69.786	71.881

上表 9-8 爲不同家庭結構的學生在依變項上的描述性統計量，三十位完整家庭學生之數學成就的平均數爲 84.000、三十位單親家庭學生之數學成就的平均數爲 70.833，對自變項 B 的主要效果而言，就是檢定這二個平均數

與總平均數 77.42 間的差異是否達到顯著水準。

表 9-9　3. 社經地位

Dependent Variable: 數學成就

社經地位	Mean	Std. Error	95% Confidence Interval	
			Lower Bound	Upper Bound
高社經組	85.600	.638	84.317	86.883
中社經組	80.800	.638	79.517	82.083
低社經組	65.850	.638	64.567	67.133

上表 9-9 為不同社經地位的學生在依變項上的描述性統計量，二十位高社經地位學生之數學成就的平均數為 85.600、二十位中社經地位學生之數學成就的平均數為 80.800、二十位低社經地位學生之數學成就的平均數為 65.850，對自變項C（社經地位）的主要效果而言，就是檢定這三個平均數與總平均數 77.42 間的差異是否達到顯著水準。

表 9-10　4. 性別 * 家庭結構

Dependent Variable: 數學成就

性別	家庭結構	Mean	Std. Error	95% Confidence Interval	
				Lower Bound	Upper Bound
男生	完整家庭	83.867	.737	82.385	85.348
	單親家庭	72.000	.737	70.519	73.481
女生	完整家庭	84.133	.737	82.652	85.615
	單親家庭	69.667	.737	68.185	71.148

上表 9-10 為性別與家庭結構變項所構成的交叉細格，因為 A 二因子有二個水準、B 因子有二個水準，所構成的交叉細格有四格，對自變項性別（A因子）與家庭結構（B因子）二個變項在數學成就的交互作用項考驗而言，就是在檢定四個細格平均數與總平均數 77.42 間的差異，若是交互作用考驗顯著，進一步要進行單純主要效果檢定，如果交互作用考驗不顯著，則個別進行二個自變項主要效果考驗。

三因子獨立樣本變異數分析

表 9-11　5. 性別 * 社經地位
Dependent Variable: 數學成就

性別	社經地位	Mean	Std. Error	95% Confidence Interval	
				Lower Bound	Upper Bound
男生	高社經組	88.400	.902	86.586	90.214
	中社經組	81.300	.902	79.486	83.114
	低社經組	64.100	.902	62.286	65.914
女生	高社經組	82.800	.902	80.986	84.614
	中社經組	80.300	.902	78.486	82.114
	低社經組	67.600	.902	65.786	69.414

上表 9-11 爲性別與社經地位變項所構成的交叉細格，因爲 A 因子（性別）有二個水準、C 因子（社經地位）有三個水準，所構成的交叉細格有六格，對自變項性別（A因子）與社經地位（C因子）二個變項在數學成就的交互作用項考驗而言，就是在檢定六個細格平均數與總平均數 77.42 間的差異，若是交互作用考驗顯著，進一步要進行單純主要效果檢定，如果交互作用考驗不顯著，則個別進行二個自變項主要效果考驗。

表 9-12　6. 家庭結構 * 社經地位
Dependent Variable: 數學成就

家庭結構	社經地位	Mean	Std. Error	95% Confidence Interval	
				Lower Bound	Upper Bound
完整家庭	高社經組	90.900	.902	89.086	92.714
	中社經組	88.100	.902	86.286	89.914
	低社經組	73.000	.902	71.186	74.814
單親家庭	高社經組	80.300	.902	78.486	82.114
	中社經組	73.500	.902	71.686	75.314
	低社經組	58.700	.902	56.886	60.514

上表 9-12 爲家庭結構與社經地位變項所構成的交叉細格，因爲 B 因子（家庭結構）有二個水準、C 因子（社經地位）有三個水準，所構成的交叉細格有六格，對自變項家庭結構（B因子）與社經地位（C因子）二個變項在數學成就的交互作用項考驗而言，就是在檢定六個細格平均數與總平均數 77.42 間的差異，若是交互作用考驗顯著，進一步要進行單純主要效果檢定，如果交互作用考驗不顯著，則個別進行二個自變項主要效果考驗。

表 9-13 7. 性別 * 家庭結構 * 社經地位
Dependent Variable: 數學成就

性別	家庭結構	社經地位	Mean	Std. Error	95% Confidence Interval	
					Lower Bound	Upper Bound
男生	完整家庭	高社經組	91.600	1.276	89.034	94.166
		中社經組	88.000	1.276	85.434	90.566
		低社經組	72.000	1.276	69.434	74.566
	單親家庭	高社經組	85.200	1.276	82.634	87.766
		中社經組	74.600	1.276	72.034	77.166
		低社經組	56.200	1.276	53.634	58.766
女生	完整家庭	高社經組	90.200	1.276	87.634	92.766
		中社經組	88.200	1.276	85.634	90.766
		低社經組	74.000	1.276	71.434	76.566
	單親家庭	高社經組	75.400	1.276	72.834	77.966
		中社經組	72.400	1.276	69.834	74.966
		低社經組	61.200	1.276	58.634	63.766

上表 9-13 為 A 因子（性別）、B 因子（家庭結構）、C 因子（社經地位）三個變項所構成的交叉細格，由於性別變項有二個水準，家庭結構有二個水準、社經地位有三個水準，三個自變項所構成的交叉細格共有 2×2×3＝12 格。上述十二個交叉細格若依第一個自變項（性別變項）的各處理水準來劃分，當性別變項的水準數為 1（男生群體）時，家庭結構與社經地位二個變項所構成的六個交叉細格如下表 9-14：

表 9-14

	高社經地位	中社經地位	低社經地位
完整家庭	91.60	88.00	72.00
單親家庭	85.20	74.60	56.20

當性別變項的水準數為 2（女生群體）時，家庭結構與社經地位二個變項所構成的六個交叉細格如下表 9-15：

表 9-15

	高社經地位	中社經地位	低社經地位
完整家庭	90.20	88.20	74.00
單親家庭	75.40	72.40	61.20

對於性別、家庭結構、社經地位三個獨立因子交互作用項的檢定，即在考驗上述二個表格各細格平均數與總平均數 77.42 間的差異是否達到顯著水準，其中只要有一個細格的平均數與總平數 77.42 間差異達到顯著，則三因子交互作用項的效果考驗即達到顯著。三因子交互作用考驗達到顯著，進一步要進行單純交互作用檢定，單純交互作用檢定達到顯著者，要再進行單純單純主要效果項考驗。

9-1-4　單純交互作用項效果顯著性檢定

在三因子獨立樣本變異數分析中，如果三因子交互作用項達到顯著，為進一步了解三個自變項對依變項的影響，須進行「單純交互作用項」顯著性考驗。

單純交互作用項的考驗就是在檢定二個自變項的交互作用項時，根據第三個因子的處理水準分開進行，檢定「家庭結構」（B因子）與「社經地位」（C因子）二個因子的單純交互作用項，就要根據性別變項（A因子）的二個水準（男生、女生）分開進行：第一個的交互作用項考驗，為在「男生群體」（性別水準數值＝1）中，「家庭結構」與「社經地位」二個因子的交互作用項是否達到顯著？第二個的交互作用項考驗，為在「女生群體」（性別水準數值＝2）中，「家庭結構」與「社經地位」二個因子的交互作用項是否達到顯著？

檢定「性別」（A因子）與「社經地位」（C因子）二個因子的單純交互作用項，就要根據家庭結構變項（B因子）的二個水準（完整家庭、單親家庭）分開進行：第一個的交互作用項考驗，為在「完整家庭群體」（家庭結構水準數值＝1）中，「性別」與「社經地位」二個因子的交互作用項是否達到顯著？第二個的交互作用項考驗，為在「單親家庭群體」（家庭結構水準數值＝2）中，「性別」與「社經地位」二個因子的交互作用項是否達到顯著？

檢定「性別」（A因子）與「家庭結構」（B因子）二個因子的單純交互作用項，就要根據社經地位變項（C因子）的三個水準（高社經地位、中社經地位、低社經地位）分開進行：第一個的交互作用項考驗，為在「高社經地位群體」中（社經地位變項水準數值＝ 1），「性別」與「家庭結構」二個因子的交互作用項是否達到顯著？第二個的交互作用項考驗，為在「中社經地位群體」中（社經地位變項水準數值＝2），「性別」與「家

庭結構」二個因子的交互作用項是否達到顯著？第三個的交互作用項考驗，為在「低社經地位群體」中（社經地位變項水準數值＝3），「性別」與「家庭結構」二個因子的交互作用項是否達到顯著？由於「性別」變項有二個處理水準、「家庭結構」變項有二個水準、「社經地位」有三個水準，因此總共要進行 2＋2＋3＝7 次單純交互作用項的顯著性考驗。

上述七個單純交互作用項效果的顯著性考驗圖示如下：

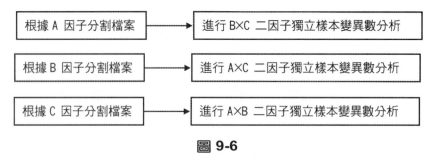

圖 9-6

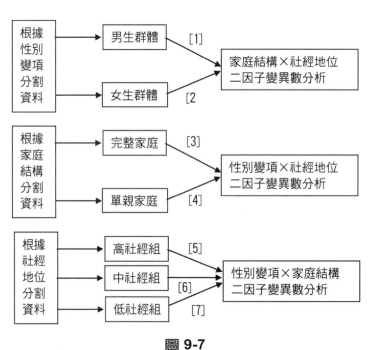

圖 9-7

(一)操作程序

Data（資料）→Split File（分割檔案） Analyze（分析） ⇒General Linear Model（一般線性模式） 　⇒Univariate（單變量）	根據 A 因子（性別）進行資料的分割 進行 B×C（家庭結構×社經地位）變項的二因子獨立樣本變異數分析 ⇒自變項為「家庭結構」、「社經地位」

Data（資料）→Split File（分割檔案） Analyze（分析） ⇒General Linear Model（一般線性模式） ⇒Univariate（單變量）	根據B因子（家庭結構）進行資料的分割 進行 A×C（性別×社經地位）變項的二因子獨立樣本變異數分析 ⇒自變項為「性別」、「社經地位」
Data（資料）→Split File（分割檔案） Analyze（分析） ⇒General Linear Model（一般線性模式） ⇒Univariate（單變量）	根據C因子（社經地位）進行資料的分割 進行 A×B（性別×家庭結構）變項的二因子獨立樣本變異數分析 ⇒自變項為「性別」、「家庭結構」

(二)單純交互作用項效果考驗的結果

表 9-16　性別 = 男生
Tests of Between-Subjects Effects(b)
Dependent Variable: 數學成就

Source	Type III Sum of Squares	df	Mean Square	F	Sig.	Partial Eta Squared
Corrected Model	4297.867(a)	5	859.573	127.344	.000	.964
Intercept	182208.133	1	182208.133	26993.798	.000	.999
家庭結構	1056.133	1	1056.133	156.464	.000	.867
社經地位	3122.467	2	1561.233	231.294	.000	.951
家庭結構 * 社經地位	119.267	2	59.633	8.835	.001	.424
Error	162.000	24	6.750			
Total	186668.000	30				
Corrected Total	4459.867	29				
a R Squared = .964 (Adjusted R Squared = .956)						
b 性別 = 男生						

　　上表 9-16 為男生群體中（性別變項水準數值= 1），「家庭結構」及「社經地位」二個自變項單純交互作用項顯著性考驗，交互作用項檢定的F值等於 8.835，顯著性機率值p = .001<.05，達到.05 顯著水準，表示在男生群體中，不同家庭結構的學生，其數學成就的差異會因學生社經地位變項的不同而有顯著不同，或不同社經地位的學生，其數學成就的差異會因學生家庭結構變項的不同而有顯著差異。

表 9-17　性別 = 女生

Tests of Between-Subjects Effects(b)

Dependent Variable: 數學成就

Source	Type III Sum of Squares	df	Mean Square	F	Sig.	Partial Eta Squared
Corrected Model	2909.900(a)	5	581.980	61.047	.000	.927
Intercept	177408.300	1	177408.300	18609.262	.000	.999
家庭結構	1569.633	1	1569.633	164.647	.000	.873
社經地位	1328.600	2	664.300	69.682	.000	.853
家庭結構 * 社經地位	11.667	2	5.833	.612	.551	.049
Error	228.800	24	9.533			
Total	180547.000	30				
Corrected Total	3138.700	29				
a R Squared = .927 (Adjusted R Squared = .912)						
b 性別 = 女生						

　　上表 9-17 為女生群體中（性別變項水準數值＝ 2），「家庭結構」及「社經地位」二個自變項單純交互作用項顯著性考驗，交互作用項檢定的F值等於.612，顯著性機率值 p＝.551＞.05，未達到.05 顯著水準，表示在女生群體中，不同家庭結構的學生，其數學成就的差異不會因學生社經地位的不同而不同，或是在女生群體中，不同社經地位的學生，其數學成就的差異不會因學生家庭結構變項的不同而不同。

表 9-18　家庭結構 = 完整家庭

Tests of Between-Subjects Effects(b)

Dependent Variable: 數學成就

Source	Type III Sum of Squares	df	Mean Square	F	Sig.	Partial Eta Squared
Corrected Model	1869.200(a)	5	373.840	52.530	.000	.916
Intercept	211680.000	1	211680.000	297442.262	.000	.999
性別	.533	1	.533	.075	.787	.003
社經地位	1854.200	2	927.100	130.272	.000	.916
性別 * 社經地位	14.467	2	7.233	1.016	.377	.078
Error	170.800	24	7.117			
Total	213720.000	30				
Corrected Total	2040.000	29				
a R Squared = .916 (Adjusted R Squared = .899)						
b 家庭結構 = 完整家庭						

上表9-18為完整家庭群體中（家庭結構變項水準數值＝1），「性別」及「社經地位」二個自變項單純交互作用項顯著性考驗，交互作用項檢定的F值等於1.016，顯著性機率值p＝.377>.05，未達到.05顯著水準，表示在完整家庭群體中，性別變項對學生數學成就的影響不會因學生社經地位的不同而有顯著差異；或是社經地位變項對學生數學成就的影響不會因性別變項不同而有不同。

表 9-19　家庭結構 = 單親家庭

Tests of Between-Subjects Effects(b)

Dependent Variable: 數學成就

Source	Type III Sum of Squares	df	Mean Square	F	Sig.	Partial Eta Squared
Corrected Model	2754.167(a)	5	550.833	60.091	.000	.926
Intercept	150520.833	1	150520.833	16420.455	.000	.999
性別	40.833	1	40.833	4.455	.045	.157
社經地位	2439.467	2	1219.733	133.062	.000	.917
性別 * 社經地位	273.867	2	136.933	14.938	.000	.555
Error	220.000	24	9.167			
Total	153495.000	30				
Corrected Total	2974.167	29				
a R Squared = .926 (Adjusted R Squared = .911)						
b 家庭結構＝單親家庭						

　　上表9-19為單親家庭群體中（家庭結構變項水準數值＝2），「性別」及「社經地位」二個自變項單純交互作用項顯著性考驗，交互作用項檢定的 F 值等於14.938，顯著性機率值 p＝.000<.01，達到.05 顯著水準，表示在單親家庭群體中，性別變項對學生數學成就的影響會因學生社經地位變項的不同而有顯著差異；或是社經地位變項對學生數學成就的影響會因性別變項的不同而有顯著不同。

表 9-20　社經地位＝高社經組

Tests of Between-Subjects Effects(b)

Dependent Variable: 數學成就

Source	Type III Sum of Squares	df	Mean Square	F	Sig.	Partial Eta Squared
Corrected Model	806.800(a)	3	268.933	71.716	.000	.931
Intercept	146547.200	1	146547.200	39079.253	.000	1.000
性別	156.800	1	156.800	41.813	.000	.723
家庭結構	561.800	1	561.800	149.813	.000	.904
性別 * 家庭結構	88.200	1	88.200	23.520	.000	.595
Error	60.000	16	3.750			
Total	147414.000	20				
Corrected Total	866.800	19				
a R Squared = .931 (Adjusted R Squared = .918)						
b 社經地位 = 高社經組						

　　上表 9-20 為高社經地位群體中（社經地位變項水準數值＝ 1），「性別」及「家庭結構」二個自變項單純交互作用項顯著性考驗，交互作用項檢定的 F 值等於 23.520，顯著性機率值 p＝.000<.05，達到.05 顯著水準，表示在高社經地位群體中，性別變項對學生數學成就的影響會因學生家庭結構變項的不同而有顯著差異；或是在高社經地位群體中，家庭結構變項對學生數學成就的影響會因性別變項不同而有顯著不同。

表 9-21　社經地位＝中社經組

Tests of Between-Subjects Effects(b)

Dependent Variable: 數學成就

Source	Type III Sum of Squares	df	Mean Square	F	Sig.	Partial Eta Squared
Corrected Model	1078.000(a)	3	359.333	26.229	.000	.831
Intercept	130572.800	1	130572.800	9530.861	.000	.998
性別	5.000	1	5.000	.365	.554	.022
家庭結構	1065.800	1	1065.800	77.796	.000	.829
性別 * 家庭結構	7.200	1	7.200	.526	.479	.032
Error	219.200	16	13.700			
Total	131870.000	20				
Corrected Total	1297.200	19				
a R Squared = .831 (Adjusted R Squared = .799)						
b 社經地位 = 中社經組						

上表 9-21 為中社經地位群體中（社經地位變項水準數值＝ 2），「性別」及「家庭結構」二個自變項單純交互作用項顯著性考驗，交互作用項檢定的 F 值等於.526，顯著性機率值 p＝.479>.05，未達到.05 顯著水準，表示在中社經地位群體中，性別變項對學生數學成就的影響不會因學生家庭結構變項的不同而有差異；或是在中社經地位群體中，家庭結構變項對學生數學成就的影響不會因性別變項不同而有顯著不同。

表 9-22　社經地位 = 低社經組

Tests of Between-Subjects Effects(b)

Dependent Variable: 數學成就

Source	Type III Sum of Squares	df	Mean Square	F	Sig.	Partial Eta Squared
Corrected Model	1094.950(a)	3	364.983	52.327	.000	.908
Intercept	86724.450	1	86724.450	12433.613	.000	.999
性別	61.250	1	61.250	8.781	.009	.354
家庭結構	1022.450	1	1022.450	146.588	.000	.902
性別 * 家庭結構	11.250	1	11.250	1.613	.222	.092
Error	111.600	16	6.975			
Total	87931.000	20				
Corrected Total	1206.550	19				
a R Squared = .908 (Adjusted R Squared = .890)						
b 社經地位 = 低社經組						

上表 9-22 為低社經地位群體中（社經地位變項水準數值＝ 3），「性別」及「家庭結構」二個自變項單純交互作用項顯著性考驗，交互作用項檢定的F 值等於 1.613，顯著性機率值p＝.222>.05，未達到.05 顯著水準，表示在低社經地位群體中，性別變項對學生數學成就的影響不會因學生家庭結構的不同而有差異；或是在低社經地位群體中，家庭結構變項對學生數學成就的影響不會因性別變項不同而有顯著不同。

上述單純交互作用項效果考驗的結果可以整理如下表 9-23：

◆【單純交互作用表格範例】

單純交互作用項效果檢定結果的變異數分析摘要表如表 9-23：

表 9-23

變異來源	SS	df	MS	F	淨η²
家庭結構×社經地位（SS_{BC}）					
在 A1（男生）	119.267	2	59.633	8.835**	.424
在 A2（女生）	11.667	2	5.833	.612n.s.	
性別×社經地位（SS_{AC}）					
在 B1（完整家庭）	14.467	2	7.233	1.016n.s.	
在 B2（單親家庭）	273.867	2	136.933	14.938***	.555
性別×家庭結構（SS_{AB}）					
在 C1（高社經地位）	88.200	1	88.200	23.520***	.595
在 C2（中社經地位）	7.200	1	7.200	.526n.s.	
在 C3（低社經地位）	11.250	1	11.250	1.613n.s.	

　　單純交互作用項變異數分析中的離均差平方和與三因子獨立樣本變異數分析中的離均差平方和有以下關係：

$$SS_{AB} + SS_{ABC} = SS_{AB\_at\_C1} + SS_{AB\_at\_C2} + SS_{AB\_at\_C3}$$

$$SS_{AC} + SS_{ABC} = SS_{AC\_at\_B1} + SS_{AC\_at\_B2}$$

$$SS_{BC} + SS_{ABC} = SS_{BC\_at\_A1} + SS_{BC\_at\_A2}$$

　　根據三因子獨立樣本變異數分析摘要表及單純交互作用項變異數分析摘要表，可以得知以下數據：

$$SS_{AB} = 25.350 \quad SS_{AC} = 207.033 \quad SS_{BC} = 49.633 \quad SS_{ABC} = 81.300$$

$$SS_{AB\_at\_C1} = 88.200 \quad SS_{AB\_at\_C2} = 7.200 \quad SS_{AB\_at\_C3} = 11.250$$

$$SS_{AC\_at\_B1} = 14.467 \quad SS_{AC\_at\_B2} = 273.867$$

$$SS_{BC\_at\_A1} = 119.267 \quad SS_{BC\_at\_A2} = 11.667$$

$$SS_{AB} + SS_{ABC} = 25.350 + 81.300 = 106.650 = 88.200 + 7.200 + 11.250$$

$$SS_{AC} + SS_{ABC} = 207.033 + 81.300 = 288.333 = 14.467 + 273.867$$

$$SS_{BC} + SS_{ABC} = 49.633 + 81.300 = 130.933 = 119.267 + 11.667$$

9-1-5 單純單純主要效果檢定

(一)家庭結構×社經地位（SS_{BC}）在 A1（男生）單純單純主要效果項檢定

由於在男生群體中，家庭結構變項與社經地位變項的單純交互作用項顯著（$F_{BC\_at\_A1} = 8.835$，$p<.05$），進一步的檢定要進行「單純單純主要效果」考驗。

家庭結構×社經地位（SS_{BC}）在 A1（男生群體）單純單純主要效果顯著性檢定，即在 A=1 的處理水準情境中（男生群體的觀察值），進行家庭結構×社經地位的單純主要效果檢定，此種單純主要效果項顯著性考驗，是在「單純交互作用」項效果考驗達到顯著之後進行的，故稱為「單純『單純主要效果』」顯著性檢定，其操作圖示如下圖 9-8：

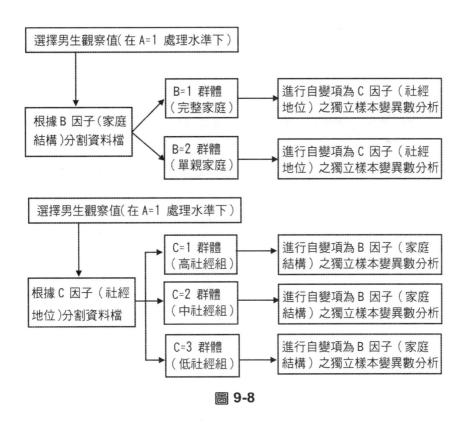

圖 9-8

上面理論圖示的操作程序如下表 9-24：

表 9-24

操作步驟	步驟說明
Data（資料） ⇒Select Case（選擇觀察值）	選擇「性別＝1」（男生）的觀察值。
Data（資料） ⇒Split File（分割檔案） Analyze（分析） ⇒Compare Means（比較平均數法） 　⇒One-Way ANOVA（單因子變異數分析）	根據B因子（家庭結構）進行資料的分割 以C因子（社經地位）為自變項、數學成就為依變項，進行單因子獨立樣本變異數分析
Data（資料） ⇒Split File（分割檔案） Analyze（分析） ⇒Compare Means（比較平均數法） 　⇒One-Way ANOVA（單因子變異數分析）	根據C因子（社經地位）進行資料的分割 以B因子（家庭結構）為自變項、數學成就為依變項，進行單因子獨立樣本變異數分析

選擇「所有男生的觀察值群體」，即選擇「性別＝1」的受試者，其詳細操作步驟如下：

1. 執行功能列「Data」（資料）→「Select Cases」（選擇觀察值）程序，出現「Select Cases」（選擇觀察值）對話視窗。選取「⊙If condition is satisfied」（如果滿足設條件）選項，按『If...』（若）鈕，出現「Select Cases: If」（選擇觀察值:If）次對話視窗。

2. 在「Select Cases: If」（選擇觀察值:If）次對話視窗中，在左邊變數清單中選取目標變項「性別」至右邊方格中，在「性別」的右邊鍵入設定條件「=1」，表『Continue』（繼續）鈕，回到「Select Cases」（選擇觀察值）對話視窗。在「Select Cases」（選擇觀察值）對話視窗下的方盒「Unselected Cases Are」（未被選擇的觀察值）中選取內定選項『⊙Filtered』（過濾）→按『OK』（確定）鈕。

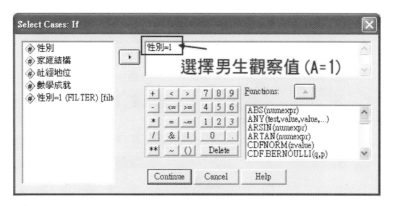

圖 9-9

根據 B 因子（家庭結構）分割資料檔的的操作步驟如下：

執行功能列【資料】（Data）/【分割檔案】（Split File）程序，出現「分割檔案」（Split File）對話視窗。

⇒勾選「◉依組別組織輸出」（Organize output by groups），將分組變項「家庭結構」」選入右方「以組別為準」（Groups Based on）的方盒中，勾選內定「◉依分組變數排序檔案」（Sort the file by grouping variables）選項→按『確定』鈕。

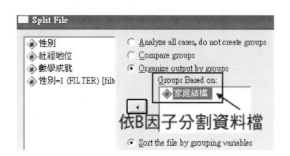

圖 9-10

根據 C 因子（社經地位）分割資料檔的的操作步驟如下：

執行功能列【資料】（Data）/【分割檔案】（Split File）程序，出現「分割檔案」（Split File）對話視窗。

⇒勾選「◉依組別組織輸出」（Organize output by groups），將分組變項「社經地位」」選入右方「以組別為準」（Groups Based on）的方盒中，勾選內定「◉依分組變數排序檔案」（Sort the file by grouping variables）選項→按『確定』鈕。

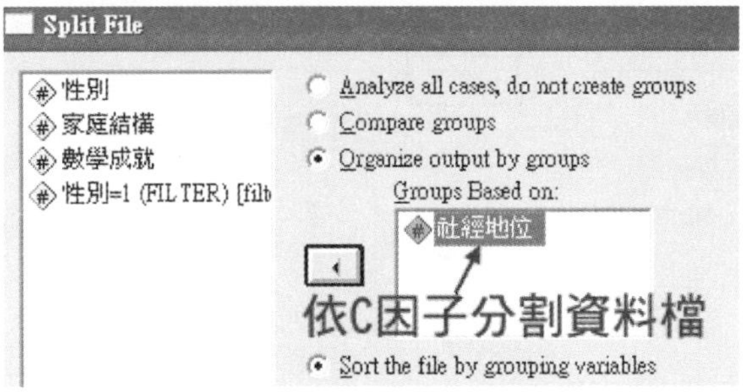

圖 9-11

家庭結構×社經地位在 A1（男生群體）單純單純主要效果考驗的報表
如下：

表 9-25　家庭結構 = 完整家庭

Descriptives(a)

數學成就

	N	Mean	Std. Deviation	Std. Error	95% Confidence Interval for Mean		Minimum	Maximum
					Lower Bound	Upper Bound		
高社經組	5	91.60	1.517	.678	89.72	93.48	90	94
中社經組	5	88.00	3.808	1.703	83.27	92.73	84	92
低社經組	5	72.00	2.345	1.049	69.09	74.91	70	76
Total	15	83.87	9.172	2.368	78.79	88.95	70	94
a 家庭結構 = 完整家庭								

表 9-26　ANOVA(a) 數學成就

	Sum of Squares	df	Mean Square	F	Sig.
Between Groups	1088.533	2	544.267	73.220	.000
Within Groups	89.200	12	7.433		
Total	1177.733	14			
a 家庭結構 = 完整家庭					

就全部男生群體觀察值而言，家庭結構為完整家庭的次群體中，不同
社經地位的學生其數學成就有顯著差異存在（F = 73.220，p = .000<.05），經
事後比較發現：高社經地位學生的數學成就（M = 91.60）顯著的高於低社經
地位學生的數學成就（M = 72.00）；中社經地位學生的數學成就（M

＝88.00）顯著的高於低社經地位學生的數學成就（M＝72.00），即「高社經地位且爲完整家庭的男生」其數學成就顯著的優於「低社經地位且爲完整家庭的男生」；「中社經地位且爲完整家庭的男生」其數學成就顯著的優於「低社經地位且爲完整家庭的男生」。

表 9-27　Multiple Comparisons(a)
Dependent Variable: 數學成就 Scheffe

(I)社經地位	(J)社經地位	Mean Difference (I-J)	Std. Error	Sig.	95% Confidence Interval Lower Bound	95% Confidence Interval Upper Bound
高社經組	中社經組	3.600	1.724	.156	-1.21	8.41
	低社經組	19.600(*)	1.724	.000	14.79	24.41
中社經組	高社經組	-3.600	1.724	.156	-8.41	1.21
	低社經組	16.000(*)	1.724	.000	11.19	20.81
低社經組	高社經組	-19.600(*)	1.724	.000	-24.41	-14.79
	中社經組	-16.000(*)	1.724	.000	-20.81	-11.19
* The mean difference is significant at the .05 level.						
a 家庭結構＝完整家庭						

表 9-28　家庭結構 = 單親家庭
Descriptives(a)　數學成就

	N	Mean	Std. Deviation	Std. Error	95% Confidence Interval for Mean Lower Bound	95% Confidence Interval for Mean Upper Bound	Minimum	Maximum
高社經組	5	85.20	1.304	.583	83.58	86.82	84	87
中社經組	5	74.60	2.191	.980	71.88	77.32	72	78
低社經組	5	56.20	3.421	1.530	51.95	60.45	52	61
Total	15	72.00	12.610	3.256	65.02	78.98	52	87
a 家庭結構＝單親家庭								

表 9-29　ANOVA(a) 數學成就

	Sum of Squares	df	Mean Square	F	Sig.
Between Groups	2153.200	2	1076.600	177.462	.000
Within Groups	72.800	12	6.067		
Total	2226.000	14			
a 家庭結構＝單親家庭					

就全部男生群體觀察值而言，家庭結構為單親家庭的次群體中，不同社經地位的學生其數學成就有顯著差異存在（F＝177.462，p＝.000<.05），經事後比較發現：高社經地位學生的數學成就（M=85.20）顯著的高於低社經地位學生的數學成就（M=56.20），中社經地位學生的數學成就（M=74.60）顯著的高於低社經地位學生的數學成就（M=56.20），高社經地位學生的數學成就（M=85.20）顯著的高於中社經地位學生的數學成就（M=74.60），即「高社經地位且為單親家庭的男生」其數學成就顯著的優於「低社經地位且為單親家庭的男生」，也顯著的優於「中社經地位且為單親家庭的男生」；「中社經地位且為單親家庭的男生」其數學成就顯著的優於「低社經地位且為單親家庭的男生」。

表 9-30　Multiple Comparisons(a)
Dependent Variable: 數學成就 Scheffe

(I)社經地位	(J)社經地位	Mean Difference (I-J)	Std. Error	Sig.	95% Confidence Interval Lower Bound	95% Confidence Interval Upper Bound
高社經組	中社經組	10.600(*)	1.558	.000	6.26	14.94
	低社經組	29.000(*)	1.558	.000	24.66	33.34
中社經組	高社經組	-10.600(*)	1.558	.000	-14.94	-6.26
	低社經組	18.400(*)	1.558	.000	14.06	22.74
低社經組	高社經組	-29.000(*)	1.558	.000	-33.34	-24.66
	中社經組	-18.400(*)	1.558	.000	-22.74	

* The mean difference is significant at the .05 level.

a 家庭結構 = 單親家庭

表 9-31　社經地位 = 高社經組
Descriptives(a)　數學成就

	N	Mean	Std. Deviation	Std. Error	95% Confidence Interval for Mean Lower Bound	95% Confidence Interval for Mean Upper Bound	Minimum	Maximum
完整家庭	5	91.60	1.517	.678	89.72	93.48	90	94
單親家庭	5	85.20	1.304	.583	83.58	86.82	84	87
Total	10	88.40	3.627	1.147	85.81	90.99	84	94

a 社經地位 = 高社經組

表 9-32　ANOVA(a) 數學成就

	Sum of Squares	df	Mean Square	F	Sig.
Between Groups	102.400	1	102.400	51.200	.000
Within Groups	16.000	8	2.000		
Total	118.400	9			
a 社經地位 = 高社經組					

　　就全部男生群體觀察值而言，社經地位為「高社經地位」的次群體中，不同家庭結構的學生其數學成就有顯著差異（F = 51.200，p = .000<.05），從平均數的高低來看，完整家庭學生的數學成就（M=91.60）顯著的高於單親家庭學生的數學成就（M=85.20），即「高社經地位且為完整家庭的男生」其數學成就顯著的優於「高社經地位且為單親家庭的男生」。

表 9-33　社經地位 = 中社經組
Descriptives(a)　數學成就

	N	Mean	Std. Deviation	Std. Error	95% Confidence Interval for Mean Lower Bound	95% Confidence Interval for Mean Upper Bound	Minimum	Maximum
完整家庭	5	88.00	3.808	1.703	83.27	92.73	84	92
單親家庭	5	74.60	2.191	.980	71.88	77.32	72	78
Total	10	81.30	7.646	2.418	75.83	86.77	72	92
a 社經地位 = 中社經組								

表 9-34　ANOVA(a) 數學成就

	Sum of Squares	df	Mean Square	F	Sig.
Between Groups	448.900	1	448.900	46.518	.000
Within Groups	77.200	8	9.650		
Total	526.100	9			
a 社經地位 = 中社經組					

　　就全部男生群體觀察值而言，社經地位為「中社經地位」的次群體中，不同家庭結構的學生其數學成就有顯著差異（F = 46.518，p = .000<.05），從平均數的高低來看，完整家庭學生的數學成就（M=88.00）顯著的高於單親家庭學生的數學成就（M=74.60），即「中社經地位且為完整家庭的男生」

其數學成就顯著的優於「中社經地位且為單親家庭的男生」。

表 9-35　社經地位 = 低社經組

Descriptives(a)　數學成就

	N	Mean	Std. Deviation	Std. Error	95% Confidence Interval for Mean		Minimum	Maximum
					Lower Bound	Upper Bound		
完整家庭	5	72.00	2.345	1.049	69.09	74.91	70	76
單親家庭	5	56.20	3.421	1.530	51.95	60.45	52	61
Total	10	64.10	8.774	2.775	57.82	70.38	52	76
a 社經地位 = 低社經組								

表 9-36　ANOVA(a) 數學成就

	Sum of Squares	df	Mean Square	F	Sig.
Between Groups	624.100	1	624.100	72.570	.000
Within Groups	68.800	8	8.600		
Total	692.900	9			
a 社經地位 = 低社經組					

就全部男生群體觀察值而言，社經地位為「低社經地位」的次群體中，不同家庭結構的學生其數學成就有顯著差異（F = 72.570，p = .000<.05），從平均數的高低來看，完整家庭學生的數學成就（M=72.00）顯著的高於單親家庭學生的數學成就（M=56.20），即「低社經地位且為完整家庭的男生」其數學成就顯著的優於「低社經地位且為單親家庭的男生」。

(二)性別×社經地位（SS_{AC}）在 B2（單親家庭）單純單純主要效果項檢定

由於在單親家庭群體中，學生性別變項與社經地位變項的單純交互作用項顯著（$F_{AC\_at\_B2}$ = 14.938，p<.05），因而進一步須進行「單純單純主要效果」考驗。

性別×社經地位（SS_{AC}）在 B2（單親家庭群體）單純單純主要效果顯著性檢定，即在B=2的處理水準情境中（全部為單親家庭群體的觀察值），進行性別×社經地位的單純單純主要效果檢定，其操作圖示如下圖 9-12：

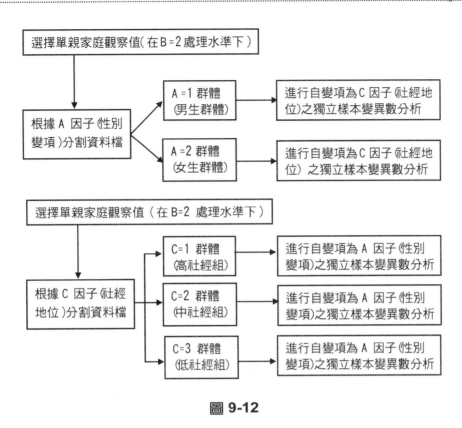

圖 9-12

上面理論圖示的操作程序如下：

表 9-37

操作步驟	步驟說明
Data（資料） ⇒Select Case（選擇觀察值）	選擇「家庭結構＝ 2」（單親家庭）的觀察值。
Data（資料） ⇒Split File（分割檔案） Analyze（分析） ⇒Compare Means（比較平均數法） 　⇒One-Way ANOVA（單因子變異數分析）	根據A因子（性別變項）進行資料的分割 以C因子（社經地位）為自變項、數學成就為依變項，進行單因子獨立樣本變異數分析
Data（資料） ⇒Split File（分割檔案） Analyze（分析） ⇒Compare Means（比較平均數法） 　⇒One-Way ANOVA（單因子變異數分析）	根據C因子（社經地位）進行資料的分割 以A因子（性別變項）為自變項、數學成就為依變項，進行單因子獨立樣本變異數分析

表 9-38　性別 = 男生
Descriptives(a) 數學成就

	N	Mean	Std. Deviation	Std. Error	95% Confidence Interval for Mean		Minimum	Maximum
					Lower Bound	Upper Bound		
高社經組	5	85.20	1.304	.583	83.58	86.82	84	87
中社經組	5	74.60	2.191	.980	71.88	77.32	72	78
低社經組	5	56.20	3.421	1.530	51.95	60.45	52	61
Total	15	72.00	12.610	3.256	65.02	78.98	52	87
a 性別 = 男生								

表 9-39　ANOVA(a) 數學成就

	Sum of Squares	df	Mean Square	F	Sig.
Between Groups	2153.200	2	1076.600	177.462	.000
Within Groups	72.800	12	6.067		
Total	2226.000	14			
a 性別 = 男生					

　　就全部單親家庭群體觀察值而言，性別為「男生」的次群體中，不同社經地位的學生其數學成就有顯著差異（F＝177.462，p＝.000<.05），從事後多重比較得知：

　　高社經地位學生的數學成就（M=85.20）顯著的高於低社經地位學生的數學成就（M=56.20），中社經地位學生的數學成就（M=74.60）顯著的高於低社經地位學生的數學成就（M=56.20），高社經地位學生的數學成就（M=85.20）顯著的高於中社經地位學生的數學成就（M=74.60），即「高社經地位且為單親家庭的男生」其數學成就顯著的優於「低社經地位且為單親家庭的男生」，也顯著的優於「中社經地位且為單親家庭的男生」；「中社經地位且為單親家庭的男生」其數學成就顯著的優於「低社經地位且為單親家庭的男生」。

三因子獨立樣本變異數分析

表 9-40　Post Hoc Tests
Multiple Comparisons(a)
Dependent Variable: 數學成就 Scheffe

(I)社經地位	(J)社經地位	Mean Difference (I-J)	Std. Error	Sig.	95% Confidence Interval Lower Bound	95% Confidence Interval Upper Bound
高社經組	中社經組	10.600(*)	1.558	.000	6.26	14.94
高社經組	低社經組	29.000(*)	1.558	.000	24.66	33.34
中社經組	高社經組	-10.600(*)	1.558	.000	-14.94	-6.26
中社經組	低社經組	18.400(*)	1.558	.000	14.06	22.74
低社經組	高社經組	-29.000(*)	1.558	.000	-33.34	-24.66
低社經組	中社經組	-18.400(*)	1.558	.000	-22.74	-14.06

* The mean difference is significant at the .05 level.

a 性別＝男生

表 9-41　性別 = 女生
Descriptives(a) 數學成就

	N	Mean	Std. Deviation	Std. Error	95% Confidence Interval for Mean Lower Bound	95% Confidence Interval for Mean Upper Bound	Minimum	Maximum
高社經組	5	75.40	1.673	.748	73.32	77.48	74	78
中社經組	5	72..40	5.771	2.581	65.23	79.57	65	80
低社經組	5	61.20	.837	.374	60.16	62.24	60	62
Total	15	63.67	7.108	1.835	65.73	73.60	60	80

a 性別 = 女生

表 9-42　ANOVA(a) 數學成就

	Sum of Squares	df	Mean Square	F	Sig.
Between Groups	560.133	2	280.067	22.832	.000
Within Groups	147.200	12	12.267		
Total	707.333	14			

a 性別 = 女生

就全部單親家庭群體觀察值而言，性別為「女生」的次群體中，不同社經地位的學生其數學成就有顯著差異（F＝22.832，p＝.000<.05），從事後多重比較得知：

665

　　高社經地位學生的數學成就（M=75.40）顯著的高於低社經地位學生的數學成就（M=61.20），中社經地位學生的數學成就（M=72.40）顯著的高於低社經地位學生的數學成就（M=61.20），即「高社經地位且為單親家庭的女生」其數學成就顯著的優於「低社經地位且為單親家庭的女生」；「中社經地位且為單親家庭的女生」其數學成就顯著的優於「低社經地位且為單親家庭的女生」；至於「高社經地位且為單親家庭的女生」與「中社經地位且為單親家庭的女生」二組間的數學成就則沒有顯著差異。

表 9-43　Multiple Comparisons(a)

Dependent Variable: 數學成就 Scheffe

(I)社經地位	(J)社經地位	Mean Difference (I-J)	Std. Error	Sig.	95% Confidence Interval	
					Lower Bound	Upper Bound
高社經組	中社經組	3.000	2.215	.426	-3.17	9.17
	低社經組	14.200(*)	2.215	.000	8.03	20.37
中社經組	高社經組	-3.000	2.215	.426	-9.17	3.17
	低社經組	11.200(*)	2.215	.001	5.03	17.37
低社經組	高社經組	-14.200(*)	2.215	.000	-20.37	-8.03
	中社經組	-11.200(*)	2.215	.001	-17.37	-5.03
* The mean difference is significant at the .05 level.						
a 性別 = 女生						

表 9-44　社經地位 = 高社經組

Descriptives(a) 數學成就

	N	Mean	Std. Deviation	Std. Error	95% Confidence Interval for Mean		Minimum	Maximum
					Lower Bound	Upper Bound		
男生	5	85.20	1.304	.583	83.58	86.82	84	87
女生	5	75.40	1.673	.748	73.32	77.48	74	78
Total	10	80.30	5.355	1.693	76.47	84.13	74	87
a 社經地位 = 高社經組								

表 9-45　ANOVA(a) 數學成就

	Sum of Squares	df	Mean Square	F	Sig.
Between Groups	240.100	1	240.100	106.711	.000
Within Groups	18.000	8	2.250		
Total	258.100	9			
a 社經地位＝高社經組					

　　就全部單親家庭群體觀察值而言，社經地位變項為「高社經地位」的次群體中，不同性別的學生其數學成就有顯著差異（F＝106.711，p＝.000＜.05），從平均數的高低來看，男學生的數學成就（M=85.20）顯著的高於女生的數學成就（M=75.40），即「單親家庭且為高社經地位的男生」其數學成就顯著的優於「單親家庭且為高社經地位的女生」。

表 9-46　社經地位＝中社經組
Descriptives(a) 數學成就

	N	Mean	Std. Deviation	Std. Error	95% Confidence Interval for Mean		Minimum	Maximum
					Lower Bound	Upper Bound		
男生	5	74.60	2.191	.980	71.88	77.32	72	78
女生	5	72.40	5.771	2.581	65.23	79.57	65	80
Total	10	73.50	4.275	1.352	70.44	76.56	65	80
a 社經地位＝中社經組								

表 9-47　ANOVA(a) 數學成就

	Sum of Squares	df	Mean Square	F	Sig.
Between Groups	12.100	1	12.100	.635	.448
Within Groups	152.400	8	19.050		
Total	164.500	9			
a 社經地位＝中社經組					

　　就全部單親家庭群體觀察值而言，社經地位變項為「中社經地位」的次群體中，不同性別的學生其數學成就沒有顯著差異（F＝.635，p＝.448＞.05），即「單親家庭且為中社經地位的男生」其數學成就與「單親家庭且為中社經地位的女生」間沒有顯著的不同。

表 9-48　社經地位 = 低社經組

Descriptives(a) 數學成就

	N	Mean	Std. Deviation	Std. Error	95% Confidence Interval for Mean		Minimum	Maximum
					Lower Bound	Upper Bound		
男生	5	56.20	3.421	1.530	51.95	60.45	52	61
女生	5	61.20	.837	.374	60.16	62.24	60	62
Total	10	58.70	3.529	1.116	56.18	61.22	52	62
a 社經地位 = 低社經組								

表 9-49　ANOVA(a) 數學成就

	Sum of Squares	df	Mean Square	F	Sig.
Between Groups	62.500	1	62.500	10.081	.013
Within Groups	49.600	8	6.200		
Total	112.100	9			
a 社經地位 = 低社經組					

　　就全部單親家庭群體觀察值而言，社經地位變項為「低社經地位」的次群體中，不同性別的學生其數學成就有顯著差異（F = 10.081，p = .013 < .05），從平均數的高低來看，女學生的數學成就（M=61.20）顯著的高於男生的數學成就（M=56.20），即「單親家庭且為低社經地位的女生」其數學成就顯著的優於「單親家庭且為低社經地位的男生」。

(三) 性別×家庭結構（SS_{AB}）在 C1（高社經地位）單純單純主要效果項檢定

　　由於在高社經地位群體中，學生性別變項與家庭結構變項的單純交互作用項顯著（$F_{AB\_at\_C1}$ = 23.520，p<.05），因而進一步須進行「單純單純主要效果」考驗。

　　性別×家庭結構（SS_{AB}）在 C1（高社經地位）單純單純主要效果顯著性檢定，即在 C=1 的處理水準情境中（全部為高社經組群體的觀察值），進行性別×家庭結構的單純單純主要效果檢定，其操作圖示如下圖 9-13：

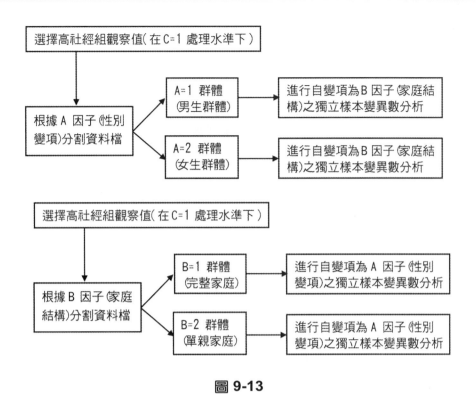

圖 9-13

上面理論圖示的操作程序如下：

表 9-50

操作步驟	步驟說明
Data（資料） ⇒Select Case（選擇觀察值）	選擇「社經地位＝ 1」（高社經組）的觀察值。
Data（資料） ⇒Split File（分割檔案） Analyze（分析） ⇒Compare Means（比較平均數法） 　⇒One-Way ANOVA（單因子變異數分析）	根據A因子（性別變項）進行資料的分割 以B因子（家庭結構）為自變項、數學成就為依變項，進行單因子獨立樣本變異數分析
Data（資料） ⇒Split File（分割檔案） Analyze（分析） ⇒Compare Means（比較平均數法） 　⇒One-Way ANOVA（單因子變異數分析）	根據B因子（家庭結構）進行資料的分割 以A因子（性別變項）為自變項、數學成就為依變項，進行單因子獨立樣本變異數分析

性別×家庭結構（SS_{AB}）在 C1（高社經地位）單純單純主要效果項檢定的結果如下：

表 9-51　性別 = 男生
Descriptives(a)　數學成就

	N	Mean	Std. Deviation	Std. Error	95% Confidence Interval for Mean		Minimum	Maximum
					Lower Bound	Upper Bound		
完整家庭	5	91.60	1.517	.678	89.72	93.48	90	94
單親家庭	5	85.20	1.304	.583	83.58	86.82	84	87
Total	10	88.40	3.627	1.147	85.81	90.99	84	94
a 性別 = 男生								

表 9-52　ANOVA(a) 數學成就

	Sum of Squares	df	Mean Square	F	Sig.
Between Groups	102.400	1	102.400	51.200	.000
Within Groups	16.000	8	2.000		
Total	118.400	9			
a 性別 = 男生					

就全部高社經地位群體觀察值而言，性別為「男生」的次群體中，不同家庭結構的學生其數學成就有顯著差異（F = 51.200，p = .000<.05），從平均數高低得知：

完整家庭學生的數學成就（M=91.60）顯著的高於單親家庭學生的數學成就（M=85.20），即「高社經地位且為完整家庭的男生」其數學成就顯著的優於「高社經地位且為單親家庭的男生」。

三因子獨立樣本變異數分析

表 9-53　性別 = 女生

Descriptives(a)　數學成就

	N	Mean	Std. Deviation	Std. Error	95% Confidence Interval for Mean		Minimum	Maximum
					Lower Bound	Upper Bound		
完整家庭	5	90.20	2.864	1.281	86.64	93.76	87	94
單親家庭	5	75.40	1.673	.748	73.32	77.48	74	78
Total	10	82.80	8.108	2.564	77.00	88.60	74	94
a 性別 = 女生								

表 9-54　ANOVA(a) 數學成就

	Sum of Squares	df	Mean Square	F	Sig.
Between Groups	547.600	1	547.600	99.564	.000
Within Groups	44.000	8	5.500		
Total	591.600	9			
a 性別 = 女生					

　　就全部高社經地位群體觀察值而言，性別為「女生」的次群體中，不同家庭結構的學生其數學成就有顯著差異（F＝99.564，p＝.000<.05），從平均數高低得知：

　　完整家庭學生的數學成就（M=90.20）顯著的高於單親家庭學生的數學成就（M=75.40），即「高社經地位且為完整家庭的女生」其數學成就顯著的優於「高社經地位且為單親家庭的女生」。

表 9-55　家庭結構 = 完整家庭

Descriptives(a)　數學成就

	N	Mean	Std. Deviation	Std. Error	95% Confidence Interval for Mean		Minimum	Maximum
					Lower Bound	Upper Bound		
男生	5	91.60	1.517	.678	89.72	93.48	90	94
女生	5	90.20	2.864	1.281	86.64	93.76	87	94
Total	10	90.90	2.283	.722	89.27	92.53	87	94
a 家庭結構 = 完整家庭								

表 9-56　ANOVA(a) 數學成就

	Sum of Squares	df	Mean Square	F	Sig.
Between Groups	4.900	1	4.900	.933	.362
Within Groups	42.000	8	5.250		
Total	46.900	9			
a 家庭結構＝完整家庭					

　　就全部高社經地位群體觀察值而言，家庭結構為「完整家庭」的次群體中，不同性別變項的學生其數學成就沒有顯著差異（F＝.933，p＝.362＞.05），即「高社經地位且為完整家庭的男生」其數學成就與「高社經地位且為完整家庭女生」間沒有顯著的不同。

表 9-57　家庭結構 = 單親家庭

Descriptives(a)　數學成就

	N	Mean	Std. Deviation	Std. Error	95% Confidence Interval for Mean		Minimum	Maximum
					Lower Bound	Upper Bound		
男生	5	85.20	1.304	.583	83.58	86.82	84	87
女生	5	75.40	1.673	.748	73.32	77.48	74	78
Total	10	5.355	1.693	76.47	84.13	74	87	
a 家庭結構＝單親家庭								

表 9-58　ANOVA(a) 數學成就

	Sum of Squares	df	Mean Square	F	Sig.
Between Groups	240.100	1	240.100	106.711	.000
Within Groups	18.000	8	2.250		
Total	258.100	9			
a 家庭結構＝單親家庭					

　　就全部高社經地位群體觀察值而言，家庭結構為「單親家庭」的次群體中，不同性別變項的學生其數學成就有顯著差異（F＝106.711，p＝.000＜.05），從平均數的高低得知：男生的數學成就（M=85.20）顯著的高於女生的數學成就（M=75.40），即「高社經地位且為單親家庭的男生」其數學成就顯著的優於「高社經地位且為單親家庭的女生」。

　　上述三個單純單純主要效果項的考驗結果，可分別整理為下列三個表格：

◆【單純單純主要效果表格範例】

表 9-59　家庭結構×社經地位（SS_{BC}）在 A1（男生）單純單純主要效果檢定之變異數分析摘要表

變異來源	SS	df	MS	F 檢定	事後比較
家庭結構（B 因子）					
在高社經地位（c1）	102.400	1	102.400	51.200***	完整>單親
在中社經地位（c2）	448.900	1	448.900	46.518***	完整>單親
在低社經地位（c2）	624.100	1	624.000	72.570***	完整>單親
社經地位（C 因子）					
在完整家庭（b1）	1088.533	2	544.267	73.220***	高>低；中>低
在單親家庭（b2）	2153.200	2	1076.600	177.462***	高>低；中>低；高>中

註：***p<.001　完整：完整家庭組　　單親：單親家庭組
　　高：高社經地位組　　中：中社經地位組　　低：低社經地位組

表 9-60　性別×社經地位（SS_{AC}）在 B2（單親家庭）單純單純主要效果檢定之變異數分析摘要表

變異來源	SS	df	MS	F 檢定	事後比較
家庭結構（A 因子）					
在高社經地位（c1）	240.100	1	240.100	106.711***	男生>女生
在中社經地位（c2）	12.100	1	12.100	.635n.s.	
在低社經地位（c2）	62.500	1	62.500	10.081*	女生>男生
社經地位（C 因子）					
在男生（a1）	2153.200	2	1076.600	177.462***	高>低；中>低；高>中
在女生（a2）	560.133	2	280.067	22.832***	高>低；中>低

註：n.s. p>.05　*p<.05　***p<.001
　　高：高社經地位組　　中：中社經地位組　　低：低社經地位組

表 9-61　性別×家庭結構（SS_{AB}）在 C1（高社經地位）單純單純主要效果檢定之變異數分析摘要表

變異來源	SS	df	MS	F 檢定	事後比較
家庭結構（A 因子）					
在完整家庭（b1）	4.900	1	4.900	.933n.s.	
在單親家庭（b2）	240.100	1	240.100	106.711***	男生>女生
社經地位（B 因子）					
在男生（a1）	102.400	1	102.400	51.200***	完整家庭>單親家庭
在女生（a2）	547.600	1	547.600	99.564***	完整家庭>單親家庭

註：n.s. p>.05　***p<.00

三因子獨立樣本變異數分析實例──交互作用項不顯著

9-2-1　研究問題

某輔導學者想探究技職院校學生不同的生活壓力（分高生活壓力、中生活壓力、低生活壓力三個處理水準）、憂鬱傾向（分高憂鬱傾向、中憂鬱傾向、低憂鬱傾向三個處理水準）、家庭狀況（分完整家庭、單親家庭）對其自殺意念的影響，乃隨機抽取九十名學生填寫相關測量工具，獲得的數據如下表 9-62。請問技職院校學生的自殺意念是否會因其生活壓力、憂鬱傾向、家庭狀況的不同而有顯著的不同？

表 9-62

生活壓力（A）		高			中			低		
憂鬱傾向（B）		高	中	低	高	中	低	高	中	低
家庭狀況（C）	完整家庭	50	51	43	48	52	42	45	43	31
		56	52	44	49	50	44	46	45	51
		55	53	48	50	44	43	45	44	49
		53	50	47	46	43	43	47	46	36
		52	52	48	44	44	41	40	45	34
	單親家庭	60	53	50	45	46	43	45	44	38
		50	54	53	47	44	40	46	43	39
		54	55	52	46	43	45	44	42	36
		46	53	51	45	42	43	43	44	32
		56	54	50	49	46	42	44	46	35

　　在 SPSS 資料檔編輯視窗中，三個獨立因子自變項的變項名稱為「生活壓力」、「憂鬱傾向」、「家庭狀況」，依變項的變項名稱為「自殺意念」。「生活壓力」為三分類別變項，三個數值水準的註解為：1 表示高壓力組、2 表示中壓力組、3 表示低壓力組；「憂鬱傾向」為三分類別變項，三個數值水準的註解為：1 表示高憂鬱組、2 表示中憂鬱組、3 表示低憂鬱組；「家庭狀況」為二分類別變項，二個數值水準的註解為：1 表示完整家庭、2 表示單親家庭。「自殺意念」依變項測量值的分數愈高，表示受試者的自殺

意念知覺愈大，愈有自殺的意念。

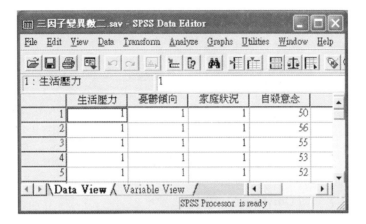

圖 9-14

9-2-2 操作程序

㈠**步驟 1**

> 執行功能列「分析」（Analyze）╱「一般線性模式」（General Linear Model）╱「單變量...」（Univariate）程序，開啟「單變量」（Univariate）對話視窗。

㈡**步驟 2**

> 出現「單變量」（Univariate）對話視窗。
> ⇒在左邊變數清單中將依變項「自殺意念」選入右邊「依變數」（Dependent Variables）方盒中。
> ⇒在左邊變數清單中將「生活壓力」、「憂鬱傾向」、「家庭狀況」三個自變項選入右方「固定因子」（Fixed Factors）下的方盒中。

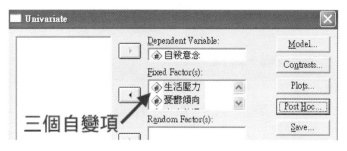

圖 9-15

(三)**步驟 3**

在「單變量」（Univariate）對話視窗中。

⇒按『Post Hoc檢定』（Post Hoc...）鈕，出現「單變量：觀察值平均數的Post Hoc多重比較」（Univariate: Post Hoc Multiple Comparisons for Observed Means）次對話視窗。

⇒將左邊「因子」（Factors）下的三個自變項「生活壓力」、「憂鬱傾向」、「家庭狀況」選入右邊「Post Hoc檢定」（Post Hoc Test for）下的方盒中，選取事後比較方法，在此選取『☑Scheffe法』。

⇒按『繼續』（Continue）鈕，回到「單變量」（Univariate）對話視窗。

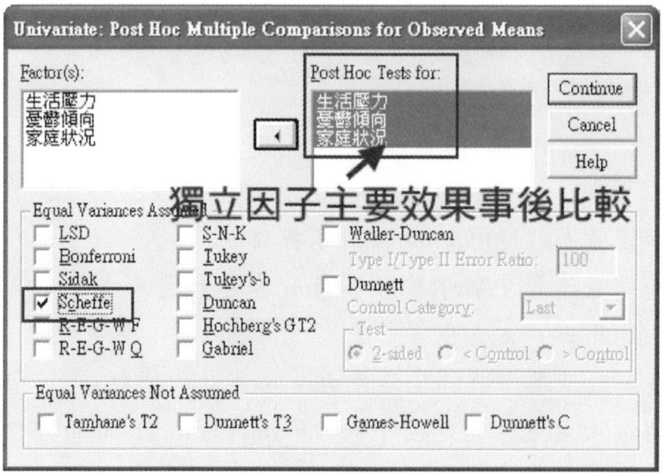

圖 9-16

(四)步驟 4

在「單變量」對話視窗中

⇒按『圖形』（Plots）鈕，會出現「單變量：剖面圖」（Univariate: Profile Plots）次對話視窗。

　⇒將兩個自變項分別選入右方的「水平軸」（Horizontal Axis）與「個別線」（Separate Lines）空盒中，將第三個自變項選入「Separate Plots」（個別圖形）→按『新增』（Add）鈕→按『繼續』（Continue）鈕，回到「單變量」（Univariate）對話視窗。

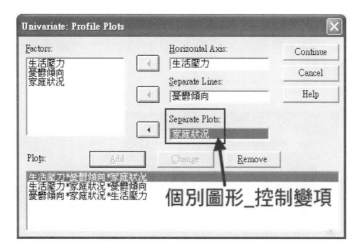

圖 9-17

【備註】：步驟 4 的操作在於以第三個自變項為控制變項，繪製另外二個自變項在依變項測量值平均數的交互作用圖，由於『圖形』（Plots）指令無法繪製三度空間的立體圖，因而須依據第三個自變項的各處理水準，繪製另外二個自變項在依變項測量值平均數的交互作用圖，如將「生活壓力」自變項選入「水平軸」（Horizontal Axis）方盒中，將「憂鬱傾向」自變項選入「個別線」（Separate Lines）空盒中，將「家庭狀況」自變項選入「Separate Plots」（個別圖形）空盒中，按新增鈕後，表示根據家庭狀況各處理水準，繪製「生活壓力」與「憂鬱傾向」二個自變項在依變項測量值平均數的交互作用圖，由於家庭狀況有二個水準：完整家庭、單親家庭，因而繪製的圖形為：在「完整家庭」的群體中，繪製「生活壓力」與「憂鬱傾向」二個自變項在依變項平均數的交互作用圖；在「單親家庭」的群體中，繪製「生活壓力」與「憂鬱傾向」二個自變項在依變項平均數的交互作用圖。

㈤**步驟 5**

在「單變量」對話視窗中,按『選項』（Options...）鈕,開啓「單變量:選項」（Univariate: Options）次對話視窗。

⇒將要呈現的平均數變項選入右方的「顯示平均數」（Display Means for:）的空格中,畫面中呈現的爲所有效果的平均數,包括:「生活壓力」、「憂鬱傾向」、「家庭狀況」、「生活壓力*憂鬱傾向」、「生活壓力*家庭狀況」、「憂鬱傾向*家庭狀況」、「生活壓力*憂鬱傾向*家庭狀況」九個。

⇒在「顯示」（Display）方盒內勾選「☑效果項大小估計值」（Estimates of effect size）（使用者可依實際所需勾選選項）→按『繼續』（Continue）鈕,回到「單變量」（Univariate）對話視窗→按『確定』（OK）鈕。

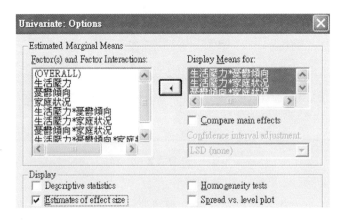

圖 9-18

9-2-3 結果說明

表 9-63 Warnings

Post hoc tests are not performed for 家庭狀況 because there are fewer than three groups.

上表 9-63 中由於「家庭狀況」變項的水準數少於三組,所以其主要效果（C 因子主要效果）的事後比較會出現警告提示語。

表 9-64　Between-Subjects Factors

		Value Label	N
生活壓力	1	高壓力組	30
	2	中壓力組	30
	3	低壓力組	30
憂鬱傾向	1	高憂鬱組	30
	2	中憂鬱組	30
	3	低憂鬱組	30
家庭狀況	1	完整家庭	45
	2	單親家庭	45

　　上表 9-64 為三個獨立因子的變項名稱、水準數、水準數值註解與各水準有效觀察值，「生活壓力」變項的三個水準數值註解為「高壓力組」、「中壓力組」、「低壓力組」，各水準觀察值各有三十位；「憂鬱傾向」變項的三個水準數值註解為「高憂鬱組」、「中憂鬱組」、「低憂鬱組」，各水準觀察值各有三十位；「家庭狀況」變項的二個水準數值註解為「完整家庭」、「單親家庭」，各水準觀察值各有四十五位，總樣本數為九十位。

表 9-65　Tests of Between-Subjects Effects
Dependent Variable: 自殺意念

Source	Type III Sum of Squares	df	Mean Square	F	Sig.	Partial Eta Squared
Corrected Model	1978.222(a)	17	116.366	11.598	.000	.733
Intercept	192469.378	1	192469.378	19182.994	.000	.652
生活壓力	1352.289	2	676.144	67.390	.000	.652
憂鬱傾向	453.756	2	226.878	22.612	.000	.386
家庭狀況	.400	1	.400	.040	.842	.001
生活壓力 * 憂鬱傾向	29.778	4	7.444	.742	.567	.040
生活壓力 * 家庭狀況	77.400	2	38.700	3.857	.026	.097
憂鬱傾向 * 家庭狀況	2.467	2	1.233	.123	.885	.003
生活壓力 * 憂鬱傾向 * 家庭狀況	62.133	4	15.533	1.548	.198	.079
Error	722.400	72	10.033			
Total	195170.000	90				
Corrected Total	2700.622	89				
a R Squared = .733 (Adjusted R Squared = .669)						

　　上表 9-65 為三因子獨立樣本變異數分析檢定統計量，三因子交互作用

項的 F 值（F_{ABC}）等於 1.548，顯著性機率值 p＝.198＞.05，未達顯著水準，由於三因子互作用項效果顯著性考驗未達顯著，進一步查看二因子交互作用項效果顯著性檢定，如果三個二因子交互作用效果項（F_{AB}、F_{BC}、F_{AC}）顯著性考驗均未達顯著水準，表示三個自變項對依變項的影響是相互獨立的，每個因子對依變項的影響不會受到其他因子（自變項）的影響。在A×B因子的交互作用項（生活壓力*憂鬱傾向）方面，其 F 值（F_{AB}）為.742，顯著性機率值p＝.567＞.05，未達顯著水準；在A×C因子的交互作用項（生活壓力*家庭狀況）方面，其 F 值（F_{AC}）為 3.857，顯著性機率值 p＝.026＜.05，達到顯著水準，表示生活壓力自變項（A 因子）對自殺意念的影響，會因學生家庭狀況（C因子）的不同而不同；或家庭狀況（C因子）自變項對自殺意念的影響，會因學生生活壓力自變項（A因子）的不同而不同；在B×C因子的交互作用項（憂鬱傾向 * 家庭狀況）方面，其 F 值（F_{BC}）為.123，顯著性機率值p＝.885＞.05，未達顯著水準，表示憂鬱傾向（B因子）變項對學生自殺意念的影響不會因其家庭狀況（A 因子）變項的不同而有顯著不同；或家庭狀況（A 因子）變項對學生自殺意念的影響不會因其憂鬱傾向（B因子）變項的不同而有顯著不同。

在三個因子的個別主要效果項顯著性檢定方面，不同「生活壓力組」（A因子）在自殺意念的感受有顯著差異，其F值為 67.390，顯著性機率值 p＝.000＜.05，達到顯著水準；不同「憂鬱傾向組」（B因子）在自殺意念的感受有顯著差異，其 F 值為 22.612，顯著性機率值 p＝.000＜.05，達到顯著水準；不同「家庭狀況組」（C因子）在自殺意念的感受沒有顯著差異，其 F 值為.040，顯著性機率值 p＝.842＞.05，未達顯著水準。由於 A×C 因子的交互作用效果項（生活壓力*家庭狀況）顯著性考驗達到顯著，所以「生活壓力」（A因子）與「家庭狀況」（C因子）的個別主要效果項是否達到顯著，沒有實質的意義存在，此時應進一步進行「單純主要效果」檢定。

◆【三因子獨立樣本變異數分析表格範例】

三因子獨立樣本變異數分析的結果可以整理為如下的摘要表：

表 9-66

變異來源	SS	df	MS	F	淨η²
生活壓力（A）	1352.289	2	676.144	67.390***	.652
憂鬱傾向（B）	453.756	2	226.878	22.612***	.386
家庭狀況（C）	.400	1	.400	.040n.s.	.001
生活壓力×憂鬱傾向（A×B）	29.778	4	7.444	.742n.s.	.040
生活壓力×家庭狀況（A×C）	77.400	2	38.700	3.857*	.097
憂鬱傾向×家庭狀況（B×C）	2.467	2	1.233	.123n.s.	.003
生活壓力×憂鬱傾向×家庭狀況（A×B×C）	62.133	4	15.533	1.548n.s.	.079
誤差	722.400	72	10.033		
全體	2700.622	89			

n.s. p>.05　*p<.05　***p<.001

表 9-67　1. 生活壓力

Dependent Variable: 自殺意念

生活壓力	Mean	Std. Error	95% Confidence Interval	
			Lower Bound	Upper Bound
高壓力組	51.500	.578	50.347	52.653
中壓力組	44.967	.578	43.814	46.120
低壓力組	42.267	.578	41.114	43.420

　　上表 9-67 為 A 因子（生活壓力自變項）主要效果項顯著性檢定之平均數，三個生活壓力組在依變項測量值的平均數分別為 51.500、44.967、42.267。主要效果項$F_A = 67.390$，顯著性機率值p<.05，達到顯著水準，表示不同生活壓力組的技職院校學生，其自殺意念感受有顯著差異。

表 9-68　2. 憂鬱傾向

Dependent Variable: 自殺意念

憂鬱傾向	Mean	Std. Error	95% Confidence Interval	
			Lower Bound	Upper Bound
高憂鬱組	48.200	.578	47.047	49.353
中憂鬱組	47.433	.578	46.280	48.586
低憂鬱組	43.100	.578	41.947	44.253

　　上表 9-68 為 B 因子（憂鬱傾向自變項）主要效果項顯著性檢定之平均數，三個憂鬱傾向組在依變項測量值的平均數分別為 48.200、47.433、

43.100。主要效果項F_B＝22.612，顯著性機率值p<.05，達到顯著水準，表示不同憂鬱傾向組的技職院校學生，其自殺意念感受有顯著差異。

表 9-69　3. 家庭狀況
Dependent Variable: 自殺意念

家庭狀況	Mean	Std. Error	95% Confidence Interval	
			Lower Bound	Upper Bound
完整家庭	46.311	.472	45.370	47.252
單親家庭	46.178	.472	45.236	47.119

上表 9-69 為 C 因子（家庭狀況自變項）主要效果項顯著性檢定之平均數，二個家庭狀況組在依變項測量值的平均數分別為 46.311、46.178。主要效果項 F_C＝.040，顯著性機率值 p>.05，未達顯著水準，表示不同家庭狀況組的技職院校學生，其自殺意念感受沒有顯著差異。

表 9-70　4. 生活壓力 * 憂鬱傾向
Dependent Variable: 自殺意念

生活壓力	憂鬱傾向	Mean	Std. Error	95% Confidence Interval	
				Lower Bound	Upper Bound
高壓力組	高憂鬱組	53.200	1.002	51.203	55.197
	中憂鬱組	52.700	1.002	50.703	54.697
	低憂鬱組	48.600	1.002	46.603	50.597
中壓力組	高憂鬱組	46.900	1.002	44.903	48.897
	中憂鬱組	45.400	1.002	43.403	47.397
	低憂鬱組	42.600	1.002	40.603	44.597
低壓力組	高憂鬱組	44.500	1.002	42.503	46.497
	中憂鬱組	44.200	1.002	42.203	46.197
	低憂鬱組	38.100	1.002	36.103	40.097

上表 9-70 為 A 因子（生活壓力）與 B 因子（憂鬱傾向）二個自變項交叉構成的九個處理水準（3×3＝9 個細格），每個細格各有十名觀察值，對自變項「生活壓力」與「憂鬱傾向」之交互作用效果項顯著性考驗，即在檢定九個細格平均數與總平均數 46.24 間的差異是否達到顯著水準。依據三因子獨立樣本變異數分析統計量顯示，A×B 交互作用效項的 F 值未達顯著水準（F_{AB}＝.742，p>.05）。

表 9-71　5. 生活壓力 * 家庭狀況
Dependent Variable: 自殺意念

生活壓力	家庭狀況	Mean	Std. Error	95% Confidence Interval	
				Lower Bound	Upper Bound
高壓力組	完整家庭	50.267	.818	48.636	51.897
	單親家庭	52.733	.818	51.103	54.364
中壓力組	完整家庭	45.533	.818	43.903	47.164
	單親家庭	44.400	.818	42.770	46.030
低壓力組	完整家庭	43.133	.818	41.503	44.764
	單親家庭	41.400	.818	39.770	43.030

　　上表 9-71 為 A 因子（生活壓力）與 C 因子（家庭狀況）二個自變項交叉構成的六個處理水準（3×2＝6 個細格），每個細格各有十五名觀察值，對自變項「生活壓力」與「家庭狀況」之交互作用效果項顯著性考驗，即在檢定六個細格平均數與總平均數 46.24 間的差異是否達到顯著水準。依據三因子獨立樣本變異數分析統計量顯示，A×C 交互作用效項的 F 值達到顯著水準（F_{AC}＝.3.857，p<.05），交互作用項達到顯著水準，表示 A 因子（生活壓力）對技職院校學生自殺意念的影響會因學生的家庭狀況變項（C 因子）的不同而不同，或 C 因子（家庭狀況）對技職院校學生自殺意念的影響會因學生的生活壓力變項（A 因子）的不同而不同，因為二因子獨立樣本的交互作用效果項顯著，進一步要進行「單純主要效果」考驗。

表 9-72　6. 憂鬱傾向 * 家庭狀況
Dependent Variable: 自殺意念

憂鬱傾向	家庭狀況	Mean	Std. Error	95% Confidence Interval	
				Lower Bound	Upper Bound
高憂鬱組	完整家庭	48.400	.818	46.770	50.030
	單親家庭	48.000	.818	46.370	49.630
中憂鬱組	完整家庭	47.600	.818	45.970	49.230
	單親家庭	47.267	.818	45.636	48.897
低憂鬱組	完整家庭	42.933	.818	41.303	44.564
	單親家庭	43.267	.818	41.636	44.897

　　上表 9-72 為 B 因子（憂鬱傾向）與 C 因子（家庭狀況）二個自變項交叉構成的六個處理水準（3×2＝6 個細格），每個細格各有十五名觀察值，

對自變項「憂鬱傾向」與「家庭狀況」之交互作用效果項顯著性考驗,即在檢定六個細格平均數與總平均數 46.24 間的差異是否達到顯著水準。依據三因子獨立樣本變異數分析統計量顯示,B×C交互作用效項的F值未達顯著水準($F_{BC} = .123$,p>.05)。

表 9-73　7. 生活壓力 * 憂鬱傾向 * 家庭狀況
Dependent Variable: 自殺意念

生活壓力	憂鬱傾向	家庭狀況	Mean	Std. Error	95% Confidence Interval	
					Lower Bound	Upper Bound
高壓力組	高憂鬱組	完整家庭	53.200	1.417	50.376	56.024
		單親家庭	53.200	1.417	50.376	56.024
	中憂鬱組	完整家庭	51.600	1.417	48.776	54.424
		單親家庭	53.800	1.417	50.976	56.624
	低憂鬱組	完整家庭	46.000	1.417	43.176	48.824
		單親家庭	51.200	1.417	48.376	54.024
中壓力組	高憂鬱組	完整家庭	47.400	1.417	44.576	50.224
		單親家庭	46.400	1.417	43.576	49.224
	中憂鬱組	完整家庭	46.600	1.417	43.776	49.424
		單親家庭	44.200	1.417	41.376	47.024
	低憂鬱組	完整家庭	42.600	1.417	39.776	45.424
		單親家庭	42.600	1.417	39.776	45.424
低壓力組	高憂鬱組	完整家庭	44.600	1.417	41.776	47.424
		單親家庭	44.400	1.417	41.576	47.224
	中憂鬱組	完整家庭	44.600	1.417	41.776	47.424
		單親家庭	43.800	1.417	40.976	46.624
	低憂鬱組	完整家庭	40.200	1.417	37.376	43.024
		單親家庭	36.000	1.417	33.176	38.824

上表 9-73 為A因子(生活壓力自變項)、B因子(憂鬱傾向自變項)、C因子(家庭狀況自變項)交叉構成的十八個處理水準,三個獨立因子交叉構成的細格有 3×3×2 = 18 個,對於三因子交互作用項顯著性考驗,即在檢定上述細格平均數間的差異。

表 9-74　Post Hoc Tests

生活壓力

Multiple Comparisons

Dependent Variable: 自殺意念　Scheffe

(I)生活壓力	(J)生活壓力	Mean Difference (I-J)	Std. Error	Sig.	95% Confidence Interval	
					Lower Bound	Upper Bound
高壓力組	中壓力組	6.53(*)	.818	.000	4.49	8.58
	低壓力組	9.23(*)	.818	.000	7.19	11.28
中壓力組	高壓力組	-6.53(*)	.818	.000	-8.58	-4.49
	低壓力組	2.70(*)	.818	.006	.66	4.74
低壓力組	高壓力組	-9.23(*)	.818	.000	-11.28	-7.19
	中壓力組	-2.70(*)	.818	.006	-4.74	-.66
Based on observed means.						
* The mean difference is significant at the .05 level.						

上表 9-74 為 A 因子（生活壓力自變項）主要效果效的事後比較，由於 A 因子主要效果項之 F 值達到顯著水準，且其水準數有三組，因而須進行事後比較以得知組別間的差異，經事後比較得知：「高生活壓力」組學生的自殺意念顯著的高於「中生活壓力組」與「低生活壓力組」學生，而「中生活壓力組」學生的自殺意念又顯著的高於「低生活壓力組」學生。

表 9-75　憂鬱傾向

Multiple Comparisons

Dependent Variable: 自殺意念　Scheffe

(I)憂鬱傾向	(J)憂鬱傾向	Mean Difference (I-J)	Std. Error	Sig.	95% Confidence Interval	
					Lower Bound	Upper Bound
高憂鬱組	中憂鬱組	.77	.818	.646	-1.28	2.81
	低憂鬱組	5.10(*)	.818	.000	3.06	7.14
中憂鬱組	高憂鬱組	-.77	.818	.646	-2.81	1.28
	低憂鬱組	4.33(*)	.818	.000	2.29	6.38
低憂鬱組	高憂鬱組	-5.10(*)	.818	.000	-7.14	-3.06
	中憂鬱組	-4.33(*)	.818	.000	-6.38	-2.29
Based on observed means.						
* The mean difference is significant at the .05 level.						

上表 9-75 為 B 因子（憂鬱傾向自變項）主要效果效的事後比較，由於 B 因子主要效果項之 F 值達到顯著水準，且其水準數有三組，因而須進行事後比較以得知組別間的差異，經事後比較得知：「高憂鬱傾向」組學生的自殺意念顯著的高於「低憂鬱傾向組」學生，而「中憂鬱傾向組」學生的自殺意念也顯著的高於「低憂鬱傾向組」學生。

由於「生活壓力」與「家庭狀況」二個獨立因子在依變項的交互作用效果項檢定達到顯著（$F_{AC} = 3.857$，$p < .05$），進一步須進行單純主要效果考驗，單純主要效果如下圖 9-19：

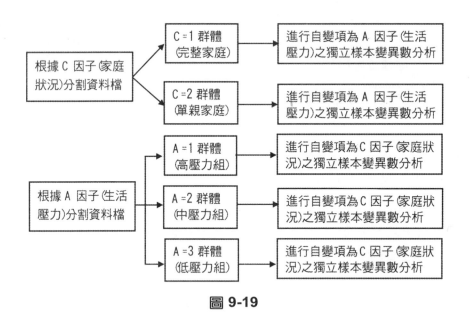

圖 9-19

上面理論圖示的操作程序如下：

表 9-76

操作步驟	步驟說明
Data（資料） ⇒Split File（分割檔案） Analyze（分析） ⇒Compare Means（比較平均數法） 　⇒One-Way ANOVA（單因子變異數分析）	根據 C 因子（家庭狀況）進行資料的分割 以 A 因子（生活壓力）為自變項、「自殺意念」為依變項，進行單因子獨立樣本變異數分析
Data（資料） ⇒Split File（分割檔案） Analyze（分析） ⇒Compare Means（比較平均數法） 　⇒One-Way ANOVA（單因子變異數分析）	根據 A 因子（生活壓力）進行資料的分割 以 C 因子（家庭狀況）為自變項、「自殺意念」為依變項，進行單因子獨立樣本變異數分析

　　有關單純主要效果檢定的操作及結果說明，讀者可參閱之前二因子變異數分析的章節，內有詳細的操作步驟與報表說明。

9-3　二因子獨立一因子相依之混合變異數分析

　　三因子混合設計變異數分析之一的設計模式中，常見者為三個自變項中有二個自變項為獨立因子（獨立樣本設計），另外一個自變項為相依因子（相依樣本設計），以 A、B、C 三個自變項而言，如果 A 因子與 B 因子均為獨立樣本、C 因子為相依樣本，A、B、C 三個自變項所構成的多因子設計為三因子混合變異數分析設計。

9-3-1　研究問題

　　某國中歷史教師想探究其任教的班級學生對於課堂教學活動型態的喜愛程度是否因其性別及學業成就高低的不同而有所不同，在學期末就「講述教學」、「問答討論」、「分組活動」三種課堂教學活動型態的喜愛程度讓全班學生填答，測量的分數愈低，表示樣本喜愛程度愈低，分數愈高表示學生喜愛程度愈高，之後從學期歷史科成績中，從排名前 25% 的學生中，隨機挑選 10 名同學（其中男生 5 位、女生 5 位），將之歸類為「高學業成就」組；相對的，從排名後 25% 的學生中，也隨機挑選

10 名同學（其中男生 5 位、女生 5 位），將之歸類為「低學業成就」組，請問不同學生性別、不同學業成就組學生是否因課堂教學活動型態的不同而有不同的喜愛程度？

調查研究數據如下表 9-77：

表 9-77

教學活動型態		學生性別					
		男生			女生		
		講述教學	問答討論	分組活動	講述教學	問答討論	分組活動
學業成就	高學業組	28	45	49	31	44	46
		26	47	46	39	47	47
		27	50	40	36	48	43
		21	46	48	32	40	44
		28	48	47	40	49	40
	低學業組	48	38	31	41	34	38
		49	32	32	48	30	39
		50	36	34	49	31	40
		46	34	30	46	35	36
		45	30	30	48	36	31

上述每個細格有五位觀察值，三個因子所構成的交叉細格模式如下表 9-78：

表 9-78

因子 C		因子 A					
		A=1			A=2		
		C=1	C=2	C=3	C=1	C=2	C=3
因子 B	B=1	$S_1..S_5$	$S_1..S_5$	$S_1..S_5$	$S_{11}..S_{15}$	$S_{11}..S_{15}$	$S_{11}..S_{15}$
	B=2	$S_6..S_{10}$	$S_6..S_{10}$	$S_6..S_{10}$	$S_{16}..S_{20}$	$S_{16}..S_{20}$	$S_{16}..S_{20}$

就 A 因子而言，二個水準是互相獨立的，第一個水準的觀察值為 $S_1..S_5$、$S_6..S_{10}$ 等十位（男生樣本觀察值），第二個水準的觀察值為 $S_{11}..S_{15}$、$S_{16}..S_{20}$ 等十位（女生樣本觀察值），所以 A 因子是一個獨立因子；就 B 因子而言，二個水準是互相獨立的，第一個水準的觀察值為 $S_1..S_5$、$S_{11}..S_{15}$ 等十位（高學業組樣本觀察值），第二個水準的觀察值為$S_6..S_{10}$、$S_{16}..S_{20}$ 等十位（低學業組樣本觀察值），所以B因子是一個獨立因子，全部受試者有二十位；

就C因子而言，受試者$S_1..S_5$、$S_6..S_{10}$、$S_{11}..S_{15}$、$S_{16}..S_{20}$等二十位樣本觀察值接受水準一（講述教學）的實驗處理，同時接受水準二（問答討論）與水準三（分組活動）的實驗處理，因而是一個相依因子。

在SPSS資料建檔格式如下，獨立因子（A因子）的變項名稱為「A」，變數的註解為「學生性別」，水準數值1為男生、水準數值2為女生；獨立因子（B因子）的變項名稱為「B」，變數的註解為「學業成就」，水準數值1為「高學業組」、水準數值2為「低學業組」，「講述教學」型態喜愛程度的測量值之變項名稱為「C1」、「問答討論」型態喜愛程度的測量值之變項名稱為「C2」、「分組活動」型態喜愛程度的測量值之變項名稱為「C3」，全部的變數名稱共有五個：A（學生性別）、B（學業成就）、C1（講述教學）、C2（問答討論）、C3（分組活動）。資料檔建檔範例如下圖9-20：

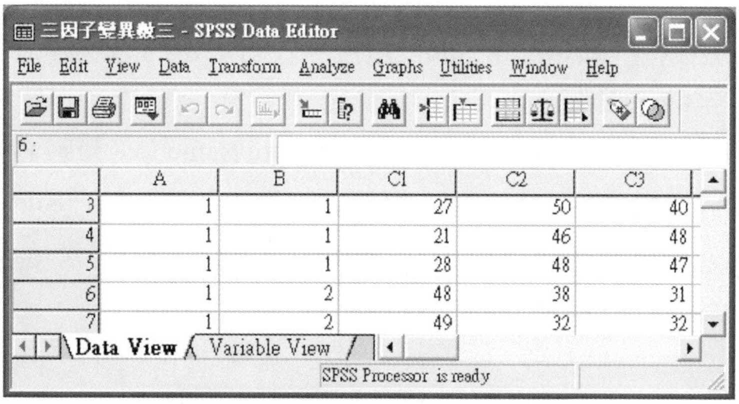

圖 9-20

9-3-2　交互作用操作程序

(一)步驟 1

執行功能列「Analyze」（分析）→「General Linear Model」（一般線性模式）→「Repeated Measures」（重複量數）程序，開啟「Repeated Measures Define Factors」（重複量數定義因子）對話視窗。

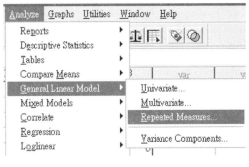

圖 9-21

(二)步驟 2

在「Repeated Measures Define Factors」（重複量數定義因子）對話視窗中，「受試者內因子的名稱」（Within-Subject Factor Name:）右邊方盒內界定相依因子自變項的名稱：「C」，在「水準個數」（Number of Levels:）右邊方盒內鍵入自變項的水準數，範例中共有三種課堂教學活動型態，其水準數為 3，最後按『新增』（Add）鈕後，在新增鈕的右邊會出現自變項的名稱及其設定的水準數，如「C(3)」，前面「C」為設定的自變項名稱，括號內 3 表示有三個水準。而在下方的「Measure Name」（量數名稱）右邊的方格中可輸入自變項名稱的註解，範例中未鍵入註解→按『Add』鈕，設定完後按右上方的『Define』（定義）鈕，開啟「Repeated Measures」（重複量數）的第二層對話視窗。

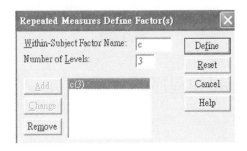

圖 9-22

(三)步驟 3

於「Repeated Measures」（重複量數）對話視窗中，在左邊變數清單中將相依因子（B 因子）三個水準選入右邊「Within-Subjects Variables（受試者內變數）的方格中，此時方格中的變數會由「_?_(1)」、「_?_(2)」、「_?_(3)」，依序變成「C1(1)」、「C2(2)」、「C3(3)」。

　　再將獨立因子（A因子與B因子）「學生性別[A]」、「學業成就[B]」
自變項選入中間「Between-Subjects Factors」（受試者間的因子）下的方格
中　按右下方『Options...』（選項）鈕→開啟「Repeated Measures: Options」
（重複量數：選項）次對話視窗。

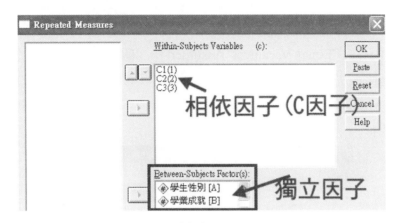

圖 9-23

㈣**步驟 4**

　　在「Repeated Measures: Options」（重複量數：選項）次對話視窗，將
要顯示的平均數變項選入右邊「Display Means for」（顯示平均數）下的方
格中，包括：A、B、C、A*B、A*C、B*C、A*B*C等七項，勾選「☑Com-
pare main effects」（比較主效應），在「Confidence interval adjustment」（信
賴區間調整）下的相依樣本事後比較方法中選取最小顯著差異法：LSD法。
在下方「Display」（顯示）方盒中，勾選『Homogeneity tests』（同質性檢
定）選項→按『Continue』（繼續）鈕，回到「Repeated Measures」（重複
量數）對話視窗。

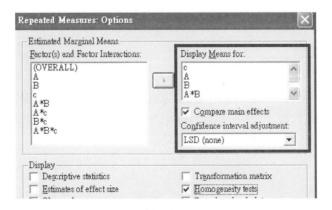

圖 9-24

(五)**步驟 5**

在「Repeated Measures」（重複量數）對話視窗，按『Post Hoc...』（Post Hoc 檢定）鈕，開啟「Repeated Measures: Post Hoc Multiple Comparisons for Observed Means」（重複量數：觀察值平均數的Post Hoc多重比較）次對話視窗，將二個獨立因子「A」、「B」選入右邊「Post Hoc Tests for」下的方格中，在「Equal Variances Assumed」（假設變異數相等）方盒中選取一種事後比較方法，如『☑Scheffe』，按『Continue』（繼續）鈕，回到「Repeated Measures」（重複量數）對話視窗→按『OK』（確定）鈕。

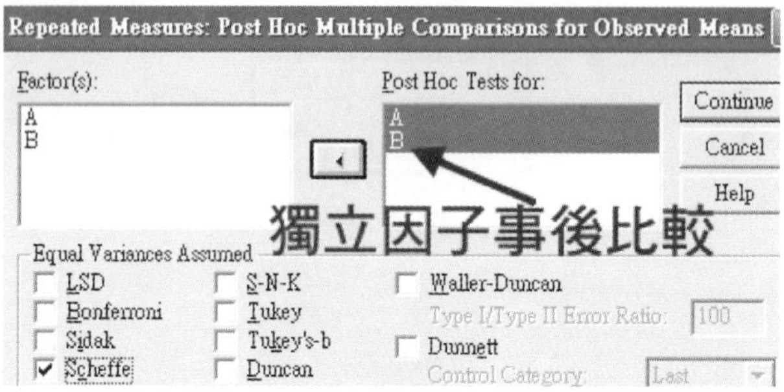

圖 9-25

9-3-3　三因子交互作用結果說明

表 9-79　**General Linear Model**
Within-Subjects Factors
Measure: MEASURE_1

c	Dependent Variable
1	C1
2	C2
3	C3

上表9-79為自變項相依因子的變項名稱（C），及三個處理水準：C1、C2、C2，相依因子有三個水準，又稱為受試者內因子。

表 9-80　Between-Subjects Factors

		Value Label	N
學生性別	1	男生	10
	2	女生	10
學業成就	1	高學業組	10
	2	低學業組	10

　　上表 9-80 為二個獨立因子（受試者間因子）的變數名稱及水準數值、水準數值註解及有效樣本觀察值，學生性別（A 因子）變項有二個水準，水準數值 1 為男生、水準數值 2 為女生，二個水準各有 10 位樣本；學業成就（B因子）變項有二個水準，水準數值 1 為高學業組、水準數值 2 為低學業組，二個水準各有 10 位樣本，總樣本觀察值有 20 位。

表 9-81　Box's Test of Equality of Covariance Matrices (a)

Box's M	29.884
F	1.065
df1	18
df2	904.638
Sig.	.383
Tests the null hypothesis that the observed covariance matrices of the dependent variables are equal across groups.	
a Design: Intercept+A+B+A * B	
Within Subjects Design: c	

　　上表 9-81 為共變量矩等式的 Box 檢定，即不同學生性別及不同學業成就組之樣本在教學活動三個依變項測量值之同質性多變量檢定結果，此檢定在於考驗二十位樣本觀察值在三個重複測量之共變數矩陣是否同質，採用的統計值為 Box 法之 M 值，M 值等於 29.884、經轉換為 F 值，F=1.065，顯著性 p=.383>.05，未達到顯著水準，接受虛無假設，表示不同學生性別及不同學業成就的受試者在三個依變項測量值之共變量矩陣具有同質，未違反變異數同質性假定。

表 9-82　Mauchly's Test of Sphericity(b)
Measure: MEASURE_1

Within Subjects Effect	Mauchly's W	Approx. Chi-Square	df	Sig.	Epsilon(a)		
					Green-house-Geisser	Huynh-Feldt	Lower-bound
c	.812	3.126	2	.210	.840	1.000	.500
Tests the null hypothesis that the error covariance matrix of the orthonormalized transformed dependent variables is proportional to an identity matrix.							
a May be used to adjust the degrees of freedom for the averaged tests of significance. Corrected tests are displayed in the Tests of Within-Subjects Effects table.							
b Design: Intercept+A+B+A * B Within Subjects Design: c							

　　上表 9-82 為檢驗相依樣本（相依因子）變異數分析是否違反球形或環狀性假定。就上述報表而言，Mauchly 檢定值為.812，轉換後的卡方值等於3.126，df=2，顯著性 p=.210>.05，未達顯著水準，應接受虛無假設，表示未違反變異數分析之球形假定；其中 ε 的最小值（Lower-bound）=1÷(3−1)=.500（3 為自變項的水準數），Greenhouse-Geisser 的 ε 檢定值為.842、Huynh-Feldt 的 ε 檢定值為 1.000，二個指標均超過.75 的標準，二個 ε 的平均值為.921也超過.75 的標準，顯示分析的資料，未違反球面性的假定，就相依因子而言，受試者在三個水準的測量值，兩兩配對相減所得的差異值之變異數相等（homogeneity-of-variance of differences）。

表 9-83 **Tests of Within-Subjects Effects**
Measure: MEASURE_1

Source		Type III Sum of Squares	df	Mean Square	F	Sig.
c	Sphericity Assumed	12.233	2	6.117	.644	.532
	Greenhouse-Geisser	12.233	1.683	7.267	.644	.507
	Huynh-Feldt	12.233	2.000	6.117	.644	.532
	Lower-bound	12.233	1.000	12.233	.644	.434
c * A	Sphericity Assumed	73.033	2	36.517	3.842	.032
	Greenhouse-Geisser	73.033	1.683	43.385	3.842	.041
	Huynh-Feldt	73.033	2.000	36.517	3.842	.032
	Lower-bound	73.033	1.000	73.033	3.842	.068
c * B	Sphericity Assumed	2631.700	2	1315.850	138.450	.000
	Greenhouse-Geisser	2631.700	1.683	1563.355	138.450	.000
	Huynh-Feldt	2631.700	2.000	1315.850	138.450	.000
	Lower-bound	2631.700	1.000	2631.700	138.450	.000
c * A * B	Sphericity Assumed	212.233	2	106.117	11.165	.000
	Greenhouse-Geisser	212.233	1.683	126.077	11.165	.001
	Huynh-Feldt	212.233	2.000	106.117	11.165	.000
	Lower-bound	212.233	1.000	212.233	11.165	.004
Error(c)	Sphericity Assumed	304.133	32	9.504		
	Greenhouse-Geisser	304.133	26.934	11.292		
	Huynh-Feldt	304.133	32.000	9.504		
	Lower-bound	304.133	16.000	19.008		

　　上表 9-83 為受試者內效應項的檢定（Tests of Within-Subjects Effects）統計量，包括相依因子（C 因子）主要效果顯著性的考驗、C×A 二因子混合設計交互作用項顯著性考驗、C×B 混合設計二因子交互作用項顯著性考驗、C×A×B 三因子混合設計交互作用效果顯著性的考驗。在球面性假定的檢驗中，未違反球面性的假定，因而不用使用矯正的統計量（Greenhouse-Geisser 或 Huynh-Feldt 列數據），直接看符合球面性假定列（Sphericity Assumed）的數據。C×A×B 三因子交互作用效果顯著性考驗的統計量中，型III的離均差平方和為 212.233、自由度等於 2、均方值為 106.117、F 值為 11.165，顯著性機率值 p =.000<.05，達到顯著水準，由於三因子交互作用項的效果達到顯著，其他效果項是否達到顯著，在實際解釋上就不具實質的意義。

　　若是三因子交互作用項顯著性考驗未達顯著水準，則要觀看二因子交互作用項效果的顯著性考驗，在C×A二因子交互作用項顯著性考驗方面，F值為 3.842，顯著性機率值 p=.032<.05，達到顯著水準；在C×B二因子交互作用項顯著性考驗方面，F值為 138.450，顯著性機率值 p=.000<.05，達到顯著水準。至於 A×B 二因子交互作用項的顯著性考驗，由於 A 因子與 B 因子均為獨立因子，進行的為二因子獨立樣本變異數分析，其結果呈現於下表 9-84。

表 9-84　Tests of Between-Subjects Effects

Measure: MEASURE_1

Transformed Variable: Average

Source	Type III Sum of Squares	df	Mean Square	F	Sig.
Intercept	93536.017	1	93536.017	11488.559	.000
A	36.817	1	36.817	4.522	.049
B	93.750	1	93.750	11.515	.004
A * B	2.817	1	2.817	.346	.565
Error	130.267	16	8.142		

　　上表 9-84 為 A 因子、B 因子二個獨立因子的主要效果項顯著性考驗及 A×B 二因子獨立樣本變異數分析顯著性檢定。由表中可知A因子主要效果顯著性考驗的 F 值等於 4.522，顯著性機率值 p=.049<.05，達到顯著水準，表示不同性別的學生對三種課堂教學活動型態的喜愛程度有顯著不同；B因子主要效果顯著性考驗的 F 值等於 11.515，顯著性機率值 p=.004<.05，達到顯著水準，表示不同學業成就的學生對三種課堂教學活動型態的喜愛程度有顯著不同。A×B 二因子交互作用效果項顯著性考驗的 F 值等於.346，顯著性機率值 p=.565>.05，未達顯著水準，表示不同性別的學生對整體課堂活動喜愛程度不因其學業成就的高低而有顯著不同；或不同學業成就的學生對整體課堂活動喜愛程度不因其性別不同而有顯著不同。

表 9-85　Estimated Marginal Means

1. c

Estimates

Measure: MEASURE_1

c	Mean	Std. Error	95% Confidence Interval	
			Lower Bound	Upper Bound
1	38.900	.702	37.412	40.388
2	40.000	.649	38.624	41.376
3	39.550	.666	38.138	40.962

上表 9-85 為 C 因子三個處理水準在依變項的描述性統計量，C 因子主要效果項的顯著性考驗即在檢定上述三個平均數間的差異是否達到顯著。

表 9-86　Pairwise Comparisons

Measure: MEASURE_1

(I)c	(J)c	Mean Difference (I-J)	Std. Error	Sig. (a)	95% Confidence Interval	
					Lower Bound	Upper Bound
1	2	-1.100	.747	.161	-2.685	.485
	3	-.650	1.017	.532	-2.807	1.507
2	1	1.100	.747	.161	-.485	2.685
	3	.450	1.121	.694	-1.927	2.827
3	1	.650	1.017	.532	-1.507	2.807
	2	-.450	1.121	.694	-2.827	1.927
Based on estimated marginal means						
a Adjustment for multiple comparisons: Least Significant Difference (equivalent to no adjustments).						

上表 9-86 為 C 因子主要效果項顯著性考驗的事後比較表。由於相依因子（C 自變項）的主要效果項顯著性考驗未達顯著（$F=.644$，$p=.532>.05$），故其事後比較檢定兩兩配對組均未達顯著水準。

表 9-87　2. 學生性別

Estimates

Measure: MEASURE_1

學生性別	Mean	Std. Error	95% Confidence Interval	
			Lower Bound	Upper Bound
男生	38.700	.521	37.596	39.804
女生	40.267	.521	39.162	41.371

　　上表 9-87 為 A 因子（學生性別）二個處理水準在依變項測量值的描述性統計量，A 因子主要效果項的顯著性考驗即在檢定上述二個平均數間的差異是否達到顯著。

表 9-88　**Pairwise Comparisons**

Measure: MEASURE_1

(I)學生性別	(J)學生性別	Mean Difference (I-J)	Std. Error	Sig. (a)	95% Confidence Interval for Difference(a)	
					Lower Bound	Upper Bound
男生	女生	-1.567(*)	.737	.049	-3.128	-.005
女生	男生	1.567(*)	.737	.049	.005	3.128
Based on estimated marginal means						
* The mean difference is significant at the .05 level.						
a Adjustment for multiple comparisons: Least Significant Difference (equivalent to no adjustments).						

　　上表 9-88 為 A 因子主要效果項顯著性考驗的事後比較，由於 A 因子主要效果項顯著性考驗達到顯著，再從事後比較結果可以發現：女生對整體課堂教學活動方式喜愛程度高於男生。

表 9-89　**Univariate Tests**

Measure: MEASURE_1

	Sum of Squares	df	Mean Square	F	Sig.
Contrast	12.272	1	12.272	4.522	.049
Error	43.422	16	2.714		
The F tests the effect of 學生性別. This test is based on the linearly independent pairwise comparisons among the estimated marginal means.					

　　上表 9-89 為 A 因子主要效果項顯著性考驗的統計量，F 值等於 4.522，顯著性機率值 p＝.049<.05，達到顯著水準，表示不同性別的學生對整體課

堂教學活動型態的喜愛方式有顯著的不同。

表 9-90　3. 學業成就
Estimates
Measure: MEASURE_1

學業成就	Mean	Std. Error	95% Confidence Interval	
			Lower Bound	Upper Bound
學業成就	40.733	.521	39.629	41.838
低學業組	38.233	.521	37.129	39.338

上表 9-90 為 B 因子（學業成就）二個處理水準在依變項測量值的描述性統計量，B因子主要效果項的顯著性考驗即在檢定上述二個平均數間的差異是否達到顯著。

表 9-91　Pairwise Comparisons
Measure: MEASURE_1

(I)學業成就	(J)學業成就	Mean Difference(I-J)	Std. Error	Sig. (a)	95% Confidence Interval for Difference(a)	
					Lower Bound	Upper Bound
高學業組	低學業組	2.500(*)	.737	.004	.938	4.062
低學業組	高學業組	-2.500(*)	.737	.004	-4.062	-.938
Based on estimated marginal means						
* The mean difference is significant at the .05 level.						
a Adjustment for multiple comparisons: Least Significant Difference (equivalent to no adjustments).						

上表 9-91 為 B 因子主要效果項顯著性考驗的事後比較，由於 B 因子主要效果項顯著性考驗達到顯著，再從事後比較結果可以發現：高學業組學生對整體課堂教學活動方式喜愛程度高於低學業組學生。

表 9-92　Univariate Tests
Measure: MEASURE_1

	Sum of Squares	df	Mean Square	F	Sig.
Contrast	31.250	1	31.250	11.515	.004
Error	43.422	16	2.714		
The F tests the effect of 學業成就. This test is based on the linearly independent pairwise comparisons among the estimated marginal means.					

上表 9-92 為 B 因子主要效果項顯著性考驗的統計量，F 值等於 11.515，顯著性機率值 p＝.004<.05，達到顯著水準，表示不同學業成就的學生對整體課堂教學活動型態的喜愛方式有顯著的不同。

表 9-93　4. 學生性別 * 學業成就

Measure: MEASURE_1

學生性別	學業成就	Mean	Std. Error	95% Confidence Interval	
				Lower Bound	Upper Bound
男生	高學業組	39.733	.737	38.172	41.295
	低學業組	37.667	.737	36.105	39.228
女生	高學業組	41.733	.737	40.172	43.295
	低學業組	38.800	.737	37.238	40.362

上表 9-93 為 A 因子與 B 因子所構成的交叉細格之描述性統計量，由於 A 因子有二個水準、B 因子有二個水準，交叉構成的細格有四格，四個交叉細格即為 A×B 二因子獨立樣本變異數分析顯著性檢定所要考驗的平均數。

表 9-94　5. 學生性別 * c

Measure: MEASURE_1

學生性別	c	Mean	Std. Error	95% Confidence Interval	
				Lower Bound	Upper Bound
男生	1	36.800	.992	34.696	38.904
	2	40.600	.918	38.654	42.546
	3	38.700	.942	36.703	40.697
女生	1	41.000	.992	38.896	43.104
	2	39.400	.918	37.454	41.346
	3	40.400	.942	38.403	42.397

上表 9-94 為 A 因子與 C 因子所構成的交叉細格之描述性統計量，由於 A 因子有二個水準、C 因子有三個水準，交叉構成的細格有六格。六個交叉細格即為 A×C 二因子混合設計變異數分析顯著性檢定所要考驗的平均數。

表 9-95　6. 學業成就 * c

Measure: MEASURE_1

學業成就	c	Mean	Std. Error	95% Confidence Interval	
				Lower Bound	Upper Bound
高學業組	1	30.800	.992	28.696	32.904
	2	46.400	.918	44.454	48.346
	3	45.000	.942	43.003	46.997
低學業組	1	47.000	.992	44.896	49.104
	2	33.600	.918	31.654	35.546
	3	34.100	.942	32.103	36.097

　　上表 9-95 為 B 因子與 C 因子所構成的交叉細格之描述性統計量，由於 B因子有二個水準、C因子有三個水準，交叉構成的細格有六格。六個交叉細格即為B×C二因子混合設計變異數分析顯著性檢定所要考驗的平均數。

表 9-96　7. 學生性別 * 學業成就 * c

Measure: MEASURE_1

學生性別	學業成就	c	Mean	Std. Error	95% Confidence Interval	
					Lower Bound	Upper Bound
男生	高學業組	1	26.000	1.404	23.025	28.975
		2	47.200	1.298	44.448	49.952
		3	46.000	1.332	43.176	48.824
	低學業組	1	47.600	1.404	44.625	80.575
		2	34.000	1.298	31.248	36.752
		3	31.400	1.332	28.576	34.224
女生	高學業組	1	35.600	1.404	32.625	38.575
		2	45.600	1.298	42.848	48.352
		3	44.000	1.332	41.176	46.824
	低學業組	1	46.400	1.404	43.425	49.375
		2	33.200	1.298	30.448	35.952
		3	36.800	1.332	33.976	39.624

　　上表 9-96 為A因子、B因子、C因子交叉構成的細格之描述性統計量，由於A因子有二個水準、B因子有二個水準、C因子有三個水準，三個因子交叉構成的細格有 2×2×3＝12 個。

　　A因子與B因子在C1處理水準（講述教學）上的喜愛程度之平均數與

標準差如下表 9-97：

表 9-97

	高學業組（B1）		低學業組（B2）	
	平均數	標準差	平均數	標準差
男生（A1）	26.000	2.915	47.600	2.074
女生（A2）	35.600	4.037	46.400	3.209

上表 9-97 為 $F_{AB\_at\_C1}$ 單純交互作用項顯著性考驗，即 A 因子與 B 因子在 C1 處理水準的單純交互作用項顯著性檢定。

A 因子與 B 因子在 C2 處理水準（問答討論）上的喜愛程度之平均數與標準差如下表 9-98：

表 9-98

	高學業組（B1）		低學業組（B2）	
	平均數	標準差	平均數	標準差
男生（A1）	47.200	1.924	34.000	3.162
女生（A2）	45.600	3.647	33.200	2.588

上表 9-98 為 $F_{AB\_at\_C2}$ 單純交互作用項顯著性考驗，即 A 因子與 B 因子在 C2 處理水準的單純交互作用項顯著性檢定。

A 因子與 B 因子在 C3 處理水準（分組活動）上的喜愛程度之平均數與標準差如下表 9-99：

表 9-99

	高學業組（B1）		低學業組（B2）	
	平均數	標準差	平均數	標準差
男生（A1）	46.000	2.536	31.400	1.673
女生（A2）	44.000	2.739	36.800	3.564

上表 9-99 為 $F_{AB\_at\_C3}$ 單純交互作用項顯著性考驗，即 A 因子與 B 因子在 C3 處理水準的單純交互作用項顯著性檢定。

【依 A 因子、再依 B 因子呈現 C 因子之描述性統計量操作】

1. 操作 1

執行功能列「Analyze」（分析）→「Compare Means」（比較平均數法）→「Means」（平均數）程序，開啟「Means」（平均數）對話視窗。

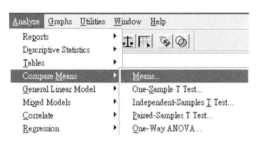

圖 9-26

2. 操作 2

在「Means」（平均數）對話視窗中。

⇒在左邊變數清單中將相依因子三個水準變數：「講述教學[C1]」、「問答討論[C2]」、「分組活動[C3]」選入右邊「Dependent List」（依變數清單）下的方格中。

⇒在左邊變數清單中將獨立因子「學生性別[A]」選入右邊「Independent List」（自變數清單）下的方格中→按『Next』（下一個）鈕。

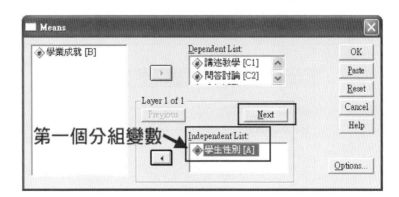

圖 9-27

3. 操作 3

在「Means」（平均數）對話視窗中。
⇒在左邊變數清單中將獨立因子「學業成就[B]」選入右邊「Independent List」（自變數清單）下的方格中→按右下方『Options...』（選項）鈕，開啓「Means: Options」（平均數：選項）次對話視窗。

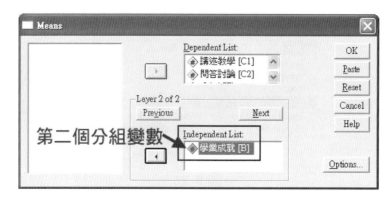

圖 9-28

4. 操作 4

在「Means: Options」（平均數：選項）次對話視窗中。
⇒在左邊「Statistics:」（統計量）選單中選取「Mean」（平均數）、「Number of Cases」（觀察值個數）、「Standard Deviation」（標準差）等選項至右邊「Cell Statistics:」（格統計量）下的方格中。
⇒按『Continue』（繼續）鈕，回到「Means」（平均數）對話視窗中。
⇒按『OK』（確定）鈕。

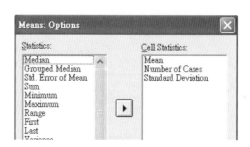

圖 9-29

上述執行結果報表如下表 9-100：

表 9-100

學生性別	學業成就		講述教學	問答討論	分組活動
男生	高學業組	Mean	26.00	47.20	46.00
		N	5	5	5
		Std. Deviation	2.915		3.536
	低學業組	Mean	47.60	34.00	31.40
		N	5	5	5
		Std. Deviation	2.074	3.162	1.673
	Total	Mean	36.80	40.60	38.70
		N	10	10	10
		Std. Deviation	11.631	7.382	8.125
女生	高學業組	Mean	35.60	45.60	44.00
		N	5	5	5
		Std. Deviation	4.037	3.647	2.739
	低學業組	Mean	46.40	33.20	36.80
		N	5	5	5
		Std. Deviation	3.209	2.588	3.564
	Total	Mean	41.00	39.40	40.40
		N	10	10	10
		Std. Deviation	6.650	7.183	4.835
Total	高學業組	Mean	30.80	46.40	45.00
		N	10	10	10
		Std. Deviation	6.052	2.875	3.162
	低學業組	Mean	47.00	33.60	34.10
		N	10	10	10
		Std. Deviation	2.625	2.757	3.872
	Total	Mean	38.90	40.00	39.55
		N	20	20	20
		Std. Deviation	9.470	7.116	6.565

9-3-4 「單純交互作用」項考驗

當 A×B×C 三因子交互作用效果項顯著性考驗達到顯著水準，則進一步要進行「單純交互作用」效果項考驗，「單純交互作用」效果項考驗就是根據第三個自變項各處理水準，進行其餘二個因子的二因子變異數分析，由於 A 因子與 B 因子為獨立樣本、而 C 因子為相依樣本，因而單純交互作

705

用檢定的操作有稍微不同，茲分別說明如下：

1. 當根據 C 各處理水準進行 A×B 交互作用項顯著性考驗時，由於 C 因子爲相依樣本，A 因子與 B 因子爲獨立樣本，操作的程序爲分別以 C 因子三個處理水準 C1、C2、C3 爲依變項，而以 A 因子與 B 因子爲二個自變項，進行三個二因子獨立樣本變異數分析。

$F_{AB\_at\_C1}$ 單純交互作用項顯著性考驗模式如下圖 9-30：

圖 9-30

$F_{AB\_at\_C2}$ 單純交互作用項顯著性考驗模式如下圖 9-31：

圖 9-31

$F_{AB\_at\_C3}$ 單純交互作用項顯著性考驗模式如下圖 9-32：

圖 9-32

2. 當根據 A 各處理水準進行 B×C 交互作用項顯著性考驗時，因爲 A 因子爲獨立樣本、B 因子爲獨立樣本、C 因子爲相依樣本，單純交互作用考驗乃依據 A 因子二個處理水準，將資料檔分割爲 A1（男生）、A2（女生）二個群體，而以 B 因子、C 因子爲自變項，分別進行二因子混合設計變異數分析。

獨立因子 B 與相依因子 C「單純交互作用」（$F_{BC\_at\_A1}$、$F_{BC\_at\_A2}$）項顯著性考驗模式如下圖 9-33：

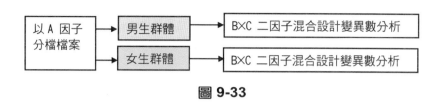

圖 9-33

$F_{BC\_at\_A1}$「單純交互作用」項顯著性考驗模式如下圖 9-34：

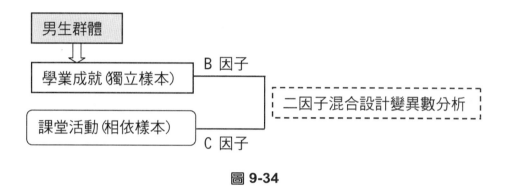

圖 9-34

$F_{BC\_at\_A2}$「單純交互作用」項顯著性考驗模式如下圖 9-35：

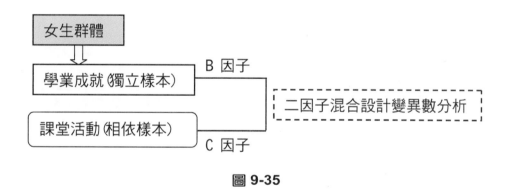

圖 9-35

3. 當根據 B 各處理水準進行 A×C 交互作用項顯著性考驗時，因為 B 因子為獨立樣本、A 因子為獨立樣本、C 因子為相依樣本，單純交互作用考驗乃依據 B 因子二個處理水準，將資料檔分割為 B1（高學業組）、B2（低學業組）二個群體，而以 A 因子、C 因子為自變項，分別進行二因子混合設計變異數分析。

獨立因子 A 與相依因子 C「單純交互作用」（$F_{AC\_at\_B1}$、$F_{AC\_at\_B2}$）項顯著性考驗模式如下圖 9-36：

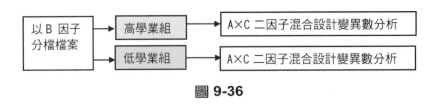

圖 9-36

$F_{AC\_at\_B1}$「單純交互作用」項顯著性考驗模式如下圖 9-37：

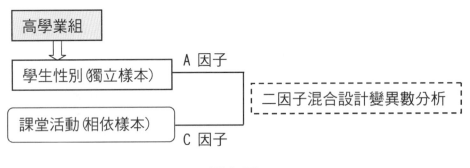

圖 9-37

$F_{AC\_at\_B2}$「單純交互作用」項顯著性考驗模式如下圖 9-38：

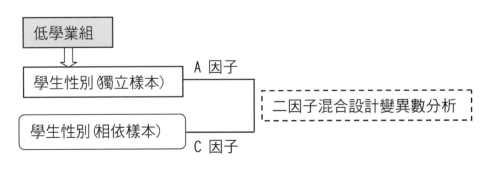

圖 9-38

㈠「A×B 單純交互作用」項考驗

表 9-101　Univariate Analysis of Variance

		Value Label	N
學生性別	1	男生	10
	2	女生	10
學業成就	1	高學業組	10
	2	低學業組	10

上表 9-101 為二個自變項的變項名稱、水準數值、水準數值註解及有效樣本觀察值個數，二個自變項分別為「學生性別」、「學業成就」。

表 9-102　Tests of Between-Subjects Effects

Dependent Variable: 講述教學

Source	Type III Sum of Squares	df	Mean Square	F	Sig.
Corrected Model	1546.200(a)	3	515.400	52.325	.000
Intercept	30264.200	1	30264.200	3072.508	.000
A	88.200	1	88.200	8.954	.009
B	1312.200	1	1312.200	133.218	.000
A * B	145.800	1	145.800	14.802	.001
Error	157.600	16	9.850		
Total	31968.000	20			
Corrected Total	1703.800	19			
a R Squared = .908 (Adjusted R Squared = .890)					

上表 9-102 為受試者間效果項檢定量，即二個獨立樣本變異數分析摘要表，就「講述教學」課堂教學活動依變項而言，學生性別與學業成就二個因子交互作用項顯著性考驗的 F 值等於 14.802、顯著性機率值 p＝.001<.05 達到顯著水準，表示在「講述教學」處理水準中，A×B 交互作用項檢定顯著，即不同學生性別對「講述教學」課堂教學活動喜愛程度會因其學業成就的高低而有顯著的不同；或不同學業成就的學生對「講述教學」課堂教學活動喜愛程度會因其性別不同而有顯著的不同。

表 9-103　Estimated Marginal Means

學生性別 * 學業成就

Dependent Variable: 講述教學

學生性別	學業成就	Mean	Std. Error	95% Confidence Interval	
				Lower Bound	Upper Bound
男生	高學業組	26.000	1.404	23.025	28.975
	低學業組	47.600	1.404	44.625	50.575
女生	高學業組	35.600	1.404	32.625	38.575
	低學業組	46.400	1.404	43.425	49.375

上表 9-103 為不同學生性別與不同學業成就組學生在「講述教學」依變

項測量值的描述性統計量，A×B二因子交互作用項在「講述教學」處理水準的顯著性考驗，即在檢定上述二個因子所構成之交叉細格平均數間的差異，此單純交互作用項檢定即 $F_{AB\_at\_C1}$ 的顯著性考驗。

表 9-104　Tests of Between-Subjects Effects

Dependent Variable: 問答討論

Source	Type III Sum of Squares	df	Mean Square	F	Sig.
Corrected Model	827.200(a)	3	275.733	32.728	.000
Intercept	32000.000	1	32000.000	3798.220	.000
A	7.200	1	7.200	.855	.369
B	819.200	1	819.200	97.234	.000
A * B	.800	1	.800	.095	.762
Error	134.800	16	8.425		
Total	32962.000	20			
Corrected Total	962.000	19			
a R Squared = .860 (Adjusted R Squared = .834)					

上表 9-104 為受試者間效果項檢定量，即二個獨立樣本變異數分析摘要表，就「問答討論」課堂教學活動依變項而言，學生性別與學業成就二個因子交互作用項顯著性考驗的F值等於.095、顯著性機率值p＝.762＞.05，未達顯著水準，表示在「問答討論」處理水準中，A×B交互作用項檢定未達顯著，即不同學生性別對「問答討論」課堂教學活動喜愛程度不會因其學業成就的高低而有顯著的不同；或不同學業成就的學生對「問答討論」課堂教學活動喜愛程度不會因其性別不同而有顯著的不同。

表 9-105　Estimated Marginal Means

學生性別 * 學業成就

Dependent Variable: 問答討論

學生性別	學業成就	Mean	Std. Error	95% Confidence Interval	
				Lower Bound	Upper Bound
男生	高學業組	47.200	1.298	44.448	49.952
	低學業組	34.000	1.298	31.248	36.752
女生	高學業組	45.600	1.298	42.848	48.352
	低學業組	33.200	1.298	30.448	35.952

上表 9-105 為不同學生性別與不同學業成就組學生在「問答討論」依變

項測量值的描述性統計量，A×B二因子交互作用項在「問答討論」處理水準的顯著性考驗，即在檢定上述二個因子所構成之交叉細格平均數間的差異，此單純交互作用項檢定即 $F_{AB\_at\_C2}$ 的顯著性考驗。

表 9-106 Tests of Between-Subjects Effects
Dependent Variable: 分組活動

Source	Type III Sum of Squares	df	Mean Square	F	Sig.
Corrected Model	676.950(a)	3	225.650	25.425	.000
Intercept	31284.050	1	31284.050	3524.963	.000
A	14.450	1	14.450	1.628	.220
B	594.050	1	594.050	66.935	.000
A * B	68.450	1	68.450	7.713	.013
Error	142.000	16	8.875		
Total	32103.000	20			
Corrected Total	818.950	19			
a R Squared = .827 (Adjusted R Squared = .794)					

上表 9-106 為受試者間效果項檢定量，即二個獨立樣本變異數分析摘要表，就「分組活動」課堂教學活動依變項而言，學生性別與學業成就二個因子交互作用項顯著性考驗的 F 值等於 7.713、顯著性機率值 p＝.013<.05，達到顯著水準，表示在「分組活動」處理水準中，A×B交互作用項檢定顯著，即不同學生性別對「分組活動」課堂教學活動喜愛程度會因其學業成就的高低而有顯著的不同；或不同學業成就的學生對「分組活動」課堂教學活動喜愛程度會因其性別不同而有顯著的不同。

表 9-107 Estimated Marginal Means
學生性別 * 學業成就
Dependent Variable: 分組活動

學生性別	學業成就	Mean	Std. Error	95% Confidence Interval	
				Lower Bound	Upper Bound
男生	高學業組	46.000	1.332	43.176	48.824
	低學業組	31.400	1.332	28.576	34.224
女生	高學業組	44.000	1.332	41.176	46.824
	低學業組	36.800	1.332	33.976	39.624

上表 9-107 為不同學生性別與不同學業成就組學生在「分組活動」依變

項測量值的描述性統計量，A×B二因子交互作用項在「分組活動」處理水準的顯著性考驗，即在檢定上述二個因子所構成之交叉細格平均數間的差異，此單純交互作用項檢定即 $F_{AB\_at\_C3}$ 的顯著性考驗。

(二)「A×C單純交互作用」考驗

表 9-108　Within-Subjects Factors
Measure: MEASURE_1

c	Dependent Variable
1	C1
2	C2
3	C3

上表 9-108 為 C 因子（相依因子）的變項名稱、水準數及其三個水準變項名稱。由於 C 因子為相依樣本，有三個水準，三個水準的變項名稱分別為 C1、C2、C3，C 因子也稱為「受試者內因子」（Within-Subjects Factors）。

1. $F_{AC\_at\_B1}$ 之單純交互作用檢定

表 9-109　學業成就＝高學業組
Between-Subjects Factors(a)

		Value Label	N
學生性別	1	男生	5
	2	女生	5
a 學業成就＝高學業組			

上表 9-109 為獨立因子的名稱（A因子），變項名稱為「學生性別」，內有二個水準，水準數值 1 表示男生，水準數值 2 為女生，二個水準各有五位受試者，獨立因子也稱為「受試者間因子」（Between-Subjects Factor）。統計分析的樣本觀察值為學業成就等於高學業組群體的學生。

表 9-110　Tests of Within-Subjects Effects(a)
Measure: MEASURE_1

Source		Type III Sum of Squares	df	Mean Square	F	Sig.
c	Sphericity Assumed	1489.867	2	744.933	69.296	.000
	Greenhouse-Geisser	1489.867	1.396	1067.612	69.296	.000
	Huynh-Feldt	1489.867	1.810	823.061	69.296	.000
	Lower-bound	1489.867	1.000	1489.867	69.296	.000
c * A	Sphericity Assumed	216.800	2	108.400	10.084	.001
	Greenhouse-Geisser	216.800	1.396	155.355	10.084	.005
	Huynh-Feldt	216.800	1.810	119.769	10.084	.002
	Lower-bound	216.800	1.000	216.800	10.084	.013
Error(c)	Sphericity Assumed	172.000	16	10.750		
	Greenhouse-Geisser	172.000	11.164	15.407		
	Huynh-Feldt	172.000	14.481	11.877		
	Lower-bound	172.000	8.000	21.500		
a 學業成就＝高學業組						

就「高學業組」（B1）的樣本觀察值而言，獨立因子（A 因子）與相依因子（C 因子）交互作用效果考驗方面，型III離均差平方和為 216.800，自由度為 2，均方值為 108.400，F 值等於 10.084，顯著性 p 值=.001<.05，達到 .05 的顯著水準，二個自變項在依變項之交互作用達到顯著，即不同性別的學生，對課堂的喜愛程度確實會因課堂活動型態的不同而有不同；或學生對三種不同課堂教學活動型態的喜愛程度會因性別不同而有顯著不同。

表 9-111　Estimated Marginal Means
學生性別 * c (a)
Measure: MEASURE_1

學生性別	c	Mean	Std. Error	95% Confidence Interval	
				Lower Bound	Upper Bound
男生	1	26.000	1.575	22.369	29.631
	2	47.200	1.304	44.193	50.207
	3	46.000	1.414	42.739	49.261
女生	1	35.600	1.575	31.969	39.231
	2	45.600	1.304	42.593	48.607
	3	44.000	1.414	40.739	47.261
a 學業成就＝高學業組					

　　上表 9-111 為就學業成就為高學業組的樣本觀察值，學生性別獨立因子與相依因子交叉構成的六個細格之描述性統計量，包括各細格的平均數、標準誤、平均數 95% 的信賴區間。在 B1（高學業組群體）處理水準中，A×C 二因子混合交互作用變異數分析即在考驗六個細格的平均數差異是否達到顯著水準。若是單純交互作用項檢定達到顯著，進一步要再進行「單純單純主要效果考驗」。

2. $F_{AC\_at\_B2}$ 之單純交互作用檢定

表 9-112　學業成就 = 低學業組
Between-Subjects Factors(a)

		Value Label	N
學生性別	1	男生	5
	2	女生	5

a 學業成就 = 低學業組

　　上表 9-112 為獨立因子的名稱（A 因子），變項名稱為「學生性別」，內有二個水準，水準數值 1 表示男生，水準數值 2 為女生，二個水準各有五位受試者，獨立因子也稱為「受試者間因子」（Between-Subjects Factor）。統計分析的樣本觀察值為學業成就等於「低學業組」群體的學生。

表 9-113　Tests of Within-Subjects Effects(a)
Measure: MEASURE_1

Source		Type III Sum of Squares	df	Mean Square	F	Sig.
c	Sphericity Assumed	1154.067	2	577.033	69.873	.000
	Greenhouse-Geisser	1154.067	1.804	639.464	69.873	.000
	Huynh-Feldt	1154.067	2.000	577.033	69.873	.000
	Lower-bound	1154.067	1.000	1154.067	69.873	.000
c * A	Sphericity Assumed	68.467	2	34.233	4.145	.035
	Greenhouse-Geisser	68.467	1.804	37.948	4.145	.041
	Huynh-Feldt	68.467	2.000	34.233	4.145	.035
	Lower-bound	68.467	1.000	68.467	4.145	.076
Error(c)	Sphericity Assumed	132.133	16	8.258		
	Greenhouse-Geisser	132.133	14.434	9.154		
	Huynh-Feldt	132.133	16.000	8.258		
	Lower-bound	132.133	8.000	16.517		

a 學業成就 = 低學業組

就「低學業組」（B2）的樣本觀察值而言，獨立因子（A 因子）與相依因子（C 因子）交互作用效果考驗方面，型III離均差平方和為 68.467，自由度為 2，均方值為 34.233，F值等於 4.415，顯著性 p 值=.035<.05，達到 .05的顯著水準，二個自變項在依變項之交互作用達到顯著，即不同性別的學生，對課堂的喜愛程度確實會因課堂活動型態的不同而有不同；或學生對三種不同課堂教學活動型態的喜愛程度會因性別不同而有顯著不同。

表 9-114　Estimated Marginal Means
學生性別 * c (a)
Measure: MEASURE_1

學生性別	c	Mean	Std. Error	95% Confidence Interval	
				Lower Bound	Upper Bound
男生	1	47.600	1.208	44.814	50.386
	2	34.000	1.292	31.020	36.980
	3	31.400	1.245	28.529	34.271
女生	1	46.400	1.208	43.614	49.186
	2	33.200	1.292	30.220	36.180
	3	36.800	1.245	33.929	39.671
a 學業成就 = 低學業組					

上表 9-114 為就學業成就為低學業組的樣本觀察值，學生性別獨立因子與相依因子交叉構成的六個細格之描述性統計量，包括各細格的平均數、標準誤、平均數 95%的信賴區間。在B2（低學業組群體）處理水準中，A×C二因子混合交互作用變異數分析即在考驗六個細格的平均數差異是否達到顯著水準。若是單純交互作用項檢定達到顯著，進一步要再進行「單純單純主要效果考驗」。

㈡「B×C 單純交互作用」考驗

1. $F_{BC\_at\_A1}$ 之單純交互作用檢定

表 9-115　學生性別 = 男生
Between-Subjects Factors(a)

		Value Label	N
學業成就	1	高學業組	5
	2	低學業組	5
a 學生性別 = 男生			

上表 9-115 為獨立因子的名稱（B 因子），變項名稱為「學業成就」，內有二個水準，水準數值 1 表示高學業組，水準數值 2 為低學業組，二個水準各有五位受試者，獨立因子也稱為「受試者間因子」（Between-Subjects Factor）。統計分析的樣本觀察值為學生性別等於「男生」的群體，即 A1 處理水準的樣本觀察值資料。

表 9-116　Tests of Within-Subjects Effects(a)
Measure: MEASURE_1

Source		Type III Sum of Squares	df	Mean Square	F	Sig.
c	Sphericity Assumed	72.200	2	36.100	5.435	.016
	Greenhouse-Geisser	72.200	1.654	43.657	5.435	.023
	Huynh-Feldt	72.200	2.000	36.100	5.435	.016
	Lower-bound	72.200	1.000	72.200	5.435	.048
c * B	Sphericity Assumed	2102.867	2	1051.433	158.309	.000
	Greenhouse-Geisser	2102.867	1.654	1271.433	158.309	.000
	Huynh-Feldt	2102.867	2.000	1051.433	158.309	.000
	Lower-bound	2102.867	1.000	2102.867	158.309	.000
Error(c)	Sphericity Assumed	106.267	16	6.642		
	Greenhouse-Geisser	106.267	13.230	8.032		
	Huynh-Feldt	106.267	16.000	6.642		
	Lower-bound	106.267	8.000	13.283		

a 學生性別 = 男生

就「學生性別為男生群體」（A1）的樣本觀察值而言，獨立因子（B 因子）與相依因子（C 因子）交互作用效果考驗方面，型III離均差平方和為 2102.867，自由度為 2，均方值為 1051.433，F 值等於 158.309，顯著性 p 值=.000<.05，達到.05 的顯著水準，二個自變項在依變項之交互作用達到顯著，即就男生群體而言，不同學業成就的學生，對課堂的喜愛程度確實會因課堂活動型態的不同而有不同；或學生對三種不同課堂教學活動型態的喜愛程度會因學生學業成就的高低不同而有顯著不同。

2. $F_{BC\_at\_A2}$ 之單純交互作用檢定

表 9-117　學生性別 = 女生
Between-Subjects Factors(a)

		Value Label	N
學業成就	1	高學業組	5
	2	低學業組	5
a 學生性別 = 女生			

　　上表 9-117 為獨立因子的名稱（B 因子），變項名稱為「學業成就」，內有二個水準，水準數值 1 表示高學業組，水準數值 2 為低學業組，二個水準各有五位受試者，獨立因子也稱為「受試者間因子」（Between-Subjects Factor）。統計分析的樣本觀察值為學生性別等於「女生」的群體，即 A2 處理水準的樣本觀察值資料。

表 9-118　Tests of Within-Subjects Effects(a)
Measure: MEASURE_1

Source		Type III Sum of Squares	df	Mean Square	F	Sig.
c	Sphericity Assumed	13.067	2	6.533	.528	.600
	Greenhouse-Geisser	13.067	1.681	7.773	.528	.571
	Huynh-Feldt	13.067	2.000	6.533	.528	.600
	Lower-bound	13.067	1.000	13.067	.528	.488
c * B	Sphericity Assumed	741.067	2	370.533	29.962	.000
	Greenhouse-Geisser	741.067	1.681	440.836	29.962	.000
	Huynh-Feldt	741.067	2.000	370.533	29.962	.000
	Lower-bound	741.067	1.000	741.067	29.962	.001
Error(c)	Sphericity Assumed	197.867	16	12.367		
	Greenhouse-Geisser	197.867	13.448	14.713		
	Huynh-Feldt	197.867	16.000	12.367		
	Lower-bound	197.867	8.000	24.733		
a 學生性別 = 女生						

　　就「學生性別為女生群體」（A2）的樣本觀察值而言，獨立因子（B 因子）與相依因子（C 因子）交互作用效果考驗方面，型III離均差平方和為 741.067，自由度為 2，均方值為 370.533，F 值等於 29.962，顯著性 p 值=

.000<.05，達到.05 的顯著水準，二個自變項在依變項之交互作用達到顯著，即就女生群體而言，不同學業成就的學生，對課堂的喜愛程度確實會因課堂活動型態的不同而有不同；或學生對三種不同課堂教學活動型態的喜愛程度會因學生學業成就的高低不同而有顯著不同。

【表格範例 1】

表 9-119　課堂教學活動型態喜愛程度三因子混合設計變異數分析摘要表

變異來源	SS	df	MS	F
學生性別（A）	36.817	1	36.817	4.522*
學業成就（B）	93.750	1	93.750	11.515**
活動型態（C#）	12.233	2	6.117	.644n.s.
學生性別×學業成就（A×B）	2.817	1	2.817	.346n.s.
學生性別×活動型態（A×C#）	73.033	2	36.517	3.842*
學業成就×活動型態（B×C#）	2631.700	2	1315.850	138.450***
學生性別×學業成就×活動型態（A×B×C#）	212.233	2	106.117	11.165***
殘差項（區組設計因子#）	304.133	32	9.504	
誤差	130.267	16	8.142	

n.s.p>.05　*p<.05　**p<.01　***p<.05

【表格範例 2】

表 9-120　三因子混合設計之單純交互作用效果檢定結果的變異數分析摘要表

變異來源	SS	df	MS	F
學生性別×學業成就（A×B）				
在 C1（講述教學）	145.800	1	145.800	14.802**
在 C2（問答討論）	.800	1	.800	.095n.s.
在 C3（分組活動）	68.450	1	68.450	7.713*
學生性別×活動型態（A×C）				
在 B1（高學業組）	216.800	2	108.400	10.084**
在 B2（低學業組）	68.467	2	34.233	4.145*
學業成就×活動型態（B×C）				
在 A1（男生群體）	2102.867	2	1051.433	158.309***
在 A2（女生群體）	741.067	2	370.533	29.962***

n.s.p>.05　*p<.05　**p<.01　***p<.05

　　單純交互作用項變異數分析中的離均差平方和與三因子混合設計變異數分析中的離均差平方和有以下關係：

$$SS_{AB} + SS_{ABC} = SS_{AB\_at\_C1} + SS_{AB\_at\_C2} + SS_{AB\_at\_C3}$$

$$SS_{AC} + SS_{ABC} = SS_{AC\_at\_B1} + SS_{AC\_at\_B2}$$

$$SS_{BC} + SS_{ABC} = SS_{BC\_at\_A1} + SS_{BC\_at\_A2}$$

根據三因子混合設計變異數分析摘要表及單純交互作用項變異數分析摘要表，可以得知以下數據：

$$SS_{AB} = 2.817 \quad SS_{AC} = 73.033 \quad SS_{BC} = 2631.700 \quad SS_{ABC} = 212.233$$

$$SS_{AB\_at\_C1} = 145.800 \quad SS_{AB\_at\_C2} = .800 \quad SS_{AB\_at\_C3} = 68.450$$

$$SS_{AC\_at\_B1} = 216.800 \quad SS_{AC\_at\_B2} = 68.467$$

$$SS_{BC\_at\_A1} = 2102.867 \quad SS_{BC\_at\_A2} = 741.067$$

$$SS_{AB} + SS_{ABC} = 2.817 + 212.233 = 215.050 = 145.800 + .800 + 68.450$$

$$SS_{AC} + SS_{ABC} = 73.033 + 212.233 = 285.266 = 216.800 + 68.467$$

$$SS_{BC} + SS_{ABC} = 2631.700 + 212.233 = 2843.933 = 2102.867 + 741.067$$

在七個單純交互作用項顯著性考驗外，除學生性別×學業成就（A×B）在C2（問答討論）未達顯著外，餘六個單純交互作用項檢定均達顯著，這些達到顯著水準的「單純交互作用」項，必須進一步進行「單純單純主要效果」的顯著性考驗。單純單純主要效果檢定的模式說明如下：

(一) $F_{AB\_at\_C1}$ 單純單純主要效果檢定

圖 9-39

上圖 9-39 為 $F_{AB\_at\_C1}$ 單純交互作用項顯著性考驗模式圖，其「單純單純主要效果」檢定模式如下：

根據 A 因子（學生性別變項）將資料檔分割為男生群體、女生群體，以「學業成就」B因子為自變項，而以「講述教學」活動為依變項，進行獨立樣本變異數分析；次則根據 B 因子（學業成就變項）將資料分割為高學業組群體、低學業組群體，以「學生性別」（A因子）為自變項，而以「講述教學」活動為依變項，進行獨立樣本變異數分析。四個單純單純主要效果檢定為：

1. 在男生群體中，「高學業組」與「低學業組」的學生對「講述教學」活動的喜愛程度是否有顯著不同？

2. 在女生群體中，「高學業組」與「低學業組」的學生對「講述教學」活動的喜愛程度是否有顯著不同？

3. 在高學業組群體中，「男性」與「女性」的學生對「講述教學」活動的喜愛程度是否有顯著不同？

4. 在低學業組群體中，「男性」與「女性」的學生對「講述教學」活動的喜愛程度是否有顯著不同？

(二) $F_{AB\_at\_C2}$ 單純單純主要效果檢定

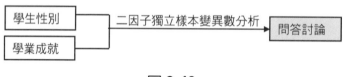

圖 9-40

上圖 9-40 為 $F_{AB\_at\_C2}$ 單純交互作用項顯著性考驗模式圖，其「單純單純主要效果」檢定模式如下：

根據 A 因子（學生性別變項）將資料分割為男生群體、女生群體，以「學業成就」B 因子為自變項，而以「問答討論」活動為依變項，進行獨立樣本變異數分析；次則根據 B 因子（學業成就變項）將資料分割為高學業組群體、低學業組群體，以「學生性別」（A 因子）為自變項，而以「問答討論」活動為依變項，進行獨立樣本變異數分析。四個單純單純主要效果檢定為：

1. 在男生群體中，「高學業組」與「低學業組」的學生對「問答討論」活動的喜愛程度是否有顯著不同？

2. 在女生群體中，「高學業組」與「低學業組」的學生對「問答討論」活動的喜愛程度是否有顯著不同？

3. 在高學業組群體中，「男性」與「女性」的學生對「問答討論」活動的喜愛程度是否有顯著不同？

4. 在低學業組群體中，「男性」與「女性」的學生對「問答討論」活動的喜愛程度是否有顯著不同？

(三) $F_{AB\_at\_C3}$ 單純單純主要效果檢定

圖 9-41

上圖 9-41 為 $F_{AB\_at\_C3}$ 單純交互作用項顯著性考驗模式圖,其「單純單純主要效果」檢定模式如下:

根據 A 因子(學生性別變項)將資料分割為男生群體、女生群體,以「學業成就」B因子為自變項,而以「分組活動」活動為依變項,進行獨立樣本變異數分析;次則根據 B 因子(學業成就變項)將資料分割為高學業組群體、低學業組群體,以「學生性別」(A 因子)為自變項,而以「分組活動」活動為依變項,進行獨立樣本變異數分析。四個單純單純主要效果檢定為:

1. 在男生群體中,「高學業組」與「低學業組」的學生對「分組活動」型態的喜愛程度是否有顯著不同?
2. 在女生群體中,「高學業組」與「低學業組」的學生對「分組活動」型態的喜愛程度是否有顯著不同?
3. 在高學業組群體中,「男性」與「女性」的學生對「分組活動」型態的喜愛程度是否有顯著不同?
4. 在低學業組群體中,「男性」與「女性」的學生對「分組活動」型態的喜愛程度是否有顯著不同?

(四) $F_{AC\_at\_B1}$ 單純單純主要效果檢定

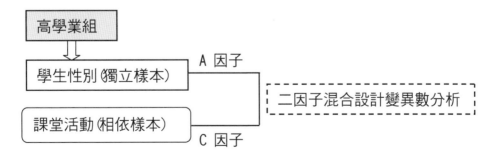

圖 9-42

上圖 9-42 為 $F_{AC\_at\_B1}$ 單純交互作用項顯著性考驗模式圖，其「單純單純主要效果」檢定模式如下：

執行「Data」（資料）→「Select Cases」（選擇觀察值）的程序，選擇「B=1」的樣本觀察值，合乎「B=1」的樣本觀察值即為「高學業組的群體」。

1. 進行相依因子（C 因子）單純單純主要效果檢定：

執行「Data」（資料）→「Split File」（分割檔案）的程序，將全部高學業組的群體，依「學生性別」變項分割為「男生」、「女生」二個次群體，分別求出：男生次群體中，對「講述教學」、「問答討論」、「分組活動」三種課堂教學活動型態喜愛程度的差異比較；女生次群體中，對「講述教學」、「問答討論」、「分組活動」三種課堂教學活動型態喜愛程度的差異比較。此時執行的程序為相依樣本單因子變異數分析，三個處理水準的差異比較為：C1、C2、C3。

2. 進行獨立因子（A 因子）單純單純主要效果檢定：

分析高學業組群體中的男生、女生二個水準在「講述教學」、「問答討論」、「分組活動」三種課堂教學活動型態喜愛程度上的差異比較，執行的程序為獨立樣本單因子變異數分析，此變異數分析中的自變項為「學生性別」、依變項分別為「講述教學」、「問答討論」、「分組活動」三種課堂教學活動型態。

上述完整的操作步驟如下：

(1)選擇所有高學業組的樣本觀察值（B=1）→(2)依「學生性別」（A 因子）變項將資料檔分割→(3)進行相依樣本單因子變異數分析，三個處理水準變數為「講述教學」（C1）、「問答討論」（C2）、「分組活動」（C3）。

(4)選擇所有高學業組的樣本觀察值（B=1）→(5)進行獨立樣本單因子變異數分析，自變項為「學生性別」（A因子）、依變項分別為「講述教學」（C1）、「問答討論」（C2）、「分組活動」（C3）。

㈤ $F_{AC\_at\_B2}$ 單純單純主要效果檢定

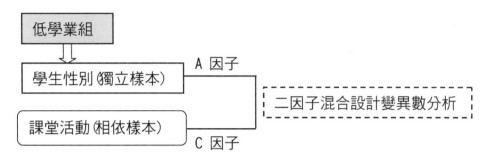

圖 9-43

上圖 9-43 為 $F_{AC\_at\_B2}$ 單純交互作用項顯著性考驗模式圖，其「單純單純主要效果」檢定模式如下：

執行「Data」（資料）→「Select Cases」（選擇觀察值）的程序，選擇「B=2」的樣本觀察值，合乎「B=2」的樣本觀察值即為「低學業組的群體」。

1. 進行相依因子（C 因子）單純單純主要效果檢定：
   執行「Data」（資料）→「Split File」（分割檔案）的程序，將全部低學業組的群體，依「學生性別」變項分割為「男生」、「女生」二個次群體，分別求出：男生次群體中，對「講述教學」、「問答討論」、「分組活動」三種課堂教學活動型態喜愛程度的差異比較；女生次群體中，對「講述教學」、「問答討論」、「分組活動」三種課堂教學活動型態喜愛程度的差異比較。此時執行的程序為相依樣本單因子變異數分析，三個處理水準的差異比較為：C1、C2、C3。

2. 進行獨立因子（A 因子）單純單純主要效果檢定：
   分析低學業組群體中的男生、女生二個水準在「講述教學」、「問答討論」、「分組活動」三種課堂教學活動型態喜愛程度上的差異比較，執行的程序為獨立樣本單因子變異數分析，此變異數分析中的自變項為「學生性別」、依變項分別為「講述教學」、「問答討論」、「分組活動」三種課堂教學活動型態。
   上述完整的操作步驟如下：
   ⑴選擇所有低學業組的樣本觀察值（B=2）→⑵依「學生性別」（A 因子）變項將資料檔分割→⑶進行相依樣本單因子變異數分析，三個處理

水準變數為「講述教學」（C1）、「問答討論」（C2）、「分組活動」（C3）。

(4)選擇所有低學業組的樣本觀察值（B=2）→(5)進行獨立樣本單因子變異數分析，自變項為「學生性別」（A因子）、依變項分別為「講述教學」（C1）、「問答討論」（C2）、「分組活動」（C3）。

(六) $F_{BC\_at\_A1}$ 單純單純主要效果檢定

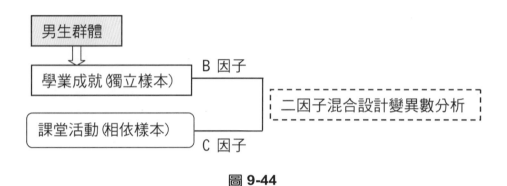

圖 9-44

上圖 9-44 為 $F_{BC\_at\_A1}$ 單純交互作用項顯著性考驗模式圖，其「單純單純主要效果」檢定模式如下：

執行「Data」（資料）→「Select Cases」（選擇觀察值）的程序，選擇「A=1」的樣本觀察值，合乎「A=1」的樣本觀察值即為「所有男生的群體」。

1. 進行相依因子（C因子）單純單純主要效果檢定：

執行「Data」（資料）→「Split File」（分割檔案）的程序，將全部男生的群體，依「學業成就」變項分割為「高學業組」、「低學業組」二個次群體，分別進行高學業組學生的次群體中，對「講述教學」、「問答討論」、「分組活動」三種課堂教學活動型態喜愛程度的差異比較；低學業組學生的次群體中，對「講述教學」、「問答討論」、「分組活動」三種課堂教學活動型態喜愛程度的差異比較。此時執行的程序為相依樣本單因子變異數分析，三個處理水準的差異比較為：C1、C2、C3。

2. 進行獨立因子（B因子）單純單純主要效果檢定：

分析所有男生群體中的高學業組、低學業組二個水準在「講述教學」、「問答討論」、「分組活動」三種課堂教學活動型態喜愛程度上的差異

比較，執行的程序爲獨立樣本單因子變異數分析，此變異數分析中的自變項爲「學業成就」、依變項分別爲「講述教學」、「問答討論」、「分組活動」三種課堂教學活動型態。

上述完整的操作步驟如下：

⑴選擇所有男生觀察值（A＝1）→⑵依「學業成就」（B因子）變項將資料檔分割→⑶進行相依樣本單因子變異數分析，三個處理水準變數爲「講述教學」（C1）、「問答討論」（C2）、「分組活動」（C3）。

⑷選擇所有男生觀察值（A＝1）→⑸進行獨立樣本單因子變異數分析，自變項爲「學業成就」（B 因子）、依變項分別爲「講述教學」（C1）、「問答討論」（C2）、「分組活動」（C3）。

㈦ $F_{BC\_at\_A2}$ 單純單純主要效果檢定

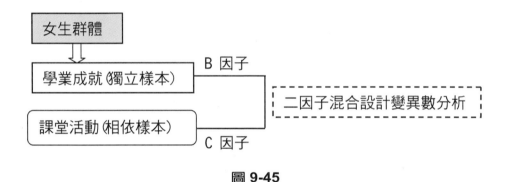

圖 9-45

上圖 9-45 爲 $F_{BC\_at\_A2}$ 單純交互作用項顯著性考驗模式圖，其「單純單純主要效果」檢定模式如下：

執行「Data」（資料）→「Select Cases」（選擇觀察值）的程序，選擇「A＝2」的樣本觀察值，合乎「A＝2」的樣本觀察值即爲「所有女生的群體」。

1. 進行相依因子（C因子）單純單純主要效果檢定：

執行「Data」（資料）→「Split File」（分割檔案）的程序，將全部女生的群體，依「學業成就」變項分割爲「高學業組」、「低學業組」二個次群體，分別進行高學業組學生的次群體中，對「講述教學」、「問答討論」、「分組活動」三種課堂教學活動型態喜愛程度的差異比較；低學業組學生的次群體中，對「講述教學」、「問答討論」、「分組活動」

三種課堂教學活動型態喜愛程度的差異比較。此時執行的程序為相依樣本單因子變異數分析，三個處理水準的差異比較為：C1、C2、C3。

2. 進行獨立因子（B因子）單純單純主要效果檢定：

分析所有女生群體中的高學業組、低學業組二個水準在「講述教學」、「問答討論」、「分組活動」三種課堂教學活動型態喜愛程度上的差異比較，執行的程序為獨立樣本單因子變異數分析，此變異數分析中的自變項為「學業成就」、依變項分別為「講述教學」、「問答討論」、「分組活動」三種課堂教學活動型態。

上述完整的操作步驟如下：

(1)選擇所有女生觀察值（A=2）→(2)依「學業成就」（B因子）變項將資料檔分割　(3)進行相依樣本單因子變異數分析，三個處理水準變數為「講述教學」（C1）、「問答討論」（C2）、「分組活動」（C3）。

(4)選擇所有女生觀察值（A=2）→(5)進行獨立樣本單因子變異數分析，自變項為「學業成就」（B因子）、依變項分別為「講述教學」（C1）、「問答討論」（C2）、「分組活動」（C3）。

第十章

單因子多變項共變數分析

SPSS Operation and Application

— Practice & Analysis of Variance

共變數分析法爲統計控制的一種，共變數分析的目的在於排除控制變項（共變量）的影響後，探究實驗處理對依變項的影響效果是否顯著。共變數分析中，共變量和依變項通常有某種程度的關係，如果共變量和依變項沒有關聯，統計分析也可採用變異數分析來探究組別間平均數是否有顯著不同。共變數分析與變異數分析一樣，如果依變項只有一個，稱爲單變量分析或單變項分析，如單變量變異數分析或單變量共變數分析；若是同時考驗二個以上依變項平均數間的差異，由於檢定的依變項有二個以上，稱爲多變項分析，多變項分析常見者如多變量變異數分析或多變量共變數分析，多變量共變數分析（Multivariate Analysis of Covariance; [MANCOVA]），在於探究排除共變量對依變項的影響後，自變項在數個依變項間的效果差異。

多變量共變數分析（或稱多變項共變數分析）中的控制變項（共變量）、依變項的變項屬性必須爲計量變項。以下爲有三個依變項、一個共變量、一個固定因子（自變項，有二個水準）之多變量共變數分析架構圖，圖中顯示共變量與依變項間有某種程度的關係，要探究自變項二個組別在三個依變項測量分數的差異，必須先排除控制變項X對三個依變項的影響。

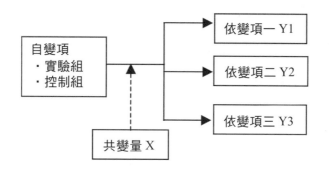

如果準實驗設計中自變項爲三分水準變項，三個群組分別爲實驗組、控制組 A、控制組 B，控制變項爲 X，實驗效果的依變項有四個：依變項Y1、依變項Y2、依變項Y3、依變項Y4，多變數共變數分析的模型圖如下：

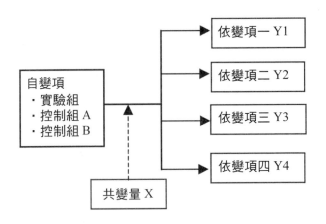

　　一般共變數分析會使用前測分數作為共變量，此時共變量的個數只有一個，有時，在某種準實驗設計中，研究者會增列一個對依變項有顯著影響的變項作為共變量，如教學策略對學習表現的實驗效果研究中，除採用前測分數後，也可能將「智力」變項納入，此時，多變項共變數分析的共變量便有二個。如果研究程序中有三個依變項、二個共變量、一個固定因子（自變項，有二個水準），其多變量共變數分析架構模型圖如下：

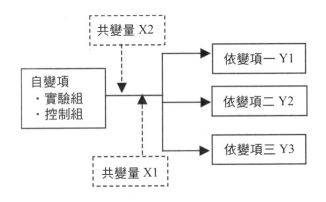

　　如果不考量共變量對依變項的影響程度，直接探討自變項組別在三個依變項平均數的差異，則使用的統計方法為多變量變異數分析，其架構圖如下：

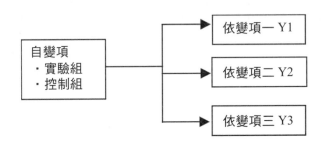

單因子單變項共變數（ANCOVA）分析（只有一個自變項，自變項又稱爲固定因子）的程序一般爲：一爲進行組內迴歸同質性檢定、二爲進行各組主要效果是否相等的差異檢定、三爲比較調整後平均數的高低。如果研究者要進行比較的依變項同時有二個以上，則可以採用多變項共變數分析（Multivariate Analysis of Covariance）。組內迴歸同質性檢定是單變項共變數分析最重要的假定，此假定是自變項各群組中根據共變量來預測依變項的斜率要相等，由於 k 條斜率相等，因而可以以一條共同斜率來表示，此共同斜率即爲組內迴歸係數，斜率相等表示迴歸線間是互相平行的。

多變量共變數分析的假設考驗，一般而言有三個程序（林清山，民92）：

一、迴歸線平行的假設考驗

迴歸線平行的假設考驗在檢定 r 個組內迴歸線之間是否平行，其虛無假設爲：

H_0：$\Gamma_1 = \Gamma_2 = \Gamma_3 = \cdots\cdots = \Gamma$，對立假設爲至少有一條組內迴歸線斜率不同。檢定結果的統計量如果沒有足夠證據可以拒絕虛無假設（p > .05），則必須接受虛無假設：$\Gamma_1 = \Gamma_2 = \Gamma_3 = \cdots\cdots = \Gamma$，表示各組的迴歸線是互相平行的，即各組迴歸線的斜率相同，此種結果顯示各組受控制變項（共變項）影響的程度是一樣的。多變量共變數分析結果，若是迴歸線平行的假設考驗被拒絕（p < .05），則表示至少有一個依變項未符合組內迴歸同質性檢定，此時，不應採用多變量共變數分析法，而要改用單變量共變數分析，每個依變項分開討論，各個依變項獨立分別進行統計分析時，對於未符合組內迴歸同質性檢定之依變項，要進一步使用詹森內曼法來進行主要效果差異的檢定。

多變項共變數分析之迴歸線平行的假設考驗結果，若是多變項統計量Λ值未達 .05 顯著水準（p > .05），在單變項共變數分析中，每個共變量對依變項之迴歸線的組內迴歸同質性考驗的 F 值，也會未達 .05 顯著水準（p > .05）。但若是多變項統計量 Λ 值達 .05 顯著水準（p < .05），表示各組的迴歸線並非互相平行，各組迴歸線的斜率顯著不相同，此時在單變項共變數分析中，共變量對依變項之迴歸線的組內迴歸同質性考驗的 F 值，至少會有一個達 .05 顯著水準（p < .05），亦即至少會有一個組內迴歸同質性的假定考驗無法獲得支持。

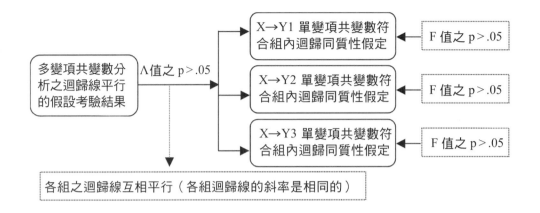

若是多變項統計量 Λ 值達 .05 顯著水準（p<.05），表示各組迴歸線的斜率顯著不相同，此時在單變項共變數分析程序中，共變量對依變項之迴歸線的組內迴歸同質性考驗的 F 值，至少會有一個達 .05 顯著水準（p<.05），其可能的組合圖示架構如下。迴歸線平行假設考驗之多變項統計量Λ值達 .05 顯著水準（p<.05），顯示各組受控制變項影響的程度是不相同的，此時不宜直接以多變量共變數分析進行各組主要效果是否有顯著差異的檢定，而應改為單變量共變數分析，將依變項獨立分開逐一進行統計分析。

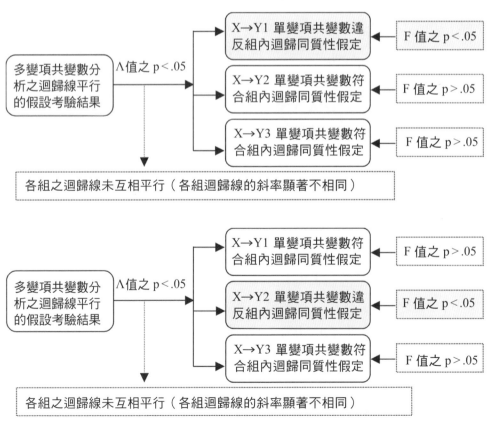

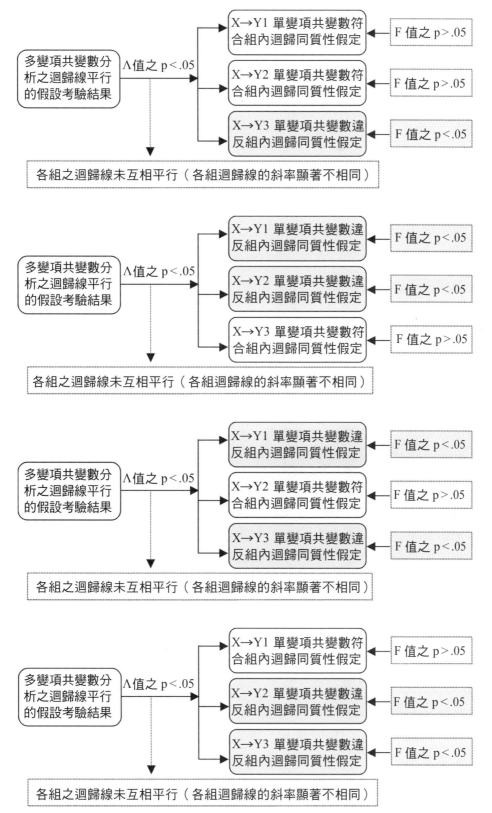

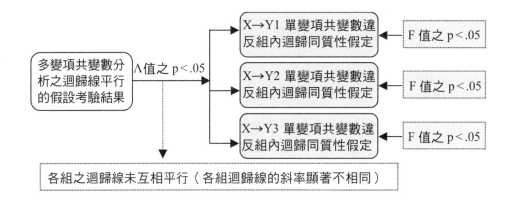

迴歸線平行假設考驗的公式為：$\Lambda = \dfrac{|Q|}{|Q_E|}$，分子部分的矩陣 Q 是用各組的控制變項（共變量）分數予以調整後，各組受試者在依變項SSCP數值，之後將調整後的 r 個 SSCP 矩陣相加而得。

二、共同斜率為 0 的假設考驗

共同斜率為 0 的假設考驗主要在於檢定共變項與依變項關係的程度為何？檢定結果，如果發現共變項與依變項間的關係微弱或沒有關係，則主要效果檢定可以不用考量到共變項的影響；相對地，若是檢定結果發現共變項與依變項間有某種程度的關係，則共變項對依變項的影響是不能忽視的，此時必須採用共變項來進行調整。共同斜率為 0 假設考驗的虛無假設與對立假設下：

$H_0: \Gamma = 0$、$H_1: \Gamma \neq 0$，檢定統計量若是有足夠證據拒絕虛無假設（p < .05），表示共同斜率不為 0，顯示共變項對依變項的影響是不能忽視的，此時必須採用共變項來進行原始測量值分數的調整。共同斜率是否為 0 的考驗結果，如果檢定統計量 Λ 值未達 .05 顯著水準（p > .05），無法拒絕虛無假設，結果顯示共同斜率顯著等於 0（$H_0: \Gamma = 0$），表示控制變項與依變項間的關聯甚低（斜率為 0 表示控制變項預測依變項之迴歸線的斜率為 0），統計分析可以不用考量共變量對依變項的影響程度，可直接使用多變量變異數分析來考驗各群組主要效果是否有顯著的不同，在此種情況下，若是使用多變量共變數分析程序進行統計方法也可以。準實驗研究規劃中，之所以會增列控制變項（共變量），乃因準實驗過程無法像真正實驗設計，可以確保實驗組與控制組二個組別在探究變因上有相同的起始點，因而須配合「統計控制」法來調整，因而若是共同斜率為 0 的假定考驗無法被拒絕（接受虛無假設 $H_0: \Gamma = 0$），要探討組別變項在多個依變項測量分數的

差異，還是可用多變量共變數分析法。

共同斜率為 0 之假設考驗的公式為：$\Lambda = \dfrac{|Q_E|}{|Q_R + Q_E|}$，其中 Q_E 為殘餘誤差 SSCP 矩陣（殘差項矩陣又稱為組內誤差項 SSCP 矩陣）、Q_R 為共同迴歸線處理 SSCP 矩陣，當統計量 Λ 值的顯著性 p 值 $< .05$，顯示有足夠證據拒絕虛無假設（$H_0 : \Gamma = 0$），表示共同斜率顯著不等於 0，控制變項與依變項間有某種程度的關聯。

三、各組主要效果相等的假設考驗

各組主要效果相等的假設考驗即傳統的共變數分析檢定，即排除共變項的影響後，接受不同實驗處理的受試者之組別平均數間的差異是否達到顯著水準，此時各組平均數檢定之測量值非原始的組別平均數，而是組別調整後的平均數。各組主要效果相等假設考驗之虛無假設為：

$$H_0 : \alpha_1 = \alpha_2 = \alpha_3 \cdots\cdots = \alpha_j \;(\text{所有組別調整後的平均數均相等})$$

對立假設為至少有一配對組之調整後的平均數不相等。

如果有三個群組，三個依變項，則各組主要效果檢定的虛無假設以向量表示為：

$$H_0 : \begin{pmatrix} \mu_{11} \\ \mu_{21} \\ \mu_{31} \end{pmatrix} = \begin{pmatrix} \mu_{12} \\ \mu_{22} \\ \mu_{32} \end{pmatrix} = \begin{pmatrix} \mu_{13} \\ \mu_{23} \\ \mu_{33} \end{pmatrix}$$，向量註標中第一個數字為依變項的順序，第二個數字為群組的水準編碼。若是有四個群組，二個依變項，則各組主要效果檢定的虛無假設以向量表示為：

$$H_0 : \begin{pmatrix} \mu_{11} \\ \mu_{21} \end{pmatrix} = \begin{pmatrix} \mu_{12} \\ \mu_{22} \end{pmatrix} = \begin{pmatrix} \mu_{13} \\ \mu_{23} \end{pmatrix} = \begin{pmatrix} \mu_{14} \\ \mu_{24} \end{pmatrix}$$，二個群組，四個依變項，則各組主要效果檢定的虛無假設以向量表示為：

$$H_0 : \begin{pmatrix} \mu_{11} \\ \mu_{21} \\ \mu_{31} \\ \mu_{41} \end{pmatrix} = \begin{pmatrix} \mu_{12} \\ \mu_{22} \\ \mu_{32} \\ \mu_{42} \end{pmatrix} \; ; \; H_A : = \begin{pmatrix} \mu_{11} \\ \mu_{21} \\ \mu_{31} \\ \mu_{41} \end{pmatrix} \neq \begin{pmatrix} \mu_{12} \\ \mu_{22} \\ \mu_{32} \\ \mu_{42} \end{pmatrix}$$

上述向量中的分數非依變項原始的測量值平均數，而是排除控制變項

對依變項的影響後，各群組在依變項上的「調整後平均數」（Adjuested Means）。

各組主要效果相等假設考驗的統計量為：$\Lambda = \dfrac{|Q_E|}{|Q_H + Q_E|}$，其中 Q_E 為殘餘誤差 SSCP 矩陣（組內組差項的 SSCP 矩陣）、Q_H 為排除控制變項後，組間 SSCP 矩陣。$|Q_H + Q_E|$ 為依變項組內的總變異 SSCP 矩陣，由於 Λ 值統計量的分子為殘餘誤差 SSCP 矩陣，當殘餘誤差變異愈大時，預測愈不正確，Λ 值統計量相對的會較大；相對地，當殘餘誤差變異愈小時，預測愈正確，Λ 值統計量相對的會變小（因為分子的數值愈小，商也會愈小），因而主要效果相等假設考驗的統計量 Λ 值愈小時，愈容易達到 .05 顯著水準（單變量檢定之 F 值愈大愈容易達到 .05 顯著水準）。

多變項共變數分析假設考驗的程序可以圖示如下，其中第二個程序共同迴歸線斜率是否為 0 的假定考驗，若檢定統計量 Λ 值的顯著性 p > .05，表示共同迴歸線斜率值顯著為 0，此種情形顯示共變量對依變項的影響很低，進行組別間主要效果是否有顯著差異之檢定時，研究者可採用多變量共變數分析法，也可以直接使用多變量變異數分析法。

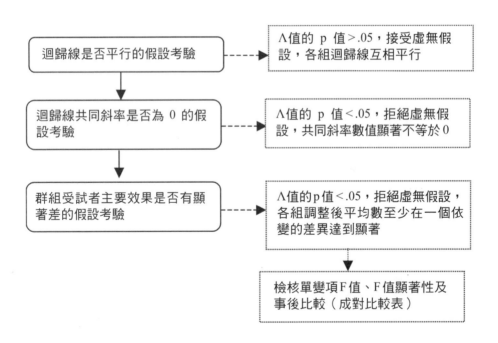

如果數個依變項間有中高度的相關，採用多變項共變數分析可以減少第一類型的錯誤率，若是依變項間有顯著的中高度相關，研究者採用單變項共變數分析，會忽視依變項間的相關性，此外，也可能增加第一類型的錯誤率。

10-1 單因子多變量變異數分析——一個共變量

一、研究問題

　　某研究者想探討一種新的數學教學法對學生數學學習表現之「推理」、「空間」、「計算」能力的影響，採用隨機抽樣分派方式，將三十名學生隨機分成三組，一組為實驗組，實驗組採用新的教學法，另二組為控制組採用傳統講述法，實驗教學時間為暑假二個月，各組每週上課五次，每次二小時。考量三組學生間的個別差異，實驗前對三組學生實施「數學成就測驗Ⅰ」。實驗設計中，以學生的數學成就分數作為「前測」成績，以此成績作為共變量（控制變項），實驗結束後再施予「數學成就測驗Ⅱ」（分為推理、空間、計算三個構面分數），受試者在「數學成就測驗Ⅱ」的分數作為後測成績，其測得的數據如下。試問：在排除前測成績的影響後，三組學生數學表現之「推理」、「空間」、「計算」能力間是否有顯著的不同？

　　依變項中的「構面_A」、「構面_B」、「構面_C」分別為受試者在數學成就之「推理」、「空間」、「計算」三個分量表上的得分，測量值分數愈高，分別表示受試者的推理能力、空間能力、計算能力愈佳；相對地，測量值分數愈低，分別表示受試者的推理能力、空間能力、計算能力愈差。

組別（自變項）	構面_A（推理）	構面_B（空間）	構面_C（計算）	前測（共變量）	組別（自變項）	構面_A（推理）	構面_B（空間）	構面_C（計算）	前測（共變量）
1	40	65	58	20	2	29	27	4	25
1	57	61	55	37	2	40	29	30	37
1	59	73	57	61	2	66	75	60	37
1	27	16	15	13	2	75	73	69	73
1	64	75	60	61	2	71	78	67	61
1	29	17	18	25	3	75	87	63	61
1	73	73	63	61	3	77	85	64	49
1	72	75	73	61	3	79	76	69	61
1	18	25	48	25	3	82	83	70	61
1	52	64	59	37	3	85	87	72	73
2	67	76	63	61	3	79	84	63	61
2	61	87	65	61	3	87	82	75	73
2	73	85	69	85	3	84	85	59	61
2	76	75	70	49	3	82	84	63	49
2	72	79	70	85	3	88	90	73	73

SPSS 資料檔中的部分受試者資料如下：

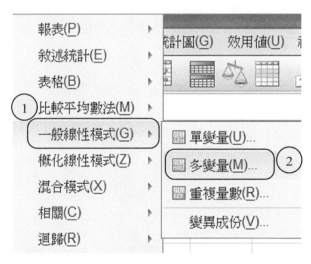

[MP_22]

二、操作程序

(一)各組迴歸平行的假設檢定

1. 步驟 1

執行功能表「分析（A）」→「一般線性模式（G）」→「多變量（M）」程序，開啟「多變量」對話視窗。

[MP_04]

2.**步驟 2**

在「多變量）對話視窗中，中間方盒可以選取四種變項：一為依變數（D）、二為固定因子（F）、三為共變量（C）、四為加權最小平方法之權數（W）。依變數為檢定的變項，依變數必須為計量變數，範例中為後測成績（構面_A、構面_B、構面_C），共變量為控制變項，共變量必須為計量變數，範例中為前測成績，固定因子為組別變項，組別變項必須為間斷變數，範例中組別變項有三個水準（分為三組）。

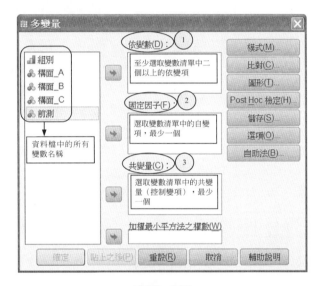

[MP_03]

> ⇒在左邊變數清單中將依變項「構面_A」、「構面_B」、「構面_C」三個後測成績選入右邊「依變數（D）」（Dependent Variable）下的空盒中。
> ⇒在左邊變數清單中將自變項「組別」選入右邊「固定因子（F）」（Fixed Factors）下的空盒中。
> ⇒在左邊變數清單中將控制變項「前測」選入右邊「共變量（C）」（Covariates）下的空盒中。

上述操作中，「依變數（D）」下的方盒至少要選取二個以上的依變項；「固定因子（F）」下的方盒中，若有二個自變項，即成為二因子共變量分析；「共變量（C）」下的方盒中，至少要選入一個控制變項；若選入二個控制變項表示有二個共變項；如果「共變量（C）」下的方盒中沒有選

取任何控制變項，則進行的統計分析程序為「多變量變異數分析」。如果研究者選取的程序為功能列「分析（A）」／「一般線性模式（G）」／「單變量（U）」，則執行的統計分析為單變量共變數分析，單變量共變數分析是每個依變項分開獨立檢定，無法同時考量到依變項間的關係。

[MP_05]

3. 步驟 3

> ⇒按右上角『模式』（Model）鈕，開啟「多變量：模式」次對話視窗。
> ⇒在「指定模式」（Specify Model）方盒中，選取右邊「(自訂（C）」選項，「因子與共變量方盒」（Factors & Covariate）的變數清單中，將「組別」變項選入右邊「模式（M）下的空盒中、將「前測」變項選入右邊「模式（M）」下的空盒中，最後同時選取「組別」、「前測成績」二個選項，選入右邊「模式（M）」空盒中，此時右邊「模式（M）」方盒中會出現三個模式：「組別」、「前測」、「前測*組別」（表示固定因子與共變量的交互作用效果）。模式中的三個設計為：自變項、共變量、自變項與共變量交互作用項。
> ⇒在「平方和（Q）」（Sum of Squares）的下拉式選項中，選取內定之「Type Ⅲ」（型 Ⅲ）的計算方法，右邊選項中內定「(模式中包括截距項（I）」。
> ⇒按『繼續』鈕，回到「多變量」對話視窗→再按『確定』鈕。

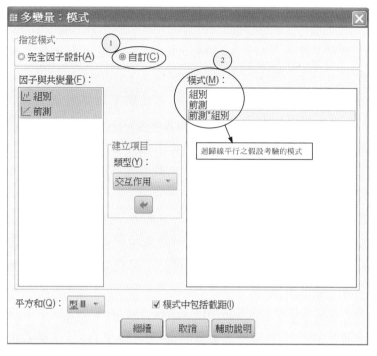

[MP_06]

(二)共同斜率為 0 的假設檢定

1. 步驟 1

> 執行功能表「分析 (A)」→「一般線性模式 (G)」→「多變量 (M)」程序，開啓「多變量」對話視窗。

2. 步驟 2

在「多變量」對話視窗中：

> ⇒在左邊變數清單中，將依變項「構面_A」、「構面_B」、「構面_C」三個後測成績選入右邊「依變數 (D)」下的空盒中。
> ⇒在左邊變數清單中，將自變項「組別」選入右邊「固定因子 (F)」下的空盒中。
> ⇒在左邊變數清單中，將控制變項「前測」選入右邊「共變量 (C)」下的空盒中。

3.**步驟3**

⇒按右上角『模式（M）』（Model）鈕，開啓「多變量：模式」次對話視窗。

⇒在「指定模式」（Specify Model）方盒中，選取右邊「(自訂（C）」選項，「因子與共變量方盒」（Factors & Covariate）的變數清單中，將「組別」變項選入右邊「模式（M）下的空盒中、將「前測」變項選入右邊「模式（M）」下的空盒中，此時右邊「模式（M）」方盒中會出現二個模式：「組別」、「前測」。

之前進行各組迴歸線平行之假設檢定的模式有三個：「組別」、「前測」、「前測*組別」交互作用三個效果項，進行共同斜率爲 0 之假設檢定的模式設計只有二個：「組別」（固定因子）、「前測」（共變量）二個主要效果項。

⇒在「平方和（Q）」（Sum of Squares）的下拉式選項中，選取內定之「Type Ⅲ」（型Ⅲ）的計算方法，右邊選項中內定「(模式中包括截距項（I）」。

⇒按『繼續』鈕，回到「多變量」對話視窗。

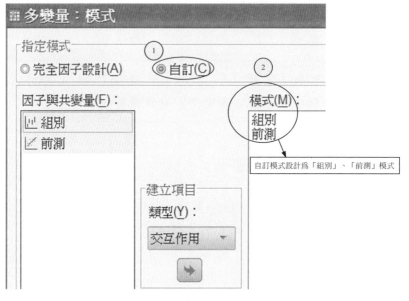

[MP_07]

(三)主要效果相等的假設檢定

1. 步驟 1

執行功能表「分析（A）」→「一般線性模式（G）」→「多變量（M）」程序，開啟「多變量」對話視窗。

2. 步驟 2

在「多變量）對話視窗中：

⇒ 在左邊變數清單中將依變項「構面_A」、「構面_B」、「構面_C」三個後測成績選入右邊「依變數（D）」下的空盒中。

⇒ 在左邊變數清單中將自變項「組別」選入右邊「固定因子（F）」下的空盒中。

⇒ 在左邊變數清單中將控制變項「前測」選入右邊「共變量（C）」下的空盒中。

3. 步驟 3

⇒ 按右上角『模式（M）』（Model）鈕，開啟「多變量：模式」次對話視窗。

⇒ 在「指定模式」（Specify Model）方盒中，選取左邊「⊙ 完全因子設計（A）」選項。

⇒ 在「平方和（Q）」（Sum of Squares）的下拉式選項中，選取內定之「Type Ⅲ」（型 Ⅲ）的計算方法，右邊選項中內定「☑ 模式中包括截距項（I）」。

⇒ 按『繼續』鈕，回到「多變量」對話視窗。

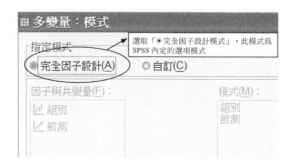

[MP_09]

【備註】：「⊙完全因子設計模式」的輸出結果，會呈現各組主要效果是否相等的多變量檢定統計量，也會呈現共同斜率是否顯著等於 0 的檢定統計量，此模式若改爲「⊙自訂（C）」模式，模式設計爲截距項、「組別」項、「前測」項。

4.步驟 4

⇒在多變量對話視窗中，按右方『選項（O）』鈕，開啓「多變量：選項」次對話視窗。

⇒在左方「因子與因子交互作用（F）」方盒中選取固定因子「組別」變項、將「組別」變項選入右方「顯示平均數（M）」下的方盒中，勾選「☑比較主效果」選項，「信賴區間調整（N）：」方盒中之下拉式選項選取內定「LSD（無）」法。（此操作程序可呈現各組排除共變量影響後之調整後平均數，及調整後平均數的事後比較。）

⇒在下方「顯示」方盒中勾選「☑敘述統計（D）」、「☑SSCP 矩陣（S）」、「☑殘差 SSCP 矩陣（C）」等選項→按『繼續』鈕，回到「多變量」對話視窗→按『確定』鈕。

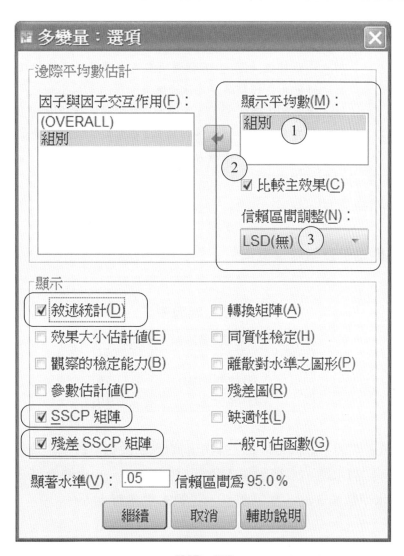

[MP_17]

【備註】：按『選項（O）』（Options）鈕，可開啟「多變量：選項」次對話視窗，此選項可進行共變數分析的事後比較及呈現相關多變量分析的參數。其中「☑比較主效果（O）」選項，可輸出模式中主要效果之事後比較表、「信賴區間調整（N）」下拉式選單提供三種比較方法，其中的內定選項為「最小顯著差異法（LSD法）。在「顯示」方盒中提供以下選項：敘述統計（D）、效果項大小估計值（E）、觀察的檢定能力（B）、參數估計值（P）、SSCP 矩陣、殘差 SSCP 矩陣、轉換矩陣（A）、同質性檢定（H）、離散對水準之圖形（P）、殘差圖（R）、缺適性檢定（L）、一般可估函數（G）等。研究者可依實際需要勾選相關選項，其中「☑敘述統計（D）」、「☑參數估計值（T）」、

「☑SSCP矩陣（S）」、「☑殘差SSCP矩陣（C）」、「☑效果項大小估計值（E）」五個選項在多變量共變數分析程序較常用到，研究者最好勾選。「敘述統計」選項會輸出細格平均數、標準差與觀察值個數，「效果項大小估計值」選項會輸出所有效應項與所有參數估計值的淨相關 Eta 平方值，「觀察的檢定能力」選項可以輸出統計考驗力。

三、輸出結果說明

(一)各組迴歸線平行的假設檢定

受試者間因子

		數值註解	個數
組別	1	控制組[A]	10
	2	控制組[B]	10
	3	實驗組	10

「受試者間因子」摘要表為三個組別的水準數值及數值註解，「組別」固定因子有三個水準，水準數值 1 為「控制組[A]」、水準數值 2 為「控制組[B]」、水準數值 3 為「實驗組」，三組人數各有十人。

多變量檢定[c]

效果		數值	F	假設自由度	誤差自由度	顯著性
截距	Pillai's Trace	.480	6.778[a]	3.000	22.000	.002
	Wilks' Lambda 變數選擇法	.520	6.778[a]	3.000	22.000	.002
	多變量顯著性檢定	.924	6.778[a]	3.000	22.000	.002
	Roy 的最大平方根	.924	6.778[a]	3.000	22.000	.002
組別	Pillai's Trace	.447	2.206	6.000	46.000	.059
	Wilks' Lambda 變數選擇法	.576	2.333[a]	6.000	44.000	.048
	多變量顯著性檢定	.698	2.444	6.000	42.000	.041
	Roy 的最大平方根	.637	4.884[b]	3.000	23.000	.009
前測	Pillai's Trace	.477	6.695[a]	3.000	22.000	.002
	Wilks' Lambda 變數選擇法	.523	6.695[a]	3.000	22.000	.002

多變量檢定[c]（續）

效果		數值	F	假設自由度	誤差自由度	顯著性
	多變量顯著性檢定	.913	6.695[a]	3.000	22.000	.002
	Roy 的最大平方根	.913	6.695[a]	3.000	22.000	.002
組別*前測	Pillai's Trace	.324	1.485	6.000	46.000	.205
	Wilks' Lambda 變數選擇法	.690	1.497[a]	6.000	44.000	.202
	多變量顯著性檢定	.429	1.503	6.000	42.000	.201
	Roy 的最大平方根	.374	2.870[b]	3.000	23.000	.058

a.精確的統計量

b.統計量為在顯著水準上產生下限之 F 的上限。

c.Design：截距＋組別＋前測＋組別*前測

　　多變量檢定（Multivariate Tests）模式設計為「截距項+組別（因子）＋前測（共變數）＋組別*前測（因子與共變量的交互作用）」，此種設計為各組迴歸線平行的假設檢定之模式，三個組別迴歸線平行檢定的虛無假設為：$H_0: \Gamma_1 = \Gamma_2 = \Gamma_3 = \Gamma_1$。多變量檢定的 Wilk's Λ 值為 .690，顯著性 p 值＝.202＞.05，接受虛無假設 $H_0: \Gamma_1 = \Gamma_2 = \Gamma_3 = \Gamma_1$，表示三個組別的迴歸線的斜率是相同的，當迴歸線的斜率相同時，表示迴歸線是互相平行的，二個控制組及實驗組受共變數影響的程度是相同的。當三個組別的迴歸互相平行，也可以說明各組的依變項受到共變項的影響是一樣的，因為迴歸線互相平行，所以可改用一條迴歸線（一個共同斜率值）代表共變項與依變項間的關係程度。

受試者間效應項的檢定

來源	依變數	型 III 平方和	df	平均平方和	F	顯著性
截距	構面_A	1537.968	1	1537.968	19.912	.000
	構面_B	1879.322	1	1879.322	10.829	.003
	構面_C	726.805	1	726.805	4.842	.038
組別	構面_A	485.245	2	242.622	3.141	.061
	構面_B	692.906	2	346.453	1.996	.158
	構面_C	180.362	2	90.181	.601	.556
前測	構面_A	1628.395	1	1628.395	21.083	.000
	構面_B	1801.796	1	1801.796	10.382	.004
	構面_C	1936.945	1	1936.945	12.904	.001

受試者間效應項的檢定（續）

來源	依變數	型 III 平方和	df	平均平方和	F	顯著性
組別*前測	構面_A	291.302	2	145.651	1.886	.174
	構面_B	510.089	2	255.045	1.470	.250
	構面_C	88.205	2	44.103	.294	.748
誤差	構面_A	1853.738	24	77.239		
	構面_B	4165.220	24	173.551		
	構面_C	3602.399	24	150.100		
校正後的總數	構面_A	11252.967	29			
	構面_B	14384.967	29			
	構面_C	9289.467	29			

「受試者間效應項的檢定」摘要表為單變量檢定結果中之組內迴歸係數同質性考驗結果（組別*前測成績欄列之數據），以「構面_A」變數而言，組別自變項與共變項前測成績之交互作用項考驗的 F 值為 1.886；顯著性考驗的 p 值 = .174＞.05，未達 .05 的顯著水準，接受虛無假設，表示三組迴歸線的斜率相同，亦即共變項（前測成績）與依變項（後測成績）間的關係，不會因自變項各處理水準的不同而有所差異，以各實驗處理組的共變項（前測成績）來預測依變項（後測成績），所得到的各條迴歸線之迴歸係數相同（迴歸線斜率相同），三條迴歸線互相平行，符合共變數分析中組內迴歸係數同質性的假定，可繼續進行共變數分析。「構面_B」依變數、「構面_C」依變數，組別自變項與共變項前測成績之交互作用項考驗的 F 值分別為 1.470、.294，顯著性 p 值分別為 .250、.748，未達.05 的顯著水準，接受虛無假設，表示三組迴歸線的斜率相同。

(二)共同斜率為 0 的假設考驗

多變量檢定[c]

效果		數值	F	假設自由度	誤差自由度	顯著性
截距	Pillai's Trace	.487	7.590[a]	3.000	24.000	.001
	Wilks' Lambda 變數選擇法	.513	7.590[a]	3.000	24.000	.001
	多變量顯著性檢定	.949	7.590[a]	3.000	24.000	.001
	Roy 的最大平方根	.949	7.590[a]	3.000	24.000	.001

多變量檢定[c]（續）

效果		數值	F	假設自由度	誤差自由度	顯著性
組別	Pillai's Trace	.581	3.411	6.000	50.000	.007
	Wilks' Lambda 變數選擇法	.459	3.802[b]	6.000	48.000	.004
	多變量顯著性檢定	1.088	4.172	6.000	46.000	.002
	Roy 的最大平方根	1.001	8.339[b]	3.000	25.000	.001
前測	Pillai's Trace	.647	14.682[a]	3.000	24.000	.000
	Wilks' Lambda 變數選擇法	.353	14.682[a]	3.000	24.000	.000
	多變量顯著性檢定	1.835	14.682[a]	3.000	24.000	.000
	Roy 的最大平方根	1.835	14.682[a]	3.000	24.000	.000

a.精確的統計量

b.統計量爲在顯著水準上產生下限之 F 的上限。

c.Design：截距＋組別＋前測

　　模式爲「截距＋組別＋前測」之設計，多變量檢定摘要表呈現的爲共同斜率爲 0 的假設考驗（前測共變數列的數據），共同斜率爲 0 假設考驗的虛無假設與對立假設下：H_0：$\Gamma=0$、H_1：$\Gamma\neq0$。Wilk's Λ 值爲 .353，顯著性 p 值＝.000＜.05，拒絕虛無假設，表示共同斜率顯著不等於 0，共變項與依變項間有某種程度的關係，共變項對依變項的影響必須加以考量較爲適切。由於控制變項與依變項有某種程度關聯，採用共變數分析來進行控制變項的效果排除較爲合理。共同斜率爲 0 的假設考驗之檢定統計量 Λ 值，若是有足夠證據拒絕虛無假設（p＜.05），表示共同斜率不爲 0，顯示共變項對依變項的影響是不能忽視的，此時必須採用共變項來進行組別平均數測量值的調整。

受試者間效應項的檢定

來源	依變數	型 III 平方和	df	平均平方和	F	顯著性
截距	構面_A	1971.345	1	1971.345	23.895	.000
	構面_B	1643.904	1	1643.904	9.142	.006
	構面_C	922.577	1	922.577	6.499	.017
組別	構面_A	1570.929	2	785.464	9.521	.001
	構面_B	838.646	2	419.323	2.332	.117
	構面_C	296.793	2	148.396	1.045	.366

受試者間效應項的檢定（續）

來源	依變數	型 III 平方和	df	平均平方和	F	顯著性
前測	構面_A	3721.460	1	3721.460	45.108	.000
	構面_B	5233.590	1	5233.590	29.105	.000
	構面_C	4206.796	1	4206.796	29.637	.000

上述「受試者間效應項的檢定」為各單變量迴歸線斜率是否為 0 的個別考驗，「構面_A」、「構面_B」、「構面_C」三個依變項分開來看，F值（前測共變量列的數據）分別為 45.108（p＝.000＜.05）、29.105（p＝.000＜.05）、29.637（p＝.000＜.05），均達 .05 顯著水準，表示迴歸線的斜率均顯著不等於 0，就「構面_A」、「構面_B」、「構面_C」三個依變項而言，要進行三組後測成績的比較，必須同時考量到控制變項（共變量）的影響。

(三)各組主要效果是否有顯著不同的假設考驗

敘述統計

	組別	平均數	標準離差	個數
構面_A	控制組[A]	49.10	19.519	10
	控制組[B]	63.00	15.889	10
	實驗組	81.80	4.290	10
	總數	64.63	19.699	30
構面_B	控制組[A]	54.40	24.780	10
	控制組[B]	68.40	21.752	10
	實驗組	84.30	3.713	10
	總數	69.03	22.272	30
構面_C	控制組[A]	50.60	19.051	10
	控制組[B]	56.70	22.041	10
	實驗組	67.10	5.363	10
	總數	58.13	17.898	30

「敘述統計」摘要表為三個組別在三個依變項的原始後測成績的平均數、標準差。「構面_A」三組後測平均數分別為 49.10、63.00、81.80，三十位受試者的總平均數為 64.63；「構面_B」三組後測平均數分別為 54.40、68.40、84.30，三十位受試者的總平均數為69.03；「構面_C」三組後測平均數分別為50.60、56.70、67.10，三十位受試者的總平均數為58.13。

多變量檢定[c]

效果		數值	F	假設 自由度	誤差 自由度	顯著性
截距	Pillai's Trace	.487	7.590[a]	3.000	24.000	.001
	Wilks' Lambda 變數選擇法	.513	7.590[a]	3.000	24.000	.001
	多變量顯著性檢定	.949	7.590[a]	3.000	24.000	.001
	Roy 的最大平方根	.949	7.590[a]	3.000	24.000	.001
前測	Pillai's Trace	.647	14.682[a]	3.000	24.000	.000
	Wilks' Lambda 變數選擇法	.353	14.682[a]	3.000	24.000	.000
	多變量顯著性檢定	1.835	14.682[a]	3.000	24.000	.000
	Roy 的最大平方根	1.835	14.682[a]	3.000	24.000	.000
組別	Pillai's Trace	.581	3.411	6.000	50.000	.007
	Wilks' Lambda 變數選擇法	.459	3.802[a]	6.000	48.000	.004
	多變量顯著性檢定	1.088	4.172	6.000	46.000	.002
	Roy 的最大平方根	1.001	8.339[b]	3.000	25.000	.001

a.精確的統計量

b.統計量為在顯著水準上產生下限之 F 的上限。

c.Design：截距＋前測＋組別

　　模式為「截距＋組別＋前測」之設計，多變量檢定摘要表中「前測」共變量數據項為共同斜率是否為 0 的假設考驗，而「組別（固定因子）」項的數據為各組主要效果是否相等的假設考驗，此多變量檢定摘要表（模式為完全因子設計）與之前進行共同斜率是否為 0 假設檢定操作（自訂模式選取變項為組別因子及前測共變項二個，模式設計為截距+前測+組別）之多變量檢定摘要表相同。組別（固定因子）列數據中，Wilk's Λ值為 .459，顯著性 p＝.004＜.05，表示三個依變項項中，至少有一個依變項在排除共變項的影響後，三個組別的平均數（調整後平均數）有顯著不同。至於那幾個依變項在排除共變項的影響後，組別間的平均數有顯著差異存在，必須檢視「受試者間效應項的檢定」（單變量共變數分析）摘要表方能得知。多變量共變數分析檢定與多變量變異數分析考驗程序相同，當多變量檢定統計量Λ值達到 .05 顯著水準時，必須再進一步檢核單變量變異數分析表才能確認自變項在那幾個依變項的差異達到顯著。

受試者間效應項的檢定

來源	依變數	型 III 平方和	df	平均平方和	F	顯著性
截距	構面_A	1971.345	1	1971.345	23.895	.000
	構面_B	1643.904	1	1643.904	9.142	.006
	構面_C	922.577	1	922.577	6.499	.017
前測	構面_A	3721.460	1	3721.460	45.108	.000
	構面_B	5233.590	1	5233.590	29.105	.000
	構面_C	4206.796	1	4206.796	29.637	.000
組別	構面_A	1570.929	2	785.464	9.521	.001
	構面_B	838.646	2	419.323	2.332	.117
	構面_C	296.793	2	148.396	1.045	.366
誤差	構面_A	2145.040	26	82.502		
	構面_B	4675.310	26	179.820		
	構面_C	3690.604	26	141.946		

「受試者間效應項的檢定」摘要表中的「組別」列（自由度等於組別數減一；DF = 3 − 1 = 2）數據為單變量共變數分析結果：

1. 就「構面_A」依變項而言，排除共變項（前測成績）對依變項（後測成績）的影響力後，自變項組別（控制組 [A]、控制組 [B]、實驗組）對依變項「推理能力」所造成的實驗處理效果顯著，組間效果項考驗的 F 值等於 = 9.521，顯著性機率值 p = .001 < .05，達到 .05 顯著水準，表示後測成績的高低會因受試樣本所接受的實驗處理（自變項）的不同，而有顯著的差異存在，即排除前測成績的影響後，控制組 [A]、控制組 [B]、實驗組三個組別之間調整後平均數有顯著不同（三組調整後平均數的數據請參閱後面的輸出表格）。

2. 就「構面_B」依變項而言，排除共變項（前測成績）對依變項（後測成績）的影響力後，自變項三個組別在「空間能力」調整後平均數的差異未達顯著，實驗處理之組間效果項考驗的 F 值等於 2.332，顯著性機率值 p = .117 > .05，未達 .05 顯著水準。

3. 就「構面_C」依變項而言，排除共變項（前測成績）對依變項（後測成績）的影響力後，自變項三個組別在「計算能力」調整後平均數的差異未達顯著，實驗處理之組間效果項考驗的 F 值等於 1.045，顯著性機率值 p = .366 > .05，未達 .05 顯著水準。

從單變量共變數分析表得知：三個群組在排除控制變項的影響後，在「構面_B」及「構面_C」的處理效果並沒有顯著不同。

受試者間 SSCP 矩陣

			構面_A	構面_B	構面_C
假設	截距	構面_A	1971.345	1800.195	1348.598
		構面_B	1800.195	1643.904	1231.514
		構面_C	1348.598	1231.514	922.577
	前測	構面_A	3721.460	4413.230	3956.694
		構面_B	4413.230	5233.590	4692.190
		構面_C	3956.694	4692.190	4206.796
	組別	構面_A	1570.929	1140.551	368.034
		構面_B	1140.551	838.646	314.370
		構面_C	368.034	314.370	296.793
誤差		構面_A	2145.040	2333.970	1764.906
		構面_B	2333.970	4675.310	3202.310
		構面_C	1764.906	3202.310	3690.604

以型 III 的平方和爲基礎

「受試者間 SSCP 矩陣」摘要表包括 Q_R（前測項三列數據，此數據爲共同迴歸線 SSCP 矩陣）、Q_H（組別項三列數據，此數據爲排除共變數後，組間的 SSCP 矩陣）、Q_E（誤差項三列數據，此數據爲排除共變數後，組內的 SSCP 矩陣，組內的 SSCP 矩陣又稱爲殘餘誤差變異 SSCP 矩陣）三個矩陣，根據這三種不同矩陣，可以求出共同斜率是否爲 0 檢定的 Λ 值統計量及各組主要效果是否相等檢定的 Λ 值統計量。

$$Q_R = \begin{bmatrix} 3721.46 & 4413.23 & 3956.69 \\ 4413.23 & 5233.59 & 4692.19 \\ 3956.69 & 4692.19 & 4206.80 \end{bmatrix}, \quad Q_H = \begin{bmatrix} 1570.93 & 1140.55 & 368.03 \\ 1140.55 & 838.65 & 314.37 \\ 368.03 & 314.37 & 296.79 \end{bmatrix}$$

$$Q_E = \begin{bmatrix} 2145.04 & 2333.97 & 1764.91 \\ 2333.97 & 4675.31 & 3202.31 \\ 1764.91 & 3202.31 & 3690.60 \end{bmatrix}$$

$$Q_R + Q_E = \begin{bmatrix} 3721.46 & 4413.23 & 3956.69 \\ 4413.23 & 5233.59 & 4692.19 \\ 3956.69 & 4692.19 & 4206.80 \end{bmatrix} + \begin{bmatrix} 2145.04 & 2333.97 & 1764.91 \\ 2333.97 & 4675.31 & 3202.31 \\ 1764.91 & 3202.31 & 3690.60 \end{bmatrix}$$

$$= \begin{bmatrix} 5866.50 & 6747.20 & 5721.60 \\ 6747.20 & 9908.90 & 7894.50 \\ 5721.60 & 7894.50 & 7897.40 \end{bmatrix}$$

$$Q_H + Q_E = \begin{bmatrix} 1570.93 & 1140.55 & 368.03 \\ 1140.55 & 838.65 & 314.37 \\ 368.03 & 314.37 & 296.79 \end{bmatrix} + \begin{bmatrix} 2145.04 & 2333.97 & 1764.91 \\ 2333.97 & 4675.31 & 3202.31 \\ 1764.91 & 3202.31 & 3690.60 \end{bmatrix}$$

$$= \begin{bmatrix} 3715.97 & 3474.52 & 2132.94 \\ 3474.52 & 5513.96 & 3516.68 \\ 2132.94 & 3516.68 & 3987.40 \end{bmatrix} , |Q_H + Q_E| = 14646427714.70$$

$|Q_E| = 6729931996.80$，求矩陣行列式之試算表函數語法為「＝MDETERM（矩陣範圍）」。

1. 共同斜率是否為 0 檢定的 Λ 值統計量

$$\Lambda = \frac{|Q_E|}{|Q_R + Q_E|} = \frac{6729931996.80}{19080940055.85} = 0.353$$

2. 主要效果是否相等檢定的 Λ 值統計量

$$\Lambda = \frac{|Q_E|}{|Q_H + Q_E|} = \frac{6729931996.80}{14646427714.70} = 0.459$$

殘差 SSCP 矩陣

		構面_A	構面_B	構面_C
叉積平方和	構面_A	2145.040	2333.970	1764.906
	構面_B	2333.970	4675.310	3202.310
	構面_C	1764.906	3202.310	3690.604
共變異數	構面_A	82.502	89.768	67.881
	構面_B	89.768	179.820	123.166
	構面_C	67.881	123.166	141.946
相關	構面_A	1.000	.737	.627
	構面_B	.737	1.000	.771
	構面_C	.627	.771	1.000

以型 III 的平方和為基礎

「殘差SSCP矩陣」表中有三大項數據，「叉積平方和」項為 Q_R 矩陣，「共變異數」項為三個依變項殘差項間的共變異數矩陣，矩陣的對角線為三個依變項殘差項的變異數，三個依變項殘差項測量值的變異數分別為 82.502、179.820、141.946，「相關」項為三個依變項殘差項的相關矩陣，矩陣的對角線為變項殘差與變項殘差間的相關，其相關係數值為 1.000，三個依變項殘差項間相關係數分別為 .737、.627、.771。三個依變項的相關矩陣如下，三個依變項間相關係數分別為 .916（p＜.001）、.827（p＜.001）、.897（p＜.001）

三個依變項間的相關矩陣表

依變項	構面_A	構面_B	構面_C
構面_A	1		
構面_B	.916***	1	
構面_C	.827***	.897***	1

***p＜.001

估計值

依變數	組別	平均數	標準誤差	95%信賴區間	
				下界	上界
構面_A	控制組[A]	58.157[a]	3.173	51.635	64.680
	控制組[B]	60.127[a]	2.904	54.157	66.096
	實驗組	75.616[a]	3.016	69.416	81.816
構面_B	控制組[A]	65.141[a]	4.685	55.511	74.770
	控制組[B]	64.992[a]	4.287	56.180	73.805
	實驗組	76.967[a]	4.453	67.813	86.120
構面_C	控制組[A]	60.230[a]	4.162	51.674	68.785
	控制組[B]	53.645[a]	3.809	45.815	61.475
	實驗組	60.525[a]	3.956	52.393	68.658

a.使用下列值估計出現在模式的共變量：前測＝53.23.

「估計值」摘要表呈現的內容為三個組別在三個依變項測量值之調整後平均數，排除共變量（前測成績）的影響後，三個組別在「構面_A」依變項（推理能力）測量值之調整後平均數分別為 58.157、60.127、75.616，三個組別在「構面_B」依變項（空間能力）測量值之調整後平均數分別為 65.141、64.992、76.967，三個組別在「構面_C」依變項（計算能力）測量值之調整後平均數分別為 60.230、53.645、60.525。三個組別主要效果相等

的假設考驗,即在檢定三個組別之調整後的平均數是否有顯著的不同(並非檢定三個組別之原始後測成績的差異)。

成對比較

依變數	(I)組別	(J)組別	平均差異（I−J）	標準誤差	顯著性 a	差異的 95%信賴區間 a	
						下界	上界
構面_A	控制組[A]	控制組[B]	−1.969	4.433	.661	−11.083	7.144
		實驗組	−17.459*	4.653	.001	−27.023	−7.895
	控制組[B]	控制組[A]	1.969	4.433	.661	−7.144	11.083
		實驗組	−15.490*	4.092	.001	−23.901	−7.079
	實驗組	控制組[A]	17.459*	4.653	.001	7.895	27.023
		控制組[B]	15.490*	4.092	.001	7.079	23.901
構面_B	控制組[A]	控制組[B]	.148	6.545	.982	−13.306	13.603
		實驗組	−11.826	6.869	.097	−25.946	2.294
	控制組[B]	控制組[A]	−.148	6.545	.982	−13.603	13.306
		實驗組	−11.974	6.041	.058	−24.392	.443
	實驗組	控制組[A]	11.826	6.869	.097	−2.294	25.946
		控制組[B]	11.974	6.041	.058	−.443	24.392
構面_C	控制組[A]	控制組[B]	6.585	5.815	.268	−5.369	18.538
		實驗組	−.296	6.103	.962	−12.841	12.250
	控制組[B]	控制組[A]	−6.585	5.815	.268	−18.538	5.369
		實驗組	−6.881	5.367	.211	−17.913	4.152
	實驗組	控制組[A]	.296	6.103	.962	−12.250	12.841
		控制組[B]	6.881	5.367	.211	−4.152	17.913

根據估計的邊緣平均數而定

a.調整多重比較:最低顯著差異(等於未調整值)。

*.平均差異在.05 水準是顯著的。

　　單變量共變數分析結果顯示,三個組別在排除前測成績的影響後,只有在「構面_A」(推理能力)的主要效果達到顯著水準,事後比較發現,實驗組調整後平均數(M＝75.616)顯著地高於控制組[A](M＝58.157)、控制組[B]二組(M＝60.127),平均數差異值分別為 17.459(＝75.616 − 58.157)、15.490(＝75.616 − 60.127),表示實驗處理效果是顯著的,新教學方法對於提高學生的「推理能力」是有顯著幫助的。由於單變量共變數分析表中呈現「組別」變項在「構面_B」、「構面_C」二個依變項平均數差異檢定的F值均未達.05 顯著水準,因而事後比較表中之成對比較的差異均未達顯著。

單因子多變項共變數分析

多變量檢定

	數值	F	假設自由度	誤差自由度	顯著性
Pillai's 跡	.581	3.411	6.000	50.000	.007
Wilks' Lambda 變數選擇法	.459	3.802a	6.000	48.000	.004
多變量顯著性檢定	1.088	4.172	6.000	46.000	.002
Roy 的最大平方根	1.001	8.339b	3.000	25.000	.001

各F檢定組別的多變量效果。這些檢定根據所估計邊緣平均數的線性獨立成對比較而定。

a.精確的統計量

b.統計量爲在顯著水準上產生下限之 F 的上限。

　　上述「多變量檢定」摘要表爲三個組別在三個依變項之調整後平均數差異檢定的多變量檢定統計量，Λ值爲 .459，顯著性 p＝.004，表示三個組別至少在一個依變項的平均數（調整後平均數）差異達到顯著。此表的數值爲取自完全因子設計模式之「多變量檢定」表中之「組別」列數據。

單變量檢定

依變數		平方和	df	平均平方和	F	顯著性
構面_A	對比	1570.929	2	785.464	9.521	.001
	誤差	2145.040	26	82.502		
構面_B	對比	838.646	2	419.323	2.332	.117
	誤差	4675.310	26	179.820		
構面_C	對比	296.793	2	148.396	1.045	.366
	誤差	3690.604	26	141.946		

F檢定組別的效果。這個檢定是根據所估計邊緣平均數的線性獨立成對比較而定。

　　上述「單變量檢定」表格數據爲抽取自「受試者間效應項的檢定」摘要表，表中的數值取自「受試者間效應項的檢定」摘要表中「組別」列及「誤差」列的數據，三個組別在「構面_A」、「構面_B」、「構面_C」調整後平均數差異檢定的 F 統計量分別爲 9.521（p＝.001＜.05）、2.332（p＝.117＞.05）、1.045（p＝.366＞.05）。

　　上述單因子多變量共變數分析結果可以整理成下列二個表格：

【表格範例】

表 1　單因子多變量共變數分析摘要表

變異來源	df	SSCP 矩陣			多變量Λ	單變量（F）		
		構面_A	構面_B	構面_C		構面_A	構面_B	構面_C
常數	1							
組間（排除共變數）	2	1570.929　1140.551　368.034 1140.551　838.646　314.370 368.034　314.370　296.793			.459***	9.521** (C>A)	2.332ns	1.045ns
共變數（排除實驗設計效果）	1	3721.460　4413.230　3956.694 4413.230　5233.590　4692.190 3956.694　4692.190　4206.796			.353***	(C>B) 45.108***	29.105***	29.637***
組內（排除共變數）	26	2145.040　2333.970　1764.906 2333.970　4675.310　3202.310 1764.906　3202.310　3690.604						
總和	30							

註：A：控制組[A]、B：控制組[B]、C：實驗組
　　ns p＞.05　　**p＜.01　　***p＜.001

　　各組迴歸線平行的假設檢定之多變量統計量Wilk's Λ 值為 .690，顯著性 p 值 = .202＞.05，接受虛無假設 H_0：$\Gamma_1 = \Gamma_2 = \Gamma_3 = \Gamma$，表示三個組別的迴歸線的斜率相同，二個控制組及實驗組三個群體受共變數影響的程度是一樣的。再從上述多變量共變數分析摘要表可以得知：共同斜率是否為 0 的假設考驗之Λ值統計量為 .353（p＜.001），達到 .05 顯著水準，表示迴歸線的共同斜率顯著不等於 0，共變量與依變項間有某種程度的關聯，群組在依變項平均數的差異比較必須考量將共變量對依變項的影響排除。各組主要效果是否有顯著差異考驗之Λ值統計量為 .459（p＜.001），達到 .05 顯著水準，表示自變項三個群組至少在一個依變項之調整後平均數間有顯著不同，從單變量共變數 F 值來看，其差異主要是由「構面_A」依變項造成的，三個群組在依變項「構面_A」的調整後平均數有顯著不同，F值為9.521（p＜.01），進一步的事後比較發現：「實驗組」（M = 75.616）顯著地高於「控制組[A]」（M = 58.157）及「控制組[B]」（M = 60.127），至於三個群組在依變項「構面_B」、「構面_C」的調整後平均數之差異均未達顯著。

表 II　組別變項在三個依變項構面之描述性統計量摘要表

	組別	平均數	標準離差	調整後平均	標準誤差
構面_A	控制組[A]	49.10	19.519	58.157	3.173
	控制組[B]	63.00	15.889	60.127	2.904
	實驗組	81.80	4.290	75.616	3.016
構面_B	控制組[A]	54.40	24.780	65.141	4.685
	控制組[B]	68.40	21.752	64.992	4.287
	實驗組	84.30	3.713	76.967	4.453
構面_C	控制組[A]	50.60	19.051	60.230	4.162
	控制組[B]	56.70	22.041	53.645	3.809
	實驗組	67.10	5.363	60.525	3.956

a.共變量：前測＝53.23.

10-2 違反迴歸平行的假定

在範例資料中，組別變項水準數值 1 為實驗組、2 為控制組，共變量為「前測」，三個依變項為「向度 A」、「向度 B」、「向度 C」，前測為整個量表單題平均得分，三個依變項為三個向度單題的平均分數（向度總分除以向度題項數），實驗組與控制組各有十位受試者。

固定因子	共變量	依變項			固定因子	共變量	依變項		
組別	前測	向度 A	向度 B	向度 C	組別	前測	向度 A	向度 B	向度 C
1	3.5	3.8	3.5	4.9	2	3.5	3.6	3.7	3.5
1	2.1	4.5	4.8	2.8	2	4.2	4.2	4.5	4.1
1	2.6	4.8	3.9	4.7	2	3.9	3.9	3.8	4.0
1	3.0	3.3	3.3	3.9	2	3.7	3.9	3.7	3.9
1	3.9	4.2	4.5	4.1	2	3.9	3.8	3.9	4.2
1	1.5	4.5	3.8	4.6	2	3.6	4.2	3.9	3.7
1	4.5	3.2	4.7	4.8	2	4.2	4.2	4.3	4.2
1	2.6	4.3	4.6	3.4	2	3.7	3.9	4.2	3.9
1	3.1	3.6	4.5	4.2	2	4.3	4.3	4.2	3.7
1	2.6	4.9	3.9	3.8	2	4.8	4.9	4.5	3.6

一、迴歸線平行的假設考驗

在「多變量」對話視窗中，「向度A」、「向度B」、「向度C」三個依變項選入「依變數（D）」的方盒中，自變項「組別」選入「固定因子（F）」下的方盒中，共變項「前測」變項選入「共變量（C）」下的方盒中。按『模式（M）』鈕，開啓「多變量：模式」次對話視窗。

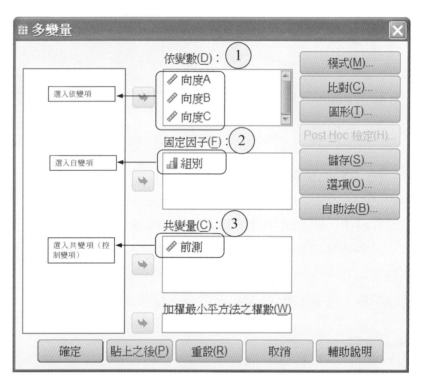

[MP_18_1]

在「多變量：模式」對話視窗中，選取「⊙自訂（C）」模式，在左邊「因子與共變量（F）」變數清單中，首先選取「組別」因子變項至右邊「模式（M）」下方盒、其次選取「前測」共變量至右邊「模式（M）」下方盒、最後同時選取「組別」、「前測」二個變項至右邊「模式（M）」下方盒，右邊「模式（M）」下方盒有三種模式：組別、前測、前測*組別。

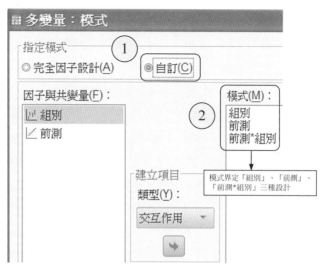

[MP_18_2]

二、迴歸線平行假設考驗的檢定結果

多變量檢定 [b]

效果		數值	F	假設自由度	誤差自由度	顯著性
截距	Pillai's Trace	.816	20.663[a]	3.000	14.000	.000
	Wilks' Lambda 變數選擇法	.184	20.663[a]	3.000	14.000	.000
	多變量顯著性檢定	4.428	20.663[a]	3.000	14.000	.000
	Roy 的最大平方根	4.428	20.663[a]	3.000	14.000	.000
組別	Pillai's Trace	.441	3.683[a]	3.000	14.000	.038
	Wilks' Lambda 變數選擇法	.559	3.683[a]	3.000	14.000	.038
	多變量顯著性檢定	.789	3.683[a]	3.000	14.000	.038
	Roy 的最大平方根	.789	3.683[a]	3.000	14.000	.038
前測	Pillai's Trace	.312	2.114[a]	3.000	14.000	.144
	Wilks' Lambda 變數選擇法	.688	2.114[a]	3.000	14.000	.144
	多變量顯著性檢定	.453	2.114[a]	3.000	14.000	.144
	Roy 的最大平方根	.453	2.114[a]	3.000	14.000	.144
組別* 前測	Pillai's Trace	.461	3.990[a]	3.000	14.000	.030
	Wilks' Lambda 變數選擇法	.539	3.990[a]	3.000	14.000	.030
	多變量顯著性檢定	.855	3.990[a]	3.000	14.000	.030
	Roy 的最大平方根	.855	3.990[a]	3.000	14.000	.030

各組迴歸線斜率是否相同檢定的虛無假設為 $H_0: \Gamma_1 = \Gamma_2 = \Gamma$，檢定統計量 Λ 值為 .539，顯著性機率值 $p = .030 < .05$，拒絕虛無假設，表示各組迴歸線的斜率顯著不相同，由於各組迴歸線的斜率顯著不相同，因而無法找出一個共同斜率值 Γ，此種結果顯示各組迴歸線並非互相平行。當迴歸線平行假設考驗檢定之多變量 Λ 值顯著性 p 值達到 .05 顯著水準（$p < .05$），就不能以多變量共變數分析進行各組主要效果是否有顯著不同的差異檢定，此時要分開採用單變量共變數分析方法，逐一判別是那一個依變項未符合「組內迴歸同質性假定」，分開進行組內迴歸同質性檢定時，若是資料結構未符合組內迴歸同質性假定，應改採用詹森內曼法進行組間主要效果差異的檢定。

迴歸線平行假設考驗之設計為：「Design：截距＋組別＋前測＋組別 * 前測」，之所以有截距項，乃是在「多變量：模式」對話視窗中勾選最下方內定選項「☑模式中包括截距（I）」，在迴歸線平行假設考驗之設計模式輸出表格中，研究者主要查看「組別 * 前測」項列的多變量統計量數值即可。

受試者間效應項的檢定

來源	依變數	型 III 平方和	df	平均平方和	F	顯著性
組別	向度 A	1.597	1	1.597	11.762	.003
	向度 B	.388	1	.388	2.235	.154
	向度 C	.023	1	.023	.093	.764
前測	向度 A	.133	1	.133	.976	.338
	向度 B	.647	1	.647	3.729	.071
	向度 C	.125	1	.125	.500	.490
組別 * 前測	向度 A	1.812	1	1.812	13.343	.002
	向度 B	.300	1	.300	1.727	.207
	向度 C	.089	1	.089	.356	.559
誤差	向度 A	2.172	16	.136		
	向度 B	2.778	16	.174		
	向度 C	3.994	16	.250		

「受試者間效應項的檢定」摘要表為單變量共變數分析之組內迴歸同質性檢定，就「向度A」而言，組內迴歸同質性檢定的F值為 13.343，顯著性 $p = .002 < .05$，表示二個組別之迴歸線的斜率不相同；就「向度B」而言，組內迴歸同質性檢定的F值為 1.727，顯著性 $p = .207 > .05$，表示二個組別之迴歸線的斜率相同；就「向度 C」而言，組內迴歸同質性檢定的 F 值為 .356，顯著性 $p = .559 > .05$，表示二個組別之迴歸線的斜率也相同。

三、以單變量共變數分析進行組內迴歸係數同質性檢定

(一)操作程序

> 執行功能列「分析（A）」／「一般線性模式（G）」／「單變量（U）」
> 程序，開啟「單變量」對話視窗。

「單變量」對話視窗和「多變量」對話視窗的主要差異，在於「依變數（D）」下方盒之依變項的個數，單變量統計程序每次只能選取一個依變項，多變量統計程序每次至少要同時選取二個以上的依變項。「固定因子（F）」為模式中的自變項，若是自變項只有一個，則為單因子共變數分析，如果自變項有二個，則為二因子共變數分析；「共變量（C）」下的方盒可以選取模式中的共變項（控制變項），共變量為前測分數，只有一個共變量時為單共變量共變數分析，如果共變量個數有二個，便成雙共變量共變數分析。

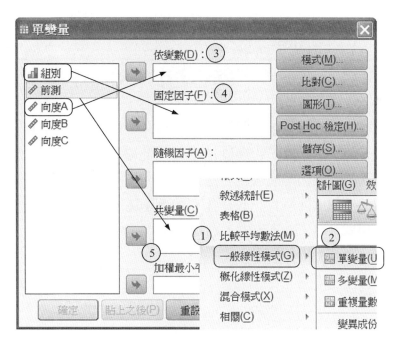

[MP_20_3]

在「單變量」對話視窗中，在左邊變數清單中將「向度 A」依變項選入「依變數（D）」的方盒中，自變項「組別」選入「固定因子（F）」下

的方盒中,共變項「前測」變項選入「共變量(C)」下的方盒中。按『模式(M)』鈕,開啓「多變量:模式」次對話視窗。

「單變量」對話視窗之「依變數(D)」下方盒每次只能選取一個依變項,變數清單中有三個依變項,三個依變項要分開選取。

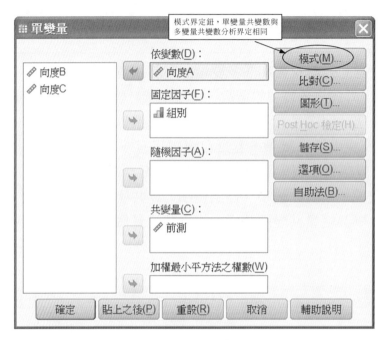

[MP_19_1]

在「單變量:模式」對話視窗中,選取「⊙自訂(C)」模式,在左邊「因子與共變量(F)」下的變數清單中(此變數清單爲固定因子及共變項),選取「組別」因子變項至右邊「模式(M)」下方盒,選取「前測」共變量至右邊「模式(M)」下方盒,同時選取「組別」、「前測」二個變項至右邊「模式(M)」下方盒,右邊「模式(M)」下方盒有三種模式:組別、前測、前測*組別。

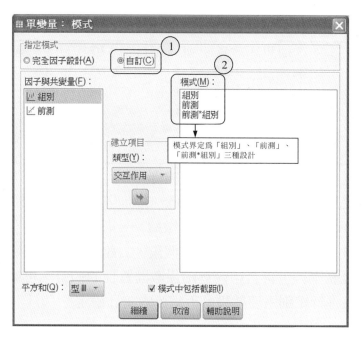

[MP_19_2]

㈡結果說明

受試者間效應項的檢定（依變數：向度 A）

來源	型 III 平方和	df	平均平方和	F	顯著性
截 距	3.228	1	3.228	23.771	.000
組 別	1.597	1	1.597	11.762	.003
前 測	.133	1	.133	.976	.338
組 別*前 測	1.812	1	1.812	13.343	.002
誤 差	2.172	16	.136		

　　就「向度 A」依變項而言，組別自變項與前測共變量成績之交互作用項考驗的 F 值為 13.343（組別*前測列之數據），顯著性考驗的 p 值 = .002 < .05，達 .05 的顯著水準，拒絕虛無假設，二組迴歸線的斜率顯著不相同，二條迴歸線並沒有互相平行，此結果顯示資料結構違反共變數分析之組內迴歸係數同質性的假定，不能採用傳統共變數分析進行組別主要效果是否相等的統計檢定。

受試者間效應項的檢定（依變數：向度 B）

來源	型 III 平方和	df	平均平方和	F	顯著性
截距	2.293	1	2.293	13.206	.002
組別	.388	1	.388	2.235	.154
前測	.647	1	.647	3.729	.071
組別*前測	.300	1	.300	1.727	.207
誤差	2.778	16	.174		

就「向度B」依變項而言，組別自變項與前測共變量成績之交互作用項考驗的 F 值為 1.727（組別*前測列之數據），顯著性考驗的 p 值＝.207＞.05，未達 .05 的顯著水準，接受虛無假設，二組迴歸線的斜率顯著相同，二條迴歸線互相平行，符合組內迴歸係數同質性的假定，可直接使用傳統共變數分析法進行組別主要效果是否相等的統計檢定。

受試者間效應項的檢定（依變數：向度 C）

來源	型 III 平方和	df	平均平方和	F	顯著性
截距	3.889	1	3.889	15.578	.001
組別	.023	1	.023	.093	.764
前測	.125	1	.125	.500	.490
組別*前測	.089	1	.089	.356	.559
誤差	3.994	16	.250		

就「向度C」依變項而言，組別自變項與前測共變量成績之交互作用項考驗的F值為 .356（組別*前測列之數據），顯著性考驗的p值＝.559＞.05，未達.05 的顯著水準，接受虛無假設，符合組內迴歸係數同質性的假定，表示二組迴歸線的斜率顯著相同，可直接使用傳統之共變數分析進行組別主要效果是否相等的統計檢定。

上述三個單變項共變數分析之組內迴歸係數同質性假定考驗的 F 值分別為13.343（p＝.002＜.05）、1.727（p＝.207＞.05）、.356（p＝.559＞.05），統計量的數據與之前進行多變量共變數分析之「迴歸線平行假設考驗」時，輸出之「受試者間效應項的檢定」（單變量F值顯著性檢定）表格內之「組別*前測」項三列的數據完全相同。

四、單變項共變數進行組間主要效果的差異檢定

(一)操作程序

> 在「單變量：模式」對話視窗中，選取「⦿完全因子設計（A）」模式（此模式爲內定選項），可進行組別主要效果相等的假設檢定。

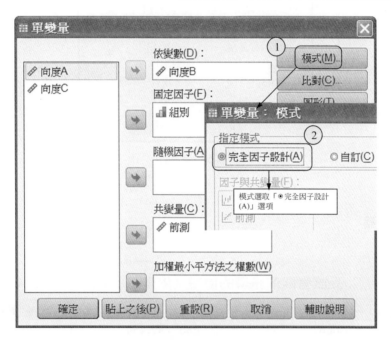

[MP_19_3]

> 在單變量對話視窗中，按右方『選項（O）』鈕，開啓「單變量：選項」次對話視窗。
>
> 在左方「因子與因子交互作用（F）」方盒中選取固定因子「組別」變項、將「組別」變項選入右方「顯示平均數（M）」下的方盒中，勾選「☑比較主效果」選項，「信賴區間調整（N）：」方盒中之下拉式選項選取內定「LSD（無）」法。（此操作程序可呈現各組之調整後的平均數及調整後平均數的事後比較）。
>
> 在下方「顯示」方盒中勾選「☑敘述統計（D）」、「☑效果大小估計值（E）」、「☑參數估計值（P）」等選項→按『繼續』鈕，回到「多變量」對話視窗→按『確定』鈕。

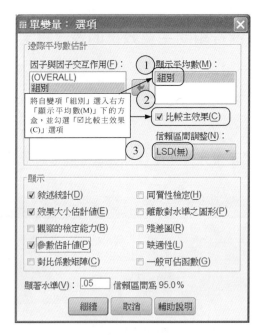

[MP_19_4]

(二)輸出結果

受試者間效應項的檢定（依變數：向度 B）

來源	型 III 平方和	df	平均平方和	F	顯著性	淨相關 Eta 平方
截距	7.686	1	7.686	42.454	.000	.714
前測	.348	1	.348	1.924	.183	.102
組別	.261	1	.261	1.439	.247	.078
誤差	3.078	17	.181			
總數	341.300	20				

　　「組別」列為實驗組與控制組主要效果是否有顯著差異的檢定統計量，F 值為 1.439，顯著性 p＝.247＞.05，接受虛無假設，表示排除前測成績的影響後，二個組別在「向度 B」的平均數沒有顯著不同。

估計值（依變數：向度 B）

組別	平均數	標準誤差	95%信賴區間	
			下界	上界
實驗組	4.257[a]	.155	3.930	4.584
控制組	3.963[a]	.155	3.636	4.290

實驗組與控制組在「向度 B」之調整後平均數分別爲 4.257、3.963，二個分數間的差異未達 .05 顯著水準。

受試者間效應項的檢定　　依變數：向度 C

來源	型 III 平方和	df	平均平方和	F	顯著性	淨相關 Eta 平方
截距	6.491	1	6.491	27.025	.000	.614
前測	.529	1	.529	2.203	.156	.115
組別	.765	1	.765	3.187	.092	.158
誤差	4.083	17	.240			
總數	324.900	20				

「組別」列爲實驗組與控制組主要效果是否有顯著差異的檢定統計量，F 值爲 3.187，顯著性 p＝.092＞.05，接受虛無假設，表示排除前測成績的影響後，二個組別在「向度 C」的平均數沒有顯著不同。

估計值（依變數：向度 C）

組別	平均數	標準誤差	95% 信賴區間	
			下界	上界
實驗組	4.252[a]	.179	3.875	4.629
控制組	3.748[a]	.179	3.371	4.125

a.使用下列值估計出現在模式的共變量：前測＝3.460.

實驗組與控制組在「向度 C」之調整後平均數分別爲 4.252、3.748，二個分數間的差異未達 .05 顯著水準。

至於實驗組與控制組在「向度 A」之主要效果相等的假設考驗，應改採用詹森內曼法。

10-3　有四個依變項之多變項共變數分析範例——一個共變量

在範例資料中，組別變項水準數值 1 爲實驗組、2 爲控制組，共變量爲「前測」，四個依變項爲「構面 A」、「構面 B」、「構面 C」、「構面 D」，前測爲整個量表單題平均得分，四個依變項爲四個構面單題的平均分數（向度總分除以向度題項數），各測量值分數介於 1 至 5 間，實驗組與控

制組各有十位受試者。範例分析的資料檔如下：

組別	前測	構面 A	構面 B	構面 C	構面 D	組別	前測	構面 A	構面 B	構面 C	構面 D
1	3.5	3.5	4.9	3.8	3.6	2	3.5	3.7	4.0	3.6	3.6
1	2.1	2.2	4.5	2.6	4.7	2	4.2	4.5	4.1	4.2	4.3
1	2.6	2.8	4.7	4.8	3.9	2	3.9	3.8	4.0	3.9	4.0
1	3.0	3.3	3.9	3.3	4.8	2	3.7	3.7	3.9	3.9	3.7
1	3.9	4.0	4.1	4.2	4.6	2	3.9	3.9	4.2	3.8	4.1
1	1.5	2.0	3.8	2.4	2.7	2	3.6	3.9	3.7	3.5	3.8
1	4.5	4.6	4.9	3.2	4.6	2	4.2	4.3	4.2	4.2	4.2
1	2.6	4.6	3.8	4.3	4.5	2	3.7	4.2	3.9	3.9	3.9
1	3.1	3.8	4.2	3.6	4.3	2	4.3	4.2	4.3	4.3	4.3
1	2.6	3.9	3.8	4.9	4.8	2	4.8	4.5	4.8	4.7	4.8

SPSS 資料集檔案中部分受試者的資料及變項建檔範例如下：

[MP_23]

全部受試者在控制變項及四個依變項之描述性統計量如下：

敘述統計

	個數	最小值	最大值	總和	平均數	標準差	變異數
前測	20	1.5	4.8	69.2	3.460	.8475	.718
構面 A	20	2.0	4.6	75.4	3.770	.7270	.529
構面 B	20	3.7	4.9	83.7	4.185	.3829	.147
構面 C	20	2.4	4.9	77.1	3.855	.6549	.429
構面 D	20	2.7	4.8	83.2	4.160	.5305	.281

實驗組與控制組二個群體在控制變項及四個依變項之描述性統計量如下：

敘述統計

組別		個數	最小值	最大值	總和	平均數	標準差	變異數
實驗組	前測	10	1.5	4.5	29.4	2.940	.8708	.758
	構面 A	10	2.0	4.6	34.7	3.470	.9056	.820
	構面 B	10	3.8	4.9	42.6	4.260	.4551	.207
	構面 C	10	2.4	4.9	37.1	3.710	.8556	.732
	構面 D	10	2.7	4.8	42.5	4.250	.6721	.452
控制組	前測	10	3.5	4.8	39.8	3.980	.3967	.157
	構面 A	10	3.7	4.5	40.7	4.070	.3093	.096
	構面 B	10	3.7	4.8	41.1	4.110	.2998	.090
	構面 C	10	3.5	4.7	40.0	4.000	.3559	.127
	構面 D	10	3.6	4.8	40.7	4.070	.3529	.125

一、操作程序

(一)各組迴歸線平行的假設考驗

> 執行功能列「分析（A）」/「一般線性模式（G）」/「多變量（M）」
> 程序，開啓「多變量對話視窗」。

在「多變量」對話視窗中，在左邊變數清單中將「構面 A」、「構面
B」、「構面 C」、「構面 D」四個依變項選入中間「依變數（D）」下的
方盒中，將自變項「組別」選入「固定因子（F）」下的方盒中，將共變項
「前測」變項選入「共變量（C）」下的方盒中。按『模式（M）』鈕，開
啓「多變量：模式」次對話視窗。

在「多變量：模式」對話視窗中，選取「⊙自訂（C）」模式，選取

「組別」因子變項至右邊「模式（M）」下方盒，選取「前測」共變量至右邊「模式（M）」下方盒，同時選取「組別」、「前測」二個變項至右邊「模式（M）」下方盒（模式結果為「前測*組別」的交互作用），此時右邊「模式（M）」下方盒有三種模式：組別、前測、前測*組別。

(二)迴歸線之共同斜率為 0 的假設考驗及各組主要效果相等的差異檢定

在「多變量」對話視窗中，按右上角『模式（M）』（Model）鈕，開啟「多變量：模式」次對話視窗。在「指定模式」方盒中，選取左邊「⊙完全因子設計（A）」選項→按『繼續』鈕，回到「多變量」對話視窗。

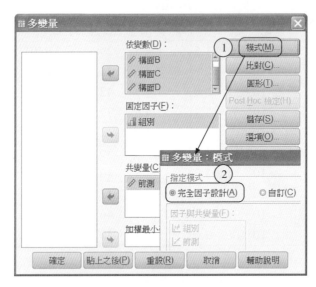

[MP_20_2]

在多變量對話視窗中，按右方『選項（O）』鈕，開啟「多變量：選項」次對話視窗。

在左方「因子與因子交互作用（F）」方盒中選取固定因子「組別」變項、將「組別」變項選入右方「顯示平均數（M）」下的方盒中，勾選「☑比較主效果」選項，「信賴區間調整（N）：」方盒之下拉式選項選取內定「LSD（無）」法。

在下方「顯示」方盒中勾選「☑敘述統計（D）」、「☑SSCP 矩陣（S）」、「☑殘差SSCP矩陣（C）」、「☑效果大小估計值（E）」、「☑參數估計值（P）」等選項→按『繼續』鈕，回到「多變量」對話視窗→按『確定』鈕。

【備註】：「信賴區間調整（N）」的下拉選單有三個信賴區間調整比較方
　　　　法：LSD法、Bonferroni法、Sidak法，內定選項為「LSD法」；
　　　　「顯示」方盒中「□敘述統計（D）」選項可以呈現各組在依變
　　　　項的原始成績平均數、標準差，「□參數估計值（P）」選項可
　　　　以呈現相關的迴歸係數參數，根據表中參數可以求出調整後平均
　　　　數，上述操作中勾選「☑參數估計值（P）」選項，在於報表的
　　　　解析說明，實際應用時此選項可以不用勾選。

[MP_20_1]

二、輸出結果說明

受試者間因子

		數值註解	個數
組別	1	實驗組	10
	2	控制組	10

　　二個組別水準數值的編碼及數值註解，水準數值 1 為實驗組、水準數值 2 為控制組。

(一)迴歸線平行的假設檢定

多變量檢定(b)

效應項		數值	F 檢定	假設自由度	誤差自由度	顯著性
截距	Pillai's Trace	.779	11.430(a)	4.000	13.000	.000
	Wilks' Lambda 變數選擇法	.221	11.430(a)	4.000	13.000	.000
	多變量顯著性檢定	3.517	11.430(a)	4.000	13.000	.000
	Roy 的最大平方根	3.517	11.430(a)	4.000	13.000	.000
組別	Pillai's Trace	.399	2.154(a)	4.000	13.000	.132
	Wilks' Lambda 變數選擇法	.601	2.154(a)	4.000	13.000	.132
	多變量顯著性檢定	.663	2.154(a)	4.000	13.000	.132
	Roy 的最大平方根	.663	2.154(a)	4.000	13.000	.132
前測	Pillai's Trace	.788	12.106(a)	4.000	13.000	.000
	Wilks' Lambda 變數選擇法	.212	12.106(a)	4.000	13.000	.000
	多變量顯著性檢定	3.725	12.106(a)	4.000	13.000	.000
	Roy 的最大平方根	3.725	12.106(a)	4.000	13.000	.000
組別*前測	Pillai's Trace	.300	1.394(a)	4.000	13.000	.290
	Wilks' Lambda 變數選擇法	.700	1.394(a)	4.000	13.000	.290
	多變量顯著性檢定	.429	1.394(a)	4.000	13.000	.290
	Roy 的最大平方根	.429	1.394(a)	4.000	13.000	.290

a 精確的統計量

b 設計：截距＋組別＋前測＋組別*前測

　　各組迴歸線平行假設檢定的 Λ 值為 .700，顯著性機率值 p＝.290＞.05，接受虛無假設，二個組別的迴歸線互相平行，組別間以共變數預測依變項之迴歸線的斜率相同，由於各條迴歸線互相平行，因而可以求出代表各組迴歸線的共同斜率值。迴歸線平行假設檢定的模式設計為「截距＋組別＋前測＋組別*前測」，由於迴歸線互相平行（各組迴歸線的斜率是相同的，當

數條迴歸線的斜率相同時，迴歸線才會互相平行，否則迴歸線會有交叉點－非互相平行），顯示各組受控制變項影響的程度是相同的。

受試者間效應項的檢定

來源	依變數	型 III 平方和	自由度	平均平方和	F 檢定	顯著性
截距	構面 A	.624	1	.624	2.691	.120
	構面 B	1.870	1	1.870	19.515	.000
	構面 C	1.038	1	1.038	2.620	.125
	構面 D	1.188	1	1.188	5.656	.030
組別	構面 A	.010	1	.010	.044	.836
	構面 B	.351	1	.351	3.666	.074
	構面 C	.487	1	.487	1.229	.284
	構面 D	.565	1	.565	2.691	.120
前測	構面 A	2.259	1	2.259	9.746	.007
	構面 B	1.058	1	1.058	11.037	.004
	構面 C	1.381	1	1.381	3.487	.080
	構面 D	1.696	1	1.696	8.072	.012
組別*前測	構面 A	.023	1	.023	.098	.758
	構面 B	.210	1	.210	2.192	.158
	構面 C	.477	1	.477	1.205	.289
	構面 D	.342	1	.342	1.629	.220
誤差	構面 A	3.709	16	.232		
	構面 B	1.533	16	.096		
	構面 C	6.337	16	.396		
	構面 D	3.362	16	.210		

「受試者間效應項的檢定」摘要表之「組別*前測」列的數據為單變項共變數分析中組內迴歸同質性假設考驗的數據，就「構面A」依變項而言，組內迴歸同質性考驗的統計量 F 值為 .098，顯著性機率值 p=.758＞.05；就「構面 B」依變項而言，組內迴歸同質性考驗的統計量 F 值為 2.192，顯著性機率值 p=.158＞.05；就「構面 C」依變項而言，組內迴歸同質性考驗的統計量 F 值為 1.205，顯著性機率值 p=.289＞.05；就「構面 D」依變項而言，組內迴歸同質性考驗的統計量 F 值為 1.205，顯著性機率值 p=.220＞.05。就單變項共變數之組內迴歸同質性考驗來講，四個依變項中，二組共變項對依變項之迴歸線的斜率都是相同的，每個單變項均符合組內迴歸同質性的假定，因而可繼續使用傳統共變數分析方法進行各組主要效果是否

相等的檢定。迴歸線平行的假設考驗中，若是多變量統計量 Λ 值的顯著性 p > .05，則通常所有組內迴歸同質性假設考驗的個別單變量檢定統計量 F 值的顯著性 p 均會大於 .05。

(二)共同斜率是否為 0 的假設檢定與各組主要效果是否有顯著差異的考驗

敘述統計

	組別	平均數	標準差	個數
構面 A	實 驗 組	3.470	.9056	10
	控 制 組	4.070	.3093	10
	總 和	3.770	.7270	20
構面 B	實 驗 組	4.260	.4551	10
	控 制 組	4.110	.2998	10
	總 和	4.185	.3829	20
構面 C	實 驗 組	3.710	.8556	10
	控 制 組	4.000	.3559	10
	總 和	3.855	.6549	20
構面 D	實 驗 組	4.250	.6721	10
	控 制 組	4.070	.3529	10
	總 和	4.160	.5305	20

「敘述統計」摘要表呈現的是實驗組與控制組二個組別在四個依變項的「原始成績」（或後測成績）測量值的平均分數，此成績並未將控制變項（共變量）的影響排除掉。就「構面 A」變項而言，實驗組與控制組二組依變項的原始平均數分別為 3.470、4.070，二十位受試者的總平均數為 3.770；就「構面 B」變項而言，實驗組與控制組二組依變項的原始平均數分別為 4.260、4.110；就「構面 C」變項而言，實驗組與控制組二組依變項的原始平均數分別為 3.710、4.000；就「構面 D」變項而言，實驗組與控制組二組依變項的原始平均數分別為 4.250、4.070，二十位受試者的總平均數為 4.160。

多變量檢定(b)

效應項		數值	F 檢定	假設自由度	誤差自由度	顯著性	淨相關 Eta 平方
截距	Pillai's Trace	.894	29.521(a)	4.000	14.000	.000	.894
	Wilks' Lambda 變數選擇法	.106	29.521(a)	4.000	14.000	.000	.894
	多變量顯著性檢定	8.435	29.521(a)	4.000	14.000	.000	.894
	Roy 的最大平方根	8.435	29.521(a)	4.000	14.000	.000	.894
前測	Pillai's Trace	.819	15.853(a)	4.000	14.000	.000	.819
	Wilks' Lambda 變數選擇法	.181	15.853(a)	4.000	14.000	.000	.819
	多變量顯著性檢定	4.530	15.853(a)	4.000	14.000	.000	.819
	Roy 的最大平方根	4.530	15.853(a)	4.000	14.000	.000	.819
組別	Pillai's Trace	.566	4.561(a)	4.000	14.000	.014	.566
	Wilks' Lambda 變數選擇法	.434	4.561(a)	4.000	14.000	.014	.566
	多變量顯著性檢定	1.303	4.561(a)	4.000	14.000	.014	.566
	Roy 的最大平方根	1.303	4.561(a)	4.000	14.000	.014	.566

a 精確的統計量

b 設計：截距＋前測＋組別

　　一個共變量之模式中，完全因子設計的模式為「截距＋前測＋組別」，其中「前測」共變量列數據為迴歸線斜率是否為 0 之檢定統計量，「組別」固定因子列數據為組別群組間主要效果是否有顯著差異的檢定統計量。迴歸線斜率是否為 0 檢定的統計量 Λ 值為 .181，顯著性機率值 p＝.000＜.05，拒絕虛無假設，迴歸線共同斜率顯著不等於 0（$\Gamma \neq 0$），共同斜率顯著不等於 0 表示共變量對依變項有某種程度的關聯性，資料結構中共變量對依變項的影響必須加以考量。如果共同斜率是否等於 0 之檢定結果，Λ 值統計量未達 .05 顯著水準，則表示共變量對依變項的影響程度甚低或二者之間沒有顯著關聯，此時，研究者也可以採用多變項變異數分析方法進行組別間主要效相等的假設考驗。

　　實驗組與控制組二個群組主要效果是否有顯著差異檢定之 Λ 值統計量為 .434，顯著性機率值 p＝.014＜.05，表示排除共變量的影響後，實驗組與控制組在四個依變項之調整後平均數間的差異考驗，至少有一個依變項達到顯著，至於二組是在那一個依變項的差異達到顯著，必須再參考單變量考驗的統計量 F 值（受試者間效應項的檢定表的中的數據）。「淨相關 Eta 平方」欄的數據為 .566，表示排除控制變項的影響後，「組別」自變項可以解釋所有依變項 56.6% 的變異量。

受試者間效應項的檢定

來源	依變數	型Ⅲ平方和	自由度	平均平方和	F 檢定	顯著性	淨相關 Eta 平方
截距	構面 A	.975	1	.975	4.440	.050	.207
	構面 B	6.080	1	6.080	59.290	.000	.777
	構面 C	4.858	1	4.858	12.120	.003	.416
	構面 D	4.825	1	4.825	22.143	.000	.566
前測	構面 A	4.510	1	4.510	20.542	.000	.547
	構面 B	.930	1	.930	9.068	.008	.348
	構面 C	.915	1	.915	2.283	.149	.118
	構面 D	1.482	1	1.482	6.799	.018	.286
組別	構面 A	.087	1	.087	.395	.538	.023
	構面 B	.753	1	.753	7.341	.015	.302
	構面 C	.010	1	.010	.024	.878	.001
	構面 D	1.164	1	1.164	5.342	.034	.239
誤差	構面 A	3.732	17	.220			
	構面 B	1.743	17	.103			
	構面 C	6.814	17	.401			
	構面 D	3.704	17	.218			

「受試者間效應項的檢定」摘要表之「組別」列數據，為二個組別主要效果是否相等的單變量檢定數據。就「構面 A」變項而言，二組調整後平均數差異的 F 值統計量為 .395，顯著性 $p = .538 > .05$，表示二組調整後平均數的差異未達顯著；就「構面 C」變項而言，二組調整後平均數差異的 F 值統計量為 .024，顯著性 $p = .878 > .05$，表示二組調整後平均數的差異未達顯著；就「構面 B」變項而言，二組調整後平均數差異的 F 值統計量為 7.341，顯著性 $p = .015 < .05$，表示二組調整後平均數有顯著差異存在，淨相關 η^2 數值等於 .302，表示排除控制變項對依變項的影響效果後，自變項可以解釋依變項 30.2% 的變異量；就「構面 D」變項而言，二組調整後平均數差異的 F 值統計量為 5.342，顯著性 $p = .034 < .05$，表示二組調整後平均數有顯著差異存在，淨相關 η^2 數值等於 .239，表示排除控制變項對依變項的影響效果後，自變項可以解釋依變項 23.9% 的變異量。

參數估計值

依變數	參數	迴歸係數B	標準誤	t	顯著性	95%信賴區間		淨相關 Eta 平方
						下限	上限	
構面 A	截距	1.126	.666	1.689	.109	−.280	2.531	.144
	前測	.740	.163	4.532	.000	.395	1.084	.547
	[組別＝1]	.169	.270	.628	.538	−.400	.738	.023
	[組別＝2]	0(a)	.	.	.	.	.	.
構面 B	截距	2.773	.455	6.089	.000	1.812	3.734	.686
	前測	.336	.112	3.011	.008	.101	.571	.348
	[組別＝1]	.499	.184	2.709	.015	.111	.888	.302
	[組別＝2]	0(a)	.	.	.	.	.	.
構面 C	截距	2.674	.900	2.970	.009	.774	4.573	.342
	前測	.333	.221	1.511	.149	−.132	.799	.118
	[組別＝1]	.057	.364	.155	.878	−.712	.825	.001
	[組別＝2]	0(a)	.	.	.	.	.	.
構面 D	截距	2.382	.664	3.589	.002	.982	3.783	.431
	前測	.424	.163	2.607	.018	.081	.767	.286
	[組別＝1]	.621	.269	2.311	.034	.054	1.188	.239
	[組別＝2]	0(a)	.	.	.	.	.	.

a 此參數因重疊而設定為零。

「參數估計值」摘要表可以算出二個組別之調整後平均數的數值（在進行共變數分析時此表格可以省略，各個組別在依變項之調整後平均數數據會於「估計的邊際平均數」表中呈現）。

調整後平均數的公式＝截距項＋各組別的迴歸係數 B
＋前測平均數（共變量平均數）
×前測（共變量）迴歸係數 B

就「構面 A」依變項而言：

實驗組之調整後平均數＝1.126＋(.169)＋3.460 × .740＝3.855
控制組之調整後平均數＝1.126＋(.000)＋3.460 × .740＝3.686

就「構面 D」依變項而言：

實驗組之調整後平均數＝2.382＋(.621)＋3.460 × .424＝4.470
控制組之調整後平均數＝2.382＋(.000)＋3.460 × .424＝3.849

其中 3.460 為共變量「前測」的平均數。

受試者間 SSCP 矩陣

			構面 A	構面 B	構面 C	構面 D
假設	截距	構面 A	.975	2.434	2.176	2.169
		構面 B	2.434	6.080	5.434	5.416
		構面 C	2.176	5.434	4.858	4.841
		構面 D	2.169	5.416	4.841	4.825
	前測	構面 A	4.510	2.048	2.032	2.585
		構面 B	2.048	.930	.922	1.174
		構面 C	2.032	.922	.915	1.164
		構面 D	2.585	1.174	1.164	1.482
	組別	構面 A	.087	.255	.029	.318
		構面 B	.255	.753	.085	.936
		構面 C	.029	.085	.010	.106
		構面 D	.318	.936	.106	1.164
誤差		構面 A	3.732	− 1.477	2.261	1.181
		構面 B	− 1.477	1.743	− .278	− .481
		構面 C	2.261	− .278	6.814	1.521
		構面 D	1.181	− .481	1.521	3.704

以型 III 的平方和為基礎

「受試者間 SSCP 矩陣」摘要表的數據，可以算出迴歸線共同斜率是否為 0 之 Λ 統計量及各組主要效果是否有顯著差異的 Λ 統計量。根據表中數據可以摘錄 Q_H、Q_R、Q_E 三個矩陣：

$$Q_H = \begin{bmatrix} .087 & .255 & .029 & .318 \\ .255 & .753 & .085 & .936 \\ .029 & .085 & .010 & .106 \\ .318 & .936 & .106 & 1.164 \end{bmatrix}, Q_R = \begin{bmatrix} 4.510 & 2.048 & 2.032 & 2.585 \\ 2.048 & .930 & .922 & 1.174 \\ 2.032 & .922 & .915 & 1.164 \\ 2.585 & 1.174 & 1.164 & 1.482 \end{bmatrix}$$

$$Q_E = \begin{bmatrix} 3.732 & −1.477 & 2.261 & 1.181 \\ −1.477 & 1.743 & −.278 & −.481 \\ 2.261 & −.278 & 6.814 & 1.521 \\ 1.181 & −.481 & 1.521 & 3.704 \end{bmatrix}, |Q_E| = 70.797 ,$$

$$|Q_E + R_E| = \left\| \begin{array}{cccc} 8.242 & 0.571 & 4.293 & 3.766 \\ 0.571 & 2.673 & 0.644 & 0.693 \\ 4.293 & 0.644 & 7.729 & 2.685 \\ 3.766 & 0.693 & 2.685 & 5.186 \end{array} \right\| = 391.675$$

$$|Q_H + R_E| = \left\| \begin{array}{cccc} 3.819 & -1.222 & 2.290 & 1.499 \\ -1.222 & 2.496 & -0.193 & 0.455 \\ 2.290 & -0.193 & 6.824 & 1.627 \\ 1.499 & 0.455 & 1.627 & 4.868 \end{array} \right\| = 163.126$$

根據三個矩陣可以求出共同迴歸線之斜率是否為 0 的多變量檢定統計量

$A = \dfrac{|Q_E|}{|Q_R + Q_E|} = \dfrac{70.797}{391.675} = .181$，組別主要效果是否有顯著差異的多變量檢定統計量

$A = \dfrac{|Q_E|}{|Q_H + Q_E|} = \dfrac{|Q_E|}{|Q_T|} = \dfrac{70.797}{163.126} = .434$

殘差 SSCP 矩陣

		構面 A	構面 B	構面 C	構面 D
叉積平方和	構面 A	3.732	−1.477	2.261	1.181
	構面 B	−1.477	1.743	−.278	−.481
	構面 C	2.261	−.278	6.814	1.521
	構面 D	1.181	−.481	1.521	3.704
共變數	構面 A	.220	−.087	.133	.069
	構面 B	−.087	.103	−.016	−.028
	構面 C	.133	−.016	.401	.089
	構面 D	.069	−.028	.089	.218
相關	構面 A	1.000	−.579	.448	.318
	構面 B	−.579	1.000	−.081	−.189
	構面 C	.448	−.081	1.000	.303
	構面 D	.318	−.189	.303	1.000

以型 III 的平方和為基礎

　　「殘差SSCP矩陣」摘要中「叉積平方和」列的矩陣為「受試者間SSCP矩陣」摘要表中「誤差」項列的矩陣（組內誤差項的SSCP矩陣）。「共變數」項的數據為四個依變項殘差項間的共變數矩陣（對角線為四個依變項

殘差項的變異數）、「相關」項的數據爲四個依變項殘差項間的相關矩陣
（對角線的相關係數均爲 1.000）。

估計的邊際平均數：估計值

依變數	組別	平均數	標準誤	95%信賴區間	
				下限	上限
構面 A	實 驗 組	3.855(a)	.171	3.494	4.215
	控 制 組	3.685(a)	.171	3.325	4.046
構面 B	實 驗 組	4.435(a)	.117	4.188	4.681
	控 制 組	3.935(a)	.117	3.689	4.182
構面 C	實 驗 組	3.883(a)	.231	3.397	4.370
	控 制 組	3.827(a)	.231	3.340	4.313
構面 D	實 驗 組	4.470(a)	.170	4.112	4.829
	控 制 組	3.850(a)	.170	3.491	4.208

a 使用下列的值評估模型中的共變量：前測＝3.460.

　　「估計的邊際平均數」摘要表爲四個依變項調整後平均數，調整後平均數爲排除前測分數（共變量）影響後，二個組別在依變項調整後的分數。就「構面A」依變項而言，二個組別調整後平均數分別爲 3.855、3.685；就「構面 B」依變項而言，二個組別調整後平均數分別爲 4.435、3.935；就「構面 C」依變項而言，二個組別調整後平均數分別爲 3.883、3.827；就「構面D」依變項而言，二個組別調整後平均數分別爲 4.470、3.850。各組主要效果相等的假設考驗即在檢定二個組別在這些平均數的差異。

　　由於有二個群組（水準數值爲 2），檢定的依變項有四個，所以每個群組有四個平均數，以向量表示主要效果檢定是否有顯著差異的虛無假設與對立假設如下：

$$H_0 : \begin{pmatrix} \mu_{11} \\ \mu_{21} \\ \mu_{31} \\ \mu_{41} \end{pmatrix} = \begin{pmatrix} \mu_{12} \\ \mu_{22} \\ \mu_{32} \\ \mu_{42} \end{pmatrix} \; ; \; H_A : \begin{pmatrix} \mu_{11} \\ \mu_{21} \\ \mu_{31} \\ \mu_{41} \end{pmatrix} \neq \begin{pmatrix} \mu_{12} \\ \mu_{22} \\ \mu_{32} \\ \mu_{42} \end{pmatrix}$$

成對的比較

依變數	(I)組別	(J)組別	平均數差異（I－J）	標準誤	顯著性(a)	差異的95% 信賴區間(a)	
						下限	上限
構面 A	實驗組	控制組	.169	.270	.538	−.400	.738
	控制組	實驗組	−.169	.270	.538	−.738	.400
構面 B	實驗組	控制組	.499(*)	.184	.015	.111	.888
	控制組	實驗組	−.499(*)	.184	.015	−.888	−.111
構面 C	實驗組	控制組	.057	.364	.878	−.712	.825
	控制組	實驗組	−.057	.364	.878	−.825	.712
構面 D	實驗組	控制組	.621(*)	.269	.034	.054	1.188
	控制組	實驗組	−.621(*)	.269	.034	−1.188	−.054

以可估計的邊際平均數為基礎
*在水準 .05 的平均數差異顯著。
a 多重比較調整：最小顯著差異（等於沒有調整）。

　　「成對的比較」摘要表為各組主要效果顯著性差異的事後比較，此事後比較摘要表與變異數分析之事後比較摘要表相同，只是變異數分析進行的是原始依變項分數的差異比較，共變數分析進行的是調整後平均數的差異比較。就依變項「構面B」而言，實驗組之調整後平均數顯著的高於控制組之調整後平均數（平均數差異值為 .499、標準誤為 .184）。就依變項「構面D」而言，實驗組之調整後平均數顯著的高於控制組之調整後平均數（平均數差異值為 .621、標準誤為 .269）。至於實驗組與控制組在「構面A」與「構面C」二個依變項之主要效果之差異檢定並未達顯著。

多變量檢定

	數值	F 檢定	假設自由度	誤差自由度	顯著性	淨相關 Eta 平方
Pillai's 跡	.566	4.561(a)	4.000	14.000	.014	.566
Wilks' Lambda 變數選擇法	.434	4.561(a)	4.000	14.000	.014	.566
多變量顯著性檢定	1.303	4.561(a)	4.000	14.000	.014	.566
Roy 的最大平方根	1.303	4.561(a)	4.000	14.000	.014	.566

各 F 檢定組別的多變量效果。這些檢定是以估計的邊際平均數中的線性自變數成對比較為基礎。
a 精確的統計量

　　「多變量檢定」摘要表為各組主要效果是否有顯著不同之差異考驗的多變量檢定量Λ值，此表為完全因子設計模式（設計為截距＋前測＋組別）之多變量檢定表中，「組別」項的四個多變量檢定統計量的數值。

單變量檢定

依變數		平方和	自由度	平均平方和	F 檢定	顯著性	淨相關 Eta 平方
構面 A	對比	.087	1	.087	.395	.538	.023
	誤差	3.732	17	.220			
構面 B	對比	.753	1	.753	7.341	.015	.302
	誤差	1.743	17	.103			
構面 C	對比	.010	1	.010	.024	.878	.001
	誤差	6.814	17	.401			
構面 D	對比	1.164	1	1.164	5.342	.034	.239
	誤差	3.704	17	.218			

F 檢定組別的效果。此檢定是以估計的邊際平均數中的線性自變數成對比較為基礎。

單變量檢定表中的 F 值為「受試者間效應項的檢定」摘要表之「組別」列的數據，四個 F 值為主要效果是否相等的假設考驗之單變量檢定統計量。「誤差」列的數據為「受試者間效應項的檢定」摘要表中之「誤差」項四列的數據。實驗組、控制組二個組別主要效果差異檢定的 F 值分別為 .395（p = .538＞.05）、7.341（p = .015＜.05）、.024（p = .878＞.05）、5.342（p = .034＜.05）。

【表格範例】

表 I　多變量及單變量共變數分析摘要表

變異來源	df	SSCP 矩陣				多變量 (Λ)	單變量 (F)			
		構面 A	構面 B	構面 C	構面 D		構面 A	構面 B	構面 C	構面 D
常數	1									
組間（排除共變數）	1	4.510 2.048 2.032 2.585	2.048 .930 .922 1.174	2.032 .922 .915 1.164	2.585 1.174 1.164 1.482	.434*	.395ns	7.341* （實＞控）	.024ns	5.342* （實＞控）
共變數（排除實驗設計效果）	1	.087 .255 .029 .318	.255 .753 .085 .936	.029 .085 .010 .106	.318 .936 .106 1.164	.181*	20.542***	9.068*	2.283	6.799*
組內（誤差項）（排除共變數）	17	3.732 −1.477 2.261 1.181	−1.477 1.743 −.278 −.481	2.261 −.278 6.814 1.521	1.181 −.481 1.521 3.704					
總和	20									

註：ns p＞.05　*p＜.05　***p＜.001　　實：實驗組　　控：控制組

　　各組迴歸線平行的假設檢定之多變量統計量 Wilk's Λ 值為 .700，顯著性 p 值＝.290＞.05，接受虛無假設 H_0：$\Gamma_1 = \Gamma_2 = \Gamma$，表示二個組別的迴歸線的斜率相同，實驗組與控制組二個群體受共變數影響的程度是一樣的。再從上述多變量共變數分析摘要表可以得知：共同斜率是否為 0 的假設考驗之 Λ 值統計量為 .181（p＜.001），達到 .05 顯著水準，表示迴歸線的共同斜率顯著不等於 0，共變量與依變項間有某種程度的關聯，群組在依變項平均數的差異比較必須考量將共變量對依變項的影響排除。各組主要效果是否有顯著差異考驗之 Λ 值統計量為 .434（p＜.001），達到 .05 顯著水準，表示自變項二個群組至少在一個依變項之調整後平均數間有顯著不同，從單變量共變數 F 值來看，其差異主要是由「構面 B」、「構面 D」依變項造成的，二個群組在依變項「構面 B」的調整後平均數有顯著不同，F 值為 7.341（p＜.05），進一步的事後比較發現：「實驗組」（M＝4.435）顯著地高於「控制組」（M＝3.935）；二個群組在依變項「構面 D」的調整後平均數有顯著不同，F 值為 5.342（p＜.05），進一步的事後比較發現：「實驗組」（M＝4.470）顯著地高於「控制組」（M＝3.850），至於二個群組在依變項「構面 A」、「構面 C」的調整後平均數之差異考驗均未達顯著。

表 11　組別在四個依變項之後測平均數及調整後平均數摘要表

依變項	組別	平均數	標準差	調整後平均數	標準誤
構面 A	實驗組	3.470	.9056	3.855	.171
	控制組	4.070	.3093	3.685	.171
構面 B	實驗組	4.260	.4551	4.435	.117
	控制組	4.110	.2998	3.935	.117
構面 C	實驗組	3.710	.8556	3.883	.231
	控制組	4.000	.3559	3.827	.231
構面 D	實驗組	4.250	.6721	4.470	.170
	控制組	4.070	.3529	3.850	.170

註：模型中的共變量：前測＝3.460.

10-4 單因子多變量變異數分析──二個共變量

一、研究問題

　　某教育學者想探究三種不同的學習策略對學生語文成績的影響，此學者從國中二年級學生中隨機抽取三十名學生參與三種不同的實驗活動教學，三種不同的教學活動型態分別稱為「教學法A」、「教學法B」、「教學法C」策略，實驗教學時間為暑假二個月，各組每週上課三次，每次上課二小時。考量三組學生間的個別差異，研究者以受試者一年級的學期國文成績及在標準化智力測驗之分數二個變項作為共變數，實驗結束後再施予「閱讀成就測驗」及「寫作成就測驗」作為三組比較的成績依據，其測得的數據如下。受試者在「閱讀成就測驗」及「寫作成就測驗」上之得分愈高，表示其閱讀能力愈佳、寫作能力愈好；相對地，若是受試者在二個測驗的得分愈低，表示受試者的閱讀能力愈差、寫作能力愈不好。請問在排除國文成績及智力變項的影響後，三種教學法的教學成效對學生閱讀及寫作成績是否有顯著的影響作用？範例資料檔如下，「組別」變項三個水準數值中，水準數值1為「教學法[A]」群組、水準數值2為「教學法[B]」群組、水準數值3為「教學法[C]」群組。

組別（自變項）	智力（共變量）	國文成績（共變量）	閱讀成績（依變項一）	寫作成績（依變項二）	組別（自變項）	智力（共變量）	國文成績（共變量）	閱讀成績（依變項一）	寫作成績（依變項二）
1	5.3	3.8	4.7	8.5	2	5.6	5.4	6.4	6.6
1	5.7	5.7	6.2	8.7	2	6.5	5.6	5.8	7.5
1	5.7	5.6	6.8	7.8	2	5.7	5.4	7.2	7.6
1	5.1	4.8	5.2	8.6	2	5.7	5.5	6.7	6.7
1	6.0	6.0	5.6	7.8	2	6.6	6.7	7.1	7.8
1	5.8	5.8	7.0	7.7	3	6.8	6.6	7.8	7.4
1	5.2	5.1	5.4	6.7	3	6.7	5.6	6.6	6.8
1	6.3	6.1	6.7	9.2	3	5.5	5.6	6.1	6.8
1	6.3	6.0	7.2	6.9	3	5.4	5.6	7.6	7.7
1	5.4	5.2	6.1	8.6	3	5.1	4.8	5.2	5.6
2	6.4	6.3	6.9	6.8	3	6.3	6.2	6.8	6.7
2	6.4	7.2	7.4	7.5	3	5.7	6.3	7.4	7.6
2	5.5	5.5	5.8	6.8	3	5.4	5.6	4.8	5.8
2	6.4	6.4	6.6	7.2	3	6.2	6.3	6.5	7.1
2	6.6	6.5	7.7	7.8	3	6.7	6.4	7.9	8.1

二、操作程序

㈠各組迴歸平行的假設檢定

1. 步驟 1

執行功能表「分析（A）」→「一般線性模式（G）」→「多變量（M）」程序，開啓「多變量」對話視窗。

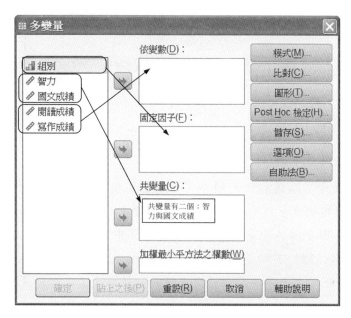

[MP_11]

2. 步驟 2

在「多變量）對話視窗中：

⇒在左邊變數清單中將依變項「閱讀成績」、「寫作成績」二個選入右邊「依變數（D）」下的方盒中。

⇒在左邊變數清單中將自變項「組別」選入右邊「固定因子（F）」下的方盒中。

⇒在左邊變數清單中將控制變項「智力」、「國文成績」二個控制變項選入右邊「共變量（C）」下的方盒中。

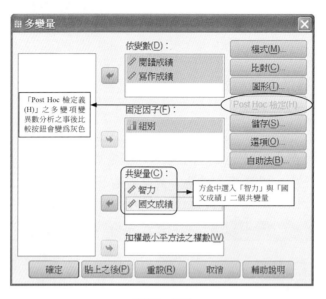

[MP_12]

3. **步驟 3**

⇒按右上角『模式』鈕，開啟「多變量：模式」次對話視窗。

⇒在「指定模式」（Specify Model）方盒中，選取右邊「⊙自訂（C）」選項，「因子與共變量方盒」的變數清單中，將「組別」自變項選入右邊「模式（M）下的空盒中、將「智力」控制變項選入右邊「模式（M）」下的空盒中、將「國文成績」控制變項選入右邊「模式（M）」下的空盒中。

⇒在左邊方盒中同時選取「組別」（固定因子）及「智力」（共變量）二個選項，選入右邊「模式（M）」空盒中，選入後會新增一個「智力*組別」交互作用項。

⇒在左邊方盒中同時選取「組別」（固定因子）及「國文成績」（共變量）二個選項，選入右邊「模式（M）」空盒中，選入後會新增一個「國文成績*組別」交互作用項。

最後右邊「模式（M）」方盒中會出現五個模式：「組別」（因子）、「智力」（共變量）、「國文成績」（共變量）、「智力*組別」（固定因子與共變量一的交互作用項）、「國文成績*組別」（固定因子與共變量二的交互作用項）

⇒在「平方和（Q）」的下拉式選項中，選取內定之「TypeⅢ」（型Ⅲ）的計算方法，右邊選項中內定「☑模式中包括截距項（I）」。

⇒按『繼續』鈕，回到「多變量」對話視窗→再按『確定』鈕。

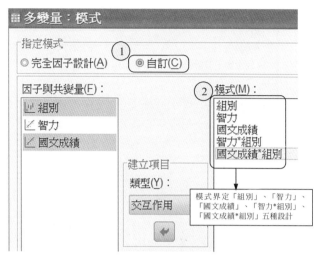

模式界定「組別」、「智力」、「國文成績」、「智力*組別」、「國文成績*組別」五種設計

(二) 共同斜率為 0 的假設檢定及組別主要效果相等的假設考驗

1. 步驟 1

執行功能表「分析 (A)」→「一般線性模式 (G)」→「多變量 (M)」程序，開啟「多變量」對話視窗。

2. 步驟 2

在「多變量) 對話視窗中

⇒在左邊變數清單中將依變項「閱讀成績」、「寫作成績」二個選入右邊「依變數 (D)」下的方盒中。

⇒在左邊變數清單中將自變項「組別」選入右邊「固定因子 (F)」下的方盒中。

⇒在左邊變數清單中將控制變項「智力」、「國文成績」二個選入右邊「共變量 (C)」下的方盒中。

3. 步驟 3

⇒按右上角『模式 (M)』選項鈕，開啟「多變量：模式」次對話視窗。

⇒在「指定模式」方盒中，選取左邊「◉ 完全因子設計 (A)」選項。

⇒在「平方和 (Q)」的下拉式選項中，選取內定之「Type Ⅲ」（型Ⅲ）的計算方法，右邊選項中內定「☑模式中包括截距項 (I)」。

⇒按『繼續』鈕，回到「多變量」對話視窗。

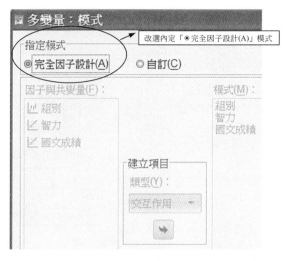

[MP_16]

4. **步驟 4**

> ⇒在多變量對話視窗中，按右方『選項（O）』按鈕，開啟「多變量：選項」次對話視窗。
>
> ⇒在左方「因子與因子交互作用（F）」方盒中選取固定因子「組別」變項、將「組別」變項選入右方「顯示平均數（M）」下的方盒中，勾選「☑比較主效果」選項，「信賴區間調整（N）：」方盒中之下拉式選項中選取內定「LSD（無）」法。（此操作程序可呈現各組在依變項之調整後的平均數，及調整後平均數的事後比較）。
>
> ⇒在下方「顯示」方盒中勾選「☑敘述統計（D）」、「☑SSCP 矩陣（S）」、「☑殘差 SSCP 矩陣（C）」等選項→按『繼續』鈕，回到「多變量」對話視窗→按『確定』鈕。

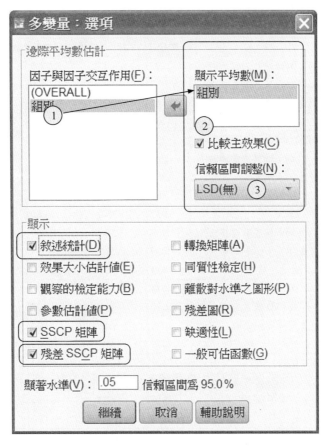

[MP_17]

三、輸出結果說明

(一)迴歸線平行的假設考驗

受試者間因子

		數值註解	個數
組別	1	教學法[A]	10
	2	教學法[B]	10
	3	教學法[C]	10

　　三個群組的水準數值編碼及數值註解,「組別」自變項中水準數值 1 為「教學法[A]」受試者、水準數值 2 為「教學法[B]」受試者、水準數值 3 為「教學法[C]」受試者,參與三種教學法實驗的受試者各有 10 人。

多變量檢定[c]

效果		數值	F	假設自由度	誤差自由度	顯著性
截距	Pillai's Trace	.207	2.607[a]	2.000	20.000	.099
	Wilks' Lambda 變數選擇法	.793	2.607[a]	2.000	20.000	.099
	多變量顯著性檢定	.261	2.607[a]	2.000	20.000	.099
	Roy 的最大平方根	.261	2.607[a]	2.000	20.000	.099
組別	Pillai's Trace	.231	1.374	4.000	42.000	.259
	Wilks' Lambda 變數選擇法	.781	1.314[a]	4.000	40.000	.281
	多變量顯著性檢定	.264	1.254	4.000	38.000	.305
	Roy 的最大平方根	.169	1.771[b]	2.000	21.000	.195
智力	Pillai's Trace	.037	.386a	2.000	20.000	.685
	Wilks' Lambda 變數選擇法	.963	.386[a]	2.000	20.000	.685
	多變量顯著性檢定	.039	.386[a]	2.000	20.000	.685
	Roy 的最大平方根	.039	.386[a]	2.000	20.000	.685
組別 * 智力	Pillai's Trace	.073	.398	4.000	42.000	.809
	Wilks' Lambda 變數選擇法	.927	.384[a]	4.000	40.000	.819
	多變量顯著性檢定	.078	.369	4.000	38.000	.829
	Roy 的最大平方根	.070	.739[b]	2.000	21.000	.490
組別 * 國文成績	Pillai's Trace	.400	1.748	6.000	42.000	.134
	Wilks' Lambda 變數選擇法	.636	1.692[a]	6.000	40.000	.148
	多變量顯著性檢定	.516	1.633	6.000	38.000	.165
	Roy 的最大平方根	.359	2.511[b]	3.000	21.000	.086

多變量檢定（Multivariate Tests）模式設計為「截距＋組別＋智力＋國文成績＋組別＊智力＋組別＊國文成績」，此種設計為二個共變量之共變數分析之各組迴歸線平行的假設檢定模式，三個組別迴歸線平行檢定的虛無假設為：$H_0 : \Gamma_1 = \Gamma_2 = \Gamma_3 = \Gamma$。

「組別＊智力」項的 Λ 值為 .927，顯著性 p 值 = .819 > .05，$H_0 : \Gamma_1 = \Gamma_2 = \Gamma_3 = \Gamma$，接受虛無假設，就三個組別群體而言，「智力」共變項與依變項間之迴歸線是互相平行的，各組迴歸線之斜率相同，三個組別受智力控制變項影響的程度是相同的；「組別＊國文成績」項的 Λ 值為 .636，顯著性 p 值 = .148 > .05，接受虛無假設，就三個組別群體而言，「國文成績」共變項與依變項間之迴歸線是互相平行的，各組迴歸線之斜率也是相同的，三個組別受國文成績控制變項影響的程度也一樣。

受試者間效應項的檢定

來源	依變數	型 III 平方和	df	平均平方和	F	顯著性
校正後的模式	閱讀成績	13.701[a]	8	1.713	3.919	.006
	寫作成績	10.506[b]	8	1.313	2.858	.026
截距	閱讀成績	.031	1	.031	.072	.791
	寫作成績	2.327	1	2.327	5.065	.035
組別	閱讀成績	.958	2	.479	1.096	.353
	寫作成績	1.299	2	.649	1.413	.266
智力	閱讀成績	.101	1	.101	.232	.635
	寫作成績	.361	1	.361	.786	.385
組別*智力	閱讀成績	.240	2	.120	.275	.762
	寫作成績	.265	2	.133	.289	.752
組別*國文成績	閱讀成績	3.270	3	1.090	2.494	.088
	寫作成績	1.666	3	.555	1.209	.331
誤差	閱讀成績	9.178	21	.437		
	寫作成績	9.649	21	.459		
校正後的總數	閱讀成績	22.879	29			
	寫作成績	20.155	29			

從單變項共變數分析之數據而言，「智力」共變項與「閱讀成績」、「寫作成績」二個依變項間之組內迴歸同質性檢定結果的 F 值分別 .275（p = .762 > .05）、.289（p = .752 > .05），均未達 .05 顯著水準，接受虛無假設，符合組內迴歸同質性的假定；「國文成績」共變項與「閱讀成績」、「寫作成績」二個依變項間之組內迴歸同質性檢定結果的 F 值分別 2.494（p = .088 > .05）、1.209（p = .331 > .05），均未達 .05 顯著水準，接受虛無假設，也符合組內迴歸同質性的假定。此種結果表示三個組別群體受共變數「智力」的影響程度是相同的，此外三個組別群體受共變數「國文成績」的影響程度也是一樣的。三個組別受到共變量同樣的影響程度時，表示各組的迴歸線是互相平行的，此時可以只用一條共同的迴歸線表示共變量與依變項之間的關係。

(二)共同迴歸線之斜率是否為 0 的檢定

敘述統計

	組別	平均數	標準離差	個數
閱讀成績	教學法[A]	6.090	.8425	10
	教學法[B]	6.760	.6346	10
	教學法[C]	6.670	1.0657	10
	總數	6.507	.8882	30
寫作成績	教學法[A]	8.050	.8127	10
	教學法[B]	7.230	.4692	10
	教學法[C]	6.960	.8017	10
	總數	7.413	.8337	30

「敘述統計」摘要表為三個組別在二個依變項的原始後測分數的平均數與標準差，三個組別群體在「閱讀成績」的平均數分別為 6.090、6.760、6.670，三個組別的總平均數為 6.507；三個組別群體在「寫作成績」的平均數分別為 8.050、7.230、6.960，三個組別的總平均數為 7.413，原始後測成績並沒有排除智力與國文成績二個控制變項對依變項的影響。「敘述統計」表所呈現的平均數是未排除「智力」與「國文成績」二個共變量影響的原始測量值之平均分數，當模式排除「智力」與「國文成績」二個共變量的影響後，上述三個群體之原始分數平均會改變，改變後數值平均數稱為調整後平均數。

多變量檢定[c]

效果		數值	F	假設自由度	誤差自由度	顯著性
截距	Pillai's Trace	.269	4.413[a]	2.000	24.000	.023
	Wilks' Lambda 變數選擇法	.731	4.413[a]	2.000	24.000	.023
	多變量顯著性檢定	.368	4.413[a]	2.000	24.000	.023
	Roy 的最大平方根	.368	4.413[a]	2.000	24.000	.023
智力	Pillai's Trace	.061	.785[a]	2.000	24.000	.467
	Wilks' Lambda 變數選擇法	.939	.785[a]	2.000	24.000	.467
	多變量顯著性檢定	.065	.785a	2.000	24.000	.467
	Roy 的最大平方根	.065	.785[a]	2.000	24.000	.467

多變量檢定^c（續）

效果		數值	F	假設 自由度	誤差 自由度	顯著性
國文成績	Pillai's Trace	.240	3.781[a]	2.000	24.000	.037
	Wilks' Lambda 變數選擇法	.760	3.781a	2.000	24.000	.037
	多變量顯著性檢定	.315	3.781a	2.000	24.000	.037
	Roy 的最大平方根	.315	3.781a	2.000	24.000	.037
組別	Pillai's Trace	.442	3.546	4.000	50.000	.013
	Wilks' Lambda 變數選擇法	.559	4.054[a]	4.000	48.000	.007
	多變量顯著性檢定	.789	4.534	4.000	46.000	.004
	Roy 的最大平方根	.787	9.837[b]	2.000	25.000	.001

　　「智力」列數據為單獨以「智力」為共變數時，共同迴歸線之斜率是否為 0 的檢定，檢定統計量的 Λ 值為 .939，顯著性機率值 p＝.467＞.05，接受虛無假設，共同迴歸線之斜率為 0；「國文成績」列數據為單獨以「國文成績」為共變數時，共同迴歸線之斜率是否為 0 的檢定，檢定統計量的 Λ 值為 .315，顯著性機率值 p＝.037＜.05，拒絕虛無假設，共同迴歸線之斜率顯著不等於 0。多變項共變數分析程序中，如果模式中有二個共變量，若其中有一個共變量與依變項間關係的共同迴歸線之斜率顯著不等於 0（Γ≠0），表示共同迴歸係數矩陣並不等於 0，考量到所有共變量時，控制變項與依變項間的是有某種程度的關係，因為共變量與依變項有某種程度關聯，因而須將共變量對依變項的影響從模型中排除，統計分析程序如果沒有將二個控制變項的影響排除，直接進行三個群組的主要效果差異檢定，差異考驗統計量可能有所偏誤。

　　同時考量二個控制變項時，共變量與依變項共同斜率是否顯著不等於 0 考驗之多變量檢定 Λ 值統計量為 .48638，顯著性 p＝.001＜.05，拒絕虛無假設，表示共同迴歸線之斜率顯著不等於 0（Γ≠0），控制變項與依變項間有某種程度關係，主要效果項是否相等的檢定中，必須同時考量「智力」、「國文成績」二個共變量對依變項的影響。

Multivariate Tests of Significance (S = 2, M = −1/2, N = 11)					
Test Name	Value	Approx. F	Hypoth. DF	Error DF	Sig. of F
Pillais	.53076	4.51556	4.00	50.00	.003
Hotellings	1.02080	5.86960	4.00	46.00	.001
Wilks	.48638	5.20661	4.00	48.00	.001
Roys	.49623				
Note.. F statistic for WILKS' Lambda is exact.					

（上述共同斜率是否為 0 的假設考驗之多變量檢定數值，請參考下面的 MANOVA 語法及其輸出結果）

　　「組別」列數據為三個群組之在二個依變項之調整後平均數是否有顯著差異檢定的多變量統計量數，主要效果是否相等考驗的 Λ 統計量等於 .559，顯著性機率值 p = .007 < .05，表示排除二個控制變項的影響後，三個群組至少在一個依變項之調整後平均數有顯著差異，至於組別在那一個依變項上有顯著差異，必須再查看下面「受試者間效應項的檢定」（單變量共變數分析）摘要表。

受試者間效應項的檢定

來源	依變數	型 III 平方和	df	平均平方和	F	顯著性
校正後的模式	閱讀成績	12.683[a]	4	3.171	7.775	.000
	寫作成績	8.174[b]	4	2.044	4.264	.009
截距	閱讀成績	.017	1	.017	.040	.842
	寫作成績	4.024	1	4.024	8.397	.008
智力	閱讀成績	.327	1	.327	.803	.379
	寫作成績	.659	1	.659	1.375	.252
國文成績	閱讀成績	2.919	1	2.919	7.157	.013
	寫作成績	.013	1	.013	.027	.872
組別	閱讀成績	.065	2	.033	.080	.923
	寫作成績	7.694	2	3.847	8.028	.002
誤差	閱讀成績	10.195	25	.408		
	寫作成績	11.981	25	.479		
校正後的總數	閱讀成績	22.879	29			
	寫作成績	20.155	29			

　　「組別」列（自由度為 2）為排除控制變項後，三個群組在二個依變項之調整後平均數的差異檢定統計量，就「閱讀成績」而言，排除控制變項的影響後，三個群組的平均數間差異考驗的 F 值統計量為 .080，顯著性 p =

.923＞.05，未達 .05 顯著水準，表示排除智力與國文成績二個共變量的影響後，三個群組在「閱讀成績」變項的平均數沒有顯著的不同；就「寫作成績」而言，排除控制變項的影響後，三個群組的平均數間差異考驗的 F 值統計量為 8.028，顯著性 p＝.002<.05，達 .05 顯著水準，表示排除智力與國文成績二個共變量的影響後，三個群組在「寫作成績」變項的平均數有顯著的不同，由於有三個群組，進一步的事後的比較可參閱後面的「成對比較」摘要表，若是自變項只有二個水準數值，排除控制變項的影響後，固定因子變項在依變項的差異達到顯著，可直接從調整後平均數的高低作為事後比較的判別數據。

受試者間 SSCP 矩陣

			閱讀成績	寫作成績
假設	截距	閱讀成績	.017	.258
		寫作成績	.258	4.024
	智力	閱讀成績	.327	.464
		寫作成績	.464	.659
	國文成績	閱讀成績	2.919	.193
		寫作成績	.193	.013
	組別	閱讀成績	.065	−.609
		寫作成績	−.609	7.694
誤差		閱讀成績	10.195	3.946
		寫作成績	3.946	11.981

表中沒有 Q_R SSCP 矩陣

排除共變項影響後，組間效果項 SSCP 矩陣 Q_H

組內誤差項 SSCP 矩陣 Q_E

「受試者間SSCP矩陣」中除截距項後，包括排除控制變項影響後，組間變異的 SSCP 矩陣 $Q_H = \begin{bmatrix} .065 & -.609 \\ -.609 & 7.694 \end{bmatrix}$，殘餘誤差變異的 SSCP 矩陣（組內誤差項之 SSCP 矩陣）$Q_E = \begin{bmatrix} 10.195 & 3.946 \\ 3.946 & 11.981 \end{bmatrix}$、$Q_R = \begin{bmatrix} 10.039 & 3.689 \\ 3.689 & 1.729 \end{bmatrix}$（共同迴歸係數之 SSCP 矩陣數據參閱 MANOVA 語法表輸出結果）。

$$Q_R + Q_E = \begin{bmatrix} 20.234 & 7.635 \\ 7.635 & 13.71 \end{bmatrix}、Q_H + Q_E = \begin{vmatrix} 10.260 & 3.337 \\ 3.337 & 19.675 \end{vmatrix} = Q_T$$

共同斜率為 0 之假設考驗的多變量 Λ 值 $= \dfrac{|Q_E|}{|Q_R + Q_E|} = \dfrac{106.575}{219.115} = 0.486$，當共同迴歸係數矩陣顯著不等於 0 時，表示二個控制變項對依變項的影響顯

著。研究者要進一步進行組間主要效果差異的比較時，必須將控制變項對依變項的影響排除，否則實驗處理效果的差異比較會受控制變項的影響而被扭曲。

各組主要效果是否相等之假設考驗的多變量 Λ 值 $= \dfrac{|Q_E|}{|Q_H + Q_E|} = \dfrac{106.575}{190.730} = 0.559$

估計的邊緣平均數：組別

估計值

依變數	組別	平均數	標準誤差	95%信賴區間	
				下界	上界
閱讀成績	教學法[A]	6.453a	.215	6.011	6.896
	教學法[B]	6.497a	.209	6.066	6.927
	教學法[C]	6.570a	.203	6.151	6.989
寫作成績	教學法[A]	8.182a	.233	7.702	8.661
	教學法[B]	7.125a	.227	6.658	7.591
	教學法[C]	6.934a	.220	6.480	7.387

a 使用下列的值評估模型中的共變量：智力 = 5.933，國文成績 = 5.787.

「估計的邊緣平均數」摘要表為三個群組在二個依變項之調整後平均數，就「閱讀成績」依變項而言，三個群組之調整後平均數分別為 6.453、6.497、6.570；就「寫作成績」依變項而言，三個群組之調整後平均數分別為 8.182、7.125、6.934。調整後平均數為排除二個控制變項的影響，將原始依變項測量值加以調整而得。

成對比較

依變數	(I)組別	(J)組別	平均差異 (I-J)	標準誤差	顯著性a	差異的95%信賴區間a	
						下界	上界
閱讀成績	教學法[A]	教學法[B]	−.044	.312	.890	−.687	.600
		教學法[C]	−.117	.301	.701	−.736	.502
	教學法[B]	教學法[A]	.044	.312	.890	−.600	.687
		教學法[C]	−.073	.288	.802	−.667	.520
	教學法[C]	教學法[A]	.117	.301	.701	−.502	.736
		教學法[B]	.073	.288	.802	−.520	.667

成對比較（續）

依變數	(I)組別	(J)組別	平均差異 （I－J）	標準誤差	顯著性 a	差異的 95%信賴區間 a	
						下界	上界
寫作成績	教學法[A]	教學法[B]	1.057*	.339	.005	.359	1.754
		教學法[C]	1.248*	.326	.001	.577	1.919
	教學法[B]	教學法[A]	−1.057*	.339	.005	−1.754	−.359
		教學法[C]	.191	.312	.546	−.452	.835
	教學法[C]	教學法[A]	−1.248*	.326	.001	−1.919	−.577
		教學法[B]	−.191	.312	.546	−.835	.452

「成對比較」摘要表為三個群組調整後平均數差異之事後比較，就「寫作成績」依變項而言，「教學法[A]」組別的分數（M＝8.182）顯著地高於「教學法[B]」組別（M＝7.125）及「教學法[C]」組別（M＝6.934）的分數，而「教學法[B]」群組與「教學法[C]」群組間的差異則未達顯著。就「閱讀成績」依變項而言，由於單變量檢定 F 值未達 .05 顯著水準，因而事後比較表中配對組別間的差異均未達顯著。

多變量檢定

	數值	F	假設自由度	誤差自由度	顯著性
Pillai's 跡	.442	3.546	4.000	50.000	.013
Wilks' Lambda 變數選擇法	.559	4.054[a]	4.000	48.000	.007
多變量顯著性檢定	.789	4.534	4.000	46.000	.004
Roy 的最大平方根	.787	9.837[b]	2.000	25.000	.001

上述「多變量檢定」摘要表為「組別」變項之主要效果是否相等考驗的多變量檢定量，其 Λ 統計量為 .559，顯著性機率值 p＝.007＜.05，表示排除二個控制變項的影響後，三個群組至少在一個依變項之調整後平均數有顯著差異，至於是那一個依變項必須再查看單變項共變數分析檢定量的 F 值。

單變量檢定

依變數		平方和	df	平均平方和	F	顯著性
閱讀成績	對比	.065	2	.033	.080	.923
	誤差	10.195	25	.408		
寫作成績	對比	7.694	2	3.847	8.028	.002
	誤差	11.981	25	.479		

上述數據為單變項共變數分析檢定量的 F 值,三個群組在二個依變項之單變量檢定的 F 值分別為 .080(p = .923 > .05)、8.028(p = .002 < .05),排除二個控制變項後,三個群組在「閱讀成績」變項的平均數間沒有顯著不同,但在「寫作成績」變項的平均數間則有顯著差異存在。

㈣共同迴歸線之斜率為 0 檢定之 MANOVA 語法

若要求出共同斜率是否為 0 的假設考驗之多變量統計量數 Λ 值及共同迴歸線處理矩陣,必須配合使用傳統 MANOVA 語法。MANOVA 基本語法為:

> manova 依變項 by 自變項（最小水準數值,最大水準數值）with 共變量

若有二個依變項,二個共變量,其語法為:

> manova 依變項一,依變項二 by 自變項（最小水準數值,最大水準數值）with 共變量一,共變量二

若有三個依變項,二個共變量,其語法為:

> manova 依變項一,依變項二,依變項三 by 自變項（最小水準數值,最大水準數值）with 共變量一,共變量二

加上其它副指令之語法內容如下:

```
manova 閱讀成績,寫作成績 by 組別（1,3）with 智力,國文成績
/print = cellinfo(means) error(sscp) signif(multiv univ hypoth) parameters (estim)
 /cinterval individual(.95) univariate
 /omeans tables（組別）
 /pmeans tables（組別）
 /analysis=閱讀成績,寫作成績 with 智力,國文成績
 /design 組別.
```

SPSS 語法檔的副檔名為「*.sps」,開啟語法檔視窗界面如下,語法檔

最後要有一個點號「.」，此符號表示語法結束。語法撰寫處上面有一個「作用中」選項，此選項右邊可選取要分析的資料集檔案，其次序是資料集 1、資料集 2、資料集 3、……。範例中的資料檔為第三個開啟的資料檔，因而以「資料集 3」表示。

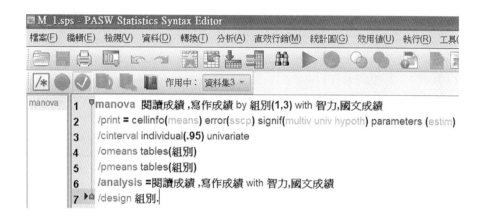

執行語法檔的操作為：按功能列「執行（R）」選項，再選取「全部（A）」選項。

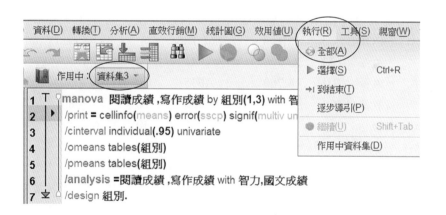

在 SPSS 視窗對話中，執行功能列「檔案（F）」/「開啟新檔（N）」程序或「檔案（F）」/「開啟舊檔）」程序，其次選單中包括「資料（A）」、「語法（S）」、「輸出（O）」、「程式檔（C）」四種選項，語法選項位於第二個（副檔名為 .sps），第一個為 SPSS 資料檔選項（副檔名為 .sav）。

開啟語法

搜尋(I)：　📁 MA

📁 MP
🖼 M_1.sps

① 檔案(F)　編輯(E)　檢視(V)　資料(D)　轉換(T)　分析(A)

開啟新檔(N)　　　　　　　　▶
② 開啟　　　　　　　　　　　▶　　🖼 資料(A)...
開啟資料庫(B)　　　　　　　③　　🖳 語法(S)...
📄 讀取文字資料(D)...　　　　　　　🖳 輸出(O)...
📠 關閉(C)　　　　Ctrl+F4　　　　　📄 程式檔(C)...

檔案名稱(N)：　M_1.sps ④　　　　　　　　⑤ 開啟

檔案類型(T)：　語法 (*.sps)　　　　　　　　取消

編碼(E)：　　　本機編碼　　　　　　　　　　說明(H)

從儲存器擷取檔案(R)...

[MP_21_3]

上述 MANOVA 語法輸出的部分數據如下：

Manova
Cell Means and Standard Deviations 【各變項原始測量值的描述性統計量】
Variable .. 閱讀成績 【閱讀成績變項的平均數、標準差、個數及 95%信賴區間】

FACTOR	CODE	Mean	Std. Dev.	N	95 percent Conf. Interval	
組別	教學法[A]	6.090	.843	10	5.487	6.693
組別	教學法[B]	6.760	.635	10	6.306	7.214
組別	教學法[C]	6.670	1.066	10	5.908	7.432
For entire sample		6.507	.888	30	6.175	6.838

【全部樣本總平均數與標準差】

- -

Variable .. 寫作成績 【寫作成績變項的平均數、標準差、個數及 95%信賴區間】

FACTOR	CODE	Mean	Std. Dev.	N	95 percent Conf. Interval	
組別	教學法[A]	8.050	.813	10	7.469	8.631
組別	教學法[B]	7.230	.469	10	6.894	7.566
組別	教學法[C]	6.960	.802	10	6.387	7.533
For entire sample		7.413	.834	30	7.102	7.725

- -

Variable ..智力【智力共變量的平均數、標準差、個數及 95%信賴區間】

FACTOR	CODE	Mean	Std. Dev.	N	95 percent Conf. Interval	
組別	教學法[A]	5.680	.432	10	5.371	5.989
組別	教學法[B]	6.140	.453	10	5.816	6.464

| 組別 | 教學法[C] | 5.980 | .634 | 10 | 5.527 | 6.433 |
| For entire sample | | 5.933 | .533 | 30 | 5.734 | 6.132 |

- -

Variable .. 國文成績【國文成績共變量的平均數、標準差、個數及95%信賴區間】

FACTOR	CODE	Mean	Std. Dev.	N	95 percent Conf. Interval	
組別	教學法[A]	5.410	.711	10	4.901	5.919
組別	教學法[B]	6.050	.649	10	5.586	6.514
組別	教學法[C]	5.900	.550	10	5.507	6.293
For entire sample		5.787	.677	30	5.534	6.039

- -

* * * * * * * * * * * * * Analysis of Variance -- Design 1 * * * * * * * * * * * * *

Order of Variables for Analysis【分析的變項次序】

Variates   Covariates【共變量】

閱讀成績   智力

寫作成績   國文成績

2 Dependent Variables【二個依變項，P＝2】

2 Covariates【二個控制變項，h＝2】

- -

Adjusted WITHIN+RESIDUAL Sum-of-Squares and Cross-Products【殘餘誤差 SSCP 矩陣 Q_E】

	閱讀成績	寫作成績
閱讀成績	10.19521	
寫作成績	3.94626	11.98063

$Q_E = \begin{bmatrix} 10.195 & 3.946 \\ 3.946 & 11.981 \end{bmatrix}$，此矩陣為組內誤差項之 SSCP 矩陣

- -

* * * * * * * * * * * * * Analysis of Variance -- Design 1 * * * * * * * * * * * * *

EFFECT .. WITHIN+RESIDUAL Regression【共同迴歸線處理 SSCP 矩陣 Q_R】

Adjusted Hypothesis Sum-of-Squares and Cross-Products

	閱讀成績	寫作成績
閱讀成績	10.03879	
寫作成績	3.68874	1.72937

$Q_R = \begin{bmatrix} 10.039 & 3.689 \\ 3.689 & 1.721 \end{bmatrix}$，此矩陣為共同迴歸線 SSCP 矩陣

- -

Multivariate Tests of Significance (S = 2, M = −1/2, N = 11)

Test Name	Value	Approx. F	Hypoth. DF	Error DF	Sig. of F
Pillais	.53076	4.51556	4.00	50.00	.003
Hotellings	1.02080	5.86960	4.00	46.00	.001

Wilks	.48638	5.20661	4.00	48.00	.001
Roys	.49623				

Note.. F statistic for WILKS' Lambda is exact.

【說明】

多變量檢定顯著性考驗在於檢定共同迴歸線係數矩陣之斜率是否為 0，Λ 值等於 .48638，顯著性 p＝.001＜.05，拒絕虛無假設，表示共同迴歸線之斜率顯著不等於 0，控制變項與依變項間有某種程度關聯，主要效果項是否顯著差異的考驗中，必須考量「智力」、「國文成績」二個共變量對依變項的影響。

EFFECT .. WITHIN＋RESIDUAL Regression (Cont.)【共同迴歸係數矩陣是否為 0 的單變量 F 檢定量】

Univariate F-tests with (2, 25) D. F.

Variable	Hypoth. SS	Error SS	Hypoth. MS	Error MS	F	Sig. of F
閱讀成績	10.03879	10.19521	5.01939	.40781	12.30822	.000
寫作成績	1.72937	11.98063	.86468	.47923	1.80433	.185

【說明】

單變量 F 考驗為二個依變項共同斜率是否為 0 的檢定之個別統計量，二個 F 值統計量分別為 12.308（p＝.000＜.05）、1.804（p＝.185＞.05），有一個單變量考驗之 F 值統計量達到 .05 顯著水準，當單變量 F 值考驗之顯著性 p 有一個小於.05 時，表示共同迴歸係數矩陣顯著不等於 0，即控制變項與依變項間有一定程度的關聯，排除實驗設計效果的影響，共變量對依變項的影響顯著（Λ＝.48638，p＝.001＜.05）。

＊＊＊＊＊＊＊＊＊＊＊＊Analysis of Variance--Design 1＊＊＊＊＊＊＊＊＊＊

EFFECT .. 組別

Adjusted Hypothesis Sum-of-Squares and Cross-Products【排除控制變項的影響後，組間 SSCP 矩陣 Q_H】

	閱讀成績	寫作成績
閱讀成績	.06513	
寫作成績	−.60902	7.69448

$Q_H=\begin{bmatrix} .065 & -.609 \\ -.609 & 7.694 \end{bmatrix}$，此矩陣為排除共變量的影響後，組間變異的 SSCP 矩陣

Multivariate Tests of Significance (S＝2, M＝−1/2, N＝11)

Test Name	Value	Approx. F	Hypoth. DF	Error DF	Sig. of F
Pillais	.44194	3.54562	4.00	50.00	.013
Hotellings	.78852	4.53397	4.00	46.00	.004
Wilks	.55874	4.05374	4.00	48.00	.007
Roys	.44039				

【説明】

各組主要效果是否有顯著差異考驗的多變量考驗統計量，Λ值等於 .559，顯著性 p＝.007＜.05，表示排除共變量的影響後，組別自變項在至少一個依變項之平均數間的差異達到 .05 顯著水準，至於是那幾個依變項，必須再檢視單變量F考驗的統計量及其顯著性。

Note.. F statistic for WILKS' Lambda is exact.

- -

EFFECT .. 組別 （Cont.）

Univariate F-tests with (2, 25) D. F.

Variable	Hypoth. SS	Error SS	Hypoth. MS	Error MS	F	Sig. of F
閱讀成績	.06513	10.19521	.03257	.40781	.07986	.923
寫作成績	7.69448	11.98063	3.84724	.47923	8.02804	.002

【説明】

各組主要效果是否有顯著差異考驗的單變量考驗統計量，組別自變數在閱讀成績、寫作成績二個依變項平均數差異檢定的 F 值分別為 .079（p＝.923＞.05）、8.028（p＝.002＜.05），排除二個控制變項的影響後，三個組別在「寫作成績」的平均分數上有顯著不同，但在「閱讀成績」表現上沒有顯著差異。

- -

Adjusted and Estimated Means

Variable .. 閱讀成績【閱讀成績之平均數與調整後平均數】

Factor	Code	Obs. Mean	Adj. Mean	Est. Mean	Raw Resid.	Std. Resid.
【因子名稱】	【水準註解】	【原始平均數】	【調整後平均數】			
組別	教學法[A]	6.09000	6.45313	6.09000	.00000	.00000
組別	教學法[B]	6.76000	6.49685	6.76000	.00000	.00000
組別	教學法[C]	6.67000	6.57002	6.67000	.00000	.00000

- -

Adjusted and Estimated Means (Cont.)

Variable .. 寫作成績【寫作成績之平均數與調整後平均數】

Factor	Code	Obs. Mean	Adj. Mean	Est. Mean	Raw Resid.	Std. Resid.
【因子名稱】	【水準註解】	【原始平均數】	【調整後平均數】			
組別	教學法[A]	8.05000	8.18152	8.05000	.00000	.00000
組別	教學法[B]	7.23000	7.12489	7.23000	.00000	.00000
組別	教學法[C]	6.96000	6.93359	6.96000	.00000	.00000

　　將上述視窗界面的輸出結果配合MANOVA語法檔的輸出結果整理如下之多變量共變數分析摘要表。其中常數項為截距項的自由度，其自由度為1，組間項為排除共變數影響後之組間變異，其自由度為水準數值減一＝3－1＝2，共變數項的自由度為控制變項的數目，h＝2，其自由度為2。

【表格範例】

表1　多變量共變數分析摘要表

變異來源	df	SSCP 矩陣		多變量Λ	單變量（F）	
		閱讀成績	寫作成績		閱讀成績	寫作成績
常數	1					
組間（排除共變數）		.065	−.609	.789**	.080ns	8.028**
	2	−.609	7.694			（A＞B、A＞C）
共變數（排除實驗設計效果）		10.039	3.689	.486**	12.308***	1.804ns
	2	3.689	1.729			
組內（誤差項）（排除共變數）		10.195	3.946			
	25	3.946	11.981			
總和	30					

ns $p＞.05$　　**$p＜.01$　　***$p＜.001$　　A：教學法[A]；B：教學法[B]；C：教學法[C]

　　迴歸線平行的假設考驗中，就「智力」共變項而言，「智力」共變項與依變項間之迴歸線平行考驗的的 Λ 值為 .927，顯著性p值＝.819＞.05；就「國文成績」共變項而言，「國文成績」共變項與依變項間之迴歸線平行考驗的Λ值為 .636，顯著性 p 值＝.148＞.05，就三個組別群體而言，均符合迴歸線互相平行的假定，三個組別受「智力」共變量或「國文成績」共變量影響的程度是相同的。

　　再從多變量共變數分析摘要表可以發現：共同斜率是否為 0 的假設考驗之 Λ 值統計量為 .486（p＜.05），達到 .05 顯著水準，表示迴歸線的共同斜率顯著不等於 0，共變量與依變項間有某種程度的關聯，群組在依變項平均數的差異比較必須考量將共變量（學生智力變因與國文成就能力變因）對依變項的影響排除。各組主要效果是否有顯著差異考驗之 Λ 值統計量為 .789（p＜.05），達到 .05 顯著水準，表示自變項三個群組至少在一個依變項之調整後平均數間有顯著不同，從單變量共變數 F 值來看，其差異主要是由「寫作成績」依變項所造成，三個群組在依變項「寫作成績」的調整後平均數有顯著不同，F 值為 8.028（p＜.01），進一步的事後比較發現：「教學法[A]」群體平均數（M＝8.050）顯著地高於「教學法[B]」（M＝7.230）及「教學法[C]」（M＝6.960）二個群組，至於三個群組在依變項「閱讀成績」的調整後平均數之差異則未達顯著，平均數差異檢定的 F 值為.080（p＞.05）。

表 11　三個組別在依變項的平均數及調整後平均數摘要表

依變項	組別	平均數	標準離差	調整後平均數	標準誤差
閱讀成績	教學法[A]	6.090	.8425	6.453	.215
	教學法[B]	6.760	.6346	6.497	.209
	教學法[C]	6.670	1.0657	6.570	.203
寫作成績	教學法[A]	8.050	.8127	8.182	.233
	教學法[B]	7.230	.4692	7.125	.227
	教學法[C]	6.960	.8017	6.934	.220

註：共變量　智力＝5.933；國文成績＝5.787

10-5　多變量共變數分析與多變量變異數分析的比較

在範例資料中，共變量為X，三個依變項為Y1、Y2、Y3，組別變數為自變項，二個水準數值編碼1為實驗組、2為控制組。準實驗研究中，如果考量共變量對依變項會有某種程度的影響，研究者最好採用多變量共變數分析法，若是研究者直接採用多變項變異數分析法，則最後的獲得的結論可能會有所不同。

組別（自變項）	X（共變數）	Y1	Y2	Y3	組別（自變項）	X（共變數）	Y1	Y2	Y3
1	4	9	10	9	2	10	8	5	6
1	5	5	10	10	2	9	8	9	10
1	4	4	9	8	2	8	7	8	8
1	1	6	8	9	2	9	10	9	10
1	5	5	10	9	2	7	8	9	8
1	3	8	10	9	2	8	8	8	9
1	8	10	9	10	2	9	8	9	9
1	3	8	9	9	2	6	7	8	7
1	4	7	8	8	2	6	8	7	8
1	5	5	8	9	2	7	8	7	8
1	3	9	9	10	2	9	6	7	7
1	2	7	8	8	2	5	5	8	6

一、迴歸線平行的假設考驗

多變量檢定(b)

效應項		數值	F 檢定	假設自由度	誤差自由度	顯著性
組別 * X	Pillai's Trace	.067	.432(a)	3.000	18.000	.733
	Wilks' Lambda 變數選擇法	.933	.432(a)	3.000	18.000	.733
	多變量顯著性檢定	.072	.432(a)	3.000	18.000	.733
	Roy 的最大平方根	.072	.432(a)	3.000	18.000	.733

a 精確的統計量

b 設計：截距＋組別＋X＋組別＊X

　　自訂模式為「截距＋組別＋X＋組別＊X」設計，「組別*共變數」交互作用列的數據為各組迴歸線平行假設考驗的統計量。各組迴歸線平行檢定的 Λ 值統計量等於 .072，顯著性 p＝.733＞.05，接受虛無假設：$\Gamma_1 = \Gamma_2 = \Gamma$，各組迴歸線互相平行，各組迴歸線的共同斜率相同，表示實驗組與控制組二個組別受控制變項影響的程度是一樣的。

二、各組主要效果是否相等的假設考驗

多變量檢定(b)

效應項		數值	F 檢定	假設自由度	誤差自由度	顯著性
截距	Pillai's Trace	.849	35.720(a)	3.000	19.000	.000
	Wilks' Lambda 變數選擇法	.151	35.720(a)	3.000	19.000	.000
	多變量顯著性檢定	5.640	35.720(a)	3.000	19.000	.000
	Roy 的最大平方根	5.640	35.720(a)	3.000	19.000	.000
X	Pillai's Trace	.159	1.196(a)	3.000	19.000	.338
	Wilks' Lambda 變數選擇法	.841	1.196(a)	3.000	19.000	.338
	多變量顯著性檢定	.189	1.196(a)	3.000	19.000	.338
	Roy 的最大平方根	.189	1.196(a)	3.000	19.000	.338
組別	Pillai's Trace	.249	2.094(a)	3.000	19.000	.135
	Wilks' Lambda 變數選擇法	.751	2.094(a)	3.000	19.000	.135
	多變量顯著性檢定	.331	2.094(a)	3.000	19.000	.135
	Roy 的最大平方根	.331	2.094(a)	3.000	19.000	.135

a 精確的統計量

b 設計：截距＋X＋組別

　　各組主要效果是否有顯著不同檢定的多變量統計量Λ值為 .751（模式設計為「截距＋X 共變數＋組別」），顯著性 p＝.135＞.05，表示排除控制變項（共變量 X）的影響後，實驗組與控制組在三個依變項之調整後平均數的差異均未達顯著。多變量共變數分析之主要效果檢定的模式設計為：「截距＋共變量X＋自變項組別」，若是模式設計為「截距＋自變項組別」，模式設計中沒有共變量X，則統計分析程序變為「多變量變異數分析」，在多變量變異數分析模式中並沒有控制變項，其模式只有自變項與依變項。

受試者間效應項的檢定

來源	依變數	型 III 平方和	自由度	平均平方和	F 檢定	顯著性
截距	Y1	57.255	1	57.255	22.136	.000
	Y2	111.850	1	111.850	99.677	.000
	Y3	76.818	1	76.818	54.383	.000
X	Y1	3.517	1	3.517	1.360	.257
	Y2	.102	1	.102	.091	.766
	Y3	4.587	1	4.587	3.247	.086
組別	Y1	.157	1	.157	.061	.808
	Y2	4.304	1	4.304	3.835	.064
	Y3	7.960	1	7.960	5.635	.027

　　在單變量之主要效果的檢定中，排除控制變項（共變量X）的影響後，實驗組與控制組在「依變項 Y3」之調整後平均數的差異達 .05 顯著水準，平均數差異檢定的F值為 5.635，顯著性p＝.027＜.05，實驗組之調整後平均數（M＝9.275）顯著地高於控制組之調整後平均數（M＝7.475），至於自變項二個組別在「依變項Y1」、「依變項Y3」之調整後平均數的差異均未達顯著，其平均數差異檢定的 F 值分別為 .061（p＝.808＞.05）、3.835（p＝.064＞.05）。此結果和上述多變量檢定表之「組別」項之多變量Λ值考驗的結果不同，若採用族系錯誤率.05，單變量 F 值之顯著水準 $\alpha_p＝\alpha \div$ 依變項個數 ＝.05 ÷ 3 ＝.0167，單變量 F 值統計量的顯著性 p 值必須小於.0167，組別在個別依變項的平均數差異才達顯著，實驗組與控制組在「依變項Y3」之調整後平均數差異考驗的F值為 5.635，顯著性p＝.027＞.0167，表示組別變項在「依變項Y3」之調整後平均數並沒有顯著不同。多變量共變數分析由於考慮到依變項間的關係，在主要效果是否有顯著差異的考驗中，研究者應以多變量檢定統計量Λ值及其顯著性 p 作為判別是否拒絕虛無假設的指

標，若是Λ值統計量的顯著性 p>.05，則表示排除共變量對依變項的影響後，自變項在所有依變項間的平均數差異均沒有顯著不同。此時，單變量共變數分析統計量之 F 值及其顯著性只供參考（受試者間效應項的檢定表中的數據），一般而言，若是多變量檢定Λ值統計量的顯著性 p 值沒有在.05 附近，多變量檢定分析結果與單變量考驗分析結果的結論是相同的。

估計的邊際平均數及成對比較

依變數	組別	平均數	標準誤	(I)組別	(J)組別	平均數差異 (I－J)	標準誤	顯著性(a)
Y1	實驗組	7.376(a)	.609	實驗組	控制組	.252	1.026	.808
	控制組	7.124(a)	.609	控制組	實驗組	−.252	1.026	.808
Y2	實驗組	9.078(a)	.401	實驗組	控制組	1.323	.676	.064
	控制組	7.755(a)	.401	控制組	實驗組	−1.323	.676	.064
Y3	實驗組	9.275(a)	.450	實驗組	控制組	1.800(*)	.758	.027
	控制組	7.475(a)	.450	控制組	實驗組	−1.800(*)	.758	.027

a 使用下列的值評估模型中的共變量：X＝5.83.

　　三個組別在依變項的調整後平均數，此數據是將控制變項的影響排除，將原始依變項平均數加以調整而得的數據，實驗組在 Y1、Y2、Y3 三個依變項之調整後平均數的分別為 7.376、9.078、9.275，控制組在 Y1、Y2、Y3 三個依變項之調整後平均數的分別為 7.124、7.755、7.475。

三、多變量變異數分析

　　組別自變項在三個依變項平均數之差異比較，若未考慮控制變項（共變量 X）的影響，可直接使用多變量變異數分析（Multivariate Analysis of Variance；[MANOVA]）方法。

　　在「多變量」對話視窗中，如果「共變量（C）」方盒內有選入一個以上的控制變項，表示進行的是多變量共變數分析，多變量共變數分析不能進行組別變項在依變項原始分數測量值的事後比較，因而右邊事後比較按鈕「Post Hoc 檢定（H）」會變為灰色，無法選取；相對的，如果「共變量（C）」方盒內沒有選入任何變項，表示模式分析中沒有共變量，此時進行的統計分析為多變量變異數分析，而非多變量共變數分析，由於多變量變異數分析中的向量為各組在依變項上的原始測量分數，自變項的群體若超過三個以上，多變量變異數統計量Λ值達到 .05 顯著水準時，必須進一步查

看單變量差異檢定的 F 值及事後比較，若是模式進行的是多變量變異數分析，於「多變量」對話視窗中，右邊事後比較按鈕「Post Hoc 檢定（H）」不會變為灰色，表示是可以選取的選項鈕。

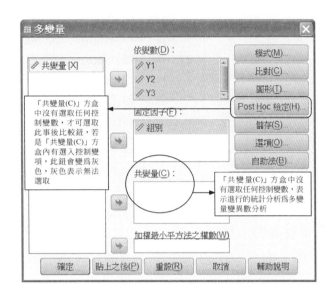

下圖為按「Post Hoc 檢定（H）」選項鈕後，開啟的「多變量：觀察值平均數的 Post Hoc 多重比較」，研究者必須將自變項「組別」變數選入右邊「Post Hoc 檢定（P）」下的方盒，才可以選取一種事後比較方法。

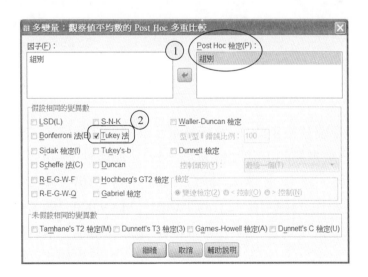

多變量檢定(b)

效應項		數值	F 檢定	假設自由度	誤差自由度	顯著性
截距	Pillai's Trace	.989	613.455(a)	3.000	20.000	.000
	Wilks' Lambda 變數選擇法	.011	613.455(a)	3.000	20.000	.000
	多變量顯著性檢定	92.018	613.455(a)	3.000	20.000	.000
	Roy 的最大平方根	92.018	613.455(a)	3.000	20.000	.000
組別	Pillai's Trace	.319	3.119(a)	3.000	20.000	.049
	Wilks' Lambda 變數選擇法	.681	3.119(a)	3.000	20.000	.049
	多變量顯著性檢定	.468	3.119(a)	3.000	20.000	.049
	Roy 的最大平方根	.468	3.119(a)	3.000	20.000	.049

a 精確的統計量

b 設計：截距＋組別

　　單因子多變量變異數（模式設計為截距＋組別）檢定的 Λ 值為 .681，顯著性 p＝.049＜.05，表示二個組別至少在一個以上依變項的平均數有顯著不同。

受試者間效應項的檢定

來源	依變數	型 III 平方和	自由度	平均平方和	F 檢定	顯著性
組別	Y1	2.667	1	2.667	1.014	.325
	Y2	8.167	1	8.167	7.592	.012
	Y3	3.375	1	3.375	2.168	.155
誤差	Y1	57.833	22	2.629		
	Y2	23.667	22	1.076		
	Y3	34.250	22	1.557		

　　進一步從單變量檢定的 F 值統計量及其顯著性檢核，二個組別在「依變項 Y2」平均數差異的 F 值統計量為 7.592，顯著性 p＝.012＜.05（若採用族系錯誤率.05，顯著水準 $\alpha_p=\alpha\div 3=.05\div 3=.0167$，顯著性 p＝.012＜.0167），實驗組在「依變項 Y2」的平均數（M＝9.000）顯著地高於控制組在「依變項 Y2」的平均數（M＝7.8333）。至於自變項二個組別在「依變項 Y1」、「依變項 Y2」的差異均未達顯著，平均數差異檢定的單變量 F 值分別為 1.014（p＝.325＞.05）、2.168（p＝.155＞.05）。

估計的邊際平均數：估計值

依變數	組別	平均數	標準誤	95%信賴區間 下限	95%信賴區間 上限
Y1	實驗組	6.917	.468	5.946	7.887
	控制組	7.583	.468	6.613	8.554
Y2	實驗組	9.000	.299	8.379	9.621
	控制組	7.833	.299	7.212	8.454
Y3	實驗組	8.750	.360	8.003	9.497
	控制組	8.000	.360	7.253	8.747

「估計的邊際平均數」為自變項二個組別在三個依變項的平均數、標準誤與平均數 95% 信賴區間的數值，由於模式中沒有選入任何共變數，各組在依變項的平均數沒有經過調整。實驗組在三個依變項測量值的平均數分別為 6.917、9.000、8.750，控制組在三個依變項測量值的平均數分別為 7.583、7.833、8.000。

將上述多變量共變數分析與多變量變異數分析結果歸納如下表：

【歸納比較表格】

表1 主要效果檢定之多變量共變數分析與多變量變異數分析比較結果摘要表

單變量檢定之顯著水準	多變量共變數分析 多變量（Λ值）	多變量共變數分析 單變量（F 值） Y1	多變量共變數分析 單變量（F 值） Y2	多變量共變數分析 單變量（F 值） Y3	多變量變異數分析 多變量（Λ值）	多變量變異數分析 單變量（F 值） Y1	多變量變異數分析 單變量（F 值） Y2	多變量變異數分析 單變量（F 值） Y3
$\alpha=.05$	.751ns	.061ns	3.835ns	5.635*	.681*	1.014ns	7.592*	2.168ns
$\alpha_p=.0167$	.751ns	.061ns	3.835ns	5.635ns	.681*	1.014ns	7.592*	2.168ns

註：採用族系錯誤率時，單變量檢定的顯著水準 $\alpha_p = \alpha \div$ 依變項個數 $= .05 \div$ 依變項個數 $= .05 \div 3 = .0167$

準實驗研究設計若是要同時進行多個依變項間的比較（這些依變項間通常會有中高度的相關），研究者可直接採用多變量共變數分析，多變量共變數分析可以將控制變項（共變量）對依變項的影響排除，如果直接採用多變量變異數分析可能會得到不同的研究結果，因為多變量變異數分析法無法將控制變項對依變項的影響排除，組別間在依變項上的差異可能不是實驗處理造成的，而是實驗處理前組別間的原有的差異導致；此外，若是研究者要進行單變量主要效果相等之假設考驗，則最好採用族系錯誤率，

族系錯誤率可將整體的顯著水準控制在 .05，此時單變量 F 值是否達到顯著的判別指標之顯著水準 $\alpha_p = .05 \div$ 依變項個數，如果依變項的個數有二個，則單變量 F 值達到顯著水準的臨界值為 $.05 \div 2 = .025$，如果依變項的個數有四個，則單變量 F 值達到顯著水準的臨界值為 $.05 \div 4 = .0125$。

參考書目

一、中文部分

王保進（民 91）。《視窗版 SPSS 與行為科學研究》。台北：心理出版社。

王國川（民 91）。《圖解 SAS 在變異數分析上的應用》。台北：五南。

江建良（民 94）。《統計學》。台北：普林斯頓國際有限公司。

余民寧（民 86）。《心理與教育統計學》。台北：三民書局股份有限公司。

余民寧（民 94，修訂二版）。《心理與教育統計學》。台北：三民書局股份有限公司

吳冬友、楊玉坤（民 92）。《統計學》。台北：五南。

吳明隆（民 95）。《SPSS 統計應用學習實務──深究經典版》。台北：知城。

吳明隆、涂金堂（民 95，二版）。《SPSS 與統計應用分析》。台北：五南。

林清山（民 81）。《心理與教育統計學》。台北：東華書局。

林清山（民 92）。多變項分析統計法（五版）。台北：東華。

林惠玲、陳正倉（民 94，三版）。《統計學──方法與應用》。台北：雙葉。

林震岩（民 95）。《多變量分析：SPSS 的操作與應用》。台北：智勝。

邱皓政（民 89）。《量化研究與統計分析──SPSS 中文視窗版資料分析範例解析》。台北：五南。

邱皓政（民 94）。《量化研究法(二)統計原理與分析技術》。台北：雙葉。

姚漢禱（民 93）。《體育統計》。台北：師大書苑。

張紹勳、林秀娟（民 94a）。《SPSS 高等統計分析》。台中：滄海。

張紹勳、林秀娟（民 94b）。SPSS 多變量統計分析。台中：滄海。

傅粹馨（民 85）。〈事後比較的方法〉。《教育學刊》，12，149-174。

黃文隆、黃龍（民 93）。《高等統計學之推論統計》。台中：滄海。

潘中道、郭俊賢譯（民 94）（Robert R. Pagano 著）。《行為科學統計學》。台北：雙葉。

二、英文部分

Box, G. E. P. (1954). Some theorems on quadratic forms applied in the study of analysis of variance problems, I: Effect of inequality of variance in the one-way classification. *Annals of Mathematical Statistics*, 25, 290-302.

Bryman, A., & Cramer, D. (1997). *Quantitative Data Analysis with SPSS for Windows*. London: Routledge.

Cohen, B. H. (1996). *Explaining psychological statistics*. Pacific Grove, CA: Brooks/Cole Publishing.

Cohen, J. (1982). Set correlation as a general multivariate data-analytic method. *Multivariate Behavioral Research*, 17, 301-341.

Cohen, J. (1988). *Statistical power analysis for the behavioral sciences* (2nd ed). Hillsdale, NJ: Eribaum.

Girden, E. R. (1992). *ANOVA: Repeated measures*. Newbury Park: Sage Publicaion.

Greenhouse, S. W., & Geisser, S. (1959). On methods in the analysis of profile data. *Psychometrika*, 24, 95-122.

Hayter, A. J. (1986). The maximum for familywise error rate of Fisher's least significant difference test. *Journal of the American Statistical Association*, 81, 1000-1004.

Hogg, R. V., & Tanis, E. A. (1988). *Probability and statistical inference* (3rd ed). New York: Macmillan.

Huynh, H., Feldt, L. (1976). Estimation of the box correction for degrees of freedom from sample data in the randomized block and split plots designs. *Journal of Educational Statistics*, 1, 69-82.

Keppel, G. (1991). *Design and analysis: A research handbook* (3rd ed.). Englewood Cliffs, NJ: Prentice Hall.

Kirk, R. E. (1982). *Experimental Design Procedures for the Behavior Sciences*. Belmont, CA: Brooks-Cole.

Kirk, R. E. (1995). *Experimental Design Procedures for the Behavior Sciences* (3rd ed.). Pacific Grove, CA: Brooks/Cole.

Ryan, T. A. (1959). Multiple comparisons in psychological research. *Psychological Bulletin*, 56, 26-47.

Siegel, S., & Castellan, N. J. Jr. (1989). *Nonparametric statistics for the behavioral science*. New York: McGraw-Hill.

Stevens, J. (1992). *Applied Multivariate Statistics for the Social Sciences* (2nd ed.). Hillsdale, NJ: Lawrence Erlbaum.

Stevens, J. (1996). *Applied multivariate statistics for the social science*. Mahwah,

NJ: Lawrence Erlbaum.

Tang, P. C. (1938). The power function of the analysis of variance tests with tables and illustrations of their use. *Statistics Research Memorandum*, 2, 126-149.

Timm, N. H., & Mieczkowski, T. A. (1997). *Univariate and multivariate general linear models: Theory and applications using SAS(R) software*. Cary, NC: SAS Institute Inc., USA.

Toothaker, L. E. (1993). *Multiple comparison procedure*. Newbury Park, CA: Sage Publications.

國家圖書館出版品預行編目資料

SPSS操作與應用：變異數分析實務／吳明隆 著.
--二版.—臺北市：五南， 2010.07
面； 公分
ISBN 978-957-11-5996-6（平裝附光碟片）
1.統計套裝軟體 2.統計分析 3.變異數分析
512.4 99008491

1H48
SPSS操作與應用
—變異數分析實務

作 者 — 吳明隆(60.2)

發 行 人 — 楊榮川

總 編 輯 — 王翠華

主 編 — 張毓芬

責任編輯 — 吳靜芳 黃韻芳

封面設計 — 盧盈良

出 版 者 — 五南圖書出版股份有限公司

地 址：106台北市大安區和平東路二段339號4樓

電 話：(02)2705-5066 傳 真：(02)2706-6100

網 址：http://www.wunan.com.tw

電子郵件：wunan@wunan.com.tw

劃撥帳號：01068953

戶 名：五南圖書出版股份有限公司

台中市駐區辦公室/台中市中區中山路6號

電 話：(04)2223-0891 傳 真：(04)2223-3549

高雄市駐區辦公室/高雄市新興區中山一路290號

電 話：(07)2358-702 傳 真：(07)2350-236

法律顧問 元貞聯合法律事務所 張澤平律師

出版日期 2007年3月初版一刷
2008年3月初版二刷
2010年7月二版一刷
2013年1月二版二刷

定 價 新臺幣850元

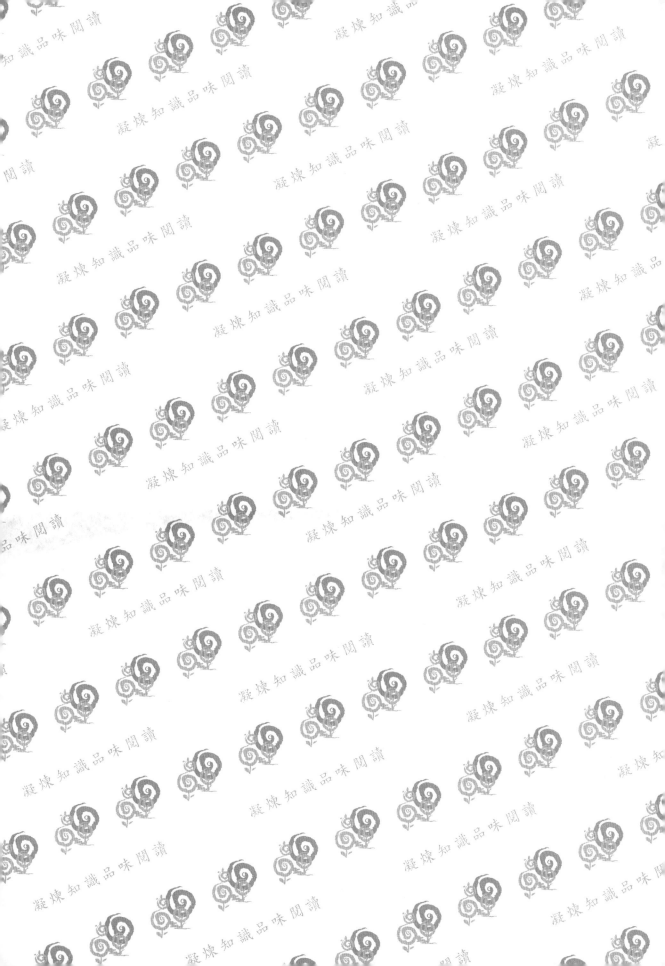